泰州

2015 年鉴

TAIZHOU NIANJIAN

中共泰州市委　泰州市人民政府　主办

泰州年鉴编纂委员会　编

方志出版社
Publishing House of Local Records

图书在版编目(CIP)数据

泰州年鉴. 2015/泰州年鉴编纂委员会编.—北京：方志出版社，2015. 10
ISBN 978-7-5144-1731-9

Ⅰ. ①泰… Ⅱ. ①泰… ②泰… Ⅲ. ①泰州市-2015-年鉴 Ⅳ. ①Z525. 33

中国版本图书馆CIP数据核字（2015）第243426号

泰州年鉴（2015）

编　　者：泰州年鉴编纂委员会
责任编辑：丛　珺
出 版 人：冀祥德
出 版 者：方 志 出 版 社
地址：北京市朝阳区潘家园东里9号（国家方志馆4层）
邮编：100021
网址：http: //www.fzph.org
发　　行：方志出版社发行中心
电话（010）67110500
经　　销：各地新华书店
印　　刷：泰州市隆泰文化传播有限公司
开　　本：889×1194　1/16
印　　张：28.25
字　　数：1063千字
版　　次：2015年10月第1版　2015年10月第1次印刷
印　　数：0001～2200册
ISBN 978-7-5144-1731-9　定价：300. 00元

泰州年鉴编纂委员会

《泰州年鉴》编辑部

泰州市政区图

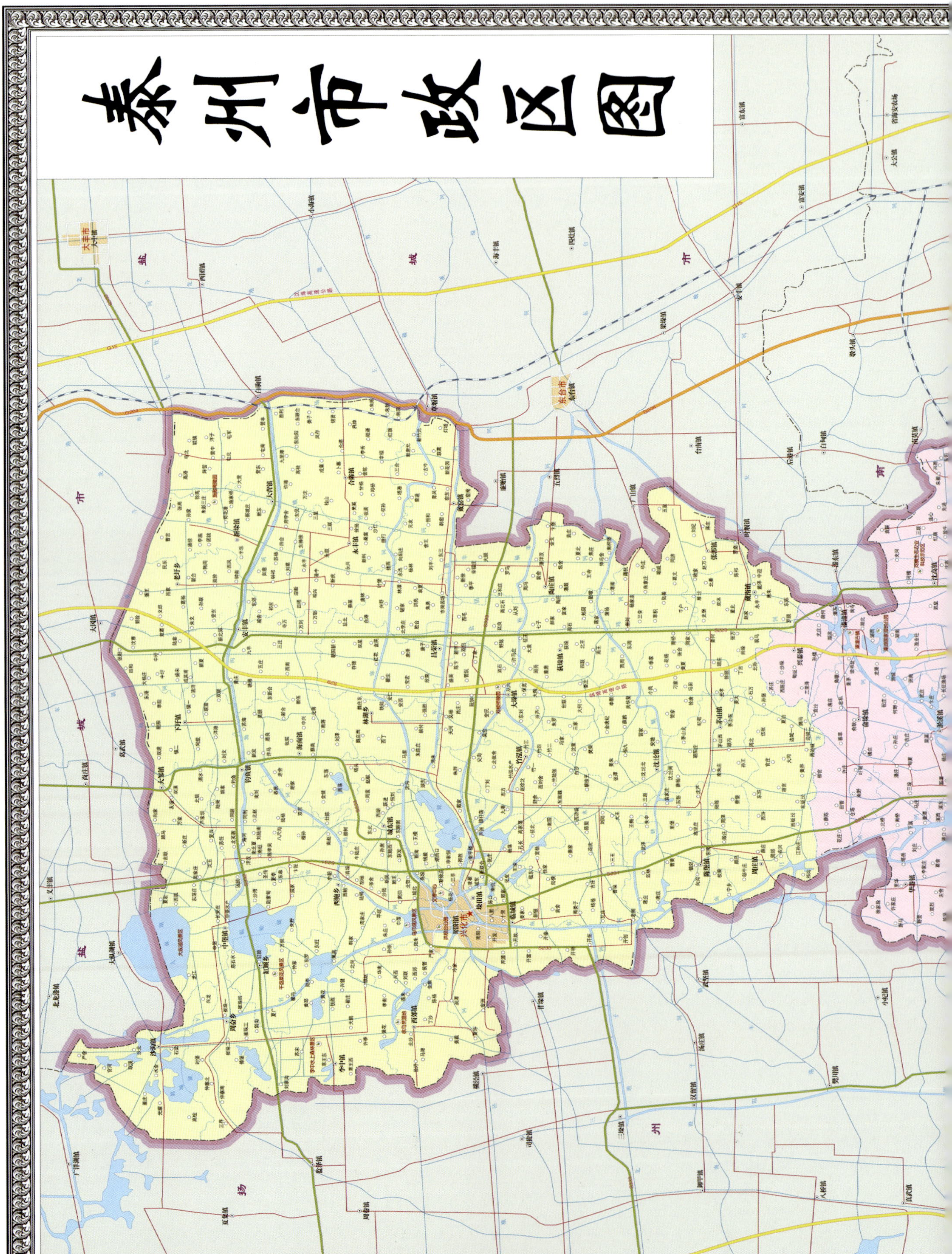

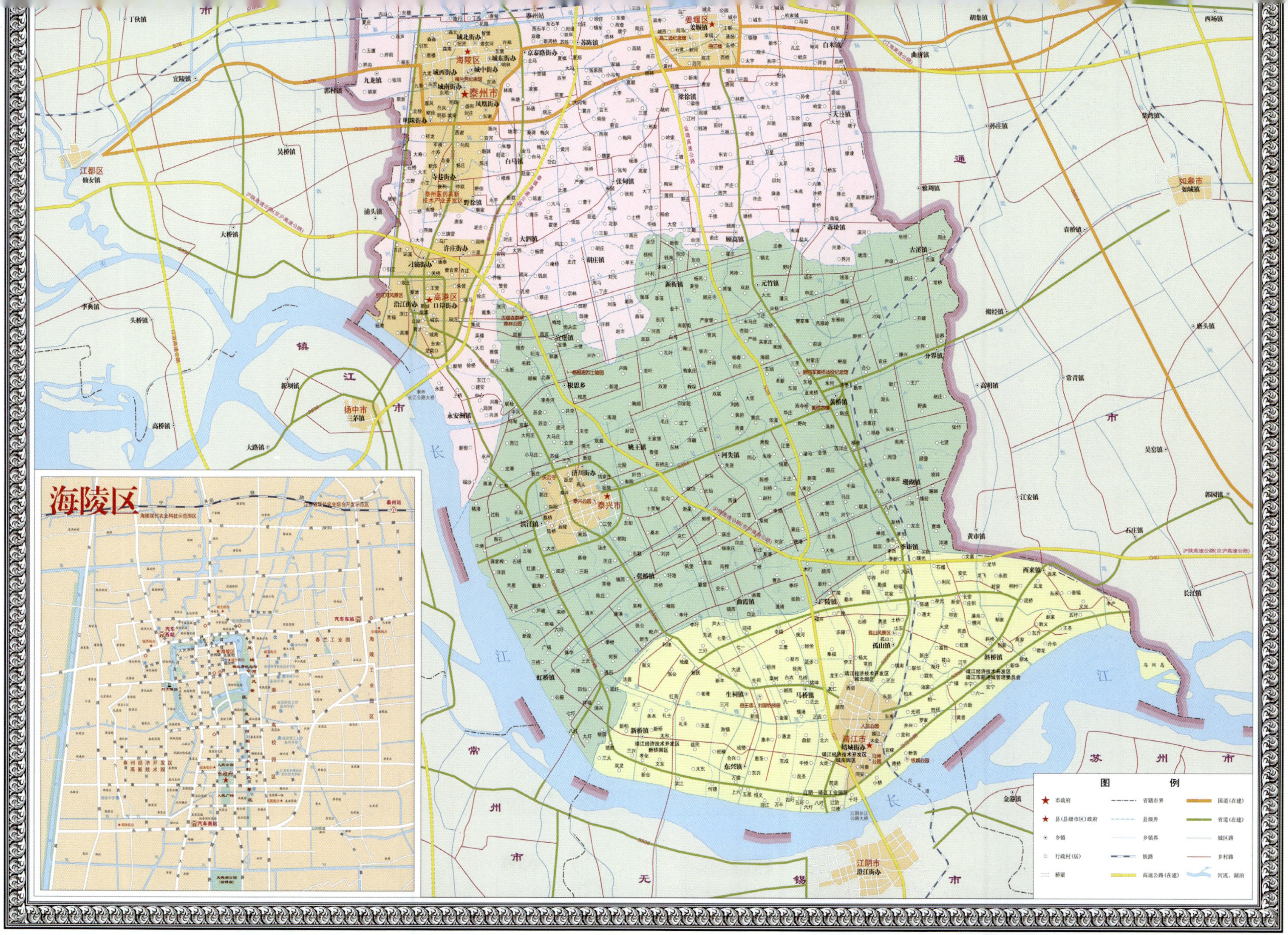

泰州市民政局 编制

审图号：苏S（2013）030号

泰州市区地图

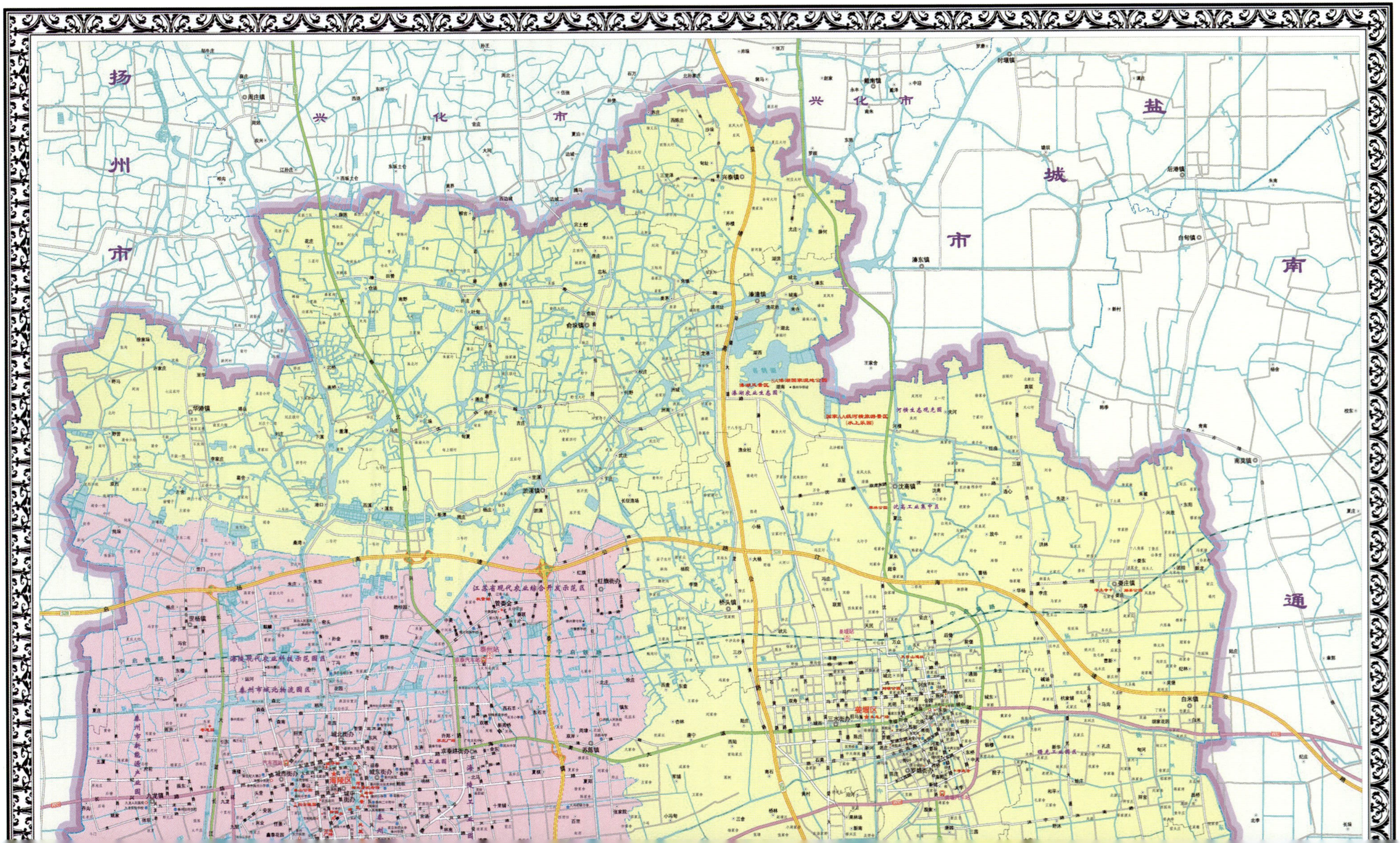

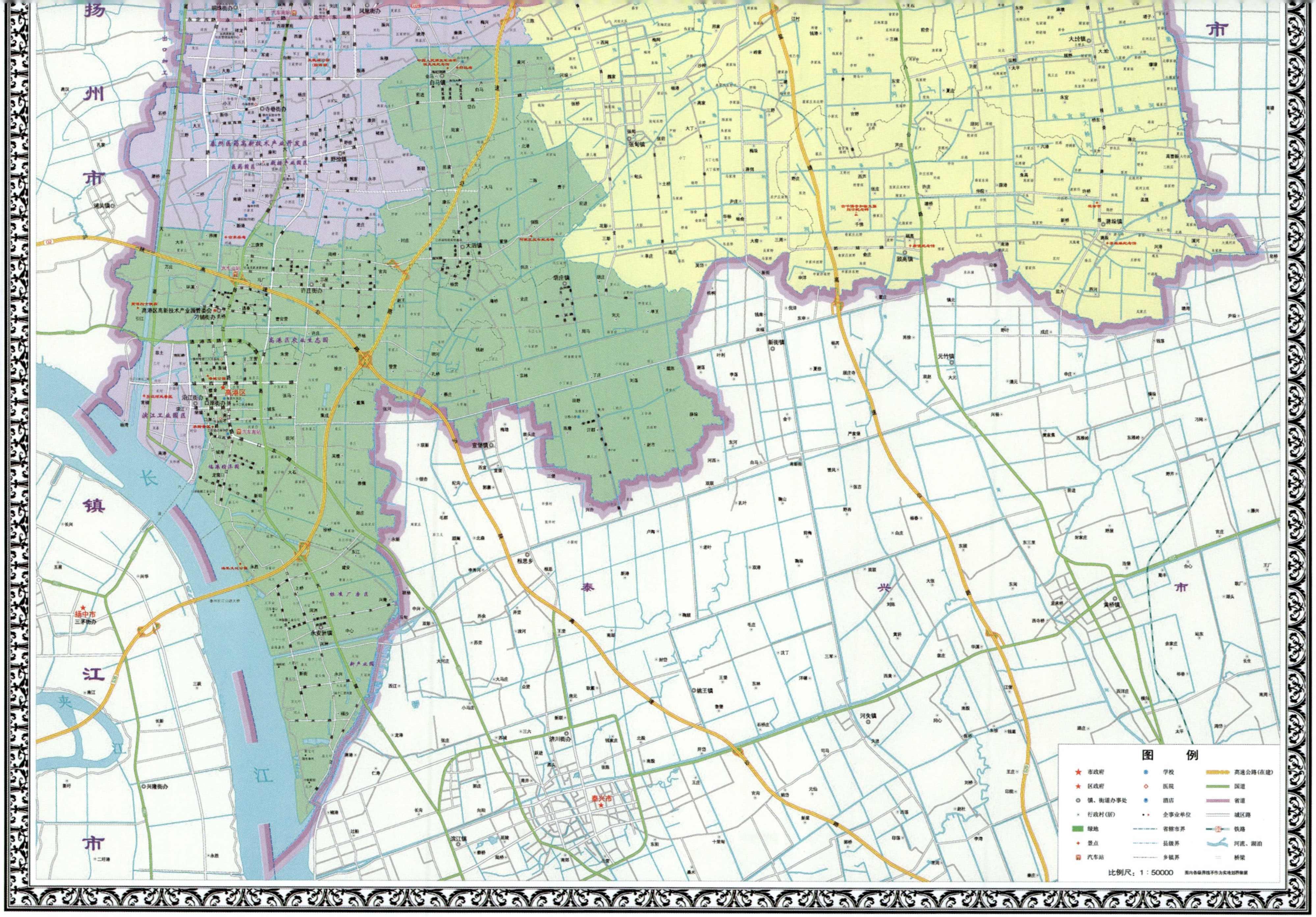

泰州市民政局、南京星光测绘科技有限公司　联合编制　　湖南地图出版社　出版发行　　审图号：苏S(2014)133号　　2014年12月第1版　2014年12月第1次印刷　　工本费：120.00元　　内部用图

①2014 年 6 月 18 日，中共中央政治局委员、国务院副总理马凯（右二）调研泰州新时代造船有限公司
②2014 年 6 月 18 日，第十一届全国人大常委会副委员长、中国工程院院士桑国卫（左三）考察中国医药城
③2014 年 10 月 31 日，第十一届全国政协副主席李金华（左三）参观中国医药城展示馆

（顾祥忠　摄）

②

③

①2015年1月6日，中国共产党泰州市第四届委员会第八次全体会议召开
②2015年1月21～23日，泰州市第四届人民代表大会第四次会议召开
③2015年1月19～21日，中国人民政治协商会议泰州市第四届委员会第四次会议召开

（顾祥忠　摄）

①

②

③

① 2014 年 2 月 12 日，泰州市深入开展党的群众路线教育实践活动动员大会召开

② 2014 年 7 月 28 日，泰州市召开全市领导干部大会，宣布省委关于泰州市委主要领导职务调整的决定：张雷（右）调任省政府副省长，蓝绍敏（左）任泰州市委书记并提名为市人大常委会主任候选人

③ 2014 年 12 月 16 日，全市项目大突破动员大会召开

①

②

③

① 2014 年 10 月 17 日，省委书记罗志军（右二）调研姜堰区人力资源市场
② 2014 年 12 月 3 日，省委副书记、省长李学勇（左四）调研伽力森主食产业（江苏）有限公司
③ 2014 年 4 月 29 日，市委书记张雷（左一）调研华东可可食品（兴化）有限公司
④ 2014 年 7 月 30 日，市委书记蓝绍敏（左三）调研中海油一体化项目建设现场
⑤ 2014 年 12 月 31 日，市委副书记、市长陆志鹏（中）慰问创建全国文明城市一线工作者

②

④

⑤

③

① 2014年4月8日，第六届中国泰州水城水乡国际旅游节、第九届中国湿地生态旅游节、2014中国泰州姜堰溱潼会船节在溱湖风景区开幕

② 2014年9月20日，南京师范大学泰州学院建院十周年总结暨发展战略研讨会召开

③ 2014年9月30日，泰州市举行“烈士纪念日”公祭活动

④ 2014年2月15日，中国·姜堰第四届“黄龙士·双登杯”世界女子围棋擂台赛在姜堰溱湖度假村揭幕

①

2015 年 2 月 28 日，全国精神文明建设工作表彰暨学雷锋志愿服务大会在北京召开。泰州市首轮参加创建即获“全国文明城市”称号

① 市委书记蓝绍敏（左一）出席表彰大会并受到习近平总书记接见
② 市委书记蓝绍敏（左三）在表彰大会上展示“全国文明城市”奖牌
③ 光盘行动从我做起
④ 整洁有序的后街背巷

（顾祥忠　摄）

泰州市获“全国文明城市”称号

TAIZHOUSHIHUO QUANGUOWENMINGCHENGSHI CHENGHAO

5th China(Taizhou) International Medical Expo 2014
中国(泰州)国际医药博览会

①

第五届中国(泰州)国际医药博览会
THE FIFTH CHINA(TAIZHOU) INTERNATIONAL MEDICAL EXPO
2014.10.31-11.2

②

③

④

2014 年 10 月 31 日 ~ 11 月 2 日，第五届中国（泰州）国际医药博览会在中国医药城会展交易中心举行

① 2014 年 10 月 31 日，第十一届全国政协副主席李金华宣布第五届中国（泰州）国际医药博览会开幕

② 第五届中国（泰州）国际医药博览会开幕式现场

③ 2014 年 10 月 31 日，新药重大创制专项高峰会举行

④ 2014 年 11 月 1 日，中国医药城政策发布暨项目签约仪式举行。签约仪式上，24 个医药产业及配套项目正式签约落户中国医药城，总投资约 40 亿元

2014 年 9 月 29 日 ~ 10 月 29 日，由国家文化部艺术司、江苏省文化厅、泰州市人民政府共同主办的 2014 中国泰州梅兰芳艺术节举行

① 2014 年 9 月 29 日，2014 中国泰州梅兰芳艺术节开幕

② 2014 年 8 月 12 日，第十八届中国少儿戏曲小梅花荟萃佩花晚会举行

③ 2014 年 9 月 30 日，泰州市第二届文化企业产品展示会开幕。省内外 48 家文化企业参加展示会

④ 2014 年 10 月 25 日，梅兰芳先生诞辰 120 周年纪念大会举行

（顾祥忠　摄）

梅蘭芳 艺术节
泰州市第二届文化企业产品展示会
THE SECOND SESSION OF THE TAIZHOU CITY CULTURAL ENTERPRISE PRODUCTS EXHIBITION
③

②

梅兰芳先生诞辰120周年纪念大会
④

①

③

庆祝中国人民解放军海军诞生 65 周年系列活动

QINGZHU ZHONGGUO RENMING JIEFANGJUN HANJUN DANSHENG 65 ZHOUNIAN XILIE HUODONG

②

④

2014 年 4 月 22 日，中国人民解放军海军诞生 65 周年庆祝活动在海军诞生地纪念馆举行

① 泰州市海军中学 2013 级“海军班”命名暨授牌仪式举行

② 《中国人民解放军海军成立 65 周年》纪念封首发式举行

③ 人民海军初创见证人黄胜天的委托人刘训豪及泰州书画院的书画家们向海纪馆捐献藏品和书画作品

④ 南师大泰州学院艺术团与海纪馆联合编排庆祝中国人民解放军海军诞生 65 周年专场文艺演出

项目签约仪式
康泰之州 富泰之州 祥泰之州

泰州现代农业
发展集团有限公司
现代种业
发展基金有限公司

③

泰州市人民政府 南京航空航天

① 2014 年 10 月 9 日，2014 泰州（上海）投资说明会在上海虹桥宾馆举行，31 个项目现场签约，投资总额 316 亿元

② 2014 年 8 月 19 日，泰州文化创意产业园区招商恳谈会暨项目签约仪式举行，8个项目现场集中签约，总投资额近 63 亿元

③ 2014 年 4 月 10 日，市农业开发区江苏红旗种业有限公司与国家现代种业发展基金、江苏种业基金实现战略合作并签订协议，成为国家现代种业发展基金在全国战略投资的首家种子企业

④ 2014 年 12 月 10 日，市政府与南京航空航天大学第二轮全面合作协议和共建泰州技术转移中心协议签订仪式举行

（顾祥忠　摄）

① 2014 年 5 月 21 日，泰州传化智能公路港物流项目合作签约仪式举行
② 2014 年 11 月 28 日，中崇信诺泰州有限公司动物疫苗研发及产业化项目开工仪式举行
③ 2014 年 9 月 19 日，泰州学院新校区揭牌仪式举行
④ 2014 年 10 月 13 日，阿斯利康制药公司泰州供应基地投产仪式举行

中崇信诺 生物制药 生物科技 泰州有限公司
动物疫苗研发及产业化项目
开工仪式
奠基

②

院

③

AstraZeneca
阿 斯 利 康
携手为生命护航
Betaloc®
From Taizhou Supply Site

④

①2014年7月7日，市长陆志鹏在泰州会见澳大利亚拉特罗布市市长莎伦·吉普森

②2014年7月8日，“百姓大舞台——国际友城专场”演出 在市人民公园文化广场举行。由澳大利亚拉特罗布市17名学生组成的青少年管弦乐团和泰州市文化馆、泰州职业技术学院的演员们同台演出

③2014年11月27～29日，澳大利亚拉特罗布市在“2014中国国际友好城市大会暨广州国际城市创新大会”上获“对华友好城市交流合作奖”。图为拉特罗布市副市长彼得·吉本斯在大会上领奖

④2014年3月28日～4月2日，泰州职业技术学院艺术代表团赴澳大利亚拉特罗布市，参加该市举办的国际友城节并演出。图为泰州职业技术学院艺术代表团在国际友城节上合影

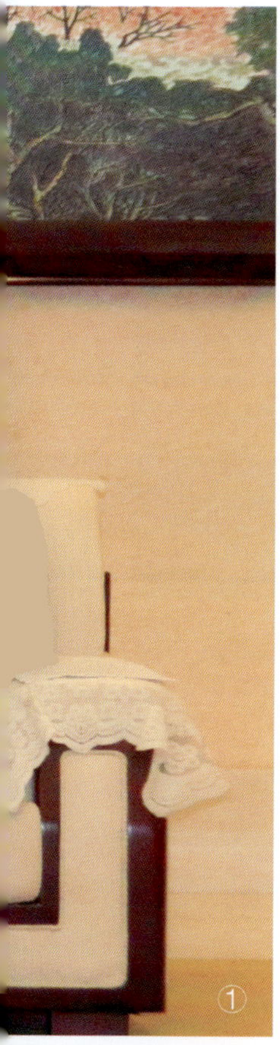

①

014中国国际友好城市大会暨广州国际城市创新大会
014 China International Friendship Cities Conference
uangzhou International Urban I ovation Conference

③

②

泰州职业技术学院
TAIZHOU POLYTECHNIC COLLEGE

④

①

2014 年 10 月 24 日，台湾海峡交流基金会董事长林中森一行到泰州考察

① 市委书记蓝绍敏（右）会见林中森（左）
② 林中森（左三）一行参观纬创资通（泰州）有限公司
③ 林中森参加泰州市台湾同胞投资企业协会第五届理监事就职典礼
④ 林中森（左三）一行参观泰州梅兰芳纪念馆

（顾祥忠 摄）

台湾海峡交流基金会董事长林中森到泰州考察

TAIWAN HAIXIA JIAOLIUJIJINHUI DONGSHIZHANG LINZHONGSENG DAOTAIZHOU KAOCHA

②

③

④

提供强力支撑

①

②

① 泰州市政府与南京航空航天大学签订第二轮全面合作协议和共建泰州技术转移中心协议

② 全国人大常委会委员、教科文卫委员会副主任委员、致公党中央专职副主席严以新(左二)一行到泰州专题调研《专利法》实施情况，实地考察国家专利战略推进与服务（泰州）中心等

③ 副市长杨杰、市科技局局长祝光共同开启“科技直通车”

④ 泰州市组织开展“企业院校行—走进深圳”活动。23家企业代表带着20多项技术需求，走访中科院深圳先进制造研究院和清华大学深圳研究院，参观第十六届高交会，共达成产学研合作意向8项

⑤ 市科技局局长祝光带队调研“兴化铁皮石斛研发中心、兴化铁皮石斛产业化示范基地”建设和发展情况

服务"三大主题"

④

⑤

⑥

⑦

⑧

③

⑥ 中科院泰州应用技术研发及产业化中心在中国医药城举办中科院生物物理所项目发布对接会，10位专家就医药医疗器械、保健品、药品疾病诊断领域发布近百项最新成果，与相关企业初步达成意向性合作协议8项

⑦ 泰州市科技创新创业大赛决赛暨颁奖晚会于9月12日下午举办，中科华星、凯尔凯德新材料、康为世纪生物科技等3个参赛项目分获初创组金、银、铜奖，磨耐特创业团队、泰州天梭科技、快速检测智能仪器技术服务团队等3个参赛项目分获团队组金、银、铜奖

⑧ 全市科技系统践行党的群众路线教育实践活动—歌咏大赛在市文化馆举行，共有8支代表队的19个节目参赛

（供稿：刘月青　审核：尤时日）

扎实推进“城建新提升”

全力建设人民满意幸福城市

① 市委书记蓝绍敏、市长陆志鹏率领市党、政班子成员赴金融服务区建设工地现场办公

② 市委书记蓝绍敏在稻河古街区调研

③ 市住建局局长陈松林协调东风路快速化改造施工现场

④ 2014年，全市8274个村庄环境整治提前一年实现全覆盖，顺利通过省级全域考核验收，获江苏省人居环境范例奖。图为整治后环境优美的姜堰洪林村

⑤ 为解决居民停车难问题，市住建局实施空转绿工程，在具备条件的小区改造建设生态停车场。图为整洁漂亮的恒景生态停车场

⑥ 保障房工作有序推进——总投资约3.7亿元，总户数1530户的泰和园二期保障房设施齐全、环境优雅

⑦ 机动车辆猛增，城区道路拥堵现象缓解。市住建局先后对具备改造条件的各个道口进行快速化改造，大大提高道路通行效率。图为改造后通行效率大幅提升的济川路——海陵路交叉道口

（供稿：韩峰　　审核：唐卫华）

十佳服务

③

地方发展单位

市国土资源局

SHIGUOTUZIYUANJU

① 省国土资源厅厅长李侃桢和市长陆志鹏签署泰州市地质调查合作协议

② 省国土资源厅厅长李侃桢督查顾高镇土地整治项目

③ 市国土资源局局长吕亚生走进12345·政风行风热线，与市民互动，听取民意，解决难题

④ 举行革命传统教育，缅怀革命先烈，牢记党的宗旨

⑤ 以党的群众路线教育实践活动为契机，深入推进机关作风建设

⑥ 加强领导班子建设，以团结、务实、高效、廉洁为目标，认真开展批评与自我批评

⑦ 关注社会弱势群体，局领导走访慰问盛和社区居民

（供稿：钱钧、樊润华　审核：何文忠）

一城清水

润祥泰

① 市长陆志鹏调研水利工作，市水利局局长胡正平陪同

② 全面推进水生态文明建设，一城清水润祥泰。国家水利部确定泰州市为全国水生态文明城市建设试点市

③ 2014年，全市水利建设共完成投入20亿元。卤汀河拓浚工程、河道工程及7座新建桥梁全部通过验收

④ 城市水利建设完成年度投资超5亿元，实施南官河整治、周山河三期、水生态治理等工程，打通断头河，整治黑臭河道

⑤ 农村水利投入5亿元，新建灌溉站555座、修建防渗渠道451千米、疏浚县乡河道40条、整治村庄河道960条，解决82.6万人饮水安全问题

⑥ 整治后的双寿河

⑦ 整治后的高新区生产河

⑧ 整治中的周山河

（供稿：朱鸿宇　　审核：祁海松）

十佳人民

①

②

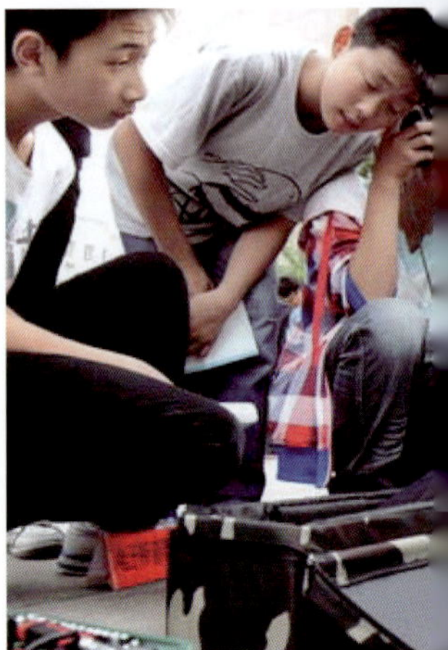

满意机关

市公安局
SHIGONGANJU

③

④

⑤

⑦

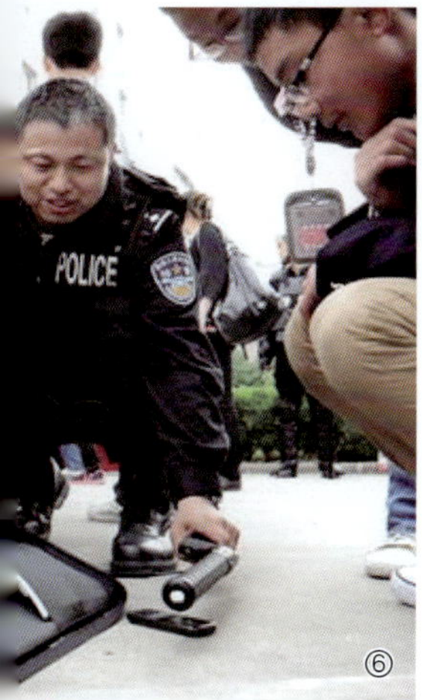

⑥

⑧

① 市委书记蓝绍敏慰问公安民警

② 市长陆志鹏慰问节日值勤民警

③ 青奥会期间，公安系统全体干警放弃休假，全力投入青奥安保工作，圆满完成青奥安保任务，省委、省政府授予市公安局“青奥会工作先进集体”。图为市委常委、政法委书记张爱平指导青奥安保工作，慰问执勤民警

④ 市公安局紧紧围绕中心任务，真抓实干服务发展大局，连续四年获“十佳人民满意机关”称号。图为局长赵建生深入基层派出所体验工作，参加“当一天所长活动”

⑤ 水警联合海事部门开展市区“一江七河”重点水域联合巡航，确保水上安全

⑥ 推动平安建设社会动员，举行警营开放日活动

⑦ 机关民警常态参与城区夜间巡逻

⑧ 公安干警利用休息时间走上街头指挥交通

（供稿：潘非　审核：董加成）

新常态 新税风
税收促进发展

①

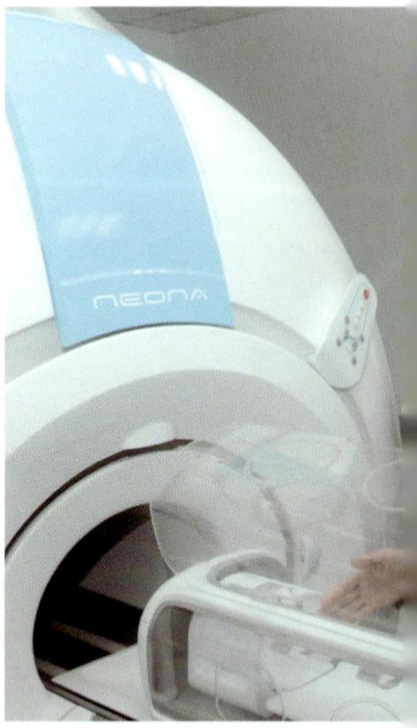

③

发展改善民生

市国税局
SHIGUOSHUIJU

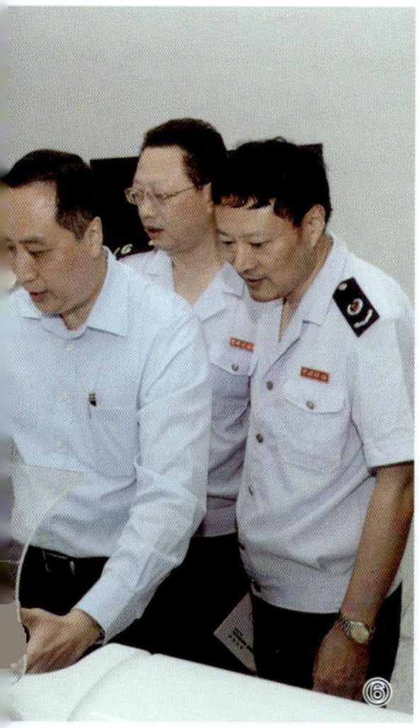

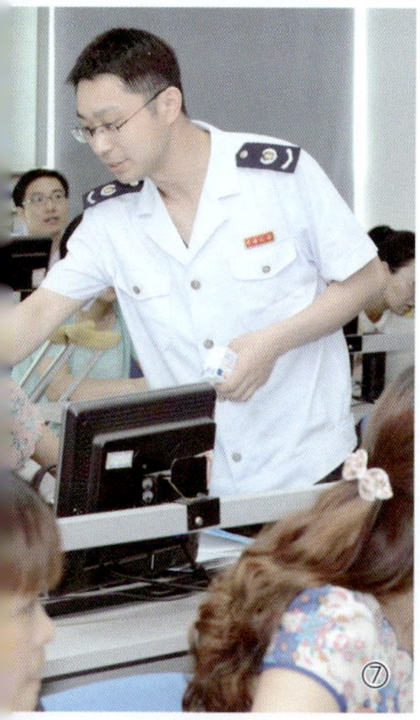

① 市委书记蓝绍敏赴国税调研

② 市长陆志鹏在国税局办税服务厅考察了解情况

③ 市政协委员走进国税文化展馆检查指导工作

④ 市国税局局长陈步龙带领党组“一班人”深入一线了解情况，解决问题

⑤ 税务人员走进车展，向车友发放宣传资料

⑥ 国税工作人员深入医疗企业了解税收优惠政策助力新品研发、专利产品推广等情况。图为企业生产总监向税务人员演示neona全球首台儿科磁共振成像系统操作流程

⑦ 电信业“营改增”试点后，市国税局组织开展培训。图为税务人员向纳税人发放宣传资料和服务联系卡

（供稿：许耀明　审核：王勇）

有为有位有担当

①

②

我勤我廉我阳光

⑦

③

① 2014年，地税总收入创历史最高水平，全年组织入库各项收入合计320.17亿元，比上年增收34.94亿元。图为市长陆志鹏调研地税工作

② 副市长张余松在政务中心地税窗口调研

③ 泰州地税局局长佘元原走进行风热线，倾听纳税人呼声

④ 坚持公平、公正，树立正确的用人导向。图为泰州地税局选拔领导干部素质能力测试现场

⑤ “比好质效、比进位次、比正能量”三比竞赛启动

⑥ 每月召开一线干部座谈会，听取来自基层的意见、建议

⑦ 当好贤内助，共筑廉政防线——干部家属家庭助廉座谈会

⑧ 加强爱国主义教育，组织干部职工参观海军诞生地纪念馆

⑨ 组织岗位技能达标考试，加强岗位练兵，提高全员素质

（供稿：周昊　审核：吴剑波）

⑧

④

⑨

⑤

⑥

①

②

科学发展勇攀登

③

④

⑤

⑥

⑦

① 市委书记蓝绍敏调研教育工作，走访慰问教育工作者，与学生亲切交流

② 市长陆志鹏高度关心教育工作，深入特殊教育学校调研

③ 全国首创、规模最大的中小学生自主学习系统——“泰微课”正式上线，17门学科、7万条知识点、5万条微视频、12万条微测试，把名师免费送进千家万户，有效遏制有偿家教，推进教学资源优质均衡

④ 表彰第二届“感动泰州”师德模范，举办“泰美教师”风采展演活动，杨向明、吴敏秋等一批“泰美教师”的先进事迹感人泪下，催人奋进

⑤ 继续实施卓越教师培养工程，创新开展“泰州师说”全员网络培训，深入落实“一专多能”专项培训，构建“瞄准高端、面向全员、提升薄弱”的教师培养体系

⑥ 建成全国义务教育学校管理标准实验区，出台普通中小学校建设标准和管理的评估标准，形成建设、管理、评价“三位一体”的标准化管理体系，全市义务教育学校规范化管理水平稳步提高

⑦ 汽车开进职校课堂，职业教育服务地方经济发展的能力不断提升，为泰州经济转型升级输送大批高技能人才

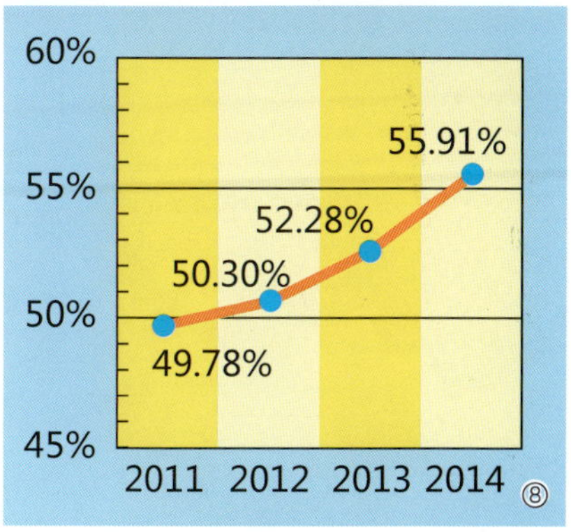

⑧

近几年我市高考录取率示意图

⑧ 组建四星级高中联盟和三级教育智囊团，实施素质教育“5+2”工程，推进教育教学改革，基础教育质量走在全省前列，2014年高考再创佳绩。

（供稿：杨艳　审核：朱尧）

安全生产监管监察
先进单位
国家安全生产监督管理总局
国家煤矿安全监察局
二〇一五年一月

以人为本 生命至上

市安委会全体（扩大）会议
③

安全生产 责重如山

中共泰州市委文件

泰发〔2014〕22号

中共泰州市委　泰州市人民政府
关于印发《泰州市安全生产"党政同责、一岗双责"暂行规定》的通知

各市（区）委、人民政府，泰州医药高新区党工委、管委会，市委各部委办，市各委办局，市各直属单位：

《泰州市安全生产"党政同责、一岗双责"暂行规定》已经市委常委会、市政府常务会议讨论通过，现印发给你们，请遵照执行。

中共泰州市委　　泰州市人民政府

2014年12月11日

— 1 —

① 市委书记蓝绍敏带队检查市区重点企业安全生产工作

② 市长陆志鹏带队检查重点化工企业春节期间安全生产工作，副市长杨杰陪同检查

③ 市政府召开安委会全体（扩大）会议，市长陆志鹏作重要讲话，副市长杨杰、市政协副主席奚爱国和市政府秘书长王群出席会议

④ 副市长杨杰带队开展安全生产"六打六治"专项检查

⑤ 泰州市安委办、姜堰区政府联合在中石油姜堰油库举行"危险化学品事故应急演练"

⑥ 市委、市政府出台《泰州市安全生产"党政同责、一岗双责"暂行规定》，这是泰州市首个以市委、市政府名义联合印发的关于安全生产的规范性文件

（供稿：张丹　　审核：黄蓉）

以人为本 生命至上

①

②

安全生产 责重如山

市安监局
SHIANJIANJU

① 市长陆志鹏带队检查重点工贸企业国庆节前安全生产工作，市委常委、医药高新区党工委书记陆春云，副市长孔德平陪同检查

② 副市长杨杰带队到市区重点危化品企业进行突击夜查

③ 泰州市2014年“安全生产宣传咨询周”启动仪式暨安全生产宣传咨询日活动在中铁溪源建筑工地举行，副市长杨杰出席活动并宣布咨询周启动

④ 市安监局局长陈忙耕到姜堰区检查安全生产工作

⑤ 市安监局邀请省安监局有关专家为全市安监系统干部职工进行新《安全生产法》专题宣讲

⑥ 市安监局组织基层监管人员进行“学习练兵”活动

（供稿：张丹　审核：黄蓉）

不断提升执法服务
着力改善

①

②

水平
城市人居环境

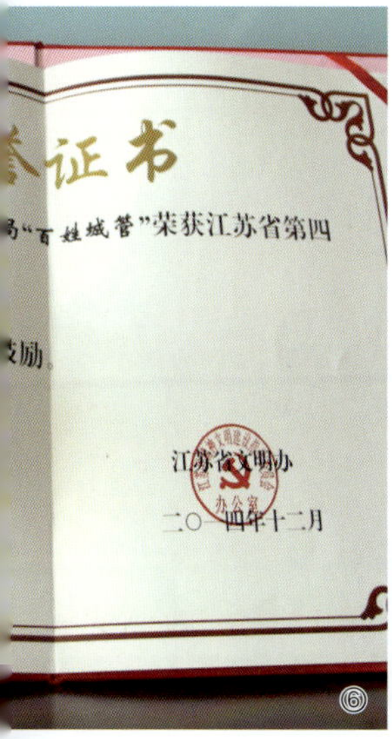

⑥

③

⑦

④

⑧

⑤

① 公共自行车一期工程投入运行后，使用频次高，深受市民好评。市委书记蓝绍敏也以公共自行车为交通工具，深入大街小巷察民情、听民声、问民意

② 市长陆志鹏调研城市管理工作，详细了解市城管局在便民服务、卫生保洁、执法为民等方面的工作

③ 副市长孔德平督查指导城市管理工作

④ 局党委书记、局长高卫东做客“望海楼访谈”，首次公开阐述“保姆城管、精细城管、效率城管”的目标定位。“三个城管”与“百姓城管”既一脉相承又与时俱进，既坚持总体要求，又充实时代内涵，注入创新活力，开辟崭新境界

⑤ 生活垃圾焚烧发电厂平稳运行，日处理垃圾900吨，发电30万度

⑥ “百姓城管”获评“江苏省第四批优质服务品牌”

⑦ 加大投入力度，购置20台垃圾清运车，减轻一线环卫工人劳动强度

⑧ 文明创建期间，开展市容环境、广告、渣土等多项整治，为泰州创成“全国文明城市”打下坚实基础

（供稿：俞佳　审核：张玉平）

服务服从发展

①

②

增进民生福祉

① 全市人力资源和社会保障工作会议明确新年度的工作任务：主动适应经济发展新常态，坚持改革创新，致力稳中奋进，圆满完成全年目标任务，为泰州经济发展作出新的贡献

② 市人社局办事大厅医保中心审核结算窗口及时为参保人员报销医疗、工伤、生育保险等相关费用

③ 市人社局在全市开展园区行、企业行、校园行，送政策、送信息、送培训的“三行三送”人才服务活动，通过进园区、走企业、联高校，宣政策、访人才、解困难，进一步拓展人才服务内容，扩大人才服务供给，不断满足园区、企业、校园对人才服务的需求，为全市经济社会发展提供充足的人才和智力支撑

④ 市级机关新录用公务员初任培训班在市委党校开班。市直、海陵区、高新区47名新录用公务员和新录用的19名“985”高校党政青年人才参加培训

⑤ 市人力资源市场举办“泰州市区农村劳动力转移就业专项交流洽谈会”，95家企业提供5170个就业岗位、10家培训机构提供30个培训项目供求职者挑选，并为广大市民和农民提供就业援助、创业扶持等多项服务

⑥ 仲裁处仲裁员深入用人单位指导建立企业内部劳动争议、预防调解体系建设

⑦ 劳动监察支队工作人员深入到建筑工地一线，向工人发放政策宣传单，普及劳动保障法律法规

⑧ 市人力资源和社会保障局第8期人社大学堂，邀请北京礼仪学院院长、百姓大学堂第111期作客嘉宾李柠做文明礼仪知识讲座

（供稿：朱纯兵　　审核：陈海泉）

助推两个十年目标

① 省委教育工委书记、省教育厅厅长沈健到泰州学院考察调研

② 2014年9月19日，市委书记蓝绍敏、市长陆志鹏为泰州学院新校区揭牌

③ 泰州电视台报道：《勤政廉政好干部严晓明》之一：白手起家 10年建起大学城

④ 报道之二：勤于钻研 从“门外汉”到“行家里手”

⑤ 报道之三：严于律己 “狼性”工作 “羊性”待人

⑥ 报道之四：学习严晓明 奋发有为 无私奉献

⑦ 报道之五：学习严晓明精神 为“三大主题”作贡献

⑧ 报道之六：发扬严晓明精神 再造火红激情创业年代

（供稿：张卓娅　审核：丁丽）

促进高教事业发展

②

⑤

严晓明，2004年3月由海陵区分管文、教、体、卫副区长岗位调任市高教园区副主任，负责筹建泰州高等教育园区，2005年7月任高教园区主任，现任泰州医药高新区党工委副书记、高教园区党组书记、主任。十年来，他带领高教园区广大干群攻坚克难、负重奋进，终于让一座充满生机和活力的“大学城”矗立在泰州城区东部。长期超负荷工作，严晓明积劳成疾，但是他心中装的全是大学城的建设。严晓明的顽强拼搏精神和无私奉献的高尚品质展示新时期泰州干部的良好形象。他坚持长期奋斗、长期攻坚、长期吃苦、忘我奉献的精神深深感动着泰州人民。中共泰州市委秉承民意，指示宣传部门组织联合报道组，对严晓明同志的先进事迹作深入采访报道

⑥

⑦

⑧

① 中国现代畜牧业职教集团（校企联盟）在江苏农牧学院成立

② 创新发展高等职业教育暨全国高职高专校长联席会议2014年年会在江苏农牧学院举行。图为院党委书记吉文林在会上作“优质高等职业院校建设”报告

③ 江苏农牧学院与泰州市凤城河风景区举行合作签约仪式

④ 2014年中国技能大赛——全国动物防疫职业技能竞赛在江苏农牧学院举行

⑤ 江苏农牧学院获得国家级教学成果一等奖

⑥ 江苏农牧学院获“2014全国职业院校就业竞争力示范校”称号

⑦ 江苏农牧学院与央企——中牧集团成功合作。图为院长何正东（前左一）代表学院与中国牧工商（集团）总公司签约

⑧ 江苏农牧学院吴敏秋老师获评泰州市第二届“感动泰州”师德模范

⑨ 江苏农牧学院2000届毕业生侯斌斩获全国动物防疫职业技能竞赛桂冠

（供稿：周荣甲　审核：陆建华）

江苏农牧科技职业学院

JIANGSUNONGMUKEJIZHIYEXUEYUAN

②

⑦

④

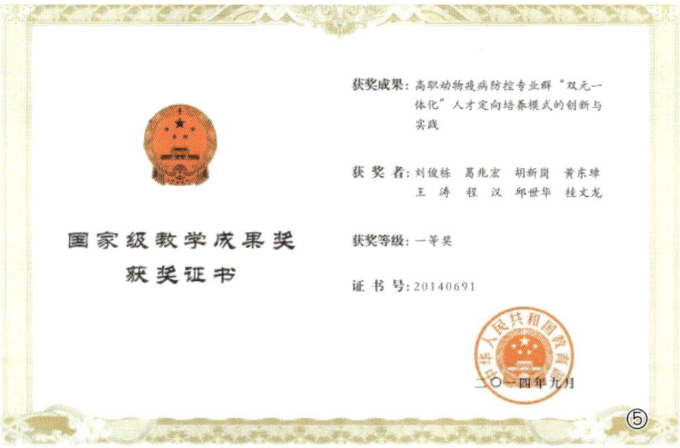

⑤

⑧

⑥

⑨

PICC

①

②

③

④

⑤

⑥

① 2014年，公司保费收入突破10亿元大关，继续领跑泰州财产保险市场。市委书记蓝绍敏与公司总经理王晓文亲切交流，勉励公司全力开拓市场，进一步提升服务泰州经济发展的能力

② 总公司总裁助理、省分公司总经理华山莅临指导工作，对公司的各项工作表示了充分肯定

③ 公司的优质服务赢得大客户的青睐，也受到省分公司领导的高度重视，省分公司领导亲自来泰拜访大客户

④ 服务社会主义新农村建设，人保财险的快速高效收获遍地赞誉

⑤ 加强企业文化建设，风雨同行、至爱至诚，做人民满意的保险公司

⑥ 踏着革命先辈的足迹，坚持以市场为导向、以客户为中心，铸就公司核心竞争优势，打造杰出的企业品牌形象

（供稿：朱跃清　审核：吴晓平）

③

泰州市交通产业集团有限公司

TAIZHOUSHIJIAOTONGCHANYEJITUANYOUXIANGONGSI

②

⑤

⑥

① 泰州市交通产业集团组建于1996年，为国资委下属国企，是以交通投融资为主体，以公共交通、长途运输、港口装卸、能源经营、广告传媒等产业为支撑的大型综合性企业集团。图为副市长杨杰，董事长、总经理黄金荣考察意向合作企业泰州申视塑料公司

② 为拓展产业构成，加快企业转型升级，公司与中国燃气集团旗下中燃清洁能源（深圳）有限公司合作，共同出资1500万组建“泰州中燃清洁能源有限公司”，开展船舶动力“油改气”改造和水上加气站建设经营业务。图为公司董事长、总经理黄金荣与中燃清洁能源（深圳）有限公司签订合作协议

③ “泰州通”卡项目为市政府为民办实事重点项目，公司子公司凤城一卡通公司积极扩大“泰州通”卡应用功能，与电信开展合作，开通“手机通”刷卡业务，方便市民出行

④ 公司加大企业文化建设力度，开展“企业精神征集提炼”活动，“交融聚汇、通和行远”当选。图为获奖选手与领导合影

⑤ 集团公司在加快发展的同时，积极履行社会责任，主动为经济落后乡镇、社会弱势群体排忧解难。图为公司组织开展“博爱红十字”捐款活动

⑥ 近年来，公司重点布局四大产业板块，其中能源板块旗下已有合作公司鑫通能源公司、交通港华公司等。由交通港华投资建设的汽车南站加气站已投产试运营，日均营销LNG气量近7吨

（供稿：莫薇　审核：张由凤）

① 中共泰州市公共交通有限公司党委成立，董事长兼总经理章斌任党委书记。公交党委的成立，为促进公交全面实现转型升级提供强有力的组织保障，泰州公交被中国交通企业管理协会表彰为“2014年度全国交通运输企业诚信建设先进单位”，章斌同志获“诚信先进个人”称号

② 董事长、总经理章斌走上街头，征集乘客对公交工作的建议

③ 努力践行社会主义核心价值观，市公交公司主动承担社会责任，关爱、帮扶弱势群体

④ 泰州公交新辟优化8条公交线路，不断消除公交服务盲点，进一步提高公交覆盖面，增强公交从城区向乡镇的辐射能力，满足市民不同的出行需求

⑤ 泰州公交新增150辆公交车，其中60辆为新能源公交车，倡导绿色低碳环保的出行理念

⑥ 泰州掌上公交系统进一步升级，功能更加完善。每天固定使用用户达7000人左右，日点击量超过20万

（供稿：李瑢瑢　审核：王家鹏）

诚信建设先进单位

市公交公司

SHIGONGJIAOGONGSI

“江苏省五一劳动奖章”获得者章斌。作为泰州公交公司董事长、党委书记兼总经理，章斌同志带领公交干部职工紧紧抓住“公交优先”和“公交转型升级”的战略机遇，以完善“两个转变”（运输组织结构、管理模式）和建设“三个系统”（营运调度系统、信息服务系统、考核系统）为主线，致力于打造“民生公交、科技公交、精细化公交、和谐公交”，为泰州城市公交的发展做出巨大的贡献。

华信投资
HX·INV

②

泰州华信药业投资有限公司

TAIZHOU HUAXIN PHARMACEUTICAL INV.CO.,LTD.

① 医药高新区医药城工业邻里中心开工建设

② 兴业银行领导考察医药城，医药高新区管委会主任吴跃、华信药业董事长申忠健陪同

③ 华信药业以党建工作为抓手，全力配合医药高新区，实施项目大突破、城建新提升

④ 经过多年努力，医药高新区投资环境日臻完美

⑤ 医药城疫苗工程中心

⑥ 医药城科技企业加速器

⑦ 泰州华信药业投资有限公司成立于2005年12月28日，为泰州国资委下属国企，现任法定代表人、董事长申忠健。公司注册资本18.89亿元公司主要职能：履行泰州医药高新技术产业开发区对外融资和投资职责，同时作为高新区重大项目建设的投资主体和项目贷款主体，具体负责与银行联系贷款和落实还贷工作；承担基础设施投资、房屋开发，设备、厂房出租等，并按建设项目的投资计划负责委托设计、招标、施工

（供稿：高飞　　审核：吴志兰）

尚法求是

①

②

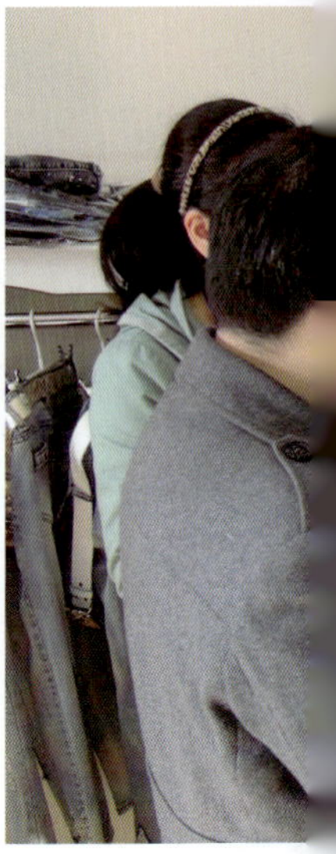

创新争先

国家统计局泰州调查队

GUOJIATONGJIJUTAIZHOUDIAOCHADUI

③

⑥

④

⑦

⑤

① 江苏调查总队党组书记、总队长樊燕超在泰州调研城乡居民收入情况

② 队领导走访、慰问贫困记账户

③ 大力推进调查文化建设，定期举办各类活动，提高干部职工素质和能力

④ 对调查对象开展统计执法检查

⑤ 利用移动面访系统（CAPI）开展调查

⑥ 举办“送法进社区”活动，营造法治统计的良好氛围

⑦ 精心编印发行调查资料，为统计用户和调查对象提供高效快捷的数据服务

（供稿：丁唯　审核：李越）

泰州市图书馆

TAIZHOUSHITUSHUGUAN

① 国家图书馆名誉馆长周和平考察泰州市图书馆，副市长王学锋、市文广新局局长陈士宏、图书馆馆长沈俊陪同

② 市长陆志鹏到市图书馆调研

③ 市图书馆市级机关分馆开馆，副市长王学锋到分馆检查指导工作

④ 全国模范法官陈燕萍作客市图书馆“凤城讲坛”，讲述“把公正写进老百姓的心里”

⑤ 市图书馆每年举办免费老年电脑培训班

⑥ 江苏省暨泰州市全民阅读书香图片展在图书馆一楼展出

（供稿：沈嵘　审核：沈俊）

编　辑　说　明

一、《泰州年鉴》是中共泰州市委、泰州市人民政府主持编纂的地方综合性年鉴。创刊于1998年，本卷为第18卷。

二、《泰州年鉴（2015）》以马克思列宁主义、毛泽东思想、邓小平理论、“三个代表”重要思想为指导，坚持科学发展观，全面、翔实地记述2014年泰州市政治、经济、文化、社会和生态建设等方面的情况，为认识泰州、研究泰州、发展泰州，提供全面、系统、权威的市情资料。

三、《泰州年鉴》采用分类法编辑，全书分栏目、分目（部分分目设副分目）和条目 3 个层次。栏目、分目用不同字体加以区别，栏目标于书眉，副分目以楷体字前后加•表示。条目标题采用黑体字并加【 】表示。大事记条目前有△者，表示该条目与前条目日期相同。

四、《泰州年鉴（2015）》共设40个栏目，273个分目，2000多个条目。新设党的群众路线教育实践活动、项目大突破、周山河新城建设等内容。彩页刊登最新版《泰州市政区图》《泰州城区图》。

五、为便于检索，卷首配备详细中文目录和英文要目，卷末设有索引。索引采用主题分析法编制，款目按汉语拼音字母顺序（同音字按声调）排列。

六、书中所涉及机构名称大多采用规范化或习惯性简称，目录前备有部分组织机构全称、简称对照表。

七、本年鉴资料稿件由全市各有关部门、单位提供，并经部门领导审核。统计数据以统计部门的资料为准。

八、撰稿人姓名加（ ）列于所写正文之后，同一栏目内相邻条目为同一撰稿人的，则列于末条正文之后。

部分组织机构全称、简称对照表

全　称	简　称	全　称	简　称
中国共产党泰州市委员会	市委	泰州市食品药品监督管理局	市食品药品监管局
泰州市人民代表大会常务委员会	市人大常委会	江苏泰州质量技术监督局	泰州质监局
泰州市人民政府	市政府	泰州市国土资源局	市国土资源局
中国人民政治协商会议泰州市委员会	市政协	泰州市民防局	市民防局
中国共产党泰州市纪律检查委员会	市纪委	泰州市建筑工程管理局	市建工局
江苏省泰州市中级人民法院	市法院	泰州市盐务管理局	市盐务局
江苏省泰州市人民检察院	市检察院	泰州市供销合作总社	市供销社
中国共产党泰州市委员会办公室	市委办	泰州市国家税务局	市国税局
泰州市人民政府办公室	市政府办	泰州市地方税务局	市地税局
中国共产党泰州市委员会政法委员会	市委政法委	中华人民共和国泰州出入境检验检疫局	泰州检验检疫局
中国共产党泰州市委员会统一战线工作部	市委统战部	中华人民共和国泰州海关	泰州海关
中国共产党泰州市委员会农村工作办公室	市委农工办	中国人民银行泰州市中心支行	市人行
中国共产党泰州市委员会市级机关工作委员会	市委机关工委	中国农业发展银行泰州市分行	农发行泰州市分行
中国共产党泰州市委员会台湾工作办公室	市台办	中国工商银行泰州分行	工行泰州分行
中国共产党泰州市委保密委员会办公室	市委保密办	中国农业银行泰州市分行	农行泰州分行
泰州市人民政府外事办公室	市外办	中国银行泰州分行	中行泰州分行
泰州市人民政府侨务办公室	市侨办	中国建设银行泰州分行	建行泰州分行
泰州市人力资源和社会保障局	市人社局	交通银行泰州分行	交行泰州分行
泰州市民族宗教事务局	市民宗局	中国国民党革命委员会泰州市委员会	民革市委
泰州市机构编制委员会办公室	市编委办	中国民主同盟泰州市委员会	民盟市委
泰州市市级机关事务管理局	市级机关管理局	中国民主建国会泰州市委员会	民建市委
泰州市发展和改革委员会	市发改委	中国农工民主党泰州市委员会	农工市委
泰州市经济和信息化委员会	市经信委	九三学社泰州市委员会	九三市委
泰州市商务局	市商务局	泰州市工商业联合会	市工商联
泰州市科学技术局	市科技局	中国共产主义青年团泰州市委员会	团市委
泰州市人口和计划生育委员会	市人口计生委	泰州市妇女联合会	市妇联
泰州市社会管理综合治理委员会办公室	市综治办	泰州市残疾人联合会	市残联
泰州市农业委员会	市农委	泰州市归国华侨联合会	市侨联
泰州市环境保护局	市环保局	泰州市文学艺术界联合会	市文联
江苏省泰州工商行政管理局	泰州工商局	泰州市哲学社会科学联合会	市社科联
泰州市城市管理局	市城管局	泰州市科学技术协会	市科协
泰州市住房和城乡建设局	市住建局	中国人民解放军江苏省泰州军分区	泰州军分区
泰州市交通运输局	市交通运输局	中国人民武装警察部队泰州市支队	市武警支队
泰州市文化广电新闻出版局	市文广新局	中国人民警察部队泰州市消防支队	市消防支队
泰州市安全生产监督管理局	市安监局		

目　录

特　　载

党的群众路线教育实践活动

专　　记

大　事　记

泰州概貌

中共泰州市委员会

泰州市人民代表大会

泰州市人民政府

政协泰州市委员会

民主党派·工商联

人　民　团　体

政 法

地 方 军 事

人力资源·社会保障

城市建设与管理

环 境 保 护

旅游·园林绿化

信 息 化 建 设

水　　利

交　通 · 邮　政

建　筑　业

农　业·农　村

工　业

对外及对港澳台经济贸易

产业园区·沿江开发

口岸·港口

国内贸易

综合经济管理

财政·税务

金 融

教　　育

科　　学

文　化 · 新　闻

卫　生

体　　育

社　会　生　活

（区）市概貌

先进集体·先进个人

附 录

索 引

MAIN CONTENTS

SPECIAL RECORD

THE PARTY'S MASS LINE EDUCATION PRACTICE

SPECIAL ACCOUNT

MEMORABILIA

TAIZHOU PROFILE

CPC TAIZHOU MUNICIPAL COMMITTEE

TAIZHOU MUNICIPAL PEOPLE'S CONGRESS

TAIZHOU MUNICIPAL PEOPLE'S GOVERNMENT

CPPCC TAIZHOU MUNICIPAL COMMITTEE

DEMOCRATIC PARTIES AND THE FEDERATIONS OF INDUSTRY AND COMMERCE

PEOPLE'S ORGANIZATIONS

POLITICAL SCIENCE AND LAW

LOCAL MILITARY

THE HUMAN RESOURCES & SOCIAL SECURITY

URBAN CONSTRUCTION & MANAGEMENT

ENVIRONMENT PROTECTION

TORUISM & LANDSCAPING

INFORMATION CONSTRUCTION

WATER RESOURCES

TRANSPORTATION & POST

CONSTRUCTION INDUSTRY

AGRICULTURE & COUNTRYSIDE

INDUSTRY

FOREIGN, HONGKONG, MACAO & TAIWAN ECONOMY & TRADE

INDUSTRIAL DEVELOPMENT ZONE & RIVERINE DEVELOPMENT

PORT & HARBOR

DOMESTIC TRADE

COMPREHENSIVE ECONOMIC ADMINISTRATION

FINANCE & TAXATION

FINANCIALS

EDUCATION

SCIENCE

CULTURE & NEWS

PUBLIC HEALTH

SPORTS

SOCIAL LIFE

PPOFILE OF THE COUNTY LEVEL CITIES DISTRICTS

ADVANCED ORGANIZATIONS & INDIVIDUALS

APPENDIX

INDEX

Translated by Gao Qiang

千岛菜花全貌

深化综合改革 建设医药名城
奋力开创转型升级融合发展新局面
——2014年7月18日在中共泰州市委四届七次全会上的讲话

市委书记 张 雷

这次全会的主要任务是深入贯彻落实省委十二届七次全会精神，总结今年以来工作，明确下半年及今后一个时期工作要求，动员全市上下再接再厉、团结奋斗，全面深化综合改革，加快建设医药名城，更好更快地推进转型升级、融合发展，确保实现全年各项目标任务。

7月18日，市委书记张雷在中共泰州市委四届七次全体会议上讲话

今年以来，我们坚持以习近平总书记系列重要讲话精神为根本遵循，深入贯彻落实省委决策部署，扎实推进“八项工程”，协调抓好各项工作，转型升级取得新成效，城乡一体迈出新步伐，综合改革实现新突破，人民生活有了新改善，党的建设得到新加强。重点抓了四个方面工作：一是深入开展党的群众路线教育实践活动。制定出台教育实践活动《实施意见》并及时动员部署，市委常委会以身作则、率先垂范，召开专题民主生活会，以整风精神开展批评和自我批评。坚持问题导向，组织“六查六看”，开展作风建设“亮剑”行动，突出抓好专项整治和即知即改事项整改。“治四风、建四队”活动有效推进，得到省委充分肯定。全

面加强党风廉政建设，巩固了风清气正的良好环境。二是全力推动经济发展稳中有进、稳中提质。积极应对宏观环境新变化，在扩大有效投入、强化要素保障、激发民营经济活力、防范化解风险等方面，采取了一系列针对性举措。全市经济平稳健康发展，主要指标增幅快于全省、好于预期，地区生产总值、公共财政预算收入、固定资产投资分别增长10.7%、10%和23.1%；经济运行质量效益继续提升，规模以上工业利税增幅列全省第2位；转型升级步伐加快，战略性新兴产业、高新技术产业产值分别增长16.5%和18.4%，服务业增加值占GDP比重提高1个百分点。三是认真贯彻落实中央、省委关于全面深化改革的工作部署。成立市委全面深化改革领导小组，制定出台《关于全面深化改革促进转型升级融合发展的意见》，在行政管理体制、资源要素市场化、科技创新体制、绿色发展机制、区域统筹发展机制等方面推出一系列改革举措，综合改革试点工作取得阶段性成效。四是扎实抓好民生实事落实和重点工程建设。切实办好农村教育医疗、保障房建设、老小区改造等民生实事，开工建设了一批城市公共绿地、休闲游园、道路交通工程，加快构建七大公共服务体系。精心组织城市环境与秩序集中整治，大力推进全国文明城市和生态市创建工作。深入开展“五大专项行动”，不断创新社会治理，社会大局保持和谐稳定。

上半年工作取得的重要进展，为实现全年目标任务打下了坚实基础。在肯定成绩的同时，我们更要清醒看到，当前和今后一个时期经济社会发展仍然面临不少困难和问题，经济增长下行压力与转型升级倒逼压力同时存在，资源环境约束加剧和项目招引难度加大日益凸显，全面深化改革与维护社会稳定任务艰巨，“四风”问题时有反复，反腐倡廉任重道远，少数党员干部的精神状态需要进一步提振。我们要充分认识到：第一，经济建设始终是全党工作的中心，任何时候、任何情况下都不能动摇、不能偏离。不唯GDP，不是不要GDP，更不是不要发展。习近平总书记最近强调指出，必须坚持以经济建设为中心，坚持发展是党执政兴国的第一要务，不断推动经济持续健康发展。我们要全面正确理解中央和省委决策部署，始终突出经济工作这个主旋律，努力实现遵循经济规律的科学发展，遵循自然规律的可持续发展，在转方式、调结构、保民生上不断取得实实在在的成效。第二，中高速发展已经成为经济“新常态”，必须坚定信心，保持定力。现阶段7.5%左右的宏观发展速度，是爬坡过坎时的主动降速，为我们加快转型升级留出了空间。因此，适应新常态，不能消极悲观、不知所措、无所作为，而是要用“两点论”分析形势，用“底线思维”看待问题，坚持稳中求进、改革创新，凤凰涅槃、腾笼换鸟，夯实基础、完善功能，融合发展、加快崛起，以奋发有为的“非常态”作为，牢牢把握改革发展主动权。第三，解放思想始终是我们前进的动力，破解发展难题、增创发展优势，需要我们大胆开拓创新、加快改革转型。改革转型的目标任务要求我们继续解放思想，复杂多变的发展形势倒逼我们进一步解放思想。我们要紧跟时代实践步伐，因势而变、应势而动、顺势而为，自觉和中央、省市委最新要求对对号，和先进地区对对标，目标定位、思维模式、工作思路和工作方法都要加快转型，有效推进各项工作的落实和突破，更好地担负时代重任。第四，发展的每一个节点都是一个新的起点，必须始终保持昂扬向上、奋发有为的精气神。我们坚持打基础、利长远的工作导向，大力实施开放创新“双轮驱动”战略，加快构建“1+3+N”现代产业体系，扎实推进“三个名城”建设，积极探索转型升级、融合发展特色路径，取得了良好的工作成效，为未来发展打下了坚实基础。但我们还远远没到可以松口气、歇歇脚的时候，要把已经取得的成绩看做是事业新的起跑线，一以贯之、久久为功，勇往直前、善作善成，努力把泰州建设得更加美好。

下半年工作任务艰巨繁重，我们要始终保持良好的精神状态，坚定信心，开拓奋进，深入实施“八项工程”，统筹抓好经济、社会、文化、生态、党的建设等各方面工作，确保圆满完成全年目标任务。下面，我主要讲讲加快医药名城建设和推进综合改革试点工作，其他重点工作由陆志鹏同志具体部署，希望大家抓好贯彻落实。

一、毫不动摇地举全市之力加快建设中国医药城

医药产业是泰州最具特色和优势的产业。建设中国医药城是市委、市政府的重要决策部署，得到省委、省政府的肯定和支持，是事关泰州未来发展的重大战略举措。这些年，我们始终坚持“中国医药城就是泰州，泰州就是中国医药城”的理念，把举全市之力建设中国医药城作为全市工作的鲜明导向、作为推进转型升级综合改革试点的第一目标，聚合资源要素，聚焦政策支持，聚力攻坚克难，医药城从无到有、从小到大，取得了来之不易、难能可贵的发展业绩，逐步形成了产业集聚效应和园区品牌优势，为全市产业转型、城市转型探索了新路。到目前为止，累计引进医药企业421家，阿斯利康、勃林格殷格翰等8家国际知名药企成功落户，21家药品生产企业、66家医疗器械生产企业取得生产许可证；创新要素加快集聚，国内外50多家知名大学和研发机构进驻，引进国家“千人计划”专家24人、省“双创人才”64人；公共平台不断拓展，建成分子诊断技术研发等16个公共服务平台，获批江苏首家药品专用公共型保税仓库，省食品药品检验分所、医疗器械检验分所建成使用；产业承载能力显著增强，基础设施逐步到位，一批城建重点工程相继开工建设，初步形成高品质的城市形态，成为中心城市的重要组团。

现在，医药城的发展正站在新的起点上，进入重大项目推进的加速期、产业集聚的爆发期。医药产业是国际公认的具有广阔发展前景的朝阳产业，近年来我国医药行业年均增速20%以上，在宏观经济整体下行背景下一枝独秀；美国医疗服务产业占GDP15%左右，而我国还不到6%，潜在的发展空间十分巨大；特别是国家大力扶持健康服务业发展，到2020年行业规模将达到8万亿元以上，中国医药城将迎来全新的发展机遇。在新的发展阶段，我们要理性思考、系统谋划、科学推进，既要看到成绩和亮点，增强发展自信，又要看到差距和不足，完善发展思路，调优目标定位，增添发展动力。总体要求是：更好遵循经济发展规律、园区开发规律和医药产业发展特殊规律，牢牢把握产业化这个根本，突出改革创新、产城融合，强化资本集聚、人才支撑，坚持集约发展、滚动开发，全力打造生物技术与新医药产业核心区、综合改革试验区、转型升级先导区。力争实现“两个十年目标”：到2016年医药城开发建设10周年之际，园区框架基本形成，功能更加完善，产业特色更加鲜明，成为长三角生物技术与新医药产业核心区；到2019年国家级医药高新区成立10周年之际，基本建成产城一体的医药名城，实现千亿级产业规模，跻身国家级高新区第一方阵，确立泰州生物技术与新医药产业发展的全国领先地位，成为全球生物医药产业高地、人才高地。

1. 坚定不移地举全市之力建设中国医药城。医药城的快速发展，得益于全市上下协力同心，医药城的下一步发展，更加需要全市上下倾力支持。举全市之力，不仅要在思想认识上高度统一、高度自觉，更要在实际行动上出实招、出硬招。要更大力度地把“中国医药城就是泰州，泰州就是中国医药城”的理念付诸行动、落到实处。要把医药城的建设发展作为筑高发展平台、带动产业和城市转型的重要契机，主动策应、深度对接、全力支持医药城建设，在融合中分享机遇，在互动中借力发展，促进全市医药产业整体跃升。市级机关各部门要主动关心医药城、真诚服务医药城，加强与国家和省对口部门的联系衔接，在国家大政策下为医药城争取特殊政策，及时制定出台配套政策，推动政策深化、细化、具体化，形成政策集成效应，为医药城的发展创造更为有利的条件。举全市之力，不仅要集一时之力、攻坚克难，更要举长久之力、持之以恒。医药产业投入大、风险高、周期长，重大项目从招引到投产需要5~8年，甚至更长时间。上海张江高科技园区从上世纪90年代初期起步，经过20多年的发展才达到现在的规模。一个成熟的医药产业园区，需要一代人甚至几代人共同努力才能做成。对于医药城的发展，我们既不能急功近利、急于求成，也不能被困难所扰、畏首畏尾。要看长远、看未来，有功成不必在我的境界，不论形势如何变化，不论困难多么巨大，都始终把医药城的发展放在重中之重的位置，既要在资源要素上全力支持，也要在发展战略、规划布局等大的方面主动支持。在共建举措上，继续支持扬子江、济川、苏中等重点医药企业加快发展，推动这些企业的营销渠道、投资能力优势和医药城的人才、技术、政策优势充分“嫁接”，实现政策共享、成果共创、渠道共用、互利共赢；在财税政策上，坚持“放水养鱼”，制定新一轮财税扶持政策，加大支持力度；在要素保障上，推动用地计划、信贷资金以及市级层面的各类奖补资金，向医药城重点倾斜；在行政审批上，市级行政审批事项能下放的全部下放，实行一个窗口集中审批。举全市之力，不仅要集成外部资源，更要凝聚医药高新区全区合力、激发内生动力。高新区上下要牢固树立“一盘棋”思想，主动服从服务于医药城建设，以主人翁姿态为医药城发展谋新招、思良策，共同打造最佳发展环境；进一步加强班子队伍建设，苦练内功，营造艰苦奋斗、勤廉创业的良好氛围，展现高新区干部队伍的新作风、新作为、新形象。举全市之力，市委、市政府将一如既往地在政策倾斜、要素集聚、难题破解等方面，更大力度支持医药城发展。以什么样的态度、什么样的力度支持医药城发展，不仅是对我们工作水平和创新能力的考量，更是对全局观念和大局意识的考验。各地各部门对医药城的支持服务，将作为重要内容纳入年度绩效考核，市效能办要加强督查，务求落实。各级干部都要明确职责所在，积极主动作为，不做旁观者、不当局外人，比服务、比贡献，迅速掀起新一轮支持医药城发展的热潮。

2. 坚定不移地以产业化为龙头。医药城要建成“三区”，关键是建成“产业核心区”。要坚持产业立区、企业兴区，进一步突出产业化在全局工作中的核心地位。产业方向上，坚持高端医药研发、高端医药制造、高端健康服务“三位一体”，形成特色鲜明的产业体系。产业推进上，突出重点，把准节奏，主攻新型化合药、诊断试剂及高端医疗器械、疫苗产业化，加快生物制药、中成药、健康服务业发展，推进高新技术研发及成果产业化。要着重抓好三个方面：一是围绕加快产业化进程，推进企业集聚。按照集中、集约、集群理念，全力打造六大产业基地。以勃林格殷格翰、康淮生物等企业为依托，打造中国规模最大、产业链最完善的疫苗产业基地；着力引进行业领军企业和重大产品，打造诊断试剂及高端医疗器械产业基地；以蛋白质制造及治疗、基因工程药物为重点，打造生物制药产业基地；发挥阿斯利康、石药集团等国内外大企业的示范效应，打造化学药新型制剂产业基地；以现代中医药技术为支撑，以中药成分标准化为突破口，打造中药现代化产业基地；以海王保健品、台湾桑缇亚等为主体，打造保健品产业基地。推进产业化，关键是招引培育生产型医药企业，要将扶持政策、用地计划等资源要素向生产型企业倾斜，促进企业尽快投产达产，不断发展壮大。二是围绕提升产业承载能力，完善服务功能。要加快培育医药物流优势，积极申报国家药品进口口岸城市，推动建设华东地区医药销售中心、国内医药成果及专利技术交易中心、江苏省基本药物招投标分中心，搭建医药产品产前、产中、产后交易平台，打造区域性交易中心。积极引进知名医药企业总部和功能性机构，努力提升在全球产业分工体系和价值链中的地位及控制力。需要指出的是，服务水平决定产业发展水平和项目建设成效，要主动顺应落户项目增多、产业化进程加快的趋势，切实增强服务意识，提升专业化、个性化服务水平，推动形成以商引商的良性循环。三是围绕未来产业发展趋势，发展健康服务业。健康服务业覆盖面广、产业链长，是未来能超越信息产业的重点产业。要充分发挥医药城在相关产业已经形成的基础和优势，延伸完善“健康跟踪、西医治疗、中医调养、体育复健、休闲养生”产业价值链，重点打造集预防、治疗、保健、康复于一体的高端医疗和特色医疗服务高地，构建健康体检、健康评估、健康咨询等全方位的健康管理服务链，同时依托园区资源，建设长三角高端健康养生休闲产业基地。

3. 坚定不移地以改革创新为动力。医药城本身就是改革创新的产物，进入新的发展阶段，更加需要解放思想，向改革要“红利”，向创新要活力。一要构建充满活力的高效运行机制。健全部省共建机制，加强沟通衔接，推动完善联席会议制度，不断丰富共建内涵，既要解决项目报批、资金扶持等具体问题，更要寻求国家层面的政策突破，争取相关改革举措在医药城先行先试，特别要在国家药品审批等重点环节寻求突破。市级层面要建立专门的组织领导机构，定期研究解决高新区发展中的重大问题，形成上下联动、全市互动的高效协调机制。高新区要积极借鉴上海自贸区的运营管理模式，大胆跳出传统的管理架构，淡化行政色彩，减少管理层级，着力形成高水准的专家咨询机制、科学的决策机制、精准的管理机制、高效的服务机制、严格的考核机制，不断激发内部活力。二要建立多元化的投资机制。开发园区不是一般行政区，应是政府与市场边界最明晰的地方。要进一步厘清政府、园区和企业的职责定位，把政府该做的事情做好，把应该由企业发挥作用的事情交给企业，把市场能够解决的问题交给市场。尤其在科技创新、公用设施、生活性服务等领域，要充分借助市场力量，吸引各方资本跟进，减少政府直接投资。三要加快形成有利于吸引和集聚创新要素的体制机制。坚持以产业发展为导向、以企业为主体、以项目为依托，用国际通行的规则和方式引进人才。瞄准生物医药领域“国家队”，加强与清华、北大、中国科学院、中国医科院等高校院所的战略合作，创建国家新药创制重大专项成果产业化基地、国家健康服务业集聚区、国家高端医疗器械集聚区，全面融入国家医药产业发展战略体系。用创新的思路和机制，加强公共服务平台建设，处理好平台开放性与技术专有性的矛盾，协调好各方利益关系，真正发挥好平台作用。遵循产业资本、科研资本与金融资本相融共生特性，健全完善覆盖医药研发、孵化、生产全过程的现代资本体系，探索建立无形资产登记评估平台和投资风险补偿机制，创建科技金融示范区。

4. 坚定不移地推进产城一体发展。坚持以产业化带动城市化，以城市化促进产业化，推动“产城一体、产城共荣”，加快建设医药产业特色鲜明的现代化新城区。一要以“大融合”理念谋划医药城的规划建设。医药城作为中心城市的重要组团，必须从全市域乃至更大范围来谋划和推进，在建设规划、城市功能、基础设施等方面，加强与其他城市组团的对接融合、互补共享、错位发展。一方面，医药城要充分依托其他城市功能片区，不搞“小而全”，避免重复投资、功能闲置；另一方面，市级层面要通盘考虑城市功能布局，相关重要城市功能、重大基础设施要向医药城延伸辐射。二要加快形成与高端产业相匹配的城市环境。医药城的城市化要服从服务于产业化的需要，城市化进程要与产业化进程相适应、相协调。要围绕项目落户、企业运营，加快完善供电、供热、通信等基础设施。积极推进中科院幼儿园、国际双语学校、北京儿童医院等高端教育医疗项目建设，适时启动康健医疗区建设，营造高品质的创业宜居环境。加快建设青年公寓、工业邻里中心等配套项目，满足不同层次人群的生活需求。三要坚持集约、绿色发展。更加注重精细化开发，把握好开发的力度和节奏，抓好成本控制，提升开发质量，实现滚动发展、持续发展。切实把生态安全理念体现到医药城建设的每一个环节，产业布局要充分考虑不同类别企业的生产特性、产品特性，不搞简单的集中集聚，同时加快建立医药企业生产研发动态监管系统，实行全过程安全控制，守好环境安全底线。坚持生态优先，加强水生态和绿化建设，既美化园区环境，又形成有效的生态屏障，推动创建国家级生态工业园区。

二、以经济体制改革为牵引，更大力度推进转型升级综合改革试点

这次省委全会对深化经济体制改革作了专题部署。作为全省唯一的转型升级综合改革试点，我们的首要任务就是要全力打响这一改革示范品牌，进一步增强微观主体活力、促进经济转型升级，创造一批可借鉴学习的成功经验。要切实增强改革自觉，主动把改革推进情况放到全面深化改革的大潮中来审视，放到千帆竞发、百舸争流的改革态势中来比较，始终保持强烈的紧迫意识和责任意识，先人一步、快人一拍，多出成果、快出成果，更早释放改革“红利”，更多获取发展收益。要牢牢把握问题导向，聚焦经济社会发展中的突出矛盾和问题，突出具有结构支撑作用的重大改革，优先推进基础性改革，把有利于稳增长、调结构、防风险、惠民生的改革举措往前排，不断提高改革的针对性实效性。要积极推动改革落地，围绕省委即将出台的一系列改革意见，加强研究，超前谋划，逐项推出细化方案，特别要明确今年的目标任务和序时进度，集中精力打好攻坚战，确保各项改革部署不折不扣落到实处。具体抓好以下五个方面：

1. 深化行政管理体制改革，做好转变政府职能这篇大文章。近年来，我们把行政管理体制改革作为转型升级综合改革试点的切入点和突破口，推动政府职能向创造良好发展环境、提供优质公共服务转变，尤其是在行政审批制度改革上推出了一系列举措，取得了良好的市场预期，但空间和潜力仍然很大。一是简政放权要精准发力。进一步梳理、扩大下放事项范围，对别人已经下放的，我们不仅要放，还要放得彻底；对还没有下放的，要研究放的可能性，同时防止放小不放大、放虚不放实、放责不放权、放名不放利。进一步理顺市区管理体制，将宏观决策权和监督权上收，微观事权和执行权下放，充分调动基层发展积极性。深入推进重点镇简政放权改革试点，从单纯的下放经济社会管理权限向政府职能优化、服务能力延伸等方面拓展，加快培育产业结构合理、城市功能完备、社会事业健全的现代小城镇（市）。二是优化服务要深处着力。优化服务无止境，企业有所求政府必须有所为。要坚持从影响投资创业的关键环节入手，简化程序、再造流程，尽快建立权力清单、流程清单、收费清单，健全项目容缺预审、并联审批、网上审批、代理代办等联审联验机制，推行地震、气象等由项目评估转为区域评估的新模式，最大限度提高政务服务效率。三是加强监管要坚决有力。简政放权绝不是一放了之，要认真落实“宽进严管”理念，强化事中事后监管，加快构建横向到边、纵向到底的监管网络和科学有效的监管机制，抓紧建立科学的抽查制度、责任追溯制度、经营异常名录及黑名单制度，探索信用管理机制覆盖行政管理全过程的新监管模式，既管好秩序，又管出活力。

2. 拓展民营经济空间，增强市场主体发展活力。经济体制改革的成效，最终体现在市场主体活力的增强上。要通过调整完善生产关系来破解体制机制约束，进一步激发企业内生动力和创新活力。一要增创民营经济新优势。民营经济是推动泰州经济的主体力量。要认真落实国家、省市支持民营经济发展的系列政策，既进一步放宽准入领域，推出一批向民间资本开放的项目，拓展民营经济发展空间，又大力推进全民创业，充分激活创业群体，构建完善创业服务体系；既下气力消除融资、用工、土地等企业面临的即期困难，又引导企业加快向自主创新、现代治理转变，不断提高民营经济运行质态和综合竞争力。二要推动国有企业市场化改革。全市国有企业主要是一些基础设施类、资产经营类、投融资平台类企业，多年来为城市建设、园区开发和新兴产业发展提供了重要支撑。要加大国有资产重组整合力度，适时组建国有资产经营公司，推动国有企业走实体化、市场化、公司化发展道路，推动国有资本向转型升级关键领域、优势企业集团和企业主营业务集聚，提高运作效率和盈利能力。三要积极发展混合所有制经济。发展混合所有制经济，不是国有经济和非公经济的零和博弈，而是不同所有制经济的优势互补。要引导企业打消思想顾虑，善于发掘商机，主动参与国企改革，积极与外资嫁接混合，在互利合作中攀高附强，实现更大发展。鼓励国有经济与其他所有制经济交叉持股、相互融合，促进国有资本有序进退，形成多种所有制经济共同发展的生动局面。

3. 健全现代市场体系，实现资源配置最优化和效益最大化。优化要素资源配置是推动转型升级的根本之举。尤其在当前要素资源供给紧缺、需求扩大、配置失衡的大背景下，迫切需要通过市场化改革，实现要素资源的合理配、优质配、合法配、高效配。一要探索建立公开公正的效益综合评价机制。结合产业发展方向和企业规模特点，综合考虑产出、税收、能耗、排放等指标，建立分类分档、公开排序、动态管理的企业和项目综合评价机制，配套实施差别化的政策措施，促进产业结构调整和企业转型升级。二要探索建立差别化的资源要素价格机制。积极争取用电、用水价格改革试点，建立差别化的企业电价、水价政策；完善差别化供地政策，综合运用用地预申请、弹性年期、转让限制等调节方式，满足产业发展差异化、多样化的用地需求；健全排污总量控制和排污权交易制度，不断完善排污权有偿使用和交易改革试点，推进绿色信贷和环境污染责任保险试点，促进企

业绿色、可持续发展。三要探索建立“腾笼换鸟”激励倒逼机制。推行低效企业淘汰退出机制，通过兼并重组、淘汰关停、退低进高、腾退土地等形式，盘活存量土地和低效用地。严格新增项目准入机制，完善以投入产出、节能减排、用工绩效等为主要内容的项目承诺准入制度。健全“空间换地”体制机制，完善城镇闲置及低效用地开发、地下空间利用、高层标准厂房建设等政策措施，释放土地最大效益。四要探索建立金融、人才要素支撑保障机制。围绕增强金融服务实体经济这一根本功能，加快金融业改革发展。加强政策引导和制度创新，推动金融资源更多地流向产业项目和中小企业。大力引进各类金融机构，培育新兴金融业态，鼓励发展地方法人金融机构，支持具备条件的民间资本依法发起设立中小型银行等金融机构。鼓励企业上市融资，扩大直接融资规模。围绕“1+3+N”产业发展和企业转型升级需求，聚集和用好各类创新型、技能型人才，努力把泰州建成区域性高层次人才创新创业高地和产业人才集聚高地。五要探索建立便捷高效的要素交易机制。因地制宜发展要素市场，重点打造以土地、生态环境两个稀缺性资源，以及若干要素专业市场为主体的“2+X”要素市场体系。精心运转好市公共资源交易中心，不断丰富内涵、提升功能，促进资源要素优化配置。

4. 实施核心战略，促进深化改革与开放创新协同发力。转型升级综合改革试点要创出品牌、走在前列，必须实施好开放创新“双轮驱动”这一核心战略，以高水平开放、高层次创新引领改革转型。一要着力构筑对外开放新体制。把扩大开放与体制改革相结合，把培育功能与政策创新相结合，不断增创对外开放新优势。外商投资管理体制上，积极探索准入前国民待遇加负面清单管理模式，最大限度减少和规范行政审批，促进外商投资便利化；探索推进金融、教育、文化、医疗等领域有序开放，放开育幼养老、会计审计、商贸流通、电子商务等领域的外资准入限制。外贸体制上，积极发展新型贸易方式，探索一口受理、综合审批和高效运作模式，实现口岸管理相关部门信息互换、监管互认、执法互助，进一步提高通关效率、降低通关成本。支持企业“走出去”上，鼓励企业放眼全球猎取资源，支持企业及个人到境外开展投资合作。二要积极推动科技创新体制改革。着力形成产学研紧密结合的机制，实现高校院所和企业优势叠加、创新链和产业链双向融合。着力形成科技与金融相结合的机制，支持金融机构创新科技金融产品和服务，构建多元化、多层次的科技创新投融资体制。着力形成企业主体与政府服务良性互动的机制，完善包括技术、管理、市场、资金等内容的科技服务体系，引导企业加强自主创新。三要创新开发园区体制机制。进一步明确园区的法律地位、行政授权，在精简职能机构的同时，赋予省级以上开发区市级或县级经济管理权限，使园区在招商引资、经济管理等方面发挥更大作用；进一步理顺园区与周边行政区域的关系，形成园区发挥主导带动作用、周边区域提供发展资源的运作机制；进一步推动园区功能提档升级，完善园区协作共建机制，不断增强载体功能、拓宽发展空间；进一步优化市区产业空间布局，健全“飞地”发展机制，促进新上项目合理布局，推动传统行业企业在市区范围内向专业园区“飞地”集中、集群发展。

5. 调优利益分配，加快推进财税体制改革。财政是区域治理的重要支柱。要系统重构“取”与“予”的方式方法，使之更加有利于转变经济发展方式、有利于激发市场主体活力、有利于提升公共服务水平。一要处理好政府与市场主体的关系。认真落实结构性减税政策，在深入推进“营改增”的同时，密切关注上级改革动向，积极争取相关政策在泰州市试点，让市场主体享受更多政策扶持。坚持正税清费，清理取消各种不合理收费，坚决不收过头税，最大可能地让企业轻装上阵。加强对流动性行业、跨地区项目的财税政策服务，严控税收“外流”，吸引税收“回流”，不断提升项目对财政收入的贡献度。二要处理好市与区、市（区）与乡镇的关系。按照权责匹配原则，探索推进新一轮市区财税体制改革，加紧制定各级政府间的事权清单，建立事权和支出责任相适应的制度，推动财力更多向基层倾斜。各市（区）也要积极推动财政资金下移，保证基层有钱办事、有能力办事。三要处理好效率与公平的关系。进一步提高财政资金使用的精准性有效性，聚焦转型升级重点领域、关键环节，推动财政资金向新兴产业、高端制造业、现代服务业、高效农业和新型商业模式集聚。改革竞争性领域财政资金分配机制，推行“拨改贷”、“拨改股”、“拨改保”等资助方式，发挥财政资金带动社会资本的定向杠杆作用。以均等化、普惠制为方向，进一步提升公共服务水平，让发展成果更多更公平惠及全市人民。对事务性管理服务，大力推行政府购买服务机制，鼓励和支持社会力量积极参与。

三、推进群众路线教育实践活动不断深入，为事业发展提供坚强保证

为民务实清廉是党的群众路线教育实践活动的主要内容，是党员干部的行动指南、为官做人的“终身大事”。要以教育实践活动为契机，以“三严三实”为标杆，坚持党要管党、从严治党，锤炼一支政治坚定、能力过硬、作风优良、奋发有为的干部队伍，推动全市改革发展大业不断向前。

一要牢记“为民”宗旨，践行群众路线。教育实践活动即将进入整改落实、建章立制环节，这是整个活动攻坚克难、取得实效的关键环节。要一鼓作气，防止前紧后松，聚焦“四风”问题再梳理、再归类，着力抓好一批立行立改的个性事项，抓好一批共性问题的专项治理，抓好一批惠民利民为民的实事好事，抓好一批促进改革发展稳定的大事要事，确保教育实践活动取得实效。要上下衔接，防止走样跑偏，针对不同层次、领域和对象强化分类指导，有针对性制定整改方案，明确事项、明确责任、明确时限，以“钉钉子”精神抓好整改落实。要巩固成果，防止短期效应，及早研究建章立制，着重在严格党内组织生活、党性教育、联系服务群众等方面固化整改措施，以刚性的制度规定和严格的执行，推动改进作风规范化、常态化、长效化。

二要发扬“务实”精神，大兴实干之风。“一分部署，九分落实”。现在的泰州，正处在改革转型的重要关口，很多工作是“箭在弦上”，抓得紧就会上去、松一松就会下来。要鼓足迎难而上的勇气，对转型升级、企业发展中面临的项目招引、技术创新、征地搬迁、融资用工等难题，不等待、不回避、不推诿，主动进位、积极破解，不达目的、誓不罢休。要增强顺势而为的智慧，对推进改革探索、城乡一体发展、用好政策机遇、提升城市文明等重大课题，吃透上面精神，摸清基层情况，找准工作结合点，把握发展主动权。要保持真抓实干的作风，对既定的思路抓具体抓深入，对议定的事项抓推进抓督办，使各项工作落地有声、落实有效。要弘扬凭实绩用人的导向，旗帜鲜明地鼓励引导党员干部在实干实绩上比高低看优劣，重用那些考验面前敢亮剑、难题面前敢负责、矛盾面前敢担当的干部，让想干事的人有机会、能干事的人有舞台、干成事的人有地位。

三要坚守“清廉”底线，永葆公仆本色。为政清廉才能取信于民，秉公用权才能赢得人心。各级党员干部特别是领导干部要坚持讲党性、重品行、守纪律，时时自重自省、自警自励，处处严格要求、严以律己。要加强反腐倡廉制度创新，严格落实党委主体责任和纪委监督责任，着力完善不想腐、不能腐、不敢腐的有效机制，保持惩治腐败的高压态势。要把监督干部同信任干部、保护干部、激励干部统一起来，尤其要正确区分改革过程中失误与失职的界限，营造鼓励创造、激励探索、包容创新、宽容失败的改革氛围。需要特别指出的是，中央八项规定和省市十项规定出台以来，全市上下积极行动，严格执行各项新规，但“廉而低效”、“廉而不为”等不正之风显现苗头，这种新型“软梗阻”严重损害党委政府形象，影响发展大局，必须高度重视和警惕，发现一起、查处一起。

同志们，下个月我们将迎来泰州建市18周年。18年来，泰州发展的显著变化和巨大成就，是省委省政府正确领导、关怀厚爱的结果，是历届领导班子薪火相传、接续奋斗的结果，是广大干部群众团结拼搏、无私奉献的结果。艰难困苦，玉汝于成。历史的使命，激励我们永不停步；泰州的事业，激励我们勇往直前。我们一定要凝心聚力、奋发作为，乘势而上、锐意进取，继往开来、再谱新篇，不断开创泰州转型升级融合发展新局面！

7月18日，中国共产党泰州市第四届委员会第七次全体会议召开

推进思想再解放　引领发展新常态　谱写“迈上新台阶、建设新江苏”的泰州篇章

——2015年1月6日在中共泰州市委四届八次全会上的讲话

市委书记　蓝绍敏

这次全会的主要任务是深入学习贯彻习近平总书记在江苏调研时的重要讲话精神，全面贯彻中央经济工作会议和省委十二届九次全会精神，回顾总结2014年工作，研究部署2015年任务，动员全市上下以思想再解放为先导，激发干事创业精神，主动适应和积极引领新常态，推进各项重要部署快落实，奋力谱写“迈上新台阶、建设新江苏”的泰州篇章。

2015年1月6日，市委书记蓝绍敏在中共泰州市委四届八次全体会议上讲话

下面，我根据市委常委会讨论的意见，讲四个方面的问题。

一、回顾总结2014年主要工作，坚定又好又快发展信心

刚刚过去的一年，全市上下认真学习贯彻习总书记系列重要讲话精神，以全面深化改革为统揽，主动适应经济发展新常态，部署推进“思想再解放、项目大突破、城建新提升”三大主题工作，统筹做好稳增长、调结构、促改革、惠民生各项工作，经济社会发展取得新成绩。一是经济运行稳中有进。预计全年实现地区生产总值3300亿元，增长10.6%，其中，规模以上工业增加值增长11.4%，服务业增加值增长12%。公共财政预算收入283亿元，增长9.2%。固定资产投资2130亿元，增长21%。二是转型升级成效显著。新兴产业完成产值3850亿元，增长17.5%，占规模以上工业比重达40%；高新技术产业完成产值3950亿元，增长18.5%，占规模以上工业比重达41%。中国医药城产业化步伐不断加快，全年签约落户医药类项目128个，一批产业化项目加快建设。全市共实施10亿元以上产业项目33个，实际利用外资9.44亿美元。预计提前一年完成“十二五”期间单位GDP能耗下降目标。三是城乡建设统筹推进。启动实施城建新提升《两年行动计划》，周山河新城开发建设全面提速，西客站片区、稻河古街区、钟楼巷文化街区改造等项目加快推进，公共自行车系统建成投用。培育“康泰之

州、富泰之州、祥泰之州”城市形象品牌，成功举办第六届水城水乡国际旅游节。村庄环境整治提前一年实现全覆盖。泰镇高速泰州段、阜兴泰高速兴化至泰州段、京沪高速江广段扩容开工建设，宁启铁路复线电气化泰州段主体工程基本完工，国电泰州电厂二期、连淮扬镇与宁启铁路东北联络线成功获批，泰州常州、江阴靖江过江通道顺利列入国家规划。四是民生事业持续改善。预计城乡居民人均可支配收入分别达到31430元、15130元，分别增长9.5%和11.2%。大力推进民生实事工程，全市财政用于民生投入达280亿元左右，占公共财政预算支出的76%左右。坚持创建惠民，全国文明城市创建取得重要进展。高度重视社会稳定和安全生产，群众安全感连续三年位居全省第一，信访稳定形势平稳可控。五是党的建设全面加强。扎实开展党的群众路线教育实践活动，坚持问题导向，突出从严管党，全面落实党风廉政建设党委主体责任和纪委监督责任，“四风”问题得到有效整治，作风效能建设成效明显，反腐倡廉建设有力推进，党群干群关系更加密切，为民务实清廉形象进一步树立。大力推动党的组织工作创新，深化干部人事制度改革，加快人才发展机制创新，基层党建走在全省前列。

这些成绩是在经济发展进入新常态的情况下取得的，全市上下付出了艰辛的努力。同时，我们也要清醒地看到发展中的困难和问题，主要是：经济下行压力加大，有效投入相对不足，资源环境约束加剧，做大经济总量与提升发展质量形成双重挑战；全面深化改革进展还不快、亮点还不多，改革红利还没有得到有效释放；财政减收增支压力加大，社会矛盾复杂多变，维护社会和谐稳定面临较大压力；部分党员干部精气神不足，“四风”问题时有反复，反腐倡廉任重道远。对此，我们要高度重视，切实加以解决。

二、以习近平总书记重要讲话精神为根本遵循，深入推进思想再解放

最近，习近平总书记在江苏调研时发表了重要讲话，殷切希望江苏认真落实中央各项决策部署，积极适应经济发展新常态，紧紧围绕“两个率先”的光荣使命，协调推进全面建成小康社会、全面深化改革、全面推进依法治国、全面从严治党，努力建设经济强、百姓富、环境美、社会文明程度高的新江苏，并明确要求江苏在推动经济发展、现代农业建设、文化建设、民生建设、全面从严治党等五个方面迈上新台阶。12月22～24日，省委十二届九次全会就深入学习贯彻总书记重要讲话精神作出全面部署，要求各级党组织把学习贯彻总书记重要讲话精神作为当前最重要的政治任务，作为党委（党组）中心组学习的核心内容，作为党员干部培训的核心内容，作为新闻宣传的核心内容，使讲话精神成为江苏工作的根本遵循和行动指南，并与全面贯彻落实十八大和十八届三中、四中全会精神紧密结合，与全面贯彻落实总书记系列重要讲话精神紧密结合，融会贯通、笃信笃行，更好地武装头脑、指导实践、推动工作。

对于泰州而言，确保总书记重要讲话精神落地生根、开花结果，最为迫切的任务，就是要让总书记重要讲话精神成为推进三大主题工作、促进经济社会跨越发展的思想引领和力量之源。去年8月以来，市委部署开展了“解放思想再发力、科学发展勇攀登”大讨论大落实活动，取得初步成果，奠定了思想再解放的群众基础；就城建新提升、项目大突破工作进行了专门动员，这既是思想再解放的具体体现，也为思想再解放营造了浓烈氛围。当前，全市上下期盼更好更快发展的劲头正在凝聚，期盼思想再解放、思想快解放、思想真解放的共识已经形成，我们一定要因势利导、乘势而上，以总书记重要讲话精神为新的动力，把思想再解放不断引向深入，在消除观念束缚中冲破体制束缚，在拓展思维空间中打开发展空间，在提升思想活力中激发创造活力。

第一，切实增强思想再解放的自觉性紧迫性

思想是行动的先导。回首改革开放30多年的发展历程，每当发展进入关键阶段，我们党都特别强调解放思想，每一次解放思想都对现代中国的发展进步产生广泛而深远的影响。再看我们泰州，地级泰州市的诞生，本身就是解放思想的结晶。18年来的发展征程上，也始终奏响着解放思想的最强音。从建市之初的“建设新泰州、塑造新形象”大讨论活动，到2003年的“沿江开发与泰州的跨越式发展”大讨论活动，到2008年的“践行科学发展观、我为泰州作贡献”主题教育活动，再到“解放思想再发力、科学发展勇攀登”大讨论大落实活动，解放思想始终伴随着泰州发展，推动着泰州发展。泰州的每一次重大突破，无不与解放思想、与时俱进、改革创新息息相关。

新一轮的思想再解放有着更多与以往不同的内涵和要求。从解放思想的目标任务看，过去解放思想，主要是围绕经济加快发展，现在更要围绕人民群众的幸福和满意，增强群众观念，改进工作作风，倡导实干奉献；过去解放思想，主要是破除陈旧的思想障碍，解放思想往往一呼百应，现在要着力突破思想障碍与体制束缚、利益藩篱相互交织的问题，推动体制变革、利益调整的勇气、决心和智慧都要超过以往。从解放思想的具体内容看，过去解放思想，主要是解决发展落后的问题，现在既要补好发展的“短板”，还要解决发展起来后的矛盾和问题，特别是转变发展方式、提高发展质量和效益的问题；过去解放思想，主要是围绕拼资源、拼优惠、拼政策的“老三拼”拓宽

思路空间，靠土地和劳动力成本优势吸引外来要素推动发展，现在主要围绕比政府职能转换、比社会主体和市场主体活力、比符合国际惯例商务环境转变发展理念，靠“新三比”构筑比较优势促进发展。从解放思想的深度广度看，过去解放思想，主要是在改革的“浅水区”，是外围战，是零打碎敲，现在主要是深入到体制内部，在“深水区”啃“硬骨头”，并在改革的总体框架和顶层设计内打攻坚战、整体战。从解放思想的方式方法看，过去解放思想，主要强调敢闯敢试、“摸着石头过河”，边实践边探索、边纠偏边改进，现在既要有“杀开一条血路”的胆识，更要有科学的态度、求实的精神、法治的思维，按照经济规律、社会规律、自然规律来办事。从解放思想的对象主体看，过去解放思想，主要是动员别人去干，引导全社会去闯，现在主要是全社会要求各级政府加快改革创新、简政放权让利，这是“革自己的命”，没有壮士断腕的勇气不行。等等。解放思想的新形势、新挑战不应对不解决，加快发展就会有更多的“拦路虎”。因此，现在不是要不要思想再解放的问题，而是新一轮思想再解放迫在眉睫、尤为关键，内涵更丰富、挑战更艰巨、任务更繁重。

解放思想永无止境，解放思想永远在路上。我们今天强调“再解放”，就是要在泰州市历次解放思想的基础上，再发力、再深化、再拓展，就是要在当前泰州市所处的时代背景、社会环境、发展模式正发生着深刻变化的情势下，再来一场思想大洗礼、观念大变革、精神大振奋，为推动发展提供源源不断的思想动力。我们一定要凝聚起思想再解放的高度自觉，着力冲破各种陈旧观念、思维定式、体制束缚、利益藩篱，以思想再解放的广度深度来引领带动项目大突破的力度、城建新提升的高度、泰州快跨越的速度。

第二，牢牢把握思想再解放的原则要求

解放思想总是与时代俱进、同实践合拍的，必须坚持实事求是、一切从实际出发。当前，全市的最大实际是发展不充分，最紧迫的任务是以三大主题工作推动跨越赶超，最鲜明的工作要求是确保中央和省委的决策部署在泰州市得到全面贯彻，使我们的各项工作都能够体现时代性、把握规律性、富于创造性。因此，推进新一轮思想再解放，必须坚定不移地贯彻落实好以下三个方面的原则要求：

1. 必须牢牢把握总书记对江苏发展的新要求。总书记为江苏发展确立了新坐标，明确了新任务，向我们发出了“迈上新台阶、建设新江苏”的动员令。我们推进思想再解放，必须准确把握总书记对江苏的新要求新期待，深刻领会讲话蕴含的新思想新观点，激发全市上下干事创业的强大动力。一要深刻领会“两个率先”的光荣使命，切实增强不辱使命的发展信心，大力弘扬新时期江苏精神，提振精神状态，调高发展标杆，向先进学，与高手赛，在发展速度、发展质态、发展成效上争先、领先、率先，努力创造出无愧于历史、无愧于时代、无愧于人民群众的新业绩。二要深刻领会“建设新江苏”的最新定位，切实增强谱写泰州篇章的历史责任，以新的作为把“经济强、百姓富、环境美、社会文明程度高”的美好蓝图变为现实。三要深刻领会“五个迈上新台阶”的重点任务，切实增强勇攀新高的进取精神，既要用好已有的基础和条件，充分发挥和放大优势，又要着力拉长和补齐“短板”，更有针对性地抓重点、攻难点，纵向比，发展水平要实现明显提升，横向比，工作要创造特色、走在前列。四要深刻领会“四个全面”的总体框架，切实增强协调推进的理性自觉，扣住全面建成小康社会这个目标，坚持全面深化改革和全面推进依法治国这两个轮子一起转，强化全面从严治党这个根本保障，把改革开放和现代化事业不断推向前进。五要深刻领会“为全国发展探路”的谆谆嘱托，切实增强先行先试的担当意识，用好转型升级综合改革试点这个平台，面对发展难题敢于闯关攻坚，面对瓶颈制约勇于创新突破，以敢为人先的气魄、敢担责任的勇气，大胆试、大胆闯，努力走在新一轮改革的前列。

2. 必须牢牢把握省委对泰州发展的新定位。去年10月17日，省委罗书记在泰州调研时特别强调，泰州要在长江流域层面，建设中国新的经济支撑带重要节点城市；在长三角层面，建设滨江生态宜居旅游城市和先进制造业基地，成为富有活力和竞争力的长三角核心区城市；在全省层面，建成长江南北联动发展的枢纽城市。罗书记对泰州发展三个层面的新定位新要求，为我们思想再解放打开了新空间。现在，长江经济带国家战略的实施，给长江流域城市带来了重大变革和重要机遇，同时，长三角城市群面临着竞相发展、咄咄逼人的竞争局面，泰州如果不能够迎难而上，加快发展，完全存在被“边缘化”的可能。我们推进思想再解放，必须树立强烈的危机意识、忧患意识和进取意识，清醒地认识到，没有总量就没有地位，没有质量效益就没有实力，没有特色就没有竞争力，没有速度就没有说服力。必须跳出泰州、站在全省、立足长三角、放眼长江流域，找准学习标杆，明确赶超对象，广纳资源要素，在更大的空间平台上“谋局落子”，在跨越赶超中争夺话语权，在新一轮发展中占得应有的位置。

3. 必须牢牢把握人民群众对又好又快发展的新期盼。随着经济社会的发展，人民群众的需求和期盼也日趋多元化，但最根本的是期盼经济强、百姓富、环境美、社会文明程度高，生活在一个有幸福感自豪感归属感的城市中。推进思想再解放，必须坚持以人为本，把人民满意不满意、高兴不高兴、赞成不赞成作为我们一切工作的出发点和落脚点，把“真心爱民、善待百姓，真心为民、造福百姓”体现在每一项工作、每一次服务、每一个细节中，千万不能“见物不见人”，千万不能“只怕领导不满意、不怕人民不高兴”，千万不能搞劳民伤财的花架子、半拉子工程。要顺应各类市场主体的新期盼、新要求，大力营造亲商敬商安商环境，市场主体要求我们解放什么就解放什么、最痛恨什么就摒弃什么、最急需什么就加强什么，放手放胆让企业抢占专业的制高点、创新的制高点、市场的制高点、资本的制高点。要将心比心、以心换心，把工作做到人民群众的心坎里、做到投资者的心坎里，凝聚民心，汇集民力，形成共同的价值认同，共建共享泰州发展的“幸福时光”。

第三，坚持问题导向推进思想再解放

解放思想不仅是思想层面的任务，也是实践层面、发展层面的任务。我们要始终坚持问题导向，从查找问题入手，以解决问题落脚，既发挥思想观念的引领作用，推动实践层面、发展层面的问题解决，又以实践层面、发展层面的问题，倒逼思想层面问题的突破。

1. 推进思想再解放，要把着力点放在适应和引领新常态这一形势要求上，切实解决目标追求不高的问题。现在有些同志对新常态的认识还不够、定力还不够、作为还不够，主要有“三种误区”：一是看不清新常态。对新常态麻木弱视、无动于衷，看不到新挑战，看不到艰巨性，反应迟钝，变成了“温水里的青蛙”，在不知不觉中落后下去。二是不重视新常态。没有认识到新常态是当前中国经济社会发展的最新特征，没有认识到新常态下工作理念、工作思路、工作方式都需要与时俱进，还习惯用老思路思考问题，用老办法解决矛盾，或者陷入“穿新鞋走老路”的困境之中。三是借口于新常态。把新常态当成“筐”，什么都往里装。遇到困难，一味强调现在是新常态，自我原谅、自我减压，等待观望、左顾右盼，怕犯错误、怕担风险，在困难和挑战面前束手无策、无所作为。

认识新常态、适应新常态、引领新常态，认识、适应是前提、是基础、是条件，引领才是关键，才是本质，才更考验我们的作为。中央经济工作会议强调“调速不减势，量增质更优”，这是衡量在新常态下我们能不能发挥引领作用的一把标尺。要通过思想再解放，充分认识我国经济发展“两个没有改变、两个改变”的大势，也就是我国仍处于大有作为的重要战略机遇期的判断没有改变，改变的是重要战略机遇期的内涵和条件；我国经济发展总体向好的基本面没有改变，改变的是经济发展方式和经济结构。要通过思想再解放，充分认识新常态划出了一条新的起跑线，我们能不能开创发展的新境界，把美好的蓝图变为现实，关键取决于我们观念更新的程度、攻坚克难的力度、工作落实的进度，尤其是对当前增长回落、经济下行不能听之任之，对改革发展的困难挑战不能无所作为，对宏观环境变化带来的工作压力不能有畏难情绪。要通过思想再解放，充分认识中高速是对全国面上而言的，不是大家都要整齐划一、齐步前进，在有质量、有效益的前提下，可以发展得快一些，特别是我们新兴城市和发展阶段的特征，决定我们的发展空间还很大、后劲还很强，应该尽最大的努力，争取最好的结果。

2. 推进思想再解放，要把关键点放在营造有利于发展的小气候这一重要环节上，切实解决发展环境不优的问题。现在宏观环境带来的机遇挑战是一样的，能不能发展得比别人好，比别人快，取决于能不能营造一个有利于发展的小气候。在实际工作中，我们一讲到优化发展环境、深化审批制度改革，大家都赞成，但到了具体清理审批项目的时候，一些部门却“打着自己的小九九”，讨价还价、软磨硬拖，找各种理由顶着不放，想方设法保留对自己有利的东西，深究起来，是有些同志将政府权力部门化、部门权力利益化。我们一讲到商务环境，大家也赞成，但在招商引资、项目建设中，不是按国际惯例、公平公正原则提供优质服务，而是乡下锣鼓乡下敲，任由着自己的性子来，当初的承诺不兑现，应有的服务跟不上。有的部门对特定的社会中介机构不善管理，甚至帮助一些机构搞“独家经营”，在缺乏充分竞争的情况下任由其侵蚀投资环境。有的部门单位“中梗阻”现象非常严重，但问题出在中层，根子通在上层，通在部门领导特别是一把手要么对此认可默许，要么对下属管理无方。有的部门借口“八项规定”，抱着不干事也不出事、不乱为也不作为的心态，搞被动服务、消极服务，基层、企业、群众的呼声困难不去解决，应该承担的责任、应当履行的服务也都置之脑后。这些问题的存在，必然导致办事难、办事慢，最终影响外来要素的集聚，影响全市的长远发展。

发展大局面前，人人都是投资环境、个个事关泰州形象。推进思想再解放，就是要充分认识权力是人民赋予的，我们要为人民掌好权、用好权，把为基层服务、为群众服务、为投资者服务作为应尽的职责。要看到，“强政府”不是要强权力，而是要强作风、强服务、强执行。越是应对新常态、引领新常态，越是要发挥好“强政府”在营造“新三比”服务环境中的独特作用，决不能让“小道理”管住“大道理”，让“软道理”淹没“硬道理”。各部门各单位，无论是“条条”，还是“块块”，都要树立全市一盘棋的思想，围绕市委、市政府的中心工作，从有利于加快发展这个大局出发，增强主动性，强化执行力，增进正能量，努力与先进地区比政府职能转换、比社会主体和市场主体活力、比符合国际惯例商务环境的营造，逐步做到一份清单管边界、一颗印章管审批、一个部门管市场、一支队伍管执法，真正放手让基层开拓进取，放手让外来投资者投资兴业，放手让老百姓发财致富，使泰州成为创业兴业的一方热土。

3. 推进思想再解放，要把突破点放在改革创新这一核心任务上，切实解决发展瓶颈化解不力的问题。泰州有改革创新的好传统、好经验，是全省唯一的转型升级综合改革试点城市，必须在改革创新上先行先试、走在前列。目前，我们改革创新的氛围还不浓、步伐还不快、力度还不强。谈到改革，大家异口同声，到了实质性推进，往往思想保守、思维僵化，没有新的招数，没有实在举措。有的遇到具体问题，为了不出事，宁可不干事，生怕出差错、丢"帽子"。有的每办一件事都要看上级有没有文件，外地有没有经验，上面没说的不敢干，别的地方干了的还要看一看，领导要求的也要等等看，缺乏敢负责、敢担当的魄力。有的对长期从事和分管的工作没有观点、没有思路，抓不出特色，打不开局面，对新的知识不知、不懂、不会，又没心思学习，没心思研究，甘愿落伍。等等。产生这些问题的根本原因，还是敢为人先、敢担责任、敢于突破的气魄和胆识不够大，突破瓶颈、闯关攻坚的能力和水平不够强。

改革是决定泰州命运的关键一招。新常态下，土地、资金、用工等硬约束更加显性化，优化政府服务也有许多新要求，城镇化等重要工作都面临许多新课题，这些都要用改革创新的精神去化解和突破。我们推进思想再解放，就是要从影响和阻碍发展的瓶颈制约入手，把能改的、应该改的、急需改的先做起来，加紧突破一批引领性、带动性、标志性强的改革事项，以改革转换发展动力，以改革创造发展红利，以改革集聚发展优势。要支持创造、鼓励创新、允许失误、宽容失败，但决不允许不谋事、不干事，决不允许不发展、不改革，决不允许一遇到困难就轻言放弃、举手投降。各级领导干部要把总书记要求的"江苏要为全国发展探路"的谆谆嘱托落实到工作实践中，运用智慧和勇气去大胆探索，争当破解难题的高手和先锋，真正取得以深化改革推动发展、激发活力、破除瓶颈、惠及民生的实际成效。

4. 推进思想再解放，要把发力点放在干部队伍这一关键群体上，切实解决干事创业精气神不足的问题。作为一个新建市，干部队伍应当充满着朝气、洋溢着活力，有一种"急吼吼、向前冲"的气势，浑身上下有使不完的干劲。但总体状况并不如此，总感到少了些朝气，少了些闯劲，少了些进取心，多了些平庸，多了些懒散，多了些安逸感，实则是不温不火的"温吞水"状态。有的混字当头，疲疲沓沓，信奉"争先进辛苦一年、高兴一阵子，当后进舒服一年、难过一下子"；有的把自己看得太重，把"官位"看得太重，一年看、二年干、三年盼，眼睛向上，不把精力放在谋事干事上；有的小进则满，满足于每年上几个项目、搞几个活动，自我感觉良好；有的习惯于自己与自己比，现在与过去比，对激烈的区域竞争无动于衷，缺乏危机感紧迫感，不愿确立新的更高标杆；有的"等、靠、要"思想严重，不想着苦干实干创新干，老幻想等来、靠来、要来发展的成绩；有的不干事、尽说事，不琢磨事、专琢磨人，热衷于袖手旁观当"逍遥官"、坐而论道当"评论员"、指手画脚当"裁判员"。如此等等，不一而足。出现这些"庸懒散"现象，说到底是我们一些干部在宗旨意识、思想观念、精神状态上缺了"钙"，得了"软骨病"。

一个地方的发展，干部是主心骨、顶梁柱，如果精神萎靡、动力衰减、激情消退、责任缺失，工作就好不了，发展就上不了，面貌就变不了。不可否认，这几年我们的工作确实取得了很大成绩，但与先进地区、兄弟城市相比，差距不是变小了而是变大了，我们真的连安于现状的一点理由都没有，更谈不上骄傲自满。推进思想再解放，必须向这些官场旧习开刀，向这些歪风邪气说不，向这些错误言行叫板，让昂扬向上的正气抬起来，让干事创业的氛围浓起来，让跨越赶超的士气振起来。要引导大家深刻认识到，发展是第一要务，是我们的最大责任，泰州不发展没有出路，发展的步伐小、速度慢同样没有出路；要发展得更好更快，关键要有一股比对手更强的精气神，有一种比对手更猛的闯劲干劲韧劲，敢与强者比、敢向高处攀，做就做最好、争就争第一，一年一年把位次往上提、向前推。要面向建市20周年、面向"十三五"，把注意力和落脚点聚焦到"思想再解放、项目大突破、城建新提升"三大主题工作上，坚持长期奋斗、长期攻坚、长期吃苦、长期奉献，带领全市上下攻坚克难、锐意进取，再造一个激情燃烧、干事创业的火红年代。

三、坚持稳中求进，致力稳中奋进，努力实现新常态下又好又快发展

今年是全面完成"十二五"规划的收官之年、全面深化改革的关键之年、全面推进依法治国的开局之年，也是市委三大主题工作的全面启动之年，做好今年的工作，具有特别重要的意义。今年工作的总体要求是：以习近平总书记视察江苏重要讲话精神为根本遵循，全面贯彻中央经济工作会议和省委十二届九次全会精神，主动适应经济发展新常态，以全面深化改革为动力，以做大经济总量、促进转型升级为突破口，以增进民生幸福为根本，以强化风险防控为底线，坚持稳中求进，致力稳中奋进，突出重点，统筹兼顾，凝心聚力，攻坚克难，大力推进“思想再解放、项目大突破、城建新提升”三大主题工作，努力实现经济社会又好又快发展，谱写“迈上新台阶、建设新江苏”的泰州篇章。

今年的主要目标是，地区生产总值增长10%左右，公共财政预算收入、城乡居民收入实现与经济基本同步增长，固定资产投资增长20%以上，社会消费品零售总额增长12%左右，居民消费价格涨幅3%左右。确立这样的目标，既考虑到宏观环境、经济周期等因素的影响，也体现高点定位、自我加压、勇于争先的要求，全市上下务必认真领会，狠抓落实，确保完成。

1. 以项目建设为龙头，推动经济发展量质并举。引领经济新常态、推动发展上台阶，项目建设是最有效的抓手。要深入推进“招商引资年”、“项目突破年”、“转型升级年”活动，以项目建设的持续突破为转型升级、跨越发展夯实基础。要以更大力度的项目攻坚，实现稳增长与调结构的协调平衡。“稳中奋进”是今年经济工作的总基调。“稳”就是要稳住实体经济，稳住发展态势，稳住不出现区域性、系统性风险的底线；“进”就是要在经济总量上求进，在产业结构上求进，在质量效益上求进。无论稳增长，还是调结构，都要落脚到具体的企业和实实在在的项目上。要切实关心关注实体经济的发展，让解决企业困难的回音高于企业反映问题的呼声。积极推动各类生产要素向企业发展、项目建设集聚，为经济的即期增长、项目的顺利推进提供有力支撑。高度重视企业和项目的资金链安全，有效防范和控制风险。要以更高层次的项目突破，实现扩增量与调存量的同步提升。坚持量质并举、以量举促质升，是项目大突破的必由之路。要全力推进产业链招商、大项目招商，精心组织“泰台经贸交流合作促进月”及北上广深“投资促进周”等活动，更大力度集聚优质资源，在做大做强经济规模的同时，提升存量、带动转型。加大传统产业改造力度，一手抓落后产能淘汰，一手抓先进技术改造，推动传统产业升级。全年力争完成产业投资2000亿元，实际利用外资16亿美元，净增规模以上企业150家以上，10亿元企业达150家，50亿元以上企业达30家。要以更高水平的项目建设，实现促投资与促创新的互动共进。新常态下，经济增长的动力正从要素驱动、投资驱动向创新驱动转变。我们既要扎扎实实补好投资不足的“短板”，又要切切实实推动创新驱动不断发力，推动投资与创新形成协同效应，培育一批新的经济增长点。要强化科技与经济的对接、创新成果与产业的对接、创新项目与现实生产力的对接、研发人员创新劳动与利益收入的对接，形成有利于出创新成果、有利于创新成果产业化的新机制。突出企业在投资和创新中的主体地位，探索推行企业“科技创新券”等激励机制，引导企业加大科技投入，加快项目开发建设，力争全年新建市级以上工程技术研究中心30家，R&D经费支出占GDP比重达2.35%。制定出台“人才强企”的政策意见，更大力度引进和培养一批科技人才、领军人才和优秀人才，为企业转型升级提供强劲支撑。

2. 以融合创新为契机，发现培育新的经济增长点。融合是新经济模式最主要的特征，创新是经济增长和结构调整的原动力。要主动顺应产业发展的趋势潮流，在新产业、新经济、新模式、新业态中寻找经济增长的新动力。一要从互联网经济的发展中发现和培育新的经济增长点。主动顺应互联网、移动互联网、大数据、云计算等迅速发展的大趋势，大力培育互联网经济新业态，形成具有泰州特色和较强竞争力的互联网经济体系。加快推进互联网技术与制造业、农业、服务业的全面融合，带动传统产业转型升级、拓展空间。依托区域特点、地域特色、产业优势，培育电子商务人才，扩大电子商务应用，推动电商产业集聚集群发展。二要从生物医药产业的前延后伸中发现和培育新的经济增长点。继续举全市之力支持中国医药城加快产业化，推动医药城由药品研发生产向医疗服务和健康旅游延伸，努力打造“医、药、游”一体的大健康产业基地，成为全国前沿医疗技术集聚区、长三角康健医疗旅游目的地。三要从旅游业《三年行动计划》的深入实施中发现和培育新的经济增长点。科学安排旅游业重大项目的布局、开发和建设，既要坚持“有中生新”，加强核心景区建设，进一步塑造特色、做强优势；又要善于“无中生有”，通过招引实施一批新的重大旅游项目，真正让旅游业成为新的经济增长极。四要从软件及服务外包、文化创意产业的加快发展中发现和培育新的经济增长点。抓住软件和信息服务业快速发展的有利时机，瞄准国内外科技前沿和服务业转移趋势，引进骨干企业、培育高端人才，促进服务外包产业快速发展。大力发展互动新媒体、数字出版等文化创意产业，加快服务业与工农业协同发展、跨界发展、创新发展，为传统产业插上创新创意的翅膀，不断提升文创产业的带动力和影响力。五要从商业模式创新中发现和培育新的经济增长点。发挥区位优势，培育环境优势，招引一批总部企业，并着重在营运中心、结算中心、利润中心、研发中心等区域性、功能性总部经济发展上求得突破。引导企业紧盯行业发展和市场需求的新变化，创新商业思维，开辟新的市场空间和盈利途径。充分发挥“建筑强市”的优势，鼓励建筑业企业“走出去”，积极探索建筑工业化，拓展建筑业发展新空间。六要从大众创业、万众创新中发现和培育新的经济增长点。降低创业门槛，扫清发展障碍，持续掀起全民创业热潮，引导广大企业和民众投身创业、创新、创造，释放发展的巨大潜能，进一步激发市场活力，增强社会创造力。

3. 以城乡建设为支撑，构建特色鲜明的现代城乡形态。要着眼于提升人民群众的幸福感自豪感归属感，精心谋划、务实推进城乡建设，为发展构筑良好平台。中心城市是城乡发展一体化的火车头，城建新提升要高品质、快推进。围绕《两年行动计划》抓落实，紧扣节点抓推进，确保按时保质完成年度建设任务。高起点编制第四轮城市总体规划，抓紧优化中心城市生产力布局、空间布局、功能布局、生态布局。重视中心城区重要节点的规划设计，打造一批精品工程。大力推动京沪高速江广段、泰镇高速和阜兴泰高速泰州段建设，加快东风路南延和永定路东段快速化改造，启动泰州港战略性合作开发，积极推进连淮扬镇铁路与宁启铁路东北联络线建设，完成宁启铁路复线电气化改造。千方百计化解瓶颈制约，积极探索以市场为主体的城市建设投融资模式，充分利用市场资源形成多元化投资格局。同时，靖江、泰兴、兴化也要认真谋划各自城建新提升目标，进一步完善功能、提升环境，加快集聚发展、内涵发展。小城市是联结城乡、承上启下的关键节点，小城市布局要再优化、创特色。进一步优化小城市区域布局，重点在中心城市和县城辐射带动力不足的区域布点小城市。高起点、高标准推进小城市基础设施建设和公共服务延伸，推动小城市错位发展、特色发展，让农民在家门口就有城镇化的吸引源、辐射源、带动源，促进更多农民就近就地城镇化。加快户籍制度、土地管理制度、投融资体制改革探索，为新型城镇化提供制度保障。巩固村庄环境整治成果，完善长效管护机制，加快建设美丽乡村，让群众更多地受益受惠。

4. 以农业现代化建设为抓手，激发“三农”发展活力。按照生产技术先进、经营规模适度、市场竞争力强、生态环境可持续的要求，加快农业农村现代化进程，真正让农业成为有奔头的产业，让农民成为体面的职业，让农村成为安居乐业的美丽家园。一要加快转变农业发展方式。在巩固提升农业机械化建设成果的基础上，推动农业信息化、品牌化、健康化发展，培育一批名优农产品，做大做强健康养生农业板块，打响泰州现代农业品牌。积极推进国家现代农业示范区建设，加快发展高效农业、生态农业、休闲农业，重点抓好市农业开发区的项目集聚和特色培育，打造中心城市北部生态农业走廊，走出一条产品安全、产出高效、资源节约、环境友好的现代农业发展道路。二要加快培育新型农业主体。围绕“落实所有权、稳定承包权、放活经营权”，大力培育种养大户、家庭农场、专业合作社、农业企业等新型主体，加快构建集约化、专业化、组织化、社会化相结合的新型农业经营体系。针对农业后继乏人的问题，大力培养职业农民，鼓励农业适度规模经营，做强农业社会化服务，引导外出务工农民带技术、带资金回乡创业，支持大学生村官、乡土人才、高校毕业生创办农业企业，成为建设现代农业的带头人。三要加强农业基础设施建设。组织实施引江河二期、泰东河、川东港、马甸水利枢纽等重点水利工程，继续推进农田水利基础设施建设，为农业现代化提供基础保障。四要深化农村各项改革。进一步完善强农惠农政策，改进农业补贴办法，为转变农业发展方式提供政策支持。着力抓好靖江的中农办农村改革试验联系点、省农村改革试验区和姜堰的国家农业改革与建设试点，突出土地确权颁证、农村产权交易和金融改革创新“三项重点”，不断增创农业农村发展的体制机制优势。

5. 以生态建设为重点，打造泰州生态环境优势。生态环境是现实的竞争力，更是未来的生产力。要把生态名城作为泰州的一张名片，在生态建设上，坚决不欠新账、逐步还清旧账。一要确保国家生态市创建目标必成。今年是生态市创建“国考”之年。创建国家生态市，不仅是为了拿牌子，更重要的是通过创建，把生态优势转化为环境优势、发展优势。要牢固确立目标必成意识，进一步明确工作任务和项目清单，锲而不舍、持续努力，确保靖江、泰兴、海陵、高港、姜堰建成国家级生态市（区），兴化通过国家级生态市考核程序。二要守住生态文明底线。深入推进主体功能分区战略，引导各地严格按照主体功能定位发展，构建科学合理的国土空间开发与保护格局。大力发展循环经济，以资源综合利用为核心，以园区生态化改造为重点，实现产业发展循环化、环境质量生态化，力争年内省级经济开发区全部建成生态工业园区。扎实推进节能减排，加快实施重点节能技改工程和重点减排项目，确保全面完成省定节能减排目标任务。严守项目建设和企业发展的生态底线，凡是对子孙后代和未来环境有危害的一律不许落地，凡是环评不过关的一律不准上马，凡是恶意破坏环境的一律予以严惩。三要加大环境问题整治力度。大力实施“蓝天、清水、绿地”工程，突出抓好大气污染防治，切实改善区域环境空气质量；突出抓好城市河道综合整治，积极创建全国水生态文明试点城市，全面完成城市黑臭河道整治任务；突出抓好绿色生态屏障建设，形成城乡一体的绿色生态网络体系，不断提升城乡宜居品质。四要深化生态领域制度创新。加快排污权有偿使用和交易制度改革，推进排污权预算管理和“刷卡排污”监管模式，逐步形成排污权市场定价的交易机制。着力构建多元投入机制，大力实施绿色信贷，推行环境污染责任保险，形成以市场为导向、激励和约束相结合的生态建设机制。建立生态红线区域保护责任制度，形成经济与资源环境相协调的生产空间、生活空间和生态空间。探索建立生态环境损害经济调节制度、行政执法与司法联动制度、过错责任终身追究制度，形成社会整体合力，共同推进生态文明建设。

6. 以文化建设为引领，大力提升城市软实力。推动文化改革发展，要一手抓文化引领力凝聚力的不断增强，一手抓事业繁荣、产业发展、人才辈出。一要坚持核心价值引领。培育践行社会主义核心价值观是文化建设的主心骨。推动文化名城建设迈上新台阶，必须大力倡导和弘扬社会主义核心价值观，使之内化于心、外化于行，成为人民群众的自觉遵循。要以美德善行系列活动为总抓手，全面推开、深度推进，提升影响、务求实效，广泛凝聚精神力量，再树一批立得住、传得开，能教益、暖人心的“泰州典型”群像，培育形成奋发有为、崇德向善的良好风尚。二要突出文化惠民导向。深入研究新时期人民群众文化需求特点，围绕体制机制创新深化文化改革，释放活力、激发动力、增强发展力。加快建设现代公共文化服务体系，发展先进文化，创新传统文化，扶持通俗文化，引导流行文化，改造落后文化，抵制有害文化，不断创作推出“以人民为中心”的精品力作，更好改善文化民生、增加文化福利、体现文化公平。促进文化产业增量提质，在推动本土文化企业转型升级、跨越发展的基础上，坚持项目带动导向、园区集聚导向、产业富民导向，推动文化产业跨界融合发展，打造富有泰州特色的吉祥文化产业。注重吸引社会资本、社会力量参与事业建设、产业发展，鼓励民间机构、企业、个人举办公益文化活动，开办博物馆、书画院等文化惠民场所，加快公共文化服务的多元化社会化步伐。三要加强地域文化传播。用互联网思维适应互联网时代，加快传统媒体与新媒体的融合，提升舆论引导和网络管理水平，把全市智慧力量凝聚到三大主题工作上来。大力开展“康泰之州、富泰之州、祥泰之州”城市主题文化宣传，内聚民心、外显形象，构建起全媒体推进、多部门协作、全方位展示的宣传格局。着力挖掘泰州优秀传统文化，放大梅兰芳名人大师效应，筹划举办系列文化活动，努力打造全国闻名的戏剧文化品牌。不断增强“泰州学派”“里下河文学流派”等文化品牌的知名度、影响力，精心构建既有历史厚重感又有鲜明时代性的城市文化新坐标。四要保持文明创建新常态。巩固全国文明城市创建成果，继续坚持围绕惠民抓创建，以市民素质提升为根本、以城市环境改善为关键、以城市形象彰显为目标，健全文明城市创建长效机制，保持“严、细、实、久”的工作新常态，使文明创建与城建新提升深度融合、相得益彰。

7. 以民生建设为根本，推动人民生活幸福美好。更加注重民生建设的稳定性、连续性、累积性，既尽力而为，又量力而行，不开空头支票，不搞超前许诺，真正把群众最盼、最急、最忧、最想的事情办好办实。按照守住底线、突出重点、完善制度、引导舆论的基本思路，像抓经济建设一样抓民生保障，像落实发展指标一样落实民生任务，加快完善“六大体系”，扎实办好民生实事，努力让人民群众有更好的教育、更稳定的工作、更满意的收入、更可靠的社会保障、更高水平的医疗卫生服务、更舒适的居住条件、更优美的环境。一要进一步扩大就业，巩固民生之本。实施更加积极的促进就业政策，坚持以创业带动就业，以技能提升促进增收，以更有针对性的就业服务解决劳动用工的结构性矛盾，再造泰州劳动力新优势，实现劳动就业与企业用工的互动共赢。力争全年新增创业5万人，带动就业6万人以上。二要进一步办好教育医疗，夯实民生之基。大力促进教育事业均衡、公平、优质发展，特别要在提升基础教育、创新职业教育上集中发力，打响“教育强市”品牌。积极推进健康城市建设，加快整合市区医疗卫生资源，稳步提升基本公共卫生服务水平，做大做强中心城市医疗卫生服务功能。稳妥推进新一轮医疗卫生体制改革，力争在公立医院管理体制、基层医疗卫生机构综合改革等方面取得更大突破。进一步深化食品药品监管机构改革，不断提高食品药品安全保障能力。三要进一步完善社会保障，拧紧民生安全阀。扎实推进公共服务体系建设，统筹城乡医保、养老、低保、困难救助等制度，构建更加公平更加健全完善的社会保障网络。不断提升养老服务水平，加快构建以居家养老为基础、以机构养老为支撑、以社区养老为依托的多元化养老格局。全面推行定位扶贫、精准扶贫，推动基础设施、公共服务向黄桥老区、里下河等经济薄弱地区延伸，统筹抓好经济薄弱村集体经济发展、低收入农户增收致富工作，确保按期完成脱贫奔小康目标任务。

8. 以法治建设为保障，切实维护社会公平正义。全面推进依法治市，加快建设法治泰州，努力打造全省平安建设示范区、法治建设先导区、社会治理样板区。一要强化全民法治信仰。用群众喜闻乐见的形式宣传法律知识，用群众身边的案例进行法治教育，着力在全社会形成办事依法、遇事找法、解决问题用法、化解矛盾靠法的习惯。加强法治文化建设，切实把法治文化渗透和融入到基层社区、企业、校园、家庭生活中。超前做好市本级即将拥有地方立法权的准备工作，围绕经济社会转型发展的重点领域加强谋划，切实发挥地方人大立法的引领和推动作用。二要强化执法司法权威。坚持严格执法，依照法定权限和程序行使权力、履行职责，切实保障合法权益不受侵犯，正常的社会秩序得到维护。积极稳妥推进司法改革，健全司法权力运行机制，优化司法职权配置，促进司法权力规范化操作、透明化运行。全面推进行政执法与刑事司法衔接工作，推动“两法衔接”信息平台建设。积极探索人民群众参与、监督、评判司法的途径和方式，深化司法公开，不断提高司法公信力。三要强化法治惠民。深入推进政府职能转变，完善依法决策机制，加大简政放权力度，全面推行“五张清单”，打造权界清晰、运转高效、法治保障的服务型法治型政府。要进一步借鉴上海自贸区的试点经验，从市情出发，探索简政放权和制度创新领域的改革，完善国际化法治化的营商环境。加快构建覆盖城乡、惠及全民的公共法律服务体系，健全依法维权和化解纠纷机制，更好地满足社会发展和人民群众法律服务需求。四要强化依法治理。运用法治思维、法治方式创新社会治理，构建治理领域全方位、治理主体多元化、治理功能广覆盖、治理空间无缝隙的立体治理格局。健全社会稳定风险评估体系和“大调解”体系，依法妥善处理群体性事件，切实把平安建设纳入法治轨道。完善基层群众自治机制，发挥市民公约、乡规民约、行业规章、团体章程等社会规范的积极作用，实现民事民议、民事民办、民事民管。坚持安全生产“党政同责、一岗双责、齐抓共管”，对公开举办的各类大型集会、烟火燃放、商业促销、文艺演出、灯光表演、庙会灯会等活动，对市政公用设施工程、春运交通以及危险化学品等重点行业领域，加强安全专项整治，确保责任、措施、监管、人员、预案“五落实”，坚决防止重特大事故发生。

四、坚持全面从严治党，选好用好干部，管好带好队伍

总书记视察江苏讲话中，首次提出“全面从严治党”，并特别讲到一直在思考从严管理干部的课题。我们要认真学习领会总书记关于从严治党的新思想新论断，以更大力度加强党的思想、组织、作风、反腐倡廉和制度建设，真正做到要求严、措施严，对上严、对下严，对事严、对人严，把全面从严治党贯穿于党的建设和党内生活各个方面。

1. 严格党的政治纪律和组织纪律。各级党委要牢固树立“抓好党建是分内之责、不抓党建就是失职”的政治理念，坚持把抓好党建作为最大的政绩，把从严治党作为最大的责任，切实把管党治党的担子扛起来。党的政治纪律是最重要、最根本、最关键的纪律，遵守党的政治纪律是遵守党的全部纪律的重要基础。要始终把严守党的政治纪律作为不可逾越的红线，始终在思想上政治上行动上同党中央保持高度一致，决不允许上有政策、下有对策，决不允许有令不行、有禁不止，决不允许在贯彻执行中央和省市委决策部署上打折扣、做选择、搞变通。各级党员干部要旗帜鲜明地反对政治自由主义，坚决做到“四不一及时”：不信小道消息、不传未经证实的消息、不转不严肃的政治类微信（短信）、不发表与中央和省市委精神不一致的自由化言论、及时报告并反制敌对势力对党和社会主义制度的恶意中伤。党的组织纪律是维护党在组织上团结统一的准则。要严格落实民主集中制，既要杜绝有集中无民主的“一言堂”现象，也要杜绝假民主无原则的“老好人”现象，不断提高科学决策水平，形成推动工作的强大合力；严格落实党内组织生活制度，用好批评和自我批评这个有力武器，切实加强党性修养和党性锻炼；严格落实请示报告制度，涉及重大问题、重要事项，按规定及时请示报告。总之，全市所有党员干部必须确立这样一种意识：不论党龄长短、职务高低，都要自觉地严守纪律，既不能因为是普通党员而放松对自己的要求，更不能因为位高权重而无视纪律的约束。

2. 以鲜明的用人导向打造过硬干部队伍。全面从严治党的重点，在于从严管理干部。我们要全面贯彻落实中央和省委提出的“好干部”标准，坚决不用理想缺失、信念动摇的人，坚决不用因循守旧、消极懈怠的人，坚决不用急功近利、脱离群众的人，坚决不用跑官要官、谋取私利的人，旗帜鲜明地选用工作面前敢为人先、雷厉风行的干部，考验面前敢于亮剑、挺身而出的干部，难题面前敢于负责、勇往直前的干部，矛盾面前敢于担当、善于突破的干部。要强化“在岗使用就是最大激励”的导向，坚持“德才兼备、人岗相适”，坚持正向激励与负向激励并重，加大干部选拔和交流力度，把推进三大主题工作的新实践，作为识别干部、锻炼干部、考验干部的大舞台、大考场，让能干事、干成事的有更大的空间，让有潜力、有才华的有更多的历练，让不事张扬、埋头苦干的有更好的回报。我们每一个党员干部都应当有这样的境界：倍加珍惜党和人民的信任，时刻牢记肩负的使命责任，始终把工作的每一天都作为履职尽责的新起点，把所做的每一件事都作为不负众望、不留遗憾的精彩一笔，在位一天、赶考一天，以“建功必须有我”的担当和“功成不必在我”的境界，在奉献泰州发展、造福人民群众中，实现自己的人生价值。

3. 切实加强党的基层组织建设。党的基层组织是党的全部工作和战斗力的基础。要改进工作方式，创新活动内容，扩大覆盖面，增强凝聚力，推动党的基层组织建设得到新加强。要选好配强基层组织带头人。坚持一手抓选配、一手抓储备，以理想信念坚定为首要标准，继续采取机关下派一批、企业启用一批、种养大户挑选一批、退役士兵选聘一批、大学生村官培养一批等“五个一批”办法，打造一支数量足、素质优、能力强的基层带头人队伍。重点做好第四批机关干部到村任职的选派工作，引导更多优秀机关干部走向基层、扎根基层、奉献基层。要抓好基层组织的功能提升。紧扣破解基层组织活力不足、集体经济后劲不强、少数党员干部作用发挥不佳等三大重点问题，着力强化基层党组织的发展和服务功能，积极推进中心村党组织建设，以强村带弱村、中心村辐射周边村，推动基层党建资源共享、优势互补，推动基层干部队伍素质能力转型提升，把基层党务工作者队伍建成服务骨干，把党员队伍建成服务先锋，把联系服务群众的“最后一公里”打造成“最实、最优、最强一公里”。要格外关心爱护基层干部。既要从经济待遇上给予保障，又要从政治上打破“天花板”，通过将优秀村（社区）基层干部选拔进乡镇领导班子等途径，进一步拓宽发展空间，增强岗位吸引力，让他们生活上更有盼头、工作上更有劲头、成长进步上更有奔头。

4. 大力推进党风廉政建设和反腐败工作。总书记在谈到反腐败斗争时，强调零容忍的态度不变、猛药去疴的决心不减、刮骨疗毒的勇气不泄、严厉惩处的尺度不松。我们要把“四个不”的刚性要求认真落实到党风廉政建设和反腐败斗争上，旗帜更加鲜明、态度更加坚决、行动更加有力，以反腐败的实际成效取信于民。各级党委要切实担负起统一领导、直接主抓、全面落实的主体责任，把反腐倡廉建设与改革发展稳定各项工作同部署、同检查、同落实、同考核，不断推动党风廉政建设和反腐败斗争深入开展。健全完善“三重一大”事项集体决策和一把手“四不直接分管”制度，强化对一把手行使权力的制约和监督，形成科学的权力结构。各级党组织主要负责同志要做政治上的清醒人、党风廉政建设的明白人，认真履行党风廉政建设第一责任人职责，严格执行防止“挂帅不出征”的相关规定，对党风廉政建设工作要亲自部署、重大问题要亲自过问、重点环节要亲自协调、重要案件要亲自督办，并督导班子成员履行好“一岗双责”。各级纪委要切实履行监督责任，敢于出招、敢于亮剑，治病树、拔烂树，既查处大案要案，也查处侵害群众利益的小官小案小事，让腐败行为无处可藏，使清正廉洁蔚然成风。要深入推进纪律检查体制改革，为各级纪委全面履行监督执纪问责的职责提供制度保障。

5. 持之以恒抓好作风建设。全面从严治党必须始终绷紧作风建设这根弦。要更加注重制度的刚性执行。市委围绕从严治党修订完善了一系列的制度规范，要狠抓制度的刚性执行，让制度成为约束党员干部行为的“紧箍咒”，确保大家按规矩办事、按规定用人、按规章用权，坚决铲除不良作风滋生蔓延的土壤。要更加注重严格问责。加大明察暗访、执纪问责和指名道姓曝光的力度，形成有力震慑。特别是对影响和破坏投资环境的人和事，在招商引资、项目建设中故意刁难、推诿扯皮、吃拿卡要的人和事，在服务市场主体依法经营过程中不作为、乱作为的人和事，对人民群众切身利益不闻不问、久拖不办的人和事，发现一起、查处一起、问责一起，决不姑息、决不手软。要让每一名机关干部都认识到，投资环境是泰州长远发展的生命线，服务项目、服务企业是天职，谁影响了泰州的投资环境，谁就是“害群之马”。要更加注重大兴落实之风。“一分部署，九分落实”，现在到了狠抓落实的时候了。不落实，再好的目标，再好的蓝图，也只是“镜中花、水中月”；抓落实，市委的部署要求才能落地生根；快落实，各项工作才能早见成效，泰州面貌才能大变快变。各级领导干部必须集中精力抓实施、科学有效抓落实，突出具有结构支撑作用的重大改革、具有增长支撑作用的重大项目，盯住不放、扭住不松，强化督查考核，进行对账盘点，确保按时间节点完成。必须站高一步想问题、下沉一级抓落实，深入到基层和群众中，在一线了解情况，在一线解决问题，决不让问题和矛盾在自己手上“过夜隔宿”。必须主动担当抓推进、奋发进取抓落实，凡是市委定下来的事，就要按照分工执行到位；凡是看准了的事，就要敢于拍板推进到位，坚决杜绝数据注水、项目反复签约、财税收入虚收空转等弄虚作假问题。必须盯着榜样找差距、超前谋划抓落实，找准盯紧学习的榜样、赶超的标杆，在取长补短中实现对榜样的超越。同时要加强对重大问题、重大项目、重大工程、重大政策的超前研究，认真编制好“十三五”发展规划，增强工作的前瞻性、主动性。

同志们，当今时代风起云涌，自当破浪前行；建设泰州任重道远，更须快马加鞭。让我们更加紧密地团结在以习近平同志为总书记的党中央周围，在省委省政府的坚强领导下，坚持三大主题工作不动摇，坚持加快发展不动摇，坚持苦干实干不动摇，坚毅果敢地投身“迈上新台阶、建设新江苏”的泰州实践中，为建设人民满意的幸福城市而团结奋斗！

政府工作报告

——2015年1月20日在泰州市第四届人民代表大会第四次会议上

市长　陆志鹏

2015年1月20日，市长陆志鹏在泰州市第四届人民代表大会第四次会议上作政府工作报告

一、2014年工作回顾

过去的一年，我们在中共泰州市委的正确领导下，坚持以党的十八大、十八届三中四中全会和习近平总书记系列重要讲话精神为指导，统筹做好稳增长促改革调结构惠民生各项工作，较好完成全年各项目标任务。预计实现地区生产总值3300亿元，增长10.6%。公共财政预算收入283亿元，增长9.2%。研发经费支出占地区生产总值比重2.3%。固定资产投资2200亿元，增长21.3%。社会消费品零售总额937亿元，增长12%。城乡居民人均可支配收入分别达31430元、15130元，分别增长9.5%、11.2%。居民消费价格涨幅2.1%。城镇登记失业率1.95%。

推进转型升级，强化创新驱动，经济发展提质增效。以实施“双百工程”为抓手，调整优化产业结构，推动产业向中高端迈进。工业经济稳中有进。规模以上工业实现增加值2170亿元，增长11.5%。深入实施新兴产业双倍增计划，实现产值3902亿元，增长16.8%。积极运用信息技术和先进适用技术改造提升传统产业，实施亿元以上重点工业项目279个，完成技改投入983亿元。装备制造业实现产值5215亿元，增长15%。完成省定化解落后产能年度任务。建筑业实现总产值2550亿元，增长15.2%。服务业发展不断加快。实现服务业增加值1390亿元，增长12%。新增省服务业创新示范企业3家，百亿级服务业集聚区达4家。大力发展旅游业，全年接待游客1800万人次，实现旅游总收入215亿元。加大金融服务实体经济力度，新增人民币贷款407亿元，净增直接融资117.5亿元。农业现代化建设成效明显。姜堰国家农业改革与建设试点绩效考评居全国首位，高港获批国家农业综合开发县，兴化建成国家级出口食品农产品质量安全示范区，海陵现代农业园区建成省级园区。科技创新能力进一步增强。高新技术产业产值突破4000亿元，增长17.8%，占规模以上工业比重达41.2%。加强自主品牌和标准体系建设，新创中国驰名商标7件，新获发明专利授权340件。强化人才支撑，新增省“双创计划”团队1个、人才15名，省“双创博士”25名。扎实抓好节能减排，单位地区生产总值能耗下降4%，主要污染物排放量削减完成年度目标任务。

深化综合改革，扩大对外开放，发展活力进一步释放。重点领域和关键环节改革不断深化。突出简政放权，出台并向社会公布行政事业性收费、行政权力、行政审批等目录清单，推行行政审批容缺受理、并联审批，率先实施工商登记负面清单制度，企业注册登记实行“三证合一”，4个镇（街）简政放权改革试点工作有序推进。市公共资源交易中心建成运行，排污权有偿使用和交易改革顺利实施。全面开展村级集体经济股份制改革，启动农村土地承包经营权抵押贷款试点。加强政府性债务和融资平台管理，严格执行“两个清单”、“两个审批”制度，落实偿债准备金制度。“营改增”试点企业达1.1万户，累计减税10.8亿元。开放型经济平稳发展。完善招商引资工作机制，制定项目大突破实施意见，加强驻点招商、小分队招商、产业定向招商，全年新批3000万美元以上项目24个，实际利用外资9.4亿美元。稳定外经外贸，完成进出口总额108.9亿美元，实现外经营业额7.9亿美元。加快中国医药城产业化步伐，签约落户医药类项目128个，在建产业化项目103个，新增投产企业30家。高港汽车零部件产业园创成省级科技产业园，锡山经济开发区兴化工业园、江阴高新区黄桥工业园和昆山高新区姜堰工业园先后获批。推进新一轮沿江开发，编制实施沿江转型升级规划，泰州港核心港区5万吨级集装箱码头开港运营。海关、国检、海事、边检为开放开发作出积极贡献。

提高组织程度，加快城乡建设，功能形象明显提升。中心城市建设取得新进展。坚持规划引领，组织开展第四轮城市总体规划修编，着力维护规划权威性和稳定性。调整优化市区城建体制，启动实施城建新提升两年行动计划。制定出台推进老城改造加快新城建设的意见，周山河新城开发建设全面提速，西客站片区、钟楼巷文化街区改造等项目加快实施。完善拆迁政策，盘活财政资金、国有资产、土地资源，积极化解拆迁和融资难题。加强城市管理标准化建设，加大违法建设防控力度，市容市貌持续改善。城乡基础设施建设取得新突破。泰镇高速泰州段、阜兴泰高速兴化至泰州段、京沪高速江广段扩容开工建设，宁启铁路复线电气化改造泰州段主体工程基本完工，国电泰州电厂二期、连淮扬镇与宁启铁路东北联络线获批，泰州常州、江阴靖江过江通道列入国家规划。市区东风路南段、永定路东段快速化改造和环城东路东环高架建设有力推进，梅兰路、育才路等断头路相继接通。泰东河整治、引江河二期、中小河流治理等工程进展有序。办好新一轮农村实事，区域供水通水乡镇、污水处理设施实现建制镇全覆盖，农村饮水安全工程新增受益人口83万人，新改建农村道路295公里、桥梁167座，疏浚县乡村河道995条。生态文明建设取得新成效。市本级通过省级生态市考核验收，姜堰、海陵分别通过国家级生态区考核验收和技术评估，新增33个国家级生态乡镇。落实生态红线保护规划，加强生态环境保护修复。城市环境综合整治扎实推进，村庄环境整治通过省级全域考核验收，并获省人居环境范例奖。加强绿化建设，实施“空转绿”工程，全市新增造林面积7万亩，市区新增绿地面积100万平方米。

优化公共服务，增进民生福祉，社会保持安定和谐。大力实施民生幸福工程，认真办好改善民生实事。鼓励支持全民创业，新增创业6.8万人，净增私营个体经济注册资本668亿元。实施更加积极的就业政策，突出抓好重点人群就业，新增城镇就业10万人。推进社会保障扩面提标，社会保险主要险种覆盖率稳定在97%以上，城镇居民大病医疗保险实现全覆盖，城乡居民和企业离退休人员养老金、新农合和城镇居民医保筹资、城乡低保标准进一步提高。加强社会救助工作，发展慈善福利事业，市残疾人就业服务中心获“全国残疾人之家”称号。全市新开工各类保障性住房1.6万套，住房公积金新增开户缴存职工4.7万人。扶持发展养老服务业，新改建养老机构32家，新增养老床位5236张。实施脱贫奔小康工程，新增3.3万农村低收入人口脱贫。努力办好人民满意教育，学前教育省优质园比例达61%，各市（区）全部建成国家义务教育发展基本均衡市（区），“泰微课”自主学习平台上线运行，职业教育国际合作迈出新步伐，泰州学院新校区正式启用。深化医疗卫生资源整合，完善医疗卫生服务功能，基层医疗卫生机构建设步伐加快，县级公立医院改革全面实施，各市（区）全部建成国家中医药先进单位。积极发展文化事业和产业，市级公共文化设施全部免费开放，靖江创成省公共文化服务体系建设示范区；泰州文化创意产业园、黄桥乐器文化产业园获批省级文化产业示范园区，新增3家省重点文化科技企业。全国文明城市创建取得重要进展，各市（区）全部通过国家卫生城市技术评估。加强人口计生工作，稳步实施“单独两孩”生育政策。建成城市社区“10分钟体育健身圈”，启动市区学校室外体育设施向社会开放试点。新辟优化市区公交线路11条，公共自行车系统一期建成投用。深化平安泰州、法治泰州建设，群众安全感连续多年位居全省前列，泰州市被评为全国“六五”普法中期先进城市。全面落实社会稳定风险评估制度，加强和创新调解组织建设，有效预防和化解社会矛盾。健全立体化现代治安防控体系，严厉打击各类违法犯罪活动。应急管理体系不断完善，安全生产形势总体稳定，食品药品安全工作得到加强。国防教育和双拥共建深入开展，退役士兵村官培养工作成效突出。社会科学、广播电视、民族宗教、外事侨务、妇女儿童和气象、防震、人防、无线电管理等工作取得新进步。

转变工作作风，提升行政效能，履职能力不断增强。坚持把软环境建设作为硬任务来抓，进一步提高办事效率、优化政务服务。认真开展党的群众路线教育实践活动，贯彻执行中央八项规定和省、市委十项规定，扎实抓好“四风”问题整改落实。深入开展“三服务”活动，定期组织企业家座谈，进一步强化扶持政策落实和要素协调保障，切实为企业解难题、办实事。坚持民生工作例会制度，用好12345·政风行风热线、市长信箱和望海楼论坛三个平台，及时梳理解决群众反映强烈的突出问题。推进依法行政，加强法治政府建设，自觉接受人大的法律监督、工作监督和政协的民主监督，主动接受社会监督，强化行政监察和审计监督，广泛听取各民主党派、工商联、无党派人士和社会各界意见。认真办理人大代表建议和政协提案，落实率明显提高。积极打造“阳光政务”，健全政府信息发布制度，官方微博、微信影响力不断提升。加强惩防体系建设绩效评估，廉政风险防控机制加快完善。严肃查处腐败案件，着力解决发生在群众身边的不正之风和腐败问题。大力整治“庸懒散”现象，加强对重大项目、重点工作的督查推进，机关执行力进一步提升。

过去一年的成绩来之不易，这是中共泰州市委正确领导的结果，是全市上下攻坚克难、团结奋斗的结果。我代表市人民政府，向全市广大干部群众，向全体人大代表、政协委员，向各民主党派、工商联、无党派人士、各人民团体和广大离退休老同志，向中央和省驻泰机构以及驻泰部队指战员、武警官兵和政法干警，向所有关心、支持泰州发展的海内外朋友，表示衷心的感谢！

我们也清醒地看到，经济社会发展中还存在一些问题和不足，主要是：经济下行压力加大，有效投入相对不足，资源环境约束加剧，做大经济总量与提升发展质量形成双重挑战；全面深化改革进展还不快、亮点还不多，改革红利还没有得到充分释放；社会矛盾复杂多变，维护社会和谐稳定面临较大压力；政府职能转变还不到位，依法行政能力亟须提高，机关作风和效能仍需进一步改进，等等。这些问题，我们一定高度重视，积极应对，妥善解决。

二、2015年工作任务

今年是全面完成“十二五”规划的收官之年、全面深化改革的关键之年、全面推进依法治国的开局之年，也是市委三大主题工作的全面启动之年。政府工作的总体要求是：深入学习贯彻党的十八大、十八届三中四中全会和习近平总书记系列重要讲话精神，认真落实中央经济工作会议、省委十二届九次全会、市委四届八次全会决策部署，主动适应经济发展新常态，以转型升级为主线，以全面深化改革为动力，以创新驱动发展为核心，以增进民生幸福为根本，坚持稳中求进，致力稳中奋进，大力推进“思想再解放、项目大突破、城建新提升”三大主题工作，促进经济平稳健康发展和社会和谐稳定。

全市国民经济和社会发展主要预期目标为：地区生产总值增长10%左右，公共财政预算收入、城乡居民收入实现与经济基本同步增长，固定资产投资增长20%以上，社会消费品零售总额增长12%左右，居民消费价格涨幅3%左右，城镇登记失业率控制在3%以内，研发经费支出占地区生产总值比重2.35%以上，节能减排完成省定目标任务。

面对复杂多变的宏观经济环境和艰巨繁重的改革发展任务，做好今年工作必须全面认识新常态下的新趋势新特征，自觉遵循新常态下的新规律新要求，牢牢把握经济社会发展主动权。注重转变工作方式。顺应转变经济发展方式的要求，加快转变政府工作理念和工作方式。更加自觉维护公开公正的市场环境，促进市场在资源配置中起决定性作用，保障各类企业公平参与市场竞争。更加尊重企业的市场主体地位，减少直接干预企业微观经济活动，真正发挥好政府的推动和引导作用。更加主动为企业提供高效周到的服务，帮助解决企业发展中的困难和矛盾。注重科学理性发展。系统谋划发展格局，挖掘资源禀赋，放大比较优势，着力在港口建设、互联网经济发展、生物医药产业前延后伸等方面发现培育新的经济增长点。与时俱进推进工作，紧扣年度目标任务，急而不躁抓发展、实而不浮搞建设，准确把握“好”与“快”的平衡点，力求在“好”的前提下能快则快。未雨绸缪防控风险，积极防范政府性债务、金融领域等潜在风险，牢牢守住不发生区域性系统性风险的底线。注重提高质量效益。深化产业结构调整，大力发展先进制造业，加快建立现代产业体系。发挥创新驱动作用，深入推进科技创新、制度创新、管理创新和商业模式创新，促进经济发展向“智慧型增长”跃升。提高集约发展水平，积极培育金融、技术、人才、土地市场，大力发展绿色低碳循环经济，进一步增强资源环境承载力。注重体现民生为本。找准民生改善与经济发展的结合点发力点，促进经济建设与民生建设有效互动、良性循环，实现“做大蛋糕”与“分好蛋糕”同步推进。落实民生投入长效机制，调整优化财政支出结构，确保民生投入足额到位、逐年增加。坚持积极作为、量力而行，注重民生工作的稳定性、连续性、积累性，立足当前办实事，着眼根本建体系，让群众真正得益受惠。

今年将重点抓好八个方面工作：

1. 调优结构促转型，保持经济平稳健康发展。把转方式调结构放到更加重要位置，突出创新驱动，促进两业融合，提高经济发展的质量和效益。

加快中国医药城产业化进程。继续举全市之力建设中国医药城，推动医药城由药品研发生产向医疗服务和健康产业延伸，努力打造大健康产业基地。推进疫苗、诊断试剂及高端医疗器械等产业项目建设，新增药品投产企业12家，新落户医药企业100家以上。加快康健医疗区、标准厂房区五期等产业载体建设，组建生物医药产业母基金。推动部省共建不断深化，积极申报国家药品进口口岸城市，力争获批国家疫苗临床评价中心、新药创制重大专项产业化基地。

提升先进制造业发展水平。培育壮大新兴产业，引导企业更加注重研发能力和综合劳动生产率的提高，更加注重产品市场前景和销售服务网络的建立，力争实现新兴产业产值4600亿元。改造提升传统产业，支持企业加快生产工艺革新和技术装备现代化，促进信息化与工业化深度融合，推动生产制造向智能化、网络化方向发展。扶持企业做优做强，大力发展民营经济，力争净增规模以上企业150家以上，主营业务收入超50亿元企业达30家，新增主板上市企业1～2家。鼓励企业“走出去”，落实稳定外贸增长的政策措施。推进建筑工业化，拓展建筑业发展空间。

大力发展服务业。围绕现代物流、金融保险、软件和信息服务、工业设计等重点，加速发展生产性服务业。推进现代服务业集聚区扩容提质，新增市级以上现代服务业集聚区3～5家。制订实施旅游业发展三年行动计划，科学安排重大项目的布局、开发和建设，促进旅游业与健康产业、文化产业、城乡建设融合发展。加快城市重点商贸项目和社区商业设施建设，完善城乡商贸流通服务体系。积极培育新的消费市场和消费热点。

激发科技创新潜力。强化“四个对接”，着力形成有利于出创新成果、有利于创新成果产业化的新机制。认真落实“人才强企”十条新政策，全力打造人才高地，助推企业转型升级。探索推行“科技创新券”等激励措施，引导企业加大科技投入。推动产学研深度融合，加快建设泰州科技人才广场、产业研究院，力争新建市级以上工程技术研究中心30家。抓好科技与金融结合试点，加强科技支行、科技担保、科技小额贷款公司等专营机构建设。

2. 聚焦项目大突破，增强经济发展的支撑和后劲。把项目建设作为经济工作的第一抓手，以增量优化带动存量调整，为转型升级、跨越发展夯实基础。

强势推进招商引资。把握招商重点，突出招引具有产业性质的重大基础设施类、教育研发培训类战略型项目，招引投资强度大、产出规模大、税收和就业贡献大的龙头型项目，招引有利于提高产业集中度、关联度和承载力的配套型项目。认真落实年度招商计划，精心组织北上广深投资促进周、泰台经贸交流合作促进月等活动；注重将招商引资的功夫下在平时，扎实做好项目信息收集、甄别研判和跟踪洽谈，进一步提高招商实效。强化招商队伍建设，培养一批高素质的专业招商人员。

加强开发园区建设。按照适度超前、科学定位的原则，力争完成省级以上开发区及特色园区规划修编。推进重点园区提档升级，支持出口加工区创建国家级综合保税区，泰兴经济开发区、高港高新区创建国家级经济开发区，兴化经济开发区创建国家级食品工业园区。加强多层标准厂房建设，加大闲置土地清理力度，促进开发园区集约化发展。鼓励发展“飞地经济”，推动实现良性竞争、合作共赢。优化开发园区管理体制，激发园区活力，加快转型升级。

落实项目建设机制。严格执行重大项目绿色通道制度，进一步优化审批流程，促进项目建设提速提效。严格执行领导挂钩联系制度，及时协调解决项目实施过程中的矛盾问题。严格执行“五个一”督查推进制度，严把项目签约落地、开工建设、竣工达产时间节点，分阶段过堂督查项目招引建设情况。严格执行滚动式项目管理和绩效考核办法，强化对投资强度、税收贡献、社会就业、节能环保等方面的综合考评。全年力争产业投资突破2000亿元，新开工过亿元产业项目180个以上。

3. 突出城建新提升，提高中心城市首位度。强化规划引领，加快重点工程建设，进一步优化城市结构，完善城市功能，提升城市品质。

推进老城改造。深化历史文化名城保护，落实城中、渔行历史街区整治方案，建成评书评话博物馆、南山寺景区，完成稻河古街区改造复兴工程。加快西客站片区“一站一路一广场”建设，实施老旧小区、城中村、棚户区、后街背巷综合整治，推进钟楼巷、纺织新村等片区改造。加快西大门、北大门和西北片区环境综合整治，推进济川路、海陵路、税东街等路段立面出新。实施空转绿“311”工程，抓好西南城河景观绿化建设。加强社会停车场、农贸市场、公共厕所、垃圾收集处理等设施建设，推进西北工业园区、农业开发区污水管网全覆盖。

加快新城建设。进一步拉开道路框架，年内形成周山河以北的新城路网。突出抓好“1+2+3+N”教育布局工程建设，加快新区人民医院、中心血站和120急救中心、体育公园一期等项目建设，推进金融服务区和医药城会展中心二期建设。构建现代城市绿地系统，加大主题公园、生态廊道建设力度，启动建设郊野公园，实施周山河—天德湖景观提升工程。加强河湖水系保护、连通和管理，打造周山河、南官河、凤凰河生态休闲风光带。

优化完善交通。大力推进泰镇高速泰州段、阜兴泰高速兴化至泰州段、京沪高速江广段扩容建设，加快实施东风路南段和永定路东段快速化改造，积极做好盐泰锡宜、沪泰宁城际铁路前期工作。推进扬泰机场一类航空口岸对外开放，力争年内开通国际航线。深化泰州港发展战略研究，推动港口开发建设。加快鼓楼路北延、站前路一期、328国道和姜高路东延等重点道路建设，确保海阳路、吴陵路、引风路等一批断头路接通。大力发展公共交通，进一步优化线路设置，提高公交出行分担率。推进高港汽车南站及公交枢纽建设，完成公共自行车系统二期工程。

4. 深化改革激活力，着力构建体制机制新优势。务实推进既具有年度特点又有利于长远制度安排的改革举措，有效激发市场活力和社会创造力。

推进行政管理体制改革。抓好政府职能转变和机构改革工作，调整优化组织结构。加大简政放权力度，建立行政审批事项动态清理机制，深化市区管理体制改革，推进经济发达镇、重点镇（园区）简政放权改革试点。开展医药高新区行政审批制度改革试点，实现“园内事园内结”。强化事中事后监管，健全守信激励和失信惩戒机制。推动行业协会商会与行政机关脱钩，规范中介机构服务行为。有序实施公车改革。

推进财税体制改革。实施全口径预算管理，编制三年滚动财政规划，提高财政预算统筹能力。加大财政专项资金绩效评价和整合力度，推行拨改贷、拨改投、拨改股等产业扶持方式。深化税收征管改革和综合治税平台建设，完善税收征管质量监管机制。组建市国有资产经营（集团）公司，提高国有资产规模化经营水平。规范政府性债务管理，完善动态监控、风险预警机制。

推进资源要素市场化配置改革。建立新增工业用地弹性出让制度，全面开展农村土地承包经营权确权登记颁证，积极开展宅基地使用权流转试点。鼓励民间资本投资入股金融机构、发起设立中小型民营银行，吸引境内外私募股权机构在泰建立投资基金和分支机构。推进投融资体制改革，探索政府与社会资本合作等多种投融资模式。推行差别化排污总量控制和排污权交易制度，出台生态补偿和监管考核办法。

推进社会事业领域改革。深化考试招生制度改革，完善义务教育阶段学校就近免试入学制度。推进公立医院管理体制和人事管理、收入分配制度改革，健全医疗卫生机构运行机制。吸引民间资本、社会力量参与文化事业建设、产业发展，加快公共文化服务多元化社会化步伐。实施机关事业单位养老保险制度改革。

5. 践行法治新要求，进一步提升依法行政水平。深入贯彻依法治国基本方略，切实加强法治政府建设，更好地运用法治思维和法治方式行使权力、履行职责。

提高行政决策水平。坚持依法科学民主决策，严格落实“公众参与、专家论证、风险评估、合法性审查、集体讨论决定”重大行政决策法定程序，确保决策制度科学、程序正当、过程公开、责任明确。推行政府法律顾问制度，调整充实法律专家咨询论证委员会。完善决策实施后评估制度，建立终身责任追究制度和责任倒查机制。加强对行政决策落实情况的监督，确保决策执行有力、落到实处。

推进公正文明执法。按照减少层次、整合队伍、提高效率的原则，合理配置执法力量。完善行政执法裁量权基准制度，探索设立综合执法协调机构，加大关系群众切身利益的重点领域行政执法力度。落实行政执法责任制，建立执法全过程记录制度，健全纠错问责机制。推进行政执法与刑事司法有效衔接，防止随意执法、以罚代刑。改革行政复议体制，加强相对集中行政复议权工作。

规范行政权力运行。推进行政机构、职能、权限、程序、责任法定化，做到法定职责必须为、法无授权不可为。加强对政府内部权力的制约，对权力集中的部门和岗位实行分事行权、分岗设权、分级授权，防止权力滥用。自觉接受人大法律监督、工作监督和政协民主监督，重视社会监督、舆论监督；深化行政监察和审计监督，对公共资金、国有资产、国有资源和领导干部履行经济责任等情况实行审计全覆盖。

6. 推进新型城镇化，促进城乡发展一体化。坚持以人的城镇化为核心，以小城市建设为重点，夯实现代农业根基，守住生态文明底线，推动城乡统筹协调发展。

提高城镇化质量。加快完善新型城镇化和城乡发展一体化相关规划，推动城镇建设、土地利用、产业发展等“多规融合”。把小城市作为新型城镇化的关键节点，高标准推进基础设施和配套功能建设，促进差别化、特色化发展。坚持以产业化带动城镇化，增强城镇吸纳就业能力。推动农业转移人口市民化，提高户籍人口城镇化率，落实流动人口“同城待遇”。优化镇村公共服务体系，积极推进城乡低保、基本养老、医疗保险制度全面并轨。启动实施黄桥老区富民强村行动，逐步解决里下河地区饮用长江水问题。

发展现代农业。积极推进国家现代农业示范区建设，大力发展高效农业、生态农业，打造城市北部生态农业走廊。加快转变农业发展方式，培育新型农业经营主体和现代职业农民，构建新型农业经营体系，提高土地产出率、资源利用率和劳动生产率。加强农产品质量安全监管，推行农业标准化生产。完善强农惠农政策，改进农业补贴办法。扎实推进农田水利基础设施建设，加快实施川东港整治、马甸水利枢纽等重点水利工程。着力抓好靖江中农办农村改革试验联系点、省农村改革试验区和姜堰国家农业改革与建设试点工作。

改善生态环境。扎实开展生态系列创建，确保靖江、泰兴、海陵、高港、姜堰建成国家级生态市（区），兴化通过国家级生态市考核程序，力争省级经济开发区全部建成生态工业园区。深入实施主体功能分区战略，着力构建科学合理的国土空间开发与保护格局。突出抓好大气污染防治，认真落实扬尘治理、秸秆禁烧等关键举措，加快淘汰高污染燃料锅炉。推进全国水生态文明城市建设试点，完成城市黑臭河道整治任务。深化城市环境综合整治，建立村庄环境整治长效管理机制。

7. 心系群众惠民生，全力维护社会和谐稳定。以实现共同富裕、共享发展成果为导向，深化拓展民生幸福工程，统筹发展民生社会事业，努力让全市人民过上更好生活。

力促城乡居民增收。大力扶持全民创业，让更多的人通过创业增加经营性收入，全年新增创业5万人，带动就业6万人以上。规范发展劳动力中介机构和市场，以更有针对性的就业服务解决劳动用工的结构性矛盾，再造泰州劳动力新优势。严格落实企业最低工资制度和工资集体协商、支付保障制度，稳步提高城镇职工工资性收入。落实“十项富民行动计划”，拓宽农民持续增收渠道。进一步完善最低生活保障和重点优抚对象、被征地农民社会保障制度，不断提高保障标准。全面推行定位扶贫、精准扶贫，统筹抓好经济薄弱村集体经济发展、低收入农户增收致富工作。加强保障性住房建设和管理，确保质量安全和公平分配。创新社会养老服务模式，支持发展慈善公益事业。

大力发展社会事业。以教育现代化建设为统领，促进教育公平，提高教育质量。扩大学前教育优质资源覆盖面，推进义务教育现代化学校标准化建设和素质教育“5+2”工程，进一步巩固基础教育优势。加快构建现代职业教育体系，强化高等教育统筹规划和资源整合。积极推进健康城市建设，稳步提升基本公共卫生服务水平。支持市人民医院、中医院做优做强，加快市妇幼保健院等公益性医疗机构建设。加强计生管理和服务，协调发展群众体育和竞技体育、体育事业和体育产业。

切实加强文化建设。倡导和弘扬社会主义核心价值观，培育形成奋发有为、崇德向善的良好风尚。加快建设现代公共文化服务体系，繁荣发展社会科学、广播影视、新闻出版、文学艺术事业。坚持项目带动、园区集聚和产业富民导向，推动文化产业跨界融合发展，打造富有特色的吉祥文化产业。着力挖掘优秀传统文化，不断深化“康泰之州、富泰之州、祥泰之州”城市主题文化宣传。巩固全国文明城市创建成果，健全文明城市创建长效机制。推进全民阅读，加强科学普及。

积极创新社会治理。强化基层基础工作，推动社会治理重心下移，健全社区管理体制和服务网络。深入开展领导干部接访下访，全面推行“阳光信访”和信访法治化。完善立体化现代治安防控、矛盾纠纷预防化解、人口服务管理等工作体系，进一步提高群众安全感。加强公共法律服务，扩大法律援助覆盖面。严格落实安全生产责任，杜绝重特大安全事故发生。强化食品药品安全专项整治。健全应急管理体制机制，增强灾害防御能力。深化双拥共建和国防教育，提高转退军人安置和优抚工作水平。

8. 勤政廉政树形象，切实加强政府自身建设。适应新常态、谋求新作为，必须更加注重转变职能、创新管理、廉洁从政，不断增强政府公信力和执行力。

加快建设学习型政府。推进学习型班子、学习型机关建设，引导全体公务人员争当勤奋学习、善于思考的模范，解放思想、与时俱进的模范，勇于实践、锐意创新的模范。完善市政府中心组学习制度，落实领导干部学习调研联系点制度，准确把握宏观形势、政策导向和基层动态，不断提高引领发展新常态的能力和水平。坚持把推进思想再解放贯穿于政府工作全过程，注重运用改革创新的办法解决发展难题，精心组织“十三五”规划编制，进一步增强政府工作的预见性、主动性、实效性。

加快建设服务型政府。把为基层服务、为群众服务、为投资者服务作为应尽的职责，着力营造“新三比”服务环境。加强政府公共服务绩效管理，扩大政府购买服务范围，努力提供更多更好的公共产品。推进政务服务中心和公共资源交易中心标准化规范化制度化建设，不断改进政务服务方式。认真执行直接联系服务群众十项制度，切实办好12345·政风行风热线、市长信箱和望海楼论坛。深入推进政务公开，重点做好政府和部门预决算、“三公”经费公开工作。

加快建设廉洁型政府。巩固扩大党的群众路线教育实践活动成果，坚持不懈纠正“四风”，严肃整治懒政庸政。大兴艰苦奋斗、勤俭节约之风，牢固树立过紧日子的思想，把有限财力用在发展经济和改善民生上。坚持用制度管权管事管人，建立决策科学、执行坚决、监督有力的权力运行体系，从源头上预防和减少腐败现象发生。落实党风廉政建设责任制，加大惩治腐败力度，严肃查处发生在重点领域、关键环节和群众身边的腐败案件。推进廉政文化建设，加强反腐倡廉和警示教育，让全体公务人员受警醒、明底线、知敬畏，树立为民务实清廉形象。

文明泰州　幸福之城

——写在泰州荣获"全国文明城市"称号之际

2015年2月28日，是泰州这座城市发展史上具有里程碑意义的一天。"全国文明城市"这块当今城市荣誉中含金量最高的"金牌"花落泰州。

这一天，市委书记蓝绍敏和其他33个城市（区）负责人一起受到了习近平总书记的亲切接见，并一道登上全国精神文明建设工作表彰大会的最高领奖台。

2015年2月28日，市委书记蓝绍敏（左一）出席全国精神文明建设工作表彰大会

习近平总书记在讲话中强调，人民有信仰，民族有希望，国家有力量。实现中华民族伟大复兴的中国梦，物质财富要极大丰富，精神财富也要极大丰富。我们要继续锲而不舍、一以贯之抓好社会主义精神文明建设，为全国各族人民不断前进提供坚强的思想保证、强大的精神力量、丰润的道德滋养。

这是一座城市品牌的全面升级。从国家卫生城市到全国双拥模范城市、国家环保模范城市、国家园林城市、中国优秀旅游城市、全国科技进步先进市、国家历史文化名城，再到如今的全国文明城市，泰州这座古老而又年轻的地级中心城市，正以一张张闪亮的名片，自信地向世人展示其深厚的历史底蕴、强大的发展活力和良好的社会风尚。

这是一城百姓的最大福祉。"创文明城市，惠万家百姓"，是市委、市政府自始至终旗帜鲜明的创建理念。随着一项项民生实事工程的实施，泰州这座城市的天更蓝了、地更绿了、水更清了，老百姓的生活一天比一天美好、出行一天比一天通畅、饮食一天比一天安全、幸福指数一天比一天高。

这是新时期泰州精神的生动诠释。从2011年成为全国文明城市提名资格城市，到2015年荣膺"全国文明城市"称号，泰州创建全国文明城市首轮即获成功，而到目前为止，除首批文明城市外，全国也只有3个城市首轮参加创建即获成功，书写了泰州发展史上的又一个传奇。

三年创建，一朝梦圆

——这是一座城市品牌的全面升级

当今社会，城市与城市之间的竞争，不仅是经济等“硬实力”的比拼，还有文化和市民素质等“软实力”的较量。在不断做大做强经济硬实力的同时，提升中心城市“软实力”始终是我们这座城市的不懈追求。

每一张城市名片的获得，都是泰州这座中心城市形象和品位的一次显著提升，是泰州这座中心城市软实力的不断升级。

作为当今最有价值的城市品牌，全国文明城市测评标准涵盖了经济、政治、文化、社会和生态建设等诸多指标，是反映城市整体水平的综合性荣誉称号，是全国城市综合类评比的最高荣誉，是城市“软实力”竞争中最被认可的牌子。位于广东省东南部、珠江三角洲东北端的惠州，更是把“全国文明城市——惠州欢迎您!”做成了当地最为响亮、最具影响力的广告词。

创建全国文明城市，也成为泰州这座城市的新“梦想”。2011年，泰州获评创建全国文明城市提名资格城市，坚定了泰州各级干部群众全力争创全国文明城市的信心和决心。新一轮创建工作全面启动。

2014年，泰州迎来创建全国文明城市大考的关键之年。一方面，从前两年的全国地级市提名资格城市测评成绩来看，泰州市在地级市中的成绩排名2012年名列第29名，2013年也仅名列第23名，前两年的综合排名并不靠前，夺牌的把握并不大，承受的压力很大；另一方面，国家对文明城市测评方式进行了改革，改集中统一测评为暗访、随机测评，改实地材料审核为组织专家和调查队员在网上联审打分，测评更为严格。

大考之年必须有非常之举。2014年4月底，市委、市政府召开创建全国文明城市动员大会，进一步明确创建全国文明城市的时间表、路线图，签订创建全国文明城市的任务书、责任状，层层建立领导体制，层层建立责任机制，层层开展测评督查。

成立创建全国文明城市领导小组，实行市级党政领导责任分工制，在全市形成了一把手亲自挂帅，市分管领导靠前指挥，部门全力以赴，市、区整体联动，群众踊跃参与的工作格局，保证了创建工作有序、有效、有力开展。

市委书记蓝绍敏、市长陆志鹏亲自担任创建全国文明城市领导小组组长，关键节点作出重要批示，重要时刻亲自督查。市四套班子其他领导成员分别来到包干路段，现场督查指导创建工作，协调解决相关问题。

到泰州履新后不久，蓝绍敏就对全国文明城市创建工作提出明确要求，并利用国庆长假、周末和晚间休息时间，深入大街小巷、社区和居民家中“微服私访”，倾听群众诉求，了解创建工作进展。

2014年8月5日，蓝绍敏首次到海陵区调研时明确指出，要以文明城市创建为抓手，坚持创建为民、惠民、育民，努力办好一批民生实事。

10月12日，放弃星期天休息时间，蓝绍敏骑着公共自行车，深入到海陵区大街小巷实地调研，仔细察看市容市貌，随机与市民交谈，要求认真解决好事关百姓切身利益的问题，努力让人民群众过上更好的生活。

11月4日，在第三次党政联席会上，蓝绍敏更是对创建全国文明城市明确提出，统一思想、鼓足信心、全力以赴、志在必得。

12月25日，蓝绍敏专门就创建迎检工作作出批示，希望各区及市各责任部门、单位高度重视，加大力度，对照测评要求和标准，按照已明确的责任体系，确保迎检各项工作落实到位。

迎检阶段，蓝绍敏不止一次地强调：“创建全国文明城市，到了这个地步，还是要冲一冲。如果能拿到牌子，对提升整个城市的精气神，推进三大主题工作将产生重要影响”。

市长陆志鹏多次出席迎检动员部署会和点评会，对创建工作作出具体部署，同时亲自带队，深入车站、社区、医院、后街背巷、农贸市场等重点创建现场，了解创建工作现状，查找问题，指导整改。

4月30日上午，市委、市政府召开创建全国文明城市动员大会，陆志鹏亲自作动员部署，要求紧紧抓住对标达标这个关键，对目前已达标的项目，要在巩固、完善、提高上下功夫，确保在考核中得满分；对未达标的项目，要逐项制订整改方案，落实整改措施，确保全面达标；对少数还没有把握的指标，有关责任单位要立即摸清现状，加强对接。

9月4日，在创建全国文明城市推进会上，陆志鹏再次强调，迅速行动起来，以背水一战、志在必得的决心，以时不我待、只争朝夕的精神，以攻山头、打硬仗、超常规的力度，奋战两个月，全力打响文明城市迎检攻坚战。

12月25日晚，陆志鹏带领相关部门负责人，先后来到海陵区、医药高新区、高港区，督查了御膳坊饭店、星巴克网吧、市中医院、寺巷街道康和社区、金港南路美德善行一条街等处，现场了解创建迎检工作，仔细排查存在问题，督促落实整改任务。

据统计，半年来，蓝绍敏、陆志鹏专题督查文明城市创建工作8次，其他市领导深入基层270多人次，现场办公解决近400个实际问题，批办群众意见和建议1200多件。

为更好地形成推进创建全国文明城市的合力，市人大、市政协多次组织人大代表、政协委员，就创建全国文明城市工作开展视察活动，对相关提案和建议进行专题督查，有效促进了相关问题的解决和推进。

海陵区、高港区、姜堰区、医药高新区4个区和市城管局、公安局及交警支队、交通局、旅游局、住建局、工商局、食药监局、经信委、教育局、卫生局、文化局等20多个重点责任部门主要负责人，向市委、市政府立下“军令状”，按照《创建目标任务书》，层层落实责任，进一步强化了千斤重担大家挑、人人身上有压力的共建局面。

作为中心城区，海陵是全市创建工作的主阵地、主战场、主力军和主要受益者，责任重大，使命光荣。海陵区委书记徐克俭不仅担任该区创建全国文明城市领导小组组长，还发动群众“挑刺”，让群众来参与、监督，形成浓厚氛围。在创建关键阶段，他又分批召开创建督查推进会，观看自查暗访录像，始终保持高压态势。

市人大常委会副主任、高港区委书记王建明确提出“创则必成”的目标，通过严肃责任必究机制，把创建任务分解到该区四套班子成员，细化到部门、镇街和社区，实行压力层层传递、责任层层落实，做到组织领导、协调保障、督查问责到位，整合各类技防设施，设立不文明现象曝光台，公开曝光不文明行为，确保创则必成、成则一流。

医药高新区进一步明确重点路段、重点社区的创建包保单位，全区共30多个机关（部门）参与了创建包保工作，进一步融合了“条块”力量，合力推动各项创建任务有效落实。市委常委、医药高新区党工委书记陆春云多次带队检查指导挂钩联系路段和街道创建工作，现场协调解决相关问题。

市创建办牵头负责创建的统筹推进工作，对4个区、20多个市直部门（单位）、16个重点街道（乡镇）组织月度测评。每次测评以后，召开专题会议，通报测评结果，分析存在问题，测评倒数第一的单位、街道作表态发言。这一倒逼措施让许多部门如坐针毡，纷纷下决心、出狠招，扎实推进整改提高工作，有效增强了各区各部门的创建力度。

海陵区、高港区、姜堰区、医药高新区创建办，充分发挥统筹协调作用，对成员单位的活动方案进行梳理，强化问题导向，聚焦重点工作，把众多部门的活动方案进行有效整合，集成总体方案，做到方案共定，活动共建，成果共享，提高了创建成效。

创建全国文明城市得到了广大市民的积极响应和主动参与。家住海陵区城中街道书院社区的周宝淦，女儿患有严重疾病，生活一直较为困难。但在创建工作中，他积极参与，志愿参加社区治安巡逻。小区里的护栏破旧了，他主动去维修。

像周宝淦一样以实际行动参与创建的感人事迹很多很多。他们当中，既有义务扫巷30年的七八十岁老人，也有乐做慈善的志愿青年，还有正在读书的小学生。从城市到农村，从企业到学校，从社区到家庭，处处涌动着创建全国文明城市的热潮。

三年创建，一朝梦圆。蓝绍敏第一时间在他的微信朋友圈中为泰州人民点“赞”。

既摘得了牌子，更惠及了民生

——这是一城百姓最大的福祉

一座城市的最高价值取向，莫过于人民的幸福。

马可·波罗一句“这城不很大，但各种尘世的幸福极多”，不是泰州历史上的一个短暂片段，而是一代代泰州人对幸福美好生活的长期追求和奋斗目标。

创建全国文明城市的根本目的正是为这座城市创造文明的生活，提供宜居的环境，积累发展的动力。基于此，市委、市政府始终把创建的目标锁定在造福于民上，明确提出，既要拿牌子，更要惠民生。

“创文明城市，惠万家百姓”，始终是泰州旗帜鲜明的创建理念。市委、市政府坚持把群众路线贯穿到创建工作的全过程，把群众呼声作为创建工作的第一信号，把群众关注的热点、难点问题作为创建工作的重点，把群众满意度作为衡量创建成效的重要标准，努力把创建文明城市的过程变成持续改善民生、让群众得实惠的过程。

去年创建全国文明城市动员大会召开不久，市委、市政府即组织万名干部进社区、进家庭，开展大走访、大调查，开展“文明泰州、我来献计”群众意见和建议媒体征集活动，共收集到群众意见建议1000多条，使创建工作从一开始便注重接地气、顺民意、集民智。

此后，这1000多条意见建议，迅速被转化为老百姓身边的一项项民生实事项目，大到城市环境综合整治，小到后街背巷改造，件件关乎百姓幸福生活。

着眼于不断完善中心城市的功能，市委、市政府把路不平、水不通、车难停等事关群众生活的细节作为大事来办，纳入城建新提升两年行动计划，累计投资43.1亿元，先后完成城区68条道路和28座桥梁的新建和改造任务，实施了28个交叉口改造，进一步完善了城市的路网体系；建成停车场5个，新增停车位600个，进一步缓解了停车难题；放大国家历史文化名城效应，加快建设稻河、钟楼巷等一批历史文化街区，中国评书评话博物馆主体建筑基本建成，进一步提升了城市品位。

市城管局明确以开展城市环境综合整治“9315”行动为龙头，深入开展“十大创建行动”，全面整治市区建成区范围内所有城郊接合部、城中村、棚户区、老旧小区、背街小巷、城市河道、低洼易淹易涝片区、建设工地、农贸市场，规范占道经营、车辆停放、户外广告，为广大市民营造了一个更加整洁有序的生活环境。

市交警支队根据创建全国文明城市要求，立足实际，多措并举，全力以赴，在市区部署开展了以“六大交通陋习”为整治重点的交通秩序整治集中行动，强化交通安全宣传和道路管控力度，查纠各类交通违法行为18.3万起，其中违停2.9万起，非机动车、行人交通违法8.5万起，让广大市民出行更畅通更安全。

为了还给广大市民一个蓝天碧水，市委、市政府坚持把生态文明理念融入文明城市创建全过程。市、区两级先后投入数亿元，对大气、水环境进行综合整治。同时，在市区建成20多个各具特色的游园、广场和街头公共绿地，城市建成区新增绿地面积336公顷，每年新增绿化面积100万平方米以上，市区绿化率达37.1％。

民以食为天，食以安为先。创建期间，泰州市全面开展了餐饮店环境整治集中行动，对餐饮企业清洗消毒保洁是否到位、“五病调离”制度是否落实等易引发餐饮服务食品安全事故的隐患展开深入排查，力求营造干净、整洁、安全的餐饮消费环境，严守食品安全的最后一道防线，让老百姓吃得安心、吃得放心。

农贸市场直接关系到人民群众日常生活，关系到人民群众的饮食安全。经过近两年的升级改造，目前市区47家农贸市场的环境、秩序得到了较大改善，但由于管理不到位，仍有少部分农贸市场存在脏、乱、差现象。

2014年9月10日起，泰州工商局在市区集中开展了“奋战20天，打响农贸市场创建攻坚战”活动，对47家农贸市场环境进行全面整治，严把市场准入关，杜绝销售过期、变质、伪劣食品，让广大市民既逛得舒心更买得放心。

物质生活丰富了，老百姓对精神文化生活的需求也日益增多。文化惠民，成了创建惠民的又一个重点。

一方面，市政府新建了青少年活动中心、图书馆、美术馆等公共文化设施，构建了市有文化艺术中心、区有市民文化广场、社区有居民文化活动站点的发展格局，基本形成“15分钟文化圈”，让市民就近参加文化娱乐活动。

另一方面，推进公共文化服务政府采购，全年举办了“百团千场”文艺演出200多场和一系列广场舞文化活动，进一步丰富了群众文化生活。

文明城市创建工作，重点在基层，重点在社区，重点在群众的感受。社区环境整治工作与百姓日常生活紧密相连，关系百姓切身利益，直接决定老百姓的居住幸福感，是实实在在的民生工程。

2014年起，市政府将社区环境综合整治项目纳入政府投资计划，安排专项资金，优先解决楼道灯、小区保洁、物管等与群众日常生活密切相关的问题。市区两级投入一个多亿，围绕老小区楼道灯综合改造、社区绿化补植、内外墙出新、后街背巷整治提升等12大项，实施了715个项目，赢得了群众交口称赞。

扒翻种植、养殖家禽、小广告乱飞、邻里纠纷时起……说起小区当初的现状，海陵区城东街道迎春社区党委书记郑宇连连摇头，“因为是无物管小区，用‘脏乱差’三个字来形容，一点也不过分。”

针对这一现状，城东街道与社区联手，引导社区干部和中心户长加入到小区卫生管理工作当中，包片负责网格化管理。小区还重建了4个垃圾房，每天安排专人定时清运垃圾，并联合城管等部门联手整治扒翻种植、家禽养殖、乱设摊点等乱象。

如今，走进迎春社区，不再有菜地，大片的绿地随处可见；小吃摊位集中经营，生活环境得到了彻底改变。邻里和谐，被评为全市无物管管理示范小区。

与迎春小区一样，海陵区城东街道的康泰苑小区、城北街道的天德小区和医药高新区寺巷街道的康和社区等老小区和农民拆迁安置区，也在创建中发生了翻天覆地的变化。看到身边的环境越来越好，社区居民纷纷竖起了大拇指。

康泰苑小区建成于2005年12月，共有7栋住宅楼、190个住户。自物业撤出小区后，这个小区一直处于失管状态，导致小区部分区域垃圾成堆，车满为患。有些居民为了争抢一个停车位，时常发生口角，影响了邻里和谐。

创建期间，该街道指导春兰社区成立业主委员会，对小区环境进行集中整治。针对车满为患的实际情况，小区建起了生态停车位，先在地面铺设“井”字形方砖，再在其间隙栽植绿化草坪，既解决了停车位的问题，又提高了小区的绿化面积。

天德小区也是一个老小区，虽然面积不大，但过去环境一直较差。不仅汽车乱停乱放，墙壁上到处贴满了小广告，而且花圃被扒翻种植，不少楼道还堵着若干废弃的自行车。

如今，小区里小广告得到了清理，花圃里的蔬菜重新种上了花木，楼道里的自行车也摆放整齐。而且，通过实行长效管理，发动中心户长、志愿者参与到文明创建，居民的文明意识进一步加强，文明素质进一步提高。

康和社区敢于动真碰硬，联合城管、物业对小区内的脏、乱、差问题集中进行了整治，累计清理杂物、垃圾900吨左右。通过创建，社区环境发生了翻天覆地的变化，由全市排名倒数第一跨入全市前列。

三年创建，泰州既摘得了牌子，更惠及了民生，让老百姓真真切切感受到了身边发生的变化：大马路干净了，背街小巷也更清爽了；公共绿地多了，空气也更清新了；河水清澈了，钓鱼的人也更多了；骑公共自行车绿色出行的多了，交通环境更和谐了……

在坚持为民多办实事的同时，泰州市改变过去的创建突击模式，研究出台了《文明城市长效管理考核办法》、主次干道“门前三包”长效管理考核办法、摊点长效管理办法、农贸市场及其周边环境卫生考核评比办法等一系列长效管理制度，对文明城市实现长效管理、常态创建，确保整治一项、规范一项，防止回潮反弹，真正让百姓持续受益。

熔铸创建精神，变不可能为可能

——这是新时期泰州精神的生动诠释

问鼎全国文明城市这块金字招牌，泰州收获的不仅是牌子、民心，更有强大的精神财富。

作为第一轮参加创建的城市，泰州各项工作的基础更显薄弱，创建的难度可想而知。

61个地级市同批参与，最终入选的仅仅22个城市，竞争之激烈毋需多言。

236项测评内容，考核细之又细。

但敢想敢干的泰州人民，以苦干实干实现了这一伟大目标，创造了又一个发展的奇迹。用陆志鹏市长的话说：“泰州爆了一个‘冷门’”。

这个“冷门”的背后是市委、市政府的高度重视，是全社会的共同努力奋斗，是变不可能为可能这一新时期泰州精神的生动诠释。而这种新时期泰州创建精神就是：跳跃拼抢精神、实效评判精神、克难担当精神、奉献为乐精神。

跳跃拼抢精神。面对工作基础相对薄弱的客观情况，面对强手如林的竞争态势，泰州市突破惯性思维，打破按部就班，明确提出2014年创成全国文明城市这个更高的目标，不为自己留后路，不为工作留余地。

全国文明城市标准高，数量少，竞争态势十分激烈。为了全国文明城市这块政府、客商和老百姓都看重的“金牌”，各大城市都很“拼命”，竞争非常激烈。其中，既有武汉和哈尔滨等省会城市，也有镇江、无锡、徐州等省内城市，大家都憋着一股劲强力推进。不仅如此，南京、苏州、常州、南通、扬州、张家港等和其他省（市、区）已荣获全国文明城市称号的城市，也都鼓足干劲力保这块牌子。

狭路相逢勇者胜。不管同台竞争的对手有多么强大、测评标准有多么严格，全市上下始终坚定信心，一路攻坚，敢于和强者一试身手，敢于和高手一争高低，跳起来摘桃子，把其他市通过4到5轮创建、用10多年时间完成的工作任务，仅仅通过一轮创建、3年时间，就成功摘取全国文明城市桂冠，把原本不敢指望的事奇迹般地干成，把不可能变成可能。

实效评判精神。把文明创建这把“软尺子”变成“硬指标”，不做表面文章，不搞面子工程，以更硬的措施抓创建，以实际的成效论英雄，以百姓的评价论得失。始终坚持创建惠民，创建项目由群众提议，创建督查请群众参与，创建成效让群众评判。领导挂钩负责制、机关部门路段创建包干机制、机关部门与社区结对共建机制、文明城市长效管理月度测评机制等一系列措施，把广大干群中蕴藏的创新潜能充分激发出来，让一切创建活力竞相迸发。

面对存在的弱项、缺项，尤其是群众不满意的脏、乱、差问题，市委、市政府坚决不做表面文章，而是把群众的呼声作为第一信号，实实在在地推进“文明城市创建突出问题集中整治‘9315’行动”，集中组织街巷环境、公共设施、城市“牛皮癣”、市场环境、餐饮店环境、网吧管理等专项整治行动，切实解决了乱倒垃圾、乱停车辆、乱设摊点等老大难问题，仅仅半年多时间内，城市环境就发生了脱胎换骨的变化。一件件实事工程，赢得了群众广泛赞誉，实现了全国文明城市金杯和老百姓的口碑两块牌子一起拿的双赢效果。

克难担当精神。文明城市创建是检验干部水平的“试金石”、考验干部能力的“磨刀石”。全市各级干部充分发扬勇于干事、敢于担当的精神，不讲条件、不辞辛劳、不怕困难，通过更实的工作弥补不足，通过创新的举措赶超先进，一步一个脚印迈进，一步一个台阶提升，打胜了一场场攻坚战，打赢了最后的总决战。

一系列创新举措破解了一系列创建难题。社会主义核心价值观不仅仅是一个理论问题，更是一个具体的实践问题，需要找准切入点和着力点，通过一定的载体与方式，把核心价值观扎根于广大人民群众创造性实践活动之中，从而催动社会主义核心价值观在泰州落地生根。

开展美德善行六大行动，就是全市深入学习习近平总书记系列重要讲话精神，培育和践行社会主义核心价值观的一个重大创举。一年来，通过组织实施设立“美德善行”精品故事库、建设“美德善行”榜、创办“美德善行”促进会（基金会）、推进未成年人“美德善行”育苗工程、打造“美德善行”网上工作平台，筹建泰州市“美德善行”中心展示馆等六大系列活动，使核心价值观的培育践行有人性、有温度，接地气、不悬空，被称为国家意志的泰州表达。中宣部副部长王晓晖对此给予充分肯定。

与此同时，泰州市还一直把诚信建设作为培育和践行社会主义核心价值观的抓手，通过下发纲要指明建设方向，出台政策扎紧制度“篱笆”，丰富活动引领社会风尚，致力于打造诚信政府、建设诚信企业、培育诚信市民，努力营造“守信者荣、失信者耻、无信者忧”的社会氛围。

国无德不兴，人无德不立。“点赞”、“最美”等热门词汇正在给每个普通人带来温暖；越来越多的凡人善举就出现在我们身边。在海陵区城北街道工人新村，有一家无人看管、购物结账全凭自觉的“诚信超市”，货柜左侧放着一个透明的收银盒，里面准备了一些零钱。从2013年12月到目前，“诚信”超市账目无一出入，甚至还多出100多元。正月初六，中央电视台《新闻联播》专题报道了这一“诚信超市”。

推动志愿服务走向制度化专业化，同样是泰州市开展全国文明城市创建活动的一项创新举措。去年，泰州市先后出台《关于加强制度化建设深化志愿服务工作的意见》《泰州市注册志愿者管理办法（试行）》《泰州志愿者礼遇办法（试行）》等系列制度文件，从注册登记、需求对接、激励回馈、服务培训等方面推动全市志愿服务活动进一步走向制度化常态化，鼓励更多的市民参与志愿活动。

比如，由市志愿者协会委托中国银行泰州分行统一制作的“泰州志愿者卡”，集身份标识、注册登录、激励表彰等功能于一体，通过刷卡的方式实现了志愿服务时间的“计时管理”，为志愿者常态化开展志愿服务活动提供了便利。

据初步统计，全市目前有党员义工、青年志愿者、社区志愿者等各类志愿者42万多人，职业涵盖了公务员、教师、学生、职工等各行各业，可以提供各种技能服务。

奉献为乐精神。为着共同的梦想和追求，为了共同的信念和荣誉，市区广大干部群众弘扬奉献、友爱、互助、进步的志愿精神，舍小家，为大家，以奉献为乐，团结同心，在创建全国文明城市工作中形成了更强的合力。

今年1月1日，凌晨3点，邻居们都还在睡梦中，34岁的新区环卫所环卫工人袁喜凤已穿上橘黄色工作服，戴好棉帽，骑上三轮垃圾车，顶着寒风驶向自己的工作岗位。一年365天全年无休早让她没了节假日的概念，但她没有任何怨言，而是始终坚守岗位。

凌晨时分的街道分外安静，只听见手中扫把的“刷刷”声。“咱这工作虽然普通，但不能含糊。”看到文昌桥下路面上结了一块脸盆大小的冰，袁喜凤拿出一把小铲刀，花了10多分钟，吃力地将硬邦邦的冰块铲除干净。“这些冰块留着就是‘陷阱’，路过的稍不留神就会摔跤。”

花了3个小时将负责路段清扫一遍后，袁喜凤又推着三轮垃圾车巡视，不时将周围草丛中的垃圾杂物一一捡起、清理干净。她负责的路段中，不仅有两个大的居民小区，还有商场、超市，人流量比较大，产生的垃圾也多。这样的巡视，她每天都要坚持到下午6点半。

像袁喜凤一样乐于奉献的干部群众还有很多很多。各级领导指挥有力、作风务实，广大干部身体力行、率先垂范，积极投入到创建活动，充分发挥了带头作用。基层单位尤其是街道、社区的同志走街串巷不言苦、入户上门不嫌烦、加班加点不叫累，付出了辛勤劳动。公安干警、城管干部、工商、药监、卫生等执法人员以及广大志愿者牢记使命，忠于职守，冒酷暑，战严寒，勤奋踏实，无私奉献，忘我工作。广大市民积极投入文明创建，充分体现了强烈的主人翁意识、高度的社会责任感和良好的文明素养。

聚沙成洲，众人拾柴火焰高，广大干部群众以自己的一腔热血积极投身到这场创建攻坚战中，形成了创建全国文明城市的强大合力，打胜了一场场攻坚战，打赢了最后的总决战。

创成全国文明城市，不是终点，而是一个全新的起点。

更为重要的是，全国文明城市的成功创建，振奋了全市人民的精神，增强了全市人民的自信心、自豪感，凝聚了全市人民的力量，锤炼了全市干部队伍，为推进“三大主题工作”注入了强大精神动力、提供了有力支撑。

新的一年，沐浴着全国文明城市这个春风，500万泰州人民更加坚定了发展的信心和决心，正以抢抓落实、快抓落实、真抓落实、敢抓落实的责任担当与豪情壮志，奋力谱写“迈上新台阶，建设新江苏”的泰州篇章。

（泰州日报社　王庭君）

党的群众路线教育实践活动

责任编辑　叶　彤

综　述

【概况】2014年，泰州市和各市（区）四套班子、96个市直部门（单位）、530多个乡科级领导班子、1.54万个基层党组织，1050多名县处级以上领导干部、9400多名乡科职级干部、26.76万名党员，按照“照镜子、正衣冠、洗洗澡、治治病”总要求，参加第二批党的群众路线教育实践活动（简称教育实践活动）。市委出台配套文件，新建制度规范，贯彻群众路线的制度体系初步形成；各地各单位探索形成机关干部“组团服务”、选派干部“到村任职”、党员干部“到社区报到”等联系服务群众的新途径、新载体。通过教育实践活动，全市党员干部的思想认识得到新提高，作风行为实现新转变，党群干群关系进一步密切，为民务实清廉形象进一步树立，基层基础进一步夯实。教育实践活动受到广大群众的充分认可，得到社会各界的积极评价，达到预期目标。

2月12日，泰州市深入开展党的群众路线教育实践活动动员大会召开

【真学深学、自觉行动】加强全市党员干部的学习教育。围绕中央规定的必读书目以及习近平总书记系列重要讲话，组织读原著、学原文，开展“为了谁、依靠谁、我是谁”等7个专题研讨；组织观看《焦裕禄》等8部电影，排演并巡回演出大型锡剧《焦裕禄》，学习弘扬焦裕禄精神。全市共组织汇编学习辅导资料5本，编印下发“口袋书”12万多册，配发必读书目17.2万本。市委提出“三有四落实五结合”要求（月月有计划、周周有安排、经常有活动，学习人员、学习时间、学习内容、学习效果落实，实现集中学习与分散自学、原原本本读书与邀请专家辅导、理论学习与研讨交流、接受理想信念教育与参观革命教育基地、集中学习与送学上门相结合），分层分级分类对领导干部、一般干部、普通党员提要求，提高学习的针对性和有效性。

加大集中培训力度，推动学习教育全覆盖。以普通党员为对象，举办“万名党员进党校上党课”群众路线教育专题党课；以县处级干部为学员，开展为期5天的习近平总书记系列讲话和群众路线教育专题集中大轮训；以镇村、社区干部为主体，举办“群众路线基层干部专题培训周”，统一编印教材、统一组织授课、统一安排活动，全市所有乡镇（街道）、村（社区）、基层站所、非公企业党员干部和大学生“村官”共15000多人参加培训。

开展“治四风、建四队”活动。派驻群众工作团到市区镇街、园区、企业等单位开展为期1年的“治四风、建四队”（治形式主义、官僚主义、享乐主义和奢靡之风，建企业转型升级服务队、园区转型升级服务队、农村群众工作队、社区群众工作队）活动。活动启动后，市和市（区）两级共抽调1570名机关干部，参与和加强群众工作团工作；各群众工作团队“不走过场、不越俎代庖、不虎头蛇尾”，深入基层和企业，对接基层群众需求，帮助解决和办理一批难题、实事，化解一批矛盾，至年末共接待群众来访2000多批次、化解矛盾纠纷600多起、办结信访积案21件，帮助基层解决发展难题5000多个、帮助企业融资2亿多元、招引落户项目1000多个。

8月29日，泰州市在地级泰州市组建18周年之际，启动“解放思想再发力、科学发展勇攀登”大讨论大落实活动。活动将解决“为官不为”、查摆剖析的思想不解放作为突出问题，列为整改落实的重要内容，在全市范围组织开展学习行动、自查行动、问政行动、攻坚行动、赶超行动、整改行动等6项行动。

【开展调研、听取意见】市委常委和党员副市长参加“三解三促”活动，结合工作分工，深入基层，通过现场走访、召开座谈会等形式，广泛了解社情民意，直接听取对市委、市政府和党员领导干部的意见建议。确定市（区）领导班子和领导干部、政法机关、执法监管部门和窗口单位服务行业等9个专题，组成9个调研组，深入一线，摸清全市各个层面、各个领域“四风”方面存在的突出问题，排找群众反映强烈的问题，调查梳理需要侧重解决的问题。发挥群众工作团在基层的优势，动员各团各队针对当地“四风”方面存在的突出问题以及如何有针对性地开展活动进行调研。通过深入调研，共收集社情民意1580多条，摸清各领域、各层级“四风”方面存在的突出问题300多条。

制定下发《关于扎实做好征求意见工作的通知》。针对谈问题反映工作问题多、反映“四风”问题少，反映领导班子问题多、反映领导干部问题少，反映表面问题多，反映实质问题少的现象，明确“七个必须征求”，要求在自己找、群众提、上级点、相互排、集体议的基础上，做到上级对口部门的意见必须征求，纪检监察、信访、效能办等部门的意见必须征求，同级班子成员的意见必须征求，老同志和党外干部的意见必须征求，“两代表一委员”的意见必须征求，群众观察员和行风监督员的意见必须征求，基层群众和服务对象的意见必须征求，透视群众反映背后的“四风”问题、工作问题背后的作风问题。

坚持让群众参与、请群众评判，确保教育实践活动取得实效。挑选“百姓名嘴”，以群众喜闻乐见的形式，将活动目标任务“传下去”，将群众诉求想法、意见建议“带上来”。从全市“两代表一委员”（党代表、人大代表、政协委员）、服务对象、普通党员和群众中，聘请群众观察员5108人，全程参与教育实践活动。在活动推进各环节组织开展群众满意度调查，定量分析评估活动开展成效。多次组织问卷调查和民主测评，“好”和“较好”率均超过95%。

【查摆问题、开展批评】召开领导班子学习会、印发学习资料、专题辅导，引导各级领导班子和党员干部克服“怕、混、绕、闯关”等错误思想。对照“三严三实”（严以修身、严以用权、严以律己，谋事要实、创业要实、做人要实）要求，开展“六查”（查修身严不严、查用权严不严、查律己严不严，查谋事实不实、查创业实不实、查做人实不实）。运用多种形式查摆问题，通过党员干部自我查摆、主动认领问题，领导班子集体“会诊”、相互查摆，上下联动、帮助查摆，督导组通报反馈、谈话提醒等，从严从实查摆突出问题。

按照“四个必谈”［党委（党组）主要负责同志与班子每个成员必谈，班子成员相互之间必谈，班子成员与分管部门主要负责同志之间必谈，督导组与班子成员必谈］的要求，党委常委班子先行一步，做到谈通谈透、到事到人。紧密联系思想、工作、生活实际和成长经历，对照党章党纪、理论理想、先辈先进、民心民声“四面镜子”，认真撰写对照检查材料。召开专题民主生活会，聚焦“四风”开展批评和自我批评，相互提出批评意见136条。

各级领导班子和各级党组织严格按照规定程序步骤，召开专题民主生活会和专题组织生活会，从严从实查摆问题，开展严肃认真的批评和自我批评。专题组织生活会在选择252个基层党组织试点的基础上，覆盖全体党员，全市所有党员普遍开展批评和自我批评，进行民主评议。

【整改落实、建章立制】向社会公布改进文风会风、规范检查评比和创建达标、整治基层台账标牌、纠正“机关化”“走读化”倾向、行政审批制度改革等首批10项即知即改重点事项，接受群众监督；以文件形式公布对医药高新区、市级机关部门（单位）首批即知即改项目180项。至年末，即知即改事项均整改到位。

开展作风建设“亮剑”专项行动。“治庸增能力、治慢提效率、治乱优环境”，集中治理“庸懒散”现象。开展明察暗访，曝光问责纪律涣散、服务较差的行为172件（次），通报批评91人，诫勉谈话70人，责令检查121人，取消88人评先评优资格。开展“让群众好办事”金点子有奖征集活动，共征集到省内外社会各界人士“金点子”近1000条。

推行干部行为“负面清单”管理制度。加强对党员干部失范行为的监督和处置，出台《泰州市党员领导干部行为失范记录暂行办法》，对12种失范行为进行记录问责。全面推行村居干部辞职承诺制度，对出现不遵守财务纪律和公共资源交易相关规定、不执行社会管理规定等“十不”情形的村级干部兑现辞职承诺。开展软弱涣散基层党组织和乡镇干部“走读”专项整治活动，出台相关制度及规定，一批软弱涣散基层党组织得到整治，基层干部“走读”现象得到遏制。

教育实践活动期间，泰州市精简行政审批事项、排查清理超职数、超编制配备干部和党政干部在企事业兼职，精减超过65%的各类文件、会议；全市机关事业单位“三公”经费明显下降，超标办公用房、公务用车得到有效清理。全市党员干部累计走访群众2万多户，处理信访矛盾2700多个，为民办实事1.4万多件。

10月15日，泰州市深入开展党的群众路线教育实践活动总结大会召开

特色工作和典型经验

【教育实践活动特色工作】2014年，泰州市贯彻落实中央和省委部署要求，在教育实践活动中，严格执行各项“规定动作”，创新推出系列“自选动作”，打造活动亮点和工作品牌，以各项特色工作推动党的群众路线教育实践活动向纵深开展。

先行开展“治四风、建四队”活动。坚持学习教育先行、排查问题先行、解决问题先行，结合泰州实际，制定下发《关于“治四风 建四队 践行党的群众路线”的意见》，从市和市（区）两级机关共抽调1570名干部，组建园区转型升级服务队、企业转型升级服务队、农村群众工作队、社区群众工作队，放大“群众工作团”效应。“治四风、建四队”活动得到省委书记罗志军的充分肯定，被中办《调查与研究》、中央《求是》杂志、中组部《组工研究》、省委《群众》杂志以及《新华日报》报道。

组织开展“四看四讲四治”活动。“四看”即看思想教育基地、看贫困落后地区、看困难弱势群体、看矛盾复杂现场；“四讲”即领导干部讲党课、先进典型讲事迹、专家学者讲理论、普通党员讲体会；“四治”即逐一整治“四风”问题、逐级整治具体问题、逐项整治民生问题、逐个整治疑难问题。全市各地各部门将“四看四讲四治”作为开展教育实践活动的基本要求，统一认识，消除思想疑虑，引导对照反思，推动中央“聚焦四风”和省委“四查四治”活动在泰州的全面落实。

加强分类指导。年内，由市领导牵头组建9个专题调研队，深入基层群众，直接听取意见建议，共收集社情民意1580多条，摸清各领域、各层级“四风”方面存在的突出问题300多条，形成并转化一批调研成果。根据基层需求和行业特点，制定“1＋7”实施意见和分类指导文件体系；研究制定《泰州市党的群众路线教育实践活动的实施意见》，分类制定乡镇（街道）、村（社区）、开发园区、“两新”组织、教育、卫生、执法监管部门和窗口服务单位等7个指导意见。分层面开展市及市（区）四套班子领导干部“走基层、解难题、当楷模”，市及市（区）级机关领导干部“转作风、抓落实、作表率”，镇（街）干部“走村企、访民意、促发展”，村（社区）干部“进万户、察民情、树形象”等主题实践活动。泰州市在全省教育实践活动推进会上就分类指导的做法作交流发言。

坚持“开门搞活动”。组建群众宣讲团，开展“以百姓视角、用百姓语言、说百姓期盼”宣讲活动，以群众喜闻乐见的快板、歌谣、小品等形式，在基层群众中宣讲教育实践活动的目标任务、部署要求和精神实质。在宣讲中收集群众的诉求想法、意见建议，从全市“两代表一委员”、服务对象、普通党员和群众中聘请5108名群众观察员，全程参与学习教育、征求意见、查摆问题、民主评议等各个活动环节。委托专业调查机构在活动推进各环节分别开展群众满意度调查，定量分析评估活动开展成效，累计发放调查问卷1.5万份。开展教育实践活动综合评价调查，组织五级人大代表、党员群众进行测评，调查结果显示“好”和“较好”率均超过98%。

组织开展“思想解放再发力、科学发展勇攀登”大讨论大落实活动。大讨论大落实活动对教育实践活动进行再延续、再深化，将解决“为官不为”、查摆剖析的思想不解放作为突出问题，列为整改落实的重要内容，在全市组织开展学习行动、自查行动、问政行动、攻坚行动、赶超行动、整改行动等6项行动。

【靖江市“中梗阻”清障专项行动】靖江市在教育实践活动中制定出台《“中梗阻”清障专项行动问责办法（试行）》，开展“中梗阻”清障专项行动。以执法监管科室和窗口服务科室为重点，确定45家单位参与效能风险点排查，共梳理涉企涉民科室240个、岗位528个、效能风险点1766个，制定风险防范措施2236条，形成《效能风险点手册》并向服务对象公示。靖江市纪委、效能办每月集中明察暗访，严查工作时间擅自离岗、“网购”等行为；通过约谈当事人、查阅卷宗，督察行政许可类、行政处罚类事项72个；开通“清障热线”，设立清障监测点，建立热线联动、投诉快速处置、投诉曝光等机制。强化问责，对涉企涉民科室主要负责人及分管领导实行“1+1捆绑”评议，通过《靖江日报》公开评议对象，首轮“双评”满意度超过95%。对排名前列的科室，提请市委市政府表彰；对排名较差的科室负责人，采取诫勉谈话、调整岗位等措施；对问题整改不力或出现“返潮”的单位和个人，启动调查、问责程序，作出严肃处理。

【泰兴市“双百”活动】5月，泰兴市启动机关党员干部开展“百支队伍进村组、百项服务下基层”活动；至10月末，共开展活动500多场次，服务群众35000多人次。以党支部为单位，共组建服务队106支；每支服务队由3至10名党员干部组成，联系1个薄弱村（社区、企业、项目），结对1个特困户（空巢老人、留守儿童、社区矫正对象），每月至少进村入户开展2次活动；各服务队结合部门职能、党员特长、基层需求，确定扶弱济困、技能培训、创业指导等146个服务项目，采用预约服务、上门服务、电话服务、跟踪服务等形式，每次活动至少为服务对象办一件实事或解决一件难事。

【兴化市“五微工作法”】兴化市在教育实践活动中，创新推出“五微工作法”（微党课、微服务、微典型、微平台、微积分）。推出“支部书记上10分钟党课”、党员示范岗观摩式党课等，全年共举办各类“微党课”培训班135期，培训基层党员干部2750人。组建党员志愿服务“微小队”，为群众提供现代农业技术培训、政策法律咨询、为民办事代理等“微服务”，共走访服务城区党员1366人次、农村党员4325人次，参与卫生创建1200多次。制订“微典型”评选标准，组织3万多名群众参加“我最喜爱的身边共产党员”评选表彰活动，共选树120名“微典型”，发掘总结350多条“微事迹”“微经验”“微感悟”。搭建“微平台”，在子女入学、婚嫁以及传统节日等重要节点，通过手机微信、QQ、企信通网上平台，向基层党员干部发送提醒短信5500多条，开展各类“微访谈”1278人次。建立基层党员积分卡，实行积分或星级管理，跟踪记录党员学习教育实践活动情况；积分采取个人申报登记与党支部评议小组评分相结合，累积计算，每月公开通报，对考评得分排名靠后的个人进行逐一诫勉约谈，共组织各级诫勉谈话180多人次。

【“周末高港·党员关爱服务行动”】高港区在教育实践活动中探索机关党员联系服务群众新载体，开展以“亮身份、树形象、作表率”为主旨的“周末高港·党员关爱服务行动”，发挥区镇两级党员干部在服务发展、服务基层、服务群众方面的示范引领作用，构建区总队、机关及镇街分队、专业队三级组织网络，全区共招募党员志愿者1500多名。区总队按照行业系统不同特点，分别明确1个机关部门负责组建专业队；机关及镇街分队结合党员岗位特点、业务特长、业余爱好等，分类组建社会治理创新、文体卫生、社会事务、宜居环境、农业发展、企业转型升级等6支专业队，定期上报集中关爱服务活动主题，由区总队统筹安排，每期确定1个主题，由1个专业队牵头开展活动。“周末高港·党员关爱服务行动”共开展较大规模活动30多次，投入资金20多万元，服务群众1.2万人次。

【“开放纪检、阳光纪检”】市纪委、监察局在教育实践活动中，以“纪检开放日”为平台，探索建立“开放纪检、阳光纪检”机制，畅通纪检监察机关与人民群众的联系沟通渠道。坚持开放活动常态化，每周星期二下午开放反腐倡廉教育馆，并安排值班讲解服务；定期组织“纪检开放日”集中活动，邀请社会各界人士、党员群众代表走进纪检监察机关，通报党风廉政建设工作进展和成效，回应群众关心关注的敏感和热点问题，听取各类意见和建议。邀请有兴趣、有特长的党员、干部、群众，参与廉政短信、廉政楹联、廉政书画、廉政摄影、廉政戏曲征集展演等廉政文化活动。全年共举办“纪检开放日”集中活动4次，开放反腐倡廉教育馆38次，接待参观人员110批5000多人次，收集汇总意见建议38条。

【市委政法委“问政网民”系列活动】市委政法委在教育实践活动中组织开展“问政网民”系列活动。在“泰州长安网”设立意见平台，开通政法微博微信，共征集网民对政法工作的意见建议229条。开展“网民进社区、进乡村、进学校、进单位”活动，累计组织328

名网民走进基层一线，与群众面对面交流，实地了解社情民意，倾听群众诉求。9次召开座谈会向网民通报梳理查摆出来的问题，发动网民献计献策，征集得对策建议78条。邀请部分网民担任义务督查员，深入镇村（街道、社区）明察暗访，实地察看整改落实情况。

【市发改委重要事项对接活动】 市发改委在教育实践活动中开展与各市（区）发改委的重要事项对接活动。市发改委主要负责人带队，与各市（区）发改委、重点园区及企业负责人、人大代表、行风监督员面对面征求领导班子和处室在“四风”方面的意见以及需要市发改委协调解决的重要事项，与各市（区）发改委现场会商办理办法和途径，召开专题征求意见会10次，发放书面征求意见函300份，共征集到意见建议90条，其中“四风”方面的10条、其他改革发展方面的80条。完善重大项目服务工作机制，加大对意见和建议办理的落实力度，实行分管领导负责、具体处室承办、市委教育实践活动办公室督查的整改落实机制，至9月末，39项落实，29项正在整改，22项需逐步解决。构建“五个一”“阳光发改”服务体系，即推出一份负面清单、一个服务窗口、一部热线电话、一个网络平台和一支综合服务队；在《泰州日报》设立“改革发展”专版，在市广播电台设立“发改之声”专题节目。

【“千村（社区）万户检察行”活动】 在教育实践活动中，市检察院在全市检察机关中启动实施“千村（社区）万户检察行”活动。两级院领导班子带队深入到一线村、社区、学校、企业等单位，开展个别交流、集中座谈、广场宣传等活动，现场宣传检察职能，接受法律咨询，听取群众意见建议，联合基层组织开展矛盾化解和案件回访工作。至年末，全市行政村（社区）的巡回服务全部完成。履行检察职能，按照属地、就近原则，办案人员随队行动，通过公开答复、公开听证、公开释法说理等途径，在各村（社区）促成刑事和解65件、化解矛盾纠纷127件、受理控告、举报、申诉等82件，救助刑事被害人19人，收集各类问题建议530多条，发放宣传资料2万多份、检民联系卡2.4万张，播放检察宣传专题片、“微电影”330多场。根据群众举报，立案查处发生在群众身边、侵犯群众利益的职务犯罪135件152人。

【市公安局“换岗体验”系列活动】 在教育实践活动中，市公安局组织开展“局长当一天所队长、部门长当一天民警”，交警与“的哥”、民警与群众等换岗体验活动，制定《服务群众服务发展十项措施》《服务基层关爱民警十项措施》。局党委成员走进基层所队，集中“当一天所队长”，通过坐堂值班、接处警、入户调查，直接听取基层警辅人员和服务对象的意见；各分局班子成员、机关部门负责人分批在挂钩联系的基层所队“当一天民警”，查找并解决涉及考核指标不科学等问题3大项11个。开展“交警当一天的哥”、基层所队民警当一天“平安义工”（服务对象）等活动，查摆出服务不热情、解释缺耐心、办事效率低等6个方面的问题，并研究落实缩短办事时限等具体整改措施；邀请“的哥”当一天交警、“平安义工”（服务对象）当一天民警，参加活动的群众300多人次，查找出问题5大项13条。

（组织部）

“解放思想再发力、科学发展勇攀登”大讨论大落实活动

【概况】 8月29日，市委印发《“解放思想再发力、科学发展勇攀登”大讨论大落实行动计划》，将大讨论大落实活动作为党的群众路线教育实践活动的延续和深化。大讨论大落实活动将解决“为官不为”、查摆剖析的思想不解放作为突出问题，列为整改落实的重要内容，在全市组织开展学习行动、自查行动、问政行动、攻坚行动、赶超行动、整改行动等6项行动。

加强新闻宣传和舆论引导。在《泰州日报》上开辟“解放思想再出发，科学发展勇攀登”“思想再解放，发展见行动”等专栏；根据活动节点，推出《跳出泰州看泰州、树立发展新标杆》《创造更多人才红利》《以“非常态”适应“新常态”》等系列评论、短评17篇；组织“解放思想再发力”系列访谈20次，对话各地各部门主要负责人；组织“媒体学赶采访团”，深度采访周边城市，吸收借鉴外地的好做法、好经验；对各地各部门推动大讨论大落实活动情况进行综合采访，推出“解放思想大讨论大落实活动问题整改系列报道”7篇。

深化学习调研和讨论交流。开展“解放思想再发力、科学发展勇攀登”大家谈征文活动，共收到征文130多篇，其中30多篇优秀文章在《泰州日报》刊登。各地各部门采取专题讲座、培训辅导、理论研讨、演讲比赛等形式，组织干部群众深入学习党的方针政策以及省市委重要决策部署。姜堰区实施“点题式”学习、“菜单式”调研，围绕“思想再解放”主题，针对不同类型单位、不同群体党员的特点，专门列出必学课题和选学课题。泰兴市邀请专家学者作专题报告12场、受众5000多人次，组织社科理论界、工商界、教育界等主题研讨会10场次，组织乡镇、部门、企业座

谈会100多场次。

加大排查问题和整改落实的力度。各地各部门按照地区、机关单位、个人3个层面，通过自我查找、征求意见、基层访谈等形式，深入排查思想解放不到位的问题和表现。市级机关各部门共查找领导班子问题580多个，其中思路方面的问题160多个、服务方面的问题170多个、效率方面的问题140多个、政策方面的问题80多个。通过专题座谈会、群众访谈会、网络问政等方式，了解民生需求，泰州供电公司以“四访四问”（访政府问效、访客户问需、访代表问计、访社区问难）为重点，征集意见建议137条；兴化市四套班子共征集对策建议22个、机关部门共征集建议490多个。组织全市党员干部从思想观念、精神面貌、工作作风、能力素质4个方面对存在问题的根源进行剖析，落实整改措施。

9月2日，全市教育实践活动整改落实工作“一把手”推进会暨思想再解放动员会召开

【整改落实措施】各地各部门调高标杆，强化“跳出泰州、对标找差、争先进位、学赶先进”的意识，主动查找自身与国内、省内先进地区（单位）的差距和不足。靖江市将宜兴市作为学习榜样和追赶目标，确立“重树苏中标杆，率先融入苏南”的目标追求，计划“十三五”期末全方位赶超宜兴；市商务局将扬州市商务局作为学习标杆，提出力争在2~3年内实际利用外资、外贸出口额、境外投资额超过扬州市的目标；扬子江药业集团确立“国外学罗氏、国内学恒瑞”两个标杆，导入罗氏公司的六西格玛精益管理模式，对照罗兰贝格咨询方案，推进企业管理的优化提升。

市级机关部门深化行政审批制度改革，清理行政审批事项，调减收费标准和项目，加强行政审批标准化、规范化建设，优化项目落户软环境。全市共保留市级行政许可事项177项、省级行政审批市级初审或受委托事项47项、垂直部门行政许可事项36项，有137个事项被取消、下放、合并、调整或暂停行使。全面清理收费项目，市区取消、免征收费项目20个，每年减少企业和社会负担9400万元。

开展作风效能“亮剑”专项行动，遏制“庸、慢、乱”等问题，提升机关服务效率和服务层次。开展明察暗访，对全市172个纪律涣散、服务较差的行为进行曝光问责，通报批评91人，诫勉谈话70人，责令121人检查，取消88人评先评优资格。立足抓早抓小，出台文件对党员干部12种失范情形进行记录问责。市政务服务管理办公室创新企业注册登记“四证一体”并联审批模式，该模式被《新华日报》、江苏卫视、人民网、新华网等媒体专题报道；市商务局在全省率先实施备案制审批管理模式，全市90%以上的外资项目享受基本等同于上海自贸区的外资准入待遇；市发改委牵头制定《关于推进项目大突破的意见》，完善项目建设快速推进机制；海陵区推行重点工业企业和项目挂钩联系制度；高港区全面建立项目责任制、全程跟踪制和备案管理制。

（宣传部）

专记

责任编辑　叶　彤

项目大突破

【概况】项目大突破是泰州市委、市政府三大主题工作之一。该项工作正式启动前，市分管领导率市发改委、经信委、商务局、统计局等相关部门开展为期3个月的课题研究，通过考察调研、座谈学习，形成《项目大突破专题调研报告》。制定出台《关于推进项目大突破的意见》《关于成立泰州市招商引资项目建设领导小组的通知》《泰州市鼓励投资优惠政策》《泰州市重大项目引荐及实施奖励办法》《泰州市招商引资项目建设工作考核奖惩办法》《泰州市重大项目建设督查推进工作实施办法》和《市领导及市级部门挂钩服务市（区）园区重点企业重大项目的制度》等7个推进项目大突破的支撑性政策文件，建立“每月一通报、双月一过堂、一季一点评、半年一观摩、一年一述职”的“五个一”督查推进机制和“一名领导、一个联系部门、一个重点企业、一个重大项目、一个服务班子、一套工作方案”的“六个一”挂钩联系制度，其中，《关于推进项目大突破的意见》包含8个方面、32条具体意见，是推进项目大突破的行动指南。

12月16日，市委、市政府召开全市项目大突破动员大会，将项目建设列为泰州全局工作的重中之重、头等大事。各级各部门深入贯彻落实全市项目大突破会议精神。市委、市政府定期召开企业家座谈会，每2个月召开一次重点项目专题会议，逐市（区）核查在手项目信息、正在洽谈项目、完成签约项目、正在报批项目和正在建设项目等产业项目招引建设情况；市领导亲自参与项目洽谈、督查，定期调研服务挂钩市（区）、园区和重大项目。

各市（区）、医药高新区召开专题会议，制定出台推进招商引资项目建设的相关政策文件，分解落实年度项目招引建设的目标任务，建立挂钩联系、督查推进和绩效考核相关规章制度。靖江市推出“购房券”“公寓楼”“英才卡”“人才奖”等创新举措，为项目建设提供人才支撑；泰兴市实行市委、市政府主要负责人、分管负责人按项目规模分级督查会商和各园区、镇街党政主要负责人挂帅招商机制；兴化市选派102名专职驻点招商人员赴北京、上海、广东、福建等地开展驻点招商；海陵区建立60多人的专业招商队伍，制定实施项目建设工作周例会制度；高港区委、区政府与各园区、镇街和部门共23家单位签订目标责任状，执行重大项目领导包保责任制；姜堰区明确招商制度，从镇区、机关部门选拔45名年轻干部专职驻外招商，分赴北京、上海、苏州3个招商分局；医药高新区出台6个推进招商引资项目建设政策文件。

市级机关各部门围绕项目招引建设目标，开展投资项目信息收集工作，强化协调服务。市发改委作为项目建设牵头部门，健全工作机构，制定下发《泰州市项目建设督查推进工作实施细则》，下达年度建设目标和考核计分办法，会同市效能办开展项目核查和问题交办督查；市商务局作为招商引资牵头部门，制定下发《泰州市招商引资督查推进工作实施细则》，完善外资数据核查工作机制，加大外资项目招引督查力度；市经信委积极谋划产业项目，推进项目招引，服务项目建设；市农委以实施现代农业重大项目为抓手，突出搭建好以各类农业园区、农产品加工集中区为载体的内外资项目投资平台。各审批服务部门和要素保障部门进一步强化服务，为项目建设保驾护航。

【项目大突破动员大会】12月16日，全市项目大突破动员大会在医药高新区会展中心召开。会议强调，项目建设是当前泰州全局工作的头版头条、重中之重，必须举全市之力、聚全民之智，以昂扬的斗志、务实的作风，全力打赢项目大突破这场硬仗，构筑泰州转型发展、跨越发展的坚实基础。这是近年来全市规格最高、规模最大、范围最广的一次大会。市委书记蓝绍敏出席会议并讲话，市委副书记、市长陆志鹏作工作报告，市委常委、常务副市长何榕主持大会。市四套班子全体领导及各地各部门相关负责人、乡镇（街道）主要负责人、开发园区负责人、招商人员、相关企业负责人等共3000多人参加大会。会议提出项目大突破的主要目标，明确要在产业项目的规模总量上大突破、在产业项目投资结构的优化上大突破、在产业项目投资效率的提升上大突破。靖江市、泰兴市、兴化市、海陵区、高港区、姜堰区、医药高新区在大会上作交流发言。

（刁春宏）

12月16日，全市项目大突破动员大会召开

周山河新城建设

【概况】2014年8月11日，泰州市委召开第59次常委会，决定以周山河街区管委会为依托，从相关部门抽调人员，组建周山河新城建设指挥部，统筹中心城市新城建设工作。9月16日，周山河新城建设指挥部正式成立。周山河新城东至规划中的环城东路及春兰路、南至姜高路、西至泰州大道、北至凤凰路。周山河新城建设目标是建成“高端时尚都市区、商业商务核心区、绿色生态宜居区、休闲娱乐功能区、优质教育集聚区”，引领泰州中心城市建设。新城核心区已建成以泰州大剧院、图书馆、博物馆、规划展示馆、青少年活动中心为主体的文化中心。随着天德湖公园、金融中心、华润万象城等项目的陆续建成，优质教育资源的大量集聚，凤城河与周山河水系的打通，周山河新城将打造成为泰州未来的CBD（中央商务区）。

【新城建设大事】2014年9月26日，周山河新城建设推进会召开。10月10日，市政府召开周山河新城建设新闻发布会。10月30日，周山河新城建设指挥部和泰州供电公司签订合作协议。11月26日，市政府办公室举办周山河新城建设发展专家报告会。

【规划建设】推动《周山河新城控制性详细规划》修编；开展周山河及园博园（城市中央公园）景观提升规划方案设计；做好东谢棚户区改造相关规划设计，包括该地块整体规划和凤凰小学建设规划。积极挖掘人文资源，丰富新城发展内涵，让周山河的红色文化、生态文化、康健文化、创业文化更好地融入新城建设。推进实施南部新城建设战略，启动“1+2+3+N”教育布局工程项目以及“120”急救中心、泰州市中心血站等社会事业项目建设。

【项目建设】总建筑面积74万平方米的金融服务区于4月完成地下室整体工程主体结构封顶，全部工程及配套设施将于2017年底全部竣工；该项目整体工程共有20幢高层建筑，其中两幢分别为58层和39层的超高层，建成后将成为泰州城市的新地标。华润万象城项目于10月开工建设。总投资8.6亿元、占地20多公顷的省泰中新校区于3月开工，同步建设学生公寓、学生宿舍、食堂、教学楼、体育馆等工程，将于2015年8月竣工并交付使用。总投资16亿元、总建筑面积30万平方米的市人民医院新区医院已完成病房楼主体封顶，一期工程将于2016年底建成并投入使用。

【拆迁安置】对已建成的凤凰曦城工程三标250套期房进行进宅结算，四标工程按序推进；凤凰三居苑安置房工程A区多层及高层、锦绣双河城安置房工程多层等建设项目进展顺利，748户被拆迁户安置回迁全面启动。东谢村棚户区改造项目完成全部298户居民的搬迁协议签约。

【基础设施建设】2014年，周山河新城在建的黄河路、周山河路、太湖路等7条道路总长共5980米。其中，黄河路（泰高路—海陵路）东段、周山河路（海陵路—鼓楼路，跨刘西河）、太湖路（海陵路—鼓楼路，跨刘西河）、钟山路南段（淮河路—杨庄河）、人民路（泰高路—钟山路）南幅具备通车条件；钟山路北段（海军东路—淮河路）、太湖路（东风路—春兰路）2015年上半年具备通车条件。

（周山河新城）

第六届中国泰州水城水乡国际旅游节

【概况】2014年4月6日~5月3日，江苏省旅游局和泰州市政府共同主办第六届中国泰州水城水乡国际旅游节。旅游节以“三水交融、人文泰州”为主题，遵循节庆规律、市场规律和传播规律，让游客、企业成为节庆主角。旅游节历时一个月，期间分别举办第六届中国泰州水城水乡国际旅游节开幕式、第六届凤城河桃花节、第九届中国湿地生态旅游节暨2014年中国姜堰溱潼会船节、第六届中国兴化千垛菜花旅游节、泰州华侨城四周年庆、印达三月三桃花节、旅游灯会、泰州早茶集市、2014中国（南京）国际度假旅游及房车展览会泰州旅游现场推介活动、第十届春兰杯世界职业围棋锦标赛等29项系列活动。

旅游节期间，全市各旅游景区共接待游客425万人次，旅游收入32亿元，比上届分别增长12%和14%。凤城河风景区、千垛菜花景区、溱湖风景区等主要旅游景区接待游客增幅明显。其中，凤城河风景区接待游客58.1万人次，增长18%；千垛菜花风景区接待游客30.1万人次，门票收入1200多万元；溱湖风景区接待游客57.9万人次，增长7.1%；泰州华侨城接待游客9万人次，增长5.5%。全市主要旅游饭店接待量大幅增长。其中，碧桂园凤凰酒店接待15080人次，增长23%；国际金陵大酒店接待9315人次，增长55.7%；泰州宾馆接待3432人次，增长6.1%；希尔顿逸林酒店接待3164人次，增长18%。

根据国家统计局泰州调查队的调查结果，该届旅游节游客满意度首次超过90%，比上届提高3.5个百分点。

【旅游节开幕式】2014年4月8日，第六届中国泰州水城水乡国际旅游节开幕式在溱湖举行。开幕式以“泰美水乡，千篙船情”为活动主题，采取国际旅游节、湿地生态节、溱潼会船节“三节合办”的形式，按照“简约、为民、节俭、创新”的原则，先后进行国家级城市中央休闲区和国家生态旅游示范区授牌仪式、“自游泰州”APP上线仪式和会船开篙仪式。会船表演分为“帆之梦”“船之魅”“歌之潮”3个篇章，“竹篙如林，千舟竞发”的盛况，吸引10万名中外游客到场观看，中央电视台《新闻联播》栏目对旅游节进行长达18秒的单片报道。

4月8日，第六届中国泰州水城水乡国际旅游节、第九届中国湿地生态旅游节、2014年中国泰州姜堰溱潼会船节在溱湖风景区开幕

【旅游宣传】旅游节前期，市旅游局先后组织全市各旅游景区及旅游企业到北京、上海等主要客源地市场举办菜花节旅游推介会、泰州水城水乡国际旅游节暨春季旅游新品推介会、泰州“水城慢生活”春季旅游新品暨2014年中国泰州姜堰溱潼会船旅游推介会等活动，吸引数十家主流媒体进行宣传报道；在央视《朝闻天下》《走遍中国》、旅游卫视《有多远走多远》等电视栏目投放广告和专题片，泰州电视台制作的“三水交融、人文泰州”旅游宣传片和旅游节广告片在多个电视频道循环播放，在《扬子晚报》《泰州日报》《泰州晚报》刊登旅游节专版。旅游节期间，《中国旅游报》《扬子晚报》《新华日报》《旅游时报》《江南游报》等主流媒体以大幅版面报道活动盛况，中央电视台、江苏卫视及新浪网、新华网、人民网、凤凰网等主流媒体对旅游节活动报道文章进行刊登和转载，先后接待近50家主流新闻媒体参与采访报道，培养微信、微博粉丝20多万人。

【两家景区获国家级“金字招牌”正式授牌】2014年4月8日，在旅游节开幕式上，凤城河景区和溱湖景区分别获国家级城市中央休闲区和国家生态旅游示范区的正式授牌。全国休闲标准化技术委员会、省环保厅相关领导为两家单位授牌。2013年10月，凤城河景区通过全国休闲标准化技术委员会验收，成为全国第四、全省首家城市中央休闲区。2014年1月，溱湖景区入选2013年“国家生态旅游示范区”，继国家湿地公园、国家AAAAA级旅游景区等之后获得第六个国家级称号。

（旅游局）

第五届中国（泰州）国际医药博览会

【概况】2014年10月31日~11月2日，由江苏省政府主办的第五届中国（泰州）国际医药博览会（简称医博会）在中国医药城会展交易中心举行。该届博览会的主题是“加强科技金融结合 助推创新成果转化”。10月31日，开幕式举行，十一届全国政协副主席李金华宣布开幕；副省长张雷，国家药监局党组成员、药品安全总监孙咸泽，市委书记蓝绍敏分别致辞；市委常委、医药高新区党工委书记陆春云主持开幕式；科技部社会发展司司长马燕合，中国国际人才交流中心主任刘永志等国家、省有关部门负责人和市四套班子领导及海内外客商参会。该届医博会吸引来自美国、英国、德国、新加坡、以色列、印度及中国香港、中国台湾等10多个国家和地区的3000多名客商，以及国内外1000多家高校院所、知名企业、医疗机构和科技园区前来参会，汇聚全球5000多项专利和创新成果。

医博会期间，先后举办多场重要专题活动。10月31日，分别举办全球生物产业前进基金产业对接会、国际生物医药产品的临床研究和市场发展论坛、高层次人才创新创业洽谈会；11月1日，分别举办国家重大医药专利信息发布会、诊断试剂产业创新发展高峰会、中国医药城政策发布暨项目签约仪式等。共推出展览展示面积1.7万平方米，其中特装展位近50个，标准展位220个。

【李金华到泰州考察】2014年10月31日~11月1日，十一届全国政协副主席李金华到泰州考察医药名城和文化名城建设情况，市领导蓝绍敏、王守法、卢佩民、陆春云陪同考察。李金华一行首先参观医药博览馆以及中国医药城重点企业江苏大同盟制药、阿斯利康泰州公司、康淮生物有限公司，了解药城建设情况、发展方向以及企业医药研发和生产情况。随后，又先后考察梅兰芳纪念馆、望海楼、单声珍藏文物馆、溱潼古镇，实地了解泰州市文化名城建设相关情况。

【高层次人才创新创业洽谈会】2014年10月31日，由市组织、人社部门及医药城共同举办的中国医药城高层次人才创新创业洽谈会在会展交易中心举行，这是地级泰州市组建以来层次最高的人才项目对接活动。该交流活动于9月初发布公告，共有600多名海内外人才报名参加，经过遴选邀请287名海内外高层次人才参会，其中来自美国、英国、法国、葡萄牙等16个国家的127名海外高层次人才携带140多个生物医药类高端项目到泰参会，共达成合作意向57个项目，13个项目正式签约，135位硕博研究生与用人单位达成就业意向。

【政策发布暨项目签约仪式】2014年11月1日，中国医药城政策发布暨项目签约仪式在会展交易中心举行，市委常委、医药高新区党工委书记陆春云发布最新招商引资、招才引智政策，副市长张余松、市政府秘书长王群参加签约仪式，医药高新区党工委副书记、管委会主任吴跃主持签约仪式。共有动物疫苗、基蛋生物诊断试剂、传化集团物流港等24个项目正式签约落户中国医药城，其中产业化项目20个、研发类项目2个、生物医药产业综合配套项目2个，总投资40亿元。

11月1日，中国医药城政策发布暨项目签约仪式举行

2014年度泰州十大时政新闻

1.“弘扬创业精神，再造火红年代”。8月12日，市委、市政府召开弘扬建市之初创业精神座谈会，号召全市干部群众大力弘扬建市之初创业精神，坚持长期奋斗、长期攻坚、长期吃苦、长期奉献，再造一个激情燃烧、干事创业的火红年代。

2. 推进“思想再解放、项目大突破、城建新提升”三大主题工作。8月11日，市委常委（扩大）会议召开。市委书记蓝绍敏主持会议。会议决定，在全市集中组织开展“思想再解放、项目大突破、城建新提升”调研活动。会议召开后，全市以全面深化改革为统揽，推进“思想再解放、项目大突破、城建新提升”三大主题工作，统筹做好稳增长、调结构、促改革、惠民生各项工作，经济社会发展取得新成绩。

3. 开展党的群众路线教育实践活动。全市各地、各单位深入推进第二批党的群众路线教育实践活动，将开展教育实践活动与推进泰州全面深化改革、加快转型升级紧密结合。市和各市（区）四套班子、96个市直部门（单位）、530多个乡科级领导班子、1.54万个基层党组织，1050多名县处级以上领导干部、9400多名乡科职级干部、26.76万名党员，按照“照镜子、正衣冠、洗洗澡、治治病”总要求，参加教育实践活动并取得扎实成效。

4. 推进全国文明城市创建工作。4月30日，市委、市政府召开创建全国文明城市动员大会，提出既要拿牌子、更要惠民生的工作思路，努力把创建的过程变成为群众办实事、解难事，不断提升城市文明程度的过程，力争2014年创成全国文明城市。在全市干部群众的努力下，泰州市城市面貌焕然一新，市民素质不断提升，11月顺利通过省测评组实地测评并被省文明委推荐为全国文明城市参评城市，年末接受中央文明办测评组测评。

5. 开展“解放思想再发力、科学发展勇攀登”大讨论大落实行动。9月2日，市委召开全市教育实践活动整改落实工作“一把手”推进会暨思想再解放动员会，下发《“解放思想再发力、科学发展勇攀登”大讨论大落实行动计划》。全市各地各部门按照市委部署，深入开展大讨论大落实活动，始终将解放思想与提升标杆、谋划长远相结合，与大胆改革、积极创新相结合，与提升效能、优化环境相结合，与为民解忧、惠及百姓相结合。通过活动，全市上下期盼更好更快发展的劲头得以凝聚，期盼思想再解放、思想快解放、思想真解放的共识已经形成。

6. 史上规模最大会议推进“项目大突破”。12月16日，全市项目大突破动员大会召开。这是贯彻落实习近平总书记在江苏调研重要讲话精神的动员会、部署会，是近年来全市规格最高、规模最大、范围最广的一次大会。会议提出，未来几年，保持产业项目招引落地的数量迅速攀升，力争2015年全市完成产业项目投资2000亿元，实际利用外资16亿美元以上，新开工亿元以上项目180个，10亿元以上重大项目24个；力争2016年，完成产业项目投资2600亿元，实际利用外资18亿美元以上，新开工亿元以上项目200个，10亿元以上重大项目30个。

7. 出台《市区城建新提升两年行动计划》。11月20日，市委、市政府召开城建新提升动员大会，启动实施《市区城建新提升两年行动计划》。《计划》明确，全市将紧紧围绕“三个名城”目标，紧扣建市20周年这个重要时间节点，以人为本，民生优先，突出重点，解决急需，大力推进八大行动，实施200个左右的城建项目，努力让广大市民感受到城市发展的显著变化，享受到城市发展的更多实惠。

8. 在全省率先开通“三证合一”系统。12月25日，泰州市在全省率先开通“三证合一”系统，全市开办企业所需的营业执照、组织机构代码证和税务登记证“集成”为一张。这是全市实施“四证一体”后，行政审批制度改革的又一次突破。

9. 开展“美德善行”六大系列活动。7月，全市启动实施“美德善行”六大系列活动，分别是建立美德善行榜、建设美德善行精品故事库、建立美德善行促进会、组织美德善行育苗工程、建设美德善行网上工作平台和建立美德善行主题教育基地。活动开展期间，全市涌现出一批美德善行先进典型，广大群众在耳濡目染、潜移默化中积极向善、自觉行善，道德修养和精神境界普遍提高，社会环境更加文明和谐，群众的精气神得到新的提升。中共中央宣传部将泰州“美德善行”系列做法，列为社会主义核心价值观百家经验之一在全国推广。

10. 举行梅兰芳先生诞辰120周年纪念大会。10月25日，梅兰芳先生诞辰120周年纪念大会举行。梅兰芳是中国京剧史上承上启下的代表性人物，也是最早将中国京剧艺术推向世界舞台的先行者。为继承和发扬梅兰芳先生的精湛技艺和崇高品德，全市兴建梅兰芳纪念馆、梅兰芳公园、梅兰芳大剧院等主题文化设施，成立梅兰芳研究会、梅兰芳京剧培训基地等研学机构，并与省文化厅、文化部艺术司先后联合举办多届中国泰州梅兰芳艺术节，提升梅兰芳文化品牌的凝聚力和影响力。

2014年度泰州十大民生新闻

1. 启用公共自行车系统。9月30日，泰州市公共自行车系统启用仪式举行，一期共投放2000辆公共自行车，设置80个借车点。公共自行车全部为捷安特品牌，轮胎采用第三代实心轮胎；车辆质量轻、弹性好，颠簸感弱，骑行舒适。公共自行车1小时内免费，单次超时按1元/小时收费。为加强公共自行车的管护，有关部门11月在80个公共自行车站点安装高清监控设备，在市区的14处公共自行车站点搭建遮雨棚。

2. 中心城市构筑大交通格局。12月25日，阜兴泰高速（兴化至泰州段）和京沪高速江广扩容（泰州段）正式开工建设。这是继泰镇高速（泰州至高港段）开工建设后，泰州市境内新开工建设的两条高速公路，并创下一年之内三条高速公路开工建设的新纪录。加上将于2016年底建成的东风路、永定路快速化改造，以及2015年通车的宁启铁路复线电气化改造等，全市将形成立体化、快速化、高效化的对外大交通格局。

3. 市区建设首条高架外环。市政府及规划部门研究决定，全市“三纵三横”城市出入通道的重要纵线之一231省道泰州至高港改线段东环高架桥梁的长度将向北延伸至泰东平交道口以北700米处。项目计划于2015年上半年建成通车。作为市区首条高架外环，既可解决目前泰东转盘交通拥堵的问题，又能实现过境与市区车辆分流，231省道干线公路的功能将得到充分发挥，泰州城市交通将实现大提速。

4. 市区推进“空转绿”。2014年，市区启动空地转绿地建设工程。年内，利用主城区闲置空地新增绿化40多处，共计100万平方米。“空地转绿地”工程实施范围东至328国道，西至长江大道，南至海军大道，北至新通扬运河。

5. 首批309个历史地名受到保护。1月7日，经资料收集及专家评审，《第一批泰州市历史地名保护名录》确定，首批共收录各类老地名309条。其中，政区地名28条，乡村、居民点地名58条，街、巷、路等地名76条，河、湖、港、坝、桥等地名60条，名胜古迹地名87条。对于进入《第一批泰州市历史地名保护名录》的地名，市地名办采取有效方式留名存史，选择部分重要老地名，在原址的适当位置，设置历史地名保护标志（如碑、牌、亭等），释文介绍历史地名文化内涵、历史沿革等，给“老地名”树碑立传。

6. 调整市住房公积金贷款政策。10月14日，市住房公积金管理委员会第十三次全体会议决定，对市住房公积金贷款政策作出调整。具体为：借款职工家庭有两名及以上成员符合贷款条件的，贷款最高额度由40万元调整为45万元；借款职工有配偶在外市正常缴存住房公积金，并提供缴存证明及最近半年缴存明细的，可视同本市缴存住房公积金合并计算贷款额度，贷款最高额度由30万元调整为45万元；借款职工有配偶为现役军人的，贷款最高额度同样由30万元调整为45万元；对于已结清住房公积金贷款的职工家庭，再次申请贷款购房的，视同首次申请住房公积金贷款办理。

7. 中心城市建设迎来“周山河时代”。9月26日，市委、市政府召开周山河新城建设推进会。会议提出，建设周山河新城，是把泰州打造成现代化国际化城市的战略选择，要把周山河新城建设作为中心城市建设的主战场，着力把周山河新城打造成为泰州未来的城市客厅，成为展示泰州现代都市形象的响亮名片。

8. 新政出台缓解停车难。12月9日，市政府发布《泰州市市区机动车停车场管理暂行办法》和《泰州市市区机动车停车场服务收费管理办法》，明确将对市区道路泊位收费，初定从2015年3月1日起实施。根据初步划分，坡子街等商业中心的路段是一级道路停车泊位，半小时以内免费，第一个小时5元，此后每半个小时3元；凤凰路等二级道路停车泊位，半小时以内免费，第一个小时4元，此后每半小时2元；三级道路停车泊位，半小时内免费，第一个小时3元，此后每半个小时1元。

9. 全市生态红线区域面积占国土面积20%以上。3月28日，省环保厅组织专家对《泰州市生态市建设规划（修编）》进行论证。全市新增泰兴新街镇银杏种质和黄桥镇香荷芋种质两个资源保护区，扩大靖江香沙芋种质资源保护区。全市省、市两级生态红线区域面积为1182.82平方千米，占国土面积的20.43%。

10. 泰州学院新校区一期工程竣工。8月，泰州学院新校区暨高教园区中心共享区一期工程竣工。一期工程包括中心共享区的教学楼、实验实训楼、图书馆、学术交流中心、行政办公楼、大学生活动中心等6大功能建筑群以及3幢学生宿舍楼等，累计建筑面积约20万平方米。9月，泰州学院迎春校区整体入驻，春晖校区所有党政机关以及音乐学院、美术学院等相关学院的本科专业入驻。

2014年泰州大事记

1月

6~7日　省委常委、纪委书记弘强到泰州调研市党风廉政建设和经济社会发展情况。弘强一行先后实地调研江苏济川药业集团、泰兴市卫生局、泰州医药高新区阿斯利康集团、纬创集团和泰州学院建设工地，以及靖江市滨江新区办事处江阳社区、靖江市马桥供电所、生祠国土所等。市委书记张雷，市委常委、纪委书记唐小英，市委常委、靖江市委书记倪斌等陪同调研。

7日　溱湖旅游景区入选2013年“国家生态旅游示范区”。

13日　市政协四届三次会议开幕。市委书记张雷出席会议并讲话。市政协主席王守法作工作报告。市政协副主席刘励作提案工作报告。市政协副主席王东主持会议。

14日　市四届人大三次会议开幕。市委书记、市人大常委会主任张雷主持会议。代市长陆志鹏代表市政府向大会作工作报告。市发改委主任张小兵，市财政局局长蔡德熙分别向大会提交《关于泰州市2013年国民经济、社会发展计划执行情况和2014年计划草案的报告》、《关于泰州市2013年财政预算预计执行情况和2014年财政预算草案的报告》，并提请大会审议。

15日　市政协四届三次会议闭幕。会议听取和讨论市委书记张雷代表中共泰州市委所作的重要讲话；听取和审议四届市政协常委会工作报告；听取和审议市政协四届二次会议以来提案工作情况的报告；听取和讨论政府工作报告和其他有关报告；补选叶冬华为政协泰州市第四届委员会秘书长；通过大会决议。市政协副主席张培成主持闭幕会议。

17日　市四届人大三次会议闭幕。市委书记、市人大常委会主任张雷主持闭幕式。会议表决通过《政府工作报告》《关于泰州市2013年国民经济、社会发展计划执行情况和2014年计划草案的报告》《关于泰州市2013年财政预算预计执行情况和2014年财政预算草案的报告》《泰州市人大常委会工作报告》《泰州市中级人民法院工作报告》和《泰州市人民检察院工作报告》6个报告的决议。大会采用无记名投票方式，补选陆志鹏为市人民政府市长。新当选市长陆志鹏作表态发言。

△　市委常委议军会召开。会议听取各市（区）人武部党委第一书记党管武装工作述职，研究部署市国防后备力量建设。市委书记、泰州军分区党委第一书记张雷主持会议并讲话。市委常委、泰州军分区司令员李国强汇报2013年驻泰部队工作情况和2014年军分区主要任务。

26日　市政府第15次常务会议召开。市委副书记、市长陆志鹏主持会议。会议讨论并原则通过《泰州市排污权有偿使用和交易暂行办法》等事项。会议要求各地高度重视污染企业的污染减排工作，采取有力措施有效控制减排总量。会议听取2013年第二届泰州市市长质量奖评审情况汇报和2013年度泰州市科技进步奖评审情况汇报，讨论并原则通过《泰州市人民政府工作规则》。

本月　省委常委、宣传部部长王燕文一行到泰州走访慰问部分敬老院、困难老党员、特困职工和优抚对象，致以新春祝福。市领导陆志鹏、卢佩民、倪斌等陪同走访慰问。

△　省委农村工作领导小组确定第四批“江苏省社会主义新农村建设示范村”名单。泰州市12个村（社区）入选，分别是：靖江市新桥镇新合村、德胜村，东兴镇何德村；泰兴市姚王镇毛庄村，元竹镇蒋堡村；兴化市戴南镇北姜村，安丰镇三庄村，沙沟镇光耀村；海陵区苏陈镇西石羊社区；高港区口岸街道引江社区；姜堰区溱潼镇湖南村和俞垛镇何野村。

△　在2013中国收藏年度人物评选全国颁奖典礼

上，泰兴市美术家协会名誉主席、观道博物馆馆长丁沛获“2013中国收藏年度人物”称号。

2月

12日　泰州市深入开展党的群众路线教育实践活动动员大会召开。会议要求认真贯彻中央和省委有关会议精神，并对全市教育实践活动进行动员部署。省委常委、省军区政委李笃信出席会议并讲话。市委书记、市委党的群众路线教育实践活动领导小组组长张雷主持会议并作动员部署。省委督导组组长、省政协学习委员会主任徐毅英，省委教育实践活动领导小组办公室副主任、省纪委副书记江里程，省委督导组副组长、省扶贫办副主任朱子华及市领导陆志鹏、杨峰、何榕、唐小英、陆新、张爱平、卢佩民、倪斌、陆春云、李国强等出席会议。张雷代表市委常委会表态，一定以坚定、坚决的态度不折不扣贯彻落实好上级各项决策部署，一定带头投身教育实践活动，一定全力配合省委督导组工作，一定自觉接受广大党员干部群众监督，以更高标准对照检查，以更实举措解决问题，以更严要求改进作风，真正发挥好表率作用。

13日　全国人大常委会委员、教科文卫委员会副主任委员严以新率全国人大教科文卫委员会调研组到泰州调研《中华人民共和国专利法》实施情况。调研组实地考察中国医药城、扬子江药业集团发展情况，并听取市贯彻实施专利法相关工作情况汇报。市人大常委会副主任高纪明、戴胜利，副市长杨杰，市人大常委会秘书长赵留贯陪同。

15日　世界麻风病防治最高奖项“国际甘地奖”在印度总统府举行颁奖仪式。中国麻风防治协会会长，泰兴籍专家张国成获此奖项，成为继1987年华籍黎巴嫩人马海德之后中国第二位获“国际甘地奖”的专家。

18日　扬子江药业集团荣获2013年江苏省质量奖。扬子江药业集团成为江苏省医药行业及市工业企业中首家获此殊荣的企业。

19日　在2013年度省辖市检察工作综合考评中，泰州市检察院获年度优秀奖。

本月　水利部、全国节约用水办公室联合发文，授予泰州市“全国节水型社会建设示范区”称号。

△　省文化改革发展领导小组办公室公示省重点文化产业园区名单，泰州市文化创意产业园入选。

△　姜堰区、靖江市、兴化市获“2013年度全省渔业科技入户工作先进集体”称号。

△　姜堰区农业技术推广中心和泰州市作物栽培指导站实施的“姜堰区稻麦科技综合示范基地建设及成果推广应用”项目获江苏省2012～2013年度农业丰收奖一等奖。

△　“校园时代”第八届全国青少年才艺电视展演活动在清华大学举行。兴化市吴晓健编排的话剧《招聘》参加展演并获金奖。

3月

2日　泰州市9人入选第四批江苏省非物质文化遗产代表性传承人，分别是：靖江宝卷传承人张东海、姜堰滚莲湘传承人李道功、泰州淮剧传承人黄素萍、泰兴杖头木偶传承人徐金凤、泰州（扬派）盆景技艺传承人曹季德、泰兴麻将雕刻传承人刘军、兴化水车制作技艺传承人徐长龙、靖江蟹黄汤包制作技艺传承人陶晋良、泰州许氏正骨疗法传承人王凯。

3日　全市三级干部大会召开。市委书记张雷出席会议并讲话。市委副书记、市长陆志鹏主持会议。市委副书记杨峰作工作报告。会议下发《中共泰州市委泰州市人民政府关于全面深化农村改革加快农业农村发展的意见》。市领导王守法、何榕、唐小英、陆新、张爱平、卢佩民、倪斌、高纪明等出席会议。

18日　韩国贸易投资振兴公社南京代表处首席代表高相英率韩国贸易投资考察团到泰州访问。副市长张余松会见高相英一行，双方就合作事宜进行交流。省贸促会副会长仇小萍陪同访问。

19～20日　中国侨联副主席康晓萍，中国侨联文化交流部部长陈迈，省侨联副主席宫琳，省侨联文化联络部部长蓝晓霜等一行到泰州调研侨联文化宣传工作。市委副书记杨峰陪同调研。杨峰向康晓萍一行着重介绍市生物医药、船舶和电子信息等产业发展情况。康晓萍一行参观省华侨华人文化交流基地——单声珍藏文物馆。

24日　市政府第16次常务会议召开。市长陆志鹏主持会议。会议对市人大代表建议、市政协提案进行专题交办。会议讨论并原则通过《泰州市市区征地补偿和被征地农民社会保障实施办法》、《泰州市城乡规划管理办法》等。

25日　省委宣传部副部长、省文明办主任杨志纯到泰州调研精神文明建设工作。杨志纯一行实地调研泰州汽车站、泰州市道德讲堂总堂、泰州市城东中心小学、口岸街道新城社区等。市委常委、市委秘书长、宣传部部长卢佩民陪同调研。

27日　市委常委（扩大）会议召开。会议交流群众路线教育实践活动学习体会。市委书记张雷主持会议。省委督导组组长徐毅英到会指导，并对进一步深化学习教育活动提出要求。会上，围绕“我是谁、为了谁、依靠谁”这一主题，张雷、陆志鹏、王守法、杨峰、何榕、唐小英、陆新、卢佩民等市领导紧密联系实际，交流学习体会，畅谈对开展教育实践活动的认识和新形势下践行群众路线的理解。

本月　泰兴市获“江苏园林城市”称号。

△　兴化市、泰兴市、姜堰区获农业部绿色食品管理办公室和中国绿色食品发展中心联合颁发的“全国绿色食品原料标准化生产基地”证书。

4月

3日　全省信访工作会议在泰州召开。会议总结上年度工作，分析当前形势，研究部署2014年任务，要求深入贯彻党的十八届三中全会和习近平总书记系列讲话精神，认真落实中央和省委省政府关于做好信访工作的部署要求。省委书记罗志军，省长李学勇分别作出重要批示。省委常委、省委秘书长樊金龙出席会议并讲话。副省长许津荣主持会议。省政府秘书长张敬华通报2013年度全省信访工作绩效考核情况。市委书记张雷致辞。市领导陆志鹏、卢佩民、陈明冠等参加会议。樊金龙代表省委、省政府与各省辖市和24个省有关部门（单位）签订《2014年度信访工作目标责任书》。泰州市和淮安市作交流发言。

4日　省委政法委副书记侍鹏到泰州调研市法治建设工作。侍鹏一行先后实地考察市国税局、泰山公园、海陵区智堡实验学校等法治建设宣传场所。市委常委、政法委书记张爱平陪同调研。

8日　姜堰区北大街文化街区举行曹俊艺术馆开馆暨曹俊法国卢浮宫获奖作品家乡汇报展，副省长曹卫星发来贺信，副市长王学锋等参加活动。

9日　住徐州市的省政协委员到泰考察医药高新区。市委常委、医药高新区党工委书记陆春云介绍医药高新区发展情况。徐州市政协主席庄华平，市政协主席王守法、副主席刘励及秘书长叶冬华陪同考察。

12日　副省长许津荣到泰州专题检查环境保护工作。许津荣一行先后实地检查兴化戴南镇明锋资源再生科技公司、兴达钢帘线公司九分厂污水处理厂、戴南镇北污水处理厂及酸洗泥暂贮仓库等地。市长陆志鹏，副市长孔德平等陪同。

17日　副省长徐鸣到泰州调研农村土地承包经营权确权工作，听取姜堰区及有关镇村农村土地承包经营权确权工作情况汇报。徐鸣要求，各地在推进家庭农场发展上要因地制宜、规模适度，镇村建设要做好规划，严格按规划实施，确定下来的村庄定居点要及时公布，让群众知晓、放心。市委副书记杨峰，副市长陈明冠陪同调研。

19日　河北省保定市委副书记、市长马誉峰率保定市党政代表团到泰州参观考察。马誉峰一行先后考察扬子江药业集团、中国医药城疫苗工程中心、美时医疗有限公司、东方小镇。市领导张雷、卢佩民等陪同。

21～22日　省委常委、省军区政委李笃信到泰州调研指导第二批党的群众路线教育实践活动，并召开座谈会。市委书记张雷汇报市群众路线教育实践活动阶段性情况。省委督导组组长徐毅英汇报近期督导工作情况。市领导陆志鹏、杨峰、唐小英、陆新、卢佩民、陆春云、王建等参加调研座谈。

22日　中国科协副主席陈章良到泰州调研兴化市科普惠农情况。陈章良一行实地走访颐鹤林果蔬种植专业技术协会农产品生产基地、江苏红膏大闸蟹养殖示范基地和兴化市农技协农产品销售中心。省科协党组书记陈惠娟，市委副书记杨峰陪同。

25日　“科学与中国”院士专家巡讲团（泰州）报告会在泰州大剧院举行。绕月探测工程、嫦娥一号卫星系统总指挥兼总设计师叶培建院士作《中国的航天梦》报告。副市长王学锋主持报告会。市级机关、教育系统、学（协）会、企业科协、优秀科技工作者代表等1000多人参加报告会。

28日　市政府决定，将泰州大道西侧、南官河东侧高港区刁铺街道通泰社区的朱西、朱东、朱前、五丰、叶河、韩东、韩西7个组和许庄街道三旗营社区的三二、三三、永红3个组划归医药高新区寺巷街道代管。

5月

4日　省人大常委会秘书长吕振霖到泰州调研人大工作并召开座谈会。市委常委、医药高新区党工委书记陆春云，市人大常委会副主任高纪明、戴胜利及秘书长赵留贯参加调研座谈会。

13日　中崇集团与中国医药城签订中崇信诺泰州项目合作协议。根据协议，中崇集团将在医药城投资4亿～6亿元，进军以动物疫苗研发和生产为主的生物制药产业。市领导陆志鹏、唐小英、陆春云，中崇集团总裁仇瑜峰参加签约仪式。

14日　国务院发展研究中心副主任刘世锦率调研组到泰州专题调研经济形势和产业转型升级情况。市长陆志鹏向调研组介绍全市经济形势和产业转型升级情况。调研组先后实地调研中盛光电、中国医药城、泰州中航船舶重工有限公司，并召开船舶企业座谈会，了解船舶产业发展现状。副市长杨杰及市政府秘书长王群参加座谈会。

15日　第十二届长三角城市档案局长联席会议在泰州召开。省档案局副局长赵深出席会议。市委常委、市委秘书长、宣传部长卢佩民到会致辞。长三角地区10多个地级市的档案局长围绕如何服务民生、打造“百姓身边的档案馆”等展开交流和研讨。

15～16日　省人大常委会委员、民宗侨委主任邵军率立法调研组到泰州，就保障侨商合法权益开展立法调研。市领导陆春云、高纪明、孔德平及市人大常委会秘书长赵留贯参加调研座谈。

17日　全国地质资料管理市县延伸机制研讨会在

泰州召开。

22日　省军区司令员李克让到泰州检查指导国防后备力量建设和民兵预备役工作。李克让实地调研中国医药城，并就医药用于军事斗争准备与药企负责人交流。李克让一行还检查海陵区人武部和城东街道战备规范化建设、民兵整组工作落实情况，并对海陵区民兵应急分队进行紧急拉动。市委书记、军分区党委第一书记张雷，市领导陆春云、李国强和军分区政委李光玉陪同。

23日　副省长许津荣到泰州调研环境保护工作。许津荣一行察看市环境监测中心站，了解实验室数据监测情况。省环保厅副厅长柏仇勇，副市长孔德平陪同调研。

24日　姜堰"泳士"王高祥、海陵"泳士"李建鲁成功横渡琼州海峡。两人共同实现泰州游泳爱好者横渡琼州海峡"零突破"，其中姜堰正心游泳馆教练王高祥用时12小时13分钟，游程27.8千米。

△　"江苏省少年书画辅导示范基地"在泰州市苏陈实验小学揭牌。省老年书画研究会会长张秉铎，市人大常委会副主任、市老年书画协会名誉会长丁士宏参加揭牌仪式。

26日　民政部社会事务司司长张世峰一行到泰州调研社会事务工作。副市长陈明冠陪同调研。

本月　省委宣传部下发《关于表彰全省理论宣讲先进集体（个人）和"江苏优秀讲坛"的决定》，泰州市共获7项奖励。其中，泰州"百姓名嘴"理论宣讲队、泰兴市"党员中心户"理论宣讲团被表彰为江苏理论宣讲先进集体；杨东平、顾云龙、李松林、章再文获江苏理论宣讲先进个人称号；泰州百姓大学堂被表彰为"江苏优秀讲坛"。

△　由中宣部、教育部、共青团中央、人民日报社共同指导，人民网、《大学生》杂志社共同主办的第九届中国大学生年度人物评选活动揭晓，国际象棋特级大师、北京大学兴化籍学生侯逸凡当选"第九届中国大学生年度人物"。

△　中国作家协会会员、泰兴市名人联谊会会长傅文章编纂的《泰兴名人谱》（第三卷）由中国作家出版社出版发行，该书共录入泰兴名人350人。

△　省国税局发布2013年度国税纳税百强榜，泰州市7家企业榜上有名，入围数居全省第五、苏中第一，充分展现出泰州市重点税源集群优势。7家企业分别是中海油气（泰州）石化有限公司、中海沥青（泰州）有限责任公司、扬子江药业集团有限公司、江苏省烟草公司泰州市公司、国电泰州发电有限公司、泰州石油化工有限责任公司、济川药业集团有限公司。中海油气等6户企业蝉联榜单，济川药业则首次上榜。

6月

10日　全国政协常委、经济委员会副主任李毅中率全国政协调研组到泰州就"积极发展混合所有制经济"进行专题调研并召开座谈会。座谈会上，市长陆志鹏汇报市发展混合所有制经济的基本情况。市有关部门负责人和部分企业家代表结合自身实际发言。市政协主席王守法，副市长孔德平参加座谈会。

12日　江苏省暨泰州市书香摄影图片巡展启动仪式在泰州市图书馆举行。图片巡展通过48块展板、156幅照片展现近年来全省、全市开展全民阅读活动的新进展新成效，反映市民爱读书、善读书的风貌。省新闻出版局纪委书记沈辉，市人大常委会副主任戴胜利参加启动仪式。

15日　国家中医药管理局规划财务司司长苏钢强一行到泰州召开座谈会，就中医药健康服务规划编制征求地方意见和建议。市领导杨峰、卢佩民、陆春云出席座谈会。

△　省政府副秘书长、省政府办公厅主任李一宁率省政府督查组到泰州督查市稳增长促改革调结构惠民生政策措施落实情况。李一宁一行先后实地督查扬子江药业集团、中国医药城、市文化馆、市政务服务中心、市公共资源交易中心和市社会福利中心。市委常委、常务副市长何榕汇报相关工作情况。

17日　市政府第17次常务会议召开。市长陆志鹏主持会议。会议讨论并原则通过《关于加强电子政务基础资源整合共享工作的实施意见》和《泰州市政务信息资源共享管理办法》，会议还讨论并原则通过《泰州市沿江转型升级规划》《泰州市燃煤锅炉整治工作方案》等议题内容。

18日　第十一届全国人大常委会副委员长、中国工程院院士桑国卫一行考察中国医药城。市委常委、医药高新区党工委书记陆春云汇报中国医药城发展情况。桑国卫一行参观中国医药城的大小分子平台、复旦张江、康淮生物等项目，充分肯定中国医药城的快速发展。

19日　省政协副主席何权率省政协考察组到泰州考察食品安全监管工作。何权一行先后实地调研嘉銮国际大酒店、泰州众品食业有限公司和泰州卫岗乳品有限公司等单位的食品安全管理制度建设、全过程安全体系建设以及从源头到餐桌的质量标准体系建设。副市长王学锋汇报近年来市食品安全监管工作的主要举措以及下一步工作目标。市领导陆志鹏、王守法、刘励、黄立红，市政协秘书长叶冬华陪同考察。

△　常州大学与靖江市政府共同举行怀德学院迁址仪式。副省长曹卫星，省教育厅厅长沈健，常州大学党委书记史国栋，泰州市领导卢佩民、倪斌共同为常州大学怀德学院揭牌。

20日　中央政法委副秘书长、综治办主任陈训秋率中央综治办调研督查组一行到泰州调研综治工作。陈训秋一行先后实地走访姜堰区社会管理服务中心、姜堰区专业调解组织、海陵区京泰路街道社会管理服务中心和海陵区城南街道莲花社区。陈训秋详细了解群众信访接待、社区综治服务和社区治安防控等工作的开展情况，充分肯定市基层综治工作。市领导陆志鹏、张爱平陪同调研。

△　中宣部评选出10位全国“节约之星”并颁发奖项。江苏安方电力科技有限公司副总经理兼技术总监许杏桃入选。

25日　根据省委、省政府统一安排部署，省委宣传部副部长梁勇率督查组到泰州督查市“八项工程”(转型升级工程、科技创新工程、农业现代化工程、民生幸福工程、生态文明建设工程、社会管理创新工程、文化建设工程、党建工作创新工程）推进落实情况，检查市贯彻落实全省新型城镇化和城乡发展一体化工作会议精神、中央“八项规定”和省委“十项规定”等情况。市领导杨峰、卢佩民出席情况汇报会。

26日　市委书记张雷率市考察团考察昆山市经济发展情况。昆山市委书记管爱国介绍昆山经济社会发展情况。张雷一行实地考察昆山高新区通力电梯、机器人产业基地、小核酸基地等，并就加快推进昆山高新区与姜堰经济开发区南北挂钩工作进行座谈交流。座谈会上，昆山市委常委、昆山高新区党工委书记黄健，姜堰区委书记李伟分别汇报两地挂钩合作进展情况，就下一步合作共建相关事宜进行友好磋商。市委常委、市委秘书长、宣传部长卢佩民，副市长张余松等参加座谈交流。

本月　天德湖公园通过国家旅游景区质量等级评定委员会评定，正式获评国家AAAA级旅游景区。

7月

1日　省人大常委会副主任张艳率调研组到泰州就《江苏省大气污染防治条例（草案）》开展立法调研。调研组先后实地调研新浦化学（泰兴）有限公司化工码头、国电泰州发电有限公司，详细了解企业大气污染防治工作。市人大常委会副主任高纪明、戴胜利及秘书长赵留贯，副市长孔德平参加调研。

5日　市委常委、常务副市长何榕赴新疆伊犁州昭苏县，与昭苏县党委、政府就对口援疆工作进行会谈，并慰问泰州赴昭苏的第八批援疆干部。

7日　市长陆志鹏会见来访的澳大利亚拉特罗布市政府暨演出代表团。副市长王学锋，市政协副主席奚爱国，市政府秘书长王群参加会见。该代表团由拉特罗布市市长莎伦·吉普森带队，17名学生组成青少年管弦乐团随团进行演出交流。

15日　江苏省最美人物新闻发布会在泰州广播电视传媒（集团）台演播大厅举行。泰州市梅兰春酒厂有限公司董事长刘秀兰当选江苏省“最美拥军人物”。

18日　市委四届七次全体会议召开。会议深入贯彻落实省委十二届七次全会精神，总结2014年上半年工作，明确下半年及今后一个时期工作要求，动员全市上下再接再厉、团结奋斗，全面深化综合改革，加快建设医药名城，更好更快地推进转型升级、融合发展，确保实现全年各项目标任务。市委书记张雷作《深化综合改革 建设医药名城 奋力开创转型升级融合发展新局面》工作报告。市委副书记、市长陆志鹏作小结讲话并部署当前工作。医药高新区、兴化市和市发改委、国土局作大会发言，市经信委、科技局、人社局等7家单位进行书面交流。与会人员共同观看专题片《大道如虹·医药名城建设巡礼》。

21日　省委、省政府、省军区在宁召开第十届省双拥模范城命名表彰大会。泰兴市、靖江市、兴化市、海陵区、姜堰区被授予省级“双拥模范城(区)”称号；市梅兰春酒厂有限公司、高港区民政局、泰州消防支队等3家单位获省级“双拥模范单位”称号。

25日　市第六届精神文明建设“五个一工程”获奖名单揭晓，市委宣传部决定授予姜堰区委宣传部、泰兴市委宣传部、市文化广电新闻出版局等“组织工作奖”；授予获江苏省第八届精神文明建设“五个一工程”奖的电影《黑白道》、戏剧《李斯》、广播剧《序幕刚刚拉开》、歌曲《看到你就想起故乡》等荣誉奖；授予电影《黄桥决战》、戏剧《十二生肖的故事》、广播剧《呼唤》、歌曲《你好，泰州》、图书《泰州城脉》等作品入选作品奖。

26日　《泰州市全面建成“吨粮市”实施规划(2014～2016年)》通过专家组评审。

28日　市召开领导干部大会，宣布省委关于泰州市委主要领导职务调整的决定：张雷同志调任省政府副省长，蓝绍敏同志任泰州市委书记，并提名为市人大常委会主任候选人。省委组织部常务副部长王奇出席会议并讲话。省委组织部副部长盛克勤宣读省委决定。副省长张雷主持会议并发表离别感言。新任泰州市委书记蓝绍敏在大会上讲话。市四套班子领导、市中级人民法院院长、市人民检察院检察长、市级机关部门主要负责同志、市（区）党政正职以及近五年来退下来的市级老领导参加会议。

29～30日　市四届人大常委会第十四次会议召开。会议表决通过《关于批准2013年市本级财政决算的决议》，原则通过《加强市人大常委会联系代表、代表联系人民群众的意见》。会议对市政府关于《老年人权益保障法》和《江苏省老年人权益保障条例》贯彻实施情况的报告进行满意度测评，对省人大代表履职情况报告进行测评。

本月　由中央文明办主办、中国文明网承办的“我推荐、我评议身边好人”活动—6月“中国好人榜”揭晓。姜堰区张甸镇村民李开诚当选“诚实守信好人”。

△　由省妇联面向全省开展的“‘巾帼百星耀基层’——江苏省优秀女村官推荐评选活动”结果揭晓。泰州市陈芬、周小芬、王建美、万俊华、蔡蕾、张晓兰等6人获评“全省优秀女村官”。

8月

6日　“时代楷模”赵亚夫同志先进事迹报告会在泰州举行。省委宣传部副部长焦建俊出席报告会。市委常委、市委秘书长、宣传部部长卢佩民主持报告会。

11日　市委常委（扩大）会议召开。市委书记蓝绍敏主持会议。会议专题学习《江苏省安全生产“党政同责、一岗双责”暂行规定》文件精神，并审议通过“思想再解放、项目大突破、城建新提升”调研活动方案、市党政联席会议规则和“五级人大代表回选区访选民活动周”方案。

12日　第十八届“中国少儿戏曲小梅花奖荟萃”佩花晚会在泰州举行。

14日　南京海关关长薛金楼到泰州调研，先后实地考察纬创资通、医药高新区疫苗工程中心和LG乐金电子公司。市委书记蓝绍敏会见薛金楼一行，并就深化对外开放等工作进行交流。市委常委、医药高新区党工委书记陆春云陪同调研，副市长张余松陪同调研并参加会见。

19日 泰州文化创意产业园区招商恳谈会暨项目签约仪式在海陵区举行。签约仪式上，8个项目现场集中签约，总投资额近63亿元。市委常委、市委秘书长、宣传部部长卢佩民，副市长王学锋出席活动。

23日　2014中国医药企业家年会在泰州开幕。中国工程院院士、国家“十二五”“重大新药创制”技术总师桑国卫，中国医药企业管理协会会长于明德，省食品药品监督管理局副局长叶耀宇，市领导蓝绍敏、陆春云、高纪明出席会议。中国医药企业管理协会副会长郭云沛主持开幕式。桑国卫等专家分别围绕加快医药产业创新与发展、上半年医药产业运行情况和全年走势预测、药品价格管理现状及改革思路等作主题演讲。

27日　副省长史和平率省交通运输厅、港口局、铁路办等部门负责人到泰州就“沿江港口资源整合”开展专题调研。史和平一行分别听取市交通运输局、靖江市港口局、泰兴市港口局、泰州港务集团有限公司有关沿江港口资源整合情况的汇报。副市长杨杰陪同调研。

25～27日　市长陆志鹏赴深圳访问台商协会及台资企业，并召开台商恳谈会，就增进双方友谊、扩大泰台合作开展深入会谈。副市长张余松及市政府秘书长王群参加活动。在深圳期间，陆志鹏一行访问深圳台商协会以及深圳成霖实业、嘉隆科技等台资企业，就扩大在泰投资兴业进行深入沟通。恳谈会上，50多名台商协会负责人、台资企业负责人出席；深圳台商协会荣誉会长、嘉文贸易公司董事长叶俊晖，深圳台商协会监事长、亚力山卓（国际）家具集团董事长萧金聪等致辞；张余松向与会台商重点推介泰州市投资环境。

本月　省水利厅公布2014年度首批水利风景区名单。泰州市秋雪湖水利风景区、靖江市明湖水利风景区、兴化市千垛菜花水利风景区入选。

△　住建部公布2014年全国重点镇名单。泰州市7个镇被列为全国重点镇，分别是：姜堰区白米镇、溱潼镇，兴化市安丰镇、戴南镇，靖江市新桥镇，泰兴市黄桥镇、虹桥镇。

9月

12日　2014年“高港杯”首届全国象棋青年大师赛在高港开幕。全国共28名棋手参赛。国家体育总局棋牌运动管理中心党委书记杨俊安，市领导王建、王学锋出席开幕式。

16日　市委常委（扩大）会召开。市委书记蓝绍敏主持会议。会议传达全省推进民生幸福工程暨建设现代医疗卫生体系会议精神。会议讨论并原则同意梅兰芳艺术节活动方案。

△　市政府第18次常务会议召开。市长陆志鹏主持会议。会议审议并原则通过《泰州市生态市建设规划（修编）》《泰州市创建全国质量强市示范城市工作方案》《泰州市市区消防水源设施管理办法》《泰州市档案管理办法》等。

18日　中宣部副部长、中央政策研究室副主任王晓晖到泰州调研全市学习宣传贯彻习近平总书记系列重要讲话精神情况。王晓晖实地调研海陵区城南街道莲花社区宣传长廊，观看“百姓名嘴”现场宣讲，并与市领导及部分市（区）、部门、基层单位负责同志和“百姓名嘴”代表座谈交流。座谈会上，市委书记蓝绍敏汇报市学习宣传贯彻总书记系列重要讲话精神有关情况。市委常委、市委秘书长、宣传部部长卢佩民，市人大常委会副主任、高港区委书记王建参加座谈。

19日　泰州学院新校区揭牌仪式举行。市委书记蓝绍敏和市长陆志鹏共同揭牌，市领导卢佩民、戴胜利、刘励、奚爱国，市政府秘书长王群出席揭牌仪式。

20日　南京师范大学泰州学院建院10周年总结暨发展战略研讨会召开。省教育厅厅长沈健，市委书记蓝绍敏分别致辞。

23日　市四届人大常委会第十五次会议召开。委员们听取并审议市政府关于加强食品药品安全工作情况的报告及市人大常委会教科文卫工委的相关调查报告；听取并审议市中级法院关于全市法院执行工作情况的报告及市人大常委会关于专项评议法院执行工作情况的报告；听取并审议市人大常委会代表资格审查委员会关于市四届人大代表变动及补选情况的报告；听取并审议相关人事任免事项的说明；听取市政府关于代表建议办理工作情况的报告，并对代表建议办理工作情况进行专题询问。会议对市政府关于代表建议办理工作情况的报告和关于加强食品药品安全工作情况的报告以及市中级法院关于全市法院执行工作情况的报告进行满意度测评。会议通过市人大常委会代表资格审查委员会关于市四届人大代表变动及补选情况的报告和相关人事任免事项。

26日　市政协四届十四次常委会议召开。会议协商通过《关于促进文化与旅游融合发展的建议案》。会议听取市委、市政府关于市政协四届三次会议以来提案办理情况的通报、市政协民主评议市住建局情况报告，并对市住建局工作进行民主测评。

29日　由国家文化部艺术司、省文化厅和市政府共同主办的2014中国泰州梅兰芳艺术节在泰州大剧院开幕。市委书记蓝绍敏，文化部艺术司副司长吕育忠，省政府副秘书长肖泉，市长陆志鹏，省委宣传部副部长韩松林，省文化厅副厅长高云和梅兰芳先生曾孙、北京梅兰芳纪念馆梅兰芳研究中心主任梅玮共同启动开幕器。市领导王守法、杨峰、唐小英、张爱平等出席开幕式。市委常委、市委秘书长、宣传部部长卢佩民主持开幕式。

本月　兴化市公安局刑警大队副大队长蔡国栋当选第二届“江苏最美警察”，泰州市交警支队高速一大队卡口中队中队长白冬生获提名奖。第二届“江苏最美警察”评选由江苏省委宣传部、省公安厅、省总工会、共青团江苏省委、省妇女联合会、新华报业传媒集团和省广播电视总台联合主办，共评出10名“江苏最美警察”和20名“江苏最美警察”提名奖。

10月

7日　泰州光孝寺戒台殿、百祥园落成庆典举行。台湾玄奘大学董事长、台北善导寺住持、世界佛教僧伽会会长了中长老，省宗教局副局长王在郑，市领导杨峰、王建、孔德平等参加庆典。

9日　2014泰州（上海）投资说明会在上海虹桥宾馆举行。说明会上，31个项目现场签约，投资总额316亿元。其中，外资项目14个，总投资18亿美元；内资项目17个，总投资超过200亿人民币。市委书记蓝绍敏致辞。市委副书记、市长陆志鹏作主旨推介。副市长张余松主持会议。市领导卢佩民、倪斌、陆春云、王建等出席会议。

14日　省政协副主席、致公党江苏省委主委麻建国率部分省政协委员到泰州调研市科技企业孵化器发展情况。麻建国一行实地调研江苏华创医药研发平台管理有限公司、泰州市高新技术创业服务中心，了解在孵企业科技创新、生产运行和市场拓展相关情况。

17日　省委书记罗志军到泰州调研。罗志军实地调研姜堰区溱潼镇湖南村、姜堰区光明东村小区，并考察姜堰区人力资源市场劳动就业和社会保险信息查询系统、劳动者自助求职服务平台。调研期间，罗志军听取市委、市政府2014年以来工作情况，特别是推进新型城镇化和城乡发展一体化情况的汇报。罗志军强调，要认真落实习近平总书记对江苏提出的“三大重点任务”，抓住用好综合改革试点机遇，促进经济转型升级，立足国家新的区域发展布局，积极稳妥推进新型城镇化和城乡发展一体化，聚焦聚神聚力推动各项工作落实，努力实现更好更大发展。

20日　省委常委、宣传部长王燕文到泰州调研市宣传思想文化工作。王燕文实地调研市文化中心，深入市文化馆、美术馆、博物馆，详细了解全市文化事业发展情况；调研海陵区城南街道莲花社区，实地参观宣传长廊、道德储蓄所、美德善行榜，并观看“百姓名嘴”现场宣讲。调研期间，王燕文在望海楼文会堂观看《妆台秋思》和《傍妆台》两曲泰州古乐表演，详细了解泰州古乐的发展与传承情况。市领导蓝绍敏、卢佩民、王学锋等陪同调研。

△　第二届中国·江苏文化艺术节闭幕式在泰州大剧院举行。本届文化艺术节由省委宣传部、省文化厅、省文联共同主办，以“艺术的盛会、人民的节日”为宗旨，以“弘扬真善美、唱响中国梦”为主题，以“推出精品、推出人才”为重点，以“文化惠民、促进繁荣”为目的。闭幕式宣读关于表彰第二届中国·江苏文化艺术节组织工作先进单位、获奖作品和表演人才的决定。

21日　全市领导干部大会召开。会议传达贯彻省委书记罗志军到泰州调研时的重要讲话精神，研究分析当前经济形势。市委书记蓝绍敏主持会议并就深入学习贯彻罗志军重要讲话精神提出要求。

21～22日　省政协副主席范燕青到泰州考察养老服务体系建设，实地考察海陵区京泰路街道响林社区居家养老服务中心、市社会福利中心和泰兴市大庆老人院。市领导王守法、陈明冠、黄立红、张培成、奚爱国、董勤，市政协秘书长叶冬华陪同考察。

25日　梅兰芳先生诞辰120周年纪念大会在泰州举行。

△　2014泰州金秋投资说明会举行。国务院国资委监事会主席季晓南、熊志军、孙来燕以及120多名境内外客商出席。说明会上，20个重大项目现场签约，总投资额达176亿元。市委书记蓝绍敏致辞。副市长杨杰推介泰州投资环境。副市长张余松主持说明会。

28日　省长李学勇到泰州调研泰兴市黄桥革命老区建设情况，并实地考察新四军黄桥战役纪念馆。李学勇强调，要大力发展现代特色高效农业，积极推进江阴高新区与黄桥工业园南北共建，不断增强黄桥老区造血功能，加快全面小康步伐。省委常委、副省长徐鸣，市领导蓝绍敏、杨峰、卢佩民、陈明冠等参加调研。

30日　省部共同推进泰州医药高新区建设联席会议第三次会议在泰州召开。会议进一步深化省部共建协议精神，共商中国医药城发展大计，并充分肯定泰州医药高新区建设发展取得的成绩，对提请研究的有关事项表示积极支持的态度，明确具体支持举措。

31日　第十一届全国政协副主席李金华到泰州考察市医药名城和文化名城建设情况。李金华一行参观医药博览馆，实地考察江苏大同盟制药、阿斯利康泰州公司、康淮生物有限公司，听取企业负责人相关汇报，并走进企业研发车间了解生产情况；实地考察梅兰芳纪念馆、望海楼、单声珍藏文物馆、溱潼古镇，了解市文化名城建设的相关情况。李金华充分肯定市文化名城建设的成绩，并就如何弘扬梅兰芳精神、保护和传承非物质文化遗产等提出指导性意见。市领导蓝绍敏、王守法、卢佩民、陆春云陪同考察。

△　第五届中国（泰州）国际医药博览会在中国医药城会展交易中心开幕。

11月

2日　新疆伊犁州政协副主席钟固·多尔加拉率30名伊犁州政协委员到泰州学习考察。钟固·多尔加拉一行考察医药城和医药产业发展、泰州古民居的保护和建设等情况，听取市经济社会发展情况和市政协工作情况介绍。市政协副主席刘励、张培成，秘书长叶冬华陪同。

8日　市委常委（扩大）会议召开。市委书记蓝绍敏主持会议。会议传达贯彻省委十二届八次全会精神，审定“城建新提升”动员大会有关事项，听取“城建新提升”调研情况汇报，审议并原则通过《“城建新提升”两年行动计划》。

12日　全国“时代楷模”王继才、王仕花夫妇先进事迹报告会在市锦泰宾馆召开。

12～13日　江苏陆军预备役某部在泰州召开军民融合式发展试点成果推进会。

15日　在“中国最美村镇”评选中，兴化市董北村获“中国最美村镇”称号。

19日　市委书记蓝绍敏会见著名爱国侨领、全英华人华侨中国统一促进会总会长单声和夫人单桂秋林。

25日　市四届人大常委会第十六次会议召开。会议听取市检察院关于民事诉讼法律监督工作情况的报告及市人大常委会内司工委的相关调查报告；听取关于加强城市永久性绿地保护的决议（草案）；听取关于召开市四届人大四次会议的决定（草案）；听取市人大常委会有关制度的修改说明；听取人事任免议案的说明。会议通过关于加强城市永久性绿地保护的决议；通过关于召开市四届人大四次会议的决定；通过市人大常委会询问和质询暂行办法。会议对市检察院关于民事诉讼法律监督工作情况的报告进行满意度测评，通过相关人事任免事项。

30日　2014年法治江苏建设高层论坛在泰州举行。省人大常委会副主任、省依法治省领导小组副组长公丕祥出席开幕式并讲话。省法学会会长林祥国主持开幕式。市委书记蓝绍敏致辞。全省及部分省市的200多名法学、法律工作者围绕“法治建设和国家治理体系与治理能力现代化”主题作研讨交流。中国法学会副会长张文显作主题报告。市委常委、政法委书记张爱平出席论坛。

12月

3日　省委副书记、省长李学勇调研兴化市经济发展情况。李学勇实地调研兴化经济开发区的伽力森主食产业公司，深入了解企业建设最新进展；实地调研即将竣工通车的卤汀河大桥，听取兴化交通基础设施规划建设情况介绍；实地调研得胜湖退渔还湖工程建设现场。李学勇要求大力推进苏中与苏北结合部经济相对薄弱地区经济社会发展，加快全面小康进程。省委常委、副省长徐鸣，市领导蓝绍敏、陆志鹏等陪同调研。

4日　市政府第19次常务会议召开。市长陆志鹏主持会议。会议审议并原则通过《泰州市安全生产“党政同责、一岗双责”暂行规定》《泰州市市区机动车停车场管理暂行办法》《泰州市市区机动车停车场服务收费管理办法》《泰州市市区公共租赁住房和廉租住房并轨运行实施管理办法》《泰州市市区国有土地上房屋征收补助和奖励办法》《泰州市全面推进节约集约用地实施意见》《进一步加强市级机关事业单位政策性安置退役士兵工作的实施意见》等。

6日　农业部副部长于康震到泰州调研畜牧业发展及动物疫病防控工作。于康震一行实地调研中牧倍康医药有限公司、海陵区双龙农贸市场和欣莲农贸市场、姜堰区海伦羊业有限公司、高港区金路禽业有限公司，详细询问相关企业和经营户的生产经营情况，了解全市畜牧医药研发、活禽市场管理和特色畜禽养殖的相关情况和特色举措。省农委主任吴沛良，市领导杨峰、陈明冠等陪同调研。

△　全国动物防疫职业技能竞赛在江苏农牧科技职业学院举行。

10日　市政府与南京航空航天大学第二轮全面合作协议和共建泰州技术转移中心协议签订仪式举行。市委书记蓝绍敏，南京航空航天大学党委书记崔锐捷出席签约仪式。市委副书记、市长陆志鹏与南航校长聂宏代表双方签署全面合作协议；副市长杨杰与南航副校长宣益民代表双方签署共建南京航空航天大学泰州技术转移中心协议。

15日　泰州市乒乓球女选手朱朝晖在国家队选拔赛中，以第1名的成绩正式入选中国乒乓球女队，成为泰州市继戴勇、田芳后第3位乒乓球国手。

17日　省委常委、政法委书记李小敏率省委2014年度党风廉政建设责任制检查考核组到泰州进行检查考核。市委书记蓝绍敏代表市委汇报市落实党风廉政建设责任制有关情况。

19日　市法院对泰州市建市以来破获的最大运输、贩卖毒品案依法作出一审判决。该案涉案冰毒达1万克。

25日　市四届人大常委会第十七次会议召开。会议听取市政府关于2014年国民经济社会发展计划执行情况和2015年计划初步安排意见的报告、关于2014年财政预算变更建议、预计执行情况和2015年财政预算草案的报告以及市人大常委会财经工委的相关意见；听取市政府关于全面建成小康社会指标体系落实情况的报告；听取市人大常委会工作报告稿的起草说明；听取市四届人大四次会议列席人员范围草案的说明；听取人事任免议案的说明。

26日　市四届人大常委会第十七次会议闭幕。会议通过市人大常委会关于批准2014年省转贷债券及市本级公共财政支出预算变更方案的决议，通过市人大常委会工作报告稿，通过市四届人大四次会议列席会议范围。

27日　市委常委（扩大）会议召开。市委书记蓝绍敏主持会议。会议传达学习省委十二届九次全会精神，并就如何贯彻落实省委全会精神提出要求。蓝绍敏强调，要把学习贯彻习近平总书记在江苏视察时的重要讲话精神作为当前和今后一个时期最重要的政治任务，协调推进“思想再解放、项目大突破、城建新提升”三大主题工作，确保讲话精神在泰州落地生根、开花结果。

29日　市政协四届十五次常委会议召开。会议听取市纪委、市中级人民法院、市人民检察院和市公安局2014年工作情况通报；协商讨论《政府工作报告（征求意见稿）》《2015年度市区改善民生实事项目（讨论稿）》；协商并通过四届市政协《常委会工作报告》《提案工作报告》及报告人名单，召开市政协四届四次会议有关事项和相关人事事项；审议市政协各委、办（室）工作报告。市委常委、纪委书记唐小英，市政府党组成员、公安局局长赵建生，市中级人民法院院长熊毅，市人民检察院检察长周剑浩到会通报工作情况。

本月　“泰州市最美残疾人”评选揭晓。丁雪其、滕大进、莫非、茅抢红、孙滔当选。

△　中国中央电视台、中国国际贸易促进委员会、中国标准化研究院等机构发布2014年中国品牌价值排行榜。扬子江药业集团以903分获中国生物医药榜品牌强度得分第一，以103.9亿元的品牌价值排名中国生物医药榜第2位。

△　在第五届江苏省大学生机器人大赛暨第一届全国机器人运动大会选拔赛上，由南京理工大学泰州科技学院机械工程学院“达芬奇密码队”设计的“横行霸道”汽车机器人获机器人自主创新设计项目比赛一等奖。

地 情 概 要

【位置面积】泰州地处江苏中部，位于北纬32°01′57″～33°10′59″、东经119°38′21″～120°32′20″。南部濒临长江，北部与盐城毗邻，东临南通，西接扬州。全市除靖江有一独立山丘外，其余均为江淮两大水系冲积平原。地势呈中间高、南北低走向，南边沿江地区真高一般为2～5米，中部高沙地区真高一般为5～7米，北边里下河地区真高为1.5～5米。全市总面积5787.26平方千米，其中陆地面积占77.85%，水域面积占22.15%。市区面积1567.13平方千米。

【人口】2014年末，全市户籍总人口为508.51万人，比上年增长1.4‰，其中市区户籍人口163.82万人、增长3.4‰；全市常住人口463.86万人，增长1.0‰，其中市区常住人口162.06万人、增长2.4‰。全市户籍人口中，全年新出生人口4.86万人，人口出生率9.57‰；死亡人口4.31万人，人口死亡率8.47‰；人口自然增长率1.10‰。全市常住人口中，城镇人口279.01万人、增长2.0%，城镇化率为60.2%，比上年提高1.2个百分点。

【行政区划】年末，全市行政区划设三市三区及医药高新区，有73个镇、6个乡、18个街道办事处。兴化市、靖江市、泰兴市3市下辖51个镇、6个乡、2个街道办事处、201个居委会和1100个村委会；海陵区、高港区、姜堰区以及医药高新区下辖22个镇、16个街道办事处、248个居委会和325个村委会。

【民族】全市常住人口中，有少数民族52个、人口1万多人，占全市常住人口的2.2‰。其中苗族、土家族、

2014年泰州市行政区划一览表

表1

地　区	土地面积（平方千米）	户籍人口（万人）	常住人口（万人）	镇（个）	乡（个）	街道（个）	居委会（个）	村委会（个）
全　市	5787.26	508.51	463.86	73	6	18	449	1425
市　区	1567.13	163.82	162.06	22	–	16	248	325
海陵区	237.35	42.66	47.84	3	–	7	105	23
高港区	286.84	26.23	25.17	4	–	3	49	40
姜堰区	927.52	79.44	73.00	14	–	2	39	262
医药高新区	115.42	15.49	16.05	1	–	4	55	0
兴化市	2395	158.00	125.47	29	5	–	70	614
靖江市	655.58	66.81	68.65	8	–	1	74	188
泰兴市	1169.55	119.88	107.68	14	1	1	57	298

回族人口较多，占全市少数民族人口的48.5%。

【气候】泰州市属亚热带湿润季风气候，季风显著，四季分明，夏热冬冷，春温多变，雨热同季，光照充足，冬夏长春秋短。常年年平均气温15.2℃（姜堰区）~16.0℃（靖江市），极端最高气温为40.4℃（2013年8月6日靖江市），极端最低气温-19.2℃（1955年1月6日海陵区）；最热月（7月）平均气温为27.0℃（姜堰区）~27.6℃（靖江市），最冷月（1月）平均气温为2.1℃（兴化市）~3.1℃（靖江市）。常年平均年降水量1019.6毫米（姜堰区）~1978.6毫米（靖江市）；降水年际变化大，最多年2080.8毫米（1991年兴化市），最少年391.9毫米（1978年兴化市）；季节性变化明显，夏季降水集中，冬季较少，常年年平均雨日数115.6天，最大降水过程是2003年6月29日~7月12日、过程雨量483.8毫米（兴化市）。常年平均年日照时数为1958.1小时（泰兴市）~2392.4小时（兴化市），光照充足。年最大风速20.3米/秒（1980年6月28日海陵区）。四季划分：4月3日~6月11日为春季，69天；6月12日~9月15日为夏季，96天；9月14日~11月13日为秋季，61天；11月12日~4月2日为冬季，142天。

2014年泰州市年平均气温较常年略偏高，年内气温起伏较大，除夏季及12月气温偏低外，其余时间气温偏高；其中，1月部分地区平均气温突破历史同期极低值，8月平均气温为1961年以来第三低值。全市年降水量较常年略偏少，降水时空分布不均，1月和12月异常偏少，2月异常偏多。年日照时数较常年略偏少。

气温。全市年平均气温15.5℃（兴化市）~16.9℃（靖江市），较常年略偏高；年内极端最高气温36.5℃（5月30日姜堰区），极端最低气温-6.7℃（1月21日兴化市）。总体上看，除夏季及12月气温偏低外，其余时间气温均偏高。其中，姜堰区和靖江市1月平均气温突破历史同期极低值，其余地区为历史同期第二低值；全市8月平均气温为1961年以来同期第三低值，11月下旬平均气温为1961年以来同期最高值，12月上旬平均气温为2000年以来同期最低。

降水。全市年降水量970.0毫米（海陵区）~1326.6毫米（靖江市），时空分布不均，除靖江市和泰兴市较常年略偏多外，其余地区与常年持平。1月和12月降水量异常偏少，2月异常偏多。年内最大月降水量292.5毫米（7月靖江市）；最小月降水量1.4毫米（12月兴化市），为1957年以来同期排名第七少值，2000年以来第二少值。

日照。全市年日照时数为1797.2小时（海陵区）~2115.2小时（兴化市），较常年略偏少。冬季、春季日照与常年持平，夏季、秋季偏少，12月偏多。其中，夏季日照较常年同期明显偏少，为1961年以来历史同期第二低值，且日照少于2小时的日数为1961年以来最多。

【重要气候事件】2014年，泰州市主要气象灾害有雾霾、强对流、暴雨、连续低温阴雨、台风、寒潮等灾害性天气。

雾霾。全市年雾日数为31天（靖江市）~101天（海陵区），霾日数为203天（兴化市）~277天（靖江市）。1月份雾霾天气最为频繁，其中雾霾最严重的是1月18~19日、25日、29~30日，持续的雾霾天气对人民生产生活和交通运输产生较大影响。

强对流。全市强对流天气（包括强雷电、雷雨大风和短时强降水等天气）频发。主要出现在7~8月，造成一定的财产损失，无人员因此伤亡。

暴雨。全年全市共出现9个暴雨日（包括1个大暴雨日），分别出现在6月26日（泰兴市）、7月5日（全市）、7月12日（市南部）、7月27日（市南部）、8月8日（姜堰区）、8月13日（兴化市）、8月14日（市中北部）、9月1日（市南部）、9月18日（兴化市）。其中区域性暴雨过程有2次：7月4日夜里到5日白天，全市日降水量77.5毫米（兴化市）~89.7毫米（海陵区）；8月14日海陵区、姜堰区和兴化市出现暴雨天气过程，其中兴化市出现大暴雨、日雨量117毫米。

梅雨。全市6月25日入梅，入梅偏迟（常年6月18日），为2000年以来第四晚年，仅次于2009年（6月27日）、2005年及2012年（6月26日）；7月18日出梅，出梅偏迟（常年7月10日），为2000年以来第三晚年，仅早于2007年（7月24日）、2011年（7月21日），同于2010年及2012年；梅期长23天，梅期正常。梅期内出现4次降水集中时段，分别是6月25~26日、7月1~2日、7月4~5日、7月12日。梅雨期间全市各站累计降水量为116毫米（兴化市）~270.8毫米（泰兴市），降水北少南多。与常年同期相比，海陵区、高港区和姜堰区偏少10%~30%，兴化偏少50%~60%，靖江市接近常年，泰兴市偏多10%~20%。

台风。全年共有3次台风影响泰州市，分别是10号台风“麦德姆”、12号台风“娜基莉”和16号台风“凤凰”，其中第10号台风“麦德姆”影响较明显。

寒潮。受北方强冷空气影响，全年全市共出现4次区域性寒潮天气过程，分别在1月上旬、2月上旬、11月末和12月末。具体情况：1月7~9日全市出现寒潮天气过程，48小时内最低气温下降8℃以上，9日早晨最低气温-2.2℃（兴化市），伴有6级偏北大风；2月2~4日全市大部分地区出现寒潮天气过程，48小时内最低气温下降10℃以上，伴有7级偏北大风；11月29日~12月1日，全市出现寒潮天气过程，48小时内最低气温下降8℃以上，最低气温-4.1℃（12月1日兴化市）；12月31日～1月2日，全市出现寒潮天气过程，48小时内最低气温下降8℃以上，最低气温-5.9℃（1月2日兴化市）。

【水文水情】2014年，泰州市全年降水量分别为：泰州市区885.9毫米、兴化1082.3毫米、溱潼1125.4毫米、姜堰993.4毫米、黄桥1100.3毫米、过船港闸1088.7毫米。

全市汛期（5月1日～9月30日）总降水量偏少，各地不均衡；其中，靖江夏仕港降水量为1004毫米、是泰州城区的2倍，里下河地区降水量比常年偏多1到2成。梅期市区、里下河地区梅雨量比常年偏少3到4成；出梅后，8月8日~9月24日出现持续阴雨天气，泰州城区、兴化、靖江夏仕港雨日达24天，黄桥雨日达27天，历史罕见。汛期总雨量各地不均衡，泰州市区汛期雨量508.5毫米，比常年偏少2成。各地汛期总降水量分别为：兴化750.5毫米、溱潼801.7毫米、姜堰635毫米、黄桥712.4毫米、过船港680.5毫米。各地梅雨量分别为：泰州市区161毫米（常年梅雨量277.6毫米）、兴化135毫米、溱潼187.8毫米、姜堰162.5毫米、黄桥254.6毫米、夏仕港264.5毫米。

汛期局地性强降水天气频发，8月8日溱潼降202毫米特大暴雨；8月上旬末至中旬里下河地区水位上涨迅速，8月14日全线超2.00米警戒线并维持至8月19日，兴化水位最高达2.41米，泰州市区多地暴雨易积水地段反复积水；汛期夏仕港潮位有9天超4.04米警戒水位。全年里下河地区各测站超2.00米警戒水位天数分别为：兴化站、安丰站、溱潼站6天，沙沟站5天，泰州（下）3天，通南地区水位未出现超3.80米警戒水位。

泰州（通）全年最高水位3.03米（8月9日），汛期最低水位2.18米（7月4日），全年最低水位2.18米（7月4日）。里下河地区兴化、溱潼、泰州（下）汛期最低水位分别为1.13米（5月9日）、1.08米（7月1日）、1.05米（7月1日），全年最低水位分别为0.99米（4月10日）、0.98米（2月2日）、0.92米（2月2日）。通南地区姜堰、黄桥汛期最低水位分别为1.97米（6月24日）、2.06米（5月10日），全年最低水位分别为1.85米（1月21日）、1.81米（4月10日）。各地汛期最高水位分别为：通南地区姜堰3.09米（8月9日）、黄桥2.95米（7月6日）；里下河地区兴化2.43米（8月15日）、溱潼2.23米（8月15日）、泰州（下）2.06米（8月15日）。

汛期长江大通来量正常，逐月来量与常年同期比正常，7月17日至8月1日有16天超过50000立方米/秒。2014年度长江大通流量最大值为56400立方米/秒（7月26日），汛期最小流量为26300立方米/秒（5月9日），全年最小流量9730立方米/秒（2月11日）。

沿江各地年最高潮水位分别为：口岸闸下4.65米（7月14日，警戒潮水位5.23米）、马甸闸下4.63米（7月15日，警戒潮水位5.04米）、过船港闸下4.49米（8月16日，警戒潮水位5.04米）、夏仕港闸下4.19米（8月13日，警戒潮水位4.04米）。沿江地区仅夏仕港潮位有9天超4.04米警戒潮水位，分别是7月13日、14日、15日和8月11日、12日、13日、14日及9月10日、11日。

（气象局）

【矿产资源】泰州市境内有石油、二氧化碳、氦气、地热、矿泉水、煤、泥炭、砖瓦用黏土等矿产资源，其中油、气、地热开发价值高、潜力大。

石油主要分布在姜堰区、兴化市。经华东石油局和江苏石油勘探局石油地质普查勘探，发现淤溪、储家楼、边城、俞垛、周庄、茅山、刘陆等断块油田，中国石油勘探局在兴化境内开展新一轮石油详查和钻探工作。2014年，全市石油产量约50万吨；兴化市陈堡地区探明石油地质储量为1800多万吨，年产石油能力约40万吨。

黄桥地区二氧化碳气田面积52.2平方千米，气田埋深1800～2650米，产气层岩性主要为碳酸盐岩。探明可控面积二氧化碳地质储量261.48亿立方米，可采储量65亿立方米，二氧化碳纯度在99%以上，伴生少量凝析油；储量综合评定为中深度、高产能大型二氧化碳气田，居全国之冠；与二氧化碳伴生的少量氦气，为黄金气体，浅层地质储量估算约1200万立方米，具有一定的开发利用价值。2014年二氧化碳气开采量约1.5亿立方米，产量约30万吨，工业产值5778.65万元，主要用于食品、保护焊接和化工等领域。

泰州境内地热资源丰富。地热田控制面积200多平方千米，其中海陵区地热资源尤为丰富，地热水埋藏较浅，为650～1800米，水温38～70℃，含有对人体有益的偏硅酸、碘、溴、锶等微量元素。根据专家初步预测，全市地热资源储量估算1000亿立方米以上。“泰热1井”为2001年钻探成功的苏中第一井，井深750米，井口水温45℃，日出水量768立方米，证明泰州玄武岩上部地热田的存在，结束泰州无热泉水的历史。“泰热2井”勘探成功，证明中深部地热资源水量更大，日出水量4000立方米，温度70℃左右，具有广阔的开发利用前景。姜堰溱湖、兴化戴南、乌巾荡公园、靖江马洲岛、泰兴御泉东郡、泰州碧桂园温泉大酒店、天德湖公园经科学勘查，成功钻探出热水，水质优良，含有丰富的对人体有益元素，开发前景广阔。部分地热资源被姜堰华侨城、泰州碧桂园温泉大酒店开发利用，年产值3954万元。

全市境内5处地下水通过原省地矿厅进行的矿泉水鉴定评价，被命名为含锶、溴、偏硅酸复合型饮用天然矿泉水和含锶、偏硅酸饮用水，品味独特，对人体保健有益，资源储量丰富，水质较好，现未被开发利用。

全市有砖瓦用黏土生产企业92家，工业总产值25184.43万元。

靖江孤山煤矿地质储量800万吨，产煤层位为上古生界二叠系龙潭组，煤质好；因地下水量大、开采成本高，暂未开发。

（王　伟　樊润华）

【交通格局】泰州市位于江苏的地理区位中心，地处沿海和长江“T”形产业带的结合部，是“长三角”经济区16座中心城市之一，自古有“水陆要津，咽喉据郡”之称，是承南启北的交通枢纽。境内新长、宁启铁路以及京沪、宁通、盐靖、启扬高速公路纵横全境，干线公路四通八达。2014年，泰州构建“城市通畅、城际快速、城乡通达”的客运服务网络，构筑内联外畅的区域交通，立体化、网络化、快速化的综合交通运输体系初步形成。

泰州长江公路大桥

完善公路网布局，确立“高速公路为骨架、一级公路为干线、二级以上公路为次干线、等级公路成网”的市域公路网体系，形成“两横一纵一联”的高速公路网和“六横三纵”的干线公路网。至年末，全市公路总里程9456.93千米，公路密度1.63千米/百平方千米；其中，高速公路256.04千米、一级公路863.1千米、二级公路1419.69千米、三级公路882.43千米、四级公路6024.12千米、等外公路11.55千米；有公路客运站场9个。宁启铁路和新长铁路构成“一横一纵”的铁路网，总长度100千米。航道总里程2550.23千米；其中，三级航道90.54千米、四级航道33.99千米、五级航道2.61千米、六级航道205.73千米、七级航道499.89千米、等外航道1717.47千米。全市有通航船闸6座，套闸11座，其中交通部门主管的船闸2座。年内，通扬线三级航道整治工程初步设计基本完成。泰州港拥有泊位756个，码头总延米4.29万米，其中长江生产性泊位136个、万吨级以上生产性泊位56个。

扬州泰州机场距泰州市区约20千米，飞行区等级指标为4C，预留4D发展空间；年内新开辟郑州、银川、重庆、天津、海口、贵阳6条航线，累计开通航线16条；全年安全保障各类飞行22956架次，实现旅客吞吐量70.6万人次。

（交通局）

【建置沿革】周秦时代，今泰州即称海阳。汉武帝元狩六年（公元前117年）置海陵县，东晋设海陵郡，时与金陵、广陵、兰陵齐名华夏。南唐建州，取“国泰民安”之义，因名“泰州”，沿袭至今。宋熙宁五年（1072年），泰州属淮南东路。元初领海陵、如皋两县，隶扬州路。明洪武初，省海陵县入泰州，领如皋县，属扬州府。清雍正三年（1725年），如皋归属通州，泰州遂为散州。民国元年（1912年）废州为县，泰州改称泰县。民国38年（1949年）1月21日，泰州城区解放，次日划城区设置泰州市，乡村设置泰县。同年4月21日，苏北行政公署成立，行署驻泰州，下辖泰州、扬州、盐城、淮阴、南通5个行政区，41个县（市）。同年5月1日，原华中第一行政区改称苏北泰州行政区。泰州行政区辖泰州市、泰兴县、靖江县、泰县、海安县、如皋县、东台县、台北县等县（市）。1950年1月，泰州行政区与扬州行政区合并为泰州行政区，地专机关驻泰州，下辖泰州市、扬州市、泰县、泰兴县、靖江县、江都县、兴化县、高邮县、宝应县、仪征县、六合县（1953年1月1日又从皖北滁县地区划进江浦县）等县（市），后扬州市直属苏北行政区。1953年2月，苏北泰州专署改名为江苏省扬州行政公署（行署机关迁扬州）。1950年5月~10月、1959年1月~1962年5月，泰州市与泰县几度划并。1996年8月，撤销县级泰州市，设立地级泰州市，辖海陵区、泰兴市、姜堰市、靖江市、兴化市。1997年4月设高港区。2012年12月撤销县级姜堰市，设立姜堰区。

境内各辖地大多历史悠久，汉置海陵县，五代设泰兴、兴化县，明置靖江县。

【历史文化遗存】泰州是江苏省首批公布的省级历史

文化名城，文物古迹众多。境内有距今4000多年前的龙山文化遗址，有新石器时代晚期至商、周的古文化遗址，西汉初开凿的古运盐河遗址，战国时期的昭阳墓，《水浒传》作者施耐庵墓，扬州八怪之一的郑板桥墓，明朝南京吏部左侍郎储巏墓等亦在泰州。此外还有始建于东晋的江淮名刹光孝寺、唐建明修的南山寺大雄宝殿和城隍庙，明建清修的庆云寺、东岳庙、胡安定祠堂、岳飞生祠、崇儒祠、胡公书院、马洲书院、襟江书院和扬郡试院。古典园林有日涉园和李园。另有郑板桥、刘熙载、刘国钧等故居。泰州的风景名胜颇具特色，有垛田风光、溱湖风景区、孤山风景区、泰山公园、梅兰芳公园、凤城河风景区等。

安定书院

泰州历史上名贤辈出。唐代有书法评论家张怀瓘，著有《书断》《书议》《书估》等，擅长正、行、草书，书法"正、行可比虞、褚，草欲独步于数百年间"。宋代有著名教育家胡瑗，元末明初有文学家施耐庵创作古典文学名著《水浒传》。至明代，哲学家王艮阐发以尊身立本为内涵的"格物说"与具有社会改良思想的"王道论"，逐渐形成"泰州学派"。清代有著名天文历算家陈厚耀，评话宗师柳敬亭，扬州八怪之一郑板桥，"扬州学派"先驱任大椿，著名文艺评论家刘熙载。围棋棋圣黄龙士，太谷学派集大成者黄葆年。近现代有著名地质学家丁文江，著名爱国实业家刘国钧，杰出女教育家吴贻芳，著名剧作家丁西林，京剧表演艺术家梅兰芳，著名文学史家、传记文学家朱东润等。泰州又是具有光荣革命斗争传统的城市。南宋抗金，明代抗倭，鸦片战争期间群众抗英，抗日战争和解放战争期间陈毅三进泰州、新四军黄桥决战、苏中七战七捷、中国人民解放军海军诞生等重大历史事件也都发生在泰州。中安轮遇难烈士纪念馆、杨根思烈士陵园、七战七捷纪念碑、中共江浙区委泰兴独立支部旧址、新四军东进泰州谈判处旧址、黄桥战役纪念馆、中国人民解放军海军诞生旧址等都是爱国主义和革命传统教育的基地。

泰州和各市（区）文物单位征集收藏从新石器时代，历商、周、汉、六朝、宋、元至明、清的珍贵陶瓷，明代服饰，明、清字画，故宫档案等文物1.3万多件；国家级珍贵文物超过1000件，还有数百件革命文物收藏在各有关纪念馆。各级政府均重视文物工作，修缮文物保护单位。至年末，全市共有全国重点文物保护单位7处、省级文物保护单位29处、市级文物保护单位291处，各类博物馆、纪念馆30多家，馆藏文物3万多件。

【城市荣誉】全国文明城市
全国科技进步先进市
国家环保模范城市
国家知识产权示范城市
国家创新型试点城市
国家历史文化名城
国家现代农业示范区
中国优秀旅游城市
国家卫生城市
全国双拥模范城市
国家园林城市

【市树市花】2002年1月6日，泰州市一届人大常委会第37次会议决定，泰州市市树为银杏树，市花为梅花。

银杏树，又名白果树，古又称鸭脚树或公孙树。它是世界上十分珍贵的树种之一，是古代银杏类植物在地球上存活的唯一品种，因此植物学家把它们看做是植物界的"活化石"，并与雪松、南洋杉、金钱松一起，被称为世界四大园林树木。

梅花，原产于中国，每年2月开花，花容端庄静雅，傲霜凌雪，凌寒独放，被人们视为高风亮节的象征。

国民经济和社会发展

【概况】2014年，泰州市经济发展稳中有进。全市实现地区生产总值3370.89亿元，比上年增长10.8%。其中，第一产业增加值209.25亿元，增长3.3%；第二产业增加值1697.45亿元，增长10.5%；第三产业增加值1464.19亿元，增长12.3%。三次产业结构由上年的6.8：52.4：40.8调整为6.2：50.4：43.4。按常住人口计算，全年人均地区生产总值72706元，增长10.7%，人均地区生产总值按当年汇率折算达11836美元。

转型升级持续推进。服务业发展加快，全年实现服务业增加值1464.19亿元，比上年增长12.3%，占地区生产总值比重为43.4%、提高2.3个百分点。新兴产业增量不断做大，全年实现新兴产业（包括高端装备、生物医药、电子信息、新能源、智能电网、新材料、节能环保）产值3901.79亿元，增长16.8%，占规模以上工业的比重为40.5%、提高1.6个百分点。

价格水平窄幅波动。全年市区居民消费价格总水平比上年上涨2.1%，提高0.2个百分点。构成总指数的八大类商品和服务价格6涨2跌，其中食品类、衣着、家庭设备用品及维修服务、医疗保健和个人用品、娱乐教育文化用品及服务和居住分别上涨1.9%、3.9%、3.5%、1.0%、3.1%和2.7%，烟酒及用品、交通和通讯分别下降2.4%和0.2%。全年工业生产者出厂价格指数为98.9，跌幅比上年降低0.6个百分点；工业生产者购进价格指数为97.7，跌幅比上年提高0.8个百分点；工业生产者出厂价格指数高于购进价格指数1.2个百分点。

全市经济社会发展中存在的主要问题是：工业经济下行压力较大，市场有效需求不足；服务业重点行业指标下滑，房地产市场前景不明；传统行业产能过剩，新兴产业增长缓慢；大项目投资支撑力度不足，经济发展缺乏后劲；科技创新活力激发不够，转型升级成效不明显。

【农林牧渔业】农业生产形势较好。粮食生产实现11连增，全年总产量328.53万吨，比上年增产1.85万吨，增长0.6%。其中，小麦增产3.39万吨，水稻减产0.89万吨，玉米减产0.17万吨。全年粮食播种面积为43.87万公顷，增加140公顷，增长0.03%。粮食单产7489.5千克/公顷，增加40.5千克/公顷，增长0.5%。

林牧渔业发展稳定。2014年，肉类产量26.83万吨，比上年增长1.2%；禽蛋产量11.97万吨，下降1.5%；牛奶产量4.85万吨，增长5.7%；水产品产量38.38万吨，增长2.9%。畜禽养殖转型升级步伐加快。全市生猪大中型规模养殖比重达62%，家禽、奶牛规模养殖比重分别达98%和100%。

农业现代化建设取得成效。姜堰农业改革与建设试点绩效考评居全国首位，高港区获批国家农业综合开发县，兴化市建成国家级出口食品农产品质量安全示范区，海陵现代农业园区建成省级园区。全年新增高效设施农业0.91万公顷、高效设施渔业1000公顷、高标准农田1.15万公顷。全年工商登记合作社（包含专业合作、土地合作、社区合作、村经济合作社）7670家，其中专业合作社5702家、1058家合作社列入政府优先扶持名录、3家合作社被认定为2014年度全国农民合作社加工示范单位；家庭农场1964家，100家家庭农场创成市级示范性家庭农场。

新农村建设深入推进。区域供水通水乡镇、污水处理设施实现建制镇全覆盖，农村饮水安全工程新增受益人口83万人，新改建农村道路295千米、桥梁167座，疏浚县乡村河道995条。实施全面小康村建设“十百千”提升工程，年内建成全面小康达标村、示范村各100个、十强村10个。实施脱贫奔小康工程，推进市领导和机关部门、单位对高港、姜堰8个镇40个经济薄弱村的挂钩帮扶工作，挂钩帮扶资金3400多万元。

4月10日，市农业开发区江苏红旗种业有限公司与国家现代种业发展基金以及江苏种业基金实行战略合作并签定协议

【工业和建筑业】工业增长稳中趋缓。全年规模以上工业实现增加值2169.70亿元，比上年增长11.5%，下降1.3个百分点；规模以上工业总产值9643.78亿元，增长14.7%。分轻重工业看，轻工业产值2623.40亿元，增长15.8%；重工业产值7020.38亿元，增长14.3%。分经济类型看，国有、集体、股份制、外商和港澳台商投资企业分别实现产值98.83亿元、118.36亿元、6528.28亿元、2300.25亿元，增长-15.0%、18.9%、17.3%、9.8%。分企业规模看，大型、中型、小型企业分别实现产值2975.03亿元、2170.82亿元、4440.86亿元，增

长7.1%、12.3%、20.8%。分重点行业看，计算机通信设备、化工、金属制品行业分别实现产值389.15亿元、1125.50亿元、947.36亿元，增长28.2%、26.0%、20.1%；专用设备、机械、医药行业分别实现产值526.38亿元、599.05亿元、668.60亿元，增长15.9%、15.7%、15.6%；农副食品、船舶、电气行业分别实现产值643.24亿元、940.54亿元、1268.25亿元，增长12.6%、10.7%、9.5%；钢铁行业实现产值495.43亿元，下降1.1%。

工业运行质态提升。全市规模以上工业企业累计实现主营业务收入9335.94亿元，比上年增长15.1%；实现利润713.87亿元，增长21.4%；实现利税1220.39亿元，增长20.9%。新兴产业效益改善，分别实现利税487.62亿元、利润291.89亿元，增长27.2%、26.6%。

中小企业发展势头良好。规模以上工业中小企业工业实现总产值6611.68亿元，比上年增长18.1%；主营业务收入6435.49亿元，增长18.6%；利税总额805.65亿元，增长24.2%；利润总额466.01亿元，增长24.8%。产值、利税、利润增幅分别高于规模以上工业3.4个、3.3个、3.4个百分点。民营企业发展步伐加快。年末私营企业6.84万户，增长18.1%；个体工商户21.33万户，增长7.8%；民营经济完成税收收入292.41亿元，增长8.1%。规模以上民营工业企业实现产值6833.73亿元，增长17.7%；其中私营企业实现产值3785.08亿元，增长17.3%。

建筑业发展稳定。年末全市具有资质的建筑业企业634家；建筑业实现总产值2385.82亿元，比上年增长18.0%；建筑业增加值236.61亿元，增长6.8%。

【固定资产投资】固定资产投资快速增长。全年固定资产投资2200.19亿元，比上年增长21.3%。从行业看，第一产业投资10.39亿元，第二产业投资1206.41亿元，第三产业投资983.39亿元，分别增长-15.7%、20.6%和22.6%。在第二产业投资中，工业投资1196.96亿元，增长20.9%。从新开工项目看，全年新开工项目2870个，增加396个；完成投资1615.68亿元，增长27.1%。其中，1亿元以上新开工项目157个、增加6个，完成投资432.65亿元、增长17.9%；5亿元以上项目38个、增加14个，完成投资220.25亿元、增长78.4%；10亿元以上项目22个、增加9个，完成投资154.45亿元、增长74.9%。

城乡基础设施建设取得突破。泰镇高速泰州段、阜宁泰高速兴化至泰州段、京沪高速江广段扩容开工建设，宁启铁路复线电气化改造泰州段主体工程基本完工，国电泰州电厂二期、连淮扬镇与宁启铁路东北联络线获批，泰州常州、江阴靖江过江通道列入国家规划。年内，推进市区东风路南段、永定路东段快速化改造和环城东路东环高架建设，梅兰路、育才路等“断头路”接通；泰东河整治、引江河二期、中小河流治理等工程有序推进。2014年，泰州市加大基础设施和社会事业投资力度，全年供电供气供水投资56.73亿元，比上年增长126.0%；交通运输投资113.95亿元，增长39.4%；公共设施投资122.41亿元，增长9.7%；教育投资28.21亿元，下降8.0%；卫生投资14.53亿元，增长24.8%；文化投资4.15亿元，增长14.1%；体育投资4.87亿元，下降32.4%。

宁启铁路复线改造

房地产开发稳步发展。全年房地产开发投资288.39亿元，比上年增长6.4%，其中住宅投资222.95亿元、增长3.1%。商品房施工面积2423.70万平方米，增长7.5%，其中住宅1898.41万平方米、增长9.1%；商品房新开工面积564.05万平方米，下降33.1%，其中住宅460.43万平方米、下降30.6%；商品房竣工面积552.61万平方米，增长32.8%，其中住宅405.92万平方米、增长22.1%；商品房销售面积442.29万平方米，下降10.0%，其中住宅406.94万平方米、下降10.7%；商品房销售额254.42亿元，下降15.2%，其中住宅227.32亿元，下降13.9%。

【国内贸易】消费品市场运行平稳。全年实现社会消费品零售总额903.60亿元，比上年增长12.0%。从城乡市场看，城镇消费品零售额838.50亿元，增长13.0%；乡村消费品零售额65.10亿元，增长2.5%。从行业看，批发和零售业零售额774.34亿元，增长11.9%；住宿和餐饮业零售额129.26亿元，增长12.2%。从限额以上单位看，全年限额以上社会消费品零售总额313.87亿元，占全社会比重为33.5%，提高2.5个百分点，零售额增长7.7%。其中，限额以上批发零售业零售额295.71亿元，增长8.3%；限额以上住宿餐饮业零售额18.17亿元，下降0.7%。

基本生活类商品稳中有降。全年实现限额以上粮油、食品、饮料、烟酒类商品零售额42.16亿元，比上年增长1.3%；服装、鞋帽、针纺织类商品零售额22.09亿元，下降0.2%；日用品类商品零售额7.26亿元，下降12.6%。时尚享受类商品增长趋缓，全年限额以上金银珠宝类商品零售额9.26亿元，下降6.0%；化妆品商品零售额3.24亿元，与上年基本持平。文化类商品增长缓慢，全年限额以上书报杂志类商品零售额4.47亿元，增长10.5%；文化办公用品商品零售额2.30亿元，下降28.7%。汽车类、石油及制品类商品消费升温，全年限额以上汽车类商品零售额78.58亿元，增长5.7%；石油及制品类商品零售额52.09亿元，增长24.4%。

市场规模平稳发展。年末全年有1亿元以上商品交易市场23个，市场摊位总量和营业面积分别为16391个和173万平方米；实现商品交易总额和业主交纳税金总额分别为293.11亿元和2.52亿元。新型消费业态增势强劲，全市518家限额以上批发零售企业中，7家企业实现网络商品零售额1.69亿元，比上年增长96.5%，占全市消费品零售总额的0.18%。

【外向型经济】出口降幅收窄。2014年，全市进出口总额108.90亿美元，比上年增长4.3%。其中，出口61.82亿美元、下降1.8%，进口47.08亿美元、增长13.5%。按贸易方式分，出口额中：一般贸易出口40.67亿美元，增长13.8%；加工贸易出口19.81亿美元，下降24.5%。进口额中：一般贸易进口29.31亿美元，增长3.7%；加工贸易进口9.45亿美元，下降7.1%。按企业性质分，出口额中：外商投资企业出口35.89亿美元，下降10.6%；民营企业出口24.22亿美元，增长14.4%。进口额中：外商投资企业进口29.20亿美元，增长13.8%；民营企业进口17.48亿美元，增长12.9%。按商品类别分，出口额中：机电产品出口26.56亿美元，下降16.3%；农产品出口2.36亿美元，增长3.4%。进口额中：机电产品进口10.22亿美元，增长19.5%；农产品进口9.18亿美元，增长13.7%。按产销国别分，对亚洲出口26.54亿美元，下降1.3%；对非洲出口1.59亿美元，下降64.0%；对欧洲出口13.52亿美元，增长8.9%；对拉丁美洲出口3.81亿美元，下降9.5%；对北美洲出口14.17亿美元，增长15.2%；对大洋洲出口2.18亿美元，下降19.8%。

开放型经济平稳发展。全年新批协议注册外资24.79亿美元，比上年下降26.8%；实际到账注册外资9.39亿美元，下降29.0%。全年新批3000万美元以上项目24个。企业"走出去"增中有进，全年新签对外承包劳务合同额9.81亿美元，增长9.2%。

【交通运输、邮政电信和旅游业】交通运输增长平稳。全年公路客运量8907万人，比上年增长1.1%；公路客运周转量53.78亿人千米、增长4.8%；公路货运量2335万吨，增长3.1%；公路货运周转量62.14亿吨千米、增长13.1%；水路货运量1.46亿吨、增长3.8%；水路货运周转量667.13亿吨千米、增长14.3%。港口吞吐量1.86亿吨，增长3.4%，其中泰州港区吞吐量1.58亿吨、增长4.2%，外贸吞吐量1630万吨、增长24.4%。年末民用汽车拥有量47.03万辆，增长14.6%，其中私人汽车拥有量40.43万辆，增长18.9%。城市居民公共交通出行分担率23.0%，提高2.6个百分点；镇村公共交通开通率59.0%，提高14.9个百分点。

邮政电信稳中有降。全年邮电业务收入40.85亿元，比上年下降3.2%。其中，邮政业务收入4.98亿元、增长2.0%；电信业务收入13.37亿元，下降5.6%；移动业务收入19.07亿元，下降3.9%；联通业务收入3.43亿元，增长3.4%。年末移动电话用户405.18万户，增长0.5%；电信互联网宽带接入用户65.28万户，增长26.6%。

旅游业发展较快。全年接待国内旅游者1851.68万人次，比上年增长12.7%；实现国内旅游收入218.46亿元，增长14.5%。全年入境过夜旅游人数3万人次，增长12.5%；创汇0.28亿美元，增长20.0%。年末有国家A级以上景点27个，其中AAAA级景点6个、AAAAA级景点1个；全国工农业旅游示范点6个，国家红色旅游经典景区2个，江苏省星级乡村旅游点45个。全市有旅行社111个，持有导游员资格证书的人员1666人；旅游星级饭店29个，其中三星级19个、四星级6个、五星级1个。年内，凤城河AAAAA级风景区创建进入国家评估阶段，天德湖公园创成国家AAAA级景区，李中水上森林公园创成国家AAAA级景区和省级生态旅游示范区。

4月5日，青岛千人专列团春游泰州

【财政、金融、保险和证券】财政收支平稳增长。全年财政总收入805.94亿元，比上年增长15.6%；公共财政预算收入283.00亿元、增长9.2%，其中税收收入230.61亿元、增长7.7%，税收收入占公共财政预算收入的比重为81.5%、下降1.1个百分点。全年公共财政预算支出371.21亿元，增长8.0%。公共财政预算支出中，十三类民生支出共计270.46亿元，增长5.1%，十三类民生支出占公共财政预算支出的比重达72.7%。

金融市场规模不断扩大。年末全市金融机构人民币各项存款余额3955.84亿元，比年初增加411.41亿元，其中居民人民币储蓄余额1984.80亿元、增加198.79亿元；金融机构人民币各项贷款余额2751.51亿元，增加407.23亿元。人民币贷款中，短期贷款1470.98亿元，中长期贷款1141.42亿元，分别增加136.83亿元、217.53亿元。

保险事业快速发展。全年保险业务收入86.35亿元，比上年增长17.9%。其中，财产险收入24.92亿元、增长16.1%，人寿险收入61.43亿元、增长18.7%。全年赔款和给付31.04亿元，增长16.0%。其中，财产性赔付14.12亿元、增长27.3%，人寿险赔付16.92亿元、增长8.1%。

证券市场发展稳中有降。全年证券交易额3109.81亿元，比上年增长33.9%。其中，股票交易额2390.20亿元、增长37.7%，基金交易额128.02亿元、下降17.4%，债券交易额7.61亿元、增长29.0%。全年期货交易额487.20亿元，下降32.7%。

【科学技术和教育】科技创新能力提升。全年新增高新技术企业（新标准）50家，新增省级以上工程技术研究中心14家、企业技术中心17家、工程中心5家。加强知识产权保护，新获专利授权9118件，其中发明专利345件。打造人才高地，全年引进高层次人才2125人，新引进长期外国专家61人，新增高技能人才21830人，新增省“双创计划”团队1个、人才15人，新增省“双创博士”25人。推进品牌战略，全年新创中国驰名商标7件、省著名商标30件。

高新技术产业化步伐加快。全年实现高新技术产业产值4001.35亿元，比上年增长17.8%，增幅高于规模以上工业产值增幅3.1个百分点；高新技术产业产值占规模以上工业的比重为41.5%，提高1.4个百分点；高新技术产业完成投资391.64亿元，增长47.4%，增幅高于产业投资平均增幅26.4个百分点，高新技术产业投资占产业投资的比重为24.6%、提高4.4个百分点。

教育现代化建设全面推进。学前教育优质资源不断扩大，全年新增29所省优质园，全市省优质园达191所，占幼儿园总数的61.0%、比上年提高10个百分点。义务教育高位优质均衡，全市近65%的学校建成义务教育现代化学校；泰兴、海陵、高港、姜堰高分通过国家义务教育发展基本均衡县（市、区）督导评估，靖江、姜堰通过省义务教育优质均衡发展示范区评估验收；教育部确定泰州市为全国“义务教育学校管理标准”首批7个实验区之一；年末全市有小学158所、在校学生21.94万人，初中151所、在校学生11.05万人。普通高中教育优质特色发展，年末全市有普通高中37所，在校学生6.7万人；高考再创佳绩，二本以上达线12067人、连续第7年超过1万人，二本以上达线率41.0%、首次超过40%。职业教育扩容强质，年内举办中高职衔接直通班，试点中职与应用型本科学校“3+4”分段培养项目；对口单招达线比例达98.1%，创历史新高；全年建成1个国家示范性中等职业学校、4个省级品牌专业、2个省级特色专业、5个省级实训基地。高等教育发展加速，年内泰州学院新增2个本科专业，新校区正式启用；常州大学怀德学院迁址靖江办学。

【文化、卫生和体育】文化事业蓬勃发展。2014年，市级公共文化设施全部免费开放，靖江创成省公共文化服务体系建设示范区；泰州文化创意产业园、黄桥乐器文化产业园获批省级文化产业示范园区，新增3家省重点文化科技企业。年内，培育“康泰之州、富泰之州、祥泰之州”城市形象品牌，成功举办水城水乡国际旅游节和梅兰芳艺术节。年末，全市有各类图书4511千册，有线电视综合入户率96.2%，公共文化设施面积75.19万平方米。

卫生事业加快发展。年末全市有各类卫生机构1978家，其中医院52家、卫生院125家；各类卫生机构有病床20926张，其中医院13801张、卫生院5738张；有卫生技术人员22965人，其中执业（助理）医师9708人、注册护士8573人。强化医疗卫生服务，基本公共卫生服务范围扩大至11大类43项。全市5岁以下儿童死亡率3.87‰，婴儿死亡率2.41‰，产妇住院分娩比例100.0%，新型农村合作医疗人口覆盖率100.0%。

体育事业持续发展。2014年，启动实施城区体育场馆设施专项规划编制，推进市体育公园建设及市体校迁址重建；成功举办2014“舞动中国·全国排舞联赛”“中国梦·泰州风广场舞大赛”“中国·泰州凤城河公开水域邀请赛”“环天德湖国际自行车邀请赛”等赛事。年内，泰州市取得第18届省运动会赛会奖牌榜第八名的成绩；创成省高水平体育后备人才基地1个，国家级、省级俱乐部31个，省级传统项目学校11所；全市命名阳光体育后备人才基地43所、市级校园足球布局学校38所。2014年，泰州市城市社区“10分钟体育健身圈”率先在全省建成并通过验收；在全省率先实施农村“20分钟体育健身圈”建设；建有各类体育俱乐部429个，其中国家级1个、省级16个、市级47个。体育产业快速发展，全年上争省产业引导资金310万元、发放市级产业引导资金200万元；全市有体育场地8208个，场地面积583.15万平方米，人均体育场地面积1.15平方米；体彩实现销售总额7.96亿元。

城市社区“10分钟体育健身圈”

【人口、人民生活和社会保障】人口平稳增长。年末全市家庭总户数168.91万户，户籍总人口508.51万人，其中市区163.82万人；户籍总人口中女性248.95万人，性别比104.26。当年出生人口4.86万人，人口出生率9.57‰；死亡人口4.31万人，人口死亡率8.47‰；人口自然增长率1.10‰。年末全市常住人口463.86万人，其中市区162.06万人；城镇化水平提高，年末常住人口城镇化率为60.2%，比上年提高1.2个百分点。

居民生活持续改善。全年城镇常住居民人均可支配收入31346元，农村常住居民人均可支配收入15076元，比上年分别增长9.2%和10.8%；剔除价格因素，实际分别增长7.0%和8.5%。城镇常住居民、农村常住居民人均生活消费支出分别为19517元和10849元，增长7.1%和10.0%。城乡常住居民恩格尔系数分别为29.1%、30.5%。

就业形势良好。推进城乡统筹就业，全年新增城镇就业9.89万人，农村劳动力转移1.53万人，城镇失业人员再就业5.36万人，就业困难人员就业6254人，城镇登记失业率1.95%。

保障水平不断提高。社会保险主要险种覆盖率稳定在97%以上，城镇居民大病医疗保险实现全覆盖，城乡居民和企业离退休人员养老金、新农合和城镇居民医保统筹、城乡低保标准提高。年末全市城镇职工基本养老保险参保人数82.02万人，城乡居民社会养老保险参保人数124.04万人，基本医疗保险参保人数338.32万人，失业保险参保人数62.24万人，工伤保险参保人数81.31万人。城乡低保户数分别为8990户、50677户，低保人数分别为14664人、77164人。全市城市居民最低生活保障标准统一提高至人均530元/月；靖江市、海陵区、高港区、医药高新区、农业开发区农村居民最低生活保障标准统一提高至人均530元/月，泰兴市、兴化市、姜堰区农村居民最低生活保障标准统一提高至人均不低于370元/月。

【资源环境、节能降耗和安全生产】生态文明建设取得成效。2014年，市本级通过省级生态市考核验收，姜堰、海陵分别通过国家级生态区考核验收和技术评估，新增国家级生态镇33个。落实生态红线保护规划，加强生态环境保护修复。推进城市环境综合整治，村庄环境整治通过省级全域考核验收并获省人居环境范例奖。加强绿化建设，实施“空转绿”工程，全市新增造林面积4666.67公顷，市区新增绿地面积100万平方米。实施大气环境监测和重污染天气预警，加强重点流域水污染防治和饮用水源地专项整治；市区年平均气温15.7℃，平均降水量970.0毫米，日照时数1797.2小时；城市空气质量达到及好于二级标准天数比例为65.8%；地表水好于Ⅲ类水质比例为77.6%。

节能降耗成效显著。全市规模以上工业企业综合能源消费量为683.17万吨标准煤，比上年下降2.7%，其中高耗能行业综合能源消费量为507.90万吨标准煤、下降3.2%；规模以上工业万元产值能耗为0.072吨标准煤/万元，下降16.2%，其中高耗能行业万元产值能耗为0.178吨标准煤/万元、下降17.1%。高耗能行业投资增速下降，全年完成投资241.77亿元，增长9.9%、下降22.6个百分点。

安全生产形势保持稳定。开展安全生产检查整改专项行动和“六打六治”专项行动，全年工矿商贸（含建筑）安全事故29件、死亡29人，死亡人数与上年持平；生产经营性道路交通事故197起、死亡108人，分别下降14.4%、17.6%；农业机械事故2起、死亡2人，均下降33.3%。全市亿元地区生产总值生产安全事故死亡0.101人，下降11.4%。

（统计局）

体 制 改 革

【经济体制改革】工商登记制度改革。在全省率先实施工商登记制度改革，全市新增私营企业、注册资本比上年分别增长39.4%、24.6%。创新工商登记模式，实现工商营业执照、税务登记证、组织机构代码证“三证一体”并联审批，审批时间平均缩短为改革前的1/6；围绕名称、人员、住所、范围4个方面，在全省率先出台工商登记负面清单；推行网上登记，发放电子营业执照600多份；推进前置审批事项改为后置，实行“先照后证”。

行政管理体制改革。开展新一轮行政审批制度改革，取消调整行政审批事项117项，占原审批事项的32.2%。推进行政事业性收费专项清理，每年可减轻企业负担9080万元。创新政务服务方式，完成市公共资源交易中心与政务服务中心一体化建设。出台《关于推进政府购买公共服务的实施意见（试行）》，全年市本级共组织实施购买项目34个，资金节约率16.1%，其中公共自行车实际采购额比预算节约近1000万元。出台《关于开展重点镇（园区）简政放权改革试点工作的指导意见》，确定新桥镇等4个镇（街道）为试点单位。

资源要素市场化改革。2014年，济川药业通过借壳上市实现融资6.5亿元；全市新增10家企业在全国中小企业股份转让系统（即“新三板”）、天津股权交易所等场外市场挂牌。推进直接债务融资，累计发行各类债券109亿元，其中企业债65亿元。加快发展私募股权融资，与市新兴产业创投引导基金合作成立的2支股权基金正式运作。开展小微企业转贷方式创新试点，长江商业银行、姜堰农商行和兴化农商行被列为全省试点银行。推进多层标准厂房建设，开工建设400万平方米；医药城建设的三期、四期厂房楼高均超过4层，最高达10层。

开放创新体制改革。改革外资审批制度，在全省地级市中率先对总投资1亿美元以下鼓励类和允许类外资项目实行备案式审批，全市90%以上的外资项目可享受基本等同于上海自贸区的外资准入待遇。改革外贸通关模式，探索推行“一次报检、一次查验、一次放行”的快速通关，降低通关成本。建立科技金融风险补偿机制，在全省率先建立科技型中小企业贷款风险补偿资金；发展科技金融专营机构，新组建科技小额贷款公司1家，农行医药高新区科技支行运作良好。

财税体制改革。强化财政资金绩效管理，整合市级财政预算内安排的支农切块资金、“5+1”实事以奖代补资金等6类专项资金，组织对市级48个政府重点项目以及部门专项进行绩效目标管理；通过政府购买服务方式，引入第三方开展重大支出项目绩效评价。推进国有企业资产重组，整合全市种子企业资源，做大做强红旗种业公司；组建交通产业集团有限公司和建设投资发展有限公司。

农村改革。推进各类农村改革试点，姜堰区、靖江市被确定为农村产权交易市场建设试点，高港区、姜堰区被确定为农村土地承包经营权抵押贷款试点；靖江市“创新农村公共产品与公共服务供给机制改革试点”、姜堰区“国家现代农业示范区农业改革与建设试点”进展顺利。年内，在全省率先出台《专业大户及家庭农场认定管理工商登记注册办法》。推进居住证制度，研究制定流动人员“同城待遇”政策。

【生态文明体制改革】开展城市环境总规和“多规合一”试点。规划编制工作进展顺利，规划纲要通过省级专家论证；推动市县规划体制改革，推进经济社会发展规划、城乡规划、土地利用规划、生态环境保护规划等“多规融合”。2014年8月，姜堰区被国家发改委等4部委确定为全国首批“多规合一”试点市县，探索“一个区域、一本规划、一张蓝图”的规划衔接协调机制。

开展排污权有偿使用和交易试点。泰州市被确定为省级扩大排污权有偿使用和交易试点地区。2014年，市政府颁布《泰州市排污权有偿使用和交易暂行办法》，并于4月1日正式施行。年内，制定出台《泰州市建设项目排污权指标核定细则（试行）》等5项配套政策文件，市排污权交易中心正式运作；全市34家企业完成排污权指标交易，总成交额800多万元。

推行绿色金融制度。推行绿色信贷，全年全市共对2485家企业的环境行为进行评价，评级结果抄送泰州人行和泰州银监局并被纳入银行企业征信系统，银行对环境评级为绿色和蓝色的企业实行“绿色信贷”支持。

形成循环经济和低碳发展模式。加强固定资产投资项目和工业技改项目能源评审管理，控制高耗能、高污染行业过快增长，提高项目用能效率。开展循环经济试点市工作，推进试点园区和重点企业循环化改造。2014年，国家发改委确定泰兴市为国家级循环经济示范城市；泰州医药高新区、高港高新技术产业园区和泰兴经济开发区经省发改委、财政厅批复成为首批省级园区循环化改造试点园区；兴化戴南科技园区循环经济产业园获批省级“城市矿产”示范试点园区，姜堰市华丽塑料有限公司获批省级“城市矿产”示范试点企业。

【民主法制与社会领域改革】加强社会主义民主政治制度建设。规范人大询问质询工作机制，听取并询问市政府有关部门推进转型升级综合改革试点情况和人大代表建议办理工作情况等2个专题，对法院执行工作、拆迁安置房建设、大气污染防治、老年人权益保障、食品药品安全工作等5项议题进行审议、询问和执法检查。加强人大预决算审查监督，建立市政府及财政部门向人代会报告公共预算、基金预算、社会保障预算、政府经营预算等制度；加强财政资金绩效监督，人大常委会主任会议首次听取市政府关于财政专项资金绩效管理工作情况报告，人大常委会2次听取市政府关于财政预算执行情况的报告。

推进法治平安泰州建设。改革行政复议体制，加强对市（区）和政府部门内设法制机构行政复议工作指导，重点指导信息公开、行政处罚、行政许可、征收补偿类案件；扩大行政复议委员会试点范围，对泰兴、兴化、靖江市进行指导，年内泰兴市完成县级行政复议委员会试点准备工作。落实流动人口“同城待遇”，年内出台《市区全面落实流动人口“同城待遇”实施办法》，明确12个方面26项政策待遇。

推进社会事业改革创新。推进教育领域综合改革，出台《关于加强全市中小学校长队伍建设的意见》，改进和完善中小学校长选拔任用制度和校长交流制度；推进义务教育均衡发展，所辖6个市（区）全部通过“全国义务教育发展基本均衡县（市、区）”验收，靖江、姜堰通过“江苏省义务教育优质均衡示范区”验收，泰州市成为全省通过示范区验收最多的地级市；加强职业教育，3所学校被表彰为“全国职业教育先进单位”，占全省1/6；推动社会力量办学，光华集团在医药高新区投资4.2亿元兴建15年一贯制外国语学校；出台《泰州市普通中小学校建设标准》，统一城乡义务教育办学条件标准，均衡配置教育资源。推进社会保障和就业创业机制创新，出台《关于建立全市经济发展和扩大就业联动机制意见》《关于建立泰州市企业工资支付分级预警机制的意见》；制定《泰州市全民参保登记试点实施方案》，全市城乡居民养老参保人数123.65万人，参保率超过96%；调整被征地农民保障待遇，出台《市区征地补偿和被征地农民社会保障实施办法》。推进医药卫生体制改革，全市11家县级公立医院全面实施医药价格综合改革，所有药品同步实行零差率销售，涉及药品1300多种、2500多个品规；推动社会力量办医，有序开放个体、民营及中外合资医疗市场，简化医疗机构审批手续。

创新社会治理体制机制。加强社会诚信体系建设，建成全市企业和个人信用信息系统；制定《企业信用等级分类管理办法》《征信系统实行统一信用代码制办法》，探索建立严重失信“黑名单”公示制度和联动监管机制，营造诚实守信的市场环境。培育和发展社会组织，出台《关于加快推进社会组织改革发展的意见》，推进社会组织登记管理制度改革，取消社会团体分支（代表）机构的登记审批以及社会团体筹备事项审批，降低社会团体会员数量标准和开办资金数额；制定《泰州市四类社会组织直接登记管理实施意见》，对行业协会商会类、科技类、公益慈善类、城乡社区服务类社会组织，由民政部门实行直接登记。落实社会稳定风险评估制度，制定《健全重大决策社会稳定风险评估机制实施意见》，强化评估责任，规范评估程序，预防和化解社会矛盾。强化公共安全监管，落实企业安全生产主体责任，建立安全生产“黑名单”制度；深化食品药品监管体制改革，各市（区）全部建立食品药品监督管理局。

【文化体制改革】实施“美德善行”系列活动。在全国、全省创造性地组织实施“六大系列活动”，即建设美德善行精品故事库，建立美德善行榜，建立美德善行促进会、基金会，实施未成年人美德善行育苗工程，实施美德善行网上工作平台建设工程，实施美德善行主题教育基地建设工程。

改革完善公共文化服务模式。提高公益文化阵地服务水平，在全市推行“图书馆总分馆制”，实施“企业主体、市场运作、委托经营、政府扶持、社会参与”的剧院经营管理新模式；市青少年活动中心通过引进天津希乐城租赁经营、与市内外中高端培训机构合作经营等模式，降低经营成本、提升运营效果。通过深化改革、强化市场主导，各文艺院团等转企改制文化企业呈现良好发展态势。加大政府购买力度，通过演出补贴、以奖代补、演出招标等模式，推动民间文艺骨干、文化名人组建文化演出队伍，开展文化活动。

文化产业融合发展步伐加快。推动文化与旅游、文化与科技、文化与金融的融合发展，举办高校与泰州文创园融合发展推进会，促进产教融合、校企合作。年内，泰州文创园、黄桥乐器产业园获批省级文化产业示范区，美画艺术等5家文化企业被评为“2013~2014年度国家文化出口重点企业”，凤灵集团等3家企业获批省重点文化科技企业。

强化市场运作，梅兰芳艺术节期间的演出活动采取“政府补贴、市场运作”模式，由广电传媒集团进行市场营销。创新合作模式，与省作协联合成立“里下河文学研究中心”，打造“里下河文学流派”品牌。

【党的建设制度改革】干部人事制度改革。制定“1+N”干部工作制度体系，出台《关于突出长效动态激励，进一步加强和改进新形势下领导干部队伍建设的意见》，配套出台选拔任用、干部交流、管理监督等多项制度。

人才发展体制机制改革。突出企业主体地位，形成人才服务发展的新格局。出台《关于深入实施“人才强企”的若干政策意见》，整合人才政策。配套建立“人才强企年卡”制度，对涉及企业人才资助项目，实行一次集中申报、一次集中评审、一次集中兑付，改变多头管理格局。突出本土人才开发，推进人才项目化培养，形成人才培养的新模式。

基层组织建设制度改革。优化基层党组织的功能，创新基层组织设置模式，推进中心村党组织建设。创新村干部来源渠道，实施“退役士兵村官培养工程”。

党的组织制度改革。突出党组织“一把手”抓党建，落实基层党建“三级联述联评联考”制度，组织县、乡、村党组织书记层层述职。围绕全面推行各级党代表任期制、乡镇党代会常任制，拟定《关于全面推行各级党代表任期制的实施办法》，将对全市各级党代表履职尽责、发挥作用作出制度性规范。

【纪律检查体制改革】 建立有效的责任追究机制，在全省率先出台《关于在查办案件工作中实施“一案双查”的暂行办法》，明确在查办案件工作中，既要查清当事人的违纪违法问题，又要查清履行党风廉政建设主体责任和监督责任方面的失职渎职问题。完善纪律检查工作双重领导体制和机制，探索“查办腐败案件以上级纪委领导为主”的实现方式和措施；出台《执纪执法机关查办重大复杂案件协作配合办法》，建立纪检监察机关与司法、审计等机关案件线索协调会商和移送机制以及联席会议制度，规范联合办案、案件移送、信息沟通等程序。推进“各级纪委书记、副书记的提名和考察以上级纪委会同组织部门为主”的相关改革，制定建立纪检监察领导班子后备干部库的相关实施意见。加强纪委的派驻监督和党委的巡视监督，推进派驻机构管理体制改革，强化派驻机构的监督职责，对派驻机构实行统一管理；健全巡视联络机构，推进巡视问题整改的协调、联络、服务等工作。健全惩防体系建设工作机制、领导干部监督机制，建立领导干部个人有关事项报告制度，强化对领导干部行使权力的制约和监督。

（发改委）

精神文明建设

【概况】 2014年，泰州市群众性精神文明建设工作以培育和践行社会主义核心价值观为根本，以创建全国文明城市为主线，全面推进各项工作。深化基层精神文明建设，推进文明行业、文明单位（机关）、文明村镇、文明社区的创建工作。加强公民思想道德建设，开展“讲文明树新风”活动，推进“做谦恭有礼的泰州人”主题教育实践活动，组织美德善行系列活动，提升全民素质。年内，志愿服务和诚信建设制度化取得进展，未成年人思想道德建设工作实现提升，学校、家庭、社会“三结合”教育网络进一步健全。泰州市文明城市创建取得重大突破，年内顺利完成江苏省文明城市、全国文明城市测评，2015年2月28日获“全国文明城市”称号。

【“讲文明树新风”活动】 继续推进“做谦恭有礼的泰州人”主题教育实践活动。举办文明礼仪知识竞赛、文明礼仪讲座、“八礼四仪”文明礼仪养成教育实践活动等，组织开展文明旅游行动、文明餐桌行动、文明交通行动、网络文明行动等四大活动，普及教育文明礼仪知识。

组织开展“讲文明树新风”公益广告宣传。编印发放社会主义核心价值观小卡片，宣传核心价值观“24字”。制定下发《2014年泰州市公益广告宣传实施方案》，利用报纸、电视、网络、电子显示屏、建筑工地围挡等媒介，全方位展示公益广告；全年《泰州日报》刊登公益广告94.49版，《泰州晚报》刊登公益广告56版，泰州电视台播放公益广告15840次、播放总时长11088分钟，泰州电台播放公益广告11680条、播放总时长2920分钟。市区60多个建筑围挡均刊载“讲文明树新风”公益广告，市区主干道、公园广场均利用灯杆旗、展板等形式展示公益广告。

姜堰人民商场开展“道德讲堂”活动

推进“道德讲堂”建设。开展“道德讲堂进机关、进行业、进学校、进社区、进企业、进村镇”系列活动，打造“百家示范讲堂”，推进“道德讲堂”从文明单位向一般单位拓展、从城市社区向农村社区延伸、从单一形式向丰富多彩发展，全市累计建成“道德讲堂”600多家，举办活动4000多场次。开设“道德讲堂总堂”，坚持每月开展“道德讲堂总堂”活动2期，全年共组织活动24期。组织“公民道德月”系列活动，提高市民思想道德素质、科学文化素质和身心健康素质。

【选树道德典型】 放大道德典型示范效应，推进“中国好人”“江苏好人”培育、推荐工作，全年共推荐60名“好人”，有5名市民登上“中国好人榜”。举办“最美泰州人”“最美儿媳”评选表彰活动，宣传学习最美人物的善行义举。举办第五届“感动泰州”美德善行十大人物暨泰州市道德模范评选活动，助人为乐道德模范高玲及史记宏、赵玉芳夫妇，孝老爱亲道德模范曹桂仙、钱进，敬业奉献道德模范丁海波、徐勤生，见义勇为道德模范朱德胜、周亮，诚实守信道德模范吴小军、李开诚等10人获表彰。年内，编辑出版《榜样的力量——泰州好人故事集》。

【“美德善行”系列活动】设立美德善行榜，宣扬好人好事，展示美德善行。全市共建立美德善行榜1000多块，上榜人数4000多人。建立美德善行促进会，推动有条件的社区试点新型社会组织“社区美德善行促进会”，由社区知名人士担任会长、社区组织负责人担任监事长，形成政府引导、街道社区共建、文明共建单位支持、各类公益慈善组织参与的工作格局。年内，市区建成美德善行促进会27家，募集基金近1000万元，开展慰问百岁老党员、捐赠资助、关爱留守儿童等美德善行帮扶、奖励活动50多次。开展道德模范选树宣传活动，举办“感动泰州”十大人物暨泰州市道德模范、“最美泰州人”“最美儿媳”等评选表彰活动。

文明进校园

【群众性精神文明创建】修订下发《泰州市级文明行业、单位（机关）、村镇、社区创建标准和测评体系》，制定文明小区、最美乡村创建标准。深化文明社区创建，组织市直141个部门（单位）和95个重点社区结对共建，海陵区美好上郡小区等10个小区被命名为首届泰州市文明小区。深化文明村镇创建，选树推广农村精神文明建设工作创新案例，继续开展“1+1”城乡文明共建，泰兴市黄桥镇祁巷村等14个村被命名为首届泰州最美乡村。深化文明行业（单位）创建，新推出市公路管理处“E脉通泰”等22个机关（行业）服务品牌，开展“亮品牌、送服务”活动；在窗口行业中开展“人民满意”主题创建活动，在各级文明单位中开展“树示范、履责任、做公益”主题活动。

【志愿服务】召开全市志愿服务工作推进会，制定下发《关于加强制度化建设深化志愿服务工作的意见》《泰州市注册志愿者管理办法》《泰州志愿者礼遇办法》《泰州市志愿者协会章程》等文件。研制开发泰州志愿者卡及志愿服务信息管理系统，运用互联网络开展志愿者招募、星级评定、积分运用等工作，探索建立以服务时间和服务质量为主要内容的志愿服务星级认定制度。完善市—市（区）、行业（部门）—街道（乡镇）—社区（村）四级志愿服务组织网络体系，推进公共场所志愿服务站点建设，全年在广场、公园、商业街区、医疗机构等公共场所新建服务站30个。年内，推出“温心驿站”“赤子之心”“道德储蓄所”“文明护学岗”等150个志愿服务重点活动和特色项目，组织开展“爱在泰州”“泰州最美志愿者”“感恩你我温暖他”“我给自己盖诚信章”“节俭你我他”“1+1暖冬之旅”等33项特色网上传播活动，每季度召开网络文明传播志愿服务工作交流会。

【诚信建设】落实《关于推进诚信建设制度化的实施意见》，推进诚信建设制度化。市文明办会同市法院、环保局、食药监局等部门，制定《泰州市“构建诚信、惩戒失信”合作备忘录》，推动公布诚信“红黑榜”，发布对失信自然人限制高消费和其他信用惩戒措施。扩大“红黑榜”发布范围，全年发布“红黑榜”9期，公布失信社会法人187家、失信自然人167个、守信社会法人662家、守信自然人45个。建立健全社会信用体系，深化各行业诚信创建活动，市文明办会同市经信委等部门，组织各生产企业开展“做精工产品、做诚信企业”活动；会同市商务局等部门，组织各商场开展创建“诚信经营示范店”活动；会同市工商局等部门，组织各集贸市场开展创建“诚信经营示范店（摊点）”活动；会同市食药监、卫生等部门，在食品行业中开展“学习双桂坊、诚信做食品”活动；会同市信用办开展“诚信经营示范企业和诚信企业家”评选活动；会同凤城河管委会在老街开展“泰州市诚信示范街区”创建活动。

（文明办）

组织机构及负责人

中国共产党泰州市委员会

书　记　张　雷（至2014-07-11）
　　　　蓝绍敏（2014-07-11任）
副书记　陆志鹏
　　　　杨　峰（至2014-12-26）
　　　　史立军（2014-12-26任）
常　委　张　雷（至2014-07-11）
　　　　蓝绍敏（2014-07-11任）
　　　　陆志鹏
　　　　杨　峰（至2014-12-26）
　　　　史立军（2014-12-26任）
　　　　何　榕
　　　　唐小英（女）
　　　　陆　新
　　　　张爱平
　　　　卢佩民
　　　　倪　斌
　　　　陆春云
　　　　李国强

四届市委委员（按姓氏笔画为序）：

丁士宏	王　建	王　群
王守法	王明根	王新华（女）
孔德平	卢佩民	申泰州
叶海波	田　军	
史立军（2014-12-26任）		仲建生
刘　励	许书平	孙耀灿
李　伟	李国强	杨　杰
杨　峰（至2014-12-26）		吴　跃
何　榕	邹祥凤（女）	沈明刚
张　雷（至2014-07-11）		张小兵
张文彬	张爱平	张培成
陆　新	陆志鹏	陆春云
陆晓声	陈明冠	周剑浩
周裕昌	赵　叶	赵晓玲（女）
赵留贯	贾春林	顾　萍（女）
倪　斌	徐克俭	徐保国
徐洪涛	高亚梓	唐小英（女）
蓝绍敏（2014-07-11任）		蔡德熙
缪云忠	戴胜利	

四届市委候补委员（按得票多少排序）：

刘秋平（女）	顾跃进	张　坤
陈士宏	丁　亚	祝　光
赵昶东	陈正泉	蒋建华

秘书长　卢佩民
副秘书长　顾维中
　　　　沈明刚
　　　　陈正泉（正处级）
　　　　周　进（正处级，至2014-06-15）
　　　　姜文湘
　　　　刘志明（2014-11-17任）
　　　　王　龙（2014-11-17任）

办公室（挂“研究室”牌子）
主　任　沈明刚
副主任　王　龙（至2014-11-17）
　　　　薛永忠（至2014-12-18）
　　　　丁志强（至2014-12-18）
　　　　申晓勇
研究室主任　顾维中
　副主任　朱　莹

组织部（“非公有制经济组织工作委员会”“党建办公室”与其合署）
部　长　陆　新
副部长　程秋喜
　　　　刘　刚
　　　　陈　翔
非公经济组织工委书记　刘　刚
党建办公室主任　程秋喜（至2014-11-17）
　　　　　　　　陈　翔（2014-11-17任）

宣传部（挂“精神文明建设指导委员会办公室”“对外宣传办公室”“市人民政府新闻办公室”牌子）
部　长　卢佩民
副部长　黄林华
　　　　曹茂良
　　　　王海波
　　　　查学斌（女，兼）
　　　　万永良（兼）
部务委员　徐春洪
　　　　　孟国平
调研员　田宏胜
　　　　成爱君
文明办主任　王海波
　副主任　高宇彤（女）
　　　　　王树桃
外宣办（新闻办）主任　曹茂良
　　　　副主任　孟国平

王　飞（2014-11-17任）

统一战线工作部

部　长　仲建生

副部长　王　考

戴庆柳（2014-12-18任）

朱广联（至2014-03-12）

陆国富（2014-10-10任，明确正处级）

孙　琦（2014-12-18任）

部务委员　黄云平

调 研 员　杨余德（至2014-10-10）

朱广联（2014-03-12任）

副调研员　刘山林

政法委员会（“社会管理综合治理委员会办公室”与其合署）

书　记　张爱平

副书记　王　斌（至2014-02-11）

陈明冠（2014-02-11任）

顾跃进

黄书华（正处级）

张永生

政治部主任　朱广洲（2014-11-17任）

调 研 员　吉敏成

副调研员　晏　埝

潘江东

综治委办主任　顾跃进（至2014-11-17，保留正处级）

张永生（2014-11-17任）

副主任　杭春宏

周德建

邓宏林

副处级干部　朱荣华

农村工作办公室

主　任　姚灿华

副主任　蔡先锋

曲　波

智俊忠

副调研员　谢志来

台湾工作办公室（挂“市人民政府台湾事务办公室”牌子）

主　任　沈惠彪

副主任　朱红灿（至2014-12-18）

史庆胜

季酉兴

周海霞（女，2014-12-18任）

台事办主任　沈惠彪

副主任　朱红灿（至2014-12-26）

史庆胜

季酉兴

周海霞（女，2014-12-26任）

机构编制委员会办公室（挂“事业单位登记管理局”牌子）

主　任　马　林

副主任　任国平

王学标（至2014-12-18）

市级机关工作委员会

书　记　刘建邦

副书记　夏红鑫

刘　磊

周　勇

纪工委书记　殷宏俊

副调研员　朱桂林（至2014-03-12）

周　汉

老干部局

局　长　程秋喜

副局长　毛振宏

吉淦章（至2014-03-12）

陈宇清（女，2014-12-18任）

副调研员　吉淦章（2014-03-12任）

赵建忠

市人民政府防范和处理邪教问题办公室

主　任　徐生炉

副主任　刘一峰

周爱萍

何银海

葛德高（2014-10-10任）

党史方志档案办公室（挂“档案局”“档案馆”牌子）

主　任　申俊才

副主任　陈　维

李寿根

叶建国

戴志勇

档案局局长（档案馆馆长）　申俊才

副局长（副馆长）　陈　维

李寿根

叶建国

戴志勇

调研员　查桂山（至2014-11-17）

党　校（挂“行政学院”“社会主义学院”牌子）

校　长　杨　峰

副校长　邹祥凤（女，正处级）

张树俊（至2014-11-17，保留副处级）

丁国和

沈炳华

调研员　陈方根（至2014-10-10）

副调研员　刘瑞强

周春前
行政学院院长　何　榕
副院长　邹祥凤（女，正处级）
张树俊（至2014-12-01）
丁国和
沈炳华
社会主义学院副院长　邹祥凤（女，正处级）

讲师团

副团长　顾戛良（女）

泰州报业传媒集团（泰州日报社）

党委书记　查学斌（女）
董事长　查学斌（女）
社　长　查学斌（女）
总编辑　杨　勇
副社长　倪郭明
刘国铭
苏元华
副总编辑　倪郭明
张建兰（女）
翟　明
纪委书记　金如旺

泰州广播电视传媒集团（泰州广播电视台）

党委书记　万永良
董 事 长　万永良
台　　长　万永良
总 编 辑　杨富年
党委副书记　杨富年
纪委书记　刘金发
副 台 长　杨富年
臧道光
李　晋
朱建珊
副总编辑　丁新吾（至2014-03-12）
冯晨光（2014-11-17任）
副调研员　丁新吾（2014-03-12任）
徐勤生

▲机要局

局　　长　徐小明
副调研员　陈国华

▲保密委员会办公室（挂“国家保密工作局”牌子）

主　　任　王　进
保密局局长　王　进

▲接待办

主　　任　张玉萍（女）
副调研员　吉锦忠

▲泰州晚报社

总 编 辑　翟　明

泰州市人民代表大会常务委员会

主　任　张　雷（至2014-07-11）
副主任　高纪明（正市级）
陶幸蓉（女）
丁士宏
戴胜利
王　建
党组书记　高纪明
党组副书记　丁士宏
党组成员　戴胜利
王　建
赵留贯

四届人大常委会委员（按姓氏笔画为序）

王秀荣	王宏玖	邓　华（女）
申泰州	冯健华	乔　霞（女）
乔向民	任志强	孙少为
孙苏平	刘　刚	刘振东（2014-01-17任）
杨　扬	杨善基	李　跃
李光玉（2014-01-17任）		沈明刚
张仁德	陈春红（女）	周亚文
居锦杰	胡万贵	顾跃进
徐国平	高天蔚	高军业
黄林华	黄海燕（女，2014-01-17任）	
曹学赋	臧大存	颜忠林
薛　敏	戴月华	魏国俭

秘 书 长　赵留贯
副秘书长　王宏玖
颜忠林
孙少为（正处级）
徐国平（正处级）
周亚文（正处级）

办公室

主　任　王宏玖
副主任　马　伟（女）
朱承敏
李　蓓　（女）
副处级干部　王明华
调研员　王厚乐（至2014-10-10）

人事代表联络工作委员会

主　任　冯健华
副主任　陈春红（女）

内务司法工作委员会

主　任　居锦杰

副主任　窦文喜

财经工作委员会

主　任　高天蔚

副主任　魏国俭

教科文卫工作委员会（民族宗教侨务台湾外事工作委员会）

主　任　曹学赋

副主任　臧桂龙

陈怀荣（正处级）

农村工作委员会

主　任　李　跃

环境资源城乡建设工作委员会

主　任　颜忠林

副主任　孙苏平

研究室

主　任　薛　敏

信访室

主　任　钱泽华（至2014-11-25）

吴文斌（2014-11-25任）

泰州市人民政府

市　长　陆志鹏（2014-01-17任）

副市长　何　榕

贾春林

杨　杰

王　斌（正市级，援疆）

孔德平

王学锋（女）

孔繁圃（挂职，至2014-07-30）

张余松

陈明冠

秘书长　王　群

副秘书长　李志高

徐保国（正处级）

束小林（兼，至2014-03-28）

李龙根

高卫东（至2014-12-01）

刘宏鸣

孙　琦（至2014-12-26）

周天云

沙　滨（兼，2014-03-28任，至2014-12-26）

葛志晖（2014-12-26任，保留正处级）

办公室（挂“研究室”“口岸办公室”牌子）

主　任　李志高

副主任　李　恺

祝伟民

许向前

刘江明

吴艳华（女）

陈应柳（援疆）

口岸办主任　高卫东（至2014-12-01）

副主任　缪俊豪

应急办主任　徐友宏

调研员　袁　星（女，至2014-12-01）

发展和改革委员会（挂“物价局”牌子）

主　任　张小兵

副主任　杨　勇

何新国

朱建华

孙正龙

王洪兴

朱应才

高永康

纪检组长　吴余泉

物价局

局　长　杨　勇

副局长　王京校

杨建国

王学军（2014-02-21任）

纪检组长　吴正涛

调研员　宗长银

副调研员　朱　进（至2014-09-25）

丁　松

乔志林（2014-03-28任）

经济和信息化委员会（挂“中小企业局”牌子）

主　任　黄红旗

党委书记　黄红旗

副主任　查长法（至2014-03-28）

蔡勇根

李留根

王建华

王亚明（正处级）

朱亚坤（2014-12-26任）

纪委书记　蒋善坤（至2014-12-18）

裴家泰（2014-12-18任）

调研员　杨　阳

副调研员　查长法（2014-03-28任）

钱国银

林　扬

许庆生

教育局（“市委教育工作委员会”与其合署，挂“市人民政府教育督导室”牌子）

局　长　奚爱国

工委书记　陶　玲（女）
副局长　万　琳（女）
董　健（至2014-10-21）
孙　平（2014-12-26任）
封留才（2014-12-26任）
工委副书记　孙　平（至2014-12-18）
管文华（2014-12-18任）
纪工委书记　管文华（至2014-12-18）
汤益民（2014-12-18任）
主任督学　万　琳（女）
副主任督学　冯　明（至2014-10-21，保留副处级）
调研员　宋吕银（至2014-12-01）
副调研员　孙晓龙
朱三峰

科学技术局

局　长　祝　光
副局长　冯广振
顾建忠
杨国华
王本富
董元华（挂职）
纪检组长　葛树义（至2014-10-10，保留副处级）
顾宏伟（女，2014-12-18任）
副调研员　翟正荣
张荣进（2014-10-21任）

公安局

局　　长　赵建生
党委书记　赵建生
督察长　赵建生
副局长　肖天奉（正处级）
徐生炉
董维华（正处级）
张卫东（正处级）
徐　军
党委副书记　肖天奉（正处级）
唐永银（正处级）
张　涛（正处级）
纪委书记　陈　浩（籍贯兴化，至2014-10-10，保留副处级）
陈　浩（籍贯泰州，2014-10-10任）
政治部主任　张　涛（正处级）
调 研 员　曹伯平（至2014-03-28）
副调研员　李凤娟（女，至2014-06-02）
丁红军（至2014-12-01）
副处级干部　许建平
副调研员　王伟中
指挥中心主任　燕国年
政　委　史石竹（2014-12-01任）
副处级干部　殷爱卿
国内安全保卫支队支队长　刘一峰
政委　余金秀
治安支队支队长　曹本宽（至2014-12-01）
政　委　宗长友
副处级干部　万　俊
交巡警支队（2014-04-10更名为交通警察支队）
支队长　赵旭晴
政　委　唐宝骝
副处级干部　缪　颖
副调研员　曹爱民
刑警支队支队长　张海腾
政　委　金小军
经侦支队支队长　吴国华
政　委　吴国华（至2014-12-01）
朱　晋（2014-12-01任）
水警支队支队长　夏伯华
政　委　姚泽宝（2014-12-01任）
副处级干部　崔进叶
副调研员　陈继红（至2014-12-01）
技侦支队支队长　康增跃
巡特警支队（2014-05-27明确机构规格为副处级）
支队长　曹本宽（2014-12-01任）
副处级干部　张松华（2014-10-21任）
维稳办专职副主任　严夏明
公安局副处级干部　周京祥
耿建忠

民政局

局　长　叶海波
党委书记　叶海波
副局长　丁亚明（2014-12-01任）
张文荣（至2014-03-12）
孙　雷
张亚坤
郑永寿
党委副书记　丁亚明（至2014-11-17）
曹戎健（2014-11-17任）
纪委书记　丁亚明（至2014-11-17）
周雅俊（2014-12-18任）
调研员　钟　鸣（至2014-03-28）
副调研员　周晓明（女，至2014-12-01）
张翼飞（至2014-09-25）
张阿晓

司法局

局　长　赵晓玲（女）
副局长　孔德明（至2014-10-21，保留副处级）

蒋仲伟
林　政
俞秋言（女，2014-12-26任）
赵　峰（2014-12-26任）
纪检组长　张建国
调研员　丁建军
副调研员　陈建章（至2014-03-28）
华培忠
孟维新

财政局（挂“市人民政府国有资产监督管理委员会”牌子）

局　长　蔡德熙
副局长　傅　升
王根余
朱建和（至2014-12-26）
陆啸峰（2014-12-26任）
尤玉华（女）
纪检组长　尹友平
调研员　潘晓鸥（女）
副调研员　顾　军（女，2014-12-01任）
许兵民（2014-12-01任）
国资委主任　傅　升
副主任　谢成建

人力资源和社会保障局

局　长　王明根
党委书记　王明根
副局长　叶跃华
陆　玲（女）
韩金虎
吉志铭
严俊武
党委副书记　叶跃华（2014-03-12任）
乔和平
纪委书记　杨　零
调研员　刘时根
盛　钢（至2014-12-26）
朱　敏
马新亮
副调研员　仲召和

国土资源局

局　长　吕亚生
党委书记　张文彬
副局长　李兴国
何文忠
潘金华
党委副书记　吕亚生
纪委书记　刘银发
副调研员　王宏喜（至2014-08-19）
土地开发储备中心主任　周海滨
副处级　朱　兵
钱艺兵

住房和城乡建设局

局　长　陈松林
党委书记　陈松林
副局长　袁彩根
孙建华（女）
刘志群（兼）
葛银余（2014-12-01任）
党委副书记　孙建兴
纪委书记　葛银余（至2014-11-17）
包继春（2014-12-18任）
总工程师　孙建华（女）
调研员　葛新民
范克永
副调研员　陈小平
王锦华

规划局

局　长　丁　亚（至2014-12-26）
叶冬华（2014-12-26任）
副局长　邢秀华
张　纯
吴　皓（2014-12-01任）
纪检组长　栾建中
总规划师　吴　皓（至2014-12-01）
丁晓鹏（2014-12-01任）
副处级干部　刘　缨（女）

城市管理局（挂“城市管理行政执法局”牌子）

局　长　孙宏建（至2014-11-25）
高卫东（2014-11-25任）
党委书记　孙宏建（至2014-10-10）
高卫东（2014-11-17任）
副局长　常剑忠
蔡吉圣
张珠连
夏建洲（2014-12-26任）
党委副书记　高　斌
纪委书记　张国武
副处级干部　赵大燕
副调研员　夏隽莹

交通运输局（挂“港口管理局”牌子）

局　长　王金国
党委书记　王金国
副局长　马庆生
胡宁生

徐朝铭
黄金荣（至2014-03-28）
李东劲
张新民（援疆）
李扣其（兼）
副处级干部　曹其平
党委副书记　葛立网
纪委书记　刘亚明
总工程师　刘　婷（女）
调研员　潘　俊
港口局局长　马庆生
副局长　刘广宏

水利局

局　长　胡正平
副局长　龚荣山
田　波
蔡　浩
周国翠（女）
纪检组长　陆铁宏
总工程师　钱卫清
副处级干部　朱晓春
调研员　唐勇兵
副调研员　厉传进（至2014-08-03）
丁煜成
徐　丹

农业委员会（挂“林业局”“水产局”“农业机械管理局”“农业资源开发局”牌子）

主　任　毛正球
党委书记　毛正球
副主任　邱　江
张国祥
陶进春
徐晓芳（女）
缪玉江
纪委书记　赵继年
首席兽医官　彭德旺
副调研员　吴建明
王桂宝
吴生岭（2014-10-21任）

商务局

局　长　李文飙
党委书记　李文飙
副局长　李来熹
蔡迎春
韩　潮
刘剑波
纪委书记　田　宏
调研员　赵国平
尤正才
副调研员　沈志敏
朱亚平

文化广电新闻出版局（挂“文物局”牌子）

局　长　陈士宏
党委书记　陈士宏
副局长　陈扣喜（正处级）
杨延慧（女）
江晓琴（女）
曹家为（2014-12-01任）
纪委书记　曹家为（至2014-11-17）
蒋善坤（2014-12-18任）
副调研员　陈　兵
韩登明
杨松杰
刘鸿林

卫生局

局　长　徐洪涛
党委书记　徐洪涛
副局长　黄立红（女）
周卫兵
杨建国
孙正太
毛　跃
纪委书记　樊明书
调研员　顾弘庆（至2014-12-01）
副调研员　孙善山
陈园桃
段义峰

人口和计划生育委员会

主　任　王新华（女）
副主任　翟德祥
王　权
副调研员　谢留荣（至2014-03-28）
吕海涛
姚东社

审计局

局　长　钱　忠
副局长　陆啸峰（至2014-12-26）
朱建和（2014-12-26任）
刘汉秋（女）
叶　兵
纪检组长　刘卫国
总审计师　张连璋
调研员　唐志林
副调研员　徐正荣

戴伟明
苏桂发
胡荣甫

环境保护局

局　长　田　军
党委书记　田　军
副局长　徐　兵
黄卫东
何如松
吴建伟
童　宁（女）
纪委书记　史　卫
总工程师　陈玉琴（女）
副调研员　陈建国（至2014-09-01）
汤文奎

体育局

局　长　葛志晖（至2014-12-26）
副局长　潘　强（至2014-12-26）
徐　刚
樊　蓉（女）
王学标（2014-12-26任）
洪　澄
纪检组长　周桂森（至2014-10-10，保留副处级）
顾贤卫（2014-10-10任）
调研员　潘　强（2014-12-26任）
副调研员　秦国梁

统计局

局　长　丁卫平
副局长　钱跃明
徐　龙
戴国平
纪检组长　裴家泰（至2014-12-18）
周根成（2014-12-18任）

安全生产监督管理局

局　长　赵昶东
副局长　陈忙耕
吴卫宁
张连华
华正迁
纪检组长　汪亚强
副调研员　尤启明（至2014-03-28）
赵建忠
曹爱民

食品药品监督管理局

局　长　赵云燕（女）
党组书记　陈关华（至2014-03-12）
赵云燕（2014-03-12任）
副局长　许爱庆
刘　露（至2014-10-21，保留副处级）
翟耀华
李　萍（女）
沈洪喜（2014-10-21任，明确正处级）
纪检组长　刘金祥
调研员　陈关华（2014-03-28任）
副调研员　翟华兵

旅游局

局　长　张　涛
副局长　季　彬
申　强（至2014-12-26）
许　晶
王立新
调研员　刘　宁

粮食局

局　长　刘金山
党委书记　刘金山
副局长　周书清
王金明
胡志鸿
纪委书记　凌云志
副调研员　陈志明
戴道友

信访局

局　长　姜文湘
副局长　常爱国
李羊喜
成玉贯
信访督查专员　卞德才（2014-12-26任）
王贵绪（2014-10-21任）
调研员　王学功
李洪喜
王长龙
副调研员　李　薇（女，至2014-07-17）

民族宗教事务局

局　长　孙　琦（2014-12-26任）
副局长　张卫平
殷荣领
杨爱明
叶少华（2014-10-21任）

民防局（挂“人民防空办公室”牌子）

局　长（主任）　周宏进
副局长（副主任）　戈　琦
马生荣
刘俊雄（正处级）
王一平

纪检组长　杨宝龙
调研员　周兆明（至2014-03-28）
副调研员　李东升
　　　　王强国

市级机关事务管理局

局　长　封新华
副局长　王　平
　　　　陈文炉
　　　　王如铭
　　　　潘智民
纪检组长　朱马鸿
调研员　唐国强
副调研员　王　群
　　　　曾正尧（至2014-06-02）
　　　　郏日鹏（至2014-10-21）
　　　　王明光（至2014-12-26）

市人民政府法制办公室

主　任　杨　歆
副主任　施志斌
　　　　丁正林
　　　　沙文高

市人民政府外事办公室（挂“市人民政府港澳事务办公室”牌子）

主　任　张　坤
副主任　吴建华
　　　　华生新
　　　　王　强
　　　　张聿晗（女）
纪检组长　王卫兵
调研员　杨明良

行政服务中心（2014-03-12更名为政务服务管理办公室，挂“政务服务中心”牌子）

主　任　孔德峰
副主任　金步高（至2014-03-12）
　　　　钱　刚
　　　　陈海俊
调研员　时蛇宝（至2014-03-28）
副调研员　金步高（2014-03-12任）

江苏省现代农业综合开发示范区管理委员会（“市委现代农业综合开发示范区工作委员会”“红旗良种场”与其合署）

主　任　黄宗岳
工委书记　黄宗岳
副主任　张　彧
　　　　柳林景
　　　　黄银琪（至2014-03-28）
　　　　柏长春（2014-12-26任）
工委副书记　张　彧（2014-11-17任）
纪工委书记　王根林
调研员　姜文盛
副调研员　徐　新
　　　　唐正勇

凤城河风景区管理委员会

主　任　张　涛
副主任　赵幼林
　　　　李　良
　　　　高　晔
　　　　王　蕾（女）
纪检组长　薛如耀

火车站街区管理委员会

主　任　李东劲
工委书记　李东劲
副主任　高　健
　　　　许时阳
副调研员　严文忠

供销合作总社

主　任　孙建国
副主任　赵宏勋
　　　　顾　建
纪检组长　何飞跃
副调研员　顾建基（至2014-11-17）
　　　　李金鸿
　　　　李晓荣

地震局

局　长　钱　鸣
副局长　陈靖云
　　　　刘秀泰
副调研员　吴泰中

市政府驻北京办事处

主　任　施劲华
副主任　史凯忠（兼）
副调研员　许荣祥

金融工作办公室

主　任　李龙根
副主任　张宇明

重大项目办公室

主　任　张小兵
副主任　史凯忠
　　　　周玲洁（女，2014-02-21任）

技师学院

院　长　谷少平
党委书记　谷少平
副院长　王一平
　　　　林　森

翁　平
党委副书记　朱必燕

省农科院泰州农科所

所　长　焦庆清
副所长　秦晓平
　　　　张培通（2014-12-01任）
党委书记　毛正球
党委副书记　焦庆清

数字化城市管理监督指挥中心

主　任　常剑忠
副主任　纪广田
　　　　王茂坤

人民医院

党委书记　黄俊星
院　　长　朱　莉（女）
党委副书记　朱　莉（女）
　　　　　　商继华
副院长　商继华
　　　　孔旭辉
　　　　王　华（至2014-12-01）
　　　　桂　春（2014-03-28任）
纪委书记　陈宇清（女，至2014-12-18）
　　　　　顾成兴（2014-12-18任）
副调研员　秦晓虹（女）
　　　　　汤晓怀
　　　　　丁　蔚
副处级干部　蔡庆康
人民医院医疗集团副总经理　商继华
　　　　　　　　　　　　　王　彬

▲住房公积金管理中心

主　任　徐兴海（至2014-03-28）
　　　　匡章斌（2014-12-01任）
党总支书记　张九龙

▲公务员局

局　长　王明根

▲建筑工程管理局

局　长　刘志群
党委书记　李　向（正处级，援藏）
副处级干部　张照平

▲市政府驻南京办事处

（主要负责人空缺）

▲经济协作办公室

主　任　卞赋章

▲信息中心

主　任　高永康（至2014-02-21）
　　　　夏朝云（2014-02-21任）

▲物价局检查分局

局　长　乔志林（至2014-03-28）
副处级干部　魏文灿

▲无线电管理办公室

主　任　王建华

▲知识产权局

局　长　黄雨祥
副处级干部　姚久松

▲生产力促进中心

主　任　季开桢

▲国库集中收付中心

主　任　匡章斌（至2014-12-01）

▲人才服务中心

主　任　钱筱媚（女）

▲劳动就业管理中心

主　任　金茂荣
副处级干部　沈满涛（2014-10-21任）

▲社会保险管理中心

主　任　徐兖兵（2014-02-21任）

▲城镇职工医疗保险管理中心

主　任　周春林（2014-02-21任）

▲房产管理局（挂“住房制度改革领导小组办公室”牌子）

局　长　焦斐虎（2014-02-21任）
党总支书记　封伯平

▲园林绿化管理局

局　长　王文官

▲市政公用事业管理局

局　长　夏建洲（至2014-12-26）
　　　　于　路（2014-12-26任）
党总支书记　薛明生

▲城市管理行政执法支队

支队长　孙荣贵
政　委　董同成

▲公路管理处（挂“公路路政支队”牌子）

处　长　黄　铭
路政支队队长　黄　铭
党总支书记　周进华（2014-02-11任）

▲航道管理处

处　长　孔　元
副处级干部　陆华庆

▲地方海事局

局　长　范友方
党总支书记　高　宏
副处级干部　张华清
副调研员　钟　翔

▲运输管理处
处　长　申元昌
▲水利工程建设处
主　任　谢雪锋
▲疾病预防控制中心
主　任　杨建国
▲卫生监督所
所　长　孙正太
▲中医院
院　长　毛　跃（至2014-12-01）
　　　　王　华（2014-12-01任）
党委书记　毛　跃（至2014-11-17）
　　　　　王　华（2014-11-17任）
▲环境监察局（挂“省环境监察局苏中分局牌子”）
局　长　张建军（2014-02-21任）
副处级干部　徐志明
▲安全生产监察支队
支队长　刘红官
▲仲裁委秘书处
秘书长　刘春档
▲国际贸易促进委员会泰州市支会（挂“中国国际商会泰州商会”牌子）
（主要负责人空缺）
▲市政府驻上海办事处
主　任　夏栋基
城市建设投资集团有限公司
董事长　蔡德熙（至2014-03-28）
　　　　蒋爱民（2014-03-28任）
总经理　蔡德熙（至2014-03-28）
　　　　蒋爱民（2014-03-28任）
副总经理　程小平
泰政交通投资有限公司
董事长　王金国（至2014-03-28）
　　　　黄金荣（2014-03-28任）
总经理　李东劲（至2014-03-28）
　　　　黄金荣（2014-03-28任）
副总经理　王有广
　　　　　顾　军（女，至2014-12-01）
建业投资建设集团公司
董事长　陈松林（至2014-03-28）
　　　　徐兴海（2014-03-28任）
总经理　陈松林（至2014-03-28）
　　　　徐兴海（2014-03-28任）
泰州市委医药高新技术产业开发区工作委员会、泰州医药高新技术产业开发区管理委员会
书　记　陆春云
主　任　吴　跃
副书记　吴　跃
　　　　王　越（挂职）
　　　　唐文奇
　　　　严晓明
副主任　刘正源
　　　　刘玉平
　　　　方　针
纪工委书记　韩成龙
副书记　张明俊
人大工委主任　任志强
政法委书记　任志强
组织部部长　钱建网
宣传部部长　王晓梅（女）
法院院长　朱建华
检察院检察长　何建明
副处级　朱德富
党政办公室主任　陈　磊
研究室主任　严春荣
发展改革委主任　丁建中
科技教育局局长　何　杰
公安分局局长　徐　军（正处级）
　　　　政　委　费志民
住房建设局局长　朱叶青
拆迁安置管理办公室主任　王　届
财政局局长　周同山
审计局局长　邵　骅（女）
人力资源社会保障局局长　王　敏
卫生局局长　章　涛
监察局局长　刘　鹏
综治办主任　高明岗
泰州医药高新技术产业园区管理委员会（“市委医药高新技术产业园区工作委员会”与其合署）
书　记　陆春云
主　任　吴　跃
副书记　章　涛
副主任　章　涛
　　　　吴　诗
　　　　朱凤才（挂职）
　　　　吴　翔
　　　　史献辞
　　　　耿晓利
　　　　周继红
纪工委书记　徐永千
泰州经济开发区管理委员会（“市委经济开发区工作委员会”与其合署）
书　记　唐文奇
主　任　方　针

副书记　方　针
霍雨霞
副主任　霍雨霞
潘爱民（女）
王昌林
华晓明
朱桂五
张银宝
纪工委书记　周　杰

出口加工区管理委员会

（负责人空缺）

高等教育园区管理委员会

主　任　严晓明
副主任　包晓敏
左有民
申忠健（至2014-03-28）
陈　正
纪检组组长　祝灯山

周山河街区管理委员会（“市委周山河街区工作委员会”与其合署）

书　记　陈　林
副主任　许立新
丁银存
翟荣明
黄礼群（援藏）

▲数据产业园区管理委员会

主　任　刘玉平
副处级干部　魏昌东

▲滨江工业园区管理委员会

书　记　方　针
主　任　唐文奇

地方协管部门（单位）

泰州市国家安全局

局　长　沙　滨
党委书记　沙　滨
副局长　陆　伟
纪委书记　吴高龙
政治部主任　吴高龙
副调研员　周仲武
李　蓓

江苏省泰州工商行政管理局

局　长　蔡忠云
副局长　李友胜（正处级）
许德和
张汉刚
王万新（正处级）
唐龙础
纪检组长　杨基全
副调研员　霍成生
卢振岳（至2014-09-02）
殷新可
李亚平

江苏省泰州市国家税务局

局　长　陈步龙
副局长　王昌银
彭祖光
邱俊华
周曙东
总经济师　艾永美（女）
纪检组长　陈晨阳（女，2014-01-27任）
总会计师　王平生（2014-01-27任）
副调研员　王申筛
顾学群
朱鹏亚（2014-01-27任）

江苏省泰州地方税务局

局　长　严德军（至2014-04-08）
佘元原（2014-04-08任）
副局长　毛祥林
赵凤琴（女，至2014-09-01立案）
万小春
纪检组长　朱红根（2014-06-25任）
总经济师　吉秋根
总会计师　冯健男（2014-11-18任）
调研员　严粉山
马文龙
副调研员　李晓和
马秋明
李　强

中华人民共和国泰州出入境检验检疫局

局　长　朱伟光
党组书记　鞠德群（2014-12-19任）
党组成员　朱　平（正处级）
副局长　董贤忠（至2014-12-19）
崔　鸿（2014-07-24任）
谢　群（2014-12-29任）
纪检组长　单衡明
调研员　章　俊（至2014-03-14）
沈学友（2014-01-10任）
副调研员　刘晓明
石宝金（至2014-01-18）
刘建国
金长泰（2014-12-01任）

江苏省泰州质量技术监督局

局　长　王亦波

副局长　江　峰（正处级）

王安民（至2014-02-18）

王　坚

王建春

朱　化（2014-02-24任）

纪检组长　魏怀勤（至2014-02-18）

张建强（2014-02-24任）

副调研员　王安民（2014-02-18任）

金　波（女）

王九云

卢　飞（至2014-10-27）

钱苏平（至2014-11-03）

中国人民银行泰州市中心支行

行　长　贾　拓（至2014-06-08）

党委书记　贾　拓（至2014-06-08）

副行长　谢　宁（2014-06-08任）

顾玉清

褚应前（女）

姚金楼

党委副书记　谢　宁（2014-06-08任）

工会主席　陈旭之

纪委书记　刘艳霞（女）

中国银行业监督管理委员会泰州监管分局

局　长　陈惠莲（女）

党委书记　陈惠莲（女）

副局长　仇海华

姜弘杰

纪委书记　陈　洪

副调研员　李　明

中国工商银行股份有限公司泰州分行

行　长　蔡万周

党委书记　蔡万周

副行长　王春荣

张　健（至2014-09-17）

李　杰（2014-09-17任）

周仕俊

钱　敏（女）

王　忠（2014-08-16任）

纪委书记　王春荣

中国建设银行股份有限公司泰州分行

行　长　马　新

党委书记　马　新

党委副书记　阎道祥

副行长　阎道祥

翁　颖

卢国华

纪委书记　田振林

调研员　许大才（至2014-06-17）

中国银行股份有限公司泰州分行

行　长　王孝平

党委书记　王孝平

副行长　姚恭华（至2014-03-31）

虞　晖

石海港（2014-04-16任）

张　娟（女，挂职）

纪委书记　郭锡均

风险总监　章　宇

督　　导　姚恭华（2014-03-31任）

中国农业银行泰州市分行

行　长　汪　洋

党委书记　汪　洋

党委副书记　孙　影

副行长　孙　影

朱炳忠

王全达（2014-03-20任）

孙　建

黄翔林

纪委书记　孙　影

中国农业发展银行泰州市分行

行　长　汪建青

党委书记　汪建青

副行长　陈履庭

李全刚

范建芳

交通银行泰州分行

行　长　孙　亮（至2014-07-29）

於　亮（2014-07-29任）

党委书记　孙　亮（至2014-07-29）

於　亮（2014-07-29任）

副行长　叶齐芝（女）

李炎军

陈荣璜

纪委书记　叶齐芝（女，至2014-09-16）

李炎军（2014-09-16任）

行长助理　束　东

中信银行泰州分行

行　长　宋建中

党委书记　宋建中

副行长　冒晓玲（女）

季　方

袁志勇

纪委书记　季　方

中国人民财产保险股份有限公司泰州市分公司

总经理　王晓文
党委书记　王晓文
副总经理　丁　波
　　　　　田　彪
总经理助理　许如宏（2014-06-24任）
副调研员　夏中淮

中国人寿保险股份有限公司泰州市分公司

总经理　孟　昶
党委书记　孟　昶
副总经理　许　震
　　　　　郑杰民
　　　　　许惠彤（2014-05-20任）
纪委书记　郑杰民
总经理助理　廖卫兵
　　　　　　许惠彤（至2014-05-20）

泰州电信公司

总经理　赵进声（至2014-06-12）
　　　　王　海（2014-06-12任）
党委书记　赵进声（至2014-06-12）
　　　　　王　海（2014-06-12任）
副总经理　王晓亮
　　　　　姜　辉
　　　　　钱　进
　　　　　包志凯
纪委书记　王晓亮
工会主席　姜　辉

泰州邮政公司

总经理　王承东
党委书记　王承东
副总经理　杭　坚
　　　　　仇小甫
纪委书记　杭　坚
工会主席　仇小甫

中国移动通信集团江苏有限公司泰州分公司

总经理　陶建华（至2014-12-23）
　　　　陈冬生（2014-12-23任）
党委书记　陶建华（至2014-12-23）
　　　　　陈冬生（2014-12-23任）
副总经理　叶　璐（至2014-11-05）
总经理助理　杭晓明（至2014-12-17）
　　　　　　朱　烨
　　　　　　薄　斐（2014-12-17任）
　　　　　　姜田先（2014-12-17任）
纪委副书记　杭晓明（至2014-12-17）
　　　　　　朱　烨（2014-12-17任）
工会主席　叶　璐（至2014-11-05）
　　　　　薄　斐（2014-12-17任）

中国联通有限公司泰州分公司

总经理　刘剑桥
党委书记　刘剑桥
网络公司总经理　陈庆荣
副总经理　丁　静（至2014-12-31）
　　　　　杨　帆
　　　　　翟小峰（至2014-12-31）
　　　　　邵振锋（2014-02-21任）
　　　　　顾　炼（2014-12-11任）
纪委书记　丁　静（至2014-12-31）
工会主席　杨　帆

江苏省电力公司泰州供电公司

总经理　陈　楷
党委书记　宋建华（至2014-11-12）
党委副书记　陈　楷
副总经理　宋建华（至2014-11-12）
　　　　　杨善高
　　　　　俞春华
　　　　　姚　军（女）
　　　　　季昆玉
纪委书记　徐开志
工会主席　胡亚山
总工程师　张　澄
总会计师　郑祥华
调研员（正处级）　宋建华（2014-11-12任）
调研员（副处级）　姚　群（女）

泰州市气象局

局　长　姜爱军
副局长　夏全元
　　　　严迎春
纪检组长　秦士春

江苏省泰州市烟草专卖局（公司）

局　长　刘培峰（至2014-08-07）
　　　　余　彪（2014-08-07任）
经　理　刘培峰（至2014-08-07）
　　　　余　彪（2014-08-07任）
副经理　赵宏贵
副局长　张礼伯
纪检组长　张礼伯
调研员　朱　毅
副调研员　陆广才

泰州市盐务管理局（盐业公司）

局　长　罗海宏（至2014-08-29）
总经理　罗海宏（至2014-08-29）
副总经理　周律刚
　　　　　王继兴

张　军（正处级）
郭建森（挂职）
党委书记　王继兴
副局长　周律刚
张　军（正处级）
党委副书记　罗海宏
纪委书记　王继兴
工会主席　王继兴

中华人民共和国泰州海关

关　长　叶家德（至2014-11-13）
林伟东（2014-11-13任）
副关长　秦敬兵
陈道亮
李　健
缉私分局局长　秦敬兵
南京海关驻泰州海关副处级纪检监察特派员
孙兆定（女，2014-11-13任）

中华人民共和国泰州海事局

局　长　毛玉坤（至2014-01-09）
马长宏（2014-01-09任）
政　委　许江生
副局长　赵忠飞
陈华文
陈建新
纪检组组长　许江生

江苏省泰州引江河管理处

主　任　张加雪
党委书记　张加雪（2014-02-27任）
党委副书记　张加雪（至2014-02-27）
副主任　陈卫冲（至2014-01-31）
钱福军
张桂荣（2014-05-04任）
王雪芳（女，2014-05-04任）
总工程师　徐铁涛
纪委书记　史建华（至2014-05-04）
夏方坤（2014-04-21任，挂职）

江苏林海动力机械集团公司（林海股份有限公司、苏美达林海有限公司）

董事长　孙　峰（兼）
党委书记　周光军
总经理　潘国庆
董　事　王三太
副总经理　王三太（至2014-03-26）
韩献忠
黄文军
陈文龙（2014-03-26任）
总工程师　高　峰（2014-03-26任）
党委副书记　韩献忠
纪委书记　韩献忠

泰州石化有限责任公司

总经理　王振新
党委书记　曹汉中
副总经理　曹汉中
赵志远（至2014-01-07）
沈　艺
党委副书记　林华光
纪委书记　林华光
总会计师　王安宁
工会主席　林华光
调研员　赵志远（2014-01-07任）

中国石油化工股份有限公司江苏泰州石油分公司

经　理　俞桂林
党委书记　刘照江
党委副书记　俞桂林
副经理　刘照江
薛　卫（至2014-04-23）
张献明
黄晓梅（女，2014-04-23任）
纪委书记　刘照江
副处级调研员　高杰礼
薛　卫（2014-04-23任）

国电泰州发电有限公司

总经理　杨宏强
党委书记　高瑞斌
党委副书记　杨宏强
副总经理　高瑞斌
侯海宏
陈旭伟（至2014-05-27）
张红阳
马骏驰（2014-05-27任）
纪委书记　蒋启红
工会主席　王　强
总工程师　张苏闽
总会计师　黄宇航

国家统计局泰州调查队

队　长　申炳龙
副队长　李　越（女）
崔国祥（2014-06-10任）

泰州海阳农村合作银行

董事长　陈　飞
行　长　陈志龙（至2014-08-22）
黄锦荣（2014-08-22任）
党委书记　陈　飞
党委副书记　陈志龙

黄锦荣（2014-07-08任）

监事长　刘秀成（至2014-08-22）

陈志龙（2014-08-22任）

副行长　吴亚平

丁建山

崔步成

姜跃华（女）

纪委书记　刘秀成（至2014-07-08）

陈志龙（2014-07-08任）

省信用再担保公司泰州分公司

副总经理　许　正

中国铁塔股份有限公司泰州市分公司

总经理　丁　静（2014-11-05任）

副总经理　袁国安（2014-11-05任）

泰州市邮政管理局

局　长　李扣其

副局长　王乐勤（至2014-12-30）

纪检组长　王乐勤（至2014-12-30）

中国人民政治协商会议泰州市委员会

主　席　王守法

副主席　刘　励

王　东

姚社成

黄立红（女）

仲建生

张培成

奚爱国

董　勤（女）

党组书记　王守法

党组副书记　刘　励

党组成员　王　东

仲建生

张培成

殷美娟（女）

叶冬华（至2014-12-18）

田　军（2014-12-18任）

四届政协常委（按姓氏笔画为序）

丁　南（女）　王　考　王　林

王丹妮（女）　王荣其　王临生

王晓洪（女）　毛雨华　卞新峰

尹愚夫　叶章华

包国芳（女，2014-01-15任）　冯亚强

刘士钢（2014-01-15任）　刘汉秋（女）

刘金桂　孙佳玲（女）　孙靓靓（女）

杨　达　杨　健　杨世民

杨延慧（女）　李卫星（女）　李相林

吴建华　何　杰　沈伟勇

张亚林　张明燕（女，至2014-12-29）

张颖峰　陆中一　陈来新

邵　骅（女）　季春芳（女）　竺大明

周正青　封立群　姜建国

姚鹤逵　顾　勤（女）　顾宁成

顾永伯　徐晓芳（女）　唐勇兵

黄　勇　黄红华（女）　曹宏源

彭国良　蒋建林　程秋喜

焦建华（2014-01-15任）　褚平忠

缪云忠　潘林元　薛晨光

秘书长　焦建华（至2014-01-15）

叶冬华（2014-01-15任）

副秘书长　叶冬华（至2014-01-15）

丁　南（女）

办公室

主　任　叶冬华（至2014-12-18）

田　军（2014-12-18任）

副主任　王　林

李　濮

提案委员会

主　任　沈伟勇

学习文史委员会

主　任　尹愚夫

副主任　丁　旭

经济科技委员会

主　任　王丹妮（女）

文教卫体委员会

主　任　季春芳（女）

副主任　许　佳

社会法制委员会

主　任　季春芳（女）

副主任　王春满

城乡建设委员会

主　任　蒋建林

副主任　黄　斌

港澳台侨委员会

主　任　姚鹤逵

副主任　徐学存

研究室

主　任　王　林

副主任　陈　铭（女）

中国共产党泰州市纪律检查委员会

书　记　唐小英（女）
副书记　缪云忠
　　　　刘秋平（女）
　　　　栾立平
常　委　唐小英（女）
　　　　缪云忠
　　　　刘秋平（女）
　　　　栾立平
　　　　方　捷
　　　　江福斌（至2014-04-03）
　　　　钱宏琦
　　　　刘青萍
　　　　王中庆（女）
副处级干部　汤益民（至2014-12-18）
　　　　夏志明
　　　　于　庆
　　　　周焕祥
　　　　陆宝存
　　　　田春荣
　　　　顾宝林
　　　　王　钟（2014-11-17任）
　　　　王德太（2014-11-17任）
　　　　杨益华（2014-11-17任）
　　　　金永忠（2014-11-17任）
调研员　许年喜（至2014-03-12）
副调研员　孔爱平（至2014-06-30）

监察局

局　长　缪云忠
副局长　方　捷
　　　　刘青萍

市委巡视工作联络组办公室

主　任　方　捷
副主任　陆宝存
　　　　陆彩鸣

泰州市中级人民法院

院　长　熊　毅
副院长　纪阿林（正处级）
　　　　冯　毅（正处级）
　　　　何　能（至2014-11-25，保留正处级）
　　　　生建华（正处级）
　　　　沙　玲（女，挂职，2014-10-10任）
　　　　任晓龙（2014-11-25任）
纪检组长　张谦恒
政治部主任　刘　瑛（女）
审判委员会专职委员　徐　林（至2014-03-12）
　　　　吴跃生
　　　　丁正明（2014-12-18任）
　　　　胡欣荣（女，2014-12-18任）
执行局局长　任晓龙
调研员　陈有红（至2014-12-18）
副调研员　王启华
　　　　徐　林（2014-03-12任）
　　　　谢俊义（2014-10-10任）
　　　　陈燕萍（女，2014-11-17任）
副处级干部　李建民
　　　　孙江宁
　　　　沈开宏（至2014-03-12）
　　　　姜传纲
　　　　戚广银
　　　　王小新
　　　　张鸿顺
　　　　何　鸣
　　　　蒋　蓓（女）
　　　　吴　军
　　　　瞿廷英（女）
　　　　李惠平（女，2014-11-17任）
　　　　刁志华（2014-11-17任）
　　　　陈茂林（2014-11-17任）

泰州市人民检察院

检察长　周剑浩
副检察长　陈学东
　　　　李作斌（至2014-11-25，保留正处级）
　　　　苍月岚（明确正处级）
　　　　王运海
　　　　张　蓉（女）
　　　　陆红梅（女，2014-11-25任）
纪检组长　沙建国
政治部主任　卞德才（至2014-12-18）
　　　　陈海峰（2014-12-18任）
检查委员会专职委员　童连芳（至2014-10-10，保留副处级）
　　　　蔡红卫（2014-12-18任）
　　　　邹云翔
反贪局局长　翁亚峰
反渎职侵权局局长　郁艳清（女）
调研员　刘金华
　　　　杨文宇（至2014-10-10）

副调研员　薛利民（女）
　　　　　刘　军（2014-10-10任）
副处级干部　顾传华
　　　　　李文喜
　　　　　王太宁（女）
　　　　　汤　波
　　　　　洪　春
　　　　　陈咏梅（女）
　　　　　俞　彦（2014-11-17任）
　　　　　黄继先（2014-11-17任）
　　　　　杨俊彦（2014-11-17任）

民　主　党　派

中国国民党革命委员会泰州市委员会

主任委员　奚爱国
副主任委员　丁　南（女）
　　　　　丁春华（兼）
　　　　　朱　玉（兼）
　　　　　封立群（兼）
副调研员　陈亚明

中国民主同盟泰州市委员会

主任委员　董　勤（女）
副主任委员　臧大存（兼）
　　　　　王晓洪（女，兼）
　　　　　邵　骅（女，兼）
　　　　　徐兴海（兼）

中国民主建国会泰州市委员会

主任委员
副主任委员　杨　达（兼）
　　　　　邢秀华（兼）
　　　　　薛晨光（兼）
　　　　　卞赋章（兼）
副调研员　袁　进

中国农工民主党泰州市委员会

主任委员　黄立红（女）
副主任委员　王　涓（女，兼）
　　　　　高军业（兼）
　　　　　汪正九（兼）

九三学社泰州市委员会

主任委员　潘林元
副主任委员　陈　鼎（兼）
　　　　　俞新农（兼）
　　　　　潘林元（兼）
　　　　　洪　澄（兼）
　　　　　徐晓芳（女，兼）
　　　　　卞新峰

社　会　团　体

总工会

主　席　陆　新
党组书记　申泰州
副主席　申泰州
　　　　杨世民
　　　　栾　斌
　　　　邱　健（女）
纪检组长　汤日宏
副调研员　张如麟（女，至2014-03-12）
　　　　　张　霖（2014-11-17任）

共青团泰州市委员会

书　记　孙靓靓（女）
副书记　张　晶（女）
　　　　殷　俊

妇女联合会

主　席　黄海燕（女，2014-03-26任）
党组书记　黄海燕（女）
副主席　包国芳（女）
　　　　唐银华（女，2014-03-26任）
副调研员　陆丽华（女）
　　　　　吴秋娣（女）
　　　　　董赛昭（女）

文学艺术界联合会

主　席　刘仁前
党组书记　曹茂良
副主席　俞秋言（女，至2014-12-18）
　　　　丁新吾（兼）
　　　　万　琳（女，兼）
　　　　刘秀兰（女，兼）
　　　　李晏墅（兼）
　　　　曹家为（兼）
　　　　翟　明（兼）
秘书长　陈　扬
副调研员　陈　扬

科学技术协会

主　席　竺大明
副主席　柏长春（至2014-12-18）
　　　　朱红灿（2014-12-18任）
　　　　姚洪生
　　　　何新国（兼）
　　　　王亚明（兼）
　　　　杨国华（兼）
　　　　邱　江（兼）
　　　　董　健（兼）

王三太（兼）
费　翔（兼）
郭冬梅（女，兼）
副调研员　陈　波

哲学社会科学界联合会

主　席　潘时常
党组书记　黄林华
党组副书记　潘时常
副主席　窦立成
曹宝林
陈方根（兼）
贾　拓（兼）
郭宁生（兼）
王　龙（兼）
魏桂军（兼）

归国华侨联合会

主　席　顾永伯
副主席　吴　焱（女）
陈　妍（女，兼）
吉江平（女，兼）
宗义正（兼）

残疾人联合会

名誉主席　杨　峰
主　席　王　斌（至2014-04-28）
陈明冠（2014-04-28任）
副主席　奚爱国
方　针（至2014-04-28）
周天云（2014-04-28任）
邹　晶
刘时根（至2014-04-28）
王明根（2014-04-28任）
叶海波
蔡德熙
徐洪涛
严德军（至2014-04-28）
佘元原（2014-04-28任）
封红年
理事长　邹　晶
副理事长　蒋全林
唐　驰
封红年
调研员　蔡友本（至2014-06-30）
副调研员　窦国荣

红十字会

名誉会长　张　雷（至2014-12-19）
蓝绍敏（2014-12-19任）
陆志鹏（2014-12-19任）
会　长　王学锋（女）
常务副会长　周　平（正处级）
专职副会长　梅有宏
兼职副会长　刘宏鸣
程秋喜（2014-12-19任）
王海波（2014-12-19任）
王　考
徐洪涛（2014-12-19任）
刘建邦（2014-12-19任）
张　涛（2014-12-19任）
王晓梅（女，2014-12-19任）
孙　平（2014-12-19任）
叶跃华（2014-12-19任）

工商业联合会（挂“泰州商会”牌子）

主　席　姚社成
党组书记　王　考
副主席　王　考（兼）
卢均一
刘春堂
于　勇
陈文涛（兼）
丁　鑫（兼）
王秀荣（兼）
刘士钢（兼）
陆　军（兼）
刘荣富（兼）
郑红卫（兼）
殷爱国（兼）
周才炳（兼）
戴香玲（女，兼）
刘宇宏（兼）
赵　良（兼）
傅培锋（兼）
徐　杰（兼）
副调研员　赵尚双
徐　盟（女）

人民解放军、武警部队

中国人民解放军江苏省泰州军分区

司令员　李国强
政　委　李光玉
副司令员　张颖峰
陈从久
参谋长　张颖峰
政治部主任　金全斌（至2014-12-01）
王晓华（2014-12-01任）

后勤部部长　祁劲松

中国人民解放军江苏省军区教导大队

大队长　周为远
政　委　毛智勇
办公室主任　樊启辉（至2014-03-30）
　　　　　管晓滨（2014-03-30任）

中国人民解放军江苏陆军预备役某团

团　长　王贵绪（至2014-02-25）
　　　　陈　霖（2014-02-25任）
政　委　殷海忠
参谋长　陈幼平
政治处主任　穆金忠
后勤和装备处处长　東秋明

中国人民武装警察部队泰州市支队

支队长　蔡新明（至2014-01-07）
　　　　刘支援（2014-01-07任）
政　委　徐恒功
副支队长　薛　盛（至2014-01-07）
　　　　　袁红刚（2014-01-07任）
参谋长　花兆标（至2014-01-07）
　　　　薛　盛（2014-01-07任）
纪委书记　万松江
政治处主任　万松江
后勤处处长　杨　烨

中国人民警察部队泰州市消防支队

支队长　孙德斌
政　委　秦朝晖
副政委　王文来
党委书记　秦朝晖
副支队长　易绍云（至2014-03-31）
　　　　　沈　银
纪委书记　王文来
参谋长　奚冠军
政治处主任　沈禄军
后勤处处长　张汉诚
防火处处长　焦　鑫

学　校

泰州职业技术学院

党委书记　许书平
院　　长　徐庆国
党委副书记　徐庆国
　　　　　　郭冬梅（女）
副院长　郭冬梅（女）
　　　　钟文乐
　　　　陈宜刚
纪委书记　慕博华
调研员　唐靖辉（至2014-10-21）
　　　　刘康平

泰州学院

党委书记　李久生
院　　长　温潘亚
党委副书记　温潘亚
　　　　　　田　浩（2014-12-28任）
副院长　田　浩
　　　　孙玲芳
　　　　陈克军
　　　　邓友祥
　　　　王美林
　　　　张曙光
纪委书记　潘林珍（女）
副院级调研员　焦建华（至2014-04-25）
　　　　　　　杨淑娟（女）

江苏农牧科技职业学院

党委书记　吉文林
院　长　何正东
党委副书记　何正东
　　　　　　孙　玲（女）
副院长　臧大存
　　　　蒋春茂
　　　　朱善元
　　　　郑　义（女）
纪委书记　孙　玲（女）

江苏省泰州中学

校　长　蒋建华（至2014-10-21）
　　　　董　健（2014-10-21任）
党委书记　蒋建华
副校长　季新明
　　　　夏淑萍（女）
　　　　蔡长春
　　　　王俊鹏
党委副书记　董　健（2014-10-10任）
　　　　　　殷荣安（2014-12-18任）
纪委书记　殷荣安（2014-12-18任）
副调研员　张　文（至2014-08-03）

江苏省泰州技师学院

院　长　谷少平

▲江苏省口岸中学

校　长　封留才（至2014-12-26）
　　　　丁　骏（2014-12-26任）

▲泰州机电高等职业技术学校

校　长　芮新海

注：加“▲”的为副处级机构。

中共泰州市委员会

责任编辑 张 华

综　　述

【概况】2014年，中共泰州市委深入学习贯彻习近平总书记在江苏调研时的重要讲话精神，全面贯彻中央经济工作会议和省委十二届九次全会精神，以全面深化改革为统揽，部署推进“思想再解放、项目大突破、城建新提升”三大主题工作，统筹做好稳增长、调结构、促改革、惠民生各项工作，经济社会发展取得新成绩。

经济运行稳中有进。全年实现地区生产总值3370.89亿元，比上年增长10.8%。完成财政总收入805.94亿元，增长15.6%，其中公共财政预算收入283亿元、增长9.2%。固定资产投资2200亿元，增长21.3%。

转型升级成效显著。全市实施10亿元以上产业项目33个，实际利用外资9.39亿美元；实现新兴产业产值3901.79亿元，比上年增长16.8%，占规模以上工业比重40.5%、增加1.6个百分点；实现高新技术产业产值4001.35亿元，增长17.8%，占规模以上工业比重41.5%、增加1.4个百分点；实现服务业增加值1464.19亿元，增长12.3%，占地区生产总值比重43.4%、增加2.3个百分点。中国医药城加快推进项目建设，全年签约落户医药类项目128个。全市单位GDP能耗2011～2014年下降18%，超额完成省政府下达的单位GDP能耗下降目标，提前一年实现“十二五”节能目标；单位工业增加值能耗累计下降45%，超额完成工信部下达的“十二五”节能任务。

城乡建设统筹推进。启动实施城建新提升《两年行动计划》，周山河新城开发建设全面提速，西客站片区、稻河古街区、钟楼巷文化街区改造等项目加快推进，公共自行车系统建成投用。培育“康泰之州、富泰之州、祥泰之州”城市形象品牌，成功举办第六届水城水乡国际旅游节。村庄环境整治提前一年实现全覆盖。泰镇高速泰州段、阜兴泰高兴化至泰州段、京沪高速江广段扩容开工建设，宁启铁路复线电气化泰州段主体工程基本完工，国电泰州电厂二期、连淮扬镇与宁启铁路东北联络线获批，泰州常州、江阴靖江过江通道列入国家规划。

民生事业持续改善。城乡居民人均可支配收入分别为31346元、15076元，比上年增长9.2%、10.8%。加大民生实事工程推进力度，全市公共财政预算支出中，十三类民生支出总计270.46亿元，比上年增长5.1%，占公共财政预算支出的72.7%。坚持创建惠民，成功创成全国文明城市。维护社会稳定和安全生产，群众安全感连续3年居全省第一。

【信息工作】2014年，市委信息工作围绕全市中心工作准确把握信息重点，拓宽信息收集渠道，提升信息服务品质，上报信息工作实现历史新突破，在全省信息绩效考核中居第3位、比上年提升4位，在全省9个中办直报点考核中居第3位。全年共上报信息6857条，获省委领导批示30件次，《当前党员思想状况》《农村土地流转中部分问题逐渐显现》获中央领导批示。年内，围绕“思想再解放、项目大突破、城建新提升”三大主题工作，报送《泰州市委提出“四个一”目标谋划发展新蓝图》等信息；围绕特色工作，报送《泰州实施“四证一体”改革成效明显》等信息；围绕群众路线教育实践活动中的特色亮点，报送的《泰州组建群众工作团开展教育实践活动》等15条信息被省委采用，同类信息报送量居全省第1位。

市内信息工作突出“以文辅政”，强化精品意识，全年共编发《每日快报》68期、《快报选编》48期、《快报专报》80期，获市领导批示62件次，批示数量为近3年最高。围绕重要会议和重要决策，向市委领导提供各阶段的重要项目进展、重要决策实施、重要部署落实情况等动态信息。以问题为导向聚焦调研，形成《泰州文化创意产业园调查与思考》《国务院出台户籍制度重大改革　建议我市关注吸引人口资源》等调研类信息和《聚焦2014年我省各地目标思路》《聚焦我省各地招商引资新动向》《聚焦互联网经济发展》《聚焦城市规划编制与控制》等专题信息。

组织信息选题研讨，形成具有泰州特色的信息题材采集挖掘途径15条。规范工作流程，修订《泰州市党委系统信息工作标准化手册》。调整《泰州市党委系统紧急信息报送责任一览表》，规范重要紧急信息上报程序、时限和责任，全年共处理重要紧急信息80多起。加强业务指导和队伍建设，制定信息报送要点20个，召开重点信息选题座谈会、信息工作座谈会议等。

【督查工作】2014年，市委督查工作按照“三围绕三提升三转变（围绕全市工作大局、市委决策部署、市委主要领导思路，提升工作层次、工作水平、工作质量，转变学风、文风、作风）”的总体要求，创新督查方式，加大市委重大决策部署的督查力度，强化领导交批办件的督促落实；加强督查工作制度建设，修改完善《市委书记信箱办理规则》《市委主要领导批示件及交办事项办理工作规则》和《泰州市督查工作细则》《督查工作制度汇编》。

围绕市委工作大局，强化市委重大决策部署落实的督查，全年共立项督查24项，形成督查专报22期。年内，重点对市委四届六次全会精神贯彻落实情况，省、市委两个“21号文件”落实情况，《行动纲要》实施以来各牵头部门在分工任务、五项重点改革、政策上争对接方面的完成情况进行督查。督查民生实事落实情况，对2013年改善民生10件实事进行督查“回看”，对2014年市区改善民生实事责任分解表中的19项具体任务进行年中督查，对2014年民生实事进展情况进行年末督查。督查作风转变情况，检查、通报各地各部门执行中央“八项规定”和省、市委“十项规定”情况；联合相关部门实地督查通报全市办公用房清理情况，印发《泰州市市级行政事业单位办公用房管理办法》，建立办公用房长效管理制度。配合完成省委督查组到泰州对“八项工程”、民营经济、城镇化与城乡一体化发展及落实省委“十项规定”情况等督查10次。

开展专项查办工作，全年共督办市委主要领导批示件102件，编发“书记信箱”办理情况督查通报5期；交办督办市委主要领导交办事项7批次，办结率100%；督办“书记信箱”交办来信800多件，解决大量事关群众切身利益的问题。

【调查研究工作】2014年，市委调查研究工作围绕经济发展新常态、新任市委主要领导的新思路，完成各项调查研究工作任务。全年共组织重点调研课题36个，编发《泰州内参》57期，对外发稿5篇；其中在中央政策研究室主办的《学习与研究》发稿1篇，实现在中央刊物用稿的突破。

围绕市委中心工作组织调研，全年确定并组织全市重点调研课题12个、部门调研课题24个。对重点调研课题和市委领导交办课题开展调查研究，形成《加快推进泰州小城市建设的几点思考》《致力打造大健康产业高地》《“康泰之州”的时代选择》《撬动项目大突破的重要杠杆》《以思想再解放开辟发展新境界》等调研成果。年内，配合并参与省委研究室组织的泰兴扩权强镇、现代农业、农业龙头企业发展、“双创人才”队伍建设等调研活动；配合并参与省社科院组织的长江经济支撑带与江苏发展、江苏区域协调发展体制机制改革创新等调研活动；完成省委改革办部署的转型发展三大重点任务和全面深化改革实践案例征集书面调研。学习南京等地经验，初拟建立泰州智库的工作方案，形成泰州智库建设的基本框架和思路。

注重调研成果转化，全年共编发《泰州内参》57期，获市委主要领导批示5次，其中泰州小城市建设、高等教育发展、健康城市建设、市区飞地（飞地指某一行政单位管辖区域，但与该行政单位管辖的主要地区在空间上不连接）经济发展、电子商务集聚区建设等调研成果被转化为市委市政府的决策和工作举措。收集整理各类调研成果，汇编形成36.2万字的《泰州发展路径研究（7）》。组织对外发稿，《构筑服务基层的机关干部队伍网络》《加快发展泰州大健康产业的调研报告》等在省级以上刊物发表。

【市委党刊工作】2014年，《泰州通讯》全年编辑12期共130万字。开设相关栏目，编辑《泰州通讯》文摘，宣传解读中央指示精神；围绕市委工作中心和“思想再解放、城建新提升、项目大突破”三大主题工作，以转型升级、融合发展、深化改革等为主题，解读市委决策部署；关注改革发展的热点难点，策划“全面深化农村改革”“策应上海自贸区”等栏目；设置“对话”“一线传真”“群众工作”等栏目，加大基层经验与做法报道力度；组织“走进基层、走进农村、走进企业”摄影采风活动2次，组织“弘扬创业精神”“梅兰芳艺术节”“医药企业家年会”等专题图片报道10多次，为市级机关各部门和各基层单位提供图片近1000张。年内，《泰州通讯》在全国城市党刊第23届年会上作重点发言，潘晓健被评为全国党刊“十佳主编”。

【综合文字工作】2014年，市委办公室按“多调研、勤思考、讲真话、快节奏、严律己”的要求，转变文风、改进作风，全年累计起草各类文字材料近100篇。

起草市委重要文稿。年内，完成市委四届七次全会报告、市委四届八次全会报告，向到泰调研的省委主要领导汇报材料，向省委、省政府领导专题汇报材料和市委主要领导参加省委有关会议文稿的起草工作。

起草市委主要领导重要讲话稿。年内，完成市委主要领导在市四套班子领导务虚会、全市三级干部大会、领导干部大会、宣传思想工作会议、组织工作会议、政法工作会议、文明城市创建动员大会、城镇化和城乡一体化督查推进会、城建新提升动员大会、民生幸福工程推进会等会议的讲话稿的起草工作，完成市委主要领导在人大、政协等会议的讲话稿的起草工作。

起草市委主要领导调研讲话稿。年内，组织市区经济发展、城市建设、干部队伍建设、生态环保工作、旅游业发展等专题调研，完成市委主要领导在靖江市、高港区的调研讲话稿和对全市组织工作、环保工作、旅游工作等方面的调研讲话稿的起草工作。

起草党的群众路线教育实践活动相关文稿。年内，完成全市党的群众路线教育实践活动动员大会、“一把手”推进会、工作推进会、调研会、进展情况汇报会、总结大会等会议的书记讲话稿和市委常委领导班子对照检查材料的起草工作，完成动员会、民主生活会、通报会、总结会以及各阶段推进会等会议文稿的起草工作。

【机要工作】2014年，市委机要局进一步加强通信服务保障、电子政务内网建设和信息化密码保障。年内，完成南京青奥会期间泰州通信服务保障；完成市电子政务内网建设方案的制订和报批。组织开展商用密码应用调研，完成CA系统升级改造，全年制发证书146张、更新证书57张、改签证书45张。

【接待工作】2014年，市接待办全年共接待各级各类团组338批、5250人、11364人次，完成警卫任务7批，接待总批次比上年增长32%。其中，接待省部级团组81批、省部级及以上领导107人；地厅级团组158批、地厅级领导503人；其他各类团组84批，各级随员4640人。年内，参与服务保障中央政治局原常委、中央书记处原书记曾庆红，全国人大常委会原副委员长王兆国，中央政治局原委员、国务院原副总理吴仪，全国人大常委会原副委员长桑国卫，全国政协原副主席李金华，国务院副总理马凯，省委书记罗志军，省长李学勇等重要领导到泰调研活动；参与服务保障第六届中国泰州水城水乡国际旅游节、第九届中国湿地生态旅游节、2014泰州金秋投资说明会、第五届中国（泰州）国际医药博览会、2014项目与投资对接泰州行等重大经贸活动；参与保障外省市党政代表团到泰州考察和泰州市党政代表团赴扬州、南通考察活动；参与保障南京青奥会、南京大屠杀国家公祭日、全省信访工作会议、2014法治江苏建设高层论坛、梅兰芳诞辰120周年纪念大会等大型活动。

重要决策和会议

【全市开放创新和工业经济大会】2月19日，全市开放创新和工业经济大会召开。市委书记张雷出席会议并讲话，要求全市上下要把握好稳中求进、改革创新、转型升级、融合发展的总基调，与时俱进推进开放创新“双轮驱动”战略，加快推进经济转型升级，努力实现开放创新和工业经济发展新跨越。各市（区）递交年度目标责任书，泰兴市、扬子江药业集团作交流发言。市委副书记、市长陆志鹏作工作报告。市委副书记杨峰宣读表彰决定。副市长杨杰主持大会。

【全市三级干部大会】3月3日，全市三级干部大会召开。市委书记张雷出席会议并讲话。市长陆志鹏主持会议。市委副书记杨峰总结2013年全市农业农村工作情况。会议下发《关于全面深化农村改革 加快农业农村发展的意见》。会上，市委、市政府表彰2013年度绩效管理先进市（区）、全市农业农村工作考核先进市（区）；组织观看《奏响田园新乐章》专题片。

【市委四届七次全会】7月18日，市委四届七次全体会议召开。市委书记张雷作题为《深化综合改革 建设医药名城 奋力开创转型升级融合发展新局面》工作报告。会议深入贯彻省委十二届七次全会精神，总结2014年上半年工作，明确下半年及今后一个时期工作要求。市委副书记、市长陆志鹏作小结讲话并部署当前工作。医药高新区、兴化市和市发展改革委、国土资源局作大会发言，市经信委、科技局、人社局等7家单位进行书面交流。与会人员共同观看专题片《大道如虹 医药名城建设巡礼》。

【江苏省委决定：蓝绍敏任泰州市委书记】7月28日，泰州市召开全市领导干部大会，宣布省委关于泰州市委主要领导职务调整的决定：原泰州市委书记张雷调任省政府副省长，蓝绍敏任泰州市委书记，并提名为市人大常委会主任候选人。省委组织部常务副部长王奇出席会议并讲话，省委组织部副部长盛克勤宣读任免决定。副省长张雷主持会议并作表态发言。新任市委书记蓝绍敏在会上讲话。市四套班子领导、市法院院长、市检察院检察长、市级机关部门主要负责人，市（区）党政正职以及近5年来退二线和退休的市级老领导参加会议。

7月28日，全市领导干部大会召开，宣布省委关于泰州市委主要领导职务调整的决定

【《“解放思想再发力、科学发展勇攀登”大讨论大落实行动计划》】9月2日，市委召开全市教育实践活动整改落实工作“一把手”推进会暨思想再解放动员部署会。市委书记蓝绍敏出席会议并讲话。市委副书记、市长陆志鹏主持会议。市委副书记杨峰就思想再解放活动作动员部署。省委督导组组长徐毅英出席会议。会上，市委下发《“解放思想再发力、科学发展勇攀登”大讨论大落实行动计划》，并将其作为党的群众路线教育实践活动的重要内容。大讨论大落实活动主要内容是始终围绕“改革发展”主题，坚持高扬“解放思想”大旗，紧紧聚焦“开拓创新”目标，组织开展学习、自查、问政、攻坚、赶超、整改6项行动。

【全市领导干部大会】10月21日，全市领导干部大会召开。会议传达贯彻省委书记罗志军在泰州调研时的重要讲话精神，研究分析当前经济形势。市委书记蓝绍敏主持会议并就深入学习贯彻罗志军重要讲话精神提出要求，动员全市上下以更高的定位全面谋划泰州新一轮改革发展，以更强的担当深入推进“思想再解放、项目大突破、城建新提升”三大主题工作，以更实的举措全力冲刺四季度，确保完成全年目标任务，确保全市经济社会稳定，确保2015年工作良好开局。

【全市城建新提升动员大会】11月20日，全市城建新提升动员大会召开。会议总结地级泰州市组建以来的中心城市建设工作，部署推进“城建新提升”的各项目标任务。市委书记蓝绍敏出席会议并讲话。市委副书记、市长陆志鹏作全面部署。市委副书记杨峰主持会议。大会还就《“城建新提升”两年行动计划》进行解读。

【全市项目大突破动员大会】12月16日，市委市政府召开全市项目大突破动员大会，动员全市上下突出主题主线，坚持“项目为王”不动摇，全力推进招商引资和项目建设，以项目大突破推动泰州大发展。这次大会是贯彻落实习近平总书记在江苏调研时的重要讲话精神的动员会、部署会，是近年来全市规格最高、规模最大、范围最广的一次大会。市委书记蓝绍敏出席会议并讲话，市委副书记、市长陆志鹏作工作部署，市委常委、常务副市长何榕主持大会。市四套班子全体领导及各地各部门相关负责人、乡镇（街道）主要负责人、开发园区负责人、招商人员、相关企业负责人等共3000多人参加大会。大会提出项目大突破的主要目标，明确要在产业项目的规模总量、产业项目投资结构的优化、产业项目投资效率的提升上实现大突破。

【市四套班子领导工作务虚会】12月11~12日，市四套班子领导工作务虚会召开。市委书记蓝绍敏主持会议。会上，市四套班子领导作交流发言，并对全市经济社会发展大局提出意见和建议。

【市委四届八次全体会议】2015年1月6日，市委四届八次全体会议召开。市委书记蓝绍敏作题为《推进思想再解放，引领发展新常态，谱写“迈上新台阶、建设新江苏”的泰州篇章》工作报告。会议深入学习贯彻习近平总书记在江苏调研时的重要讲话精神，全面贯彻中央经济工作会议和省委十二届九次全会精神，总结2014年工作，研究部署2015年任务。市委常委会主持会议。市委副书记、市长陆志鹏作小结讲话并部署工作。会议审议并通过大会《决议》。会议讨论《中共泰州市委常委会2015年工作要点（征求意见稿）》。泰兴市、医药高新区和市发展改革委、商务局、效能办作交流发言。

【全市机关作风效能建设暨干部警示教育大会】2015年2月10日，全市机关作风效能建设暨干部警示教育大会召开。市委书记蓝绍敏出席会议并讲话。市委副书记、市长陆志鹏主持会议。市委副书记史立军宣读2014年度泰州市十佳人民满意机关、十佳服务地方发展单位、机关效能建设先进单位以及绩效管理先进市（区）的表彰决定，并授予4个项目2014年度“特别贡献奖”。市委常委、纪委书记唐小英通报2014年全市党风廉政建设和反腐败工作。

（沈　静）

组　织　工　作

【概况】2014年，全市组织部门围绕“思想再解放、项目大突破、城建新提升”三大主题工作，选干部、配班子，建队伍、聚人才，抓基层、打基础，完成各项工作任务。市委组织部履行“双重职责”（指导全市教育实践活动和抓好自身活动），组织和参与党的群众路线教育实践活动，建立健全各项制度规定，严明“三个之家”（党员之家、干部之家、人才之家）的工作风气；加强理论业务学习，成立“成蹊研习社”，定期举办“组工沙龙”“好书漂流”等活动，提升组织工作干部的综合素养。

【党的群众路线教育实践活动】2014年，全市1100多名县处级以上领导干部、530多个乡科级以上领导班子、9400多名乡科职级干部、1.54万个基层党组织、26万名党员，围绕“为民务实清廉”主题，聚焦“四风”重点，坚持从严从实、突出问题导向，高标准严要求做好各环节工作。组织开展“治四风、建四队”、领导干部“三解三促”、机关干部“组团服务”、选派干部“到村任职”、组建“群众宣讲团”、聘请“群众观察员”、强化“满意度测评”等活动，增强群众路线教育实践活动实效，党员干部思想认识得到提高、作风行为实现转变，活动满意度好评率达98%。

【干部工作】树立正确用人导向，引导干部干事创业。实施领导干部素质提升工程，分层分类开展学习习近平总书记系列重要讲话精神和“转型升级、融合发展”系列轮训，全年共举办各类主体班次43期、轮训干部5000多人次，组织在线培训1.3万人。出台《关于突出长效动态激励，进一步加强和改进新形势下领导干部队伍建设的意见》，确立“在岗使用就是最大激励”理念，推进市管干部跨部门、跨区域交流。召开地级泰州市组建后首次中层干部队伍建设工作会议，开展“我们身边的爱岗敬业典型”选树活动，推进市级机关中层干部内部轮岗交流和科级干部自主选学。选派年轻干部到基层一线、经济一线、信访一线挂职锻炼，促进年轻干部锻炼成长。形成新一轮市管后备干部名单，常态化实施“年轻公务员成长计划”和“名校优生积聚计划”。

贯彻《干部任用条例》，严格干部管理。构建“1+N”干部工作制度体系，规范领导干部队伍建设、领导干部交流等。制定《市管干部职务名称表》《市级机关中层干部管理细则》，推行干部选拔任用职数预审、个人有关事项报告抽查核实和干部选拔全程纪实制度。做好中央巡视组反馈意见的整改落实，开展专项整治，消化超职数配备干部1195人，占超配总数的80%；清理规范党政领导干部在企业兼职（任职）1120人次、退（离）休领导干部在社会团体兼职68人次、在编不在岗人员152人、“吃空饷”人员21人；开展“带病提拔”倒查，未发现违反选人用人程序和纪律的情况。

【人才工作】创新体制机制，在全省率先出台《关于加强党管人才工作的实施办法》，制定《关于加快推进“人才强企”的若干政策意见》及相关具体实施办法，定期发布人才发展统计公报。推进人才项目化培养，市委组织部会同相关部门制定企业、宣传文化、教育、卫生、农业、社工等系列培养性文件10个，年内企业家“双百”培养工程（百企示范培育企业企业家素质提升工程和百名新生代企业家培育工程）等取得阶段性成果。实施市“双创计划”（高层次创新创业人才引进计划）、医药产业“113人才计划”［从2013年起，用3～5年的时间，集聚1000名高层次人才（团队），其中领军型人才（团队）100名、紧缺型优秀人才3000名］等重点人才工程，全年共引进各类高层次人才2100名，其中海外高层次人才360名。优化人才创业创新环境，继续实施“一卡通”政策，年内发放第2批“凤城英才卡”，为人才提供9个方面、27项优惠便利服务；开展“三行三送”（园区行、企业行、校园行，送政策、送信息、送培训）人才服务活动，发放《人才政策100问》1000多本；组织开展首届科技创新创业大赛，158家企业、31个团队参加。

【基层组织建设】制定《关于深化“为民党建”，加强基层服务型党组织建设的实施意见》，打造农村、城市、“两新”组织（新经济组织和新社会组织）、机关事业单位等各领域服务型党组织。加强基层带头人队伍建设，推进“退役士兵村官培养工程”，常态化实施村干部“培训周”、社区干部“431”培训计划（即以社区党组织和居委会主任为主要对象，用4年时间，分3批对全部1000名左右社区工作者开展“社区管理与服务”专业培训）、远程教育“千名村官大学生培养计划”和大学生“村官”创业培训，其中退役士兵培养做法被央视《新闻联播》等主流媒体报道，并被民政部全文转发推介。深化村级“四有一责”建设，全年全市共整顿村（社区）157个。严格党员教育管理，出台民主评议党员和处置不合格党员相关实施细则，开展“万名党员进党校上党课”“在职党员到社区报到志愿服务群众”等活动。落实党建工作主体责任，制定《关于开展县乡村党组织书记抓基层党建工作述职评议的考核意见》，实施“三级联述联评联考”。开展市（区）委书记向市委常委会述职基层党建工作，形成党建压力层层传导、责任层层落实的格局。

（组织部）

纪检监察工作

【概况】2014年，全市各级纪检监察机关按照“纪检监察工作业绩、队伍建设全省领先”的目标要求，聚焦主业主责，强化监督执纪问责，完成四届市纪委四次全会确定的各项目标任务。

推进党员领导干部廉洁从政，完善党委、政府和纪委联动督查机制，健全作风问题揭露、受理和查处工作制度，制定党政机关公务接待管理、公车管理、差旅费管理等方面的制度规定。开展反浪费反奢侈专项整治，督促市财政、审计、机关事务管理等部门履行监管责任，集中整治作风建设突出问题。全市因公出国（境）、公车购置与运行、公务接待支出费用比上年分别下降36.7%、22.8%、40.9%；各级党政机关腾退空置办公用房1623间，面积10.5万平方米。加大执纪问责力度，全年全市共查处违反作风建设规定问题344个；处理452人，其中党纪政纪处分45人；点名通报典型案件39次383个。整治“四风”（形式主义、官僚主义、享乐主义、奢靡之风）的“隐身”“变种”问题，关停占用公园资源的餐饮单位1家；查处市级机关28家单位52张公车加油卡给私车加油、套取物品等违规行为，收缴加油费4万多元，诫勉谈话、内部通报41人，辞退驾驶员6人，警告处分3人。出台《关于党员干部上交收受礼金礼品实行登记报告制度的暂行规定》《党员领导干部行为失范记录暂行办法》，4名县处级干部、24名乡科级干部因行为失范被问责，纳入失范记录。

查办案件工作稳步进行。全年全市纪检监察机关共接受信访举报4286件（次），立案952件，立案件数比上年增长13.1%。其中，新立县处级干部案件16件，增长60%；新立乡科级干部案件83件，增长20.3%；给予党纪政纪处分926人，增长12.2%；移送司法机关处理104人，增长18.2%。通过查案挽回直接经济损失1.16亿元。落实“两个为主”（查办腐败案件以上级纪委领导为主，各级纪委书记、副书记的提名和考察以上级纪委会同组织部门为主）要求，加强对查办案件工作的领导和指导，制定《查办案件工作绩效考评实施意见》《违纪案件线索集中管理办法》，健全查办案件请示报告、定期汇报、提级办理、派员督办等制度。强化案件监督管理，建立案件应用管理平台和行贿人员信息库，实施办案全程监控制度。构建阳光审理工作机制，聘任首批案件审理监督员10人，实施联合审理直属单位案件、交叉审理申诉案件、适用简易程序审理党纪案件、案件质量检查考评的“三审一评”制度。

推进反腐倡廉制度建设，出台《防止国家工作人员在公共资源出让、公共产品采购、公共资产管理中利益冲突的暂行办法》，对14种行为作出禁止性规定。下发《关于严格规范党员干部个人借贷、投资、理财等行为的暂行规定》，规范党员干部理财行为。开展查案治本功能促进源头治理专项行动，向发案单位或主管部门发出纪律检查建议书、监察建议书37份。开展制度廉洁性审查工作，查找和修正制度法规中的廉政漏洞和缺陷。

年内，将市纪委牵头或参与的民生资金监管、阳光用药平台建设等15项工作移交市财政、卫生等主要责任部门，并跟踪督查推进。优化市纪委监察局机关内设机构，组建组织部、宣传部、纪检监察干部监督室，将纪检监察室增加至4个，优化后从事监督执纪一线业务工作人数占总编制的63.5%；各市（区）纪委监察局均完成2轮内设机构调整。强化派驻机构监督职能，对全市125名兼任其他职务或参与其他分工的纪委书记、纪检组长的分工进行清理规范。规范纪检监察干部履职行为，出台《纪检监察干部内部监督实施意见》《纪检监察系统内部巡察工作办法》《纪检监察干部个人有关事项报告制度》，全年查处纪检监察干部违纪违法案件7件。制定《关于进一步发挥市纪委委员作用的意见》，拓宽纪委委员履职渠道；出台《关于建立纪检监察领导班子后备干部库的实施意见》，深化纪检监察领导干部队伍建设。

【四届市纪委四次全会】1月27日，中共泰州市第四届纪律检查委员会第四次全体会议召开。市委书记张雷出席会议并讲话。会议传达贯彻十八届中央纪委三次全会、十二届省纪委四次全会精神和中共中央总书记习近平、省委书记罗志军的重要讲话，审议通过市纪委书记唐小英代表市纪委常委会所作的《聚焦主业主责、强化执纪监督，坚定不移为推进转型升级融合发展保驾护航》工作报告和全会决议。

【落实“两个责任”】2014年，市委制定出台《落实党风廉政建设党委主体责任、纪委监督责任的实施办法》，健全落实“两个责任”的领导体制、工作机制及工作考核、责任追究机制。市纪委常委会专项督查10个市级机关部门落实“两个责任”的情况，下发整改通知书10份、提出限期整改问题97个，各部门制定整改落实措施194条；市食药监局、广播电视台等6个部门的主要负责人向市纪委常委会报告落实主体责任情况。

【防止“挂帅不出征”九项规定】2014年，市纪委结合中央巡视组对江苏巡视反馈意见，协助市委出台《关于落实党风廉政建设责任制防止“挂帅不出征”的九项规定》，对党委履行主体责任从时间节点、工作频次上予以细化、规范。《规定》要求党委每年召开专题研究党风廉政建设的工作会议，每半年分析研判本地区本部门党风廉政建设和反腐败工作不少于1次，每年中心组党风廉政建设学习不少于3次，每年至少2次专题听取纪委（纪工委、纪检组）履行监督责任情况、班子其他成员履行“一岗双责”情况汇报；要求党委主要负责人每年上廉政党课不少于1次，与领导班子成员、下级党政主要负责同志廉政谈话不少于1次，每年1月31日前以书面形式报告上年度履行主体责任和“第一责任人”职责的情况；明确对不认真履行主体责任、导致不正之风长期滋生蔓延甚至出现重大腐败案件的，适时启动“一案双查”程序，并视情给予问责处理。

【党风廉政宣传教育】开通“勤廉泰州”微信公众平台，定期发布中央、省、市党风廉政建设和反腐败工作资讯；建立违纪违法案件即时发布制度，通过泰州廉政网、“勤廉泰州”微信公众平台发布全市各级纪检监察机关查办的案件。继续开展县处级干部勤政廉政网络轮训，全年共轮训县处级干部206人；召开机关作风效能建设暨干部警示教育大会，组织421名县处级领导干部旁听违纪违法案件庭审，强化查办违纪违法案件的警示教育功能。

【监督检查】加大对职能部门履职过程中监管缺失、失职渎职、徇私枉法等问题的追责力度，全年全市行政问责32人。在政府投资重点工程中探索实施纪检监察派驻制度，前移监督关口、强化廉政风险管控，实现纪检监督与工程建设同步推进。年内，市纪委会同市委群众路线教育实践活动办公室开展践行群众路线、提升作风效能“亮剑”专项行动，共查处“庸懒散”问题172个，处理170人；督促市委、市政府中心工作和重点项目建设相关职能部门履职尽职，会同市委办、政府办监督检查各部门履职情况，发现并专题督办整改问题82个。

（周荣华）

宣传思想文化工作

【概况】2014年，全市宣传思想文化战线坚持高举旗帜，加强理论武装，引导新闻舆论，加大对外宣传力度，强化社会主义核心价值观建设，推进文明创建和文化名城建设。“百姓名嘴”理论宣讲队、泰兴市“党员中心户”理论宣讲团获江苏理论宣讲先进集体称号，4人获江苏理论宣讲先进个人称号。

加强理论武装。推进理论宣传大众化、通俗化，开通微信教育平台“理论宣讲直通车”，实现宣传教育培训常态化；组织开展第三届“百姓名嘴”选拔活动，壮大基层理论宣讲队伍；编印宣讲材料，组织市委宣讲团、志愿宣讲团、“百姓名嘴”宣讲队深入基层开展宣讲活动；组建“百姓名嘴”——党的群众路线专题宣讲队，深入基层开展巡回宣讲，该做法被《新华日报》报道。加强对县处级党委（党组）中心组学习的督查指导，巡学全市所有县处级中心组；年内市住建局党委、供电公司党委分别被确立为第二批全省学习型党组织、学习型领导班子建设工作示范点。加强基层党员学习教育，组织开展2013～2014年度基层党员干部冬训，开展万名党员进党校上党课专题活动。围绕“百姓大学堂”100期组织开展系列活动，邀请于丹等12名专家学者在“百姓大学堂”作专题报告，放大“百姓大学堂”品牌效应和影响力。

新闻宣传工作。开展系列重大主题宣传，利用主流媒体形成舆论强势。开展党的群众路线教育实践活动主题宣传，协调媒体统一开设“践行群众路线 切实改进作风——群众路线教育实践活动特别报道”专栏，推出重点报道1000多篇；开展“思想再解放、项目大突破、城建新提升”三大主题宣传，结合评论访谈与典型报道推动“思想再解放”，结合动态消息与深度报道宣传“项目大突破”进展，结合正面宣传与舆论监督宣传“城建新提升”亮点；开展社会主义核心价值观主题宣传，打造“美德善行”“美德善行榜”专栏；开展全国文明城市创建主题宣传，在市内媒体统一开辟“文明城市 共建共享”系列专栏、专版，提高文明创建的知晓率、支持率和参与率。组织实施重大活动宣传报道，通过现场直播开幕式、开设旅游节专版宣传国际旅游节，展示泰州水城水乡特色风情和文化魅力；关注名人名家齐聚泰州宣传梅兰芳艺术节，打造特色文化品牌；挖掘梅兰芳与泰州的渊源和家乡情结，通过整版报道《梅兰芳与泰州》，宣传纪念梅兰芳诞辰120周年；以会议取得的重大成果为重点，现场宣传报道上海投资说明会；以国内外医药资源集聚推动中国医药城及生物医药产业发展为重点，宣传报道医药博览会。

扩大对外宣传。全年在《人民日报》、新华社、中央电视台、《光明日报》、《经济日报》等省以上重点媒体推出介绍特色产业、城乡统筹、文化建设、美德善行、转型升级经验典型等各类报道1000多篇次。以国际旅游节、梅兰芳艺术节、纪念梅兰芳诞辰120周年、上海招商投资说明会、第五届医博会等重大活动为载体，强化对外宣传，提升泰州知名度和影响力。编印《和美泰州》城市形象口袋书、《祥泰之州·中国泰州》画册，制作城市形象电视专题片，筹拍首部城市形象微电影。继续在中央电视台午间天气预报栏目开设泰州气象标牌；泰州民间艺术大师“面人王”王洪祥参加在俄罗斯举办的“感知江苏”文化周活动；长泰制药执行董事斯坦利·莱赫入选首届“情动江苏——身边杰出的国际友人”。

【文化名城建设】实施“文化播种工程”，“百姓大舞台”全年举办各类演出20场；推进公共文化服务政府采购，“百团千场”全年举办演出200多场、送戏下乡1350余场、放映农村公益电影2万多场，观众达600万人次；市美术馆、文化馆全年举办名家书画展数十场，观众累计达10万人次。组织2014新创文艺调演，首次举办“同唱中国梦”2014泰州新创获奖节目巡演；举办全市广场舞系列文化活动，制定公布《泰州市广场舞公约》。放大国家历史文化名城效应，加快“老行当”传承和产业转化步伐，按计划实施《泰州文献》《泰州知识》丛书编纂，加快稻河、钟楼巷等历史文化街区建设，中国评书评话博物馆主体建筑基本建成。推动文化与旅游、文化与科技、文化与金融融合发展，举办高校与泰州文创园融合发展推进会，促进产教融合、校企合作。推进重点园区、企业发展，泰州文化创意园全年签约项目8个，总投资额达63亿元；泰州文化创意园、黄桥乐器产业园获批省级文化产业示范园区，美画艺术品有限公司等5家文化企业被评为“2013~2014年度国家文化出口重点企业”。发放市级文化产业发展专项资金，17个项目获专项资金扶持；13个项目入选省文化产业专项资金项目，入选数居全省第5位。推动文化企业向外发展，组织部分企业参加省内外大型展会，集中展示老行当、美画、汉鼎沙画、凤灵乐器、众道影业等特色产品、优势企业。加强城市特色文化品牌培育，举办梅兰芳艺术节暨纪念梅兰芳诞辰120周年系列活动，出席在京举行的纪念梅兰芳先生诞辰120周年座谈会，组织文化部推荐优秀剧目展演活动；与省作协联合组建里下河文学流派研究中心，举办里下河文学流派研讨会；与团市委联合举办第二届“微影·我们”全国微电影大赛，完成泰州城市形象微电影剧本评选工作。

美德善行榜

【“美德善行”系列活动】7月24日，泰州市出台《市美德善行系列活动实施方案》，启动实施建立美德善行榜、建设美德善行精品故事库、建立美德善行促进会、组织美德善行育苗工程、建设美德善行网上工作平台、建立美德善行主题教育基地等“美德善行”6大系列活动。2014年，泰州市建立“美德善行”精品故事库，挖掘提炼“美德善行”重点人物和事迹，形成真实感人的精品故事作品；设立“美德善行”榜，全年设立“美德善行”榜1000多块，上榜人数4000多人；建立“美德善行”促进会、基金会，全年市区建成“美德善行”促进会27家，募集基金近1000万元，开展慰问百岁老党员、捐赠资助、奖励拾金不昧、关爱留守儿童等各类帮扶、奖励活动50多次；实施未成年人“美德善行”育苗工程，开展美德少年评选表彰、“最美教师”集中学习宣传、学校家庭社会“三结合”教育网络优化等活动；实施“美德善行”网上工作平台建设工程，以泰州志愿者网为主体，依托和链接全市主要新闻网站、门户网站、商业网站和局域网，建立“美德善行”网上工作平台；实施“美德善行”主题教育基地建设工程，在省泰州中学旧址筹建泰州市“美德善行”中心展示馆，年内启动“美德善行”主题街区、广场、场馆和中心公园建设，命名一批“美德善行”教育基地。“美德善行”系列活动被中宣部确定为全国培育践行社会主义核心价值观百家经验之一，并被中央媒体集中报道。

【领导调研】9月18日，中宣部副部长、中央政策研究室副主任王晓晖到泰州调研。王晓晖实地调研泰州市学习宣传贯彻习近平总书记系列重要讲话精神情况，与市领导、部分市（区）、部门、基层单位负责人及“百姓名嘴”代表进行座谈交流。市委书记蓝绍敏汇报泰州市学习宣传贯彻习近平总书记系列重要讲话精神有关情况。市委常委、市委秘书长、宣传部长卢佩民，市人大常委会副主任、高港区委书记王建参加座谈。

（宣传部）

政法工作

【概况】2014年，全市政法系统认真贯彻落实中央和省市委决策部署，自觉融入“思想再解放、项目大突破、城建新提升”三大主题工作，围绕争创全省“平安建设示范区、法治建设先导区、社会治理样板区”目标，深入推进平安泰州、法治泰州、过硬队伍建设，为维护社会大局稳定、促进社会公平正义、保障人民安居乐业作出积极贡献。年内，泰州市获评全省综治工作（平安建设）先进市第一名，实现“四连冠”；获全国“六五”普法中期先进市、全省信访工作先进市等称号。

【平安泰州建设】预防和化解矛盾纠纷。落实社会稳定风险评估制度，实施社会稳定风险评估项目264个，化解矛盾481件，预防群体性事件62起。强化调解组织建设，全市乡镇（街道）矛盾纠纷调处中心全部达到规范化建设标准，派驻式“公调对接”覆盖面达96%，建立各类专业调解组织678个，其中医患、劳资、交通事故赔偿纠纷三类专业调解组织实现全覆盖。创新推出“有请老娘舅”电视调解，形成海陵百姓议事园、高港群众议事团、姜堰元老会、靖江调解志愿者社区行、泰兴巡回接访团、兴化群众评议终结信访积案、高新区联合化解涉企矛盾等一批特色做法。

推进打防管控一体化建设。加强环泰防线和治安卡口建设，建成卡口查报站、重要路段、重点单位、重要场所“四位一体”的安防体系。提升专群联防水平，组建巡特警支队，实行常态化联勤武装巡逻和“平安义工”等群防群治，共建立“平安义工”队伍218支近4万人。整体推进19个系列的平安创建，创建覆盖面比省定范围多出7个行业领域，其中“平安校园”创成率100%，创建标准上升为全省统一标准，并在全国性会议上作经验交流，人民日报社“平安校园采访宣教行”记者团到泰进行巡回采访报道；“平安交通”创建事故处理投诉率全省最低；“平安电力”创全省最高安全无事故纪录；“平安金融”“五星级”创建居全省前列。开展以打击“盗抢骗”“黄毒赌”“黑拐枪”为重点的“泰安行动”和以“青奥”安保为重点的“五大专项行动”“利剑1-3号”行动，以及校园周边环境、建筑施工环境、寄递物流行业、农村道路交通秩序等专项整治行动，全市刑事案件、“八类案件”、侵财案件破案率及网上追逃率居全省第一，安全事故起数和死亡人数连续10年持续下降，获“全国安全生产监管监察先进单位”称号。

加强人口服务管理。落实流动人口同城待遇，居住证换发率53%。海陵区在重点社区建立外籍人员服务站，鼓励外籍人员参与群防群治。加强社区矫正执法规范化建设，在全省率先推进“互帮共建、优管优控”，社区服刑人员重新犯罪率保持全省最低。靖江、兴化、海陵、高港、姜堰等5个市（区）建成安置帮教基地，实施以“托起明天的希望”为主题的监狱服刑人员未成年子女关爱工程，开展延伸帮教活动，当年回归刑满释放人员犯罪率低于省定指标。开展易肇事肇祸精神病患者专项排查，基本做到应知尽知、应管尽管、应收尽收。实施青少年成长护航行动，保护未成年人合法权益，有效预防未成年人违法犯罪，未成年人零犯罪社区（村）创成率96.7%，居全省前列；青少年违法犯罪人数比上年减少5.3%。年内，姜堰区建成全国首家未成年人司法保护基地，海陵区建成未成年人心理健康指导中心，靖江市建成流浪未成年人救助保护中心。

【法治泰州建设】深化法治宣传教育。举办法治江苏建设高层论坛。先后推出法治泰州建设十周年巡礼、法治泰州英模事迹报告会、“全民守法共筑中国梦”法治宣传月、首届公诉人与律师电视论辩大赛等系列活动。海陵区建成全国首个戏曲法治广场，推出“法伴漫游”法治文化自助旅游路线。高港区未成年人法治教育“5+5”模式、靖江市法治文化“三建三行”等品牌获全国、全省表彰。兴化市“农民合作社普法联盟”在全省推广。泰兴市举办“普法小达人”巡回演讲，姜堰区新编法治方言韵白、小品等节目。

维护社会公平正义。开展政法机关执法为民公开承诺行动，主动接受社会监督。建立法律专家库，提供案件评查、执法评议和法律咨询服务。深化司法公开，公安机关建立案件办理信息公开平台，创新办案“四回”机制；检察机关网上公开法律文书，开展“千村万户检察行”活动；审判机关裁判文书网上公开，涉案资产在淘宝网进行司法拍卖（其中单笔标的额拍卖创最高纪录，成交价3.51亿元）；姜堰区组建社情民意观审团，开展“千人听案评审”活动；医药高新区自主开发“两法衔接”软件，建立政法机关信息共享平台；泰兴市将民意引入审判。推进涉法涉诉信访改革，实行诉访分离，探索邀请普通群众、基层干部和律师作为第三方参与化解涉诉信访的工作机制，全市涉诉进京访降幅全省最高。

推进法治惠民。深化法治城市、法治市（区）、法治乡镇（街道）、民主法治示范村（社区）和法治先进单位“五级同创”，高港区、海陵区、靖江市、兴化市获评全省法治创建先进（示范）市（区），国家级民主法治示范村总数居全省前列。完善司法与行政执法互动机制，行政机关负责人出庭应诉率96.2%。靖江市、海陵区强化基层自治，实施“睦邻工程”，组织“邻帮邻”户助户治。泰兴市开展“推进民主法治、建设平安社区”创建活动。全面完成法治为民10件实事。在全省率先建成覆盖城乡的“3+3+N”公共法律服务体系。开展法律援助“千家万户明白工程”和“法律援助走基层、真情服务为百姓”主题活动，在全省率先将司法鉴定事项列入法律援助事项，全市共办理法律援助案件6825件，比上年增长2.9%，案件满意率98.8%。加强公证质量监管，“用心温暖白血病少女家庭”案件入选全省2014年度十大公证案例。

【基层基础建设】全面推进社会管理服务三级平台规范化建设。市委政法委制定《关于社会管理服务三级平台规范化建设的实施意见》和专项考核办法，加大平台规范化建设考核权重，召开现场推进会，建立定期通报、检查督办、领导约谈、以奖代补等制度，市财政局等单位就项目完成情况进行考核验收。

加强基层组织和基础力量建设。配齐乡镇（街道）政法委书记，明确村（社区）党组织书记兼任乡镇（街道）政法委员，形成市县乡村三级政法委、四级综治办的政法组织架构。海陵区加强乡村两级综治办规范化建设，所有镇街以及90%以上村居达到规范化建设标准。兴化市、高港区建立村（社区）法治副主任制度。公安机关实施“机关民警下社区三年行动计划”，派出所民警占警力总数比上年上升2.5%。

加快城乡社区一体化建设。开展社区减负专项整治，核定26个部门41个准入事项。出台网格化服务管理规范化建设实施意见，全市已建网格13516个，设立网格员25000多人。全面推进“三社联动”，市社会组织孵化中心建成运行，42个乡镇（街道）试点“政社互动”，全市社会组织登记备案总量7843个，比上年增长8.4%；组织全市社会工作者开展“社区大走访”活动，累计走访群众近200万人次，解决各类矛盾问题4万多件；退役士兵“村官”培养工程被民政部在全国推广。全市城乡和谐社区建成率分别为87.5%和79%，进入全省先进行列，其中海陵大浦社区、高港新城社区、靖江虹兴社区3个社区获评“全国和谐社区建设示范社区”。

【政法队伍建设】开展群众路线教育实践活动，坚持把深入学习、查找问题、整改落实、督促检查贯穿始终，通过真学、真查、真改，强化群众观念，落实为民要求，转变工作作风。积极创新，推出“首席民警”，开办“夏日夜校”“学习超市”“法官大讲堂”，组织开展“和谐使者”调解技能大赛，全市干警能力素质明显提高，一批业务骨干、技能尖子脱颖而出。政法队伍涌现一批先进典型，全市政法机关共有85个集体、107名干警受到省级以上表彰。市公安局、市检察院、市法院获评“泰州市十佳人民满意机关”，市司法局获评“泰州市效能建设先进单位”；人民群众对政法机关和政法队伍的满意度达94.1%。

【服务经济发展】全面服务“思想再解放、项目大突破、城建新提升”三大主题工作。市公安局出台服务发展10项举措，凡是项目商务活动需要，出入境管理部门实行全天候、全身心服务；凡是项目商务活动遇到急办和特办的情形，迅速启动应急机制，一律不受节假日限制、不受作息时间限制、不受办公环境限制，开展即时服务的“两全三不限”出入境服务，连续2年获评“台商满意服务单位”。市中级法院开展“促转型—司法服务伴企行”，畅通司法服务城建重点项目“绿色通道”，建立普通民事案件审判团队管理模式；医药高新区法院年内获批知识产权案件管辖权。市检察院实施“美丽泰州检察护航”行动，出台服务发展18条意见。市司法局开展“法润泰州春风行动”，全年办理法律服务事项5219件，减免服务收费近1000万元。全市政法机关通过执法办案、法律服务共避免和挽回经济损失125.4亿元，比上年增长27.2%。

依法整顿和规范市场经济秩序。开展“打非”“打传”专项行动，破获非法集资案件30起，案值近3亿元；捣毁传销窝点86个，清查传销人员1204人。开展“食药环”（食品药品环境）领域犯罪打击整治，公检法联合制定《关于涉及环保刑事案件办理实施意见》，全年共侦办“食药环”案件40起。成功侦办“5·15”系列水环境污染案，“12·19”重大环境污染公益诉讼案件（标的额1.6亿元）入选全国法检两院十大民事案件和民事检察监督典型案例；侦办案值1亿多元的假美瞳隐形眼镜案件，被国家食品药品监督局列为2014年全国十大精品案例；运用经侦打防新模式妥善处置振亚债务危机，入选全省“运用法治思维和法治方式推动工作解决问题”十大案例。加强知识产权保护，健全“三合一”（民事、行政、刑事合而为一）审判工作机制，发布2014年知识产权司法保护状况白皮书和十大典型案例。

推进诚信社会建设。市中级法院在全省率先构建司法惩戒与社会约束相结合的立体诉讼信用体系，建立涉诉信息查询平台、涉诉信用信息应用平台、失信被执行人曝光平台。公检法联合制定《关于办理拒不执行判决、裁定犯罪案件若干问题的意见》，依法严惩失信行为。海陵区融合推进诚信守法经营企业与平安企业创建，姜堰区开展“诚信姜堰与法同行”活动，高港区建立企业社会形象ABC评估体系。

【政法为民服务】公安机关打造“亲情化”服务体系，将行政许可事项由31项精简为18项，建立综合服务岗亭，实施交管、消防、网安、外管、法宣、民警义工服务“社区六进”活动。检察机关加强检察为民服务中心、“12309”民生服务热线、乡镇检察室、群众工作站、网络为民服务中心建设，构建“网上”“车上”“掌上”三位一体的为民服务平台。审判机关建立人民法庭、便民诉讼站、便民诉讼联络点、诉讼联络员“四位一体”的便民诉讼网络。司法行政机关实施“公共法律服务互联直通”工程，打造融电话、网络、新媒体为一体的“一站式”法律服务新载体，编制《公共法律服务产品清单（目录）和产品介绍》，推出服务发展、改善民生、维护稳定3大类37个法律服务产品。泰兴市创新“乡亲警务”模式，海陵区开展警民角色互换活动，高港区成立社会治理创新服务队，集中解决一批群众反映强烈的问题。

（刘　沛）

统　战　工　作

【概况】2014年，全市各级统战部门围绕市委工作大局，在服务中心、推动发展、增强团结、促进和谐等方面，创新思路、凝心聚力、贡献力量。年内，泰州市扬子江药业集团、江苏双登集团有限公司、江苏宏大特种钢机械厂有限公司、江苏海阳化纤有限公司、江苏新程汽配制造有限公司被表彰为全省优秀民营企业；扬子江船厂有限公司董事长任元林、扬子江药业集团董事长徐镜人、江苏双登集团有限公司总裁杨善基被表彰为全省优秀民营企业家。

巩固共同思想政治基础。下发《关于在民主党派、无党派人士中开展坚持和发展中国特色社会主义学习实践活动的实施意见》，组织开展专题辅导、座谈研讨、学习培训等活动，引导全市统一战线成员坚定中国特色社会主义道路自信、理论自信和制度自信。专题举办民主党派、工商联和无党派人士学习报告会，通报全市党风廉政建设情况和全市经济社会发展情况；组织开展座谈交流，《泰州日报》专版刊登市各民主党派、工商联负责人“解放思想再发力，科学发展勇攀登”大讨论大落实活动学习体会文章7篇。

服务经济社会发展。组织引导全市统一战线成员聚焦改革建言献策，甄选调研成果26篇，编印《泰州市各民主党派、工商联调研成果汇编》；组织引导工商联组织、经济金融界代表人士深入企业走访调研、宣传政策；引导统一战线成员服务民生建设，制定《关于在统一战线开展“三进三送”活动的实施意见》，开展“进统战成员送温暖、进非公企业送政策、进农村基层送服务”活动。修订完善《统一战线工作联系点制度》，建立挂钩联系情况月报告制度，全年全市138名统战干部挂钩联系非公有制企业144个，协调解决融资、用地等问题32个。全年走访慰问民主党派、工商联和无党派人士以及民族、宗教、海外人士等统战成员286人次，协调解决党外人士子女入学、就业等问题22个，发放慰问金4.8万元。

加强经济领域统战工作。组织开展非公有制经济领域先进典型宣传活动，培育、挖掘先进典型20个，编印《泰州市非公有制经济领域先进典型案例汇编》。加强非公人士综合评价工作，采集市工商联常委信息，完善非公经济人士信息库。开展“两新组织”（新经济组织和新社会组织）社会服务管理，加强对“两新组织”各专项工作组及成员单位相关工作的协调、指导。组织召开市光彩事业促进会二届一次理事会，选举产生新一届理事会领导机构。

推进多党合作事业发展。2014年，市委统战部推进协商民主，全年协助市委、市政府召开党外人士民主协商会、座谈会、情况通报会5次；组织统一战线各界代表人士开展学习视察活动。强化民主监督，推荐市检察院第4届特约检察员8人、机关作风效能建设监督员7人。支持民主党派加强自身建设，制定出台协助市各民主党派做好领导班子后备干部队伍建设的工作意见。指导市各民主党派推进姜堰区党派成员发展和组织建设工作，年内民革、民盟、民建、农工党、九三学社市委和民进泰州总支在姜堰区成立支部。

加强党外代表人士队伍建设。2014年，市委统战部会同市委督查室、组织部门开展调研督查，推进落实党外代表人士工作；做好市政协届中党外人士的政治安排工作。加强党外代表人士理论培训和实践锻炼，会同市委组织部举办第14期党外中青年干部培训班，推动将党外干部的挂职锻炼和交流任职纳入全市干部挂职锻炼和交流任职，年内18个重点培养对象确定纳入全市后备干部管理范围。

促进民族团结、宗教和谐。2014年，市委统战部

坚持属地管理原则，完善市（区）、乡镇（街道）、村（社区）三级网络及乡镇（街道）和村（社区）两级责任制；会同市民宗局在市民族宗教界开展政策法规宣传教育，加强对民族宗教事务的依法管理；以“宗教慈善周”为载体，协助指导宗教界开展特色宗教慈善活动；协助举办基层民族宗教干部培训班，培训全市各乡镇（街道）统战委员（民宗助理）及市（区）民宗部门干部120多人。

【全市统战部长会议】3月18日，全市统战部长会议召开。会议贯彻全省统战部长会议精神，总结2013年工作，部署2014年工作任务。市委副书记杨峰出席会议并讲话。市政协副主席、市委统战部部长仲建生作2013年度工作报告。市委统战部常务副部长、市工商联党组书记王考主持会议。各市（区）委分管副书记、统战部长，市有关部门以及有关高校负责人出席会议。

【全市党外人士学习会】9月25日，全市党外人士学习会召开。市委副书记杨峰出席会议并讲话。市政协副主席、市委统战部部长仲建生主持会议。市各民主党派、工商联和无党派知识分子联谊会领导班子等近50名党外人士参加学习会。会议传达学习习近平总书记系列重要讲话精神、市委“10号文件”和市委书记蓝绍敏有关讲话精神，邀请省委统战部副部长马连美作多党合作理论和政策专题辅导报告，就“解放思想再发力、科学发展勇攀登”进行交流研讨。市有关部门负责人通报全市党风廉政建设情况和经济社会发展情况。

【党外中青年干部培训班】11月5日，第14期党外中青年干部培训班开班。市委副书记、市委党校校长杨峰出席开班仪式并讲话。培训班在市社会主义学院和省社会主义学院分两个阶段进行学习培训、现场教学，共培训各市（区）、市直各有关单位党外中青年干部40多人。

【泰州市光彩事业促进会二届一次理事会】12月26日，泰州市光彩事业促进会二届一次理事会召开。市政协副主席、市委统战部部长仲建生，市政协副主席、市工商联主席姚社成出席会议。会议选举产生二届理事会领导机构。市政协副主席、市工商联主席姚社成当选二届理事会名誉会长，市委统战部常务副部长、工商联党组书记王考当选会长。各市（区）委统战部、工商联有关负责人以及70多名非公有制经济人士理事参加会议。

【调研考察】4月2日，全国人大常委、华侨委副主任、致公党中央副主席杨邦杰率致公党中央调研组到泰州调研市“良田建设与农村土地制度改革”相关情况。调研组实地考察九龙现代园艺示范区、兴化缸顾乡千岛果蔬专业合作社、钓鱼镇粮食园区等，并召开座谈会，听取相关情况汇报，了解土地流转、经营情况。市委统战部、市委农工办、市农委、市国土局负责人，致公党泰州支部负责人参加座谈会。

7月4日，市委统战部围绕推进生态高效农业在全市统一战线开展各界代表人士学习考察活动。市政协副主席、市委统战部部长仲建生，市政协副主席、民盟市委主委董勤以及市各民主党派、工商联、无党派知识分子联谊会领导班子成员近30人参加活动。代表人士考察姜堰区省级现代农业产业园区服务中心、沈高镇河横村稻麦展示基地、宏昌种植家庭农场、江苏北农大农牧科技有限公司、泰州中艺农业生态园和兴泰镇为农服务综合体，了解现代农业发展情况，为加快现代农业发展建言献计。

（统战部）

机　构　编　制

【概况】2014年，市机构编制委员会办公室（简称市编委办）围绕全市发展大局，突出改革重点，创新管理举措，机构编制工作实现新发展。年内，市编委办履行绩效管理牵头部门职责，组织实施部门职能履行情况考核；出台《市编委办一周办结制度》《市编委办公务活动管理规定》，提高工作效率，规范公务活动和内部管理；增设行政审批制度改革处，增强工作力量。2014年，市编委办被评为市“机关效能建设先进单位”。

完善机构编制管理和服务。增强周山河街区管委会工作力量，推进专业机构发展，支持周山河新城建设。规范调整畜禽屠宰行业监督管理体系，消除管理盲区。创新编制使用机制，同意泰州医药高新区同性质间统筹调配使用所属5个镇（街道）行政和事业编制。严控市（区）事业单位规格升格，财政供养人员总数与2012年相比实现下降。年内，完成不动产登记职能调整理顺工作；对市住建局、卫生局、广电台等7个部门（单位）主要负责人进行机构编制责任审核；会同市委组织部、市财政局、人社局、审计局开展机构和人员编制核查；配合做好超职数配备干部、“吃空饷”、“在编不在岗”“超编进人”专项整治和公车改革摸底工作。

加强事业单位登记管理。出台《泰州市市属事业单位法人年度报告公开办法（试行）》《关于改革事业单位法人年检制度加强事中事后监管的通知》，市直符合登记条件的357家事业单位法人年度报告全部上网公示。出台《关于推进泰州市事业单位法人治理结构建设试点工作的指导意见》，推进试点工作。开展政务和公益中文域名注册和网站挂标工作；至年末，全市政务和公益中文域名注册率达70%、市直政务和公益中文域名注册率达81%，市直机关网站挂标64家、挂标率100%。年内，完成2013年度全市事业单位法人年检工作。

11月26日，中央编办监督检查司司长田玉萍一行到泰州调研绩效管理工作

【行政审批制度改革】2014年，行政审批制度改革工作牵头单位由市监察局调整为市编委办。调整后，市编委办健全领导体制和工作机制，建立行政审批制度改革联席会议制度，制订联席会议成员单位职责分工和2014年行政审批制度改革工作计划。牵头制定出台《泰州市关于进一步简政放权加快转变政府职能的实施意见》，建立以5张清单、1个平台、7项配套改革举措为主要内容的政府职能转变基本架构；年内，行政审批事项目录清单、市级部门行政权力目录清单、行政事业性收费目录清单、产业政策指导目录、政府部门专项资金管理清单等5张清单出台并向社会公布。牵头拟定《泰州市社会中介机构服务管理暂行办法》，规范行政审批中介机构行为。联合市监察局、法制办和政务服务办，对进驻行政服务中心的38个部门开展落实行政审批“三集中三到位”（部门行政审批职能向一个处室集中、承担审批职能的处室向行政审批服务中心集中、行政审批事项向电子政务平台集中，做到审批事项进驻中心到位、授权到位、电子监察到位）情况专项督查。完善全市政务服务体系建设，搭建行政审批制度改革平台，成立市公共资源交易中心和泰州医药高新区政务服务中心。推进配套改革，推动出台加快社会组织改革发展、政府购买公共服务的实施意见。

【政府职能转变和机构改革】印发《市政府关于市级食品安全监管职能调整的通知》《市编委关于市级食品安全监管职能整合中机构调整和人员编制划转的通知》《市委办公室、市政府办公室关于市（区）政府职能转变和机构改革有关事项的通知》等，召开全市食品药品监督管理体制改革工作会议，部署全市食品药品监管体制改革工作。至年末，全市工商、质监、食药监体制调整工作按照“机构组建、职能整合、人员划转、三定印发、挂牌运转”的要求全部完成；工商、质监、食药监执法重心下移，相关部门执法队伍下放至所辖区管理。出台《泰州市政府职能转变和机构实施意见》和相关配套文件，召开市政府职能转变和机构改革动员大会；督促指导各市（区）开展政府职能转变和机构改革工作，按期完成全市政府职能转变和机构改革工作。

【行政管理体制改革】加强职能衔接，配合省做好泰兴省直管县体制改革试点工作。深化经济发达镇行政管理体制改革试点，督促兴化市、泰兴市梳理下放第二批经济社会管理权限至戴南镇、黄桥镇，指导、规范试点镇综合执法和便民服务工作。推进重点镇（园区）简政放权改革试点，建立“前台+后台”组织架构和权力运行机制，实行综合行政执法和集中行政审批，赋予重点镇（园区）部分县级经济社会管理权限；加强对改革工作的督查指导，联合市法制办下发相关操作口径，召开重点镇（园区）简政放权改革试点综合执法改革座谈会，专项督查改革进展情况；出台改革指导意见，靖江市新桥镇、海陵区九龙镇、姜堰区张甸镇、高港区口岸街道被确定为试点单位。

【事业单位分类改革】2014年，泰州市事业单位分类工作全部完成。市本级有事业单位425家，其中4家承担行政职能，78家暂划入公益一类，公益一类263家，公益二类74家，2家从事生产经营活动，4家暂缓或不予分类。年内，在全省首批完成从事生产经营活动事业单位改革和市县两级承担行政职能事业单位备案工作。

（陈　静）

市级机关党建工作

【概况】2014年，市级机关党组织围绕服务中心、建设队伍，加强党的执政能力建设、先进性和纯洁性建设，为市级机关各项工作任务的完成提供思想、组织和作风保证。至年末，市级机关工委辖党组织65个，其中机关党委18个、总支部19个、支部28个；有党员4152人，其中女党员993人、具有大专以上学历党员3598人、35岁以下党员1044人。全年共受理党员干部违纪案件7起，依纪给予相应处分7人。推进市级机关党的群众路线教育实践活动，修订《2014年机关党的工作要点》，将教育实践活动纳入《要点》和年度机关党建考核要素；在机关党建网开设“为民务实清廉——党的群众路线教育实践活动”专栏，发布有关文件和机关党组织开展活动的经验做法；以群众路线教育实践活动学习为重点，推荐下发《党员干部的15个群众观》等书籍。

【思想建设】加强理论武装，学习宣传党的十八大和十八届四中全会精神，发放《中共中央关于全面推进依法治国若干重大问题的决定》辅导读本和专题讲座光盘，组织党员学习领会十八大报告、新党章和习近平总书记系列重要讲话精神；加强督查指导，巡学督查全市县处级党委（党组）中心组学习情况和党的十八大、十八届四中全会精神学习贯彻情况；开展形势政策宣传教育，定期向各部门（单位）机关党组织下发支部党课教材《党员新视野》和《党委中心组学习90分》光盘；开展读书活动，推荐2014年学习书目，要求机关工作人员全年至少精读3本书；开展社会主义核心价值观教育和思想道德教育，下发《关于组织学习“感动中国”人物事迹的通知》和音像资料，组织机关党员干部讨论交流。优化活动载体，全年举办“学习型机关报告厅”报告会5场，参加学习的党员近3000人（次）；“泰州市级机关数字图书馆”有电子图书170万种、国内学术期刊7900多种等，累计访问量近1万人次；加强泰州机关党建网建设，全年发布信息2100多条，网站平均日访问量超过7000人次。

【机关基层党组织建设】推进机关党建工作制度建设，编写《机关党建专项业务工作规范》，贯彻落实《中国共产党党和国家机关基层组织工作条例》；邀请中共中央组织部党建研究所副所长赵湘江作“认真学习贯彻《条例》 加强和改进机关党建工作”专题报告，中央党校教授祝灵君作“学习习总书记关于党的建设的若干论述”专题报告。健全完善党内基层民主机制，开展机关党组织主要负责人（书记）述职测评；建立完善党员定期评议机关党组织领导班子成员、党员领导干部双重组织生活、谈心交心、党性分析、党内情况通报等制度和载体，拓宽机关党员意见表达和参与党内事务的渠道。深化选举制度改革，推行市级机关基层党支部换届选举“公推直选”，全年新成立机关党支部1个，指导机关党组织换届选举12家，调整党组织负责人3人。加强对机关党建工作的检查、指导和考核，制定2014年度市级机关部门（单位）党建工作考核共性指标考核要素。

【党员管理】开展党员干部思想状况调查，了解市级机关党员干部的思想动态和实际需求。开展“万名党员进党校上党课”活动，开设周末专题党课8次。推进“党员先锋工程”，命名表彰第三批市级机关“党员先锋岗”，复查第1、2批市级机关“党员先锋岗”。开展党员过“政治生日”活动，全年发放“党员政治生日纪念卡”3800多张。组织开展市级机关“党员关爱月活动”，慰问机关特困（生病）党员。探索严格管理监督党员干部的新形式，严格发展党员的各项工作制度，适度调整机关、事业单位和国有企业发展党员规模；严格预审党员发展、转正材料，对新发展的党员进行培训、谈话和教育。

【党员义工服务活动】实施“为民党建”，推动机关党员干部走基层、解难题、办实事、惠民生。“七一”期间在老街广场开展以“凝聚党员，服务群众，奉献社会，树立形象”为主题的党员义工集中服务活动，21个单位96名党员义工服务群众820人次，发放宣传资料（手册）4100多份。年内，组织党员义工义务献血和造血干细胞血样采样活动，45家单位315名党员义工义务献血9.45万毫升，11家单位20名党员义工成功采集造血干细胞血样。

【机关服务品牌创建】深化机关服务品牌创建，提升机关服务效能。举办服务品牌创建业务培训班，邀请专家开展专题讲座。2014年，76个机关部门推出服务品牌，其中42个服务品牌被命名为“泰州市文明优质服务品牌”。组织开展“亮品牌、送服务”活动和“走近你我他”服务活动，78个部门提供服务项目210件（次），其中34件（次）被评为优秀活动项目。

【党风廉政教育】组织市级机关各部门（单位）领导班子成员及党员干部学习贯彻中央、省、市纪委全会精神和习近平总书记关于反腐败的一系列重要论述。组织市级机关领导干部参加全市警示教育大会、市重大案件庭审、勤政廉政网络培训。开展“党风廉政电教月”活动，选择部分违法违纪典型案例电教片供部门观看，全年共有64家部门（单位）观看电教片280部。

【党务公开】 完善工作制度，推进党务公开。至年末，共有60多个部门（单位）制定《党务公开实施方案》和公开目录，40多个部门（单位）成立党务公开工作领导小组，通过会议、文件、通报、论坛、党建工作园地等形式和载体公开党务，实现常规性工作定期公开、临时性工作及时公开。

【市级机关工会工作】加强基层工会组织建设，指导15个单位工会完成换届改选；组织开展创建“工人先锋号”活动；组织开展市级机关泰州市劳模评选工作；

落实扶贫帮困长效机制，关心困难干部职工家庭。年内，选派3名工会主席参加省总工会举办的机关事业单位工会主席培训班；组织机关职工学习贯彻党的十八大精神，参加工会系统学习十八大知识竞赛；举办第八届“政务通”杯乒乓球比赛，46个代表队参加比赛；组织市级机关600人参加“2014年迎新长跑”活动。

【市级机关共青团工作】 建立团工委委员季度例会制度，规范团工委委员议事规则。指导市市级机关工委所属团组织开展创建“青年文明号”及“青年岗位能手”活动。开展“进社区送服务活动”，组织青年志愿者提供法律咨询、维修家电等服务；围绕纪念“五四”运动95周年，组织机关团员青年开展志愿服务、参观爱国主义教育基地系列活动。

台湾事务工作

【概况】 2014年，泰州市以深化泰台经贸交流合作为主线，以促进台资产业集聚和强化涉台服务为重点，务实推进对台各项工作。

11月，市委书记蓝绍敏率经贸考察团赴台湾开展经贸交流，会见台湾海峡交流基金会董事长林中森

拓展资源，搜集信息。 2014年，市委书记蓝绍敏率团赴台湾开展经贸交流，走访知名企业和协会机构，组织系列推介交流活动，拜访台湾政商界人士200多人；市委副书记、市长陆志鹏率团赴台湾开展经贸交流，组织各种交流活动50多场次，拜访、拜会接洽商界精英和政界要员170多人，共落实项目总投资额1.75亿美元、注册资本7000万美元；副市长张余松率团赴上海拓展对台经贸合作资源，拜访上海市台企协会，与国福集团董事长、全国台企联常务副会长、上海台企协会长叶惠德等10多位在沪重点台商座谈交流，实地考察都市置业、新飞虹实业和泰丰箱包、春日机械等台资企业。台资密集区拓展资源，举办台商投资专题恳谈会，邀请国民党荣誉副主席林丰正及来自上海、苏州、湖州等长三角地区数十名台商到泰州考察；举行泰州市台企协会第五届理监事就职庆典，邀请台湾海基会董事长林中森和罗明才、潘维刚等18位政商界重要人士及全国台企联、省内外100名台商到泰州考察。市台办全年共收集交流合作信息20多项。

加强泰台经贸合作。 出台《关于进一步深化对台经贸交流合作促进台企加快发展的意见》，制定《“泰台一家亲”十大交流计划》《泰州市台商投诉协调工作办法（试行）》。加强对台经贸合作载体平台建设，姜堰区台湾农民创业园区申报工作通过省专家组审核；台湾旅沙电力协会、绿色能源科技协会与姜堰经济开发区，高港核心港区与台湾连锁经营协会，兴化市现代农业园区与台湾苗栗县狮潭农会等分别签署合作协议。2014年，全市新批台资项目18个，协议利用台资4.66亿美元，实际到账台资2.15亿美元，其中总投资1000万美元以上的项目13个。

推进泰台交流。 2014年，市卫生局与台湾亚东纪念医院、市职业技术学院与台湾德明财经科技大学、市实验小学与台北市立大学附小分别签署合作协议，开展交流合作；高新区明珠实验学校承办2014年海峡两岸思维导图竞赛，密切与台中市大墩“国民中学”友好合作关系。年内，组织100多名大学生“村官”和乡村负责人、护理人员赴台培训。2014年，全市赴台团组有125批471人次，创历史最高纪录。

【安全生产上岗培训】 3月27日，市台办联合市安监局为全市台资企业负责人及安全生产从业人员开展安全生产上岗培训，并免费办理“生产经营单位从业人员安全合格证”。市政协常委、九三学社副主委、市安监局客座专家卞新峰，市安监局危化处处长柴锡陵向参培人员宣传解读安全生产法律法规、企业安全生产管理等内容，并与台商座谈交流。

【台企作品获中国玉雕年度精品奖】 4月17～20日，2014“百花·玉缘杯”中国玉石雕精品博览会在扬州举办。泰州市台企青山玉雕有限公司代表泰州工艺美术协会参展，4件参展作品被评为精品奖，分别获金奖、银奖、铜奖和优秀奖。其中，金发晶作品《华严三圣》被评为金奖。

【"涉台教育进机关"报告会】8月21日，举办"涉台教育进机关"报告会。苏州大学台商投资与发展研究所所长、教授张明作题为"台商投资与区域发展——基于对长三角与闽三角、珠三角地区的分析"的讲座。全市台办系统和高港区商务局共100多人参加报告会。

【台商恳谈会】8月25～27日，台商恳谈会在深圳召开。市委副书记、市长陆志鹏参加恳谈会。在深圳期间，陆志鹏一行与部分央企及泰州籍知名人士座谈，参访深圳台商协会以及深圳成霖实业、嘉隆科技等台资企业，就扩大在泰州投资进行深入交流。

【全省台商服务示范点现场观摩会】9月25日，全省台商服务示范点现场观摩会在泰州市姜堰区召开。会议要求各地台商服务示范点创建工作要充分借鉴姜堰成功经验，结合各地实际，创成自身品牌。会上，姜堰区介绍该区经济社会发展情况、服务台商工作措施以及以服务台企"十大举措"为主要内容的"姜台一家亲"服务品牌创建情况。

【佛教音乐会】10月5日，泰州市历史上首场佛教音乐会在三水湾水上舞台举办。台湾泰州籍高僧、世界佛教僧伽会会长、台湾善导寺主持了中长老率近70人的僧团出席音乐会。中国佛协副会长、江苏省佛协会长心澄大和尚，浙江省佛协会长怡藏大和尚、寒山寺住持秋爽大和尚、上海玉佛寺慧觉法师等江浙沪佛界领袖及长三角游客、居士、大功德主参加音乐会。

【台企协会换届选举】10月24日，泰州市台企协会第五届会员代表大会召开。会议选举产生新一届领导机构，通过荣誉会长、高级顾问及特邀顾问名单。立展工业（泰州）有限公司董事长叶俊晖当选泰州市台企协会会长，泰州青山玉雕有限公司艺术总监洪福寿当选监事长。选举结束后，台企协会举办第五届理监事就职庆典。台湾海基会董事长林中森，台湾民意代表罗明才、潘维刚，全国台企联、全国海协会、国台办、省台办领导，大陆地区30多家台企协会会长及台商代表等海峡两岸政商界人士共200多人参加庆典。市领导蓝绍敏、张余松等出席庆典。国民党荣誉副主席林丰正，深圳台商协会等单位和社会知名人士发来贺电、贺函。

【"魅力东方—走进泰州"系列报道活动】2014年，国台办海峡两岸出版交流中心与市台办共同组织策划"魅力东方—走进泰州"系列报道活动。10月26～28日，台湾中天卫视和《联合报》媒体采访团对泰州市风土人情、名胜古迹、重点企业、建筑地标、文化艺术和美食特色等进行采访拍摄。28日，市委书记蓝绍敏接受台湾媒体专访，介绍泰州市产业发展历史、经济社会发展现状和建设"康泰之州、富泰之州、祥泰之州"的远景目标，同时热忱欢迎广大台商朋友到泰州发展。"魅力东方—走进泰州"采访报道内容在凤凰网和台湾中天电视台、《联合报》等媒体集中刊播。

11月25日，"烟雨故土"——台湾著名诗人洛夫诗歌朗诵会在泰州举行

【洛夫诗歌朗诵会】11月25日，市文联与市职业技术学院联合举办"烟雨故土"——台湾著名诗人洛夫诗歌朗诵会。朗诵会分"春的等待"和"秋的期盼"两个部分，省广电总台主持人、省朗诵协会秘书长傅国和泰州市知名艺术家、主持人共同朗诵洛夫的《众荷喧哗》《因为风的缘故》等11首诗歌。

【台属联谊工作】2014年，泰州旅台同乡会会长潘维大一行到泰州参加南师大泰州学院建院10周年庆典；台湾泰州籍高僧、世界佛教僧伽会会长、台湾善导寺主持了中长老率领近70人的僧团到泰州参加三水湾佛教音乐会。年内，泰州旅台同乡会理事长张以利2次回泰州探亲、理事一行6人回泰兴扫墓，台北市靖江同乡会理事陈民本、韩一琦回靖江探亲，均得到市两级台属联谊会积极接待。年内，市领导蓝绍敏、卢佩民、张余松等与参加泰州市台企协会第五届理监事就职庆典的泰州籍知名人士、台湾"民意代表"潘维刚女士进行座谈交流；泰兴市党政负责人在率团赴台考察期间，拜访泰兴旅台同乡会；靖江市与台北旅台同乡会对接，推动万都置业有限公司与台湾士林夜市老街繁荣促进会缔结友好合作关系，并举办“士林美食嘉年华”巡展。组织走访慰问和关爱台属等活动，海陵区组织台属参观单声珍藏文物馆、苏州严家花园和木渎古镇，参加台海形势报告会；泰兴市组织台属参观昆山台资企业、南通台资企业、黄桥老区新貌和台属创办的企业；靖江市开展“关爱台属，为台属建立健康档案”活动；姜堰区台办联系区教育局，为4个台属子女解决就学问题。

（李晓东）

党史方志档案工作

【概况】2014年，泰州市党史方志档案办公室围绕市委、市政府“综合改革攻坚年”的总体部署，按照《泰州市史志档案事业发展“十二五”专项规划》要求，落实《中共中央关于加强和改进新形势下党史工作的意见》和国务院《地方志工作条例》，党史、地方志、档案工作再上新台阶。推进党史方志档案事业发展，以党的群众路线教育实践活动为契机组织领导班子成员领学和宣讲，开展谈心谈话160多人次，建立领导班子成员工作联系点等制度10项。加强绩效管理，开展绩效管理“特别贡献奖”、“创新创优成果”申报评选工作，开展本办“亮剑”专项行动整治。推进学会工作，年内新成立泰州市档案学会，市新四军历史研究会完成换届选举，党史学会召开年会1次。年内，组织参加全国文明城市创建活动，多方协调处理包干路段存在问题，支持联创共建社区凤凰社区创建工作，安排人员参与市创建办档案工作；承办第十二届长三角城市档案局长联席会议；完成《泰州市史志档案事业发展“十二五”专项规划》中期评估并形成专项报告；组织参加省档案系统第三届乒乓球联赛，开展本办乒乓球比赛等活动。

2014年，《中共泰州地方史简明读本（1921～1949）》《中共泰州市委工作大事记（1996～2011）》《泰州年鉴（2014）》《江苏档案精品选·泰州卷》等正式出版，《泰州市志》初步完成总纂任务，《泰州大事记》按期编印，《泰州市档案人员工作手册》编印成书；市档案馆创成省级中小学档案教育社会实践基地；全市有10人获评档案高级职称，22人获评档案中级职称，17人获评档案初级职称。

加强调查研究，形成工作成果。年内，开展《历代贤妃图》图文注释、点评工作；在《新华日报》发表文章1篇，在《扬子晚报》“档案穿越”专版发表文章2篇，在《档案与建设》发表文章2篇、《中国索引》发表文章1篇、《法制与社会》发表文章1篇，在《泰州通讯》发表文章8篇、《泰州日报》发表通讯报道2篇；全年有9篇论文参加不同层次的理论研讨会，其中申万霞撰写的《邓小平对群众路线的实践和发展》入选省纪念邓小平同志诞辰110周年理论座谈会，并被《新华日报》登载。收集相关成果，汇编《2013年度工作日志》《2013年工作成果汇编》《泰州市档案论文专集（2014）》等资料10多种，约130万字。

加强信息工作。优化网站栏目设置，“泰州党史方志档案信息网”全年发布信息438条；向市政府门户网站报送信息74条、录用34条，向省档案信息网报送信息380条、录用138条。全年编印《泰州党史 地方志档案工作》5期。

2014年，市党史方志档案办公室获全省档案宣传工作先进集体特等奖、2014年度《世纪风采》杂志宣传发行工作先进集体组织奖一等奖；《泰州年鉴（2014）》获第五届全国年鉴编纂出版质量评比（5年1次）综合一等奖、框架设计二等奖、条目编写一等奖、装帧设计一等奖和第三届江苏省年鉴奖综合二等奖；市党史方志档案办公室与泰兴市电视台联合拍摄的《老英雄印永鑫》获第三届全国历史题材广播电视节目三等奖，为全省党史系统唯一获奖作品。

【党史工作】2014年，市党史方志档案办公室按照省委党史工办要求，撰写《泰州解放概述》，征集并报送“亲历者回忆”文章4篇、相关历史图片25幅；整理上报泰州抗战人物建议名单24个，其中陈毅、叶飞、陈中柱、朱履先、黄逸峰、朱克靖、陈玉生、李明扬等8人入选《江苏抗战人物传略》，完成入选人物传略初稿近5万字。按照《江苏改革开放实录》泰州部分选题要求，筛选上报选题9个、入选6个，其中“引江河工程”“黄桥老区开发建设”“戴南张郭现象”被确定为首批选题。加强党史课题研究，省社科联立项课题“国际舆情中新四军的群众路线”顺利结项。

【党史基本著作出版发行】2014年，市党史方志档案办公室出版发行一批党史基本著作。其中，《中共泰州地方史简明读本（1921～1949）》由凤凰出版社出版发行；《中共泰州市委工作大事记（1996～2011）》由江苏人民出版社正式出版；《泰州市重大工程纪实》内部印刷成书。

【《泰州市志》编纂工作】2014年，《泰州市志》完成电力、商贸业、社会服务业、政协等4篇分纂任务，年内分纂工作全部完成。推进总纂工作，制定《〈泰州市志〉编修工作方案（2014.1～2016.7）》和《〈泰州市志〉图片征集方案》，调整充实总纂人员；年初计划完成总纂稿18篇，实际完成总纂稿34篇、约291万字，《泰州市志》总纂工作初步完成。

【《泰州年鉴（2014）》出版发行】《泰州年鉴（2014）》于9月由方志出版社出版，是泰州市第17本年鉴。《泰州年鉴（2014）》采用全彩版印刷，全书共设46个栏目、293个分目，收录条目2000多个，总计110万字。

【档案编研】2014年，市党史方志档案办公室加强档案编研。年内，《江苏档案精品选·泰州卷》由江苏人民出版社出版；35万字的《泰州市档案人员工作手册》编印成书并作为培训教材分发给全市档案工作人员；编印《档案以案说法》，参与《泰州粮油票证大观》编纂。

【档案规范化建设】推进档案规范化建设，拟定《泰州市档案管理办法（草案）》；经市政府第18次常务会议讨论通过，《泰州市档案管理办法》由市政府11月9日正式颁发，自2015年1月1日起正式实施。制订《泰州市档案馆收集档案范围实施细则》，经省档案局审核批准，由市委办、市政府办8月15日联合发布；《细则》明确287家进馆单位及其进馆档案的门类。

【档案征集】向社会各界征集名人档案、家谱族谱、图书资料等，全年共征集或接收捐赠谱牒档案33套204册，图书资料500多册（件）。加强馆际联系与合作，从苏州、无锡档案馆征集到泰州民国档案285件；从泰兴市红色文化博物馆赵玉刚处征集到民国时期李明扬先生签发的委令等珍贵档案，并将其子赵越从日本征集到的电影《支那事变》胶片送上海电影技术厂进行数字化并存馆，对侵华日军村上忠次郎个人影集——《支那事变写真集》、1938年1～12月《历史写真》画册进行扫描存档。从上海王佩玲女士处征集到已故上海文史馆馆员王退斋先生档案资料198件、书信1912封。举行捐赠仪式，清光绪年间颁发的《花翎守备衔补用千总易德升札》、兴化市人大退休干部参加抗美援越和对越自卫反击战的实物档案、市粮食系统退休职工收藏的泰州境内发行的整套粮油票券608枚和粮证25本先后进馆。年内，征集到离任市委书记张雷收存的珍贵图书资料153册；1997～2013年《泰州统计年鉴》两套；史志档案办老领导张斌捐赠的地情书348册；纪念梅兰芳诞辰120周年图文集萃精装本《梅韵千秋》3册；第五届中国（泰州）国际医药博览会全套资料；胡锦涛、江泽民、张德江等领导人视察泰州照片11张；《泰州广播电视报》《泰州日报》等报纸合订本20多套；泰州解放初期的证章、同学录等档案资料若干。

【党史、地方志、档案业务指导】2014年，市党史方志档案办公室加强对所辖市（区）党史、地方志、档案业务指导，推进全市党史、地方志、档案事业发展。指导泰兴、靖江党史二卷本和兴化党史三卷本编写工作；初审《泰兴市志》《兴化市志》，通审《靖江市土地志》《靖江工商联（总商会）志》；指导市（区）数字档案馆（室）创建，姜堰区档案馆创成省AAAA级数字档案馆，靖江工商局档案室创成AAA级数字档案室。举办专题讲座，提高全市党史、年鉴编纂人员业务水平；举办各类档案人员培训班，在宗教档案、企业档案、档案信息化、档案室规范化管理等方面加强专业指导。

【档案馆工作】制定安全工作管理制度，落实档案馆安全保卫工作责任。加强档案馆库日常管理，开展档案接收进馆、划控鉴定和档案抢救保护统计工作；年内接收宇宙集团等破产企业档案约2万卷进馆，与市开源服务公司重新签订档案长期寄存协议。推进市档案馆围栏建设，至年末，项目规划设计方案审查、工程造价概算完成并报市发改委立项。2014年，市档案馆全年接待查档1080人次，各展厅接待参观680余人次；查档大厅创成市级巾帼文明岗。年内，馆藏档案数字化二期工程500万页扫描工作完成；市政务服务中心档案局分中心挂牌。

保　密　工　作

【概况】2014年，市委保密委推进定密管理，加强网络保密管理，规范涉密人员管理，保密行政管理能力得到进一步提升。

开展定密业务培训。举办定密责任人暨政府信息公开保密审查员培训班，市级机关179名定密责任人、信息公开保密审查人员参加培训。开展定密专项治理，对11家单位的定密工作进行抽查，推动全市定密规范化建设。

加强网络保密监管。开展网络核查分类工作，摸清全市涉密、非涉密网络底数。开展涉密网络分级保护和测评审批工作，协助省测评分中心完成3家单位涉密网络测评；完成对市委办公室等单位涉密网络的资料审查和现场审查，向3家单位颁发涉密网络使用许可证。举办涉密计算机信息系统“三员”（系统管理员、安全保密管理员和安全审计员）保密技术培训班，市级机关207名涉密人员参加。推进涉密计算机保密技术防护专用系统强制配备工作，共安装防护专用系统软件1106个。完成涉密计算机违规外联监管平台升级改造并通过省局验收，全年组织核查违规外联事件2起。加强对政府门户网站的保密检查，全年共检查2900多个（次）。

规范涉密人员管理。推进涉密人员确定工作，坚持“以岗定人”原则，强化涉密人员确定标准意识，先后2次组织21家试点单位、4个试点地区保密行政管理部门负责人集中学习《涉密人员确定标准》《涉密人员管理指导意见》，引导试点单位准确确定涉密岗位和涉密人员，并对部分试点单位涉密人员确定工作进行现场审查验收。

【保密法制宣传】组织实施《“六五”保密法制宣传规划》，开展“保密法制宣传周”活动，在《泰州日报》开辟保密宣传专版，在泰州电视台滚动播放保密宣传字幕。强化保密常识宣传，运用即时通信平台，向市（区）各级涉密人员定期发送保密宣传短信27次，54万多人次接收。在市级机关集中办公场所设置6处保密宣传展区，在主城区公共场所的123个公共信息屏滚动播放保密宣传幻灯片和视频。开展“建行杯”保密知识竞赛活动，共收到有效答卷14240份。征集、上报红色保密故事系列13篇，完成《胜利之盾》协拍任务。

【保密教育培训】从2014年下半年起，将保密教育纳入市委党校干部培训主体班次教学内容。开展各类专业技术培训，全年共举办各类专业培训班13次，培训1000多人次。强化对领导干部的保密教育，向全市处级以上领导干部统一发放《党政干部和涉密人员保密常识必知必读》1500本。深化保密“两识”（保密常识和保密意识）教育，全年共讲授保密知识10多场次，1000多名机关工作人员接受保密知识培训。

【保密检查和监管】开展涉密中央文件保密管理专项检查，先后10次赴各保密协作组开展专题督查。开展涉密科研项目保密管理专项检查，先后对4家涉密科研项目承担单位、2家涉密科研项目配套单位进行抽查。完成全市2013年度保密工作统计数据审查确认工作。对610反邪教办、外办、各新闻单位等重点涉密系统单位，进行市（区）联动式保密专项检查，指导完善防护措施，消除泄密隐患。组织对全市军工单位保密资格的审核指导工作，为军工企业快速获取保密资格开辟“绿色通道”，全年有18家单位通过省认证委现场审查、7家单位通过省级复查。开展国家秘密载体定点印制企业保密资质审查工作，对受理申请国家秘密载体资质的4家印制企业进行指导。

（保密局）

党校工作

【教育培训】2014年，市委党校共举办主体班22个，参训人数2010人。其中，市县处级领导干部学习习近平总书记系列讲话精神轮训班4期培训学员837人，第18期新上岗县处级干部培训班1期培训学员43人；市第二期年轻干部“群众工作能力提升”主题培训班1期培训学员32人，市第14期党外中青年干部培训班1期培训学员40人，市党校系统第二届干部教育培训研讨班1期培训学员20人，市女干部能力提升培训班1期培训学员49人；市级机关党组织书记培训班1期培训学员110人，市级机关第18期入党积极分子培训班2批培训学员217人；新疆昭苏县中青年后备干部（泰州）培训班1期培训学员37人；流通业现代化与转型发展专题研修班1期培训学员66人，深化体制改革与经济发展转型专题班1期培训学员83人，加强和创新社会管理专题班1期培训学员69人，文化产业与文化名城专题班1期培训学员81人，城镇化与中心城市建设专题班1期培训学员63人，绿色发展与生态名城建设专题班1期培训学员52人，城乡一体化与农业现代化专题班1期培训学员75人，管理理论与领导艺术专题班1期培训学员68人，法治建设与依法行政专题班1期培训学员68人。

2014年，市委党校面向全市机关部门、企事业单位开展各类培训工作。至年末，共举办各类培训班148期，培训学员15319人，包括全市基层党员干部冬训工作部署会暨理论骨干培训班、“万名党员进党校上党课”、泰州市勤廉网校2013年秋季班、泰州市党代表培训班、市乡镇（街道、园区）党（工）委负责人非公党建培训班、全市纪检监察干部综合业务培训班、市选聘985党政青年人才“能力素质提升”主题培训班、法治泰州建设培训班、医药高新区宣传思想文化干部培训班、高新区村（社区）党组织书记培训班、泰州医药高新区党的知识集中培训班、泰州地税局市区全员业务培训班、泰州银监分局中层干部培训班、泰州海事局党的十八届四中全会精神专题培训班、泰州报业传媒集团全员培训班、泰州市老干部党支部书记培训班、泰州市小微企业进规模培育企业经营管理人员培训班、凤凰街道入党积极分子培训班等。

全年共开办研究生、本科、大专3个层次的学历班7个，在籍学员190人。年内，有94人在市委党校学完规定课程，经考试合格予以毕业。其中，73人获省委党校颁发的研究生毕业证书；3人获兰州大学网络教育颁发的本科毕业证书；6人获省青干院颁发的大专毕业证书，12人获市委党校颁发的大专毕业证书。

【科学研究】实施“金点子工程”，用“三支笔”（写专业学术著述的笔、写理论宣传文章的笔、写调研咨询报告的笔），说“三种话”（内行话、理性的话、学术圈内人懂的话，直白话、深入浅出的话、老百姓听得懂的话，实在话、务实管用的话、为决策服务的话），推进党校调研与应用研究。全年获省哲学社会科学优秀成果三等奖1项；获市社科应用研究精品工程优秀成果一等奖1项、二等奖3项。

2014年，市委党校发表科研成果224项。其中，专著2项，编著5项，人大复印资料1项，省以上公开发表74项、内部刊物发表12项成果，市级公开发表34项、内部刊物发表48项，专辑、增刊发表1项；研讨会论文24项；省政府研究室内参发表1项，市委市政府内参发表4项，其他决策咨询18项。年内，有10项决策咨询报告获市领导批示。

2014年，市委党校申报省级社科基金课题1项；完成省委党校跨年度课题与学习十八届三中全会专项课题共8项，申报省委党校跨年度课题3项；申报省社科联课题2项；申报、完成市社科课题3项；申报、完成市软科学课题4项；结项市委党校课题17项，立项市委党校重点工程课题1项、市委党校课题24项。

（蔡新燕）

老 干 部 工 作

【概况】2014年，泰州市加强离退休干部“两项建设”（党支部建设、思想政治建设），落实老干部政治生活待遇，探索改进离退休干部服务管理，推动老干部工作转型发展、科学发展。年内，市委老干部局运用老干部理论学习组、社区课堂、夕阳红大讲堂和离退休干部网上平台等学习阵地，结合学习、教育、实践、文体等活动，开展“我看十八大以来新变化”主题活动，举办“谈两会，看泰州发展新貌”“学习新党章，争做好表率”活动，引导老干部学习理解党的十八届三中、四中全会和习近平总书记系列重要讲话精神；开展“远学赵亚夫，近学身边人”主题活动，组织观看《亚夫追梦》宣传片，举办“赵亚夫同志先进事迹巡回报告会”，向离退休干部宣传赵亚夫生命不息、奋斗不止的高尚情怀；组织开展“解放思想再发力，科学发展勇攀登”征文活动，评选出个人一、二、三等奖和优秀奖，并精选优秀文章51篇编印征文集。全年全市有5个老干部党支部、11名离退休干部被全国、全省表彰为先进集体和先进个人。

【离退休干部“两项建设”】加强离退休干部党支部建设和思想政治建设，组织开展理论宣讲、专题辅导、讨论交流等活动，编发学习资料。组织离退休干部党员参加党的群众路线教育实践活动，380多名离退休干部担任群众观察员，提出意见建议1300多条。推进老干部党支部建设科学化、规范化，举办全市老干部党支部书记培训班，45名老干部党支部书记参加培训。

【老干部生活待遇保障】落实、检查企事业离休干部住房补贴和效能考核奖金发放工作，调研、梳理对老干部定点医疗情况。开展易地走访慰问，赴北京、杭州、上海、无锡等地区慰问易地安置老干部22人，了解易地安置老干部们在当地的“两项待遇”（政治待遇、生活待遇）落实情况。建立离休干部电子信息资料档案，搜集整理市直259名离休干部个人信息。增设老干部保健室，市中医院选派1名医生在老干部保健室坐诊，定期为老同志提供量血压、健康咨询和取药等服务。出台《与老干部结对帮扶制度》，市委老干部局机关老干部工作人员每人帮扶1～2人。

【老干部活动阵地建设】2014年，市财政追加拨款20万元，改造市老干部活动中心设施，加强老干部活动阵地建设。年内，市委老干部局重新规划活动中心桌球室，添置新斯诺克球台1张；投入12万元，翻新室内门球场，增加乒乓球活动场所；加强房屋设施的修缮及绿化维护，在楼道及台阶两边安装安全扶手。

（老干部局）

综 述

【概况】 2014年，泰州市人大常委会坚持党的领导，服务发展大局，履行地方人大的法定职责，不断探索、创新突破。

推进民主政治建设。全年听取和审议“一府两院”专项报告14项，组织执法检查和专项工作评议各1次、专题询问2次、代表视察13次，依法作出决议决定4项。制定出台“双联”（人大常委会联系代表、代表联系群众）工作意见，开展“走基层、访代表”活动，征集意见建议124条。开展首次“五级人大代表回选区、访选民活动周”活动，帮助基层办理实事，全市7621名各级代表集中与选民见面、参与率达86%，收集意见建议4700多条。

服务全市发展大局。关注经济“新常态”下出现的新难题，对化解企业“用工难”、现代职业教育、电网改造、外事、旅游等工作情况进行审议和视察。引导政府出台《2014～2016年为农服务工作三年方案》，推动在农业服务机构改革、服务信息平台利用、粮食订单收购、农村金融服务、耕地利用与保护等方面的探索，并建立定向联系部门，选定基层镇街作为联系点，推动方案实施。组织人大代表考察“三泰”水网及小型农田水利设施建设情况，推进农田基础设施建设；考察粮食管理服务工作，推进粮食安全、粮食银行、粮食营销工作；考察市区供销经济工作，发挥供销为农服务主渠道作用。

坚持履职为民，推进解决重点民生问题。跟踪考察学前教育，组织赴边远乡镇暗访，推进省学前教育改革发展示范区建设。针对调整后的小康社会指标体系中的落实弱项、老年人权益保障体系不够健全、动迁安置不够及时到位、食品药品存在安全隐患等情况，跟踪督查医德医风审议意见的落实。联动开展《大气污染防治法》执法检查，通过《关于加强城市永久性绿地保护的决议》。开展专项评议市法院执行工作，审议市检察院民事诉讼法律监督工作情况，组织人大代表考察基层派出所建设情况。年内，组织考察国家生态市创建工作、凤城河风景区建设情况、“九路一桥”城建项目、全民健身工作等。

提高人大代表履职能力。在全省率先出台《关于进一步提高代表建议办成率的意见》，制定完善询问和质询办法等规章制度。建立代表接受原选举单位和选民监督制度，开展人大代表述职试点工作，4名省人大代表、8名市人大代表、1000多名市（区）和乡镇人大代表分别报告履职情况并接受测评。畅通代表联系渠道，发挥代表监督作用，全年共有127名代表参加效能监督、旁听庭审等活动。

重要会议和工作

【市四届人大三次会议】 1月14～17日，市四届人大三次会议召开。会议听取和审议《政府工作报告》；审查和批准《关于泰州市2013年国民经济、社会发展计划执行情况和2014年计划草案的报告》；审查《关于泰州市2013年财政预算执行情况和2014年财政预算草案的报告》，批准2013年泰州市本级财政预算执行情况的报告和2014年市本级财政预算；听取和审议

《泰州市人大常委会工作报告》《泰州市中级人民法院工作报告》《泰州市人民检察院工作报告》；补选陆志鹏为泰州市政府市长；补选刘振东、李光玉、黄海燕为泰州市第四届人民代表大会常务委员会委员。

【市人大常委会会议】1月13日，市四届人大常委会第十一次会议召开。会议审议通过《关于泰州市四届人大代表变动及补选情况的报告》；审议通过市四届人大三次会议主席团名单（草案）。

3月24日，市四届人大常委会第十二次会议召开。会议听取和审议市政府关于贯彻落实省委省政府《关于推进泰州转型升级综合改革试点的意见》及泰州市实施意见工作情况的报告，并进行专题询问；听取和审议市政府《关于2014～2016年为农服务工作三年方案的报告》；听取和审议《关于进一步提高代表建议办成率的意见（草案）》。

5月23日，市四届人大常委会第十三次会议召开。会议听取和审议市政府《关于化解企业“用工难”工作情况的报告》《关于动迁安置房建设情况的报告》。

7月29～30日，市四届人大常委会第十三次会议召开。会议听取和审议市政府《关于2014年上半年国民经济和社会发展计划执行情况的报告》《关于2013年市本级财政决算草案和2014年上半年财政预算执行情况的报告》；审查和批准《2013年泰州市本级财政决算》；听取和审议市政府《关于2013年市本级财政预算执行和其他财政收支情况的审计工作报告》《关于〈老年人权益保障法〉和〈江苏省老年人权益保障条例〉贯彻实施情况的报告》；听取和审议市人大常委会执法检查组关于检查《大气污染防治法》贯彻实施情况的报告；听取和审议《关于加强市人大常委会联系代表、代表联系人民群众的意见（草案）》；通过有关审议人事任免议案；4名省人大代表报告履职情况。

9月23日，市四届人大常委会第十五次会议召开。会议听取和审议市政府《关于代表建议办理工作情况的报告》，并进行专题询问；听取和审议市政府《关于加强食品药品安全工作情况的报告》；听取和审议市法院《关于全市法院执行工作情况的报告》；听取和审议市人大常委会《关于专项评议法院执行工作情况的报告》；听取和审议市人大常委会代表资格审查委员会《关于市四届人大代表变动及补选情况的报告》。

11月25日，市四届人大常委会第十六次会议召开。会议听取和审议市检察院《关于民事诉讼法律监督工作情况的报告》；审议通过市人大常委会《关于加强城市永久性绿地保护的决议》《关于召开市四届人大四次会议的决定》。

12月25～26日，市四届人大常委会第十七次会议召开。会议听取和初审市政府《关于2014年国民经济社会发展计划执行情况和2015年计划初步安排意见的报告》《关于2014年财政预算变更建议、预计执行情况和2015年财政预算草案的报告》；听取市政府《关于全面建成小康社会指标体系（调整后）落实情况的报告》；听取和初审市人大常委会工作报告稿；审议通过市四届人大四次会议列席人员范围。

【市人大常委会主任会议】4月29日，市四届人大常委会召开第七次主任会议，听取市政府《关于加强现代职业教育工作情况的汇报》和市人大常委会教科文卫工委《关于全市职业教育发展情况的调查报告》。6月24日，市四届人大常委会召开第八次主任会议，听取市政府研究处理医德医风专项工作评议意见的汇报和市人大常委会教科文卫工委的相关调查报告。8月21日，市四届人大常委会召开第九次主任会议，听取市政府《关于外事工作情况的汇报》。10月22日，市四届人大常委会召开第十次主任会议，听取市政府《关于专项资金绩效管理工作情况的汇报》和市人大常委会财经工委的调研报告。

【人大代表考察】2月21日，第四届人大常委会组织部分人大代表考察城建项目“九路一桥”建设工作情况。3月25日，组织考察基层派出所建设情况。4月21日，组织考察国家生态市创建工作审议意见落实情况。4月28日，组织考察旅游业发展情况。5月28日，组织考察“三泰”水网及小型农田水利基础设施建设情况。6月9日，组织考察《中华人民共和国消防法》贯彻实施情况。6月20日，组织考察粮食管理服务工作情况。7月31日，组织考察市区全民健身工作。8月21日，组织考察电网建设改造工作情况。9月中下旬，组织3个考察小组，分赴各市（区）考察部分乡镇幼儿园。10月21日，组织考察市区供销经济工作情况。10月28日，组织考察凤城河风景区建设情况。

【代表建议办理】在全省率先出台《关于进一步提高代表建议办成率的意见》，提高代表建议办理“办成率”。市四届人大三次会议期间共收到代表建议178件。经评估，2014年度能办成的（A类）建议74件，跨年度办理的（B类）建议51件，暂时不可办理的（C类）建议53件；经考核，A类建议办成率为100%，B类建议完成率为96%，C类建议均给予答复。

重 要 建 议

【进一步重视改进和规范外来务工人员工资发放模式的建议】市四届人大三次会议期间，人大代表建议：将“一卡通”作为全市外来务工人员密集行业的工资发放基本方式，并力争2年实现全覆盖；加强与公安、工商、税务、银行等部门的沟通协作，以便及时协调解决新模式运作中出现的问题，维护外来务工人员的合法权益。

【加强新328国道及两侧规划与管理的建议】市四届人大三次会议期间，人大代表建议：加强对道路两侧各类建筑设施建设工作的统一规划管理，制定实施相应的规范和标准；对道路两侧的违法建筑，要按照法定程序，依法按章予以强制拆除，提高各级部门和人民群众对于新328国道维护的责任意识。

【加快行政审批制度改革的建议】市四届人大三次会议期间，人大代表建议：行政审批制度的改革与创新要按照“能放则放、应放尽放”的原则，最大限度地减少审批层级，优化审批流程，提高审批效率，创新审批服务方式，为企业群众提供“一站式”“一条龙”服务。

【优化“三泰”水网建设的建议】市四届人大三次会议期间，人大代表建议：要优化“三泰”水网规划，满足市区城市水功能的整体需求，提升区域航道功能，提升“引、提、排、控、净”的能力，提升泰州市区长江水北送东引的能力。

【重视雾霾治理的建议】市四届人大三次会议期间，人大代表建议：加大对化工排污企业的监管与治理，并逐步取缔；快速发展城市公交，远距离的出行公交化，近距离的倡导步行；禁止焚烧秸秆；加大其他污染源的监管，严控排放，加大超标准排放的处罚力度。

【合理配置“120”急救资源的建议】市四届人大三次会议期间，人大代表建议：合理配置院前急救资源，促进基本公共卫生服务均等化。把市“120”中心调度、救护车、接诊医院、联动部门连成一个多层次的动态网络，保持通讯快速、畅通，使急救过程沟通无障碍。建立市、县、乡镇三级院前急救网络。逐步完善和发展市“120”指挥中心，为保障人民群众生命安全保驾护航。

【倡导城市公共自行车出行的建议】市四届人大三次会议期间，人大代表建议：市政府给予公共自行车财政支持，出台相应政策，规划合理租赁点。将公共自行车归口城管局为责任主体单位，对车辆进行日常的运行维护管理，包括旧损车辆的修理、清洁以及车锁架系统的维护。

2014年泰州市四届人大三次会议代表建议一览表(摘录)

表2

建议人	案由	主办单位	会办单位
杨爱兰	关于新建宁通高速泰兴广陵进出口至靖江市江平路路道的建议	交通局	靖江市，泰兴市
胡万贵	关于实行购买秸秆还田或回收农机补贴普惠制的建议	农　委	财政局
陈春红	关于解决泰州市主城区中小学校学生上学放学交通问题的建议	教育局	交通局，公安局，财政局，规划局
李劲松	关于完善社会保障机制　密切关注空巢老人的生存状态的建议	民政局	卫生局，团市委
韩建荔	关于对校外各类民办辅导班加强管理的建议	教育局	民政局，海陵区
李国平	关于加强市区古树名木保护的建议	住建局	农委
李振华	关于加大《省物业管理条例》贯彻执行与检查指导力度的建议	住建局	城管局，公安局，环保局，工商局
唐晓伟	关于扎实推进农业农村工作，促进农民持续稳定增收的建议	农工办	农委
殷东升	关于加强对物业管理公司财务监管的建议	财政局	地税局，住建局，物价局

续表2-1

建议人	案由	主办单位	会办单位
丁志刚	关于出台《公共场所禁止吸烟的有关规定》的建议	文明办	卫生局
侯瑞华	关于为姜堰向上争取扶持苏北发展政策的建议	发改委	姜堰区
金慧霞	关于加强源头管理，规范电动汽车上路行驶的建议	公安局	工商局，质监局
季茂华	关于重视雾霾治理的建议	环保局	交通局，农委
李　珂	关于进一步加强食品安全监管的建议	卫生局	食药监局，工商局，农委，质监局
陈兰英	关于解决基层医疗机构基本药物正常供应的建议	卫生局	
张育新	关于加强市、区界河综合整治及长效管理工作的建议	水利局	环保局，民政局
罗建群	关于加强市区交通管理的建议	公安局	交通局，规划局
武丽君	关于加强市区保障性住房申请家庭财产性收入和资产状况审核的建议	民政局	住建局，工商局
黄金珍	关于规范使用劳务派遣人员的建议	人社局	编委办
叶　美	关于取消新华书店统一征订教辅用书、提倡“校本作业”的建议	教育局	财政局
王爱萍	关于创新工作思路　将信访问题终结在信访大厅的建议	信访局	市委办
仇党玉	关于规范管理农民专业合作社的建议	农工办	
丁小萍	关于养老机构用工问题的建议	民政局	人社局，教育局
高军业	关于方便市区西北片农保病人就医的建议	姜堰区	卫生局
武丽君	关于加大城市公共交通建设的建议	交通局	公安局
谢　翔	关于提高市区精神病患者医疗救助标准的建议	卫生局	人社局，海陵区
范荣春	关于加快建立泰州市区病死动物无害化处理中心的建议	农　委	规划局，财政局，国土局，环保局
周建红	关于对姜堰区农村公路提档升级项目予以补助的建议	交通局	财政局
黄明明	关于成立联合矛盾调处小组解决城南街道信访积案的建议	海陵区	公安局，信访局
邓　华	关于减轻社区工作负担的建议	民政局	计生委
刘爱红	关于九龙镇“低洼”处每年被雨季淹泡应加快改造的建议	海陵区	
徐忠祥	关于解决广靖高速公路两侧居民噪音污染的建议	靖江市	
陈　萍	关于调整海陵区与姜堰区之间基本农田规划的建议	国土局	海陵区，姜堰区
郑国建	关于加快城乡生活垃圾统筹处理的建议	兴化市	城管局
陈兰英	关于严厉打击扰乱医疗秩序行为，保障医务人员生命安全的建议	卫生局	公安局，宣传部，法院，检察院，民政局
包振琪	关于进一步推进河道疏浚整治工作的建议	水利局	财政局
李　飞	关于科学实施秸秆禁烧的建议	农　委	财政局
于德红	关于解决市区乱停车给市民生活带来不便的建议	公安局	物价局
顾　峰	关于设立秸秆禁烧和综合利用专项补贴改进督查考核方法的建议	农　委	财政局
范宏甫	关于倡导城市公共自行车出行的建议	城管局	财政局，规划局
范宏甫	关于为泰州医药高新区配置教育资源的建议	医药高新区	规划局，教育局

续表2-2

建议人	案　　由	主办单位	会办单位
叶　红	关于做父母也需“持证上岗”的建议	计生委	教育局
乔向民	关于继续加大医保投入力度的建议	卫生局	
谢翠斌	关于秸秆综合利用的建议	农　委	财政局,住建局,经信委
陈兰英	关于加大鼓楼大桥等公共设施维护保养的建议	海陵区	
高　艳	关于建立低保信息共享机制，提升动态管理实效的建议	民政局	公安局,住建局,人社局
徐国平	关于修建市区人行过街天桥的建议	住建局	规划局
徐国平	关于加快市区道路建设速度的建议	海陵区	住建局
徐国平	关于进一步加强科技创新工作的建议	科技局	经信委,发改委
薛　敏	关于打造优美周山河，建设美好新泰州的建议	水利局	规划局,住建局,文广新局
管冬梅	关于对兴业社区进行整治和改造的建议	海陵区	规划局
朱羊扣	关于加大公办幼儿教师在岗培训力度，提高幼师工资待遇的建议	教育局	财政局
朱羊扣	关于加强村级社区卫生服务中心的人员配备及技术培训的建议	卫生局	
朱羊扣	关于在住宅小区出入口设置斑马线的建议	公安局	
魏国俭	关于加大泰州苏中农副产品批发交易市场二期工程供地批文上争工作力度的建议	国土局	
宋建华	关于进一步提高城市地下电力管沟管理水平的建议	规划局	住建局
申泰州	关于进一步重视改进和规范外来务工人员工资发放模式的建议	人社局	公安局,人行,工商局
申泰州	关于扶持市级“五一创业岗”基地　不断做大做强的建议	人社局	总工会,财政局,经信委,地税局
金拥军	关于解决明珠小区停车难问题的建议	医药高新区	
黄明明	关于解决企业退休职工教师工资待遇的建议	财政局	教育局,人社局
郭余庆	关于加快推广集中供热、供气，促进经济转型发展的建议	住建局	规划局,物价局
姚卫芳	关于完善公交系统在上下班高峰期缩短发车间隔时间的建议	泰兴市	
徐建庆	关于对《社会保险法》实施情况进行检查的议案	人社局	保险行业协会
崔明生	关于关注义务教育优质均衡发展背景下的农村薄弱学校发展的议案	教育局	文广新局
刘玉其	关于解决土地遗留问题的议案	泰兴市	
王　成	关于加强对生猪屠宰市场的管理让老百姓吃上“放心肉”的议案	农　委	财政局,商务局,工商局
曾瑞祥	关于对泰兴市通南地区区域性、重要跨县（市、区）骨干河道整治、管理实施补助的议案	水利局	
管冬梅	关于将海光社区纳入2014年老小区改造计划的议案	海陵区	
黄冬云	关于提请市政府听取和审议拓宽改造分雅（分界–雅州）线的议案	泰兴市	交通局

续表2-3

建议人	案由	主办单位	会办单位
孔繁彬	关于建立和完善泰州北部生态湿地保护补偿机制的议案	财政局	农工办,农委,环保局
周旺根	关于配套村庄环境整治补助资金的议案	住建局	姜堰区,财政局
李念民	关于合理规划建设校车站点的议案	教育局	公安局,姜堰区,规划局,交通局
金慧霞	关于规范有偿家教市场的议案	教育局	食药监局,地税局,民政局
李　跃	关于优化“三泰”水网建设的议案	水利局	财政局,交通局,规划局等单位
蒋兆兰	关于解决城中村、城郊村农民住房困难的议案	兴化市	规划局
陈国祥	关于要求下放机动车驾驶证考试及机动车号牌发放权限的议案	公安局	
沈永平	关于解决农村农民住房困难的议案	兴化市	
陈宝林	关于进一步加大食品安全监管力度的议案	卫生局	食药监局,农委,工商局,质监局
陈宝林	关于进一步加强室内装饰工程监管的议案	住建局	建工局,质监局,地税局
侯瑞华	关于加快推进“清改浑”相关工作实施进度的议案	住建局	财政局,物价局,姜堰区
曹　慧	关于对里下河经济薄弱地区村庄环境整治资金予以重点扶持的议案	住建局	财政局
周建红	关于将姜堰城区河道整治纳入泰州市城市防洪工程建设规划的议案	水利局	姜堰区
曹　慧	关于将“施耐庵-水浒文化园”建设纳入泰州市文化产业发展规划的议案	宣传部	
祁斌昌	关于涉农补贴发放“一卡通”的议案	财政局	计生委,农委,商务局,民政局
李　飞	关于进一步加大对黄桥老区帮扶力度的议案	农工办	财政局,发改委
侯瑞华	关于破解民营医院发展瓶颈扶持民营医院发展的议案	姜堰区	
侯瑞华	关于撤市设区后加大对姜堰惠民政策扶持力度的议案	财政局	发改委
周旺根	关于尽快拓宽东延姜高大道的议案	交通局	姜堰区,高港区
严　晖	做好农业规划，实行农田规模化，专人耕种，逐步推进由政府统一规划，投资建设秸秆综合利用项目，根本性的解决秸秆焚烧问题的议案	农　委	
严　晖	关于调整沿江地区产业结构，改善环境质量，降低环境风险，确保饮水安全，促进经济转型升级的议案	发改委	环保局,经信委
侯瑞华	关于加强师德师风建设的议案	教育局	
叶　红	关于抢救性保护乡村散落、残存的文物古迹的议案	高港区	文广新局
乔向民	关于均衡公共资源，协调平衡受益群体的议案	政府办	教育局,卫生局,文广新局,体育局
姚德明	关于解决农民购买地方城镇户口人员历史遗留问题的议案	海陵区	

续表2-4

建议人	案由	主办单位	会办单位
侯瑞华	关于加大对姜堰生态建设补助力度的议案	财政局	住建局,经信委,环保局,农委,城管局
姚德明	关于扩大暮春街疏导点、缓解升仙桥附近交通堵塞的议案	海陵区	
常传林	关于规划建设兴化市安丰镇环镇公路的议案	兴化市	交通局
陆双琳	关于加大对家庭农场建设政策扶持力度的议案	农工办	财政局,国土局,农委
朱靖娴	关于加强人才队伍建设　筑牢舌尖安全防线的议案	人社局	食药监局,卫生局,编委办
臧大存	关于加快实施苏红路维修和沿线路灯安装的议案	农业开发区	

（肖　慧）

2015年1月21～23日，泰州市第四届人民代表大会第四次会议召开

泰州市人民政府

责任编辑 张 华

综 述

【概况】2014年，泰州市实现地区生产总值3370.89亿元，比上年增长10.8%；公共财政预算收入283亿元，增长9.2%；固定资产投资2200亿元，增长21.3%；社会消费品零售总额903.6亿元，增长12%。城乡居民人均可支配收入分别为31346元、15076元，分别增长9.2%、10.8%；居民消费价格涨幅2.1%；城镇登记失业率1.95%。

经济稳中有进。全年规模以上工业实现增加值2170亿元，比上年增长11.5%；新兴产业实现产值3902亿元，增长16.8%；实施投资1亿元以上重点工业项目279个，完成技改投入983亿元。建筑业实现总产值2385.82亿元，增长18.0%。服务业实现增加值1464.19亿元，增长12.3%；新增省服务业创新示范企业3家，百亿级服务业集聚区达4家。全年接待游客1851.68万人次，实现旅游总收入218.46亿元。开放型经济平稳发展，全年新批投资3000万美元以上项目24个，实际利用外资9.4亿美元；完成进出口总额108.9亿美元，实现外经营业额7.9亿美元。新增人民币贷款407亿元，净增直接融资117.5亿元。科技创新能力进一步增强，高新技术产业产值突破4000亿元，增长17.8%，占规模以上工业比重达41.5%。加强自主品牌和标准体系建设，新创中国驰名商标7件，新获发明专利授权340件。强化人才支撑，新增省"双创计划"团队1个、人才15名，新增省"双创博士"25名。加强节能减排，单位地区生产总值能耗下降4%，主要污染物排放量削减完成年度目标任务。

加快城乡建设。调整优化市区城建体制，启动实施城建新提升两年行动计划。制定出台推进老城改造加快新城建设的意见，完善拆迁政策，化解拆迁和融资难题。城乡基础设施建设取得新突破，泰镇高速泰州段、阜兴泰高速兴化至泰州段、京沪高速江广段扩容开工建设，宁启铁路复线电气化改造泰州段主体工程基本完工，国电泰州电厂二期、连淮扬镇与宁启铁路东北联络线获批，泰州—常州、江阴—靖江过江通道列入国家规划。泰东河整治、引江河二期、中小河流治理等工程有序推进。办好新一轮农村实事，区域供水通水乡镇、污水处理设施实现建制镇全覆盖，农村饮水安全工程新增受益人口83万人，新改建农村道路295千米、桥梁167座，疏浚县乡村河道995条。生态文明建设取得成效，新增国家级生态乡镇33个。推进城市环境综合整治，村庄环境整治通过省级全域考核验收。加强绿化建设，实施"空转绿"工程，全市新增造林面积4666.67公顷，市区新增绿地面积100万平方米。

优化公共服务。实施民生幸福工程，办好改善民生实事。鼓励支持全民创业，新增创业6.8万人，净增私营个体经济注册资本668亿元；实施积极的就业政策，新增城镇就业10万人。推进社会保障扩面提标，社会保险主要险种覆盖率稳定在97%以上，城镇居民大病医疗保险实现全覆盖。新开工各类保障性住房1.6万套，住房公积金新增开户缴存职工4.7万人。扶持发展养老服务业，新改建养老机构32家，新增养老床位5236张。实施脱贫奔小康工程，新增3.3万农村低收入人口脱贫。学前教育省优质园比例达61%，各市（区）均建成国家义务教育发展基本均衡市（区），"泰微课"自主学习平台上线运行，泰州学院新校区正式启用。深化医疗卫生资源整合，全面实施县级公立医院改革，各市（区）均建成国家中医药先进单位。市级公共文化设施全部免费开放，新增3家省重点文化科技企业。全国文明城市创建取得重要进展，各市（区）全部通过国家卫生城市技术评估。加强人口计生工作，稳步实施“单独两孩”生育政策。建成城市社区“10分钟体育健身圈”，启动市区学校室外体育设施向社会开放试点。新辟优化市区公交线路11条，公共自行车系统一期建成投用。深化平安泰州、法治泰州建设，群众安全感连续多年居全省前列，被评为全国“六五”普法中期先进城市。

【政府信息公开】建设阳光政府，加大政府信息公开力度，深化公开内容，创新公开方式，全年全市累计主动公开政府信息46118条，比上年增长81%。其中，机构人事类信息3782条、综合政务类信息13051条、民生公益类信息11437条、统计数据类信息1567条、财政资金类信息1337条、业务动态类信息14943条。受理申请公开信息共699件，增长16.9%，已全部按时答复。其中，已主动公开或同意公开354件，同意部分公开或不同意公开49件，不属于本行政机关公开或信息不存在212件，告知通过其他途径办理或告知作出更改补充等其他情况84件。

增强政策透明度，对涉及经济发展和社会公共利益的政策，在出台前征集民意，出台后深度解读。2014年，就为民办实事项目确定、国有土地上房屋征收与补偿相关政策调整、加快发展养老服务业等社会热点问题，共发布民意征集项目84项，收到群众建议547条。组织相关部门对重污染天气应急预案、商业住房贷款转住房公积金贷款、市区征地补偿和被征地农民社会保障等文件的实施背景和具体条款进行解析。制作门户网站政务专题，图文并茂展现政府中心工作和重大活动，制作泰州“两会”、梅兰芳艺术节、医药博览会、文明城市创建等专题11个。推进网络问政，利用实名论坛，广泛听取民意、集中民智，开展“走进稻河古街区”“聚焦周山河新城”等部门问计、征文笔谈活动11次，500多位网友献言献策，多名网友意见被采纳。创办视频栏目“望海楼访谈”，邀请市委市政府领导、有关部门负责人等介绍泰州发展现状和当前政府重点工作，解读相关政策，及时回应群众关切。做好舆情回应，及时关注回应网民关心的“靖江市自来水水源污染影响供水”“兴化市注水猪肉”“盐靖高速姜堰路段事故”等社会热点舆情。

加强重点领域和关键环节政府信息公开，依托市政府门户网站，开设重点领域信息公开专题，分设行政权力运行、财政资金使用、公共资源配置、公共服务、公共监管等版块，接受群众监督。对群众关注度较高的行政审批事项目录清单、行政事业性收费目录清单，分别制作专题页面，向社会公开展示总清单和分部门清单；对其中相关收费依据文件采取超链接方式直接链接读取，方便群众查阅。统筹市、区级教育、卫生、交通等9大领域262家企事业单位，利用公共企事业单位信息公开平台，及时向社会公众提供学校、药店、航空、铁路、供水、供电、供气等公共服务信息。2014年，平台共提供信息3500多条。

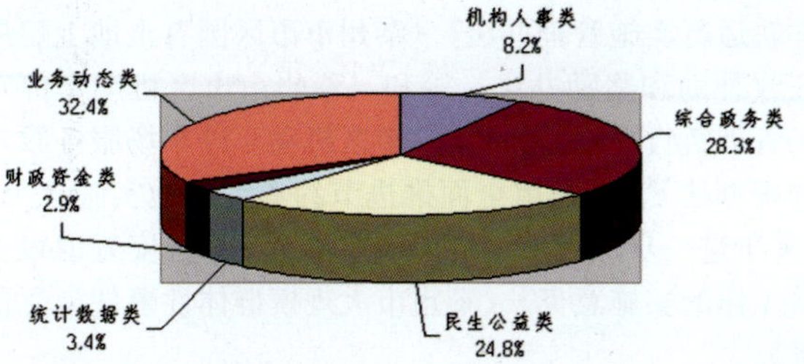

2014年泰州市政府信息主动公开分类情况示意图

重要会议和政务

【市政府全体（扩大）会议】10月10日，市政府召开全体（扩大）会议。市长陆志鹏讲话。会议认真贯彻省委十二届七次全会、市委四届七次全会精神和“思想再解放、项目大突破、城建新提升”的部署要求，总结2014年全市经济社会发展情况，研究分析和准确把握新常态下的新趋势新变化，动员各地各部门提振精气神、奋战四季度，确保全面完成全年各项目标任务。

【市政府常务会议】1月26日，市长陆志鹏主持召开市政府第15次常务会议，讨论《泰州市排污权有偿使用和交易暂行办法（送审稿）》，听取第二届泰州市市长质量奖评审情况汇报、2013年度泰州市科技进步奖评审情况汇报，讨论《泰州市人民政府工作规则（讨论稿）》。

3月24日，市长陆志鹏主持召开市政府第16次常务会议，讨论《泰州市市区征地补偿和被征地农民社会保障实施办法（送审稿）》《泰州市城乡规划管理办法（送审稿）》，听取关于对市人大代表建议、市政协提案进行专题交办的情况汇报、关于规范市区土地出让收入的情况汇报。

6月17日，市长陆志鹏主持召开市政府第17次常务会议，讨论《泰州市沿江转型升级规划（2013～2020）》《关于加强电子政务基础资源整合共享工作的实施意见》《泰州市政务信息资源共享管理办法》《泰州市燃煤锅炉整治工作方案》，听取关于给有关人员记功奖励的情况汇报，讨论公务员处分问题。

9月25日，市长陆志鹏主持召开市政府第18次常务会议，讨论《泰州市市区消防水源设施管理办法》《泰州市生态市建设规划（修编）(2013～2020)》《泰州市创建全国质量强市示范城市工作方案》《泰州市档案管理办法》。

12月4日，市长陆志鹏主持召开市政府第19次常务会议，讨论《泰州市安全生产“党政同责、一岗双责”暂行规定》《泰州市市区公共租赁住房和廉租住房并轨运行实施管理办法》《泰州市市区国有土地上房屋征收补助和奖励办法》等和《泰州市市区机动车停车场管理暂行办法》《泰州市市区机动车停车场服务收费管理办法》《泰州市全面推进节约集约用地实施意见》《关于进一步加强市级机关事业单位政策性安置退役士兵工作的实施意见》《泰州市大规模群体性事件应急预案》。

12月9日，市长陆志鹏主持召开市政府第20次常务会议，讨论《泰州市城市环境总体规划纲要(2014～2030)》《泰州市绿色信贷信息共享管理办法》《泰州市企业信用信息征集管理办法（试行）》《泰州市市区全面落实流动人口“同城待遇”实施办法》《泰州市市区工程运输车辆管理暂行办法》《泰州市企业上市三年行动计划》《泰州市拥军优属拥政爱民工作实施办法》《泰州市卤汀河、泰东河河道管理办法》《泰州市社会中介机构服务管理暂行办法》，听取第三届泰州市市长质量奖评审情况汇报、关于给予全市经济工作“十强乡镇”和发展高效农业“十佳乡镇”党政主要负责同志记功奖励情况的汇报、关于给予市残联记功奖励情况的汇报。讨论公务员处分问题。

【市长办公会议】2月7日，市长陆志鹏主持召开会议，研究市人民医院新区医院和市中医院新址医院建设有关问题。

2月8日，市长陆志鹏主持召开会议，研究部署市政府一季度重点工作。各位副市长交流分管条线工作，并对市政府有关重点工作进行研究讨论。

2月11日，市长陆志鹏主持召开会议，专题听取市水利局关于全市水利建设三年计划的汇报。

2月25日，市长陆志鹏主持召开会议，研究《关于完善推进重大产业项目招引工作机制（讨论稿）》，听取市发改委关于2014年“双百”工程计划初步安排情况汇报、市经信委关于亿元以上工业项目汇报、市商务局关于全市在手洽谈项目洽谈情况汇报。副市长杨杰、张余松，市政府秘书长王群出席会议。

3月5日，市长陆志鹏主持召开会议，专题研究全市产业项目招引实施工作。常务副市长何榕，副市长张余松，市政府秘书长王群出席会议。

3月26日，市长陆志鹏主持召开会议，专题研究重点项目推进工作。常务副市长何榕出席会议。

5月5日，常务副市长何榕主持召开会议，研究部署全市行政审批制度改革工作。副市长张余松，市政府秘书长王群出席会议。

6月27日，市长陆志鹏主持召开会议，专题研究泰州至高港高速公路建设工程相关问题。常务副市长何榕，市政府秘书长王群出席会议。

6月27日，市长陆志鹏主持召开会议，专题研究兴化至泰州高速公路建设工程相关问题。常务副市长何榕，市政府秘书长王群出席会议。

6月27日，市长陆志鹏主持召开会议，听取市民政局关于全市社区建设工作情况的汇报，专题研究城乡社区建设专项经费使用管理等问题。副市长陈明冠，市政府秘书长王群出席会议。

8月14日，市长陆志鹏主持召开会议，专题协调绿地公司欠缴土地出让金有关问题。常务副市长何榕出席会议。

9月9日，市长陆志鹏主持召开会议，专题研究相关部门财政经费安排事项。常务副市长何榕，市政府秘书长王群出席会议。

9月12日，市长陆志鹏主持召开会议，专题研究市锦泰资产经营管理公司组建方案和落实市区国有企业职教幼教退休教师待遇等有关事项。

10月11日，市长陆志鹏主持召开会议，专题研究周山河新城建设推进工作。

11月11日，市长陆志鹏主持召开会议，专题协调周山河新城建设有关问题。

【市政府专题会议】1月2日，市政府召开会议，专题协调长江大道绿化亮化工程管护移交相关问题。

1月8日，副市长陈明冠主持召开会议，专题协调解决医药高新区凤凰街道区划调整遗留的债权债务问题。

1月10日，常务副市长何榕主持召开会议，专题协调海陵区土地抵押融资有关问题。

1月10日，常务副市长何榕主持召开会议，专题协调高港区土地抵押融资有关问题。

1月10日，常务副市长何榕主持召开会议，专题协调医药高新区土地抵押融资有关问题。

1月13日，副市长陈明冠主持召开会议，专题协调国家农业综合开发现代农业园区试点项目建设有关问题。

1月17日，市政府副秘书长周天云主持召开会议，听取市消防支队关于1月9日省政府消防工作考评以及全市市政消火栓自行检查中发现的有关问题的通报，协调解决市政消火栓建设、管理有关问题。

1月20日，市政府召开会议，专题协调市审计局办公用房置换有关问题。

1月27日，市长陆志鹏主持召开会议，专题研究2013年财政结算事项有关问题。

2月24日，市政府副秘书长徐保国主持召开会议，专题研究建立周山河街区开发建设联席会议制度相关事宜。

2月28日，市长陆志鹏主持召开座谈会，听取关于“12345”政风行风热线运行情况的汇报，协调解决热线运行中遇到的困难和问题。副市长杨杰、孔德平、王学锋、张余松、陈明冠，市政府党组成员、公安局局长赵建生，市政府秘书长王群出席会议。

2月28日，受副市长孔德平委托，市政府副秘书长高卫东主持召开会议，专题研究基督教新堂建设有关问题。

3月4日，市政府召开会议，专题研究周山河街区开发建设相关议题。

3月13日，按照市长陆志鹏要求，市政府副秘书长徐保国主持召开会议，专题分解和布置主城区空（菜）地转绿地任务。

3月20日，常务副市长何榕主持召开会议，专题研究协调扬州泰州机场有关问题。市政府秘书长王群出席会议。

4月11日，受常务副市长何榕委托，市政府副秘书长孙琦主持召开会议，专题协调凤城河风景区土地抵押融资有关问题。

4月15日，常务副市长何榕主持召开会议，专题研究市铁路办公室调整有关问题。

4月23日，副市长孔德平主持召开会议，专题研究医疗废物处置项目建设有关问题。

5月5日，常务副市长何榕主持召开会议，专题协调改制事业单位退休人员绩效管理奖励有关问题。

5月8日，市政府副秘书长徐保国主持召开会议，协调周山河街区道路、春晖花苑、吴陵路跨老通扬运河桥梁建设工程许可问题。

5月15日，受常务副市长何榕委托，市政府副秘书长孙琦主持召开会议，专题协调高港区土地抵押融资有关问题。

5月20日，市政府副秘书长徐保国主持召开周山河街区开发建设第四次联席会议。

5月26日，市政府召开会议，专题研究国开行棚户区改造项目贷款有关内容调整问题。

5月28日，市政府副秘书长徐保国主持召开会议，专题协调泰州市工艺美术展览馆用房相关事宜。

6月5日，副市长杨杰主持召开会议，专题研究特高压工程建设有关问题。省电力公司副总经理潘震东、总经理助理肖向东、经研院院长凌峰出席会议。

6月25日，市长陆志鹏主持召开会议，专题协调扬子江药业集团龙凤堂中药产业园项目建设相关问题。市人大常委会副主任、高港区委书记王建，市政府秘书长王群出席会议。

7月1日，受常务副市长何榕委托，市政府副秘书长孙琦主持召开会议，专题协调城投公司土地抵押融资有关问题。

7月11日，市政府召开会议，专题协调解决东谢社区棚户区改造项目征地拆迁相关问题。

7月14日，市政府召开会议，研究解决阀门厂周边地块等征收（搬迁）工程相关问题。

7月23日，市长陆志鹏主持召开会议，专题协调平安融资租赁项目有关问题。

7月24日，副市长杨杰主持召开会议，听取2014年上半年全市社会信用体系建设情况，研究部署下一阶段主要工作。

7月25日，市长陆志鹏主持召开会议，专题研究市区智能化交通建设和交通管理有关问题。

7月29日，受常务副市长何榕委托，市政府副秘书长孙琦主持召开会议，专题协调医药高新区土地抵押融资有关问题。

7月31日，常务副市长何榕主持召开会议，专题协调医药高新区重大项目建设有关问题。

7月31日，受副市长杨杰委托，市政府副秘书长李龙根主持召开会议，专题研究泰州至高港高速公路淤溪枢纽范围内中石化苏北输油管道改线的相关问题。

8月1日，受市长陆志鹏委托，副市长王学锋主持召开会议，研究明确市淮剧团人才引进和培养相关事项。

8月6日，市政府召开会议，专题研究盐税博物馆建设相关问题。

8月12日，市政府召开会议，专题研究海军诞生教育基地舰艇博物馆、舰艇停靠点建设等问题。

8月15日，副市长孔德平主持召开会议，研究泰州海军诞生教育基地舰艇博物馆、舰艇停靠点建设有关问题。

8月22日，受常务副市长何榕委托，市政府副秘书长孙琦主持召开会议，专题协调市土地资产经营有限公司清算有关问题。

8月26日，副市长杨杰主持召开会议，专题研究火车站街区和交投公司加强工作协调的相关事项。

8月27日，常务副市长何榕主持召开会议，专题协调海陵区重大项目建设有关问题。

8月28日，常务副市长何榕主持召开会议，专题协调高港区重大项目建设有关问题。市人大常委会副主任、高港区委书记王建出席会议。

8月29日，常务副市长何榕主持召开会议，专题协调推行“多证合一”行政许可证照便利化服务新模式有关问题。

9月2日，常务副市长何榕主持召开会议，专题协调姜堰区重大项目建设有关问题。

9月2日，根据市长陆志鹏专题会议（2014年第32号会议纪要）精神，市政府副秘书长徐保国主持召开会议，专题协调扬子江药业集团龙凤堂中药产业园二期建设有关问题。

9月3日，常务副市长何榕主持召开会议，专题协调泰兴市重大项目建设有关问题。

9月10日，市政府召开会议，专题研究五一路北侧（财富广场二期）地块历史遗留问题。

9月11日，常务副市长何榕主持召开会议，专题协调兴化市重大项目建设有关问题。

9月16日，受常务副市长何榕委托，市政府副秘书长孙琦主持召开会议，专题协调市交投公司土地抵押融资有关问题。

9月16日，受常务副市长何榕委托，市政府副秘书长孙琦主持召开会议，专题协调高教园区土地抵押融资有关问题。

9月17日，副市长王学锋主持召开会议，研究落实中心城区学校室外体育设施向社会开放相关工作。

9月17日，根据第34次城建例会精神，市政府召开会议，专题协调开泰汽车城发展有限公司北侧土地相关问题。

9月22日，常务副市长何榕主持召开会议，专题协调医药高新区大企业用工服务有关问题。

9月22日，市政府召开会议，专题协调解决钟楼巷街区更新工程建设有关问题。

9月25日，常务副市长何榕主持召开会议，专题协调靖江市重大项目建设有关问题。

9月30日，常务副市长何榕主持召开会议，专题协调企业军转干部和“政调企”干部解困维稳有关问题。市政府秘书长王群出席会议。

9月30日，按照市长陆志鹏批示要求，副市长杨杰主持召开会议，专题协调支持中盛光电集团赴美上市有关问题。

10月5日，按照市政府主要负责人要求，市政府副秘书长徐保国主持召开会议，专题研究落实西客站片区拆迁改造前期相关工作。

10月8日，市长陆志鹏主持召开会议，专题研究永定路快速化改造有关问题。副市长贾春林，市政府秘书长王群出席会议。

10月8日，市长陆志鹏主持召开会议，专题研究金融服务区工程建设有关问题。

10月11日，副市长孔德平主持召开会议，专题研究亚同环保水处理（泰州）有限公司二期改造及三期扩建问题。市委常委、泰州医药高新区党工委书记陆春云出席会议。

10月15日，市政府召开会议，专题协调国开行棚户区改造项目土地抵押融资有关问题。

10月29日，市政府召开会议，专题研究东谢村棚户区改造项目建设有关问题。

11月4日，市政府副秘书长李志高主持召开会议，专题研究泰兴港区码头临时停泊国际航行船舶相关问题。

11月12日，市长陆志鹏主持召开西客站片区改造推进会，听取海陵区政府关于西客站片区房屋征收工作前期入户调查情况、征收方案制定情况及西客站片区改造指挥部前一阶段工作情况的汇报。

11月24日，根据市政府主要负责人调研市住房城乡建设局工作精神，市政府副秘书长徐保国主持召开会议，专题研究扬州路改造征收工作。

12月1日，市长陆志鹏主持召开会议，研究解决市直2所公办幼儿园发展相关问题。副市长王学锋，市政府秘书长王群出席会议。

12月11日，市长陆志鹏主持召开会议，专题研究京沪高速公路江都至广陵段建设工程相关问题。市人大常委会副主任、高港区委书记王建出席会议。

12月18日，受常务副市长何榕委托，市政府副秘书长孙琦主持召开会议，专题协调农业开发区事业性质离退休人员补贴调标资金缺口有关问题。

12月19日，副市长陈明冠主持召开会议，专题研究市救助管理站、市救灾物资储备库项目建设以及泰州农科院办公用房、实验用地等事项。

12月22日，副市长孔德平主持召开会议，专题协调可胜科技（泰州）有限公司污染治理设施运行和废水排放有关问题。

12月30日，市长陆志鹏主持召开会议，专题研究相关部门财政经费安排事项。市政府秘书长王群出席会议。

【电子政务建设】 规范整合市级机关电子政务基础资源，出台《关于加强电子政务基础资源整合共享工作的实施意见》《政务信息资源共享管理办法》《政务信息资源整合共享工作实施方案》，形成全市《政务信息资源目录》和《公共服务资源目录》。

推进市政务数据中心建设。2014年，政务数据中心一期工程（政务专网云平台）建成并投入使用，政务数据中心二期工程建设完成。至年末，市政务数据中心有区域医疗卫生、民生价格、权力公开透明运行、绩效考核、审计管理、公共信用信息等10多个系统。

改版“中国·泰州”市政府门户网站。重新设计栏目体系，将原22个一级栏目整合为8个一级栏目；

采用多终端界面智能自适应技术，提高不同终端用户的可用性；优化搜索引擎，提升网站信息的互联网影响力；增加社交媒体分享软件，“智慧化”网站服务。泰州市政府门户网站在2014年中国政府网站绩效评估中居地市级政府网站第30位，比上年上升1位。

加强“望海楼”实名论坛管理。2014年，通过论坛开展“解放思想再发力、科学发展勇攀登”“走进稻河古街区”“聚焦周山河新城”等征文笔谈、部门问计活动11次，500多位网友献言献策。择优收集网民建议，全年汇编《摘要》《专报》55期，其中停车难、快速路建设、历史街区整治等建议被采纳。创新开办视频栏目“望海楼访谈”，为群众释疑解惑，回应群众关切。

【督查工作】加强“12345”政风行风热线平台建设，整合市农委、国土局等8家部门特服热线进入“12345”热线；上线“掌上12345政务云”APP（应用程序）。加强日常督办，全年编发《督查情况》9期，通报各承办单位办理及时率、群众满意度、上线接听和媒体追踪等情况。2014年，市政府督查室分2批梳理群众诉求疑难问题50个，报请市领导领办解决；组织开展走进110指挥中心、走进12345接话班等互访对接活动。年内，数字化城管成立应急处置小组，加强夜间和节假日城市管理方面突发事件的处置。2014年，“12345”政风行风热线接听群众来电9.54万个，受理群众有效诉求8.01万件、比上年增长7%，办结率99.8%，满意率94.4%；市长信箱受理群众诉求8128件，办结率99.9%，网民评价满意率90.8%；按期答复望海楼论坛“民生回音壁”全部341件诉求帖。

开展政务督查。对“企业家座谈会”系列问题及“清理办公用房”“市容市貌管理”“公共设施维护”“推动义务教育均衡发展”“缓解主城区中小学学生上放学交通问题”“规范外来务工人员工资发放模式”等专题开展联合督查，全年组织专题视察10多次。

落实建议提案办理。首次实施建议评估机制和市政府常务会议专题交办机制，深化建议提案市长领办机制，全年牵头领办“倡导城市公共自行车出行”“政府购买公共服务”等建议提案14件。2014年，市政府系统承办建议提案460件，见面率、办复率均为100%，建议满意率100%，提案满意率99%，建议提案落实率均超过70%。

（徐　震）

政 府 法 制

【概况】2014年，泰州市加强法治政府建设，落实建设法治政府、服务型政府关键举措，构建依法治市工作的新格局，为转型升级、融合发展提供法治保障。年初，泰州市顺利通过省依法行政工作领导小组进行的法治政府建设阶段性目标考核。

夯实依法行政基础，提升组织推进水平。强化工作部署，编制年度依法行政工作要点。召开专题会议，部署依法行政和政务服务。加强督促检查，逐一落实整改目标、责任单位、完成时限。改进考核办法，将依法行政由综合考核子项目改为独立考核项目。加强法制宣传，开展中共十八届四中全会精神和省委十二届八次全会精神宣讲活动，邀请4名专家学者解读中共十八届四中全会精神，增强全社会法治意识。推进市级依法行政示范点创建向基层延伸，培育乡镇一级示范点2个，推动乡镇法制员队伍建设和法制文化建设。创新法制工作交流机制，组织开展第二届依法行政示范论坛，推出交流主题10个。

坚持科学民主依法决策，将公众参与、专家论证、风险评估、合法性审查和集体研究决定必经程序贯穿于重大行政决策的全过程，修订完善政府工作规则，严格执行市委“三重一大”（重大决策、重要干部任免、重大项目安排和大额度资金使用）事项集体决策机制，落实重大决策向市人大、政协报告、备案等制度。落实重要发展规划专家论证制度，确保各类规划质量；建立重大项目建设多环节综合评估制度，确保引进大项目、好项目；拓展民生诉求渠道，广泛征求群众意见，推进为民办实事，年内就市区公共自行车系统建设召开群众座谈会和听证会6次。引进第三方中介机构，加强对财政专项资金使用情况的绩效评估；建立绩效评价结果与部门预算安排直接挂钩制度，该做法得到财政部的肯定和推广。建立重大项目后评价制度，评价结果作为项目享受优惠政策、兑现扶持资金以及发放项目引进奖金的主要依据。完善机关部门绩效考核办法，促进机关作风转变、部门服务改进和行政效能提升。

【规范性文件制定和审查评估】全年共制定市政府规范性文件17件，对全市公共设施、公共资源、公共场所等领域进行有效管理；其中，5件涉及土地征收补偿，3件涉及机动车管理，3件涉及自然资源保护，其他文件涉及规划管理、人口管理、土地管理、房屋管理、档案管理、信息管理等方面。全年共审查市（区）和部门报送备案的规范性文件22件，累计向省政府及市人大常委会报送备案政府规范性文件17件。年内，市政府出台《泰州市规范性文件实施效果评估办法》，对规范性文件评估范围、内容、标准、方式、程序、报告等环节进行全面规范。市法制办定期联合评查规范性文件卷宗和行政执法卷宗，形成情况通报并跟踪落实整改；对《泰州市关于实施蓝天工程改善大气环境质量的实施意见》从执行情况、存在问题以及后续需要完善的工作等方面进行评估并形成报告。

【依法办理行政复议】2014年，市法制办共受理行政复议案件188件。其中，行政处罚类65件、征收及补偿类39件、与征收相关联的其他事项25件、工伤认定类11件、信息公开类21件、行政许可类8件、其他类型19件。召开复议听证会30多次，复议案件均在法定审理期限内办结。扩大行政复议委员会试点范围，泰兴市于年内启动县级行政复议委员会试点工作。提高行政调解水平，市法制办就行政调解的法律规定、实践操作、风险防范、程序规范等，对各执法部门法制处室负责人及部分行政调解业务骨干开展培训。落实行政机关负责人出庭应诉制度，市政府领导及政府部门负责人出庭应诉率、参加行政复议听证率均近100%。主动介入社会公益纠纷，市环保局牵头成立公益组织“泰州市环保联合会”，对环境污染涉事企业提起环境公益诉讼。

【行政执法监督】推行标准化与柔性化相结合的执法方式，提升执法水平。市质监局、交通运输局等部门制定行政指导工作手册；市地税部门拓展柔性执法种类，发放（发送）税务登记、纳税申报、税源管理等类别行政提示（警示）函3万多份；市卫生局在全省率先推出《公共场所卫生行政许可指导意见》，其许可卷宗被评为“全省十佳卫生许可案卷”。加强执法培训，建设网上考试平台，推进执法人员网上学法。拓展执法培训内容，市法制办在行政复议、执法监督、法治政府建设、行政许可等8个业务方面组织专题培训。

【“两法衔接”工作】2014年，市法制办依据《江苏省行政执法与刑事司法衔接工作实施办法》，开展“两法衔接”工作。搭建“两法衔接”工作组织架构，市政府召开全市“两法衔接”工作推进会，对推进“两法衔接”工作进行动员部署；市法制办组织召开“两法衔接”联席会议，建立由市法制办牵头的“两法衔接”工作联席会议制度。加强“两法衔接”配套制度建设，出台《泰州市行政执法与刑事司法衔接工作实施办法》《泰州市行政执法与刑事司法衔接工作联席会议制度》《泰州市行政执法与刑事司法衔接工作监督实施办法》等配套制度。组织全市执法部门制定各自执法领域内涉嫌犯罪案件的具体移送标准，并会同市检察院对移送标准进行严格审查。

（季　翁）

应 急 管 理

【概况】2014年，全市应急管理部门以“无急可应、有急能应”为目标要求，履行应急值守等职责，协助处置各类突发事件。出台《泰州市突发公共事件报告和通报制度》《泰州市突发公共事件领导问责制》等制度，建立完善减灾、防灾、救灾综合协调机制和灾害应急管理体系。创建“应急管理信息员QQ群”，加强应急联动机制建设。履行应急值守职责，建立健全信息编报、值班日志登记等制度，严格执行值班提醒、24小时在岗值班和领导带班制度。履行信息汇总和综合协调职责，协助处置突发公共事件，年内协助处置饮用水源地水污染、H7N9禽流感、高速公路客车撞翻等突发事件。加强应急演练、培训和宣传教育，组织相关市（区）、部门观摩学习重要应急演练和培训活动；在“5·12全国防灾减灾日”“安全生产月”“科普宣传周”等时间节点组织开展应急知识培训活动。开展专题调研，形成《关于应急联动机制建设的调查与思考》《普及公众应急知识对策研究》等调研报告。

【新一轮市级专项应急预案修订】推进市级专项应急预案修订工作，新修订预案均附应急响应流程图，预案的针对性和可操作性得到提高。年内，修订流感大流行、重污染天气、沿江港口码头重特大事故、重特大火灾灭火救援、大规模群体性事件等应急预案，新一轮市级专项应急预案修订工作基本完成。

（徐　震）

外　　事

【外事接待】2月26日，英国埃塞克斯郡驻宁首席代表魏莉一行2人到泰州考察，商谈两地区合作事宜。4月1～2日，英国埃塞克斯郡郡长助理苏伊·里斯莫、诺福郡副郡长科琳·沃克率东英格兰生命科学代表团一行11人到泰州访问，推动生命科学领域和生物医药产业合作。5月13日，副市长张余松会见中国驻赤道几内亚特命全权大使赵宏声夫妇一行。6月8～10日，友好城市澳大利亚拉特罗布市前任首席执行官保罗·巴克利一行3人到泰州访问。7月6～9日，澳大利亚拉特罗布市市政府暨演出代表团一行27人到泰州访问，举行澳大利亚花园开园仪式，并在泰州实验中学和人民公园广场演出。9月13～16日，澳大利亚拉特罗布市科耐中学师生友好团一行20人到省口岸中学开展校际交流活动。10月23～24日，友好城市美国纽波特纽斯市刘朝宇一行3人到泰州访问，洽谈教育交流事宜。11月30日～12月2日，澳大利亚拉特罗布市副市长彼得·吉本斯一行2人到泰州访问。12月4～5日，爱尔兰塔拉理工学院教育代表团2人到泰州访问。

7月8日，“百姓大舞台”国际友城专场演出在市人民公园文化广场举行

【对外交流】3月28日～4月2日，泰州职业技术学院艺术代表团一行13人赴友好城市澳大利亚拉特罗布市，参加该市友好城市节并演出；7月14～30日，省泰州中学师生代表团16人赴澳大利亚拉特罗布市特拉蕾根中学夏令营交流；8月9～18日，泰州实验中学师生代表团一行12人赴澳大利亚拉特罗布市班斯戴尔中学进行校际交流。10月9日，日本驻上海总领事馆商务领事田代浩、总务副领事里子义范等3人出席2014中国泰州（上海）投资说明会。8月7～8日，副市长张余松在上海拜会以色列驻上海总领事馆总领事柏安伦、韩国驻上海总领事馆总领事具相灿和英国驻上海总领事馆副总领事傅伯诗；11月27～29日，在广州举办的“2014中国国际友好城市大会”上，友好城市澳大利亚拉特罗布市获“对华友好城市交流合作奖”，泰州市副市长孔德平、拉特罗布市副市长彼得·吉本斯等参加颁奖仪式。7月30日，泰州市孔诗瑞、徐朋、余若晰等3名学生获第四届“江苏青年友好使者”称号；9月28日，市泰德医药有限公司张丽欣获“江苏国际合作贡献奖”。

侨　务

【侨务接待】1月14日，美国旅美科学家工程师专业人士协会副会长孟毅一行到泰州海陵、高港园区考察、洽谈；4月8日，旅英学者、英国“兰克奖”获得者王国裕博士到家乡泰州访问；6月27～28日，5位海外华侨华人专业人士到泰州参加“海外高层次人才江苏行”泰州站活动，参观考察中国医药城，洽谈合作，并参观单声珍藏文物馆；7月9～18日，100名海外华裔青少年到泰州参加海外华裔青少年“中国寻根之旅”江苏泰州夏令营活动。11月19日下午，市委书记蓝绍敏会见泰州籍著名爱国侨领、全英华人华侨中国统一促进会总会长单声及其夫人单桂秋林。

【重要侨务活动】10月30日，泰州市社区侨务工作推进会在兴化市召开，全市基层侨务工作者和社区侨务干部60人参会；12月26日，泰州华商投资企业联合会工作会召开；12月29日，泰州市留学生精英家长联谊会召开。1月21日，副市长孔德平率市外侨办等部门负责人慰问部分归侨侨眷；1月26日，副市长孔德平带队慰问医药高新区长泰药业和亚盛制药等2家侨企。

（郑群磊）

11月19日，市委书记蓝绍敏（右一）会见泰州籍著名爱国侨领、全英华人华侨中国统一促进会总会长单声（左二）及其夫人单桂秋林（左一）

信　访　工　作

【概况】2014年，全市信访干部弘扬“为党分忧、为民解难，乐于奉献、勇于担当”的新时期泰州信访精神，“上班提前到、下班看需要，5+2、白+黑”，信访形势平稳有序。市信访局全年接待群众上访2305批6707人次；办理国家、省局转交来信及直接受理群众来信2703件，其中受理国家、省信访局转交来信960件，直接受理群众来信860件，受理国家、省投诉中心

网上转交来信411件，受理省委书记信箱、省长信箱转交来信442件。2014年，泰州市信访工作在全省综合绩效考核中居第一方阵，获省信访工作联席会议表彰；靖江市、高港区获省先进县市（区）；市驻京、驻宁工作分别得到省驻京工作领导小组和省人民来访接待中心通报表扬。

【信访稳定工作】 开展“以心换心交流、以位换位思考，我为访民解心结、访民对我提意见”系列主题活动，打造“阳光信访、人文信访、效率信访、法治信访”品牌。开展领导干部大接访、党政干部大下访和机关干部大走访等活动，开门接访，主动约访，带案下访，上门回访。专题部署信访矛盾纠纷排查化解活动，全年排查出重点疑难信访案件278件，化解率超过95%。在十八届四中全会、APEC会议、南京“青奥会”、国家“公祭日”等重大活动期间，全市信访形势平稳有序；年内市委、市政府记功表彰在南京“青奥会”信访稳定工作中作出突出贡献的先进集体5个、先进个人14个。2014年，全市到省上访603批1321人次，去省重复访和进京非正常上访低位运行，信访稳定工作得到省委书记罗志军多次表扬；姜堰区成为全市唯一无去省集访市（区）。

【全省信访工作会议在泰州召开】 4月3日，全省信访工作会议在泰州召开。会议总结2013年工作，分析当前形势，研究部署2014年任务。省委书记罗志军，省长李学勇分别作出重要批示。省委常委、省委秘书长樊金龙出席会议并讲话。副省长许津荣主持会议。省政府秘书长张敬华通报2013年度全省信访工作绩效考核情况。市委书记张雷致辞。市领导陆志鹏、卢佩民、陈明冠等参加会议。樊金龙代表省委、省政府与各省辖市和24个省有关部门（单位）签订《2014年度信访工作目标责任书》。泰州市在会上作交流发言。

【领导干部接访下访】 市四套班子主要领导带头接访下访，市各级领导干部在信访窗口接待群众来访、约访会办重点信访事项，带案到街道社区和群众家中下访，解决群众反映强烈的突出问题。2014年，市领导55人次到市信访局接访，接待群众上访98批155人次，解决群众实际困难60多件。

【“阳光信访”信息系统】 2014年，市委、市政府投入190万元，推进“阳光信访”和“视频接访”系统建设，畅通信访渠道。年内，全市“阳光信访”信息系统开通运行，群众信访诉求办理“可查询、可跟踪、可督办、可评价、可考评”。

【“云泉窗口”】 2014年，市信访接待大厅设立“云泉窗口”，传承张云泉同志“信访为民”服务精神。市领导和信访局领导班子成员在“云泉窗口”轮流坐班，现场解决实际问题、会办疑难案件、督查信访问题。“云泉窗口”全年接待群众上访356批1268人次，收到表扬信3封、锦旗4面。

（宋志高）

政务服务

【概况】 2014年，市政务服务管理办公室打造审批服务环境，助推“转型升级、融合发展”。全年累计受理201306件，办结201297件，其中即办件188055件。

【政务服务体制改革】 采取“一办两中心”（市政务服务管理办公室和市政务服务中心、市公共资源交易中心）模式，对市政务服务体制和机制进行改革。原市行政服务中心更名为市政务服务管理办公室，挂市政务服务中心牌子；建立市公共资源交易中心，为副处级全民事业单位，隶属市政务办管理。年内，市级政务服务管理机构改革完成，市政务服务中心、市公共资源交易中心于4月28日正式对外运行。

【行政审批管理】 落实市政府《关于推行行政审批“三集中、三到位”工作实施意见》，推进部门、事项集中进驻中心，全年进驻部门38个，其中29个单独设立许可处、7个挂牌成立许可处，占具有审批职能部门总数的86%；进驻行政审批事项164项，占保留的市级行政审批事项总数的92.6%；进驻部门均设立首席代表，基本实现审批事项“一站式”办理。加强管理，提升行政审批效能，设立“统一登记”对审批事项扎口管理，实行“一次性告知单”落实行政双方责任，实施绩效管理强化窗口效能考核。

【行政审批机制改革】 2014年，泰州市实施企业注册登记改革，推行企业注册登记“四证一体”（一窗办理、一表填报、一口收件、一网录入、一本发证）审批模式，申办周期缩减至0.5～3个工作日。出台《泰州市实行“三证合一”登记制度实施方案》（“三证合一”即将企业依次申请的工商营业执照、组织机构代码证和税务登记证三证合为一证），颁发全省首张“三证合一”营业执照。推行并联审批，制作完善餐饮服务类项目并联审批流程图；出台《泰州市建设工程项目优化审批流程试行方案》，由需要跑40个部门减少至4个牵头部门，审批时限37个工作日。试行行政审批事项“容缺受理”，至年末累计推出96

个项目可容缺申报材料193份。

【行政审批服务】建立上下联动审批服务机制，在市和市（区）两级服务中心组建服务重大项目联合工作小组，在服务大厅设立并联审批服务窗口，在街道（园区）明确代办（代理）员，搭建上下贯通的审批便捷通道。实行“扁平化”审批服务，开展“走进园区、服务项目”系列活动，组织市和海陵、高港两级政务服务中心相关窗口部门到海陵工业园区、新能源产业园、城北物流园区、高港高新技术开发区、临港经济园、泰州经济开发区6个园区现场办公，分类指导服务各园区梳理出的44个项目，全年协调3块土地成功挂牌上市，协调补办12个未批先建、边批边建项目的相关手续，协调落实4个项目的优惠减免政策，协调解决5个项目的环保、消防等验收问题。打造“行政有界·服务无边”品牌，开展“三走进”专项服务行动，推行全方位无缝隙便民服务。

【泰州市公共资源交易中心】4月28日，泰州市公共资源交易中心正式运行。中心面积4000平方米，设有服务大厅1个、开标室7个、评标室8个、招投标代理机构驻场服务办公室32个及办公自助区、评标观摩室、招投标监督（控）室等。2014年，市公共资源交易中心承接交易业务，整合信息化交易平台，建立公共资源交易管理制度，出台《建设工程招投标服务规程》《政府采购服务规程》《土地出让服务规程》等专业交易服务规程和操作流程6个。

（政务办）

住房公积金管理

【概况】2014年，全市归集住房公积金31.17亿元，完成年度计划的104%；归集余额93.85亿元，余额同期净增14.89亿元。全年新增开户单位587个，新增开户人数47185人；期末正常缴存人数为34.43万人，覆盖率为89%。全年提取住房公积金16.29亿元，比上年增长21%；9228户职工家庭使用公积金贷款，期末个人贷款余额户数为43519户。为全市廉租房建设提供补充资金1979万元，其中市区484万元、海陵区39万元、姜堰区306万元、靖江市464万元、泰兴市432万元、兴化市254万元。2014年，市公积金中心被表彰为泰州市机关效能建设先进单位和文明城市创建先进单位。

【调整公积金使用政策】2014年，市公积金中心适应经济和社会新形势，3次调整公积金使用政策。上调公积金贷款最高限额；扩大公积金贷款范围；出台“4050”人员（与单位解除劳动关系、连续两年以上未重新就业，男性满50周岁、女性满40周岁的人员）提取政策；调整公积金按月提取还贷扣划方式；已结清住房公积金贷款的职工家庭，再次申请贷款购买普通商品住房的，视同首次申请住房公积金贷款；借款职工有配偶在外市正常缴存住房公积金或者借款职工有配偶为现役军人的，贷款最高额度调整为45万元；调整商转公办理流程。

【公积金贷款】全年为9228户职工家庭发放公积金贷款24.89亿元，完成年度计划的136%；回收公积金贷款9.53亿元。期末个人贷款余额户数为43519户，个贷余额为86.10亿元，比上年增加15.37亿元。期末全市个贷占比达92%，个人贷款逾期率为零。

（公积金中心）

泰州市公积金中心

机关事务管理

【概况】2014年，市级机关事务管理局各项工作顺利推进，被市委、市政府表彰为“十佳人民满意机关”。

推进公共机构节能。开展书画笔会等宣传活动，营造节能氛围。建立能耗统计评价机制，统计覆盖率100%。开展节能督查，完成市级机关第六轮建筑能源审计，推进市级公共机构节能技改项目。2014年，全市有5家单位创成首批“国家节约型公共机构示范单位”、10家单位创成省级示范单位，人均能耗比上年下降3.05%；市公共机构节能子项目在省政府节能考核中获满分。

加强机关国有资产管理。规范机关办公用房，出台《市级行政事业单位办公用房管理暂行办法》，构建“五个统一”（统一权属登记、统一调配使用、统一维修标准、统一处置办法、统一物业标准）管理机制。

加强市级机关通用资产购置、使用和处置监管，出台操作规程，试点资产条形码管理；核减2015年度资产配置计划901万元，对原值205万元的资产报废处置、81万元的资产调拨以及1万多平方米的房屋（土地）经营性出租进行审核监督。开展市直单位房屋（土地）出租出借专项清查，促进资产保值增值。

加强机关财会管理。修订财务管理制度，加强66家归口管理单位的预决算、财务核算和项目资金绩效管理，配合市纪检、财政、审计部门开展审计和检查，归口单位均未超预算开支。2014年，市级机关事务管理局审核原始凭证28万多张，报销结算6万多笔，编制记账凭证2万多张，编制各类报表6500多张。

加强机关公务用车管理。出台《进一步加强市级机关公车管理的补充规定》，停止车辆购置更新，将定点保险采购纳入管理，完善公车闭合管理体系。严格审核把关车辆编制、维修、加油、保险、报废处置等环节，全年节约财政支出228万元。会同市纪委开展车辆加油、使用、停放专项督查10多次、2200多车次，采集公车违章信息，通报违规违章情况。

强化机关服务保障。推行后勤服务社会化改革，全年共组织11家部门单位公开采购后勤服务，采购价比预算价降低85万元。2014年，市级机关事务管理局接待大院来客来访2.4万人次；预防性维保设备设施476台（套），实施空调热泵机组、车辆识别系统以及绿化等改造项目80多个；完成会议服务1200多场次、维修7200多次、报刊分发和信函邮寄200多万份，提供餐饮、洗理等生活服务60多万人次。推进机关幼儿园发展，年内机关幼儿园有3个市级课题正式开题、1个省级课题顺利结题，20多名教师在各级各类教学和论文竞赛中获奖；机关幼儿园食堂被评为餐饮食品安全A级标准。

【行业指导】调研、指导市（区）工作，提高全市机关事务管理工作水平。2014年，各市（区）建立健全办公用房和公务用车管理制度，加强规范化管理。靖江管理局加强公共机构节能管理，行政中心能耗比2012年下降超过20%；泰兴管理局量化考核公共机构节能，绿化美化大院环境，泰兴市行政中心被评为“省级绿化园林式先进单位”；兴化管理局加强20多家归口单位的经费管理，完成工程改造项目10多项；海陵行管中心出台《区公务（商务）接待管理规定》，改进和完善后勤服务10多项；高港管理局开展固定资产清理登记，完成全民健身中心一期工程等工程建设和改造项目11个；姜堰管理局完成行政服务中心及人力资源市场大楼工程建设，改造大院设施，帮助解决城区环卫工人早餐供应问题。

（机关管理局）

溱湖风光　湿地体验园

综　述

【概况】2014年，市政协围绕市委、市政府工作中心，认真履行政治协商、民主监督、参政议政职能，圆满完成市政协四届三次会议确定的各项任务。

重点关注实体经济发展。围绕推进工业重大项目建设开展专题调研，经市政协四届十三次常委会议协商，向市委、市政府提交《关于推进工业重大项目建设的建议案》。连续3年开展主席走访医药高新区活动；关注税源经济发展，主席会议协商市财政工作情况，组织委员考察市国税局工作，建议积极推进主辅分离、工贸分离，做实做大"营改增"基数；开展主席走访泰州职业技术学院活动，为促进泰州高等职业教育发展、培养高技能人才建言献策。

重点关注城乡一体化建设。主席会议到海陵区开展走访、协商，推进市、区一体统筹发展；组织委员调研考察国土资源保护和利用工作，从优化土地利用总体规划、加大土地执法管理力度等方面提出意见和建议；组织委员对市交通运输局、住建局分别开展为期3个月的民主评议活动，对"智慧城市"建设情况进行考察。

重点关注生态文明建设。为实现"天蓝、水清、地绿"良好生态环境，组织委员就大气污染防治开展重点提案督办，向省政协提交调研报告，并在省政协十一届六次常委会议上作大会发言；关注市区黑臭河道整治，组织委员调研考察，推进源头治理，加快基础设施和配套管网建设；关注城市绿化，组织委员考察，建议有关方面做好"空转绿"工作。

重点关注文化名城建设。着重围绕促进文化与旅游融合发展开展专题调研，经市政协四届十四次常委会议协商，向市委、市政府提交建议案。组织委员考察非物质文化遗产保护工作，做好《泰州文史资料（1991.1～2000.12）》《泰州古镇丛书》《泰州古村》等文史资料征编工作，挖掘整理泰州优秀历史文化，进一步丰富文化名城建设内涵。

重点关注以保障民生为重点的社会建设。围绕市区改善民生实事落实情况开展主席会议协商，推动改革发展成果更多惠及普通百姓。围绕促进健康服务业发展、构建和谐劳动关系、加强公安基层基础建设、基层人民法庭建设、重视残疾人事业发展、宗教重点项目建设等，分别组织委员考察、协商，推动相关问题得到妥善解决。主席会议专题走访市法院，市政协常委会专题听取市纪委、市法院、检察院、公安局年度工作情况的通报并开展协商。

深化政治协商。年初，以"两办"联合发文的形式确定年度协商课题9项，把政治协商纳入全市总体工作部署；邀请市政府分管领导参加政协重要协商和考察活动，直接听取委员意见建议。定期召开市政协与市各民主党派、工商联负责人联席会议，联合开展调研考察、民主评议、委员议政等活动。市政协四届三次会议以来，市各民主党派、工商联以组织或个人名义提交协商发言材料14篇，提出提案196件，报送社情民意信息360条，分别占提案和信息总数的62%、35.6%。

强化民主监督。年内，市政协围绕19个专题进行考察督查。组织政协委员对市交通运输局、住建局分别开展为期3个月的民主评议活动；对2012年、2013年民主评议整改建议的落实情况进行"回头看"；对

2013年市政协常委会专题协商教育资源整合有关建议的采纳情况进行“回访”；对四届政协以来的“跨年度”提案，特别是涉及民生的医疗卫生类、社会保障类提案的办理落实情况进行集中考察督查。

优化参政议政，注重调查研究。组织开展座谈走访、问卷调查、外出学习考察等活动，拓展调研的深度和广度，为参政建言增强基础。围绕加快医药名城建设，定期走访港澳台侨委员会的专家顾问，组织参政建言。梳理政协全会、委员考察、委员议政活动期间提出的意见建议并形成书面材料，全年有10份调研考察报告得到市委、市政府领导批示。创新宣传方式，在《泰州日报》开设“政协专版”，刊载委员协商发言。

加强委员队伍建设。围绕学习贯彻习近平总书记在庆祝人民政协成立65周年大会上的重要讲话精神，召开专题学习座谈会，市委主要领导出席会议并讲话。组织政协委员参加为期2天的学习报告会，邀请中央党校教授、省政协有关领导及专家学者分别围绕十八届三中全会精神、发挥委员主体作用等内容作专题讲座。围绕中小学体育教育、医疗卫生事业发展、促进农超对接、发展电子商务等11个课题开展界别活动，形成一批界别活动成果。

推进政协基层组织建设。基本实现乡镇（街道）政协工委（联络委）在全市有条件地区的全覆盖。围绕更好发挥政协基层组织作用，开展专题调研，邀请政协基层组织负责人参加集中学习，召开全市政协工作座谈会交流经验。

重要会议和工作

【市政协四届三次会议】1月13~15日，市政协四届三次会议召开。13日上午，会议开幕，市委书记张雷讲话，市政协主席王守法作常务委员会工作报告，市政协副主席刘励作提案工作情况报告；下午，分组学习讨论张雷的讲话，审议常务委员会工作报告和提案工作情况报告。14日，听取并分组讨论市委副书记、代市长陆志鹏所作的《政府工作报告》和其他报告。15日上午，举行大会发言，10名政协委员分别围绕做大做强市区工业经济、推进城乡一体化、着力改善民生等方面建言献策；下午，召开选举大会，补选叶冬华为政协泰州市第四届委员会秘书长，增选焦建华、包国芳、刘士钢3人为政协泰州市第四届委员会常务委员。王守法在会议闭幕式上讲话。

【常委会议】2014年，市政协共召开6次常委会议。

1月12日，市政协召开四届十次常委会议，听取市政协四届三次会议筹备情况，协商通过召开市政协四届三次会议的有关事项。

1月14日，市政协召开四届十一次常委会议，听取市政协四届三次会议秘书处有关各讨论组讨论选举事项的情况汇报；协商通过选举事项和大会决议（草案）。

3月26日，市政协召开四届十二次常委会议，听取市交通局近年来的工作情况汇报，并协商通过有关委员调整事项；邀请中央党校教授罗平汉围绕“毛泽东调查研究的理论与实践”作专题讲座。

6月30日，市政协召开四届十三次常委会议，协商通过《关于推进工业重大项目建设的建议案》；听取市委常委、常务副市长何榕所作的《关于泰州市上半年经济运行情况的通报》；听取民主评议市交通运输局的情况汇报，并对市交通运输局工作进行民主测评；听取市住建局工作情况汇报。

9月26日，市政协召开四届十四次常委会议，协商通过《关于促进文化与旅游融合发展的建议案》；听取市委、市政府《关于市政协四届三次会议以来提案办理情况的通报》；听取民主评议市住建局情况报告，并对市住建局工作进行民主测评。

12月29日，市政协召开四届十五次常委会议，听取市纪委、市法院、市检察院和市公安局2014年工作情况通报；协商讨论《政府工作报告（讨论稿）》和《2015年度市区改善民生实事项目（讨论稿）》；协商并原则通过四届市政协《常委会工作报告》《提案工作报告》及报告人名单；协商通过召开市政协四届四次会议的决定和相关人事事项；审议市政协各委、办（室）工作报告。

【主席会议】2014年，市政协共召开11次主席会议。1月9日，市政协召开四届十九次主席会议（党组扩大会议），讨论通过市政协四届十次常委会议有关事项；讨论确定政协全会大会发言的有关事项；听取市委组织部有关人事安排事项的说明。2月21日，市政协召开四届二十次主席会议，讨论通过市政协2014年工作要点及工作计划，讨论确定6件重点提案。3月14日，市政协召开四届二十一次主席会议，听取有关民主评议市交通运输局筹备情况通报，讨论通过市政协四届十二次常委会议议程、日程，集中学习党的群众路线教育实践活动相关文件。4月10日，市政协召开四届二十二次主席会议，赴淮安参观周恩来纪念馆，领悟党性修养。5月29日，市政协召开四届二十三次主席会议，对市法院开展主席走访活动，听取市法院近年来的工作情况通报，并开展协商。6月26日，市政协召开四届二十四次主席会议，讨论修改《关于推进工业重大项目建设的建议案（草案）》，听取民主评议市交通运输局工作情况的汇报，通过召开市政协四届十三次常委会议有关事项。7月29日，市政协召开四届二十五次主席会议，走访考察海陵区有关项目建设情况，围绕推进海陵区又好又快发展开展协商。9月24日，市政协召开四届二十六次主席会议，走访考察泰州高等职业技术学院，围绕促进现代职业教育发展开展专题协商。11月17日，市政协召开四届二十七次主席会议，听取市政府有关"城建新提升"调研情况的通报，并开展座谈协商。11月26日，市政协召开四届二十八次主席会议，听取市委常委、常务副市长何榕所作的《关于市区改善民生实事项目进展情况的通报》，并开展座谈协商；围绕加快医药高新区产业化进程开展走访协商。12月19日，市政协召开四届二十九次主席会议，听取市财政局关于财政工作情况的汇报并开展座谈协商。

【专题学习座谈会】10月29日，市政协围绕学习贯彻习近平总书记在庆祝人民政协成立65周年大会上的重要讲话精神召开专题学习座谈会。市委书记蓝绍敏出席会议并讲话。市政协主席王守法主持会议。市委常委、常务副市长何榕，市委常委、市委秘书长、宣传部长卢佩民出席座谈会。市政协主席会议成员，各专委会主任、副主任，各界别召集人，市各民主党派、工商联、有关人民团体主要负责人，各市（区）政协主席、秘书长出席会议。市政协党组副书记、副主席刘励，市政协副主席王东，市政协副主席、工商联主席姚社成，市政协副主席张培成，市政协副主席、市民革主委、市教育局局长奚爱国，泰兴市政协主席李仁国先后作交流发言。

【"委员议政日"活动】2014年，市政协共组织开展两次"委员议政日"活动。3月24日，市政协围绕"促进健康服务业发展"举行"委员议政日"活动，从加强规划、完善相关政策、充分发挥本土医药企业的作用等方面建言献策；市委常委、常务副市长何榕，副市长王学锋到会听取委员意见和建议。10月20日，市政协围绕"加强农产品品牌建设"举行"委员议政日"活动，从加强品牌质量建设管理、出台政策引导扶持、整合优势资源做大做强等方面建言献策；副市长陈明冠到会听取委员意见和建议。

【社情民意信息工作】全年编报《社情民意》253期，被全国政协信息局采用14期，社情民意信息工作连续15次获全国政协办公厅表彰。

2014年泰州市政协委员考察活动一览表

表3

时　间	考　察　内　容	参　加　领　导
3月18日	知识产权工作	政协副主席王东
3月24日	城市园林绿化工作	政协副主席王东，副市长贾春林
4月22日	公安基层基础建设	政协副主席张培成、董勤，副市长陈明冠，市政府党组成员、市公安局局长戴胜利
6月3日	重点提案督办	政协副主席刘励、奚爱国，副市长王斌
6月4日	国税工作	政协副主席王东、姚社成
6月25日	出入境管理工作	政协副主席王东
7月24日	非物质文化遗产保护工作	政协副主席张培成，副市长王学锋
8月4日	构建和谐劳动关系	政协副主席张培成、董勤，市委常委、常务副市长何榕
8月13日	工商行政管理工作	政协副主席王东、姚社成
8月20日	市区"黑臭河道"治理	政协副主席王东，副市长孔德平
9月19日	国土资源保护利用工作	政协副主席王东，市委常委、常务副市长何榕
9月23日	进出口商品检验检疫工作	政协副主席王东
10月9日	残疾人事业	政协副主席张培成、董勤，副市长陈明冠
11月14日	宗教重点项目建设情况	政协副主席王东，副市长孔德平
11月28日	"智慧城市"建设	政协副主席王东

【提案办理工作】推进提案办理协商的制度化、规范化、程序化，把协商的理念贯穿到审查立案、交办督查、评比考核之中，初步形成提案办理全程协商机制。全年共征集提案332件，经审查立案316件，均按期办结。经过承办单位办理，提案已经解决、基本解决或者措施已经落实的198件，占63%；已列入计划逐步解决的106件，占34%；因条件限制，暂时无法解决的12件，占3%。面商率100%，满意和基本满意率99%。对重点提案采取“市长领办、主席督办、专委会协办”，取得积极成效。

【民主评议市交通运输局】3~6月，市政协开展民主评议市交通运输局工作。市政协组织部分政协委员，分行业监管及依法行政、交通建设法治、队伍建设及作风建设3个小组进行评议调查。通过召开座谈会、走访省市（区）交通运输部门、发放征求意见表等形式，开展广泛调研，形成3份调查报告和1份综合评议报告。在此基础上，形成民主评议工作报告。6月30日，市政协四届十三次常委会议听取评议情况的汇报，并对市交通运输局工作进行民主测评。

【民主评议市住建局】6~9月，市政协开展民主评议市住建局工作。评议小组通过与市有关部门、市住建局所属机关处（局）和企事业单位负责人举行座谈，赴海陵区等市（区）走访相关部门和基层政协委员，征求省住建厅意见等形式，广泛听取意见和建议，形成3份调查报告和1份综合评议报告。在此基础上，形成民主评议工作报告。9月26日，市政协四届十四次常委会议听取评议情况的汇报，并对市住建局工作进行民主测评。

重要建议和重点提案

【关于推进工业重大项目建设的建议案】4~6月，市政协经科委组织部分委员，围绕推进工业重大项目建设开展专题调研，并形成调研报告。6月30日，市政协四届十三次常委会议协商通过《关于推进工业重大项目建设的建议案》。该建议案提出：高度重视，强化“项目为王”工作导向；加大力度，协调推进项目加快实施；加强规划，引领项目与产业合理布局；狠抓招商，强化项目储备与开发；深化改革，营造项目建设良好环境；加大考核，建立完善项目建设倒逼机制。

【关于促进文化与旅游融合发展的建议案】7~9月，市政协文教卫体委联合市民盟就促进文化与旅游融合发展开展调研，并形成调研报告。9月26日，市政协四届十四次常委会议协商通过《关于促进文化与旅游融合发展的建议案》。该建议案提出：一要加强发展规划融合，充分发挥规划引领作用。一是强化融合发展理念；二是提升产业发展定位；三是编制融合发展规划。二要加强项目载体融合，充分发挥市场主体作用。一是在文化的保护与传承中丰富旅游载体；二是在项目的招引与建设中壮大产业规模；三是在品牌的培育与发展中彰显文化特色。三要加强市场营销融合，充分发挥媒体推介作用。一是实施文化解读工程；二是策划城市宣传主题；三是统筹开展市场营销。四要加强保障机制融合，充分发挥政府主导作用。一是整合组织资源；二是整合政策资源；三是整合人才资源。

2014年泰州市政协重点提案一览表

表4

提案者	重点提案内容
蔡德熙	关于政府购买公共服务的几点建议
戴金龙	关于创新招商引资机制，打造专业招商队伍的建议
市政协经济科技委员会	做大做强市区工业经济的几点建议
民革泰州市委	关于深化大气污染防治，推进生态名城建设的建议
市政协城乡建设委员会	加强市区地下空间及架空杆线管理的建议
农工党泰州市委	关于完善乡村卫生机构一体化管理的建议
市政协社会法制委员会	关于加快筹建老年宜居社区的建议

（管成伟）

民革泰州市委员会

【概况】2014年，民革市委在市政协四届三次会议和市四届人大三次会议上，提交《关于扶持发展家庭农场的建议》《关于深化大气污染防治，推进生态名城建设的建议》《关于进一步提高泰州市城管网格化管理效能的建议》《关于推进中心城市融合发展的建议》《关于完善泰州市人民陪审员制度的建议》等集体提案5件，提交市政协委员提案36件、市人大代表建议案1件，市委会副主委封立群代表民革市委作题为《深化大气污染防治，推进生态名城建设》的大会交流发言。

2014年，集体提案《关于深化大气污染防治，推进生态名城建设的建议》被市政协列为主席督办重点提案；作为民革省委集体提案提交省政协十一届二次会议，被省政协列为重点督办提案和优秀提案，获副省长许津荣批示。年内，民革市委被民革省委评为全省提案工作先进集体。全年共上报社情民意82篇，其中全国政协采用3篇、民革中央采用3篇、中央统战部采用4篇、省委统战部采用17篇、民革省委采用57篇、市政协采用43篇。民革市委连续第12年被评为市政协信息工作先进单位，并被评为民革全省信息工作先进集体。

加强组织建设，开展"争先创优"考评工作，6个支部被评为先进支部；姜堰区支部于10月成立，高文章任支部主委。年内，2名支部主委参加市委统战部党外中青年干部培训班，10名支部主委、副主委参加民革省委基层组织负责人培训班；推荐民革中央优秀党员1名、民革省委优秀党员6名。全年发展新党员22人，平均年龄41岁，至年末全市共有党员229人。

10月28日，民革姜堰区支部成立

【思想建设】2014年，民革市委加强思想建设，召开坚持和发展中国特色社会主义学习实践活动动员大会，举办宣传工作培训班，组织"庆祝教师节·共话教育情"座谈会暨联欢活动。年内，报送"中国特色社会主义参政党"论文2篇，报送民革中央"坚持和发展中国特色社会主义·亲历者赞"摄影作品3件、书画作品7件及诗词1首；张晓姣获民革省委"薪火相传，坚持和发展中国特色社会主义"演讲比赛二等奖。全年出版《泰州民革》4期，发布网站动态信息70条；报送的宣传信息被《团结报》采用2篇、民革中央刊物和网站采用17篇、民革省委刊物和网站采用55篇、市级报刊采用30篇。

【调研交流】2014年，民革市委会机关加强调查研究，开展交流学习。年内，与常州、扬州、徐州、淮安民革机关就社会服务工作进行交流，与南通总支就“坚持和发展中国特色社会主义学习实践活动”情况进行座谈交流。落实“一委员一课题”，组织调研交流。8月12日，副主委丁南、丁春华率调研组走访京泰路司法所和海陵区社区矫正管理服务中心，调研社区矫正工作；11月20日，副主委丁南率民革界别市、区政协委员，走访泰州实验学校、省泰中附中和田家炳实验中学，围绕“素质教育5+2工程”开展考察和座谈；11月29日，市委会联合民革上海市嘉定区委调研组，到兴化茅山镇调研农村土地流转问题。全年共上报调研报告5篇，其中《关于发展我市集装箱运输的调查报告》获市领导批示。年内，民革市委会接待到访的旅美华人、美国摄影学会（PSA）中国区首席代表、主席邓大端及副主席王莉一行。

【社会服务】开展“博爱走基层”活动，通过帮扶、捐赠、走访、慰问、义诊等形式，扩大“博爱”品牌的社会影响力。年内，副主委丁南、封立群率“博爱服务团”到兴化市陈堡镇武泽村开展“送对联、送卫生、送温暖”活动，回访“泰州民革·博爱图书室”运行情况，看望当地特困家庭；走访看望黄埔老人和抗战老兵，为抗战老兵庆生。组织各支部和党员开展或参与各类公益活动，金融支部向环卫工人歇脚点捐赠微波炉6台，高港区支部开展“送戏下乡”“送法进企业”，政法支部实施法律援助案例11例，城建支部到企业开设安全知识和监理知识讲座，姜堰区支部协办专场文艺演出慰问姜堰区福利院老人，海陵区教育支部倡议成立的“智堡中学促学基金会”开展第四次捐资促学活动，市直综合支部组织党员认领12份“微心愿”。年内，金融支部促成市区4家银行与海陵区新能源产业园区达成5亿元的融资协议，市外引资的1.2亿元落实到位8000万元。

【“博爱文化进社区”活动】7月11日，市委会和文化艺术委员会在海陵区城中街道中山社区举行“博爱文化进社区”启动仪式，向中山社区捐赠一批书画类图书；市委会副主委、国家高级美术师朱玉为社区居民作中国画专题讲座。暑假期间，在市区15个小区开设书画、声乐等艺术类课程，组织社区居民开展艺术交流和展览活动，指导社区学生参加泰州市首届少儿书法大赛。

7月11日，“博爱文化进社区”活动启动仪式在海陵区城中街道中山社区举行

【民革党员风采】2014年，民革党员朱菊飞获全国体育事业突出贡献奖，徐骅获江苏省第21届“五星工程奖”银奖，张晓姣获江苏省青年教师基本功比赛二等奖，杨永根被评为江苏省优秀科技辅导员，陈红秋被评为江苏省职业教育先进个人，孙裴被评为“泰州市十佳律师”，黄太生获泰州市文联“名人工作室”授牌，孙逸豪当选泰州市“十大最美志愿者”“优秀网络文明传播志愿者”并获得“百度文库最佳贡献奖”，冯亚明获泰州市科技进步奖三等奖并被评为泰州市“科普惠农工程”优秀科技服务专家，周开军、周蕾获泰州市“两课”评比一等奖，黄莺获泰州市信息化大赛一等奖，王庆军获江苏省中青年美术作品展入选奖、泰州市教师节书画作品大赛美术类一等奖。

（朱　芹）

民盟泰州市委员会

【概况】2014年，民盟泰州市委在市政协四届三次全会上，就义务教育均衡发展及智慧城市建设主题提交集体提案2篇，盟内政协委员提交个人提案22篇，盟员戴金龙的提案《关于创新招商引资机制，打造专业招商队伍的建议》被市政协列为重点提案；副主委徐兴海代表民盟市委在会上作题为《加强城乡基础设施建设 推进城乡发展一体化》的大会发言。向民盟省委提交的《培养技能型紧缺人才，应加强“企校合作”》《推动绿色社区发展 促进生态文明建设》等2份调研报告被民盟省委采用为集体提案，提交省政协十一届二次全会；5份调研报告被省政协采用为大会书面发言。

加强信息宣传工作。全年编发社情民意信息46条，编发宣传稿件37篇，其中《加强公安基层基础设施建设 深入推进公安一线工作开展》《简化出国签证手续，为民营企业出境提供便利》等6条信息被市政协采用。主委董勤在市党外人士学习会上的发言《思想再解放 履职新突破》被《泰州日报》专版刊登，并入选《人民文摘》专刊；副主委臧大存和牧院支部盟员陈高撰写的论文《农业职业教育的现状与思考》被《江苏政协》刊登，《民盟靖江基层委员会着力提高参政议政水平》被《挚友》杂志采用。开展《泰州民盟年鉴》编纂工作，编辑印发《泰州民盟年鉴（2012）》和《泰州民盟年鉴（2013）》。全年编印《泰州盟讯》4期。年内，民盟市委被民盟省委评为参政议政工作先进集体；在《群言》杂志征订工作中，民盟市委被民盟中央表彰为发行工作优秀单位。

6月20日，民盟泰州市委基层活动现场会在姜堰区召开

加强组织建设。参与民盟中央“基层组织建设年”活动，开展基层组织资料收集整理和网上发布，组织学习新版《江苏民盟基层组织测评指标体系》。12月，民盟靖江市基层委员会承办江苏民盟县级市组织盟务工作交流会。年内，建立民盟姜堰区支部；民盟靖江市基层委员会新建靖江市第一中学支部，下属的8个支部全部建成支委会；民盟泰州学院支部被民盟中央表彰为“先进基层组织”。全年共发展新盟员44人，其中硕士研究生10人、副高级以上职称7人。

【调研交流】参加民盟省委第二届江苏城镇化建设研讨会和江苏教育论坛，分别提交论文《加强推进城乡一体化社会保障体系建设》和《学前教育师资存在问题及对策》。组织教育界骨干盟员参观考察江苏现代农业科技示范园，综合一支部组织盟员参观考察“12345”政府服务热线。盟内政协委员参与市政协“公安基层基础建设”“教育资源整合”“残疾人事业发展”“智慧泰州建设”等专题调研；参加市政协重点提案协商会、答复会以及“企业女职工权益维护”等调研活动。

【“文化与旅游融合发展”专题调研】2014年，民盟市委与市政协文教卫体委联合开展“泰州文化与旅游融合发展”专题调研。组织盟内参政议政骨干和文化界盟员赴姜堰召开“姜堰区文化与旅游融合发展”现场会；主委董勤带队赴泰州文化、旅游系统及省内外多个城市进行文化与旅游融合发展专题调研。调研报告《关于促进文化与旅游融合发展的建议案》经市政协四届十四次常委会审议，作为建议案提交市政府。

【“周山河新城建设与发展”专家报告会】2014年，民盟市委联合民盟省委经济专委会和民盟南京大学委员会，邀请江苏民盟规划、城建领域专家学者就泰州核心城区建设开展专题调研和座谈。11月，民盟市委及省2家协作调研单位在泰州联合举办“周山河新城建设与发展”专家报告会，参与课题调研的6名专家作专题发言，全市30多家相关部门和单位代表出席报告会。

【社会服务】2014年，民盟泰州市委开展社区定点服务，成立通姜社区服务站；全年开展社区服务活动3次，分别组织文化、医疗卫生、法律界的盟员赴社区开展文艺演出、义诊、法律咨询等活动。组织盟内外6名小学特级教师和一线教学骨干赴甘肃天祝开展“农村教育烛光行动”，培训当地小学教师。

2月14日，民盟泰州市委和海陵区城北街道通姜社区联合举办“闹元宵·乐新春”文艺演出

各基层支部开展社会服务和社会公益活动。中医院支部举办“世界心脏日”“世界高血压日”“世界糖尿病日”疾病防治活动，与妇委会、高港支部到高港区胡庄镇联合开展妇科疾病筛查义诊，为海陵区九龙镇养老院40多位孤寡老人进行体检理疗。海陵总支、综合二支部到城东街道东康社区开展“传递书香 见证成长”社区服务活动。文化支部举办公益音乐会和青少年才艺大赛。南师大泰州学院支部主委庞宇举行“音乐与健康”公益讲座。姜堰支部全体盟员赴姜堰区残疾儿童康复中心开展“牵手星儿——让星空更蓝更亮”主题爱心活动。沈毅中学支部组织在职盟员参加红十字“万人捐”活动，走访慰问贫困及外来务工家

庭。靖江一中支部看望慰问靖江市特殊教育学校学生。姜堰支部盟员曹井军资助慈善机构、教育和孤残儿童10多万元。医药高新区支部与高新区消防大队在祥龙社区共同举办“找火灾隐患、保家庭平安”消防宣传主题活动，与医药高新区法院联合开展“民盟携手企业走进法院”活动。

（赵筛和　端若灏）

民建泰州市委员会

【概况】2014年，民建泰州市委在市政协四届三次会议上作题为《推行居家养老模式，促进养老服务业发展》的大会发言，提交《关于在区域协调发展进程中加快泰州小城镇发展的建议》《关于推进我市居家养老模式的建议》《关于整合力量推进泰州历史文化名城宣传推广工作的建议》等集体提案3件；会内代表委员向大会提交建议和提案27件。围绕城市交通新提升、企业信用管理状况、职业教育发展等课题开展调研并形成调研报告；组织参加集体提案答复接待、政府报告征求意见、政协委员议政日、政协主席接待委员、行风监督等活动。8月，副主委邢秀华带队到泰州邮政分公司调研，并就进一步加快泰州邮政事业发展提出建议；3～9月，民建市委参与市政协民主评议市交通运输局和市建设局工作。年内，出台《民建泰州市委员会稿件奖励暂行办法》，健全信息工作制度和激励措施，全年报送社情民意信息38篇。其中《建议以组织机构代码为基础建立组织机构统一登记制度》被民建中央采用，8篇信息被省民建采用，7篇信息被市政协采用。

加强组织建设，调整领导班子成员，编发《泰州民建支部工作手册》。加强基层组织交流，综合三支部赴无锡参加“同心共建，南北同行”民建同心基地建设现场观摩交流会，与无锡滨湖区三支部开展友好支部共建交流活动。实施《民建泰州市第四届委员会组织发展规划》，正式成立民建姜堰区支部。全年共发展新会员23人，平均年龄36岁，其中大学本科及以上20人、硕士研究生4人。加强干部队伍建设，组织后备干部参加市第14期党外中青年干部培训班。

【思想建设】组织学习习近平总书记在中国人民政治协商会议成立65周年上的重要讲话精神，组织会员赴民建中央爱国主义教育基地、民建省委爱国主义教育基地冷遹纪念馆现场学习，组织部分企业家会员参加民建省委组织的企业家培训班，参加民建江苏省级组织成立60周年纪念座谈会等系列活动。加强思想宣传，全年共发表各类稿件60篇，其中6篇被中央和省级媒体采用。编辑出版会刊《泰州民建》，及时更新泰州民建网站内容。加强理论研究，撰写《新形势下切实加强中国特色社会主义参政党思想建设的思考》《加强中国特色社会主义参政党自身能力建设 努力提高参政议政能力》《关于创新民建机关建设的思考》等理论研究文章3篇。其中，《新形势下切实加强中国特色社会主义参政党思想建设的思考》获评2014年度民建省委优秀理论研究成果，并被省社会主义学院编辑出版的《职责与使命——中国特色社会主义参政党理论研究》一书收录。

【社会服务】2014年，民建市委组织实施“思源工程——生育关怀行动”，帮扶计生困难家庭子女；召开社会服务工作会议和泰州民建企业家会员协会第一次会议，引导会员投身社会公益事业；举办泰州市首届科普动漫展留守儿童、特殊儿童专场活动；发起的“红色引领、大爱民建、苏区公益行”爱心活动得到会员企业响应，江苏华鹏保险代理有限公司、泰州市华宇企业管理咨询有限公司捐助现金10万元至江西省定南县慈善会，泰州东方一号酒店有限公司、泰州市思路传媒有限公司捐助价值5万多元的物资至定南县岿美山镇中心小学。年内，泰兴会员企业家张国兴、刘玉其等全年捐资助学、扶贫帮困累计10多万元；会员汪继健为黄桥镇夕阳红老年合唱艺术团创作的说唱表演节目《居家养老幸福多》获第四届中国老年文化艺术节“2014年全国综艺大奖赛”曲艺比赛金奖。

8月1日，民建泰州市委主办科普动漫展留守儿童和特殊儿童专场活动

（民　建）

农工党泰州市委员会

【概况】2014年，农工党泰州市委在市“两会”期间，向各级人大、政协提交议案、提案共51件，委员汪正九代表农工党泰州市委在市政协四届三次会议上作题为《抢抓机遇，大力发展泰州市健康服务业》的大会发言。全年有3件提案被江苏省政协采用，其中《关于进一步加强中小学生体能及身体素质的建议》被省政协确定为主席重点督办提案，集体提案《关于加强泰州市乡村一体化建设的建议》被市政协主席会议确定为重点督办提案。年内，组织党员协助市政协文教卫体委专题调研全市健康服务业，参加“促进健康服务业发展”委员议政日活动。

开展专题调研申报工作，年内2篇调研报告获农工党省委立项；组织骨干党员赴南通、盐城就专题调研和社情民意信息工作进行学习交流，开展“我为泰州科学发展献良策”竞赛、参政议政月等活动。全年向农工党省委、市政协、市委统战部报送调研课题15篇、社情民意96篇，被全国政协采用3篇、中央统战部采用2篇、农工党中央采用6篇、农工党省委采用15篇、市政协采用18篇，其中《关于进一步加大地下水资源保护力度的建议》获副省长许津荣批示。年内，2人被评选为市优秀政协委员，4人被市政协评为2013年度社情民意信息工作先进个人。

2014年，农工党泰州市委推荐2名党员参加市第14期党外中青年干部培训班；建立领导班子成员和机关干部联系基层制度；成立农工党姜堰支部；举办第九期新党员培训班。全年新发展党员23人，党员总人数400人。年内，农工党党员先后获“全国优秀中医临床人才”“江苏省三八红旗手”“江苏省优秀中青年中医临床人才”“泰州市311高层次人才”“泰州市名中医”等荣誉称号；医卫界党员获江苏省中医药科学技术奖三等奖1项、江苏省卫生监督协会论文三等奖1项、泰州市科技进步一等奖2项、三等奖8项，党员撰写的论文被市级以上媒体采用89篇；律师界党员获海陵区“十佳法律服务工作者”、社会管理综治平安先进个人2人次；机关代表队获农工党省委党史知识竞赛集体三等奖。

【思想建设】组织参加农工党省委、中共市委、市政协、市委统战部等举办的辅导报告会、学习会；组织农工党市委中心组学习，召开市委会、专委会、基层组织负责人会议共10次；领导班子成员参与中共泰州市委及相关单位的征求意见会、民主评议会。年内，制定下发并组织实施《关于开展坚持和发展中国特色社会主义学习实践活动工作方案》；举办“中国梦·农工情”系列活动，展示泰州农工党员的精神风貌。加强宣传，全年在《人民政协报》等媒体发表各类宣传文章59篇；改版党刊《泰州农工》，编发《学习实践活动专刊》1期。

【社会服务】5月30日，市委统战部、市卫生局和农工党泰州市委在高港区中医院（口岸社区）联合举行“中医同行”启动仪式；农工党省委副主委黄煌出席启动仪式。年内，市中医院总支组织科普宣传、专家义诊和中医特色理疗等各类服务10多次，服务群众2000多人次。

开展“健康服务行”活动。推进农工党中央定点蒋垛中心卫生院、市委会基层服务点罡杨卫生院以及高港区中医院的帮扶工作，全年投入帮扶资金12万元。年内，定期开设专家门诊，全年选派26名专家为百姓“坐堂”义诊；对姜堰区蒋垛中心卫生院开展为期1年的技术援助；在“中国环境与健康宣传周”和“国际科学与和平周”期间，为乡镇卫生院、养老院和社区群众提供医疗咨询和义诊服务，免费发放宣传册。

【“中国梦·农工情”系列活动】2014年，农工党市委举办“中国梦·农工情”泰州专场演讲活动，9名党员参加演讲，100多名党员现场观摩；2次赴南京观摩农工党省委组织的演讲活动；党员舒莲香在农工党中央举办的演讲总决赛上获二等奖，作为农工党省委唯一代表2次参加农工党中央组织的全国巡回演讲，并在农工党中央中常会期间作汇报演出。年内，面向全体党员开展“中国梦·农工情”征文活动，6篇征文被农工党省委采用。

（农工党）

九三学社泰州市委员会

【概况】2014年，九三学社泰州市委（简称社市委）在市政协四届三次全会上，提交集体提案5件、个人提案20件。其中，《关于推进泰州市民间金融发展的建议》《更高水平推进社区服务平台建设的建议》被评为优秀集体提案，《转型升级中有关部门要进一步发挥推动作用的建议》《公车改革要激励绿色出行》《关于加快海陵、高港两区之间道路建设的建议》被评为优秀个人提案。

参加社省委课题招投标活动，共提交标书6篇，其中《排解社会矛盾，加强社会稳定风险评估》《深化教育综合改革，加快教育实验区建设》《新形势下农村宅基地管理改革创新》被列为中标课题。年内完成《深化科技体制改革》《推进农业经营方式改革创新》《食品监管关口前移》《以市场化手段降污》等调研报告5篇。全年召开信息员培训班2期，共上报信息40多篇。其中，《反“四风”要警惕公共管理无用论、公务员无价值论等错误认识》被全国政协采用，《水源污染引起的区划调整思考》等24篇被市政协采用。

全年共发展社员26人。其中，博士研究生1人、硕士研究生8人，高级职称7人。至年末，全市共有社员253人。年内，成立姜堰区支社，有社员17人，人数在姜堰区6家民主党派中居首位；成立高校支社，有社员19人。

10月14日，九三学社泰州市姜堰支社成立大会在姜堰区举行

【思想建设】社市委制定《关于坚持和发展中国特色社会主义学习实践活动实施方案》，成立由主委牵头的工作组织，加强对各支社学习活动的指导。组织社员参加社中央举办的“参政党理论与社史研究”征文活动，论文《新形势下加强九三学社基层组织建设的思考》被采用。年内，《民主党派参与网络舆论之我见》被九三中央论坛采用，《全面深化改革的全球视野》被社中央“全面深化改革与共同体意识研讨会”采用。

【社员风采】2014年，社员曹洋的《无限回归——朱天曙的艺术镜像》被《光明日报》整版采用，李路平的《两宋鉴藏印考》《书法评论》《书法专题》分别被《中央文史馆学报》《世界书画》《海峡两岸》采用，唐国民多篇论文录入核心期刊，杨政出版个人专集。蒋凤昌主持教学科研项目8项，获发明专利2项、省级奖2项、市科技进步奖1项，出版专著1部；储久良的国家级课题“网络学习课程开发与应用研究”通过中期检查，全年在核心期刊发表论文3篇；张荣山主持开发135F四冲程小汽油机项目，全年申请发明专利2项。张德智的《苍山层韵图》参加“中国·迎亚太经合组织（APEC）峰会中国当代书画艺术展”获金奖，被授予“2014年北京APEC峰会最具影响力的书画名家”称号。樊学义为社区居民义务修理家用电器，被社省委评为社会服务工作先进个人。

（九三学社）

民进泰州市总支部委员会

【概况】2014年，民进泰州总支发展新会员21名，至年末全市共有会员84人。民进泰州市姜堰区支部于11月成立，黄勇当选为支部主委。年内，选派2名会员参加民进省委主办的基层组织会员骨干培训班；与泰州南社文化促进会和人文泰州网联合承办江苏省公益创投优秀项目“朝花夕摄”公益摄影、泰州市公益创投项目“爱拍爱社区”。

年内，主委吴建华出席民进全国组织工作会议，民进泰州总支被表彰为“民进全国组织建设先进基层组织”，委员刘婷被表彰为“民进全国组织建设先进个人”。综合支部主委胡唐明被省政府评为特级教师，被市政府评为“有突出贡献的中青年专家”“泰州市名教师”；会员彭莉被省政府评为特级教师，王书月被省教育厅、人事厅评为正高级中学高级教师。

【民进省委秘书长王鲁彬到泰州调研】3月17~19日，民进省委秘书长王鲁彬到泰州进行“走基层 转作风”调研。王鲁彬实地走访泰州学院、省口岸中学、民兴中学、泰州辉通交通工程检测有限公司等会员企业，参加新会员培训班并作专题报告。

（民　进）

泰州市工商业联合会

【概况】2014年，泰州市工商联引导非公经济人士参与人大、政协的提案议案工作，履行参政议政和民主监督职能。在市政协四届三次全会上提交提案和议案近20件，市工商联作题为《重视异地商会建设，为推动地方经济发展提供重要平台》的书面发言。配合市委统战部办理《关于加强泰州市商会组织建设的意见和建议》提案；参加省政协就推进协商民主情况进行的专题调研；参与省工商联组织的“非公有制经济人士思想政治工作”专题调研，并形成专题调研报告；联合市中小企业局完成《2013年度泰州民营经济发展报告》。至年末，全市共有会员10415名。其中，企业会员7808人、个人会员2369人、团体会员238个。

加强组织建设，中共泰州市浙江商会支部委员会于4月成立，天津泰州商会于8月成立，南京泰州商会于12月成立。推进星级商会认定，市餐饮商会、市浙江商会先后获批成为AAAAA级商会。至年末，全市有行业协会54家、异地商会16家，外埠泰州商会8家。年内，建成网络会员数据库和基层组织统计数据库。

加强对外联络交流，与甘肃白银市、湖北荆州市工商联缔结为友好商会；组织会员企业和商会会长参加“长三角”地区城市民营经济和商会工作合作与交流第12次会议。年内，靖江市工商联和海陵区工商联被命名为全省工商联“五好”县级示范单位。

【服务会员】 2014年，市工商联联合市科技局对会员企业申报省、市科技进步奖的项目进行筛选，推进企业项目申报，全年共组织申报9家，其中靖江大中电机和姜堰太平洋精锻2个项目获全国工商联科技进步三等奖，获奖数居全省前列。与市中级法院联合建立商事调解机制，于6月26日联合举行商事调解工作启动仪式，聘请30名非公经济人士担任全市首批商事调解员并颁发聘书，推动经济仲裁深化，完善商会参与经济纠纷的调解和诉讼机制。加强诚信建设，与市经信委、文明办、食药监局、工商局和质监局等部门联合开展“做精工产品、做诚信企业”专项活动，推进企业诚信建设制度化；钢材贸易商会专题开展“诚信企业”评选。加强商贸交流，联合市科技局组织会员企业参加深圳“企业院校行”活动，组织企业家参观考察中科院深圳先进技术研究院、清华大学深圳研究院、工信部第五研究所等科研院所，开展科研成果转化嫁接。发挥民间商会的优势，全年累计组织200多名民营企业家参加印度总领事上海招商、“河北苏商高峰论坛”“西部苏商淮安行”等项目推介招商活动，拓展民营企业对外投资合作渠道。

【市工商联（总商会）四届三次执委会暨四届三次常委会】 3月21日，市工商联（总商会）召开四届三次执委会暨四届三次常委会。市政协副主席、工商联主席姚社成，市委统战部常务副部长、工商联党组书记王考等100多人参加会议。大会听取姚社成所作题为《深入贯彻落实十八届三中全会精神，为推动泰州市转型升级融合发展贡献力量》的工作报告。执委会选举增（替）补新执委会常执委成员，顾晓平、邱卜雨和董伟柱3人当选市工商联执委、常委。会上发放意见征求表，共收集到企业家常委、执委的意见和建议28条。

【市工商联（总商会）四届四次常委会】 8月8日，市工商联总商会召开四届四次常委会暨“四信”教育、“五好工商联”建设工作推进会，市政协副主席、工商联主席姚社成，市委统战部常务副部长、工商联党组书记王考，工商联副主席卢均一、刘春堂、于勇和各市（区）工商联主席、党组书记及企业家常委等70多人出席会议。大会听取姚社成所作题为《抓住机遇，开拓创新，为推进泰州市转型升级融合发展贡献力量》的工作报告。江苏省总商会副会长、市工商联副主席、江苏泰隆减速机股份有限公司总经理殷爱国作《坚定信念乘风破浪　提振信心创新扬帆》“四信”教育专题报告。市直属商会秘书长列席会议。

（工商联）

泰州市总工会

【概况】 2014年，全市有独立基层工会10700家，基层工会涵盖单位28738家，工会会员总数114.91万人。其中，非公企业法人数据库25人以上正常经营企业工会会员68.3万人，职工入会率91.4%、建会率93.7%。市总工会加强基层工会建设，重点开展25人以上非公企业建会工作；推进台资企业建会工作，指导纬立资讯配件（泰州）有限公司成立工会；推动工会组建向“两新”组织、城区现代服务业、农村经济合作社延伸。

制定实施《泰州市职工素质（2014～2018年）转型升级圆梦计划》，开展名师带徒、评选“首席员工”“金牌工人”等活动，评选命名市“金牌工人”50人，为一线技能人才搭建上升平台。推进“职工书屋”建设，评选“十佳职工读书明星”；组织职工道德讲堂活动，重点企业普遍建立职工道德讲堂。2014年，市总工会连续第10年开展“泰州市职工十大工种职业技能竞赛”；市住建系统徐干仁在“江苏省技能状元大赛”中获建筑装饰镶贴工第1名；市交通运输局工会在全省港口职业技能竞赛中获集装箱岸桥司机组团体第2名；靖江市马桥畜牧兽医站侯斌获全国首届动物防疫职业技能竞赛个人总分第1名。

开展劳模精神“进机关、进校园、进企业”活动，召开全市“劳模精神进校园”活动现场推进会。深化“劳模创新工作室”创建提升，全国劳模许杏桃获全国最美人物之“十大节约之星”称号，“许杏桃劳模创新工作室”获“全国示范性劳模创新工作室”称号。发挥工会“五一创业岗”基地的示范带动作用，命名泰州市“五一创业星级示范岗”51个，通过事迹汇编、报纸专版、文化宫展厅等形式宣传创业者的创业事迹。

构建和谐劳动关系。落实《关于加强企业协商民主制度建设的指导意见》，完善职代会运行程序，拓展厂务公开新形式。组织工会界别政协委员以“构建和谐劳动关系，依法维护职工权益”为主题开展调研考察。推进工资集体协商，制定下发《关于进一步推进行业性工资集体协商工作的意见》，培育兴化市仪表行业、泰兴市黄桥烧饼行业、靖江市船舶行业、海陵区车件行业、姜堰区旅游行业等一批行业工资集体协商新典型；年内高港区推动福利企业开展工资集体协商。依法调处劳动关系矛盾，开展“工会劳动法制宣传服务月”活动，各市（区）联动进行广场宣传咨询47场，深入企业开展法制讲座25场。制定下发《泰州市总工会维护劳动关系稳定工作的意见》，推进劳动关系突发事件的防范和应急处置。年内，市总工会在全国工会信访工作会议上作经验交流；市职工维权志愿者服务工作受省总工会表扬。开展特困家庭大走访和困难劳模大普查活动，组织发放第16批“特困证”；全市共发放“特困证”774份，帮助特困职工凭证享受优惠政策10多项。

落实安全生产工作。深化劳动保护合格工会和片区服务站建设，全市近1200家企事业单位参加“安康杯”竞赛活动。年内，泰兴市总工会在全省介绍推行工会劳动保护片区服务站建设的做法。

【“建功立业十二五，转型升级当先锋”主题劳动竞赛】 2014年，市总工会在全市新兴产业、传统产业、现代服务业领域和基础设施领域，开展“建功立业十二五，转型升级当先锋”主题劳动竞赛。开展“工人先锋号”创建活动，评选命名市“工人先锋号”先进集体60个。组织引导职工开展技术革新、发明创造、合理化建议和“我为企业转型升级献一计”等活动，命名泰州市“职工十大科技创新成果”和“十大先进操作法”。在第二届“江苏省职工十大科技创新成果”评选中，泰州市是获奖成果最多的地级市之一，其中兴达钢帘线股份有限公司职工王金和发明的“一种通用型股捻机”获全省“职工十大科技创新成果”。

5月28日，“劳模精神进校园”现场推进会在泰州市机电高职学校召开

【职工帮扶】创新创优“阳光快车”服务品牌，开展“阳光快车集中服务周”活动，全年全市各级工会组织共开发“阳光快车”163辆次，服务职工3.98万人次，投入资金132.6万元，开展为市区特困职工提供免费安装数字电视服务、举办单身职工联谊会、为职工提供免费体检服务、为环卫工人歇脚处集中授牌、深入企业送书籍和送心理疏导培训、为职工免费放电影等活动。推进职工服务站点建设，全市新增规模企业帮扶服务示范点14家。打造“鹊之桥”联谊中心，定期开展“五分钟约会”等交友联谊活动，帮助100多对职工牵手。深化“金秋助学”活动，全市各级工会共向2119名困难职工和困难农民工子女发放助学金483万元。开展“两节”（元旦、春节）送温暖活动，全市各级工会组织共走访慰问13826名困难职工，发放慰问金897.64万元；开展为全市困难职工送“温情年夜饭”活动，20多家市直单位工会组织、个人以及泰州国际金陵大酒店、美丽华大酒店等餐饮企业共认捐292份年夜饭，市及各市（区）总工会共推动认捐或自购年夜饭863份。开展职工维权，市困难职工帮扶中心全年共接待来访职工9案次41人次，接听答复“12351”职工维权热线电话40次，答复处理职工来信7件。

【关爱环卫工人】2014年，泰州市在首批设立28个环卫工人歇脚处的基础上，推动市区银行、电信、移动、广电等窗口行业单位为环卫工人新增设歇脚处78个。至年末，全市有环卫工人歇脚处、休息点、“安康驿站”共220个。泰州市关爱环卫职工做法被全国总工会《工会要情》刊载，并在省总工会第十三届三次全委会大会上作交流。

【职工精神文明建设】推进“职工书屋”建设，评选市“十佳职工读书明星”。组织职工“道德讲堂”活动，重点企业普遍建立职工“道德讲堂”。加强“职工之家”建设，开展“争创模范职工之家、争当优秀工会干部”活动，推进“会、站、家”［组建工会，创办职工帮扶服务中心（站点）、职工维权工作室，建设职工之家］一体化，完成“三亮三公开”（工会组织亮牌子，公开职责任务；工会干部亮身份，公开联系方式；工会工作亮承诺，公开服务项目）活动年度目标任务。发挥工人文化宫优势，组织开展“每周一讲”职工大讲堂活动，成立泰州市职工文化体育协会，举办全市工会干部乒乓球友谊赛。结合“女职工关爱月”活动，推进女职工安康互助保障工作和特岗女职工关爱行动。

（万　进）

共青团泰州市委员会

【概况】2014年，泰州团市委坚持“以青年为本、为青年服务”的工作理念，提升基层团组织活力和团干部服务能力，打造服务型团组织，为泰州经济社会转型升级融合发展集聚青春力量。至年末，全市共有基层团委406个、团总支47个、团支部2734个，团员青年175930人。全年申请入党团员96人，经推优入党93人。

加强团的基层基础工作。实施“基层团组织活力提升计划”，推进团务工作规范化示范点建设，规范团员发展、团内组织生活、团籍管理、团组织关系转接等各项基础团务工作，探索团籍注册、组织关系接转、推优入党上级团委备案制度，推动基础团务规范化。以“分级+分类”为原则，开展综合型培训、强基型培训、专题型培训等3类培训；全年共举办团市

（区）委书记、镇（街道）团（工）委书记、中职团委书记、少先队辅导员等各类团干部培训班10次，团市委累计直接培训团队干部920人次。全市共建立区域青年工作共建委员会95个，新建直属团组织410个，联系青年社会组织57家，建立工作阵地35个，组织开展各类活动116场次；建立青年服务队42支，走访青少年5650人，形成微调研课题312个，帮助青少年实现“微心愿”2700多个。

强化青少年思想引领。举办“我的中国梦——青春大讲堂”“奋斗的青春最美丽”等系列分享活动。全市有约3万名青年争当“我们身边的好青年”，432人成为“青春好榜样”，6人入选“江苏好青年”百人榜；2万名青年参加125场“奋斗的青春最美丽”分享会，3万名小学生参加“红领巾相约中国梦”体验，4万名中学生和中职学生参加“与人生对话”“彩虹人生”讲堂，5万名大学生参加“我的青春故事”巡回演讲。

推进青少年公益项目体系建设。全年共建成“希望来吧”“七彩小屋”等服务阵地27家，投入340万元建设市青少年活动中心、姜堰青少年综合服务平台、集善之家等团属阵地，帮助66个公益项目获创投大赛资助114万元；打造“初见·幸福”单身联谊会、读书观影会、青春微体验等36个服务项目；实施希望工程“圆梦行动”“青春暖冬行动”“青仔助学行动”、爱心助残“阳光行动”、重点青少年群体“成长护航行动”等6大行动，服务青少年16500人次，提供帮扶资金226万元。年内，构建完善市—县（区）、行业（部门）—乡镇（街道）—村（社区）四级志愿服务组织网络体系，与中国银行泰州分行联合发行“中银—泰州志愿者”IC卡，推行志愿服务积分制；组织青年志愿者参与全国文明城市创建活动，共25000人次，累计服务时长1.85万小时。

服务青年就业创业。实施“百千万青创计划”，启动“乐活三水·青创百店”项目，3104名青年实现“创业梦”；实施“千名青年电商人才培养计划”，重点推进“一校一馆”“一村一店”项目，建成大学生创业就业馆2个、农村青年电商创业孵化基地2个，为青年提供培训指导、技术支撑、营销策划、渠道拓展等服务。开拓融资渠道，实施“万资融汇计划”，累计争取青年创业贷款银行授信6.2亿元，发放青年创业小额贷款9619万元。启动新型青年职业农民“星火”培育计划，计划3年内培育3000名青年职业农民、扶持3000个农村青年创业项目。举办“青春筑梦·建功家乡——共青团联系返乡青年服务月”活动，募集岗位5310个；实施“千名困难学子就业援助计划”和“千名总经理助理见习计划”，依托各级青年商会和青年联合会，募集就业见习岗位近2000个；年内开展“送岗位进校园”“见习岗位双选会”等活动。

加强团属新媒体平台建设，强化青少年文化产品开发，引导青少年健康成长。围绕青少年兴趣点，创作漫画《不奋斗 不青春》，获团省委青年网络漫画大赛一等奖；以文化产品引导青少年培育和践行社会主义核心价值观，制作微电影《我们的微影梦》、Flash视频《青春YOUNG名城》、沙画《我们的赤子之心》，创作漫画《图解2014团的全委会报告》《青仔自护漫画》等。运用新媒体连接、沟通青年，形成“市、县、镇”三级团属新媒体集群，影响青年超过100万人次，累计阅读量超200万。其中，“青春泰州”公众微信在南方周末数据实验室发布的《中国政务微信排行榜·共青团子榜》中居前列，获影响力排行榜和阅读量排行榜“双冠军”；在《中国青年报》推出的团组织排行榜中居地级市全国前20名、江苏省前3名。年内，“创新新媒体SMART工作模式 引领青年新风尚”获团省委创新创优项目一等奖。

【青年人才队伍建设】推进“领军·转型”青年人才培养计划，通过青年创业沙龙、青年项目经理交流论坛、青年文化创意人才培训、青年公益人物“嘉年华”等载体，打造青年高层次人才服务链。实施“‘风采·职场’青年新锐养成计划”，提升新入职青年员工环境适应能力、规范行为能力、心理调节能力和价值判断能力。实施年轻公务员成长计划，3年1期滚动式培养推荐干部，为党政部门发现、储备一批优秀年轻干部。实施“‘起点·未来’名校优生跟踪培养计划”，开展重点高校学生暑期见习活动，募集见习岗位209个。

【重点青少年群体服务管理】组织开展重点青少年群体排查摸底专项行动、管护行动、牵手行动、回归行动、阳光行动、关爱行动等6大行动，制定《关于实施“为了明天——泰州市重点青少年群体成长护航工程”的实施意见》。联合市法院、司法局、关工委等部门到少管所回访4次，帮助泰州籍服刑管控青少年14人。举办服刑人员未成年子女与父母“亲情搭桥”活动，全年累计帮扶服刑人员未成年子女120人，为30多户家庭办理低保。推进“青春加油站”等重点青少年群体服务管理实体化阵地建设，全市建成“青春加油站”30家，组织专业社工、志愿者为重点青少年提供课业辅导、亲情陪护、自护教育、法律宣讲等“私人定制”式服务6800人次。优化“12355”青少年服务台综合功能，建立“快速转接+实体化服务”阵地机制，全年接待电话咨询137次、解决典型个案92例。

【泰州市青少年活动中心】2014年，泰州市青少年活动中心共开设青少年儿童素质发展班62个，1000多人次参加各类课程培训。少儿职业体验馆全年接待儿童6万多人次，为全市2000多名困难家庭孩子、留守儿童、外来务工人员子女提供免费体验机会；“青仔助学”行动为300多名贫困学生、专业特长学生提供学习机会；“青仔欢乐营”到20多家学校、社区，为青少年开设各类免费公益课；活动中心与市民政局、妇联、慈善总会等单位联合开办“青仔公益夏令营”10期。年内，组织开展“青仔诞旦乐”新年游园会、“中国梦·少年强”大型巡回演讲、“勿忘国耻 爱我中华”主题签名、“中国梦·我的梦”百米长卷绘画等活动。

【首届泰州青年锋尚节之第二届“微影·我们”全国微电影大赛】2014年，市委宣传部、团市委共同举办首届泰州青年锋尚节之第二届“微影·我们”全国微电影大赛。大赛设定主竞赛单元、“美在泰州”竞赛单元和大学生竞赛单元等；启动“微影·我们”全国微电影剧本创作大赛、“美在泰州”城市形象微电影剧本大赛、“美在泰州”城市微电影创投大赛；启动实施“青年导演成长助力计划”，从剧本创作、人才培养、资金扶持等方面打造完整的微电影产业链。大赛共收到来自亚洲多个国家和地区的320多部参赛作品和126部剧本，发放奖金39.9万元；产生创投大赛扶持项目4个，发放扶持资金28万元；涌现出《入戏》《22″47》《追日》《麦麦果香》等一批精品文化作品，其中《入戏》入围戛纳电影节短片角。2015年1月，首届泰州青年锋尚节之第二届“微影·我们”全国微电影金锚奖颁奖典礼举行，人民网、中国新闻网、新华网和《中国青年报》《新华日报》等30多家中央、省市级媒体和《江苏新时空》《中国电影报道》等电视栏目集中报道。

（吴海棠）

5月25日，第二届“微影·我们”全国微电影大赛正式启动

泰州市妇女联合会

【概况】2014年，泰州市各级妇联组织围绕服务大局、服务妇女儿童，优化妇女发展和妇女工作的政治、法律、政策、社会等环境，推动落实各项妇女儿童民生实事。服务巾帼创业就业，组织实施“巾帼创新创业行动”“巾帼就业援助行动”“巾帼建功创牌行动”；开展巾帼志愿服务，维护妇女儿童合法权益。

优化妇女儿童发展环境，推进落实妇女儿童实事项目。年内，《泰州市妇女儿童“十二五”专项规划》实施情况通过省级中期评估督查。落实和拓展农村妇女“两癌”筛查项目，累计上争救助款102万元、救助贫困家庭102个。推进乡镇妇女儿童活动中心建设，为兴化乡镇（街道）妇女儿童活动中心上争省奖补资金102万元；推进示范乡镇（街道）和示范妇女儿童活动中心建设，上争各类示范引导资金14万元。推进“母亲邮包”项目，援助新疆昭苏和西藏曲水贫困母亲“爱心包”“暖心包”共1856个，计30.44万元；开展“恒爱行动——百万家庭亲情一线牵”公益活动，联合市妇幼保健院实施“爱心哺乳小屋”项目；市妇联获全国实施“母亲邮包”项目先进集体称号。

加强妇联基层组织建设，完善妇女代表联系制、常执委工作制度。开展村级组织换届工作，推进社区妇联、村妇代会向社区网格、村民小组延伸。年内，与市委组织部联合举办女干部能力提升培训班，全市50人参训；举办全市婚姻家庭纠纷调解员暨妇女维权干部能力提升培训班、妇联系统信息工作培训班等。成立泰州市女性社会组织服务中心，培育、孵化、服务女性社会组织；至年末，全市共有基层女性社会组织3041个，女知识分子联谊会、女法律工作者、女大学生等巾帼团队14个以及“绿叶义工队”“开心妈妈沙龙”等女性“草根”团队。引导女性社会组织服务妇女儿童，在全市开展“百团‘四送’进百家”活动。实施“泰苏馨”巾帼公益项目推进行动，全年实施“泰苏馨”巾帼公益创投项目7个，其中“星星点灯”爱心奶奶巾帼助残行动入选省妇联第三批“苏馨港湾”立项项目。

推动妇女创业就业。组织实施“巾帼创新创业行动”，加强巾帼来料加工、巾帼现代农业等示范基地建设，发挥示范基地服务和辐射功能，带动女企业家、女带头人创办“家庭农场”“农家乐”，发展特色农业、规模农业、农村现代服务业，提高农产品附加值；推动女经纪人领办、创办生产、加工、销售一体化的专业合作经济组织；组织开展“巾帼共筑中国梦”座谈会、演讲会。召开“创业女性魅力人生”报告会；举办女大学生创新创业工作座谈会暨女大学生创新创业实践示范基地揭牌仪式，为在省女大学生创新创业大赛中获奖的学生颁奖，聘请5名女企业家为创业导师；举办“激情点燃梦想，创业成就人生”泰州市女大学生创新创业大赛，选送项目参加省决赛，泰州职业技术学院张慧“‘镜花缘’手工坊”项目获省决赛二等奖并成为省妇联系统推荐入选省委组织部组织的创新创业竞赛唯一获奖项目；推进妇女创业小额贷款担保，召开全市妇女创业小额贷款工作座谈会，全市妇联系统共发放妇女创业小额贷款4700多万元，为500多名创业妇女提供资金帮助。组织实施“巾帼建功创牌行动”，发挥各级“巾帼文明岗”先进群体的示范带动作用，举办“巾帼文明岗”创争升级培训班暨“汇聚巾帼正能量 同心共筑中国梦”报告会，表彰2012~2013年度市级巾帼建功活动先进集体100个、巾帼建功标兵70名，并在《泰州晚报》开设“巾帼风采”专栏进行连续报道。组织实施“巾帼就业援助行动”，举办“提升妇女发展能力”专题培训班和妇女家庭服务就业技能培训班8期；加强“好苏嫂”家庭服务连锁信息网络建设和规范管理。

推进家庭文明建设。开展“五好文明家庭”评选表彰活动，表彰“五好文明家庭”100户。开展“最美家庭”“最美儿媳”寻访活动，盛振宇家庭获省“最美家庭”称号。开展“好爸爸、好妈妈、好孩子、社会妈妈”申评活动，“社会妈妈”夏晓红、“好孩子”汤嘉诚获省“十佳”称号。邀请省级家教专家开展“文明礼仪知识进社区”家教讲座巡讲，全市4000多名家庭成员参与“文明礼仪进万家”网络知识竞赛。

维护妇女儿童合法权益。开展普法宣传服务活动，发放各类宣传资料30多万份，为妇女提供法律咨询服务10多万人次。市妇联与市委政法委、市司法局等部门组成“帮教团”，分赴南通女子监狱和泰州看守所开展“巾帼关爱·真爱回归”系列帮教活动。将“12338”妇女儿童维权热线融入市“12345”政风行风热线，实现24小时在线维权。依托妇女投诉中心畅通妇女诉求渠道，全年全市各级妇联共接待处理各类信访580件。年内，举办农村土地承包经营权确权登记颁证工作专题培训，维护妇女合法土地权益。

【平安家庭创建】2014年，市妇联联合市公安部门走访督查各市（区）反家庭暴力告诫制度推进实施情况，共发放《家庭暴力告诫书》87份；联合市司法局开展以“宣传服务关爱·平安和谐幸福”为主题的集中宣传服务活动；联合市反邪教办、教育局、团市委在涉邪人员、农村妇女和中小学生中开展“防邪教知识进家庭”活动，发放防邪教知识宣传手册，开展各类防全能神教知识宣讲。

【贫困儿童关爱行动】2014年，市妇联组织实施“慈善助孤”项目，资助贫困孤儿40名共4万元；慰问海陵区、高港区孤贫儿童21名，发放慰问金11000元、慰问品价值4580元；开展夏令营活动，丰富80名贫困、留守、流动儿童暑期生活。举行“音乐种子春蕾班”开班仪式和第二学年资助金发放仪式，为30名贫困儿童发放助学金24000元；举行省儿童少年福利基金会“江苏絮飞春蕾班”揭牌暨主题班会，为泰兴市5个“春蕾班”揭牌，150名初、高中生获得连续3年、每年1000元的资助。举办“庆‘六一’暨‘春蕾计划’二十年巡礼”活动，省儿童少年福利基金会泰州代表处共收到爱心捐赠款90万元。全年全市共新增“春蕾班”7个，资助包括“春蕾班”在内的贫困儿童722人，资助金额49.3万元。

5月29日，庆“六一”暨“春蕾计划”二十年巡礼活动在泰州市文化馆举行

【泰州市妇女第四次代表大会】3月24~26日，泰州市妇女第四次代表大会召开。大会审议并通过市妇联主席

黄海燕所作题为《凝聚巾帼力量 同谱泰州华章，为推进转型升级融合发展而努力奋斗》的工作报告。召开市妇联第四届执行委员会第一次全体会议，选举产生市妇联第四届执行委员会主席1人、副主席2人、常务委员10人。大会表彰泰州市“三八”红旗手100人、“三八”红旗集体50家。

3月24～26日，泰州市妇女第四次代表大会召开

【巾帼志愿团队管理】将巾帼志愿团队按区域、性质、服务对象分成4个板块进行管理。“社区巾帼志愿者”队伍，侧重立足社区、面向家庭，常态化开展公益活动；“泰苏馨”巾帼义工队，侧重配套服务公益创投项目；“社会妈妈”志愿者队伍，侧重参与“春蕾计划”“蒲公英行动”等关爱留守流动、孤贫儿童的活动；“网络、社会公益达人”队伍，侧重参与、支持妇联开展的各类公益活动。2014年，“泰苏馨”巾帼志愿服务中心获省“巾帼志愿示范基地”称号，高港区赵玉芳获选省“十佳巾帼志愿者”。

（妇　联）

泰州市科学技术协会

【概况】2014年，泰州市科协完善科协年度工作目标百分制考核，通过以会代训的方式，对三级科协专兼职干部进行业务培训。年内，承担中国科协地市级“科技工作者之家”建设标准起草工作，课题《提升科技社团专业化服务能力的机制和途径研究》获省科协立项资助，《关于成立泰州市院士服务中心的建议》等9个建议获市主要领导批示。2014年，泰州市科技馆组织机构正式设立，确定为公益一类正科级事业单位。全年“讲理想、比贡献”项目立项304项，“金桥工程”立项166项，有3家企业、2名个人被评为全国“讲、比”活动先进集体（个人）。年内，市科协被评为先进省辖市科协，实现“三连冠”；4个单项工作被评为全省科协创新案例；泰兴市科协、靖江市科协获省“创新发展综合示范县级科协”称号。

加快企业科技服务站建设，利用省级学会科技创新资源，促成23家省级学会和高校与区域27家企业共建科技服务站或派驻首席专家，建立长期合作关系。举办专利信息推广应用实务培训7场次，56家企业注册运用，超额完成省下达的目标任务。2014年，江苏远东电机制造有限公司等8家企业通过消化吸收再创新，共申报专利17件，节约研发成本2100多万元，新增产值1.3亿元。

2014年，市科协推荐中国医药城、新能源产业园为江苏省中欧合作重点园区，泰兴市、海陵区创成省级海智工作基地。举办海智项目洽谈活动3次，对接海智项目7个，帮助比利时陈翠英博士“早期肝癌诊断试剂盒生产”项目落户中国医药城。开通海智国际科技频道，组织行业技术人员开展视频连线3次，覆盖企业60多家。

开展学术交流，市科协主办第五届江苏省青年科学家年会泰州医药分论坛暨美国华人生物医药协会泰州行活动，联合举办2014细胞治疗技术现状与未来高峰论坛、中华医学会2014年地方医学会秘书长工作会议、全省现代渔业建设现场会、省硅酸盐学会高硼硅特种玻璃学术论坛等学术交流活动10多项。开展第九届自然科学优秀论文评审，共征集论文861篇。

制定《泰州市科普志愿者注册管理办法》，推出“中银—泰州科普志愿者”联名卡，建立科普志愿者星级认证和表彰奖励制度，科普志愿者管理实现数字化，至年末全市注册科普志愿者2万人。通过社会购买科普服务，整合老科协专家资源，加强社区科普大学师资队伍建设，实施“订单式”课程设计，“科普讲坛”累计举办300场，主城区社区科普大学覆盖率98%，学员4000多人。开播《科普新说》电视栏目，开辟“科普”“健康”报刊专栏，开通泰州市科技馆微信平台，建成泰州市数字科技馆，全年编发手机科普短信10多万条次。打造月度“线上线下科普广场”，将全年12个活动主题向市民公告，每月第二个周六举办主题科普活动，实现科普宣传时间固定、地点固定。“全国科普日”期间，市新能源光伏示范小区和光伏发电原理展示系统入选北京主会场与地方分会场实时网络在线“交互”7个活动内容之一。采用市场化运作方式，将科普知识融入趣味动漫，6万多人次参观暑期历时37天的科普动漫展。年内，邀请“嫦娥1号”总指挥叶培建院士、“蛟龙号”总设计师徐芑南院士到泰州作大型科普报告，在南理工泰州科技学院举办“青稞沙龙”活动。

【科普惠农】制定《关于加强全市农技协组织建设的实施意见》，各市（区）均成立农技协联合会，全市累计建立基层农技协869个，农技协三级网络基本形成。成立市农技协联合会专家委员会5个，组织219名农技专家与基层农技协结对服务，提供技术指导和咨询，推动“科技下乡”常态化。在农技协推行“支部+协会”、股份合作制等形式，探索农技协参与农产品电子商务模式。组织“科普惠农兴村计划”项目申报，5家单位和个人获国家、省科协、财政部门表彰奖励。年内，联合市财政局表彰农技协（科普示范基地）9个、科普惠农服务站15个、科技专家20名。

【青少年科技教育】2014年，市科协承办全国英特尔求知计划研讨会等活动。与教育局合作，建立“共议共促、共建共享、共同实施”工作模式，培育科技创新后备人才。“金钥匙”科技竞赛、信息学奥赛、青少年科技创新大赛等实现全市中小学校全覆盖，7所学校创成省级科学教育特色学校。组织参加第25届省青少年科技创新大赛，获一等奖14个、二等奖26个、三等奖68个，其中“自行车转向自动提醒器”项目获全省小学组唯一省政府青少年科技创新“培源奖”。在第29届全国青少年科技创新大赛中，1人被评为全国创新大赛“十佳优秀科技教师”，1件发明作品获一等奖。年内，省泰中机器人社团代表江苏省参加全国机器人比赛获铜奖。

（林来宏）

泰州市哲学社会科学界联合会

【概况】2014年，泰州市社科联、江苏省社科院泰州分院在理论宣传、决策咨询、课题研究、学术交流、社科普及、学会管理及自身建设等方面不断探索，全年举办各类论坛和研讨会6次，邀请省内外专家70多人次到泰州参加。联合市（区）、高校社科联和市级社科类学会，推出社科普及项目12项，普及人文社科知识，提升公众人文素养。《大众社会科学》《决策咨询》《泰州发展研究报告》的影响力和知名度进一步扩大。年内，市社科联在全国大中城市社科联第25次工作会议上，获“全国先进社科组织”称号；获2014年江苏省社科联系统“工作创新奖”“决策咨询奖”。

【应用对策研究】年内，确定一批市级招标课题，开展应用对策研究，全年共完成课题34项。其中，市级重点课题8项、一般课题10项、立项不资助课题16项。全年报送《决策咨询》20期。

【社科宣传普及】创新项目形式内容，推出环保知识普及宣传、大学生文明礼仪知识竞赛、“中国梦——中华复兴之路”图片展等社科普及项目；拓展惠民服务项目，打造符合“三贴近”（贴近实际、贴近生活、贴近群众）要求的项目品牌。在市第11届社科普及宣传周期间，围绕“拓展社科服务，助力深化改革”主题，开展集中性社会科学普及宣传活动，共举办人文社科讲座100多场，放映社科电影6场，制作社科知识板报60块，编印发放《社会科学知识普及宣传漫画口袋书》3000多本，活动辐射人数超过18000人次。注重社科研究和社科普及的网络交流互动，在泰州政府门户网站“望海楼论坛”设立专版，定期发表理论研究和社科普及文章宣传全市最新社科研究成果和动态，全年共发表文章50多篇。年内，在全国第16次社科普及工作经验交流会上，泰州历史文化研究所被评为“全国人文社会科学普及基地”。

【社科类学会组织管理】加强学会管理平台建设，完善学会分组联系制度。定期召开全市社科类学会秘书长会议，举办会长、秘书长培训班。年内，联合市民政局开展学会集中年检工作。全年新增“泰州市行政管理学会”“泰州市新型城镇化研究会”“泰州市档案学会”等3家社科类学会，至年末共有社科类学会52家；评选表彰先进学会18家、学会工作先进个人19人。在全国大中城市社科联第25次工作会议上，泰兴市社科联、泰州市传统文化研究会被表彰为“全国先进社科组织”。

【学术阵地建设】打造《大众社会科学》品牌，加强编辑队伍建设，创新特色栏目，全年出版6期，免费赠送近15000本。编辑出版《2014年泰州发展研究报告》（蓝皮书），免费赠送全市乡镇及部门以上主要领导和市人大代表、政协委员近3000本。发挥金融研究所、科学发展观基地和泰州发展研究中心等机构作用，整合泰州高校、科研院所和有关部门的研究资源，用最新研究成果服务泰州经济社会转型升级融合发展。

【社科成果评奖】开展泰州市第九届哲学社会科学优秀成果奖评审工作，共评选出获奖项目78项，其中一等奖8项、二等奖20项、三等奖50项。组织参加省社科优秀成果奖、社科应用研究精品工程奖以及省社科类学会学术成果征文、省第八届社科界学术大会（苏中）优秀论文的评选活动；在第13届江苏省社科优秀成果评奖中5项成果获奖，其中1件获二等奖，获奖数量、奖项等次均创历史新高。

2014年泰州市社科类学会情况一览表

表5

序　号	学 会 名 称	挂 靠 单 位	序　号	学 会 名 称	挂 靠 单 位
1	党建设学会	市委组织部	27	保险行业协会	保险行业协会
2	哲学学会	市委组织部	28	审计学会	市审计局
3	人大工作理论研究会	市人大	29	内部审计学会	市审计局
4	纪检监察学会	市纪委	30	财政学会	市财政局
5	党史学会	市史志档案办	31	会计学会	市财政局
6	新四军历史研究会	市史志档案办	32	国际税收研究会	地税局
7	工运学会	市总工会	33	医院管理学会	市卫生局
8	法学会	市司法局	34	新型城镇化研究会	市规划局
9	检察学会	检察院	35	档案学会	市档案局
10	统一战线理论研究会	市委统战部	36	历史学会	泰州学院
11	思想政治工作研究会	市委宣传部	37	心理学会	泰州学院
12	卫促会	市卫生局	38	泰州学派研究会	市社科联
13	交通政研会	市交通运输局	39	图书馆学会	市图书馆
14	反邪教协会	反邪教办公室	40	教育学会	市教育局
15	板桥思想研究会	市纪委	41	职业技术教育学会	市教育局
16	民政理论研究会	市民政局	42	陶行知研究会	市教育局
17	文秘学会	市委办	43	语言学会	市教育局
18	行政管理学会	市委办	44	劳动保障学会	市人社局
19	税务学会	市国税局	45	人才学会	市人社局
20	统计学会	市统计局	46	集报协会	市人社局
21	金融学会	人民银行	47	历史文化研究会	市政协
22	钱币学会	人民银行	48	传统文化研究会	历史文化研究所
23	国际收支学会	人民银行	49	水文化研究会	市水利局
24	农村金融学会	农业银行	50	水文化研究咨询小组	市水利局
25	工商行政管理学会	工商行政管理局	51	中学生心理研究会	省泰中
26	农业经济学会	市委农工办	52	胡瑗思想研究会	省泰中

泰州市第九届哲学社会科学优秀成果奖一、二等奖获奖情况表

表6

成果名称	成果形式	申报人	工作单位
一等奖			
不同收入的消费倾向一致吗？——基于全国农村固定观察点调查数据的分析	论文	彭小辉	南师大泰州学院
高效课堂八讲	著作	刘金玉	泰兴市洋思中学
决策问责亟待制度创新	论文	景云祥	泰州市委党校
王梵志诗词汇研究	著作	曹　翔	泰州学院
从人心中挖掘“红利”	论文	刘鹏凯	江苏黑松林粘合剂厂有限公司
泰州新型城镇化的金融服务支撑研究	研究报告	李丕基	泰州市金融研究所
中国特色社会主义事业总体布局考察	论文	王忠祥	南师大泰州学院
兴化县小通志校注	著作	王　强	兴化市党史方志档案办公室
二等奖			
这群人、这些事、这座城——一位省级党报驻站记者的泰州“典型群像”研究	著作	赵晓勇	新华日报社
从增加值率看工业结构调整的转型升级过程——以江苏省为例	论文	徐　月	泰州市委党校
中国农家书屋建设：管理与利用实务	著作	周晓季	泰兴市图书馆
践行“负责任的教育”	论文	蒋建华	泰州中学
兴化历史名人研究丛书（一）：《刘熙载研究》	著作	莫其康	兴化市历史学会
重组的孤本——苏州大学藏桂月楼版《重订缀白裘全编》	论文	孙　植	南师大泰州学院
泰州市工业化阶段与发展战略选择研究	研究报告	李占国	省社科院泰州分院
南唐《泰州重展筑子城记》浅释	论文	王为刚	泰州市博物馆
小微企业征信体系的构建与完善	论文	刘尧飞	南师大泰州学院
让语文回家	著作	董旭午	泰州中学
服务型政府的构建：“多中心”理论下的审视	论文	蔡成浩	省社科院泰州分院
中美创意产业国际竞争力比较——基于RCA、TC和“钻石”模型的分析	论文	曲国明	南理工泰州科技学院
水工程文化内涵与品位的提升途径	著作	董文虎	泰州市水利局
泰州转型升级特色路径研究	研究报告	顾维中	中共泰州市委办公室
运用语言艺术魅力 构建灵韵化学课堂	论文	张存山	泰州中学附属初中
泰州“三个名城”建设协同创新研究	论文	徐志成	泰州历史文化研究所
论墨子管理思想的现代价值	论文	俞杨建	泰州学院
美丽的美学——关于美、美感与艺术的理论新探	专著	张彩华	姜堰区里华中学
应用思维导图训练小学生的英语发散性思维	论文	吉桂凤	泰州市城东中心小学
发挥泰州企业技术创新主体作用研究	研究报告	祝　光	泰州市科技局

（吴领春）

【学术交流活动】2014年，市社科联组织全市机关事业单位党员思想状况座谈会、全市社科理论界学习宣传《习近平总书记系列重要讲话读本》座谈会、“解放思想再发力、科学发展勇攀登”专题座谈会、“倡导美德善行 强化社会主义核心价值观建设”高层研讨会、学习贯彻十八届四中全会精神座谈会、“加快推进泰州科技金融发展”研讨会等学术研讨活动6场。定期召开经济社会形势分析会，为课题研讨、决策咨询做准备。

泰州市文学艺术界联合会

【概况】2014年，市文联搭建文艺创作的平台载体，挖掘、放大泰州的传统文化元素和时代精神内涵；坚持融合发展理念，促进文学艺术与城市宣传、精神文明建设、文化名城建设等各深度融合。

2014年，泰州市文艺创作实现新突破。全年全市文联系统共获国家级奖项近30项、省级奖项60多项。年内，邀请世界华语诗坛泰斗洛夫入驻中国泰州秋雪湖国际写作中心，成立里下河文学研究中心，打造“里下河文学流派”“秋雪湖国际写作中心”文艺品牌。组织开展各类文艺活动，举办第二届“祥泰之州”美术书法展、摄影展等。加强文艺队伍建设，增设3个“文艺名人工作室”。加强文艺宣传，全年在国家级、省级和市级媒体发表各类宣传信息85篇，其中国家级5篇、省级9篇。年内，市文联获全市宣传文化工作创新成果奖。

【文艺创作】参见第314页

【重要文艺活动】组织参加“中国梦·我心中的梦”文艺作品创作活动，组织省、市专家对征集到的2000多篇（幅）文艺作品进行初评，并将遴选出的优秀作品上报省相关部门。征集省中青年美术展作品，组织10位画家在省美术馆举行省中青年美术作品综合展泰州专场展，展出以描绘“中国梦”泰州篇章为主题的美术作品84幅。

第二届“祥泰之州”美术书法展、摄影展9月25日在海陵区艺术展览馆举办。展览由市委宣传部、市文联主办，是泰州地区规格最高的美术、书法、摄影三大艺术领域的双年展。展览共征集到作品近800件，其中入展作品200多件；评选出金、银、铜奖作品35件。

开展文艺家“走进”系列活动。全年共组织100多名文艺家，开展“走进泰州核心港区”“走进武警兴化消防大队”“走进明珠街道”等活动，举办采风和现场书画笔会。

【市文联四届三次全委会】2月21日，市文联四届三次全委会召开。市委常委、市委秘书长、宣传部长卢佩民出席会议并讲话。市委宣传部副部长、市文联党组书记曹茂良出席会议。市文联主席刘仁前作工作报告。市文联第四届主席团成员、文联委员、各市（区）文联主要负责人和文艺家代表等60多人出席会议。会议表彰市首届稻河文学奖获得者以及2013年度全市文联6家先进集体、15名先进个人和16名优秀文艺家。

【增设文艺名人工作室】全年新增设“滕江华书法刻字艺术工作室”“黄太生叶雕工作室”“赵震方戏曲音乐工作室”等3个文艺名人工作室。至年末，全市共有文艺名人工作室13个、文艺名家研究会1个。

（周卫彬）

泰州市归国华侨联合会

【概况】2014年，泰州市有海外华人华侨、港澳同胞、留学生3万多人，主要分布在美国、加拿大、英国、德国、澳大利亚、日本、瑞典、法国、巴西、新加坡、中国香港等国家和地区，其中国际知名度较高的有500多人。著名爱国侨领、全英华侨华人统一促进会会长单声，著名教育家、历史学家王赓武，以姓名命名小行星的实业家刘璧如，中国工程院外籍院士、美国国家医学院院士王存玉，瑞典皇家科学院院士、著名华人科学家陈德亮，著名华人画家曹俊，美中友好促进会会长乔凤祥等人均是海外泰州人中的杰出代表。

2014年，市侨联依托市侨商会和侨界联谊会，推进引资引智引技引才工作。全年共邀请接待海外侨胞、港澳同胞和外国友人163批525人次，向各级地方政府提供合作信息和商机79条。牵线促成总投资1.5亿欧元的“麦卡莎农产品加工及冷链物流”项目落户泰州；推进“国际人居环境范例新城（IGMC）”项目在泰州洽谈合作；引荐北京知名侨资企业——山水文园集团与姜堰区政府洽谈旅游开发项目。年内，组织侨商考察泰州现代农业项目、新能源产业园区等，拓展“以侨引侨、以侨引外”渠道；邀请江苏省侨界专家委员会在中国医药城开展侨智对接交流活动；邀请《人民日报》《经济日报》《光明日报》和中国经济网等中央主流媒体的记者到中国医药城调研采访新华侨创业人士。2014年，市侨联被市委吸纳为全市人才工作领导小组成员单位。

开展建言献策，全年向各级人大、政协“两会”提交提案26件、议案8件，撰写社情民意45条、调研报告及大会发言6篇，其中《支持海外人才创业 推进医药名城建设》被评为市政协优秀提案。

加强侨联宣传工作。至年末，市侨联网站共上传文稿图片2600多篇（幅），点击量8.7万多次；《泰州侨联》刊物改为彩印版，累计出版42期，印发6万多份；开通市侨联微信公共订阅号，及时向侨界人士传达泰州经济社会发展情况和侨界要闻。

【关注新侨发展】2014年，市侨联调研新侨侨资企业21家，帮助解决实际问题；在侨联刊物和网站开设“侨界风采”栏目，宣传新侨创业事迹。召开市侨界联谊会第二次会员代表大会，美国华侨、国家“千人计划”特聘专家、江苏硕世生物科技有限公司董事长张旭当选第二届理事会会长。年内，新侨杨大俊获“中国侨界（创新人才）贡献奖”，成为中国侨联特聘专家；曾宪相、李焕军等5人当选“江苏侨界之星”，朱宁文、蒋志君等6人获聘泰州市政协顾问。

【依法维护侨益】发挥侨联法律顾问委员会作用，探索依法护侨、为侨服务的长效机制。2014年，市侨联参与省人大《江苏省保护和促进华侨投资条例》立法调研活动；为3名70周岁以上老归侨办理大病救助保险，为10名70周岁以上老归侨办理意外伤害保险。全年全市各级侨联共处理侨界来信32件，接待来访67人次，为侨界群众解决实际问题46件，协调解决侨资企业经济纠纷5起，为侨资企业挽回经济损失8000多万元。

【社会服务】开展“侨界空巢老人关爱行动”，招募286名侨界志愿者，募集10多万元关爱基金，为全市首批683名侨界“空巢老人”提供服务；关爱工作成为全省典型，全省“侨界空巢老人关爱行动”现场推进会于9月3日在兴化市召开。开展侨界“送温暖、献爱心”活动，利用春节、中秋节等传统节日走访慰问归侨侨眷。举办侨界女同胞代表座谈联谊活动。2014年，全市各级侨联共走访慰问重点户、困难户180多户、发放慰问金20多万元，侨界捐资助学款总额达60多万元。

【侨界文化活动】年内，举办“侨界一家亲 共圆中国梦”——泰州市侨界迎国庆文艺晚会，组织侨界人士“划龙舟”活动；采编的信息《英国中医师学会会长马伯英呼吁中国政府帮助恢复英国中医师头衔和使用中成药》被中国侨联《侨情专报》采用并报中共中央；选拔50多篇中小学生作文参加世界华人学生作文大赛，组织新侨子女参加“亲情中华·汉语桥”江苏夏令营活动；参加“亲情中华——全省侨界庆祝新中国成立65周年文艺汇演”，获优秀组织奖。2014年，以单声先生爱国事迹为题材，在青少年学生中开展“同心共筑中国梦、祖国永驻我心中”主题征文活动；单声珍藏文物馆加入中国华侨博物馆专业委员会，全年累计接待参观人数12万人次。

（乔晶晶）

泰州市残疾人联合会

【概况】2014年，泰州市有残疾人33万，占全市人口总数的6.4%。至年末，全市共采集残疾人基础信息302247条，持证残疾人104763人，占残疾人口总数的31.75%。全市共建成日托型、全托型、居家型、庇护性就业型残疾人托养服务机构105家，托养残疾人1901名。

2014年，全市残联系统围绕市委市政府中心工作，推进残疾人社会保障体系和服务体系建设，残疾人基本生活、医疗、康复、教育、就业等基本需求得到保障，残疾人生活状况进一步改善，残疾人事业发展取得新进展。年内，市残联被市政府记集体二等功1次，市残疾人就业服务中心被国务院残工委评为“全国残疾人之家”，市聋人协会主席莫非获评“全国自强模范”；全市首个残疾人“幸福家园”社区——兴业社区被列为“2014年度江苏省社区助残服务标准化试点项目”社区。

全面保障残疾人基本生活。2014年，全市有29202名重残无业人员享受全额低保金，2184名低保家庭中重度残疾人享受重残补贴金，2082名特殊困难残疾人享受生活救助，11781名重度残疾人享受护理补贴，53172名残疾人参加意外伤害保险。市区有16983名残疾人参加城乡居民社会基本养老保险，15212名残疾人享受到100元/人/月的养老补贴。

保障残疾人基本康复。年内，对1029名0～6岁残疾儿童进行抢救性康复救助，对281名7～14岁残疾儿童试点进行康复救助，为3696名残疾人免费适配辅助器具和家庭无障碍环境改造，为932名贫困家庭白内障患者免费实施复明手术，为422名低视力患者配用助视器，为157名残疾人免费验配矫形器，为35名成年听力障碍人士和45名0~6岁残疾儿童免费验配助听器，向贫困残疾人捐赠轮椅1681辆，为2582名贫困家庭精神病患者提供免费给药服务。康复项目进医保工作进展顺利，靖江市、泰兴市和兴化市完成联网结报。推进基层康复室建设，部分乡镇（街道）、村（居）康复室配备相应器材。全市有康复需求的残疾人全部得到有效康复，大多数残疾人康复状况得到改善，生活自理能力提高。

开展残疾人教育、就业培训工作。向323名残疾学生发放教育专项补贴，资助考取中专以上学校残疾学生和贫困残疾人子女221人，为58名残疾儿童实施残疾人事业专项彩票公益金学前教育助学项目。全年免费培训残疾人1522人，帮助残疾人就业1581人，对203名残疾人进行职业能力测评。开展就失业情况调查，全市共调查49695人，录入48483人。加大残疾人扶贫力度，建成市级残疾人扶贫基地12个，共安置残疾人就业332名，辐射带动残疾人家庭506户。

【残疾人文化体育】参加省残联、教育厅、文化厅共同举办的“我梦最美”全省残疾人微电影、公益广告和公益歌曲比赛，泰州市报送的微电影《你是我的眼》获最佳作品奖、优秀编剧及导演奖、最佳制片人及出品人奖、最佳演员奖等奖项；公益歌曲《梦在苏馨家园》获歌曲类金奖；市残联获组织奖。市残疾人体育代表团在江苏省第九届残疾人运动会上获34金、18银、7铜，打破3项省运动会纪录，获团体总分454分，列金牌榜、总分榜第4、5名，实现历史性突破，被泰州市政府记集体二等功一次。年内，肢体残疾运动员张变在2014年残疾人乒乓球世锦赛和亚洲残疾人运动会上获女子团体、个人各2枚金牌；盲人运动员张魏获残疾人运动会亚洲女子盲人门球金牌。

【残疾人事业宣传】开展寻找“最美残疾人”活动，2万多人次参与投票。举办全市“残疾人事业好新闻评选活动”，推荐优秀作品参加全省“残疾人事业好新闻评选”活动，获一等奖1个、二等奖2个、三等奖5个。全年在《泰州日报》开设残疾人工作专版10期，在各类媒体刊载残疾人事业相关新闻近1000篇。

【残疾人维权】全年累计接待各类残疾人来访519人次，处理各类来信164件。筹措资金50万元，建立市级残疾人法律救助基金；年内制定出台《泰州市市级残疾人法律救助管理暂行办法》。

【残疾人福利基金会】与省残疾人福利基金会合作，向4714户贫困残疾人家庭捐赠电视机、洗衣机、电风扇和电饭煲等基本家电，为市区1000名贫困残疾人每人提供价值500元的市人民医院“医疗爱心卡”，为市区447名低保家庭残疾人办理残疾人养老保险，为市区贫困残疾人家庭提供年夜饭30份。

（残　联）

泰州市红十字会

【概况】2014年，市红十字会坚持“人道、博爱、奉献”的红十字精神，组织建设、宣传筹资、“三救三献”等各项工作顺利开展，全市红十字事业持续健康发展。年内，泰州市出台《关于进一步加快发展红十字事业的意见》，泰州市委批准市红十字会成立党组。全年有20个集体和30名个人被市政府办表彰为2007～2014年泰州市红十字会系统先进集体和先进个人，有30个集体和50名个人被表彰为2007～2014年泰州市红十字博爱奉献集体和个人。

开展红十字宣传。改版市红十字会网站，调整部分栏目。在《泰州晚报》、泰州广播电台分别开办“红十字之窗”“红十字之声”专栏，全年刊登、报道各12期。与市新闻工作者协会联合举办第四届泰州市“红十字好新闻”评选活动，评出一等奖3篇、二等奖6篇、三等奖9篇。以“博爱传递文明，奉献温暖泰州”为主题，举办“5·8”世界红十字日“道德讲堂”专题宣讲活动。围绕“3·5”学雷锋纪念日、“5·8”红十字博爱周、“6·14”世界献血者日等纪念日，开展发放宣传资料、举办义诊、组织救护培训、举行文艺表演等宣传活动。

组织筹资。开展“红十字博爱送万家”活动，获省红十字会配套物资价值79.61万元、社会捐资8.05万元。与市委宣传部、市文明办、市级机关工委联合开展第八次“红十字博爱万人捐”活动，共募集善款148.61万元。组织实施“项目促筹资”战略，争取捐款45.27万元、捐赠物资价值139.30万元。引导民众捐资，在公共场所设立募捐箱，共募得善款0.48万元。开展为云南鲁甸地震灾区捐款活动，共募集善款15.53万元。2014年，市红十字会本级共筹集款物436.85万元。

实施人道救助。开展“助困、助老、助残、助学、助医”等人道救助系列活动，共发放救助款物412.13万元，救助贫困群众近1万人次。助困方面，开展“红十字博爱送万家”活动，共发放救助款34.5万元、物资价值79.61万元；联合兴化市红十字会、兴化市钓鱼镇政府、兴翔种羊合作社启动“红十字博爱扶贫项目”，投入10万元，为基层70户贫困家庭送“致富羊”；联合爱心企业为贫困婴幼儿家庭发放价值101.84万元的“爱心奶粉”。助医方面，投入10万元联合泰州脑科医院启动“快乐心声”项目；投入10万元联合靖江市中医院启动“红十字博爱病房”项目；投入10万元援建靖江市博爱医疗康复中心。助学方面，继续实施江苏省泰州中学“嘉銮·红十字百万助学行动”，共救助贫困学生136人，发放助学款19.1万元；开展“圆梦公益助学行动”，资助贫困准大学生25人，发放助学款10万元；关爱贫困留守儿童，投入6万元在泰兴黄桥小学和横垛小学开展“红十字爱心小餐桌”项目。助老方面，开展为贫困孤寡老人送年夜饭活动，共救助贫困孤寡老人300人，发放年夜饭总价值12万元；开展“博爱助老、爱在重阳”红十字关爱贫困老人活动，与51位贫困老人共度节日。助残方面，投入10多万元，为市特殊教育学校教室添置空调；为贫困残疾家庭婴幼儿发放“爱心奶粉”。

加强救护培训。建立师资培训档案，加强救护培训师资日常管理。召开师资观摩座谈会，交流授课经验体会；组织新师资现场观摩听课，以老带新，提高授课水平。救护培训做到“四统一”（统一授课、统一教案、统一教材、统一标准）和“四保证”（保证学时、保证办班规模、保证学员出勤率、保证实际操作），全年初训师资28人、复训师资25人。利用电视台、报纸、互联网等渠道，宣传急救知识；在街道乡镇、社区、学校醒目位置张贴宣传画，推广“掌上急救”软件。全年“公益性应急救护百万培训”项目共完成初级救护员培训5253人，普及救护培训55158人。

开展红十字志愿服务。开展“学习雷锋好榜样”志愿服务活动，组织红十字志愿者到社会福利中心为老人服务，看望福利中心儿童。组织各高校红十字会开展“博爱青春”高校志愿服务活动，市红十字会获“2014年全省红十字会‘博爱青春’暑期志愿服务活动组织奖”。年内，泰州职业技术学院开展“天使太阳伞”志愿服务活动，以市青少年自护教育基地为依托，面向海陵区社区青少年开展急救知识的普及和培训；泰州学院开展“青春红丝带，爱心为艾滋”志愿服务活动，对流动性较大的人群开展艾滋病知识宣传和教育，引导群众正确预防和看待艾滋病。

参与新农村建设和援疆行动。投入20万元支持泰兴市周岱村村庄道路修建、姜堰区塔岳村博爱居家养老中心建设；投入20万元支援新疆昭苏县红十字会实施红十字应急救护培训项目和应急医疗救助项目。

【泰州市红十字会第三次会员代表大会】12月19日，泰州市红十字会第三次会员代表大会召开。大会听取并审议通过市红十字会二届理事会工作报告、市红十字会本级2007年6月～2014年11月捐赠款物收支情况报告。大会选举产生59名理事组成的第三届理事会。理事会聘请市委书记蓝绍敏、市长陆志鹏为名誉会长；选举副市长王学锋为会长，周平为常务副会长，梅有宏为专职副会长，刘宏鸣等10人为兼职副会长、常务理事。根据会长提名，决定刘荣柏任秘书长。

12月19日，泰州市红十字会第三次会员代表大会召开

【血液、人体器官和造血干细胞捐献】2014年，市红十字会制作造血干细胞捐献宣传展板10块，刻录宣传光盘500张用于志愿者招募和再动员。深入社区、企业和学校，开展无偿献血、人体器官捐献和造血干细胞捐献等宣传活动30多场，累计受众4000多人。及时响应灾害救援，“8·2”昆山爆炸事故发生后，市红十字会当晚将50000毫升血液送至无锡；动员市民为昆山爆炸事故伤员献血，3天累计采集血液115900毫升。加大人体器官捐献制度和队伍建设，与市卫生局联合转发《江苏省人体捐献器官获取与分配工作方案（试行）》，研究制定泰州市死亡判定专家组名单。全年全市无偿献血人数11273人份，无偿献血量15203单位；完成造血干细胞采样993人份，造血干细胞成功捐献3人；完成角膜捐献3人。

【红十字青少年工作】年内，对7487名大学生新生开展应急救护培训，介绍正确应对溺水、触电、踩踏、地震、火灾等事故的知识，传授心肺复苏的技能，提高自救互救能力。组织部分高校红十字青少年开展8期国际人道法青年教育活动，共培训大学生200多人。组织泰州学院红十字会会员和部分学生代表，开展预防艾滋病青年同伴教育活动。

（红十字会）

综 述

【概况】2014年，全市各级政法机关贯彻落实中央和省、市委部署要求，发挥职能作用，取得显著成绩。社会大局稳定有序，圆满完成上海亚信峰会、北京APEC峰会、南京青奥会、国家公祭日、泰州医博会等重大活动安保维稳任务，全市刑事案件发案率在2013年度全省最低的基础上同比下降4%，万人“八类案件”发案率全省最低，破案率98.5%，连续5年命案全破；矛盾纠纷调处成功率达99.4%。全面加强法治建设，开展基层法治创建活动，成功举办法治江苏建设高层论坛，先后推出法治泰州建设十周年巡礼、法治英模事迹报告会、“全民守法共筑中国梦”法治宣传月、首届公诉人与律师电视论辩大赛等系列活动；在全省率先将法治建设纳入市级机关绩效考核，率先建成“3+3+N”新型公共法律服务体系、检察网络为民服务中心，“法律六进”长效机制创建延伸工程、立体诉讼信用体系、淘宝网司法拍卖、农民合作社普法联盟、法治文化“三建三行”、未成年人法治教育“5+5”模式等创新举措在全省或全国推广。深化社会治理，推进社会管理服务三级平台规范化建设，在全省率先实现三级平台全覆盖，提前两年完成省定目标任务。加强政法队伍建设，完善政治建警、素质强警、从严治警、从优待警各项措施，打造高素质政法队伍，涌现出丁昌华、蔡国栋、张鹏等一批全国、全省先进典型。

【全市政法工作会议】1月27日，全市政法工作会议召开。会议总结2013年全市政法工作，研究部署2014年工作任务。市委书记张雷出席会议并讲话。市委常委、政法委书记张爱平作工作报告。市领导杨峰、倪斌、陆春云、陶幸蓉、王建、张培成出席会议。

【泰州市第四次律师代表大会】4月10日，泰州市第四次律师代表大会召开。会议审议通过第三届理事会工作报告、财务工作报告、财务审计报告及关于《泰州市律师协会章程》修订报告、第四届理事会理事选举办法等，选举产生新一届律师协会领导机构。林政当选为新一届律师协会会长。省司法厅副厅长许同禄，市委常委、政法委书记张爱平出席会议并讲话。

【法治泰州建设英模事迹报告会市直专场】9月10日，法治泰州建设英模事迹报告会市直专场召开。市委常委、政法委书记张爱平，副市长陈明冠，市政协副主席张培成以及省委政法委副巡视员、依法治省工作处处长任国平出席报告会。报告会上，市公安局高级法医裴军昌、靖江市人民法院斜桥法庭副庭长展飞、靖江市检察院反贪局局长丁明霞、兴化市司法局临城司法所所长孙定余和工商“维权大姐”郑美琴等英模的先进事迹感动在场所有观众。

【全市社区矫正工作会议】9月18日，全市社区矫正工作会议召开。市委常委、政法委书记张爱平出席会议并讲话。市司法局局长赵晓玲就全市社区矫正工作作具体安排；市中级法院、检察院、公安局就相关工作作部署；泰兴市、兴化市作经验交流。各市（区）综治办主任，法院、检察院、公安局分管负责人，司法局局长、分管副局长和社区矫正科科长，市级机关相关部门分管领导和业务处室负责人参加会议。

【全市“未成年人零犯罪社区（村）”创建工作经验交流会】9月24日，全市“未成年人零犯罪社区（村）”创建工作经验交流会召开。会议表彰先进社区（村）30个、先进集体10个、先进个人60人。市委常委、政法委书记张爱平出席会议并讲话。市关工委主任万门祖出席会议。

【全市社会管理服务三级平台规范化建设推进现场会】9月28日，全市社会管理服务三级平台规范化建设推进现场会在泰兴召开。市委常委、政法委书记张爱平出席会议并讲话。会议强调，要着力解决三级平台建设功能全不全、流程畅不畅、效能高不高的问题，突出抓好平台建设实体化必须“实打实”、运转机制流程化必须“点到点”、职责任务制度化必须“硬碰硬”的重点，切实加大组织领导、督查考评和创新创优力度，进一步提升三级平台规范化建设水平，继续保持全省领先位置。市领导陶幸蓉、陈明冠、张培成出席会议。

【泰州市第四次见义勇为表彰大会】11月24日，泰州市第四次见义勇为表彰大会召开。会议表彰见义勇为人员33人。市委书记蓝绍敏出席会议并讲话。市委常委、政法委书记张爱平主持会议。副市长陈明冠宣读市政府授予见义勇为先进分子荣誉称号的决定。市见义勇为基金会理事长张正方宣读颁发奖金的决定。市人大常委会副主任陶幸蓉，市政协副主席张培成出席大会。

【“法治的春天”朗诵文艺汇演】12月3日，“法治的春天”朗诵文艺汇演举行。海陵区司法局选送的《有一种快乐叫普法》、市检察院选送的《正义的脊梁》获一等奖；《人民调解员的外号》等4个节目获二等奖；《法治国税之歌》等6个节目获三等奖。市领导张爱平、戴胜利、陈明冠、张培成参加活动。

【考核检查】1月6日，省安全厅副厅长徐国平率省考核组到泰州检查全市综治平安和法治建设工作情况。考核组听取相关情况汇报，查阅全市市级以及高港区综合治理台账资料。市领导张爱平、陈明冠、张培成出席汇报会。

【调研考察】6月20日，中央政法委副秘书长、综治办主任陈训秋率中央综治办调研督查组到泰州调研综合治理工作。督查组实地调研姜堰区社会管理服务中心、姜堰区专业调解组织、海陵区京泰路街道社会管理服务中心和海陵区城南街道莲花社区，听取各基层综治服务单位的情况介绍，了解群众信访接待、社区综治服务和社区治安防控等工作开展情况。市领导陆志鹏、张爱平陪同调研。

9月17日，司法部法制宣传司司长王晓光率调研组到泰州调研市“六五”普法工作。调研组实地考察市青少年法制宣传教育中心、市法治文化公园、泰山公园法治文化中心、海陵区苏陈镇西石羊民俗法治文化展示馆等，听取市“六五”普法工作开展情况汇报。市委常委、政法委书记张爱平陪同调研。

11月18日，省委常委、政法委书记李小敏到泰州调研。李小敏一行实地调研泰兴市平安、法治建设和基层基础工作等情况。市委书记蓝绍敏，市委常委、政法委书记张爱平陪同调研。

（刘　沛）

公　安

【概况】2014年，全市公安机关继续实施“163”行动计划，严密各项维稳工作措施，维稳水平进一步提升。积极应对暴恐犯罪挑战，初步形成治安防控新格局。适应依法治国要求，推进法治公安建设。

完善重大矛盾隐患排查化解机制，实现对各类不稳定因素的有效管控，成功维护南京“青奥会”、APEC峰会、“12·13”国家公祭日等重大活动期间的社会安全稳定，全年共完成等级警卫、重大活动安保任务55次，处置群体性事件139起，省公安厅交办的12起重点信访积案全部化解。全年全市未发生个人极端暴恐案事件。

开展以打击“盗抢骗”“黄毒赌”“黑拐枪”为重点的“泰安”行动，建立破案考核、所队捆绑、奖惩激励等破案机制，形成市县联动、全警破案的案件侦破格局。成功侦办公安部挂牌督办的“12·9”枪案、靖江“3·28”放火案致2人死亡案、“10·3”杀害女童案等一批重大案件。全年全市共发生刑事案件18128起，比上年下降4%；发生“八类案件”135起，下降4.3%，其中年内发生的16起命案全部破案，连续5年实现命案全破。开展“打假”、打击非法集资等专项行动，侦办一批涉及人数多、金额大的经济案件，成功劝返潜逃国外多年的经济逃犯1名，挽回经济损失5.35亿元。对严重影响群众安全感的“两抢一盗”案件保持严打态势，形成破小案与破大案并重的常态化打击破案机制，全年“两抢一盗”破案率比上年上升3.1个百分点。重拳打击各类涉毒违法犯罪，破获跨省贩毒团伙20个，成功侦破公安部“2014-629”毒品目标案件，摧毁一条广东到泰州的大宗贩毒通道。

2014年泰州市暂住人口管理统计表

表7　　　　单位：人

	合计	性别		暂住时间			来自地区						居住处所					
		男	女	半年以下	半年至五年	五年以上	省内		省外		港澳台	国外	旅店	居民家中	单位内部	工地现场	租赁房屋	其他
							市	县	市	县								
合　计	366117	220943	145174	94186	215054	56877	81035	75302	88564	118657	407	2152	14816	98965	98252	32012	97761	24311
务　工	175527	118605	56922	42248	110901	22378	41049	31445	47054	55900	4	75	2518	54516	49633	21506	40248	7106
务　农	14497	8616	5881	3070	8749	2678	2538	3223	3481	5255	0	0	137	5932	1308	1934	4137	1049
经　商	42555	25701	16854	9296	22004	11255	9090	9380	9747	14194	70	74	1449	10392	6577	3420	17656	3061
服　务	35529	15222	20307	9274	18266	7989	8973	8008	8045	8250	272	1981	2916	5604	6450	2367	14734	3458
因公出差	7363	4669	2694	6728	435	200	1852	1152	1203	3154	2	0	5953	420	130	143	601	116
借读培训	45403	24007	21396	5581	37231	2591	9823	10626	10980	13974	0	0	222	2412	31611	228	7022	3908
治病疗养	515	244	271	368	102	45	70	285	110	50	0	0	9	308	35	30	118	15
保　姆	1507	339	1168	530	810	167	234	563	201	509	0	0	24	660	101	108	535	79
投靠亲友	7260	3627	3633	4522	2158	580	1521	2489	1691	1557	2	0	223	5011	273	128	1344	281
探亲访友	9212	4702	4510	5712	2884	616	1673	2075	2379	3081	3	1	407	6268	322	194	1820	201
旅游观光	900	460	440	753	135	12	136	382	127	255	0	0	370	407	20	20	38	45
其　他	25849	14751	11098	6104	11379	8366	4076	5674	3546	12478	54	21	588	7035	1792	1934	9508	4992

（注：该表统计截止时间：2014年6月30日）

出台服务群众服务发展10项措施，简政放权，将行政许可事项由31项精简到18项，落实居住证制度和流动人口“同城待遇”。放大“市民警校”服务品牌效应，开展安全防范教育，传授专业防范知识，全年共举办12期“市民警校”，参训市民1800多人。出台“车卫士”、可疑电话核查、节假日预约服务等便民服务措施。

2014年，市公安局连续4年被表彰为市级机关作风效能“十佳人民满意机关”，被评为“全省社会治安综合治理先进集体”，连续2年获评“台商满意服务单位”称号。

【城市巡防】重组城市巡防体制，建立独立建制的巡特警支队，启动常态化特警、武警武装联勤巡逻，确保火车站等人员密集场所发生暴恐袭击案件后“1分钟处置”，其他重点区域部位“5分钟解决战斗”。全市每天约有3000多名警力、140辆警车、8艘巡逻艇在街面、重点水域巡逻；市公安局机关抽调100名警力常年参与主城区巡逻值守。建成大桥公路检查站2个，新建监控探头2779个，进一步织密环泰治安防线。

市公安局机关民警参与城区夜间巡逻

【平安社会动员】在全市范围内推广“平安义工”，建立平安义工协会、行业和镇、街道分会、社区村工作站，共组建“平安义工”“网格长”“红袖标”等群防群治队伍200多支、3.2万多人，发放《平安手册》80万份。“央视新闻”频道予以报道，省委《快报》和新华社《高管信息》予以刊载，市委书记蓝绍敏作出批示。探索“一滴水”文明交通志愿者等多种形式的群防群治新模式。推进见义勇为事业，召开全市第四次见义勇为表彰大会，表彰见义勇为人员33名。

【治安整治】组织为期3个月的建筑施工环境专项整治，确保江苏省泰州中学新校区等重点城建项目顺利实施。侦办案值超过1亿元的“假美瞳隐形眼镜”案件并被国家食品药品监督管理局列为“2014年全国十大精品案件”。组织开展扫黄扫赌“无声风暴”“净风行动”等查禁“黄娼赌”专项行动，共查处问题场所1333家，捣毁游戏机赌博窝点282家，收缴赌博机1889台。组织打击传销清查活动23次，捣毁传销窝点86个，清查传销人员1204人。

【公共安全监管】开展为期100天的市区交通秩序集中整治行动，查处交通违法行为55.9万起，扣留机动车4261辆，其中酒后驾驶588起。开展“清剿火患”等系列专项行动，检查各类场所单位5000多家，督促整改重大火灾隐患17处。部署开展缉枪治爆、“六打六治”打非治违、危险物品单位治安防范达标攻坚等专项行动，加强散落社会的危险物品、散装汽油管理，破获公安部挂牌督办的“11·06”非法制贩枪支弹药案等涉枪涉危案件23起，处置各类剧毒化学品230千克、放射源6枚，实现全市危险物品安全管理连续11年平安无事故。

【交通安全形势稳定】2014年，全市共查纠各类交通违法行为212.5万多起，吊销机动车驾驶证732本，行政拘留1296人，醉酒驾车移送起诉629人，全市道路交通事故起数、死亡人数、受伤人数比上年分别下降1.41%、0.87%、4.83%，调解结案率92%。全年全市未发生一次死亡5人以上特大交通事故。

【出入境管理】针对群众反映强烈的偏远乡镇办证难问题，将兴化戴南镇作为试点乡镇，建成苏中首个乡镇出入境受理点，为周边7个乡镇、36万群众、2000多家企业提供办证服务。2014年，全市出入境管理部门共受理、审批出国境申请177550人次，比上年增长38.6%。其中，受理审批出国申请55475人次，增长39.9%；受理审批出境申请122075人次，增长37.9%。

【典型选树】2014年，泰州市交警支队“一号窗口”被确定为“全省交警部门文明执法示范窗口”。民警丁昌华获“全国公安机关爱民模范”“江苏十大法治人物”称号。民警蔡国栋被授予全省“最美警察”称号，并当选为江苏“最美法治人物”。

（董加成　潘　非）

检　察

【概况】2014年，全市检察机关履行宪法和法律赋予的职责，统筹推进法律监督、自身监督、队伍建设和检察改革。市检察院被省检察院授予“2014年度检察工作优秀奖”，被市委、市政府表彰为“十佳人民满意机关”。姜堰区检察院被最高检察院记集体一等功，海陵区检察院被表彰为“全省先进集体”。

【服务保障“三大主题工作”】出台《泰州市检察机关服务保障“思想再解放、项目大突破、城建新提升”三大主题工作的实施意见》，细化服务举措14项。参与整顿和规范金融市场秩序专项行动，妥善办理涉众型经济犯罪案件33件44人。成立知识产权检察工作站，创设消费保护检察联动平台，依法起诉假冒注册商标等侵犯知识产权类案件38件。两级检察院领导挂钩联系政府投资重大项目58个，开展专项预防活动。开展“美丽泰州”检察护航行动，组织“守护生态·绿色检察”专项工作，严厉打击破坏环境资源的犯罪活动。姜堰“5·9”“5·15”等特大环境污染系列案件发生后，市检察院积极引导侦查取证，依法快捕17人、快诉19人。依法起诉泰兴“12·19”重大环境污染案的14名被告人，立案查办渎职犯罪2人。支持泰州市环境保护联合会提起环境公益诉讼，市法院一审判决6家涉案企业赔偿1.6亿多元后，省法院维持一审判决，该案在全国引起强烈反响，并入选2014年度“全国十大民事案件”。

【刑事检察】全年共批捕各类刑事犯罪嫌疑人1345人，提起公诉3746人。在打击犯罪的同时，贯彻宽严相济刑事政策，对452人依法作出不逮捕决定，对156人依法作出不起诉决定。开展捕后羁押必要性审查，对97名犯罪嫌疑人、被告人建议变更强制措施；结合办案促成轻微刑事案件当事人和解34件，努力实现“案结、事了、人和”。加强对未成年人犯罪的教育、感化、挽救工作，对犯罪嫌疑人及被害人实施心理疏导40人次，对103名未成年人犯罪记录进行封存。推进涉法涉诉信访改革，完善信访案件的导入导出机制，对严重扰乱社会秩序的3名信访人依法提起公诉，向生活困难的刑事案件被害人发放司法救助金13万多元。

【检察群众工作】依托乡镇检察室、群众工作站等载体，为基层群众提供各类涉检服务。在全省首创成立网上为民服务中心，推行实时查询和预约服务，该服务中心模式在全省推广。全市各级检察院启动“千村（社区）万户检察行”活动，通过微电影、文艺短剧、方言韵白等形式，深入全市1464个村（社区）宣传检察职能，共受理控告举报148件，开展诉前调查231次、公开听证答复27次、不捕不诉说理65次，协助化解矛盾121件。

【查办职务犯罪】全年共立案查处贪污贿赂犯罪案件94件105人，挽回经济损失2936万元。其中，查处厅级干部1人、处级干部8人、科级干部32人，科级以上干部人数占比为38.1%；涉案金额50万～100万元的10人，100万元以上的16人。先后深入农业农机、工程建设、拆迁安置、医疗卫生等领域查办职务犯罪“窝串案”77件82人。严厉打击行贿犯罪，立案查办14件14人。查办渎职侵权犯罪19件28人，其中重特大案件8件13人。职务犯罪案件被告人一审服判率85.1%，有3件案件分别获评全省反贪、反渎“十大精品”案件，市检察院及1个基层检察院反贪局分别被省检察院记集体二等功，推行的柔性执法工作机制被《江苏法制报》在头版头条报道。

2月28日，泰兴市预防职务犯罪志愿者宣讲队授旗仪式举行

【预防职务犯罪】深入海事、教育等系统召开典型案件剖析会8次。在全市民政系统开展预防职务犯罪调查工作，督促核减不符合条件的“低保对象”6000多人。

构建预防职务犯罪人民防线，启动检察长和预防志愿者宣讲团“百场宣讲”活动，共开展预防宣讲159场次，“预防电影乡村行”“公交预防”等品牌的社会效应进一步放大。全面升级网络数字警示教育馆，与“江苏检察网”和市政府门户网站链接，访问人数达6万多人。推广泰兴市“预防邮路”的做法，将预防职务犯罪工作与邮政通信服务有机融合，联合市邮政公司组建6支由621名邮递员参加的“预防邮路”服务队，形成覆盖城乡的预防网络。在全国首届检察预防职务犯罪摄影大赛中，有2幅作品获特等奖，奖项、获奖数均居全国地级市检察院之首。

【依法监督】全年依法监督立案17件、监督撤案9件，1件案件被评为全省侦查监督“十大精品”案件。对应当逮捕而未提请逮捕的，纠正漏捕7人；对应当起诉而未移送起诉的，纠正漏诉28人；对侦查活动中的违法情形提出书面纠正意见24件次。强化“两法衔接”（行政执法和刑事司法的衔接），推动市政府在全省率先建立信息共享平台。组织“破坏环境资源和危害食品药品安全”专项监督活动，督促行政执法机关移送犯罪线索15件次，立案侦查9人。对认为确有错误的刑事裁判提出抗诉16件，其中二审抗诉12件、再审抗诉4件。发出再审检察建议7件，法院决定再审7件，书面监督纠正刑事审判活动违法情形5次。强化民事审判和行政诉讼活动监督，提出和提请民事行政抗诉14件，发出再审检察建议8件、诉讼违法行为监督建议21件。突出打击虚假民事诉讼，提出再审检察建议4件，均得到法院采纳；及时向公安机关移送犯罪线索，立案侦查7人。发出执行监督检察建议636件。组织开展减刑、假释、暂予监外执行专项检察活动，建议对6名不符合保外就医条件的职务犯罪罪犯收监执行。办理被监管人员及其近亲属、法定代理人控告申诉案件136件，帮助追回财物价值16万多元，累计纠正刑期计算错误458天。

【检务公开】推进检务公开改革，构建门户网站、微信微博等立体化检务公开体系。加强案件信息公开，全年共公开法律文书1671份，公开案件程序性信息6474条，发布重要案件信息143条。重视社会舆论监督，依法办理、及时回应、正面引导媒体和网络热议的重大案件和涉检事件。推进“阳光检察”，定期举办“检察开放日”“举报宣传周”活动，打造检务公开新模式，“凤城清风”论坛、检察微信、微博等新媒体的信息发布实现常态化，泰州检察微信在全国政法机关微信影响力评比中榜上有名，微信影响力居全省检察机关之首。

（检察院）

审　判

【概况】2014年，市中级法院全年共受理案件4994件，结案4902件，比上年分别上升15.3%和19.9%。全市法院共受理案件65574件，结案65390件，分别下降6.3%和上升4.8%；结案标的额120.46亿元，上升28.3%。

年内，市中级法院被省高院表彰为“指导人民法庭先进单位”，被市委、市政府评为“十佳人民满意机关”。泰兴市法院张鹏当选全省十大“最美法官”，海陵区法院李虹被评为全省“优秀法官”。全市法院共有71个部门及个人获市级以上表彰，累计收到当事人锦旗14面、表扬信65封。

【刑事审判】2014年，全市各级法院共审结各类刑事案件3095件，判决罪犯3691人，其中判处5年以上有期徒刑、无期徒刑和死刑共256人，审结放火、杀人、抢劫等暴力犯罪案件263件。依法加大毒品犯罪惩治力度，审结毒品犯罪案件151件181人。快速审理有较大社会影响的龚高义等贩卖、运输10千克“冰毒”案，7名被告人中4人被一审判处死刑。配合反腐败工作，审结受贿等职务犯罪案件76件92人。依法审结经济犯罪案件352件，对一批有较大社会影响的集资诈骗、危害食品安全案进行公开集中宣判。

【民事商事审判】2014年，全市各级法院共依法审结各类民商事案件42910件，审结42142件。市中级法院与市消费者协会构建协作联动机制，在城区设立2个消费者权益纠纷巡回法庭，全年有效化解纠纷118件；与市保险行业协会、医疗机构等部门建立诉调对接机制，化解保险纠纷和医患矛盾。注重维护金融市场秩序，全年共审结银行借款、保险、融资租赁、票据等纠纷案件2326件。妥善引导公司结构治理，审结相关诉讼案件94件。加大商事纠纷调处力度，有效化解泰兴过船港务公司仓储合同纠纷，弥补债权人9000多万元损失，避免债务人破产危机。

【行政审判】全年受理各类行政案件783件，审结738件，比上年分别上升23.31%和19.61%。支持行政机关依法行政，先后为市国土、工商、法制等部门开展专题讲座6场，办理行政机关申请法院强制执行生效处罚决定等非诉行政案件781件。依法保护当事人合法权益，以撤销、确认违法等方式判决行政机关败诉28件。完善司法与行政执法的良性互动机制，妥善化解行政争议，行政案件撤诉结案86件。推动行政机关负责人出庭应诉，出庭应诉率96.2%。

【执行工作】加快执行指挥中心建设，完善快速反应、执行联动机制，建成远程执行网上指挥系统，与24家商业银行以及国土、房管、车管部门实现“点对点”网上信息查询。全面推行网上司法拍卖工作，共在“淘宝网”平台拍卖涉案资产499件，成交额5.8亿元，为当事人节约诉讼成本2900万元。市中级法院成功拍卖一价值3.51亿元的厂房设备标的，创“淘宝网”司法拍卖标的最高纪录。泰州网络司法拍卖做法在全省作经验交流。加大惩戒力度，向社会发布707名失信被执行人信息，依法对112名被执行人采取罚款、拘留、限制出境、限制高消费等司法强制措施；与市检察院、市公安局联合制定《关于办理拒不执行判决、裁定犯罪案件若干问题的意见》，12名严重失信被执行人被移送追究刑事责任。全年共执结各类案件18893件，执行到位金额19.14亿元。

10月17日，市中级法院组织召开药品技术转让法律问题研讨会

【社会治理】发挥审判工作对社会主体行为的规范指引，注重以判决方式确立各方当事人的行为界限和权利边界。在全省率先构建诉讼信用系统，推动诉讼信用信息共享，发布各类诉讼信用信息1720条，累计接受查询8433人次；该系统被列入全省信用管理应用项目，并获专项资金支持；相关做法先后被最高法院、江苏省委办公厅转载，省高院专门发文要求全省法院学习借鉴。定期组织法官走进社区、村居，开展法治宣讲、调解培训等活动，提升基层群众法治意识。深入泰州职业技术学院、实验中学等学校开展巡回审判、模拟法庭及主题班会等形式的法治教育，促进在校青少年健康成长。

【保障生态建设】完善环境资源类刑事案件、民事案件、行政案件划归同一审判庭审理的“三合一”集中审判模式，健全与检察、公安、环保部门的联动机制，加大环境资源司法保护力度，推动泰州“绿色发展”。全市法院受理各类环境保护案件19件，审结12件。高度重视泰兴“12·19”环境污染系列案的审理工作，依法判处14名被告人刑罚，追究2名主管部门工作人员环境监管失职罪，判罚6家企业赔偿环境修复费用1.6亿元，该案入选年度全国法院十大民事案件。畅通司法服务城建重点项目“绿色通道”，快速审结涉市“老东站二期改造工程”项目等一批案件。将凤城河改造、周山河整治等项目列为重点服务对象，组织法官现场调研，编发典型案例，开展专题讲座。

【维护民生权益】加强诉讼服务“窗口”建设，完善便民诉讼举措。完成市中级法院审判大楼改造，信息化程度达省内一流水平。加大基层法院便民诉讼网络建设力度，增设巡回法庭和巡回审判点56个，开展巡回审判9875次。在全省率先开通“12368”司法服务热线，为当事人提供预约法官、申请再审、网上信访等服务。制定诉讼指南，刊印成册并录入触摸式查询系统以及法院外网，方便当事人取阅和查询。畅通当事人申诉、申请再审渠道，全市法院受理申诉、申请再审案件685件，审结673件，比上年分别增长27.56%和33.27%。为弱势群体提供司法救助，建立涉民生案件“绿色通道”，及时判决、优先执行，减免诉讼费用312.05万元，救助困难当事人205人次共111.64万元。

【审判公开】落实陪审员“倍增计划”，全市新增人民陪审员574名，一审普通程序陪审率80.83%。创新实施“倾听的司法”，将民意引入审判。加大庭审直播力度，全年在互联网直播庭审475次，上网发布生效裁判文书24412份，所有开庭审理案件一律实行同步录音录像、同步显示庭审记录。健全完善法院互联网站、官方微博和微信“一体两翼”司法公开平台，开展“寻找百姓喜爱的好法官”“记录公正、尚法守信”等活动，召开新闻发布会6次。拓展接受社会公众监督的渠道，在“12·4”国家宪法日举行“法院开放日”活动。及时关注并答复“阳光法院”“泰无聊”等论坛网友投诉咨询，在“阳光法院”论坛累计发帖33000帖，其中主题帖2843帖，发帖数居市级机关首位，回复当事人投诉咨询925帖。

【泰州法院判决全国赔偿数额最大的环保公益诉讼案】 9月10日，泰州市中级法院对泰州市环保联合会诉常隆农化等6公司环境污染侵权赔偿纠纷一案（即泰兴“12·19”环境公益诉讼案）作出一审判决，判处6家企业赔偿环境修复费用1.6亿多元。12月30日，江苏省高级法院二审判决维持一审判决中赔偿数额1.6亿多元。该案成为全国迄今判赔数额最大的环保公益诉讼案，并入选2014年度“全国十大民事案件”。

2012年12月，泰兴常隆农化有限公司等6家化工企业将废酸委托给没有处理资质的公司和个人处理，采用直接排放和船舶偷排等方式将废酸倒入当地河中。经过民众举报、媒体曝光、相关部门调查之后，犯罪嫌疑人被抓获。2014年8月，经泰兴市法院审理，14人因犯环境污染罪被判处有期徒刑2~5年不等，并处罚金16万元~41万元。随即，泰州市环保联合会向泰州市中级法院提起环保公益诉讼，要求涉案的6家化工企业赔偿1.65亿元，用于水环境修复。

（法　院）

司　法　行　政

【概况】 2014年，全市司法行政系统继续加强律师管理、公证管理，推进法治文化建设，加大法律援助力度，提升法律服务质量，全市民主法治建设取得新成果。至年末，全市共有律师事务所70家、执业律师613人，公证机构7家、公证员36人，法律援助机构7家、基层法律服务所107家、执业人员397人，司法鉴定机构7家、司法鉴定人44名，各级各类调解组织2585个、调解员11195人。

年内，市司法局被表彰为全省社会治安综合治理先进集体、全省人民满意政法单位，被省委、省政府荣记集体一等功。泰州市被评为全国“六五”普法中期先进城市。

【法律服务】 实施“互联直通”工程，推进公共法律服务三级平台建设。市（区）全部建成公共法律服务中心，镇（街）公共法律服务中心建成率90%，建成村（社区）司法行政服务站1635个。打造“12348”公共服务平台，为市民提供融电话、网络、新媒体为一体的“一站式”法律服务解决方案，全年全市共推出3大类106项公共法律服务产品。升级“法润泰州春风行”为“法律服务四季行”，开展靖江市“律师志愿服务团”、医药高新区“园区服务零距离”等特色工作，延伸法律服务领域。组建的律师公益诉讼团队在“1.6亿元天价环境公益诉讼案”中胜诉，该案入选2014年度“全国十大民事案件”。加强公证质量管理和公信力建设，全市共办理各类公证22589件。“公证用‘心’温暖白血病少女家庭”案件，入选2014年度“江苏省十大公证案例”。

【法制宣传教育】 健全“社会化大普法”工作机制，实施“‘法律六进’长效机制创建延伸”工程。《江苏法制报》以“泰州法律‘六进’走出新路示范全国”为题，头版头条予以报道。兴化市组建普法联盟，为农民合作社发展保驾护航，央视《法治中国》栏目予以专题报道。海陵区推出的“法伴漫游”法制文化旅游线路，入选全省法制宣传创新方案。开展“普法需求网络微信调查”，推进普法需求数据库建设。建立泰州普法网络联盟，搭建网站、微博、微信、手机APP组成的法制宣传教育新媒体平台。“12·4”首个国家宪法日期间，开展“全民守法共筑中国梦”十大主题法制文化活动。

“12·4”国家宪法日大型广场法治宣传活动现场

【矛盾纠纷调解】 实施“和谐使者服务和谐”工程，推进矛盾纠纷排查调处全覆盖体系建设。市（区）调处服务中心全部实体化运行。专业性调委会运行机制进一步完善，行业调委会建设有序推进。乡镇（街道）调委会全部达到省规范化标准，村（社区）调委会规范化率97%。矛盾纠纷综合协调工作机制日益完善，“派驻式”公调对接新模式覆盖面96%。调解形式和手段推陈出新，调解工作影响力不断扩大。全面落实调解个案补贴，全省率先推行优秀案例定期发布和调解卷宗质量定期检查制度，调解工作规范化水平稳步提升。坚持“零报告”和“直报”制度，应急预警和纠纷处置能力持续提高。全年共排查矛盾纠纷8723件，纠纷调处成功率99.4%。

【特殊人群管理】 加强执法规范化建设，出台《社区矫正工作责任追究办法》，明确28类问责情形，规范执法行为。在全省率先出台《关于深入推进“互帮共建”工作的实施意见》。创新监管举措，以基层司法所为单位，由监狱、戒毒所挂职民警进行巡回主题宣讲；在社区服刑人员中开展“轮流集中现身说法学法”活动。组织创作宣传漫画46幅，以漫画艺术形式对《江苏省社区矫正工作条例》中的46条具体内容逐条详解。组织打造“托起明天的希望——监内服刑人员未成年子女关爱帮扶工程”，泰州市局结对帮扶10名困难服刑人员子女，各市（区）、乡镇（街道）结对帮扶137名困难服刑人员子女。2014年，全市在册管理社区服刑人员2692名，重新犯罪率为全省最低；全年共接收刑释人员3798名，重新犯罪率低于省定指标。

【法律援助】 2014年，全市法律援助机构共办理法律援助案件6825件，案件满意率98.8%。组织开展2013～2014年度“泰州市法律援助十大优秀案件”评选活动，并在《泰州晚报》开设专版，对优秀案件和优秀承办人进行重点宣传。加强法律援助服务标准建设，在全省率先制定《法律援助人员服务规范指引》。加强公共服务团队建设，全面完成法律援助公共服务团和刑事法律援助律师团的申报、审核和组建工作。至年末，全市法律援助公共服务团成员540人，其中律师316人、基层法律服务工作者187人、法律援助志愿者37人；刑事法律援助律师团成员共202人。实施“法律援助千家万户明白工程”，通过电视播放法律援助公益广告2000多次，开辟法律援助新闻媒体专栏3个，制作法律援助宣传专题13期；市法律援助中心设计制作“法律援助就在您身边”宣传挂图，发放到全市近2000个村和社区。联合市财政局出台文件，将案件补贴最低标准提高两倍。提请市政府将法律援助范围由低保扩大至低收入人群。

【司法鉴定】 2014年，全市办理司法鉴定案件2842件，能力验证满意率100%，案件采信率100%。持续推进认证认可和能力验证，到期司法鉴定机构全部通过省级资质认证复评审，在全省率先实现法医临床类鉴定机构“市及市（区）全覆盖”。

【司法考试】 2014年，泰州市司法考试考务工作连续13年实现“零疏漏、无差错”。首次尝试“微博直播”司法考试。“考试新娘”“双胞胎姐妹赶考”等微博被人民网、新浪网、凤凰网等媒体转载转发。全年全市共有1270人网上报名参加国家司法考试，1054人通过省司法厅复审取得考试资格。9月20～21日，774名考生参加国家司法考试，参考率81.23%，其中151人通过国家司法考试合格分数线，合格率19.5%。

（司法局）

仲　裁

【概况】 2014年，泰州仲裁委员会共受理各类民商事经济纠纷316件，争议标的额7.1亿元，比上年增长200%。审结案件231件，结案率73%；调解结案90件，调解率38%。受案范围涉及房地产、运输、建设、金融、保险、投资、产权、工商、贸易、服务、装饰工程等领域。年内，修订《仲裁规则》，规范仲裁案件程序；制定《仲裁当事人回访表》，完善案件回访制度，接受社会监督。

（梅禹华　王憬昀）

地方军事

责任编辑 王 卉

泰州军分区

【概况】 2014年，泰州军分区围绕党在新形势下的强军目标，加强部队思想政治建设，巩固充实部队发展基础，拓展深化军事斗争准备，加快推进军民融合发展，提升综合保障能力。

加强思想政治建设。把学习贯彻习近平主席系列重要讲话精神作为首要政治任务，推动强军理论武装。开展“牢记强军目标、献身强军实践”主题教育，培养当代革命军人核心价值观。协调召开军地联席会、市委常委议军会，组织党管武装工作述职。开展扶贫帮困、捐资助学和文明创建等服务驻地活动。推进军属服务中心新模式，维护军人军属合法权益；实施退役士兵“村官工程”，获国家有关部门和军区、省军区肯定，中央电视台《新闻联播》报道该做法。

推进部队建设发展。加强部队战备建设，修订完善战备预案，组织战备值班拉动演练。全面开展军分区首长机关、人武部“三实”（实弹、实投、实爆）训练以及专业训练、练官训练；参加省军区师旅团单位军事考核，在军分区（警备区）中排位第一。按照“跨区联训、分片承训”思路，组织抗洪抢险、防化救援、重要目标防卫等分队骨干集训。参加全省民兵“打得准”训练考核，并组织全区官兵现场观摩。突出应急和新型动员力量建设，对现有基干民兵后勤保障队伍情况进行综合编组，开展民兵整组，扩大相关地区和单位的编兵比例。全年兵员征集工作超额完成任务。

注重日常教育管理。落实保密办公有关规定要求，完成集中文印室建设，组织专项检查和涉密文件清理整顿，对涉密人员进行政治考核。开展“暑期百日安全竞赛”，组织“拉网式”安全大排查。开展枪支弹药和民兵武器装备仓库专项整治，逐级签订责任书、承诺书，落实住库值班、夜间巡查等日常管理制度，圆满完成报废弹药运输销毁和民兵轻武器封存任务。组织军车管理整顿，专项治理公务用车。加强营区安全警卫，成立应对暴恐事件指挥组，添置反恐装备器材，组织反恐技能培训。加强军地沟通，突出舆情监控，及时掌控敌情、社情和网上涉军舆情。

提升综合保障能力。深化军事斗争后勤准备，组织军需、运输、卫生等专业集中强化训练，开展后勤动员重点潜力调查，加强后勤保障创新研究，提升后勤保障力新途径的两个课题获省军区大会评审交流一等奖和三等奖。借鉴无锡军分区试点建设经验，进一步推进和规范军分区本级后勤机关全面建设，对被装仓库、营房仓库、战备器材库进行整理规范。开展基本建设项目和房地产资源普查，实施教导队综合整治、军官训练中心设施建设，完成超标办公用房整改、靶场道路整修。加强财务管控，开展财经法规执行情况自查自纠，对团单位“三费”管理情况进行专项检查。推进后勤保障社会化改革，加强对饮食保障社会化企业的监管，推行油料运输存储和加油保障、远离体系医院官兵医疗保障和“小散远”单位油料保障社会化改革。组织对全区涉密计算机、移动存储介质安装标签水印系统。

【军分区第四次党代表大会】 1月12~13日，军分区召开第四次党代表大会，应到代表45人，实到43人。大会审查并通过军分区政委李光玉代表军分区第三届党的委员会所作的工作报告和党的纪律检查委员会工作报告，选举产生军分区第四届党的委员会、新一届党的纪律检查委员会。军分区司令员李国强致闭幕词，军分区党委第一书记、时任市委书记张雷到会讲话，代市长陆志鹏参加会议。

【市委常委议军会】 1月17日，时任市委书记、市人大常委会主任张雷主持召开市委常委议军会，会议听取军分区司令员李国强所作的关于2013年军事工作情况汇报，明确2014年全市军事工作的主要任务，听取和审阅兴化市、姜堰区、高港区人武部党委第一书记述职报告，研究武装工作需要解决相关问题。

【战备建设】 坚持把战备建设作为核心军事能力的重要基础，做好完善方案、落实制度、健全机制、强化建设4个方面的工作。围绕战时任务，完善军分区防卫作战构想，形成贴近实战、符合实际、便于行动的方案体系。落实战备教育、作战值班和检查等日常制度，在重大节日、敏感时期，先后多次组织民兵战备值班分队拉动演练，加强民兵营（连）战备意识和遂行任务能力。坚持定期召开联席会议，落实军地情报信息研判机制；建成集“指挥保障、信息采集、通信保障”于一体的机动指挥车，为军分区遂行抢险救灾和应对突发事件提供良好的指挥保障平台。

【民兵组织整顿和实战化训练】 首次通过人民武装工作管理系统进行基干民兵组织整顿，民兵个人信息全部录入系统。结合管理系统研发和使用试点工作，率先在全省实现对编组人员精确化管理。突出应急和新型动员力量建设，提升应急和支援队伍比例，受到省军区检查组高度评价。完善民兵干部骨干“跨区联训、分片承训”组训模式。5月，在兴化市组织全市抗洪抢险骨干集训。6月，在高港区组织全市防化分队骨干集训和演练。10月，在靖江市组织重要目标防卫分队干部骨干集训。11月，组织泰兴市民兵应急分队干部骨干战斗体能、轻武器射击课目集中强化训练，参加省军区“打得准”比武竞赛。

【练官训练】 严格按纲施训，持续兴起训练热潮。2月，组织军分区人武部首长机关全体人员进行“两实”训练考核，成绩总评优秀。4月，按照“长计划、短安排”思路，采取“周有作业练习、月有集中训练，季有考核评比”的模式，组织两级首长机关业务基础网上集中训练。6月，按照编制数组织首长机关和人武部主官强化训练，参加省军区普考，获总成绩全省第二，6个分类单项第一的成绩。

【双拥工作】 协调召开市委常委议军会，联合市双拥办出台《双拥工作实施意见》。指导海陵区人武部做好“三战”（舆论战、心理战、法律战）分队建设；完成战时群众工作预案、政治潜力调查等工作；开展全民国防教育日活动，举办主题征文、摄影大赛等活动。牵头驻泰部队官兵和民兵预备役人员6000多人次做好文明城市创建工作。联合市委宣传部推荐“最美人物”表彰评选；成立《国防时空》泰州记者站并开设泰州专刊。

【退役士兵“村官”培养工程】 6月，泰州市委、泰州市政府、泰州军分区联合下发《关于实施退役士兵村官培养工程的意见》。该《意见》对退役士兵“村官”培养工程的重要意义、选拔和聘用、培养和管理、激励和保障政策等方面进行规范和明确。该项工作获民政部、江苏省的肯定。8月26日，中央电视台《新闻联播》予以报道。

【出台《拥军优属拥政爱民实施办法》】 2014年，市委、市政府、军分区联合出台《泰州市拥军优属拥政爱民实施办法》。该《办法》共分总则、双拥宣传教育、军民融合发展、抚恤优待工作、转业和安置工作、支援地方经济建设、考核与奖惩、附则8个方面。对退役士兵安置、干部转业安置等方面作出详细规定。

【后勤保障社会化改革】 加强对饮食保障社会化企业的监管，严格人员就餐伙食管理，落实食堂刷卡就餐制度。推行油料运输、存储和加油保障社会化、远离体系医院官兵医疗保障和小散远单位油料保障社会化改革。

（军分区）

武警泰州市支队

【概况】 2014年，武警泰州市支队部队建设呈现整体向好的发展态势，被武警总部表彰为“连续17年预防事故案件工作先进单位”。

加强思想政治建设。学习贯彻习近平系列重要讲话，推进主题教育，开展“战斗力标准”大讨论活动。抓好“月课”教育，借助支队育警活动平台，推进“一队一品”特色文化建设，借助“三互”“双四一”“四互四有”等活动载体，做好“一人一事”思想和心理工作，确保官兵思想稳定、部队纯洁可靠。

推进部队建设发展。按照“能打仗、打胜仗”的要求和总部参谋长网上集训精神，加强新训“源头”、骨干“教头”、反恐“拳头”训练，组织参加总队集训竞赛。深化执勤“四防一体化”建设和隐患治理，做好“卫士—14”演习、重要敏感时段备勤和南京青奥会安保执勤，组织常态化城市武装巡逻，执勤安全系数和战备能力进一步提升。全年圆满完成以南京“青奥会”安保为重点的各类临时勤务9起。

加强基层部队建设。加强“三个一线”（一线指挥部、一线战斗堡垒、一线带兵人）建设，坚持落实党委机关蹲点调研、蹲队住班、常态化巡检和挂钩帮建制度，组织冬季干部业务培训和新毕业学员集训，开展法律、心理、文化、医疗等“服务下基层”活动。坚持从严治警，突出防范重大安全问题，强化枪弹车辆安全管理、保密安全以及密切内部关系等专项教育整顿。结合召开靖江中队现场观摩会，开展学习成武中队活动，全面掀起新一轮正规化管理热潮，夯实部队安全发展根基。靖江中队连续5年被总队表彰为“标兵中队”，泰兴中队被总队评为“先进中队”。

【“卫士—14”演习】5月，支队以处置大规模群体性事件任务为课题，采取指挥所网上演习与实兵跨区支援相结合形式，组织首长机关和部分实兵进行“卫士—14”演习。重点对启动应急响应机制和组织兵力投送、组织直前准备、组织指挥处置行动3个阶段进行演练。

【应急班比武竞赛】7月9~10日，支队组织执勤分队应急班比武竞赛。竞赛设置2000米越野射击、5000米战斗着装跑、突入射击、人体部位靶射击、挑战心理射击等10个科目。

【新一轮正规化建设推进现场观摩会】7月23日，支队组织召开新一轮正规化建设推进现场观摩会。观摩会采取动态演示、静态观摩、现场解说、经验介绍、授课辅导的方式，重点对伙食管理五项制度、表簿登记和各类库室设置等内容进行规范统一。

【南京“青奥会”安保任务】8月，第二届青年奥林匹克运动会在南京举行。支队出动120名兵力，担负南京江宁区物流中心安全保卫任务，并担负泰州大桥、江阴大桥设卡任务和泰州城区周边重要地段武装巡逻任务。

（王苏军）

武警泰州市消防支队

【概况】2014年，全市消防部队围绕服务泰州“转型升级”的总体要求，按照“坚定信念、融合发展、稳步提升”的工作思路，提高社会火灾防控、灭火应急救援、部队正规化建设和后勤服务保障四项能力水平，保持队伍形势和火灾形势“两个稳定”局面，全市消防工作和部队建设不断提升。

推行整建制消防中队实战化训练工作，实行灾害处置力量等级调派，修订各类灭火救援预案1056份，开展灭火救援演练487次。全年全市消防部队共接警出动5393起，出动消防车辆8486车次、出动人员41782人次，抢救和保护财产价值近3.7亿元。

年内，政府专职消防队和乡镇保安消防队纳入全市“民生幸福工程”，全年各级政府升级改造乡镇保安消防队61个，投入近400万元配置各型消防车27辆；抓好建构筑物消防员培训工作，在省级（泰州）区域性灭火救援应急中心组织培训6期，培训人员554人。支队建成政府专职队接处警终端、保安消防队语音终端，分批次配备手机对讲（POC），并联合市局印发《“三台合一”火警接处警工作机制》，将政府专职队和企业专职队纳入支、大队指挥中心调度，保安消防队纳入公安指挥中心调度。

探索平战结合政治工作机制，整合经常性思想教育，将经常性教育能力纳入基层中队干部能力素质考评范畴；邀请专家学者和遴选优秀教员开展集中授课7次、理论宣讲4次。打造警营文化品牌，与泰州市艺星培训中心签订协议，以每周六集中培训的方式邀请专业老师来队对全市43名警营文化人才进行培训；组织文艺小分队参与地方党委政府主办的“军民大联欢”“军民鱼水情”等文艺晚会。

【基层基础建设】落实泰州市政府制定2013~2015年消防装备建设规划，加快装备更新换代，实现车辆装备由数量规模性向质量效能型转变。全年全市各级投入2582万元专项经费购置各类消防车14辆，添置个人防护装备2450件套、特种防护装备1214件套、抢险救援装备410件套。全市累计投入资金3000余万元用于基础设施建设，水上消防站、应急中心二期、春晖路中队执勤楼及附属用房、配电房改造工程即将完工。

（吴　亮）

江苏省军区教导大队

【概况】2014年，江苏省军区教导大队加强思想政治建设，推进教学办队工作，严格部队安全管理，提升服务保障水平，圆满完成各项工作任务。

开展“牢记强军目标、献身强军实践”主题教育，组织“战斗力标准”大讨论活动。开展形势政策、优良传统和热点敏感问题教育，做好经常性思想工作，增强官兵政治意识、大局意识、号令意识。推进党的群众路线教育实践活动，在省直属队教育实践活动知识竞赛中，大队获二等奖。

做好备课试教，组织每名教员登台试讲试教，提高授课质量。组织各类集训办队，注重教学、管理、保障3项工作统筹，圆满完成参谋业务集训、参谋尖子强化训练、省军区师团干部理论集训暨新任团主官集训、省军区交流干部集训、新任职专武干部集训、士官职业技术招生考试、拟提升副团（处）职干部考核等10批849人次的集训办队和保障任务。全年有25人次到省军区首长机关和友邻单位进行外出教学集训。3月，在省军区组织的体能骨干集训中，1人被评为优秀教员，获司令部嘉奖一次。

落实《关于直属队管理教育若干问题的规定》，开展“学法规、明职责、严纪律、正秩序”活动，针对季节变化和工作任务转换，开展安全形势分析，隐患排查。围绕“人、车、枪、弹、密”等管理重点，严格落实请销假、查铺查哨、干部留营住宿、车辆派遣等制度。规范文印保密秩序，集中文印室建成并投入使用，指定专人负责打印复印。完善应急处突预案，开展常态化训练演练，新增防爆器材10套，官兵防范暴恐袭击能力进一步增强。

改善官兵、学员住宿就餐的生活环境，投入30多万元，更换140套老化严重的学员宿舍单人床和消毒柜、蒸饭车等物品，对大队餐厅、伙房和操作间地面进行防滑改造，为公勤队战士添置洗衣机，种植树苗1500多棵。

【双拥工作】3月，参加军地组织的植树造林活动，8月，参与义务献血活动。全年分别承办泰州市人民医院、泰州第一百货等企事业单位封闭式集训共5期，训练员工387人；担负地方组织的1875人次的军训与国防教育任务。

（曹明洋）

预 备 役 团

【概况】2014年，驻泰江苏预备役某团坚持以强军目标统领部队各项建设，推动军事斗争准备等各项工作。年内，该团先后被省军区评为“先进旅团单位”“安全管理先进单位”“先进后装处”。

坚持用习近平讲话精神统领部队建设、武装官兵头脑，夯实部队“绝对忠诚、绝对纯洁、绝对可靠”思想政治基础。组织传达学习全军政治工作会议精神。开展第二批党的群众路线教育实践活动。开展“牢记强军目标、献身强军实践”主题教育、“军队要像军队的样子”和“战斗力标准”大讨论活动，在官兵中牢固树立强军目标。6月，省军区首长到该团检查群众路线教育实践活动开展情况并给予肯定。推进双拥工作，与泰州少年宫联合组织“少年军旅夏令营”“爱心圆梦”公益助学等活动。

以“能打仗、打胜仗”为强军目标，突出实战化训练课题研究，开展实战化训练，全年军事斗争准备经费比上年增长30%。联合靖江市政府出台《关于加强全市防空阵地建设的实施意见》，初步解决防空阵地规划、预留、预置等问题。根据实战化训练指挥需要，投入资金50多万元，增建作战值班可视化指挥平台。组织全团成建制快速动员演习，探索新形势下信息化指挥方式，开创预备役部队信息化指挥“三个首次”，在演训总结会上受到省军区主要首长重点表扬。参加省军区高炮实弹战术考核，取得首枚命中拖靶的成绩。开展“军民融合式”发展试点成果推进活动，省军区、省政协、军区动员部领导现场指导，并给予高度表扬；该“军民融合式发展”的做法被《军区要讯》转发，并上报军委办公厅。

修订完善后勤装备保障方案和计划，完善各类库室整治，更新补充部分战备物资和器材。制定《团经费开支管理规定》，规范经费审批使用程序，控制经费使用的流向、流量。编印《财务管理规定口袋书》，集中组织学习财务新规定。成立物资采购办公室，落实物资集中采购制度，5万元以上报上级统一招标。更新配全直属队营连办公、训练器材等基础设施。更换宿舍空调19台，修建阳光晒衣房156平方米，战士宿舍加装隔热层、办公楼安装净水器。建成配套综合文体活动中心，健全书吧、乒乓球室、台球室、棋牌室和健身房等。做好车辆、武器装备维护保养，完成团直属汽车连、修理所的重建改造，定期过好“车炮场日”，确保所有装备随时“开得动、拉得出、打得响”。

【从严治军】开展“学法规、明职责、严纪律、正秩序”活动。按照连队管理模式，严格落实出操、点名、体能训练、查铺查哨等日常生活制度，保持部队正规“四个秩序”。落实“到岗日”“归队日”制度，组织预备役军官集训2期。学习上级关于防抗暴恐袭击的一系列指示精神，加强值班，完善防范设置，设置营门防冲撞装置，机关办公楼安装指纹识别门禁系统，加强对重要场所安全管控。与公安、武警建立反恐信息共享机制，定期组织开展突发情况下的联动防暴恐袭击处置演练，深化军警民协作，形成联防联控合力。

【部队整组】坚持平战结合，以预任军官素质、专业对口率为重点，按照高科技人才优先、专业对口优先、转退军人优先的要求，横向跨区域、纵向跨行业进行编组，落实常委分片负责、股连挂钩制度，做好整组工作培训，深入企事业单位、街道和乡村，做好调查摸底，采集信息数据，落实“三表一袋”，建立官兵档案。全年，预备役官兵专业对口率、党团员比例、复转军人比例均达到合格要求。

（预备役团）

人　民　防　空

【概况】2014年，市民防局围绕“特色工作全省领先、整体工作全市争先”目标，推进民防转型升级、融合发展，各项工作取得新进展。

制定《结合新建民用建筑修建防空地下室许可和易地建设费征收工作制度》，明确行政许可处整建制进驻市行政服务中心，采取“提前沟通、主动服务，一门受理、限时办结”的并联审批方式，实现“窗口”一次性办理。全年赴“三解三促”“结对共建”联系点和“三服务”挂钩企业开展走访调研10多次，慰问20多户困难家庭。举办“激情民防 唱响八一”军民联欢会、“迎国庆 我运动 我快乐”系统运动会。

年内，申报的“泰州民防在城镇化战略中前行”和“依法行政在泰州民防的生动实践”两个创新项目在全省民防系统评比中获一等奖，综合得分居全省第一。形成《关于加快民防建设与城镇化融合发展工作的意见》，提出以“健全体制机制、提升建设能力、完善防护体系”为目标，以民防公共服务均等化为落脚点，以规划、人员、工程、民防元素进城镇等10项重点工作为抓手，推进民防与新型城镇化融合发展的总体思路。该课题获国家人防办认可，被市社科联确定为社会科学重点创新课题。在2014年全省民防工作目标考核中，泰州市首次居13个地级市首位。年内，市民防局获市“绩效考核优秀单位”“应急管理先进单位”“部门预算编制先进单位”等称号。

【人防演练和队伍建设】动态调整战时人民防空指挥部实名编成，落实指挥机构“一年一会议、一年一演练”制度。制定完成《泰州市应对钓鱼岛问题人民防空行动基本方案》。首次举办全市民防系统指挥业务培训班，市、县两级共80多人参加。完成全市人防专业队伍1790人整组任务；与泰州学院合作，建成全省首支人防心理防护专业队。组织全市防化防疫专业队骨干队员集训，在高港区永安洲镇开展大规模防化救援综合演练。挂牌成立城市人口疏散（接收）指挥部，完成城市人口疏散的方案修订工作，联合高港区民政局在高港实验学校组织开展防空防灾应急疏散演练。

【人防指挥信息化体系建设】完成人防“北斗”定位系统建设以及卫星、超短波通信系统升级改造，完善市到县视频会议系统和IP电话专网，更新人防指挥信息系统电子地图并加载数据。组织完成各市（区）机动指挥通信系统项目立项审批、技术方案编制、招投标和建设工作。升级改造机动通信系统，增加诺达卫星系统和北斗导航系统，与嘉兴、无锡、连云港等兄弟单位联合开展跨区域联合支援通信保障训练。做好警报系统建设，主城区新增防空警报器2台。5月12日“全国防灾减灾日”和“九·一八”事变纪念日，全市统一进行防空警报试鸣，城区音响覆盖率100%。参加省“民防杯”业余无线电应急通信比武竞赛，泰州2支无线电志愿者分队分获团体二等奖和三等奖。

【防护工程建设】2014年，市本级新立项、新开工、竣工结建的人防工程分别完成省年度计划的100.7%、167.3%、132%，其中竣工人防工程面积比上年增长21%。优化人防工程结构，新开工的医疗救护工程完成省年度计划的125%。易地建设费征收首次突破1亿元，完成省年度计划245.1%。出台《人防工程监理企业信用评价实施办法》。对老旧人防工程实施“定人、定片、定时”的动态巡回管理，落实专项维护经费，分批进行加固改造。

9月18日，泰州市民防局举行家庭民防应急包发放摇号仪式

【平战结合】推进东进路人防工程项目建设，工程面积4万平方米，总投资6亿元，该项目被列入《泰州市“城建新提升”两年实施项目计划》。完成工程地块地下空间开发利用综合规划、交通影响评价分析和稳定风险评估，实施概念设计方案招标，经市城乡规划专家咨询委员会审查确定建设方案。实施小区“还洞于民”工程，新协调15个小区人防工程用于停车场，释

放停车位2200多个。新建社区民防工作站66家，实现城区全覆盖；发放民防应急包11000个。邀请“草根艺术团”编排“为民铸防”文艺晚会，在各街道社区巡演，宣传防空防灾知识。民防知识教育工作由中学逐步向小学拓展。

（民防局）

边 防 检 查

【概况】2014年，泰州边防检查站建立口岸联动机制，推进“智慧边检”建设，打造实战型指挥中心“泰州模式”，率先在全省实现数字高清视频全覆盖，圆满完成南京青奥会安保任务。全年共检查出入境（港）船舶2262艘次、28619人次。边检工作12次受到市委、市政府的批示肯定，连续6年被表彰为市文明单位、口岸先进单位，2个科室和1名个人分别被评为市机关绩效管理先进处室、“20佳先进处室”和“10佳优秀处（科）长”。法律援助工作获团省委表彰。

做好后勤保障工作，筹资700多万元，推进泰兴执勤点营房修缮、机关办公楼和执法办案场所改造、综合楼和文体中心改造等3项工程建设，保洁、水电、绿化、菜肴配给、大宗物品采购全部实现社会化。

开展“严格党内生活，创建模范党组织”活动，落实所队党支部书记准入制，举办基层党支部书记培训班和能力素质考评活动。严格规范党内生活，党建工作有1篇论文、7项做法被市委组织部等单位转发，2个党组织、15名党员获表彰。

【队伍建设】印发《泰州边检站制度汇编》，修订完善《干部量化管理考核办法》《干部星级管理考核规定》。拍摄安全微电影，制定“图像工作法”，完善“双轴督察”（党委成员+督察队）和“四型督察”（日常巡查、专项督察、目标性督察、视频抽查）新模式，推进精细化管理，部队保持高度集中稳定。监护中队中士梁星星被江苏边防总队表彰为“知兵爱兵”标兵，荣立个人二等功一次。

【岗位练兵】落实“日学、周练、月考、季评、半年述职、年总结”岗位练兵长效机制，开展全员练兵、实战练兵，在总队年度军事训练考核中获团体综合第二名和单项1个第一名、5个第二名、3个第三名。承办某政治教育协作区优秀“四会”政治教员评比竞赛，获个人综合第一名。

【拥政爱民】设立爱心帮困基金，组织官兵捐款捐物10万元。建立警民共建、慈善捐款、扶贫帮困、爱心助学等工作机制，与江苏省口岸中学开展“托起一片蓝天、心系边疆学子”活动，被表彰为市双拥工作先进集体。

（边检站）

望海楼

人力资源·社会保障

责任编辑 耿 维

综 述

【概况】2014年，全市人力资源和社会保障部门围绕“人才优先、民生为本”的工作主线，全面完成各项目标任务。全面推进就业创业工作，全市城镇新增就业9.89万人，期末城镇登记失业率1.95%，失业人员再就业5.36万人，新增创业人员6.78万人。市人力资源和社会保障局策应市委、市政府“再造泰州劳动力新优势”要求，与中国劳动科学院合作开展“再造泰州劳动力新优势”课题研究，启动“652”人力资源集聚行动计划；会同高新区相关部门、园区成立劳务招聘小组到9个省招聘，新开辟7个外省劳务合作基地，专场举办人力资源对接活动16次，在20多所高校建立“人才服务校园工作站”，为大企业、大项目输送劳动力。

推进社会保障工作，五项基本社会保险参保总人数超额完成8.59万人，城镇居民医疗保险参保71.3万人，城乡居民养老保险参保124.04万人，机关事业单位养老保险参保3.5万人。

加大人才工作力度，全年引进高层次人才2125人（其中海外人才363人），引进外国专家61人次，新增专业技术人才1.8万人（其中中高级职称4121人），职业技能鉴定10.7万人、获证8.7万人（其中高技能人才2.2万人）。开展国家“千人计划”医疗器械组年度研讨会暨项目对接、中国医药城高层次人才创业大赛、高层次人才创新创业洽谈会等重大引才引智活动。

加强劳动关系协调工作，全年共办理劳动保障举报投诉2081件，其中立案959件，比上年分别上升17.04%、11.64%；两级仲裁机构接受仲裁申请2514件，正式立案2431件，分别增长26%、26%，全部得到及时妥善处理。市政府首次命名100家“和谐劳动关系企业”，表彰奖励“十佳和谐企业”。7个劳动保障监察一级网格被评为省级示范网格。

推进机关事业单位管理工作，完成2014年公务员考试录用工作，开展“公务员基本能力提升主题培训”，组织实施“年轻公务员成长计划”，在年度考核工作满意度考评中创新采取“个人述职、领导点评、全员测评”的“一述两评”方式。严格清理表彰项目，全市1100多个评比表彰项目精简为30多个。事业单位人事管理制度稳步实施，全市2293个事业单位7.2万人完成岗位聘用，聘用合同签订率99.3%，事业单位公开招聘768人。全年共组织50多场各类人事考试，累计报考5万多人、12万多科次。

6月7日，市人社局开展“三行三送”进企业活动

人事人才

【概况】2014年，泰州市加强人力资源开发工作，全年共引进高层次人才2125名，其中海外人才363名。组织市重点园区、企业赴省内外高校开展40多场人才招聘活动，参加“南京留交会”“大连海创周”等高端人才活动。全市1个团队入选省“双创”团队、15人入选省“双创计划”、9人入选省“六大人才高峰”项目资助，1人获第二届“江苏服务业专业人才特别贡献奖”，62人获市“双创计划”资助。市人力资源社会保障局会同市委组织部继续实施“名校优生集聚计划”，选聘20名“985”高校研究生。

做好高校毕业生就业工作。2014届泰州籍回归毕业生年末就业率95.3%。举办毕业生公益性招聘活动45场，提供就业岗位8万多个。开展“高校毕业生就业政策宣传月”“高校毕业生就业促进百日行动”等活动，发放宣传手册8000多份、组织专场招聘8场、广场政策咨询3场。开展网上招聘活动，通过网络征集就业岗位9万多个。成立市高校毕业生就业指导宣讲团，开设就业指导讲堂。在全国20多所高校建立“人才服务校园工作站”。组织就业见习1949人，完成1450名省定目标，就业见习工作居全省前列。自主开发高校毕业生就业见习信息管理系统，实现就业见习网上申报、网上受理、网上监管。

强化人才公共服务。开展“园区行、企业行、校园行，送政策、送信息、送培训”为主题的“三行三送”服务活动。首次举办全市企业人力资源经理人素质提升公益培训班，87名重点企业人力资源经理人参加培训。举办各类人才集市81场，其中大型集市38场，3987家单位进场招聘，征集各类就业岗位20.11万个。撰写的市场分析报告和赴外招聘汇报分别获副省长张雷、市委书记蓝绍敏批示肯定。加快泰州人才网建设，全年网站访问量达1457万次，新增求职人员简历数19870份。先后为132名优秀人才发放“泰州英才卡”、151名高层次人才办理优秀人才确认手续、122名高层次人才发放经费补贴410多万元。接收流动人员及毕业生档案6602册，接收代理人员各类归档材料13506份。

【“三行三送”人才服务活动】4月，在全市开展以“园区行、企业行、校园行，送政策、送信息、送培训”为主题的“三行三送”人才服务活动，先后举办7场宣讲活动，组织5场座谈会，走访重点企业30多家，现场发放《人才政策100问》1000多本、活动调查表540多份，征集人才需求信息625条，现场帮助企业解决实际问题69个，540多家企业的600多名人力资源部门负责人参加宣讲和座谈。在市各高校中先后举办招聘会8场，帮助500多家企业招聘到2100多名高校毕业生。建立“泰州市HR经理人沙龙”；在驻泰6所高校和全国20多所重点高校中建立“人才服务校园工作站”。该活动被市级机关工委、市效能办表彰为2014年“走进你我他”服务活动优秀项目。

2014年泰州市技能人才相关情况统计表

表8　　　　单位：人

指标名称	新增高技能人才数		职业技能鉴定取证人数（不含统考）		职业技能鉴定统考人数		计算机高新技术统考人数		机关事业单位工勤人员职业素质提升培训考核人数	
	目标	完成	目标	完成	目标	完成	目标	完成	目标	完成
全市汇总	16600	21830	75000	82448	3500	6008	7000	8252	1200	1328
市本级	3200	4305	11000	11858	1550	3610	2150	2895	100	133
靖江	3200	6044	12000	12493	400	512	1000	1162	300	330
泰兴	3200	3691	14000	15064	500	622	1000	1031	350	385
兴化	3000	3372	14000	16328	400	479	1000	1144	200	220
高港	450	689	4000	6120	100	121	400	460	30	35
姜堰	3000	3032	14000	14037	400	417	1000	1094	150	150
海陵	450	595	4000	4536	100	197	400	411	50	55
高新区	100	102	2000	2012	50	50	50	55	20	20

【医药城高层次人才创业大赛和创新创业洽谈会】10月30～31日，市人力资源社会保障局会同相关部门共同举办中国医药城高层次人才创业大赛和创新创业洽谈会。来自8个国家和地区的113名人才（团队）申报高层次人才创业大赛，10个项目入选决赛并获奖。500多位国内外人才参加高层次人才创新创业洽谈会，共达成合作意向项目57个，13个项目正式签约，135位硕博研究生与用人单位达成就业意向；该活动是地级泰州市组建以来层次最高的人才项目对接活动。

劳动就业创业

【概况】2014年，泰州市健全扩大就业工作机制，出台《关于建立全市经济发展和扩大就业联动机制意见的通知》，建立投资项目就业评估机制。健全统筹城乡就业机制，坚持城乡就业同等政策、同等待遇、同等服务，推进城乡统筹就业一体化进程；建立城乡人力资源实名制管理机制，至年末，全市461.5万名常住城乡人力资源全部调查摸底、登记入库。健全就业技能培训制度，构建城乡一体免费培训补贴机制；在全国率先建立城乡劳动者终身职业技能培训制度。完善就业技能培训与岗位需求对接机制，推行“一企一策、一行一策、一园一策、一地一策”个性化用工培训。

推进全民创业，出台《关于推进全民创业的工作意见》，力争到2017年，全市新增创业15万人，带动就业20万人，创业培训10万人，新增创业孵化基地100家，公共创业指导服务平台实现全覆盖。举办创业富民大赛，开展“十佳创业典型”“十佳创业明星”评选表彰等活动，成立创业明星创业事迹宣讲团，举办优秀创业项目巡回展，引导全民创业。强化特色创业载体建设，实施“152”电子商务创业培训工程（即每年培训城乡劳动力1万人次，帮扶涉及电子商务创业成功5000人，带动2万人就业创业），启动农村农产品“一镇一站、一村一店”电子商务网络建设。

制定《大学生就业创业全程服务实施办法》，全面推行大学生毕业证、就业失业登记证“双证”发放制度，组织开展“大学生就业创业服务校园行”系列活动。全市离校未就业高校毕业生就业率达99.3%。

人才招聘会现场

【城乡劳动者享受终身职业培训】2014年，泰州市出台《关于建立城乡劳动者终身职业技能培训制度的工作意

2014年泰州市就业工作相关情况统计表

表9　　单位：万人

指标名称	城镇新增就业人数		城镇登记失业率（%）		净增就业人数		城镇失业人员再就业人数		就业困难人员就业人数（人）	
	目标	完成	目标	完成	目标	完成	目标	完成	目标	完成
全市汇总	6.00	9.89	3.5以内	1.95	4.4	7.91	2.00	5.36	2200	6254
市本级	—	—	—	—	—	—	—	—	—	—
靖江	1.10	1.99	3.5以内	1.95	0.75	1.61	0.32	1.28	400	2185
泰兴	0.96	1.81	3.5以内	1.95	0.68	1.46	0.32	1.48	400	1932
兴化	0.90	1.22	3.5以内	2.03	0.64	1.03	0.30	0.63	400	469
高港	0.58	1.1	3.5以内	1.74	0.37	0.86	0.15	0.56	200	229
姜堰	0.96	1.23	3.5以内	2	0.69	1.04	0.36	0.53	400	505
海陵	1.00	2.54	3.5以内	1.91	0.97	1.91	0.40	0.88	200	724
高新区	0.50				0.3		0.15		200	210

见》，在全国率先建立面向城乡全体劳动者、全职业生涯、全过程衔接的终身职业技能培训制度，明确城乡劳动者在劳动年龄段可参加专项能力、初级、中级、高级、技师、高级技师6个等级职业培训，享受6次培训补贴，并完善培训体系，建立激励机制，加强资金保障。

【建立城乡人力资源实名制动态管理系统】 在全市范围开展城乡人力资源实名制调查，将人力资源信息全部录入数据库，建立城乡人力资源实名制动态管理系统，并实现实时维护、动态更新、长效监测，全面掌握全市人力资源状况，提高政策制定和就业服务的针对性和有效性。至年末，共调查录入172.59万户，涉及城乡人力资源461.5万人。

【建立高校毕业生就业创业工作新机制】 全面建立离校未就业高校毕业生登记调查“三个不漏”（登记信息入库一个不漏、就业创业服务一个不漏、跟踪帮扶就业一个不漏）和就业创业服务“三个跟进”（求职招聘持续跟进、技能培训终身跟进、创业扶持全程跟进）工作新机制。2014年，全市6421名离校未就业高校毕业生调查登记率、就业创业服务率均为100%，实现就业6379人，就业率99.3%。

【在全省率先建立企业工资支付分级预警机制】 6月，市人力资源社会保障局提请市政府办公室出台《关于建立泰州市企业工资支付分级预警机制的意见》，按拖欠工资的人数和拖欠数额对企业工资支付情况进行分级预警。对容易发生拖欠工资的建筑、造船等行业建立工资支付保障金制度；全面实行农民工实名制管理，推行农民工工资“一卡通”制度；建立政府工资支付周转金制度，确保企业职工，特别是农民工工资的按时足额发放。

【创建劳动关系和谐企业】 2014年，市政府授予江苏林海集团动力机械集团公司等10家企业“泰州市十佳和谐企业”称号，授予国电泰州发电有限公司等100家企业“泰州市和谐劳动关系企业”称号，授予泰兴经济开发区等2家园区“泰州市和谐劳动关系园区”称号；对“泰州市十佳和谐企业”进行表彰，一次性给予每户5万元的现金奖励。在全市协调劳动关系三方委员会成员单位门户网站以及《泰州日报》上全篇登载宣传“泰州市十佳和谐企业”创建工作典型事迹，营造创建活动氛围。至年末，全市共有国家级“和谐劳动关系企业”1家、省级38家、市级870家，省级“和谐劳动关系园区”3家、市级2家。

社　会　保　障

【概况】 2014年，泰州市企业退休人员养老金月平均水平1878元，城乡居民养老保险基础养老金提高到90～100元；职工医保特药保障206人、累计报销1547万元，职工医保二次补偿降低门槛、提高补偿标准，城镇居民大病保险实现全覆盖。工伤预防、医疗服务监控、全民参保登记计划等国家和省试点项目成效明显。在全省首家开展“社会保险数据质量提升”专项活动，共清理错误数据近20万条。依托社保基金监管软件核查各险种预警8.58万条，涉及3.43亿元，累计查处医保定点机构违规服务行为242件，处理处罚27家定点医疗机构，追回医保基金379万元。建立社会保险稽核查处分离制度，委托会计事务所对150家用人单位进行稽核。

【全面实施灵活就业人员生育医疗费用报销政策】 从2014年1月1日起，泰州市全面实施城镇职工医疗保险灵活就业人员生育医疗费用报销办法。凡参加城镇职工基本医疗保险的灵活就业人员处于正常参保缴费状态且可享受统筹待遇期间发生的生育医疗费用，按职工生育保险药品、诊疗、医疗服务设施范围等规定享受报销待遇，费用从职工基本医疗保险统筹基金列支。出台《泰州市区生育保险医疗费用结算管理办法》，从10月1日起，灵活就业人员发生的生育医疗费用按失业女职工的生育医疗待遇标准执行。

【启动全民参保登记计划】 7月，泰州市被明确为国家首批全民参保登记工作试点城市。市政府出台《关于做好全民参保登记工作的通知》，明确高港区作为先行启动地区。12月，在高港区先行试点的基础上，各市（区）全面启动该项试点工作。

（陈海泉）

城市建设与管理

责任编辑 耿 维

综 述

【概况】 2014年，泰州市围绕“保护提升老城、繁荣繁华新城、优化完善交通、推进城乡一体”的总体思路，加快城乡建设，城市功能形象明显提升。组织开展第四轮城市总体规划修编，启动实施《城建新提升两年行动计划》，制定出台《推进老城改造 加快新城建设的意见》。周山河新城开发建设全面提速，西客站片区、稻河古街区、钟楼巷文化街区改造等项目加快推进。加强对城建重点项目的实施进度、工程质量、财务成本的管控，累计完成政府投资71.5亿元，6个城建重点项目年内竣工。完善拆迁政策，盘活财政资金、国有资产、土地资源，积极化解拆迁和融资难题。加强城市管理标准化建设，加大违法建设防控力度，市容市貌持续改善。

城乡基础设施建设取得新突破，泰镇高速泰州段、阜兴泰高速兴化至泰州段、京沪高速江广段扩容开工建设，宁启铁路复线电气化泰州段主体工程基本完工，国电泰州电厂二期、连淮扬镇与宁启铁路东北联络线获批，泰州常州、江阴靖江过江通道顺利列入国家规划。市区东风路南延段、永定路东段快速化改造和环城东路东环高架建设加快推进，梅兰路、育才路等“梗阻路段”相继接通。泰东河整治、引江河二期、川东港整治、中小河流治理等工程进展有序。

实施新一轮农村实事工程，深入推进新农村建设，区域供水通水乡镇、污水处理设施建制镇覆盖率分别为96%、90 %，农村饮水安全工程新增受益人口83万人，镇村公交开通率59%，新改建农村道路295千米、桥梁167座，疏浚县乡村河道995条。实施全面小康村建设“十百千”提升工程，建成全面小康达标村、示范村各100个。

生态文明建设取得新成效。泰州市通过省级生态市考核验收，姜堰区、海陵区分别通过国家级生态区考核验收和技术评估，靖江市、泰兴市、高港区通过省级生态市（区）考核验收，兴化市通过省级生态市技术评估，新增33个国家级生态乡镇。落实生态红线保护规划，加强生态环境保护修复，防治空气雾霾和水、土壤污染。推进城市环境综合整治，村庄环境整治工作通过省级全域考核验收，获“省人居环境范例奖”。加强绿化建设，实施“空转绿”工程，全市新增造林面积4600多公顷，市区新增绿地面积100万平方米。

“空转绿” 工程

市政公用事业

【概况】加快推进城市道路基础设施建设。年内，标志着市区道路由平面交通向立体交通跨越的东风路、永定路快速化改造工程全面开工建设，凤凰路改造工程顺利完成并创造泰州市政道路建设最快速度。梅兰路西延工程实现全面通车。凤凰路转盘、西站转盘改造和济川路改造工程先后实施，城市道路形象迅速改善。

超额完成民生保障性住房项目建设。全市保障房完成新开工25027套、基本建成18278套，分别超过省定任务96%和43%，泰和园二期12.1万平方米的保障房年内竣工交付。打破住房保障的户籍限制，进一步扩大保障范围，将外来务工人员纳入经济适用房保障范围。市区27个上市地块明确配建公租房15.3万平方米，4个棚户区（危旧房）改造项目成功申请中央补助资金2300多万元。构建小区物业管理“432”模式，提高小区物业管理水平，投入6000万元完成10多个老旧小区的基础设施改造，投入2000万元对社区物业管理以奖代补。

加快推进城市供水、供气、污水处理等民生保障工程建设。城市供水保障能力进一步增强，全年区域供水新增12万人饮用长江水。其中，三水厂改扩建工程按序时推进，年内新增3万人饮用长江水。城市污水收集能力进一步提升，莲花1号区、7号区等居民住宅区控源截污工程顺利实施，101栋居民受益；金融服务区外围0.8千米排水管网项目和市区9个污水泵站改造工程全面完成，凤城河污水全覆盖工程等项目全面开工建设。老小区管道燃气改造工程超额完成年初任务，共完成12个老小区管道燃气改造，涉及4500户居民。

【市政公用行业管理】加强市政公用设施安全运行监管。强化供水水质安全预警监控能力建设，完善安全预警体系，提升水质检测能力。提高市政设施精细化管理水平，加大市政设施巡查维护力度。修订完善《泰州市区防汛应急预案》，出台《泰州市城市排水防涝设施建设管理实施方案》，组织编制《泰州市区排水规划》和《泰州市区燃气专项规划》。完成汛前部分河道整治、积水点改造和排水管网清淤，强化排洪排涝管理，实现城市安全度汛。强化燃气安全日常监管，修订完善各类应急预案，建立紧急情况下应急队伍、救援物资、救援装备等统一指挥、协调联动机制。强化预案应急演练，组织应急演练8场次、参练600人次，排查整改隐患42个。定期组织燃气安全知识培训。开展燃气安全专项整治行动，对液化气瓶组站、液化石油气罐等进行安全隐患检查。严格燃气经营许可，定期开展燃气市场联合执法检查，规范燃气市场秩序。

【市区市政设施维修】年内，对海陵路、鼓楼路、春晖路等18条市区道路进行维护，共维修砼、道板3000多平方米，沥青路面6000多平方米，人行道无障碍改造1.2万平方米。实施路灯照明亮化改造工程，将高压钠灯全部更换为LED灯，市区共更换路灯22071盏，基本覆盖主城区主次干道及后街背巷。加强管井安全，对辖区内的雨水和污水窨井进行检查统计，共安装窨井防坠网4800个。

【重大城建项目建设】年内，金融服务区近20万平方米的整体地下室工程主体结构于6月顺利封顶，上部工程实现建设模式的重大调整，于2014年年底启动集中建设。建筑面积近15万平方米的省泰中新校区建设项目有23幢单体建筑全面封顶，19幢单体建筑通过优质结构验收。稻河古街区五巷南片地块古建筑和恢复民居联为一体，呈现青砖黛瓦的历史风貌，已建商铺招商工作基本完成。

【启动市区地下管线信息系统二期工程】2014年，泰州市启动市区地下管线信息系统二期工程。该工程对市区森园路以北、火车站街区、农业开发区、海陵工业园区等区域及医药高新区未探测区域共50平方千米范围内地下管线进行普查，由江苏省测绘工程院负责实施。至年末，已探测各类管线约1000千米。同时，建立三维地理信息平台系统，通过三维动画的形式直观展现市区核心区域约30平方千米范围内的地下管线分布情况。

【三水厂改扩建及配套管网泵站工程按序推进】该工程总投资3.57亿元，建设内容为改造泰州三水厂内电气系统，建设城东加压站1座，铺设输水管网49.5千米，项目涉及海陵、高港、高新区的3个街道、5个乡镇和31个行政村。年内，城东增压土地征收工作已完成，管网部分正式进入施工阶段；完成金融服务区周边600米供水工程，淤溪供水工程顺利通水，新增3万人饮用长江水，华港复线2.4千米供水工程完成40%。

建 设 管 理

【概况】2014年，“三集中、三到位”工作全面落实到位，共清理缩减行政许可事项3项，精简材料报送事项

26件。加强对房地产市场风险监控，对市区45个房地产项目实施预售资金监管，监管资金总额达22.25亿元，房地产市场总体平稳健康发展。及时完善房屋征收政策，研究起草出台4个相关配套文件，化解3件拆迁遗留问题。由市征收办直接组织实施的凤城河西南城河房屋征收项目不到一周实现100%签约率。完善专业化、社会化、信息化“三位一体”质量监督体系，启动工程质量治理两年行动，新受监工程287项。建筑节能强制性标准执行率100%，在建项目新墙材建筑应用比例达98%，共有8个项目获绿色建筑设计标识。积极推进城建档案数字化工作，全市新创4个省特级村镇建设档案室。建立部门联合机制和市区联动执法机制，实现执法重心下移，规范建设秩序，净化建设环境。

【推广应用新型墙体材料和节能建筑】推进墙体革新，巩固“禁黏”（禁止使用黏土类墙体材料）成果。年内，兴化市通过省“禁黏”城区考核验收，泰州市在全省率先全面完成市区及下辖市（区）主城区“禁黏”目标。推进“禁黏”工作向乡镇延伸，兴化临城镇、姜堰区蒋垛镇通过省墙改办乡镇“黏粘”考核验收。

加强新建建筑节能全过程管理。严格执行建筑节能强制性标准，全市新建民用建筑建筑节能强制性标准执行率100%。健全建筑节能闭合管理体系，形成行业管理、图审机构、质量监督、城建监察等相关部门共同配合的工作机制，全年共完成规划设计阶段建筑节能方案专项审查86项，对71项建设工程实施建筑节能专项备案，节能建筑竣工面积520万平方米。加强施工过程监管，对市区所有在建项目进行专人跟踪监督，市住建局、房管局、质监站、审图中心、城建支队联合对在建工程进行建筑节能专项抽检。强化产品质量监管，对83家外墙保温、20家外遮阳和门窗企业进行备案管理。严格专项基金的征收使用管理，全年基金征收额保持平稳。

加快推进绿色建筑。组织实施市级机关办公建筑能耗监测平台建设，共完成22家市级机关和1家大型公共建筑建筑能耗分项计量装置安装施工。全年通过省新型墙体材料产品认定企业共31家，新增上规模企业2家，在建项目新型墙体材料建筑应用比例达98%，所有新建项目设计和建造全部符合节能50%标准。全年有8个项目获绿色建筑设计标识，其中一星级5个、二星级3个。

年内，帮助中盛光电“太阳能光伏与居住建筑一体化项目”、泰州市城区道路绿色照明合同能源管理等项目上争省级建筑节能专项引导资金513万元。

【工程造价管理】推进工程造价计价工作，共办理安全文明施工措施费测定1559项、发承包计价手册279项、竣工结算备案120项；办理建设工程施工合同备案898项，修正条款6132条；办理招标控制价备查743项，纠正错误428条。编制发布31项城市住宅造价信息、23项典型工程技术经济指标分析、11项工程造价实例、3次标准工程造价指数。加强行业指导，组织两年一度的全省造价员资格考试，1431人报名参加。市区咨询企业完成咨询标的额278.32亿元，其中送审价总额72亿元，核减总额7.15亿元，核减率9.9%。完善诚信体系建设，对全市范围内自愿申请的20家咨询企业进行2012~2014年度信用评价。

【工程抗震设防】2014年，市抗震办加强工程建设抗震管理，牵头组织开展抗震设防质量大检查，共抽查全市在建筑工程项目18个。加强抗震设计图纸审查，全年共办理抗震设防审查486项，审查建筑面积770万平方米，审查并纠正违反强制性条文980条、强制性标准4155条。举办全市施工图审查专业技术研讨会；召开服务对象座谈会3次，采纳合理化建议15条，协助处理咨询、投诉事项11起。积极上争抗震和加固资金120万元，推进省泰中新校区和周山河新城应急避难中心的规划和设计。开展抗震减灾宣传，提高市民抗震防灾意识，制作100多块防震减灾科普知识图片展板，在社区、公园、广场等公共场所巡回展示。完成第三届泰州市建设工程抗震设防审查专家委员会换届工作。进一步完善城市应急避难体系的规划，推进地震应急避难场所建设。

泰和园二期工程

【建设科研】加快推进"智慧城建"步伐，建成数字城建指挥中心一期工程。审图中心获房屋建筑和市政工程双一类审图资质，完成建筑施工图设计审查项目486项，审查建筑面积770万平方米，施工图设计审查工作跻身全省先进行列。江苏现代建筑设计有限公司年内晋升建筑设计甲级资质。加强信息技术应用，建设工程电子招投标率100%。引入第三方参与造价咨询市场管理，《泰州工程造价管理》连续第5次获全国工程造价管理类优秀期刊，发行量突破2000册。

（韩　峰）

城　市　规　划

【概况】2014年，泰州市围绕转型升级和新型城镇化建设目标任务，创新服务意识，融合规划理念，推进规划编制工作。市规划局全年共受理项目248个，发放选址意见书162份、建设用地规划许可证131份、建设工程规划许可证256份，批准总建筑面积717万平方米。出具各类规划红线170份，规划条件151份，审查批准茂业地块、人民医院新区医院等规划建筑设计方案79个。

【规划编制】按照第四轮城市总体规划编制要求，启动《泰州市2030年发展战略规划》编制工作并完成初步成果。编制《泰州市城市总体规划（2010～2020年）实施评估》和4个专题研究初步方案。除城市总体规划外，按照年度城乡规划引导计划，完成高港高新区、新能源产业园总体规划修编工作以及海陵文化创意产业园等7个控制性详细规划修编；完成海陵区3个镇、高港区4个镇新一轮总体规划以及2个镇区控制性详细规划修编和一些重要地段修规编制。

【依法行政】全年召开市城乡规划专家咨询会9次、市规划局技术审查会43次、其他专家咨询会5次，有277个项目审批实行网上运行。制定出台《泰州市城乡规划管理办法》《泰州市村民个人建房管理办法》《关于进一步明确规划公示有关事项的通知》《规划建筑方案审查办法》等规范性文件。全年共办理行政复议案件3件、诉讼案件9件。组织规划批前公示95次、批后公布68次。加大批后监管力度，全年规划条件核实86个项目，开展验线35起。

【规划服务】做好茂业天地、杨桥口东北侧、世纪新城等项目跟踪服务，协调处理项目推进过程中矛盾。深化完善医药高新区会展二期规划、康健医疗区城市设计、核心商住区城市设计等3个规划方案。全程跟踪服务扬子江龙凤堂项目、国电二期项目。组织编制医药高新区24个社区用房达标规划方案，推进罡杨职工生活服务区、振东村安置区、北马安置区三期、济川路南侧、泰安路西侧拆迁安置区等重点安置区的规划工作。完成86个"空转绿"工程项目规划工作；与海陵区、高港区有关部门及有关建设主体对接，开展10个公共停车场选址工作。参与东风路、永定路快速化改造前期研究和论证工作。"重点项目规划服务面对面"服务月活动入选市级机关工委、市效能办举行的"走进你我他"服务活动优秀项目。

改造后的济川路交叉道口

【规划模式创新】创新规划公众参与模式。结合城市总体规划修编活动，开展"开门集民意、携手绘蓝图"系列活动，广泛征集民意；通过单位网站向社会征集各类意见328条，75.5%的意见被编制组采纳。开展规划"校园行""社区行""机关行"等系列活动，建立与各方的良性互动机制。开展"我为泰州城乡规划献一计"征文活动，共征集文章118篇，内容涵盖规划编制、规划管理和规划执行等方面，从中评选出一等奖3名、二等奖7名、三等奖18名。

【规划展示馆】2014年，泰州市规划展示馆坚持实行节假日不间断接待制度，做好包括元旦、春节、劳动节、国庆等节假日接待讲解服务工作，全年共接待各级领导、有关地市政府考察团、外商等重要团体40多次3000多人，接待市民4000多人次。推进基地共建，与泰州实验学校、南京师范大学、泰州学院、翰林学院等8所学校签署协议建立实践基地。普及规划知识，通过开展"流动展板进校园"、组织专家走进校园举办讲座等活动，建立学校规划宣传阵地。

（规划局）

城 市 管 理

【概况】2014年，全市城管系统以城市环境综合整治“931行动”为主线，规范城市管理秩序，推进项目建设，完成全年各项目标任务。

加强市容环卫设施建设。全年共新改建垃圾中转站8座、公厕44座，实施公厕防水改造50座、节水改造80座。完成罡杨垃圾填埋场封场工程，垃圾发电配套设施建设同步推进，生活垃圾焚烧发电厂平稳运行，日处理垃圾900吨。数字化城管平台三期工程顺利完工，共录入部件25.99万个，范围扩大至医药高新区、城北物流园区、海陵工业园区，覆盖面积168平方千米，实现与姜堰区互联互通。市区公共自行车服务系统于9月30日投入运营，共设置站点80处，投放自行车2000辆，办卡18596张，借还车次89万次。

开展全市城市环境综合整治“931行动”。年内，全市359个“九整治”项目和1023个“三规范”项目全部完成。组织开展江苏省城市管理示范路、示范社区创建工作。姜堰区南北大街、靖江市晨阳路、兴化市牌楼中路创成省“城市管理示范路”，高港区新城社区、姜堰区中天社区、靖江市春江花城社区、兴化市沧浪社区创成省“城市管理示范社区”。

年内，市城管局获“全省城市环境综合整治先进集体”“江苏省建筑扬尘集中整治先进单位”等称号，“百姓城管”品牌获评“江苏省第四批优质服务品牌”。

【文明城市创建】2014年，市城管局推进通讯箱体、集装箱等多项占道固定设施整治行动，规范宣传促销、占道施工、人力三轮车营运等行为，马路市场、流动摊点、占道经营等市容乱象得到有效解决，其中宣传性占道比上年下降60%。加强户外广告乱象整治，全年共拆除违法、破损广告设施和店牌店招413处2.27万平方米。提升广告管理规范化水平，重新修编《泰州市市区店招标牌设置管理规范》，首次出台《泰州市户外广告设置与使用权招标、拍卖、挂牌出让操作流程（试行）》和《泰州市市区户外广告企业经营诚信等级评定办法（试行）》。以“新生违建归零，历史违建消肿，重大案件突破”为目标，组织开展“市区拆除违法建设百日行动”和“拔钉子”专项行动，全年市区共拆除各类违法建设1914处共12.94万平方米。城区主干道实行“16小时清扫保洁”制，垃圾定时定点收集、密闭运输、日产日清；及时清捞河道漂浮物，保持水面干净清爽。设置“社会主义核心价值观”“讲文明、树新风”公益广告和“遵德守礼”提示牌，整治出新破损户外广告、店牌店招，维修更新公厕、中转站、垃圾桶、果壳箱等环卫设施，增设鼓楼路、海陵路、青年路等路段人行道隔离栏、隔离墩。

【数字城管】数字化城管平台三期工程顺利完工。优化软件功能，更新地理信息基础数据库，范围扩大至医药高新区、城北物流园、海陵工业园区，覆盖面积168平方千米，共划分单元网格2104个、责任网格54个，录入部件25.99万个，同时实现与姜堰区互联互通。创新平台应急处置机制，施行“7＋24”工作法，建立32家责任部门应急联络网络，组建系统内应急小分队，负责夜间突发事件处理和无主事件的现场临时性应急处理。从4月起，夜间共应急接听和处置“12345”热线和公众投诉来电50次，均及时进行处理，消除安全隐患38处，保证城市运行顺畅。坚持实行通报和公示制，共编印通报12期、日报公示12期，全年有效立案派遣190758件，专业部门处理185527件，处理率97.26%；及时处理181847件，及时处理率95.33%。加快推进各市（区）数字化城管平台建设，靖江市、兴化市数字化城管平台实施方案通过评审，兴化市进入平台试运行阶段，靖江市完成接线员培训，平台即将投入试运行。

【百姓城管】全年共设立基层城管工作站126个、“帮帮您平台”受理点15个。组织开展“百姓城管·美丽家园”“百姓城管·清洁城市”“百姓城管·与民同心”“百姓城管·提档升级”“百姓城管·环境整治”系列活动。建立城管系统美德善行榜，命名“唐传贵清掏班”。开展“城管开放日”“大手拉小手”等活动，评选表彰“十佳城管卫士”“十佳环卫工人”，积极推介先进典型。开展“践行群众路线，提升作风效能”亮剑专项行动，邀请行风监督员明察暗访，从严执纪问责，提高工作效率和服务质量。

【渣土扬尘控制】开展省建筑工地扬尘“双百日”“青奥会”保障、大气污染防治等渣土集中整治行动，全年共开展执法检查268次，纠正渣土车带泥行驶、抛洒滴漏等轻微违章行为928起，督促施工方、运输方清扫污染路面32613平方米，市区工地市容环卫责任状签订率超95%。实施渣土运输车辆的动态管理，与市联通公司合作，对11家运输公司270辆工程车安装北斗卫星定位设备，并将信号接入城管监控平台，实时了解渣土车辆运行状态。推进运输车辆密闭试改装工作，市区近30%车辆已完成改装。规范渣土处置许可程序，对工程量较大、难以测算的建设项目，创新勘查测算模式，委托专业评估机构进行第三方测算，确保许可公正透明。

（城管局）

住房保障和房地产市场管理

【概况】2014年，泰州市积极落实住房建设规划和年度计划，围绕关键节点，加强建设进度管理，加大对保障性住房建设的效能督查，超额完成省定住房保障目标任务。进一步完善房地产市场调控，全年房地产市场总体健康平稳发展。

全面推进保障性住房建设。2014年，全市共新开工各类保障性住房25027套，基本建成18278套，分别占省年度目标任务的196.44%、144.15%，全面超额完成省定、市定的住房保障目标任务。创新经济适用房申请模式，在全省率先打破身份限制，将“连续在泰州工作满2年且连续缴纳社会保险2年的外来务工家庭”纳入经济适用房保障范围，实现外来务工家庭与本地城镇家庭在经济适用住房保障上的“同城待遇”，全年共完成老职工住房补贴材料初审600户，审核发放374户并归档，完成审批发放住房补贴资金1105.02万元，发放住房补贴面积2.09万平方米。审核同意出售公房6套，回收售房款6.57万元。出台《泰州市市区公共租赁住房和廉租住房并轨运行实施管理办法》，通过属地管理、事权下放，缩短住房保障轮候周期。建立住房保障信息管理系统，完成5311户保障家庭档案资料的扫描入库和房源配对。

加强房地产市场管理。全年市区累计完成房地产开发投资106.28亿元，比上年下降9.53%；商品房新开工面积186.5万平方米，下降33.09%；在建商品房施工面积994.46万平方米，增长12.45%；新建商品房销售面积158.86万平方米，下降13.75%；商品住房成交均价6224元/平方米，下降2.31%。全年共初审估价机构资质9家，完成估价师续期及变更注册28人次；完成中介机构备案10家，办理房地产经纪咨询执业证37人次；配合市住建局行政服务审批中心办理预售许可事项56件，批准预售面积169万平方米；完成合同网上备案11370套、面积139万平方米。

【物业管理】进一步整合市、区两级物管体制和职能，强化区和街道（乡镇）一级工作职责；合理利用奖补资金，各级财政拨付1500万元，为135个小区和组团、1742幢住宅楼，共约6万户居民、10万多人提供基本物业服务。推进数字物管互联互通，将各区、各街道纳入数字物管平台，全年累计处理各项事务2808件，及时办结率98%。积极探索“透明物管”和“智慧物管”，选取20个小区试点“透明物管”，公示物业公司管理和财务收支情况，增强小区物业管理工作的透明度；实施电梯智能化改造，对小区传统物业管理进行提档升级，市区同悦容园、鹏欣丽都、彩云居、恒景国际等小区全面完成改造任务。

【房屋安全】规范家装申报登记和白蚁防治管理。全年市区共办理家装申报登记2639户，覆盖市区38家物业服务企业、60个物业管理小区；审核家装拆改项目10323项，发现和制止不安全拆改项目2019项。出台《关于加强和规范我市白蚁防治管理工作的意见》，将白蚁防治纳入建设工程监督范畴，加强白蚁防治复治资金监管，规范白蚁防治行为，提高白蚁防治质量。

5月8日，市房管局开展“为民房管　社区共建”活动

【房屋征收】2014年，泰州市区（包含姜堰区）作出房屋征收决定项目11件，涉及征收房屋面积48.52万平方米，共3563户；完成房屋征收面积33.52万平方米，共2418户。受理补偿决定案件36件，作出补偿决定案件33件。

（房管局）

凤城河风景区

【概况】2014年，凤城河风景区管委会累计投入30亿元，实施重点工程项目15个，项目数量、体量、投资量均接近历年总和。全年实施景区（景点）建设项目3个、基础设施项目6个，其中，老高桥项目拆除待建，环凤城河慢行系统、福龙桥及引凤路北延工程正式通车，南山寺、中国评书评话博物馆建设项目主体工程竣工，柳园文商街区、西北城河景观带基本建成。年内，泰州凤城河建设发展有限公司获“江苏省服务名牌企业”“泰州市服务品牌企业”称号和“泰州市服务质量奖”，古城河文化传媒公司自主研发的纪念品获全省首届“乐购江苏”旅游纪念品创意设计大赛铜奖，游客服务中心被评为“2013～2014年度泰州市旅游行业青年文明号”。

【旅游市场开发】加大旅游市场推介力度，先后在重庆、成都、合肥、青岛、济南、新疆伊犁州等地开展旅游推介活动，全年新签组团社70家，与3000多家旅游企业签订战略合作协议。2014年，景区共接待国内外游客40多万人次，实现旅游门票收入1002万元，其中，网络销售50.73万元、年卡销售55万元。

【纪念“梅兰芳诞辰120周年”系列活动】开展纪念“梅兰芳先生诞辰120周年”系列活动，分别举办梅学国际研讨会、梅兰芳书画藏品展、“梅兰霓裳”戏曲晚会、纪念邮票签售、千名戏迷游客“游泰州、听京戏”等活动。

【获城市中央休闲区正式授牌】4月8日，全国休闲标准化技术委员会主任张灵光在中国泰州水城水乡国际旅游节开幕式为泰州凤城河城市中央休闲区正式授牌，市旅游局局长、凤城河管委会主任张涛接牌。2013年10月，泰州凤城河通过全国休闲标准化技术委员会验收，成为全国第四、全省首家城市中央休闲区。

【王退斋纪念馆开馆】10月28日，王退斋纪念馆在市区乔园正式开馆，市旅游局局长、凤城河管委会主任张涛主持开馆仪式，上海侨联、上海文史馆、上海炎黄文化研究会、新加坡全球汉诗总会、泰州市有关方面领导、嘉宾以及王退斋亲属代表出席开馆仪式。馆内设置“儒家退斋”“乡贤退斋”“诗画退斋”“书房留馨”4个部分，以王退斋子女捐赠的158件诗稿、书画、藏品、信件、照片、生活用品等实物陈展，全面反映王退斋的艺术人生。开馆后的纪念馆将常年开放。王退斋，1906年出生于泰州，2003年在上海逝世，是当代诗词家、书画家、上海文史馆馆员。

（张自力　时　晨）

火车站街区建设

【概况】2014年，火车站街区管委会启动街区控规调整修编工作；围绕“产业与城市融合发展”要求，启动编制火车站广场南侧片区产业策划和城市设计工作。

推进森园路东延、运河路东延、金东路北延、龙栖路、深圳路、兰州路、王墩河整治、龙栖河整治以及凤凰佳园保障房一期等“六路两河一房”建设工程。至年末，除拆迁部分外，“六路工程”基本完工，王墩河整治、龙栖河整治工程顺利完工，凤凰佳园保障房一期工程完成主体工程建设。完成街区22万伏、11万伏电网迁改项目。完成已建和在建道路命名工作。

围绕凤凰佳园保障房建设项目、周桥社区棚户区改造项目，积极开展融资工作，全年共落实银行授信12.6亿元，组织申报发行项目收益债券8亿元。选择具备上市条件的地块，开展定点招商，启动项目建设，站前路商业街一期工程和宝马4S店建设工程基本建成，奔驰4S店项目开工建设。

【土地征用】2014年，火车站街区通过上争国家计划、独立选址等方式，获得用地计划43.11公顷，其中已批20.86公顷、待批8.92公顷，即将申报15.56公顷。完成街区范围内土地利用情况的调查。完成2014年第四批次土地和公交停车场土地共20.86公顷的农户签字工作，启动15.57公顷土地计划相关手续的办理工作。先后完成祥云砂石场、海阳交通设施工程公司、世纪行物流公司、创源公司的搬迁拆除，完成一批苗木场的清除工作。

（火车站街区）

综 述

【概况】2014年，泰州市继续实施生态文明建设“三步走”战略，全市环境质量总体保持稳定，环境安全得到有效保障，形成统筹推进城乡环境整治、加快实施治污减排的强劲态势。年内，市环境监察局成为全省首家通过考核验收的环境监察标准化建设单位。市环境监测中心站入选国家环境污染物监测方法标准验证工作实验室，创成国家环保科普基地，获批江苏省土壤有机物监测重点实验室，8人获国家环保部环境监测“三五”人才称号。

以泰州市被列为全国首批城市环境总体规划试点城市为契机开展城市环境总规编制工作。市政府第20次常务会讨论通过《泰州市城市环境总体规划纲要（2014～2030）》。启动《泰州市生态市建设总体规划》修编工作。

推进大气污染防治工作。整治燃煤锅炉，推广清洁能源，全年共实施关停或清洁能源改造燃煤锅炉558台。加强机动车污染防治，淘汰高排放机动车24263辆，超额完成省下达的年度淘汰任务。完成245家加油站、39辆油罐车治理改造任务。建成机动车排气检测服务机构10家、机动车排气检测线28条，全市汽车尾气环保检测率和机动车环保检验合格标志发放率均超90%。

开展城市河道环境综合治理。全年对23条城市“黑臭”河道实施整治，总长度近31千米；长江、淮河等重点流域水污染防治工作通过国家考核。加强饮用水源风险评估，全市集中式饮用水源地水质达标率保持100%。加强重金属污染防治监管，编制《2014年度泰州市重金属污染防治实施方案》，开展专项整治，对生产工艺落后、治污设施简陋、环境隐患突出的涉重企业实行停产整顿或限期关闭。

继续开展企业环保信用评价工作。在江苏省生态环境监控系统“1831”平台对全市范围内国控重点污染源进行企业环保信用等级评价。对全市2485家企业环保信用情况进行评价，评定绿色企业117家、蓝色企业1864家、黄色企业451家、红色企业44家、黑色企业9家。加强和规范环境污染责任保险工作，全年有78家企业投保环境污染责任保险，缴纳保费197.4万元，总保额1.61亿元。

生态街道·许庄

【生态创建】2014年，泰州市本级通过省级生态市创建考核验收，姜堰区、海陵区通过国家级生态区考核验收，高港区通过国家级生态区技术评估，靖江市、泰兴市通过省级生态市（区）考核验收，兴化市通过省级生态市技术评估。至年末，全市有83个乡镇（街道）创成省级以上生态乡镇（街道），其中51个乡镇（街道）创成国家级生态乡镇（街道）。

【审议通过《泰州市城市环境总体规划纲要（2014～2030）》】2014年12月9日，《泰州市城市环境总体规划纲要（2014～2030）》（简称《规划纲要》）经市政府第20次常务会议审议通过，正式成为《泰州市城市环境总体规划》编制依据。《规划纲要》文本分为5个部分，共12章，围绕泰州建设生态名城、全国生态文明示范区的战略目标，确定规划总体目标是将泰州市建设成为环境质量良好、生态系统健康、资源集约利用、环境管理有序和生态文化浓郁的可持续发展示范区，构建3类生态环境功能区，9类66个生态功能红线区生态安全格局，对沿江地区、里下河地区提出差别化生态对策。在《规划纲要》编制的同时开展泰州市生态环境与社会经济发展协调性分析、生态环境质量现状分析、城市环境发展战略研究、生态安全格局构建及环境风险管控等5个方面专题研究。12月23日，市政府召开新闻发布会通报《规划纲要》编制等情况，市环保局副局长徐兵作详细介绍。

【在全省率先开展排污权有偿使用和交易试点】2014年7月2日，泰州市排污权交易中心正式揭牌成立，排污权有偿使用和交易试点工作正式启动，首批有10家企业通过交易中心向政府购买排污权指标，取得排污权成交确认证书与交易凭证，总交易额近800万元。出台《泰州市排污权有偿使用和交易暂行办法》《泰州市排污权有偿使用和交易资金管理办法（试行）》等6个配套文件，推进新扩改建项目排污权有偿使用工作。全年全市共有45个项目通过排污权有偿使用获排污指标，总交易额近1200万元，其中1个项目进行排污权有偿使用质押贷款。

（金飞捷　陈莉娅　郑逸新）

环　境　管　理

【概况】严格环境准入管理，认真执行《泰州市产业结构调整指导目录（2013年本）》政策要求。年内，市环保局会同市发改委、经信委等部门确定15项产业政策环保负面清单。对化工项目实行严格管理，要求化工重点监测点技改项目必须大幅度削减污染物排放总量，全市共审批建设项目1209个，劝退各类生产工艺落后、不符合环境准入条件的重大项目22个，拒批和劝退投资总额18亿元。强化对建设项目验收督查，全年共验收项目526个，核准试生产（运行）项目103个，清理各类项目680个。

建立市区环保专项资金项目储备库，筛选确定重点项目，定期调度项目实施进度。及时组织上争资金项目申报、评审工作，加强环保专项资金项目监管。2014年，市区共上争各类污染治理资金5340.7万元，其中中央资金527.21万元，省级资金4813.49万元。

【大气污染防治】召开全市大气污染防治工作推进会，健全联防联控工作机制，落实大气污染防治目标责任，实行年终考核考评“一票否决”。严控工业污染，列入年度淘汰落后产能和化解过剩产能任务的项目从10月陆续全面停产，加快钢铁、水泥等非电力行业脱硫、脱硝、除尘提标改造。实施城市以及乡镇污水处理厂和配套管网建设、国电（泰州）发电有限公司机组脱硫、脱硝等减排重点工程126个，全年化学需氧量、氨氮、二氧化硫、氮氧化物四项污染物分别削减4.32%、4.21%、3.32%、12.03%，均超额完成省政府下达总量减排年度目标，其中二氧化硫和氮氧化物减排提前完成“十二五”目标任务。出台《泰州市燃煤锅炉整治工作方案》，加大燃煤锅炉淘汰整治力度，对全市10蒸吨/小时及以下的高污染燃煤锅炉进行调查，全年共淘汰整治燃煤锅炉558台。做好扬尘污染管控，加强对扬尘物料运输车辆管理，加大城市道路清扫保洁和洒水抑尘频次。对全市建筑（拆迁）工程施工场地进行排查，全面推行“绿色施工”，落实施工现场封闭围挡墙、设置冲洗设施、道路硬化等防尘措施，严控建设工地面积。年内，市区工地扬尘集中整治“双百日”行动接受省级考核验收，抽查的20家建筑工地扬尘集中整治均达标。加强机动车污染控制，严控无标车、“黄标车”、老旧车辆和“冒黑烟”车辆上路行驶，全市各加油站（点）10月起供应国Ⅳ标准车用柴油，全年共淘汰高排放机动车24263辆。全市开展秸秆禁烧禁抛工作“四到位”（组织到位、制度到位、宣传到位和措施落实到位），市各督查组和巡查组在全市未发现大面积火点和秸秆乱抛入河现象，实现国家遥感卫星和省巡查组检查“零火点”。

【危废管理】通过转移审批核查、现场督促等手段，做好危险废物规范化管理工作。落实动态申报、电子联单推行工作，全年共办理危险废物转移审批400多件。开展危险废物专项检查、固废领域审批审核及危险废物管理情况专项检查、危险废物经营单位集中整治检查。做好医疗废物处置工作，推进新的医疗废物处置项目建设。加强危险废物非法转移、倾倒案件查处力度，及时判定“5·9”靖江长江水源地水质异味事件和“5·15”新通扬运河水质异味事件的危险废物，保障案件侦查顺利进行。

【核与辐射管理】完成110千伏输变电项目、Ⅱ类射线等项目环境影响评价报告表审批、验收和许可证延续、发放、注销等工作。对全市辐射安全许可证到期企业延续办理工作情况进行通报，督促做好废旧放射源收储工作。委托原售源单位对泰州市华睿金属制品厂破产后遗留的6枚失控镅-241放射源（Ⅳ类放射源）进行回收。排查全市放射性同位素使用单位安全管理情况，逐一核查在市内作业的移动探伤企业。依法查处泰州市新滨江开发有限责任公司未经环保部门批准擅自新建110千伏输电线路的违法行为。

（张辉　印锋　侯银）

环境监察

【概况】2014年，加强生态环境监督检查，加大对环境违法行为查处力度，全年共现场检查企业3900厂次，发出环境监察通知书77份、限期整改通知书6份，出具新建项目审批前现场监察意见48份。对39件环境违法行为立案调查，征缴排污费2750万元。市环保局全年办理各类环境信访271件，比上年下降33.74%；在全省首家通过环境监察标准化建设省级验收。

全面排查全市范围内突出环境问题，将12项突出问题列入各市（区）年度环境保护目标责任状，实行目标考核。对化工、电镀、炼油等重点行业和群众反映强烈的重点信访问题进行排查梳理，关停取缔30家企业。加强重点大气污染源监管，全年共出动4780多人次，蹲点驻厂50家，圆满完成“青奥会”大气环境监管工作。开展建筑工地集中整治“双百日”行动和“建筑施工噪声专项整治月”活动。

开展环保执法联动工作，全市环保系统共向公安机关移送涉嫌环境污染犯罪案件4起，配合公安机关做好“5·9”“5·15”“6·17”系列案件的证据收集、污染损害鉴定等工作，建立案件移送抄报制度。

【现场监察】开展“黑臭”河道专项调查，对西北片区、海陵工业园区河道以及中子河水质异常情况进行专题调查，现场检查河道10条、企业60多家、住宅小区20多个、畜禽养殖户10多户。开展秸秆禁烧禁抛巡查行动，夏、秋季秸秆禁烧禁抛工作成效均居全省前列。开展“零点执法行动”，对市区15家单位进行夜间突击检查。

【环境信访处理】全市共受理环境信访1656件，比上年下降1.37%，办理率和回复率均为100%，其中市环保局直接办理各类环境信访271件，比上年下降33.74%。

【突发环境事件应急处置】及时应对“5·9”靖江市长江水源地水质异味事件、“5·15”新通扬运河水质异常事件等突发水环境污染事件，市公安、环保部门联合开展案件侦办，累计出动环境监察人员450多人次，现场检查化工企业355家，巡查饮用水源地和备用水源地6处，码头及重要水域58个（段），3起水污染案件成功告破。对姜堰区化肥厂违法排污事件进行调查，并上报省环保厅。启动由市公安、环保、水利、海事等部门参与的水上联合大检查工作，每天派出巡逻艇在市区主要水域开展24小时综合巡航执法，建立完善环境监测、预警、应急等长效保障机制，实施环境损害评估和修复工作。

（李俊芳）

环境监测和监测科研

【概况】全面监测区域内空气、水、噪声、土壤、生物生态等环境要素，对“南水北调”断面、重点流域控制断面、区域补偿断面等实施加密监测，共获得环境质量监测数据50多万个，编制各类报告、报表2000多份。开展重点污染源监督性监测，对全市128家国控、省控重点污染源，54家市控重点污染源实施监督性监测792厂次，比对监测124台次。

开展“南水北调”水环境质量、出入境水环境质量、城市河道水环境质量、重金属重点区域环境质量、饮用水源地周边土壤环境质量、重点污染源地下水环境状况调查评估、农村环境质量等专项监测工作，全年共形成专项监测报告55份。

完善应急监测体系，组织“泰州市重污染天气橙色预警”应急演练。年内，完成引江河备用水源地水质异味、靖江市饮用水水源地水质异味、新通扬运河水质异味等5起突发性环境污染事故的应急监测。完成辖区内5起突发性环境污染事故应急监测。全年共出动应急监测人员600多人次，提供应急监测数据1万多个，报送应急监测快报90期。

完成国家环境标准方法修订课题4个，4项国家环境监测方法标准经国家环保部标准司正式颁布。年内新申请省、市级课题3项，在研课题12项；全年发表省级以上核心期刊论文19篇。

【监测质量管理】2014年，市环境监测中心站通过国家实验室资质认定、实验室认可复评以及扩项评审。参加美国ERA公司、国家环保部标准样品研究所、中国环境监测总站等组织的能力验证5次17个项目，通过率100%。市环境监测中心站30名专业技术人员参加13个科目85项（次）持证上岗理论考试，合格率98.8%；38名专业技术人员参加498项（次）持证上岗基础技能和样品分析操作考核，通过率100%。

【监测能力建设】全年投入248万元新增仪器设备20台（套），实验室资质认定和实验室认可新增监测项目61个，新增监测方法73个。建成国家“环保科普基地”、江苏省“土壤有机污染物监测重点实验室”。“二噁英实验室”稳定运行，全年完成省内外二噁英委托监测样品914个，累计样品数量近2000个。

【空气质量监测预警系统建设】2014年，泰州市不断完善环境空气质量自动监测网络，推进未形成新标准6个项目监测能力的环境空气自动站升级改造。至年末，全市共有环境空气自动站14个，其中空气质量评价站11个（其中10个站具备新标准6个项目监测能力）、农村背景站1个、质控站2个，形成新标准监测能力全覆盖的监测网络。开展市区大气颗粒物来源解析研究，初步了解市区细颗粒物来源和成分。强化空气质量预报与重污染天气预警工作，市环境监测中心站与市气象台签订合作协议，建立大气污染预报预警会商机制；建立重污染天气条件下空气质量监测值班制度和短信日报制度，全年共发布泰州市城市空气质量预警快报13期。

环境质量

【概况】2014年，泰州市全年环境质量状况保持稳定，水环境质量基本达到水质目标要求，环境空气质量持续改善，声环境质量和生态环境质量处于良好状态。

水环境质量。全市32条河流58个断面中，55个断面达到水质目标要求，达标率为94.8%。其中，达到或优于地表水Ⅲ类水质标准的断面45个，占77.6%；Ⅳ类水质断面11个，占19.0%；Ⅴ类水质断面2个，占3.4%。全市5个城市集中式饮用水源地水质较好，全部达到水质目标。长江流域省级考核断面7个，达标率100%，干流水质稳定保持在Ⅱ类。淮河流域省级考核断面8个，达标率100%。南水北调东线泰西考核断面水质基本达到Ⅲ类水质标准。

环境空气质量。各市（区）二氧化硫年均浓度在0.028～0.041毫克立方米之间，二氧化氮年均浓度在0.014～0.037毫克立方米之间，可吸入颗粒物（PM10）年均浓度在0.093～0.114毫克立方米之间，一氧化碳年均浓度在0.767～1.89毫克立方米之间，细颗粒物（PM2.5）年均浓度在0.063～0.075毫克立方米之间，臭氧年均浓度在0.081～0.104毫克立方米之间。按《环境空气质量标准》（GB3095—2012）评价，各市（区）细颗粒物和可吸入颗粒物年均值均超过国家二级标准，全市环境空气质量优良天数240天，占比为65.8%；各市（区）优良天数占比在59.5%～69.0%之间。

声环境质量。全市城市区域环境噪声昼间平均等效声级在51.3～55.4分贝，除姜堰区声环境质量处于“一般”水平外，其他各市（区）声环境质量处于“较好”水平。各市（区）城市道路交通噪声昼间平均等效声级在64.9～66.9分贝之间，噪声强度等级为“一级”，声环境质量处于“好”级别。

生态环境质量。泰州市生态环境质量指数为65.15，生态环境状况良好。各市（区）生态环境质量指数在55.49～67.80之间，生态环境状况均良好。其中，兴化市生态环境状况指数为67.80，为全市最高；市区（含海陵区、高港区、医药高新区）生态环境状况指数为55.49，为全市最低。

（江启明）

环境宣传教育

【概况】开展“6·5”世界环境日宣传周活动。举办“生态泰州·低碳骑行”活动，展示低碳出行绿色理念，近300名环保志愿者参与。举办“生态泰州·我的梦”征文大赛。在市电视台开辟每周4次的环保公益广告，在《泰州日报》推出“生态·名城”环保专题栏目，在18个社区设置固定环保宣传橱窗。召开“6·5”世界环境日纪念大会，公布2013年度泰州市环境质量公告和部分企业环境行为评级信息，为2013年获省、市级绿色学校、绿色社区、绿色等级企业授牌，国控企业代表向全市企事业单位发出“向污染宣战”倡议书。

设立“实验室开放日”，与驻泰高校环保专业师生开展互动，进行大气、水等污染物监测分析。在海陵区智堡中学“模拟法庭”举办环保法律法规和环保知识讲座，组织师生观摩环保宣传展板，参加环保知识学习培训。设立“环保开放日”，邀请人大代表、政协委员、社区居民、学生、媒体参观环境教育展示厅、污染源监控中心、大气质量监测点及环保基础设施现场。

“生态泰州　低碳出行”活动

【绿色创建】2014年，全市创成省级绿色学校(幼儿园)10所、市级绿色学校（幼儿园）36所；省级绿色社区7个，市级绿色社区61个。姜堰区励才实验学校获“国际生态学校”称号。

2014年省级“绿色学校”名录

（泰州市部分）（10所）

泰州市姜堰区张甸初级中学
泰州市罡杨学校
兴化市陶庄中心校
泰州市田河小学
兴化市陈堡初级中学
泰州市姜堰区白米中心小学
靖江市城南办事处中心小学
靖江市靖城镇柏木小学
泰兴市姚王小学
泰兴市黄桥镇中心小学

2014年省级“绿色社区”名录

（泰州市部分）（7个）

靖江市：东兴社区
泰兴市：华泰社区
兴化市：长安社区
海陵区：方洲社区
高港区：润州社区
姜堰区：中天社区
医药高新区：盛和社区

2014年度泰州市“绿色学校”名录

（36所）

靖江市：靖江市城中小学
靖江市城南新区中学
靖江市季市镇初级中学
靖江市新港城初级中学
靖江市马桥镇侯河小学
靖江市东兴镇惠丰小学
靖江市斜桥镇大觉小学
靖江市西来镇中心小学
靖江市靖城中学
泰兴市：泰兴市第三高级中学
泰兴市根思初级中学
泰兴市广陵初级中学
泰兴市分界初级中学
泰兴市马甸小学
泰兴市张桥小学
泰兴市新街小学
泰兴市溪桥小学
泰兴市南街小学
泰兴市河失镇中心幼儿园
兴化市：兴化市沙沟中心小学
兴化市昭阳湖初级中学
兴化市大邹中心小学
兴化市荻垛中心小学
兴化市合陈初级初中
兴化市戴窑中心小学
海陵区：泰州市实验小学附属幼儿园
泰州市罡杨中心幼儿园
泰州市朱庄中心小学附属幼儿园
高港区：泰州市田河初级中学
泰州市胡庄中心小学
泰州市永安洲镇中心幼儿园
姜堰区：泰州市姜堰区南苑学校
医药高新区：泰州市塘湾实验学校
泰州医药高新区第一实验小学
泰州市蓝天实验幼儿园
泰州市盛唐实验幼儿园

2014年度泰州市“绿色社区”名录

（61个）

靖江市：康阳社区　康兴新村社区
兴阳社区　鼎和花苑社区
同兴社区　公所社区
建新社区　同泰社区

新江海社区　合兴社区
大桥社区　华侨社区
莲沁苑社区　春江花城社区
泰兴市：震东社区　口巷社区
北街社区　永丰社区
兴化市：民建社区　新城社区
唐子社区　梓辛社区
虹桥社区　永宁社区
荻垛社区　边陈社区
茅山社区　联溪社区
海陵区：海阳社区　头营社区
金东社区　泰和社区
彩衣社区　稻河社区
凤凰社区　鲍坝社区
斜桥社区　南山社区
税务社区　东风社区
高港区：育才社区　朱营社区
张马社区　界牌社区
官沟社区　周梓社区
赵王社区　永胜社区
上桥社区　金马社区
白马社区　大泗社区
汪群社区　胡庄社区
姜堰区：河南社区
医药高新区：向阳社区　西谢社区
新联社区　解家社区
丹凤社区　西湖翠苑社区

（凌　娟）

环　保　产　业

【概况】至2014年，全市环保产业已形成涵盖环保产品、环境服务、洁净产品、废物循环利用和自然生态保护等五大领域的产业体系，从事节能、新能源和环保产业具有一定规模的企业共136家。全年全市环保产业业务总收入240亿元，从业人员近3万人。亚太泵业公司水处理设备、康洁环保公司布袋除尘器、江分电分析仪器公司水分析仪器、康泰环保公司叠螺式污泥脱水机等产品技术优势明显，在全国占有较大市场份额。泰兴市水处理设备、姜堰区环境分析化验仪器及在线仪器、兴化市化学药剂等产业已形成一定规模和特色。泰兴市城东工业园获国家环保服务试点。

【中国绿色工业发展企业论坛在泰兴举行】11月28日，由工信部节能与综合利用司、泰州市政府、工信部工业文化发展中心、华盛绿色工业基金会等单位主办的中国绿色工业发展企业论坛在泰兴市政府会议中心举行。全国政协常委、经济委员会副主任、工信部原部长李毅中作题为《绿色低碳转型是新型工业化战略任务》的论坛主旨报告。第十二届全国政协常委、保监会原主席马永伟围绕工业循环经济、高耗能行业绿色进程、低碳技术支撑绿色发展、绿色金融等作主题发言。华盛绿色工业基金会秘书长李洪彦主持论坛。泰州市委书记蓝绍敏出席论坛并致辞。工信部、教育部、国务院机关事务管理局等国家有关部委，各省市区经信部门，企业界及行业协会，研究院所，各大高校、银行和国内外代表等300多人出席论坛。泰兴市委书记孙耀灿作泰兴市绿色工业发展情况介绍。论坛期间，工信部相关负责人和有关专家参观在泰兴环保科技产业园下线的首台“朗肯空气空调”。

（徐　峰）

旅游·园林绿化

责任编辑　叶　彤

旅　　游

【概况】2014年，泰州市旅游工作以“把泰州打造成长三角旅游休闲度假胜地，成为国内一流的旅游目的地”为目标，全年共接待国内外游客1851.68万人次，实现旅游总收入218.46亿元，旅游增加值98亿元。全市A级景区实现门票收入17012.84万元，其他收入59789.9万元。至年末，全市有国家级旅游景区27个，其中5A级1个、4A级6个、3A级11个；有旅行社119家，其中出境旅行社2家；有星级饭店29家，其中五星级1家、四星级5家。旅游行业（含A级景区、乡村旅游点、旅行社、星级饭店）直接从业人员近1万人。

加快旅游重大项目建设，全年投入旅游项目建设资金40亿元。凤城河风景区实施重点工程项目12个，数量、体量和投资量接近历年总和；溱湖风景区基础设施建设工程顺利完工；柳园文商街区项目主体建筑和外立面装饰全部完成。年内，溱湖风景区湖西庄旅游综合开发项目入选全国优选旅游项目，凤城河三水湾二期建设项目、溱湖风景区基础设施建设项目入选全省重点旅游项目。积极上争项目资金，全市有13个景区、乡村旅游点项目（不含泰兴）获1322万元省级专项资金补助，比上年增长30%。

强化旅游品牌培育。姜堰区创成全国休闲农业与乡村旅游示范县，祈巷村入选江苏特色景观旅游名村，泰州市被评为“长三角”城市群“心醉夜色”体验之旅最受欢迎示范点。全市新增A级景区10家，其中，天德湖景区、古罗塘旅游文化景区、李中水上森林景区和郑板桥·范仲淹纪念馆创成AAAA级景区，AAA级以上的景区新增数量居全省第二位。李中水上森林景区创成省级生态旅游示范区、省级自驾游基地。全市新增星级乡村旅游点11家、省级自驾游基地1家，3家旅行社通过省四星级旅行社初评。

加强城市旅游形象宣传。在央视《深度国际》投放近一年的城市旅游广告，旅游卫视录制两集“水城慢生活”旅游专题片，与《环球时报》形成战略合作伙伴关系，在上海地铁、沪宁高铁等人流密集场所投放城市旅游品牌宣传广告。举办2014“美丽中国·泰美水乡——中国最美古城河杯”暨第二届江苏城市摄影（团体）擂台赛（泰州站），展示泰州旅游文化资源。组织景区和旅游企业参加省旅游局在西南三省举办的“畅游江苏”旅游推介系列活动。在中国旅游大会上，泰州市被评为“中国旅游金途奖”2014年度最佳（国内）旅游目的地。

“千年城河灯火处”（凤城河老街三水湾）入选“长三角”城市群“心醉夜色”体验之旅最受欢迎示范点

积极拓展旅游市场。全年共举办各类旅游推介活动20场，接待踩线旅行商200多批次；与重庆世纪游轮公司签订战略合作协议，与广之旅集团形成合作意向，开通全省唯一的泰州—新疆援疆旅游包机。接待青岛、烟台两趟“赏花”旅游专列，成为山东游客春季出游的首选目的地；开通上海—泰州游轮航线，年游客接待量3000多人次。加大旅游营销奖励力度，评选2014年度旅游市场拓展工作先进集体和个人，对获得新兴市场开拓奖、远程市场联动奖等6个奖项的52家先进集体和8名先进个人予以奖励。举办2014“泰州有礼”旅游商品创意设计大赛，推动旅游商品产业化、市场化发展。

成功举办第六届水城水乡国际旅游节、第四届湖蟹大会、市民旅交会、溱潼会船节、千岛菜花节、凤城河桃花节、泰州早茶集市、药师佛文化节等重要节庆活动。其中，第六届水城水乡国际旅游节开幕式吸引超过10万名境内外游客，旅游节期间共接待游客425万人次，实现旅游收入32亿元，比上年分别增长12%、14%；游客满意度首次超过90%，比上年提高3.5个百分点。

加强旅游市场监管。加大旅游从业人员培训力度，全年组织培训2500多人次。举办泰州市导游大赛、“青奥之旅活动之星”选拔赛等竞赛活动，1人获评省“金牌导游”，2人获评省“优秀导游”。全年游客满意度一直保持“满意”水平，在全省排名稳步上升，二季度排名增幅居全省第二位。开展各类群众性精神文明创建活动，命名表彰雕花楼管理处等10家单位为2013~2014年度泰州市旅游行业文明单位，市凤城河风景区游客服务中心等7家单位为2013~2014年度泰州市“青年文明号”单位。开展“平安景区”创建工作，授予市凤城河风景区等6家单位2014年度泰州市“平安景区”称号。

2014年泰州市国家级旅游景区分布情况一览表

表10

序号	市、区	名称	等级
1	海陵区	凤城河风景区	AAAA
2	海陵区	天德湖景区	AAAA
3	海陵区	泰山公园	AAA
4	海陵区	光孝律寺	AAA
5	海陵区	泰州市革命烈士纪念馆	AA
6	高港区	高港引江河风景区	AAA
7	高港区	中国人民解放军海军诞生地纪念馆	AAA
8	高港区	高港雕花楼	AAA
9	姜堰区	姜堰溱湖风景区	AAAAA
10	姜堰区	姜堰溱潼古镇	AAAA
11	姜堰区	姜堰古罗塘旅游文化景区	AAAA
12	姜堰区	姜堰溱湖湿地农业生态园	AAA
13	姜堰区	姜堰河横村	AA
14	姜堰区	姜堰人民公园	AA
15	兴化市	兴化市李中水上森林景区	AAAA
16	兴化市	兴化市郑板桥·范仲淹纪念馆	AAAA
17	兴化市	兴化市沙沟古镇	AAA
18	兴化市	兴化市森林公园	AA
19	兴化市	兴化市板桥竹石园	AA

续表10

序号	市、区	名称	等级
20	靖江市	靖江市牧城景区	AAA
21	靖江市	靖江市生祠镇岳庙·刘国钧故居	AA
22	靖江市	靖江市人民公园	AA
23	泰兴市	泰兴市新四军黄桥战役纪念馆	AAA
24	泰兴市	泰兴市中华红枫园	AAA
25	泰兴市	泰兴市国家古银杏公园	AAA
26	泰兴市	泰兴市独支纪念馆	AA
27	泰兴市	泰兴市人民公园	AA

2014年泰州市星级乡村旅游点分布情况一览表

表11

序号	市、区	名称	星级	序号	市、区	名称	星级
1	市农业园区	秋雪湖农业生态观光园	四星	24	兴化市	陆姜生态园	三星
2	市农业园区	田园牧歌	四星	25	兴化市	千岛果园	三星
3	海陵区	麒麟湾生态园	四星	26	兴化市	楚香阁山庄	三星
4	海陵区	石羊农庄	三星	27	兴化市	兴化董北现代农业示范园	二星
5	海陵区	丰源农庄	二星	28	兴化市	颐鹤林生态园	二星
6	海陵区	吉星农业园	二星	29	靖江市	西来农业科技植物园	四星
7	医药高新区	毛家农庄	四星	30	靖江市	埭上人家	四星
8	高港区	鑫马生态园	四星	31	靖江市	惠园生态园	二星
9	高港区	白马庙森林	二星	32	泰兴市	森萱农庄	四星
10	高港区	御庐园生态果园	二星	33	泰兴市	普丰农业生态园	四星
11	姜堰区	河横村	四星	34	泰兴市	小南湖生态园	四星
12	姜堰区	溱湖绿洲	四星	35	泰兴市	印达生态园	四星
13	姜堰区	溱湖湿地农业生态园	三星	36	泰兴市	郭家寨生态园	四星
14	姜堰区	富康农庄	三星	37	泰兴市	三泰生态农庄	三星
15	姜堰区	苏腾农庄	三星	38	泰兴市	桑木农业生态园	三星
16	姜堰区	海伦生态观光园	三星	39	泰兴市	西桥生态园	三星
17	姜堰区	湖南村	三星	40	泰兴市	桃园九寨人家	三星
18	姜堰区	丰源生态园	三星	41	泰兴市	三阳湿地生态园	三星
19	姜堰区	河横凤城生态园	二星	42	泰兴市	贡殿生态园	三星
20	兴化市	千岛菜花景区	四星	43	泰兴市	鑫沙生态农庄	三星
21	兴化市	李中水上森林	四星	44	泰兴市	沙河湾	三星
22	兴化市	泓膏生态园	四星	45	泰兴市	永兴生态园	三星
23	兴化市	桃花岛生态园	四星				

2014年泰州市星级饭店一览表

表12

序号	所在城市	饭　店　名　称	星　级	邮政编码	电话总机
1	海陵区	泰州宾馆	★★★★★	225300	86669898
2	海陵区	江苏原野大酒店	★★★	225300	82101888
3	海陵区	泰州开泰宾馆	★★★	225300	86895588
4	海陵区	泰州会宾楼宾馆	★★★	225300	86807888
5	海陵区	泰州亚细亚大酒店	★★★	225300	86398999
6	海陵区	泰州富士吉大酒店有限公司	★★★	225300	82198000
7	海陵区	泰州市金汇宾馆有限公司	★★★	225300	86556666
8	海陵区	泰州丁山酒店	★★★	225300	82239888
9	海陵区	泰州市美丽华大酒店	★★★★	225300	86396666
10	海陵区	江苏嘉銮国际大酒店	★★★★	225300	86399999
11	高港区	沃特龙大酒店	★★★	225321	86988666
12	高港区	泰州宝丰联商务会所有限公司	★★★	225321	8698999
13	姜堰区	姜堰市花园大酒店	★★	225500	88260888
14	姜堰区	姜堰市新康假日酒店有限公司	★★	225500	88650000
15	兴化市	兴化市天宝花园酒店投资有限责任公司	★★★★	225700	83159100
16	兴化市	兴化市喜来居大酒店	★★★	225700	83279999
17	兴化市	兴化市万家灯火大酒店	★★★	225700	83298888
18	兴化市	兴化市凤凰大酒店	★★★	225700	83158666
19	兴化市	兴化市天宝大酒店	★★★	225721	83886888
20	靖江市	靖江国际大酒店	★★★★	214500	84806888
21	靖江市	江苏扬子江大酒店	★★★★	214500	84808000
22	靖江市	靖江宾馆	★★	214500	84813111
23	靖江市	靖江世纪辉煌大酒店	★★★	214500	84877770
24	靖江市	靖江南园樱花宾馆	★★★	214500	84832011
25	泰兴市	泰兴银光大酒店	★★★★	225400	87778056
26	泰兴市	泰兴市泰通凯悦大酒店	★★★	225400	87726518
27	泰兴市	泰兴市君悦大酒店有限公司	★★★	225400	87659277
28	泰兴市	泰兴市桥缘宾馆	★★★	225411	87121088
29	泰兴市	泰兴市黄桥宾馆	★★	225400	87112177

【第六届中国泰州水城水乡国际旅游节】参见第38页

【国庆黄金周接待游客超过200万人次】国庆黄金周期间，全市旅游市场整体活跃，重点旅游景区游客快速增长，饭店客房出租率持续走高，旅游产品销售良好。市旅游局列统的29家主要旅游景区（点）7天共接待游客206.85万人次，比上年增长21.09%；景区门票收入1919.89万元，增长38.29%。列统的22家主要旅游饭店7天共接待2.04万人次，客房平均出租率78.93%，增加0.19个百分点。很多饭店客房国庆节前4天即订购一空。

国庆节前，凤城河风景区推出玩景区送水席、螃蟹，与同程网开展“一元游景区”等促销活动；溱湖景区利用微信公众平台等举办“国庆七天乐，美食大派送”等促销活动吸引游客。黄金周期间，凤城河风景区接待游客43.2万人次，是全市接待游客最多的景区；天德湖公园接待游客25万人次，溱湖景区接待游客14.02万人次，溱潼古镇接待游客6.93万人次，泰州华侨城接待游客3.7万人次，兴化李中水上森林公园接待游客7.91万人次，千垛景区接待游客5.5万人次。网络预订火爆，凤城河、溱湖两大景区近40%的门票通过网络预订，泰州宾馆等高星级酒店网络预订量达50%。乡村旅游成为假日旅游经济的重要组成。乡村游、家庭游成为市民首选，田园牧歌景区、鑫马生态园、毛家农庄、溱湖绿洲、小南湖生态园、森萱农庄等乡村旅游点游客盈门；泰兴小南湖生态园接待游客15万人次，营业总收入150多万元；姜堰溱湖绿洲10月1~6日客房、餐饮全部爆满，马场、篝火活动游客络绎不绝。自驾游持续升温。溱湖国家湿地公园、秋雪湖生态景区作为省级自驾游基地，黄金周期间自驾车游客大幅增加，国庆7天自驾游客占到近80%。其中，溱湖景区10月1日接待游客1万多人次，10月3日突破3万人次，自驾游占到近90%。

【智慧旅游体系建设】建成微博、微信、APP三合一“微旅游”营销平台。策应游客需求，开发“自游泰州”APP软件于年内正式上线，为游客提供吃、住、行、游、购、娱“一站式”“掌”上服务，成为省内唯一被苹果官方推荐的城市旅游APP，并成功入选省首批智慧旅游优秀项目。放大惠民效应，发行集“旅游年卡、金融服务、统计分析、产业延伸”于一体的市民旅游休闲卡，扩大覆盖范围，免费游览景区数量增至13家，签约商户近100家，首次实现市区旅游景区“一卡全覆盖”，全年办卡量增至上年的5倍。围绕“旅游资讯一览无余、旅游交易一键敲定、旅游管理一屏监控”的智慧旅游目标，启动旅游管理信息化和视频监控系统建设。

【泰州市民旅游交易会暨2014中国泰州湖蟹大会】9月20日，该活动在泰州老街拉开帷幕，共吸引来自上海、江苏、山东等地游客以及本地市民数万人参加。该届大会以“蟹季慢游慢品、秋赏水城水乡”为主题，共组织泰州旅游花车上海巡展、市民美食旅游交易会、首届旅游房车展、旅游企业让利展销等16项文化、旅游、美食活动，共历时2个多月。

2014中国泰州水城水乡国际旅游节暨泰州旅游春季新品（上海）推介会

【制作泰州首张旅游美食地图】2014年，《美食美客——泰州旅游美食地图》正式编印，成为泰州市首张专业美食地图。《美食地图》以特色美食为经，旅游资源为纬，集美食、旅游、休闲于一体，整合全市乡镇美食、环凤城河城市小吃圈等饮食资源，对外推介四季之旅“寻食”路线、美食特产和旅游风光，成为泰州对外宣传的靓丽名片。首批《美食地图》共编印37000份，面向“长三角”主要城市以及泰州市内重点景区、饭店、主要公共服务区域、旅游咨询中心免费分发。

【获评“心醉夜色”体验之旅最受欢迎示范点】2014年9月20日，“长三角”城市群“心醉夜色”体验之旅江苏地区最受欢迎示范点授牌仪式在泰州市举行。全省共有5个示范点获该殊荣，泰州市“千年城河灯火处”（凤城河/老街/三水湾）成功入选。“长三角”城市群“心醉夜色”产品由沪、苏、浙、皖四省（市）旅游局共同主办推出。2013年7月，泰州作为江苏唯一试点城市，成为示范点先试先行城市。

【“畅游江苏·心醉泰州”世纪游轮首航泰州】2014年11月22日上午，重庆新世纪游轮公司“世纪神话”号豪华游轮停靠泰州核心港区码头，这是长江豪华游轮首次停靠泰州。该游轮共载游客300多人，包含4个境外团队。

【旅游援疆】2014年，出台《泰州旅游业援疆工作方案》。市旅游局与新疆昭苏县旅游局、凤城河风景区管委会与昭苏景区管委会分别签订旅游合作框架协议，在泰州举办“泰州人看昭苏”旅游宣传活动。8月12日，泰州市民共56人首次组团赴新疆昭苏开始为期7天的旅游，这是泰州市首次采取包机形式进行的旅游援疆项目。

【泰州花车上海旅游节获奖】10月6日，上海旅游节花车巡游评比大奖赛揭晓，泰州的旅游主题花车“水城之冠”获仿真效果奖，这是泰州花车连续4年参赛、第3次获专业大奖。“水城之冠”花车采用梅兰芳代表作《贵妃醉酒》中的凤冠造型，将京剧传统元素用夸张的艺术手法进行表达，凸显泰州的水城慢生活。

“水城之冠”花车获2014上海旅游节花车巡游评比大奖赛仿真效果奖

（戴明峰）

园林绿化

【概况】2014年，泰州市区建成区绿地率37.01％，绿化覆盖率40.66%，人均公园绿地面积9.45平方米。组织实施城市“空转绿”项目，新增绿地面积11万平方米。继续开展绿化提档升级改造工程，项目投资2000万元。开展国家园林城市复查迎检工作，完成自查报告及软件资料的收集和整理，并通过省住建厅的审核。推进国家文明城市创建，做好各公园（广场）的环境卫生整治、道路（游园）的绿化养护工作。年内，天德湖公园通过国家旅游景区质量等级评定委员会评定，正式获评国家AAAA级旅游景区。

【推进重点绿化工程项目】组织实施“空转绿”工程。对主城区西至长江大道，东至328国道，北至新通扬运河，南至海军大道的范围展开“拉网式”调查，统计各类闲置地块40多处，分为景观线路、游园、河道绿地、防护林带、生产绿地和开发地块围墙外景观化等6大类。先后完成康桥水岸游园、春景路绿化、春兰动力公司绿化改造、生态停车场等“空转绿”建设项目。至年末，除海曙游园、兴泰路迎春路游园及尚未交地的扬州路海阳路游园外，其他项目均已完工，共新增绿地面积11万平方米。开展城市绿化升级改造工程，投资2000万元，组织实施泰州大道林荫道改造、盛唐路增植色叶行道树改造、税务街更换老旧行道树改造、海陵南路绿化整治等道路提升改造工程。

【绿化养护管理】创新绿化管护方法，推进平台管理，全年绿化综合管理平台共接收图片信息867条，其中问题类信息359条、汇报工作类508件，问题处理率95%；接收数字化城管交办的绿化案卷1622件，处理率99.9%；接收“12319”热线工作44件，处理率100%；接收“12345”、社区来电、居民来电、“书记信箱”及各类媒体来电案卷28件，处理率100%。加强日常监管，坚持日巡查、旬检查和周抽查相结合。加强行业管理，制定《泰州市各市（区）、医药高新区2014年度城镇绿化考核办法》；靖江市完成创建国家园林城市的软件制作，年内通过省厅审查；姜堰区张甸镇修编绿地系统规划，加快推进集镇绿化提速升级。加强专业人员培训，对全市园林绿化企业高、中、初级绿化工、花卉工等园林绿化工种进行培训，18家园林绿化企业的70名一线工人参加。

【国家园林城市复查迎检】组织召开国家园林城市复查动员大会和工作部署会议。6~8月，分别完成自查报告及迎检软件资料收集和整理工作；9月25日，创建资料通过省住建厅的审核。绘制市区绿地现状图和公园绿地服务半径图，拍摄景点航拍图片。

【宜居城市创建】1月3日、17日，省住建厅专家组分别对科学发展观展示馆、天德湖公园进行现场考核评审。2月，“天德湖公园规划建设与管理”和“科学发展观展示馆的可再生能源建筑一体示范”2个项目均获省人居环境范例奖。

（王文官　徐　莉）

综　　述

【概况】2014年，全市国民经济和社会信息化进一步发展，信息产业和信息化建设取得新成果。推动信息化与工业化融合。“智慧泰州”应用平台建成开通，“三网融合”相关试点项目建设正式启动，建成80多处公共场所、3000多个无线上网接入点。省“两化融合”示范区（试验区）、农村信息化应用示范基地、信息化示范试点工程建设稳步推进。培育发展电子商务。重视发展装备制造、化工、新医药等重点行业特色电子商务，培育实力强、信誉好的平台企业。鼓励支持有条件的企业加快互联网化转型，培育有竞争力的互联网企业。以海陵工业园区等园区为基础，加速促进平台企业集聚，积极培育、拓展新兴信息服务业态。软件产业发展加快。创新构建“三个十”服务体系，申报并通过国家“双软认定”的软件企业21家、软件产品102个，数量创历年新高；成功申报省优秀软件产品奖（金慧奖）3个；7家软件企业被列为省规划布局内重点软件企业，列全省第4；其中规模型的重点软件企业4家，与苏州、无锡两市并列。无线电管理工作成效居全省前列。主动贴近市政府重大活动安排，组织做好重要时期无线电通信保障工作；全力参与南京青奥会无线电安保任务，成功保障比赛34场；在全市开展打击“伪基站”专项行动，全年共查处伪基站案件8起，查获作案嫌疑人10名，没收“伪基站”设备5套，并协助市公安局成功破获一起公安部挂牌督办的“伪基站”重大案件。

信息化推进

【概况】健全完善网络与信息安全保障体系建设，强化网络与信息安全工作，组织开展全市重要工业控制系统信息安全调查，初步掌握全市重要工业控制系统信息安全现状。农村信息化水平稳步提升，率先在全省实现农村信息综合服务平台行政村全覆盖；成功申报省级农村信息化应用示范基地2个，并在全省率先制定出台《泰州市农村信息化应用示范基地认定办法》。推进“两化融合”（信息化和工业化融合）示范区建设，组织相关园区申报省“两化融合”示范区；为企业电子商务平台建设项目上争资金，歌德电子商务公司等12家企业获省财政扶持资金380万元。

【两化融合】2014年，全市工业企业继续开展信息化和工业化融合，在生产、经营的各个环节广泛应用信息技术。在产品设计研发环节，应用CAD（计算机辅助设计）、CAPP（计算机辅助工艺）、CAE（计算机辅助工程）、CAT（计算机辅助测试）和嵌入式软件等技术；在生产、制造环节，应用CAM（计算机辅助制造）、DCS（集散控制系统）等技术；在管理环节，应用ERP（企业资源计划）、OA（办公自动化）和财务软件等技术；在营销服务环节，应用供应链管理及电子商务等技术。加快推进集成应用、流程再造、协同制造管理等方面的深度融合，推动工业企业转型升级。全年有6家企业被省经信委命名为“两化融合”转型升级示范企业，19家企业列为省级“两化融合”试点企业；泰州口岸船舶有限公司和江苏江山制药有限公司2

家企业成为工信部首批贯标试点企业，并分别获工信部10万元资助；江苏恒力制动器制造有限公司被明确为省“两化融合”问题诊断重点企业，获省级财政支持200万元。开展市级“两化融合”示范（试点）企业认定工作，确定12家企业为市级“两化融合”示范企业，20家企业为市级“两化融合”试点企业。创新区域“两化融合”新模式，组织开展企业“两化融合”评估诊断和对标引导，全市1324家企业通过诊断评估，明确“两化融合”发展重点和定量目标。

2014年度泰州市列为省“两化融合”示范（试点）企业一览表

表13

序号	企业名称	辖区	备注
1	江苏海阳化纤有限公司	海陵	转型升级示范
2	江苏明昕微电子有限公司	海陵	综合试点
3	泰州市博泰电子有限公司	高港	转型升级示范
4	江苏神驰机电有限公司	高港	综合试点
5	益海（泰州）粮油工业有限公司	高港	综合试点
6	泰州市恒源化织厂	高港	综合试点
7	兴化市绿禾食品有限公司	兴化	综合试点
8	江苏九寿堂生物制品有限公司	兴化	综合试点
9	江苏格尔顿传动有限公司	靖江	转型升级示范
10	江苏光芒新能源股份有限公司	靖江	综合试点
11	江苏海狮泵业制造有限公司	靖江	综合试点
12	江苏靖江互感器厂有限公司	靖江	综合试点
13	江苏张氏纺织有限公司	靖江	综合试点
14	靖江龙威粮油工业有限公司	靖江	综合试点
15	江苏迈能高科技有限公司	靖江	综合试点
16	江苏皓月汽车零部件有限公司	靖江	综合试点
17	靖江恒丰化工有限公司	靖江	综合试点
18	江苏旭顺东明汽配有限公司	靖江	综合试点
19	江苏华骋科技有限公司	泰兴	转型升级示范
20	江苏兆胜空调有限公司	泰兴	转型升级示范
21	泰兴市华诚机电制造有限公司	泰兴	综合试点
22	江苏幸运宝贝安全装置制造有限公司	泰兴	综合试点
23	江苏科兴电器有限公司	泰兴	电商试点
24	江苏亚太泵阀有限公司	泰兴	综合试点
25	江苏振华泵业制造有限公司	姜堰	转型升级示范

2014年度泰州市级“两化融合”示范（试点）企业一览表

表14

序　号	企　业　名　称	辖　区	备　注
1	泰州金吉泰制衣有限公司	海陵区	市级示范
2	泰州市宏祥动力机械有限公司	海陵区	市级示范
3	泰州市华荣水泥有限公司	海陵区	市级试点
4	泰州市凯华柴油发电机组有限公司	海陵区	市级试点
5	泰州超人汽车电子有限公司	高港区	市级示范
6	泰州友润电子有限公司	高港区	市级示范
7	华润雪花啤酒（泰州）有限公司	高港区	市级示范
8	泰州市天圣针织机械实业有限公司	高港区	市级试点
9	江苏保力自动化科技有限公司	高港区	市级试点
10	泰州市天鑫机械有限公司	高港区	市级试点
11	泰州市航宇电器有限公司	高新区	市级示范
12	江苏迈世达电子有限公司	高新区	市级试点
13	泰州神舟传动科技有限公司	高新区	市级试点
14	江苏亚盛金属制品有限公司	兴化市	市级示范
15	新源同昌包装材料（泰州）有限公司	兴化市	市级试点
16	泰州安井食品有限公司	兴化市	市级试点
17	江苏德创制管有限公司	兴化市	市级试点
18	江苏星光发电设备有限公司	泰兴市	市级示范
19	江苏泰润物流装备有限公司	泰兴市	市级试点
20	泰兴市航天电器有限公司	泰兴市	市级试点
21	泰兴市东圣食品科技有限公司	泰兴市	市级试点
22	江苏苏北砂轮有限公司	姜堰区	市级示范
23	江苏万里活塞轴瓦有限公司	姜堰区	市级示范
24	姜堰市船舶舾装件有限公司	姜堰区	市级示范
25	泰州捷锋帽业有限公司	姜堰区	市级试点
26	泰州市里华机械有限公司	姜堰区	市级试点
27	江苏远望仪器有限公司	姜堰区	市级试点
28	江苏泰阳消防器材有限公司	姜堰区	市级试点
29	江苏省飞霞医保用品有限公司	姜堰区	市级试点
30	江苏旭顺东明汽配有限公司	靖江市	市级示范
31	江苏皓日汽车零部件有限公司	靖江市	市级试点
32	靖江恒丰化工有限公司	靖江市	市级试点

【网络信息安全与平安通信创建】2014年，市信息安全办公室共处理90多起市各级党政机关网络信息安全事件，确保春节、市“两会”、国庆等重要时期的网络信息安全。在全省考核中获评综合成绩优秀。组织开展“互联网助推泰州智造”大讲堂活动，全市200多家企业相关负责人参加，《新华日报》、泰州电视台对该活动进行专题报道。加强平安通信创建工作，从2014年起，泰州市平安通信创建工作范围扩大至三市三区及医药高新区；调整市平安通信创建工作领导小组成员单位，召开2014年度领导小组第一次会议，讨论通过创建活动的实施意见、考核办法、工作制度和创建标准，并与各成员单位签订创建责任书，明确创建工作职责。12月，泰州市全面完成2014年度平安通信全年创建工作，并顺利通过市综治办考核。

【农村信息化建设】2014年5月，姜堰区级农村综合信息服务平台建成开通，各市（区）全部建成农村信息综合服务平台，成为全省第一个在所有村建成农村信息综合服务平台的地级市。组织农村综合信息化示范基地申报工作，高港区口岸街道引江社区、泰兴市虹桥镇六圩村被确定为2014年度“江苏省农村信息化应用示范基地”，泰兴市滨江镇等16个镇、村被认定为2014年度泰州市农村信息化应用示范基地。组织开展农民用网推广活动，在泰兴黄桥和靖江城南分别举办2场农民上网推广活动，邀请省农村信息化专家对300多名种养殖大户、青年农民以及大学生“村官”进行培训。组织举办农村信息化知识讲座，在乡村人流集中区域发放《农民用网实用问答》、设置宣传牌、设立流动服务站，拓宽农民用网推广服务渠道。

【信息产业专项引导资金项目管理】组织开展省工业转型升级专项资金相关项目申报工作，16家企业获2014年省工业和信息产业专项引导资金电商拓市项目共500万元的资金扶持，项目通过率居全省首位。加强市级信息产业专项引导资金管理，市经信委、财政局联合组织验收专家组对前批市信息化发展资金资助项目进行验收，市信息化发展资金共资助72万元，拉动企业配套投资1.4亿元；组织专家组对2014年度市级信息产业专项引导资金申报项目进行审查，中国联通泰州分公司的泰州建筑工程现场LBS无线定位管理系统等18个项目获362万元资金支持。

2014年度泰州市信息产业专项引导资金项目一览表

表15　　单位：万元

序号	地区	申报单位	项目名称	项目投资额	扶持额度
1	市直	中国联通泰州市分公司	泰州建筑工程现场LBS无线定位管理系统	106	40
2		江苏有线泰州分公司	基于广电网络搭建泰州智慧城市信息发布平台建设项目	2000	30
3		泰州市久信医疗科技有限公司	高速涡轮式急救呼吸机控制系统	100	15
4		江苏红旗种业股份有限公司	红旗种业稻麦良种电子交易平台	210	15
5	海陵区	泰州仁齐信息科技有限公司	三维互动数字化医药仿真教育平台	120	15
6		江苏歌德电子商务有限公司	歌德电子商务供应链管理系统	600	20
7		泰州昊龙信息科技有限公司	农业投入品监管软件	70	10
8		泰州市龙祥智业网络有限公司	基于云平台的信息工程监理软件	66	15
9		泰州市港丰物流有限公司	泰州公路港物流信息公共平台项目	1876	10
10		江苏春兰制冷设备股份有限公司	基于物联网的WIFI家用空调智能控制系统	1080	20
11		江苏云涌电子科技有限公司	基于RFID技术的智能档案管理系统	220	20

续表15

序号	地区	申报单位	项目名称	项目投资额	扶持额度
12	高港区	泰州口岸船舶有限公司	泰州口岸船舶有限公司生产综合管理系统	500	26
13		泰州市博泰电子有限公司	基于物联网传感器件高频LTCC电路模块的研发制造	370	30
14		泰州市扬子江计算机科技有限公司	基于云计算的制药行业商务智能系统开发	230	30
15	医药高新区	江苏优云软件有限公司	基于云技术的食品企业安全周期物联监管系统	120	15
16		江苏安方电力科技有限公司	低压电力鉴相系统研发	100	20
17		泰州市云联网络信息系统有限公司	基于云计算中心运维服务平台	150	15
18		泰州新源电工器材有限公司	500 ~1000千伏超特高压绝缘纸板生产线两化融合项目	500	16

【信息基础设施建设】推动全市信息化和信息通信基础设施建设，共建成3G基站5500个，新建4G基站3000个，城市光纤到户覆盖率70%。以泰州被列为国家“智慧城市”试点城市为契机，全面推进“智慧泰州”平台应用，建成智慧城管、公交、旅游、政务等11个智慧城市项目。市经信委与市电信公司共同组织实施“a-WiFi”无线上网服务，在全市新增3000多个接入点，实现主要公共场所无线WiFi全覆盖。

【上争一批省信息化示范试点项目】2014年，江苏农牧科技职业学院农产品溯源项目被认定为省信息化示范工程；智慧泰兴手机端公共信息集成应用平台项目被认定为省信息基础设施示范项目；江苏有线泰州分公司被认定为2014年度省“三网融合”创新基地；兴化市广电网络公司技防城建设项目、泰州广电传媒集团无线泰州项目被认定为2014年度省信息基础设施建设试点示范工程。

【信息宣传报道】全年被国家级核心期刊采用1篇，“两办”以上采用稿件15篇，其中省专报1篇，市专刊专报3篇。完成市城乡一体化考核、全面小康社会考核、信息通信基础设施监测、社会发展水平综合评价，区域“两化融合”发展水平评估等工作。组织企业参加国际移动互联网论坛等活动。

（宫建勇）

【信息化应用】2014年，扬子江药业集团的基于智能物流药品监控与追溯系统项目实施结束，顺利通过省经信委组织的专家验收。市农业开发区的基于物联网实施的高效种养及溯源应用与示范项目，在名贵鱼种养殖、蔬菜种养加工、良种培育和小型气象站等领域的应用取得进展。联恒物宇的电子标签项目已批量生产。车联网中间件制造和应用、食品生产销售的追溯、大型机械及重点装备运行状态的监测、电网监控、移动物流和智能家居等方面的信息化示范应用呈现新亮点 。

（潘　安）

【江苏华骋科技有限公司】公司成立于1990年，现拥有9万平方米厂区面积和4.8万平方米厂房建筑面积，注册资本2000万元，资产总额20874万元，员工610人。主要为一汽、北京现代、合力股份、杭州叉车等大中型汽车制造企业、工程机械和叉车制造企业配套生产100多种规格型号的灯具。公司现为“国家级中型企业”“江苏省高新技术企业”“江苏省规划布局内重点软件企业”，累计拥有71件专利成果，6个科技项目获国家和省级立项，拥有12个省高新产品，3个国家重点新产品，2个江苏省优秀软件产品奖（金慧奖）。2014年，公司实现国税开票销售近2亿元，入库税收超过1200万元。

（蒋永龙）

软 件 产 业

【概况】2014年，全市软件产业发展势头良好，全年完成软件业务收入41.3亿元，比上年增长20.79%，其中云计算收入1.61亿元、软件外包收入8200万元、信息系统集成和咨询服务收入3064万元。新增通过“双软认定”的软件企业21家、软件产品102个，全市累计通过国家认定的软件企业总数112家、软件产品总数370个，软件产品涉及多个领域，形成一定的产业特色，尤其在制造领域的嵌入式软件优势明显。新认定省规划布局内重点软件企业7家，其中华骋科技、晨光高新、新智源医学、扬子江计算机4家企业入选省规模型重点软件企业，东华测试、春兰清洁能源、江分电分析仪器3家企业入选省潜力型重点软件企业。

年内，宏泰智能的SHS-6000自助银行防护系统软件、华骋科技的HC车辆仪表液晶屏动态显示驱动软件和扬子江计算机的YZJ药品生命周期数据管理软件获江苏省优秀软件产品“金慧奖”。江苏皓月汽车锁股份有限公司被认定为软件业务收入过亿元软件企业。江苏扬子江计算机科技有限公司获信息系统集成三级资质，成为全市首家获该资质的企业。泰州数据产业园医药行业应用软件被列入江苏省首批软件发展特色产业。江苏东华测试技术股份有限公司在美国的全资子公司完成设立登记。

2014年泰州市新增“双软认定”软件企业名录

泰州腾翔信息科技有限公司
泰州市苏大泰禾软件有限公司
江苏护佑软件有限公司
泰州昊龙信息科技有限公司
泰州市普源视景仿真科技有限公司
江苏昇达智能科技有限公司
江苏京华澄电力科技有限公司
泰州马赫机械制造有限公司
泰州金源软件科技有限公司
泰州仁齐信息科技有限公司
联迪恒星泰州信息系统有限公司
泰州市佳成信息技术有限公司
泰州携程软件有限公司
江苏皓月汽车锁股份有限公司
江苏睿瀚信息科技有限公司
泰州非尔电子科技有限公司
江苏百科电器有限公司
泰州市悦然信息科技有限公司
江苏凯特莉包装科技有限公司
靖江东盛网络科技有限公司
泰州嘉通信息技术开发有限公司

（高 茹）

【泰州数据产业园】2014年，园区加大项目招引和载体建设力度，加快产业集聚。引进的车品E库、大观信息、大道电子商务、志牛网络等65个项目完成注册，新增注册资本5.8亿元，其中1亿元以上项目1个、1000万元以上项目12个，完成全年目标任务的150%。网上医药大平台项目正式启动，中电科、广和慧云、IPV6（下一代互联网技术）、浪潮集团等重点项目加快洽谈。全年园区完成业务总收入15.3亿元，完成服务外包收入8200万元。年内，大道电子商务公司成功挂牌上海股票交易中心Q板股权报价系统；青之峰等公司单位面积产出率加快提升，全年实现每平方米开票销售17万元。

【江苏皓月汽车锁股份有限公司】该公司占地面积14万平方米，建筑面积9万平方米，企业资产3.6亿元，主要产品有200多种规格的各类轿车、客货车等车型用锁。2014年，公司产品总销量突破2300万辆，增幅超过7%；实现营业收入35560万元，其中软件业务收入14600万元；实现利润总额2811万元。全年投入研发费用3000多万元，研制开发平台化门锁项目10款。

（张炳华）

【江苏扬子江计算机科技有限公司】公司以软件开发和销售为主，为医药行业用户提供药品信息采集、信息传输、信息处理的综合物联网应用解决方案，以及符合国内医药行业GMP、GSP要求的应用软件开发。2014年，公司完成软件业务收入1.47亿元，实现利润3379万元。新增软件产品6个，累计取得软件著作权25项、软件产品证书25个。年内，公司被列为江苏省重点规划布局内软件企业（规模型），“YZJ药品生命周期数据管理软件”产品获省软件最高奖“金慧奖”。

（张卫兵）

无 线 电 管 理

【概况】2014年，市无线电管理工作以“服务与责任”为全年工作主题，强化责任意识，明确责任分工，顺利各项工作任务。年内，市无线电管理办公室连续13

年被表彰为全省无线电管理工作先进单位；获市应急管理工作先进单位、市“六五”普法中期先进集体、市平安通信创建活动先进单位、市优秀诚信收费单位、市行政执法优秀卷宗单位和全省无线电信息宣传先进单位等称号。

做好春运、“两会”、“泰州国际旅游节”“中国兴化千岛菜花旅游节”期间的无线电通信保障工作。圆满完成南京青奥会无线电安保任务，被省无线电管理局授予“南京青奥会无线电保障先进单位”称号。加强对各类考试期间的监测监听工作，全年共完成研究生入学考试、高考等16次考试期间的无线电保障任务，查获作弊案件1起、作弊嫌疑人2名，压制可疑无线电信号5个。开展无线电管理行政执法活动，全年查处“伪基站”案件8起，抓获作案嫌疑人10名，没收“伪基站”设备5套。会同长江泰州通信管理处等单位联合开展船舶电台销售市场专项执法及水上无线电通信秩序专项整治活动，共查扣大功率船舶电台3部、对讲机8部。

（王　芊）

通　信　服　务

【中国电信泰州分公司】 2014年，中国电信泰州分公司加快推进企业转型，不断优化运营质态、改善管理水平、提升队伍能力。年内，公司通过“全国文明单位”复检，获“江苏省文明单位”“泰州市文明行业”“江苏省安全文化建设示范企业”“江苏省质量管理小组活动优秀企业”等称号。

实施光纤网络的宽带基础设施建设，开通“城市光网”，实现集IP化、宽带化、融合化为一体的城市光纤宽带网络。推进4G网络建设和优化，网络质量居全省前列。至年末，电信FTTH光纤宽带网络全区覆盖率75%以上，网络平均带宽达10M以上；电信“天翼4G”网络基本覆盖全市城乡区域。实施“智慧城市”工程，构建“数字城管”“智慧交通”“智慧校园”“智慧社保”等智慧云平台，搭建政府数据中心和“12345”热线云。推进农村综合信息平台建设，建设高港、泰兴等区县农村网上村委会信息平台。

注重知识产权培育和新产品推广，提升企业创新运营能力。全年有3个项目获国家知识产权局发明专利及实用新型专利，28个创新项目成果新入选省电信公司成果复制推广库，19个项目获软件著作权，4个项目获市科技局立项，6个项目获选省立项科技研发项目。

（沈志洲）

【中国移动泰州分公司】 2014年，中国移动泰州分公司实现运营收入19.18亿元、利润5.28亿元；全年共投资7.78亿元，新增4G基站1786个。年内，公司获“全国职工教育培训示范点”“江苏省质量管理小组活动优秀企业”“全省放心消费创建活动示范企业”“江苏省价格诚信单位”“泰州市十佳服务地方发展单位”等称号。

智慧农业项目

助推泰州信息化建设，深化网络建设。年内，公司完成4G二期及4G三期第一批工程建设，共建设基站2509座、室分749个，基本实现4G网络城乡全覆盖。落实4G网络优化前移工作，各市（区）城区与高速干线测试指标均为满分，乡镇优化进度超过98%，切换成功率、接通率、掉话率等用户感知指标均达到或优于同设备地市平均水平，4G分流比50.58%，4G终端附着率77.53%，居全省前列。全年全市家庭宽带新增覆盖35万户，累计覆盖114万户；全年装机15.5万户，5天内装机开通及时率由年初的89.85%提升至年末的96.29%；开通工单处理及时率99.97%，居全省第二位；开通平均时长1.76天，居全省第三位。完成千岛菜花节、溱潼会船节、国际旅游节、医药博览会等重大活动期间的网络保障工作，协助公安部门查获3起流动“伪基站”案件。推进信息消费，助力“智慧泰州”建设，承建泰州市“蓝天卫士”、兴化市“数字化城管”、姜堰区“智慧农业”等重点政务信息化项目，全年签约项目数量42个。

优化服务质量，推动服务转型。强化流程管理，6项流程入围全省优秀流程案例库，“4G投诉防控流程”案例获省公司现场评审三等奖。加强投诉管控，投诉一次解决率比年初提升20%，4G万客户（??）投诉比运营初期下降44%，市场营销类投诉比年初下降15%，投诉客户满意度居全省第一位。加强“业务不知情定制”治理，加大对垃圾短信的管控力度，至年末，垃圾短信被举报量在全省最低。落实满意度精细管理，流量客户满意度居全省第一位，《基于大数据的流量4G

客户服务管理体系》获全省服务示范项目二等奖。

（夏海桥）

【中国联通泰州分公司】 2014年，中国联通泰州分公司完成主营业务收入3.44亿元,比上年增长11.6%，收入市场份额比上年末提升1.05个百分点。

围绕“智慧城市”发展，在“智慧工地”“智慧城管”“智慧医疗”等9个领域研发50项应用。在全区推广3/4G一体化业务销售，推出自由组合套餐。参与泰州市“平安校园”“移动警务”以及污水监控、城市工地监控、食品溯源等政府重点实施项目。凭借WCDMA的独特优势，在交通物流、汽车、金融、传媒等行业领域探索“智慧城市”实践，提升企业信息化水平和管理效能。在信息惠民方面，对“智慧医疗”“智慧农业”“智慧支付”以及手机证券（银行）、手机报刊、智能抄表、沃看交通、物联溯源等方面进行探索与实践。

全年投资6500万元，用于加强3G网络的覆盖，同时在部分城区部署4G试验网的覆盖。全年共新建WCDMA基站104个、WCDMA室内分布系统14套；试点建设4G网络，新建LTE-FDD基站94个、LTE-TDD基站12个、LTE-FDD室内分布系统11个。完成多个传输项目的建设任务，烽火传输扩容OTN传输15套、新建622M传输设备25套、扩容升级155M传输设备6套；分组传输新建10GE传输19套、GE传输250套；扩容省内干线传输设备6端。传输配套工程新增24芯等光缆共600多千米，新增管道43孔千米。

（程　俊）

5月26日，中国联通泰州分公司参加政风行风热线

综　述

【概况】2014年，全市水利系统继续加大水利投入，强化水利管理，深化水利改革，提升防洪保障安全、水资源供给安全、水环境和水生态安全、服务民生等能力水平。全年全市水利建设完成总投资20亿元。

加强城市水利建设。年初，编制《城市水利建设三年实施方案》，项目计划投资总额16.55亿元。下半年，城市水利建设被纳入《城建新提升两年行动计划》，各项工程均完成年度目标任务，全年城市水利共完成投资5.2亿元。南官河整治工程累计完成投资9000万元，搬迁工作基本结束，城区段河道疏浚整治基本完成，绿化工程已完成总量的50%，药城段河道疏浚完成工程量的80%。周山河整治三期工程累计完成投资1.8亿元，搬迁工作基本完成，河道01、02、03标进行挡墙施工，完成总工程量的55%。对市区12条河道实施水生态治理工程，累计完成总工程量的62%，许郑河、三村干河整治工程全部结束，双寿河、时庄河、西一支河河道整治工程部分结束。

重点水利工程建设进展顺利。卤汀河拓浚工程河道工程及7座新建桥梁全部通过验收，5座老桥拆除工作完成。泰东河整治工程的河道工程基本完成，桥梁工程进展过半，防洪处理影响工程启动实施，共完成年度投资1.61亿元。中小河流治理第二批9个项目中有6个项目基本完成，3个项目通过水下验收。兴化市川东港整治工程征地拆迁启动，端午桥拆迁35户，南苑桥拆迁9户；青龙桥建设工程完成总量的70%。泰兴市马甸水利枢纽工程基本完成拆迁任务并开工建设。

加强农村水利基础设施建设。各市（区）以中央小型农田水利重点县、大中型灌区建设等为平台，全年共完成农村水利投资5亿元。年内，全市共完成小型农田水利重点县项目建设6个，新建灌溉站555座、排涝站26座、涵闸76座，修建防渗渠道450.94千米，配套建筑物2034座。统筹推进农村河道疏浚和村庄环境整治，坚持河道绿化、岸坡整治同步进行，全年共疏浚县级河道12条、59.3千米，乡级河道28条、68.85千米；整治村庄河道960条，护岸28千米，整坡绿化52万平方米。全面完成新一轮农村饮水安全工程建设任务，共敷设供水主管道90千米，入户管道515千米，解决饮水不安全人口84万人。

整治后的生态河道

防　汛　防　旱

【概况】开展汛前汛后检查。2014年2月，市防汛防旱指挥部发文要求各地对各类水利工程进行汛前检查，并组织技术人员对全市重点水利工程进行抽查。3月，召开全市防办主任会议，部署防汛准备工作。落实防汛防旱责任制，修订完善各类防汛防旱预案，重点修订《泰州市防御台风预案》和《城市突发性强降雨应急预案》。开展汛前检查"回头看"，对排查出险工患段，落实资金消险除险。5月，组织省内专家对沿江两市两区长江水下地形测量结果进行会商。10月，部署开展水利工程汛后检查，重点对市（区）、长江沿线、里下河湖区水利工程进行检查，组织沿江市（区）开展汛后长江水下地形测量工作。

落实防汛物资储备。实行实物储备与商业代储相结合，及时完成相关防汛物资储备任务。市、县（区）两级共完成储备"三袋"（麻袋、草袋、编织袋）130万只、木材550立方米、块石5万吨、土工布4万平方米，其中市级储备"三袋"35万只、木材160立方米、土工布1.6万平方米、块石2万吨。加强防汛抢险专业队伍建设，5月，泰州军分区与市水利局在兴化市联合组织防汛抢险骨干队员集训。

市区积水点改造。针对市区2013年汛期27处暴雨严重积水地段，召开整治方案研讨会，及时完成相关整治任务。明确主城区低洼易涝地防汛责任单位、责任人，确保城区安全度汛。

【汛前水利工程除险消险】针对汛前检查中发现的险工患段，全市累计投入9938.5万元除险消险。靖江市实施江堤、通江建筑物除险加固，修复江堤堤顶公路4.4千米。泰兴市对过船套闸等涵闸站工程进行维护保养，对过船港段等堤顶公路进行维修，组织实施宝塔生产沟整治等一批城市防洪工程。兴化市加修圩堤险工患段175.4千米、病险圩口闸321座，修建病险排涝站180座。姜堰区加固圩堤2.2千米，新建、改造圩口闸27座，排涝站6座，解决农业园区和工业园区排水不畅问题。海陵区组织修复新通扬运河董家大桥东侧等段防汛道路，对大冯套闸等闸站进行维修保养，整治北星北河淤积问题。市区连续第2年利用市级财政防洪保安资金对暴雨易积水地段进行整治，共投入600多万元，6月底前完成相关下水管网改造工程。高港区对龙窝闸、友谊闸泵站等水利工程进行维修保养，对部分江堤损毁严重地段进行维修，做好内部水系调整。医药高新区维修保养高港闸等闸站，组织实施南官河西堤防浪墙工程。市农业开发区对泰东河站北砖瓦厂段圩堤缺口、泰东河沿线4处码头偏低的防洪挡浪墙明确行政责任人，备足土石方。

【安全度汛】2014年，泰州市汛期强降水间隔期较长，水利工程调度水情时间充裕，全市防汛压力总体不大，未发生重大灾情、险情。汛期最大水雨情出现在8月中旬，8月8日全市出现强降水天气，里下河地区普降暴雨、大暴雨、特大暴雨，造成里下河水位迅速暴涨；8月13日里下河地区再降暴雨、大暴雨，该区域水位全线超警戒。后期未出现新的强降水，但局地强降水天气频发，超出往年，对城镇内涝影响较大。市防汛办汛期累计接听因强降水告急电话和反映暴雨积水电话（包括市政府"12345"服务热线转防汛办电话）73次。

8月8日、8月14日里下河地区连续两次强降水，水位迅速上涨，兴化水位从8月7日8时1.39米起涨，8月14日8时涨至2.21米，突破2.00米警戒水位，8月15日8时涨至2.41米。面对汛情，各地按照防汛预案响应，关闭圩口闸，启动排涝站。8月14日6时，省江都枢纽开机排涝，高港枢纽14日开机，至8月21日共抽排入江涝水3.54亿立方米，里下河地区水位8月20日全线回落至2.00米以下，汛情得到有效控制。

江淮阁

水　政　工　作

【水利综合执法】开展"2014—护江"、互巡互查、专项值守等专项执法行动，清除处理违章垦殖、搭建、堆放、弃置及非法采砂等涉水违法行为，确保水事秩序稳定和水上通航安全。全年共出动执法人员500多人次、执法车辆60多台次、执法艇15多航次，查处非法采砂船只14条，登记采砂船只100多条，拆除阻水坝埂6处，清理违章占用329平方米，清除水生植物200多处，渔网、鱼簖225张。支队本级开展执法巡查85多次，出动执法人员290多人次，指导纠正涉水违法行为12起，督办案件2起，依法直接查处案件9件（非法采砂8件、违建码头1件），罚款76万元。

【水行政许可】坚持“依法、精简、高效、便民”，全面清理行政权力，形成权力目录清单130项，其中行政许可9项、行政处罚90项、其他行政权力31项。全年共受理涉水行政许可事项47件，办结47件，按时和提前办结率均为100%。

【水利普法宣传】2014年，市水利局围绕中国水周“加强河湖管理，建设水生态文明”主题，会同团市委面向全市高校学生开展涉水征文活动，共收到稿件600多篇，评选出优秀作品在《泰州水利》专期刊登，获奖名单在《泰州日报》公布。在《泰州日报》开设专版宣传“3·22”世界水日。制作水利公益宣传片在泰州电视台黄金时段持续播放1个月。开展法制宣传“六进”活动。走进社区推广节水器具，利用政府信息联播网走进机关进行水利直播宣传。与江苏省泰州引江河管理处、省水文水资源勘测局泰州分局、市气象局在市区莲花四号区广场联合开展普法宣传活动，设立涉水政策法规、节约用水、水文知识等咨询台，制作依法行政、重点工程建设、工程管理等展牌20多块，发放宣传册500多份，接受群众咨询300多人次。

水资源管理

【概况】2014年，泰州市严格控制用水总量，规范水资源开发利用行为，召开泰州市最严格水资源管理考核联席会议，制定《泰州市最严格水资源管理制度考核办法》，下达《2014年实行最严格水资源管理制度目标任务》，加强水资源开发利用的考核管理。严格控制污染和高耗水行业发展，全市单位GDP用水量下降到每万元115.3元，年用水总量下降4.5%。各市（区）依据核定用水总量，新增用水量均不再许可。落实地下水“四个一”（一证、一表、一牌、一卡）管理制度，编制完成《泰州市地下水压采方案》，推进封井工作，全市地下水开采总量大幅下降，兴化市张郭超采区水量、水位得到控制和回升。

加强水功能区限制纳污红线管理，开展城区入河排污口普查，对主城区近80平方千米范围内的59条河道、577个排污口进行全面普查，利用水资源管理信息系统对入河排污口的数量、位置、污水排放量等信息进行登记造册。严格水功能区监管，对市区“保护区”“保留区”“缓冲区”“饮用水源区”等四大重点水功能区进行确界立碑管理。开展全市水功能区水质全覆盖监测，每月对全市43个重点水功能区进行水质监测，编发《水源水质简报》。开展全市水功能区纳污能力计算，形成排污量削减方案。开展河湖健康评价工作，先期对引江河、卤汀河进行河湖健康评估。

【水源地保护】围绕水源地达标建设总体目标，落实各项保护措施，饮用水源保护区水环境质量明显改善，饮水安全保障水平进一步提高。蟛蜞港饮用水源地、永安洲永正水源地通过省水利厅、住建厅联合验收。兴化市启动5个饮用水源地达标建设工作，通榆河、横泾河2个饮用水源地达标建设实施方案通过省水利厅审查。开展饮用水源地日常巡查工作，对饮用水源地水质进行监测，饮用水源地水质达标率100%。加大推进备用水源建设，落实应急保障机制，提前编制《突发性水污染事件应急预案》。年内，及时对姜堰企业违法排污、引江河备用水源污染事件、靖江长江水污染事件、新通扬运河水污染事件进行采样、应急监测以及污染源调查，有效控制水污染事件。

硬质节水渠

【节水型社会建设】2014年，泰州市在创建成全国节水型社会建设示范区的基础上，推进节水新载体建设。年内，市水利局、教育局联合开展节水型学校和节水型教育基地建设，初步建成凤凰河水利风景区、泰州水利展览馆节水教育基地和益海粮油工业节水教育基地。市水利局、经信委加强对工业用水的管理，指导企业开展水平衡测试，引导5家规模以上企业开展节水技改工作。开展节水型机关（单位）建设，全年创成节水型单位、节水型社区16家。加强节水宣传工作，在中心城区建设节水文化园，在电视台播放节水宣传片，在学校推广节水校本，城乡居民节水意识明显提升。

【水生态文明城市创建】2014年3月，泰州市启动国家水生态文明城市建设试点申报工作。组织编制并形成以“一脉一城一湖三带”为全市水生态总体布局，以构建5大体系、实施10项重点示范项目为主要内容的《泰州市水生态文明城市建设试点实施方案》（简称《试点方案》）。6月，泰州市被水利部确定为第二批全国水生态文明城市建设试点。11月，《试点方案》通过水利部专家审查，并报请省政府审批。泰州市创建全国水生态文明示范市进入实施阶段。

水　利　管　理

【概况】推进《泰州市通南地区水利规划》编制工作，按序时进度完成大纲审查、水文水利计算审查、专家咨询、市级审查、省级审核，11月正式印发。启动“十三五”规划编制工作，初步选出有规划支撑且前期工作较好的骨干工程项目。开展项目前期工作，组织编制老通扬运河四期整治工程、引江河水系调整项目可行性研究报告，上报省水利厅竞争立项区域治理工程并通过评审。全年市区共上争省以上补助资金1.7亿元。

推进河道管理“河长制”工作，市级河道管理范围内设置117块长效管护公示牌，出台《农村河道长效管理考核办法》，明确农村河道管护考核内容、考核方式和考核奖惩，全市河道面貌、水环境质量明显改善。制定并印发《泰州市卤汀河、泰东河工程管理办法》，形成水利工程良性运行机制。开展省级水利管理单位创建工作，规范管理基层站所，靖江市上六圩闸管理所、泰兴市天星闸管理所、高港区口岸闸管理所和姜堰区城区河道管理所通过省级水利工程管理单位复核。泰州闸管理所通过省三级水利工程管理单位创建验收。江苏省泰州引江河管理处通过国家级水利工程管理单位复核验收。

加强水利风景区建设，兴化市千垛菜花景区、靖江市明湖景区和农业开发区秋雪湖生态景区等3家单位被评为省级水利风景区。

全年全市共完成水资源费征收2596.5万元，其中市本级完成征收836.6万元；完成南水北调基金征收1305.2万元，其中市本级完成征收428.43万元。计收水利工程水费2568万元，市直水利工程水费493.56万元，市属供水成本费用145万元。

【水利工程调度运行】2014年，全市沿江各通江涵闸抢潮引水9.51亿立方米，高港枢纽向里下河地区自流引江11.76亿立方米，保障农灌高峰期生产、生活用水。市引江河城区调水泵站、明珠水利枢纽常态化运行，动力提水，向主城区调水1.16亿立方米，保证主城区水位。全年4次启动省引江河高港抽水站，向通南地区进行生态补水，共开机25天，调水1.31亿立方米，有效改善区域水生态环境。

水　利　科　技

【概况】2014年，全市水利系统共申报省水利厅科技项目6项，获省水利厅立项2项，申请省级资金补助40万元，完成2014年前科技项目成果结题申报3项，完成鉴定泰兴市、兴化市成果共2项。

年内，泰州市城市水资源实时监控与管理系统硬件建设全部完成，共完成小型升级47次、重大升级3次，防汛模块、水资源管理模块、OA模块、工程管理模块、行政执法模块、效能监察模块均成型，手持终端软件版本不断完善，针对实际增加汛前汛后检查、排污口检查及工程巡查等功能。

（祁海松　朱鸿宇）

引江河建设和管理

【概况】2014年，江苏省泰州引江河管理处（简称管理处）围绕管理现代化的目标，以改革创新破解发展难题，水利现代化建设取得新突破、引江河二期工程建设取得新进展。

按照“严、高、细、实、全”的工程管理要求，重点做好引江河水利工程的检查、维修养护、技术革新、设备改造等工作，保持水利工程与设备完好。加强安全生产，强化安全教育培训，开展安全生产检查及隐患整改，消除安全隐患。组织实施年度维修养护项目，完善工程设施和环境面貌；在工程管理与监测、船闸通航、河湖管理等方面积极采用新技术，建立管理处信息化平台。成功创建五星级档案管理单位。12月5日，管理处通过水利部国家级水管单位复核验收，水闸工程综合得分为958分、泵站工程综合得分为964分，两项工程得分均超过2011年首次验收得分。

加强水利工程控制运用，做好防汛防旱，保证里下河地区城乡生产生活和航运用水需要。全年利用高港枢纽抢潮引水266天，累计引水28.57亿立方米，超过往年平均引水量的40%。高港泵站年内3次开启机组抽排涝水共1.054亿立方米，向里下河送水0.31亿立方米，向通南地区送水1.12亿立方米，有效改善泰州城区水质和生态环境。拉马河闸累计引水0.13亿立方米，为如皋和泰兴高沙土地区提供充足水源。

【水利现代化建设】按照江苏省水利厅批复的现代化规划，围绕工程安全运行，开展高港一线船闸大修和下游左岸引航道护坡改造工程、如皋拉马河闸大修等重点项目的前期工作，委托省水利勘测设计研究院编制高港一线船闸加固工程可行性研究报告，并召开重点项目推进会议。加强与高等院校合作交流，完成管理处信息化顶层设计。建立完善工程安全监测系统、防汛防旱调度会商系统、办公自动化OA系统等，并对已有各类信息系统进行整合，初步建立管理处信息化管理平台，实现工程监控、工程监测、安全管理、河湖管理、办公自动化、水信息网、档案信息等的集中展示。编制完成《泰州引江河水文化发展规划（2015—2020）》，结合二线船闸建成投运，对管理处生态环境进行统筹规划，着力构建“一横三带四区”文化版块。

【河湖管理】加强对里下河湖泊的巡查和专项检查，及时掌握湖泊基本动态；加大湖泊管护力度，会同各地水利、公安、环保、国土、交通等部门开展联合巡查执法，加强对违章查处的督查，先后督查光伏建设、穿湖公路、湖内筑埂设桩、偏离审批规划等违章行为；推动退圩还湖，阜宁、建湖、兴化三县（市）退圩还湖、生态环境、管理基地建设取得新进展。加强引江河河道管理，加大监管力度，提高巡查频次，成功制止道路违建，拆除违建码头；组织编制《泰州引江河管理与保护规划》，全面加强河道资源管理与保护。做好水政执法工作，维护水事秩序，会同公安、渔政部门开展联合执法8次，查处并解决各类违章行为30多起。

【泰州引江河二期工程建设】泰州引江河二期工程建设包括河道工程、高港枢纽二线船闸工程及相应的环保、水保和水文基础设施工程，总投资6.96亿元。至2014年6月10日，二线船闸主体工程基本完工，并通过省水利厅组织的水下阶段验收。各附属设施、水土保持、配套绿化等工程项目有序推进。河道工程水下土方疏浚已完成总量的95%，河坡软体铺排完成70%，船舶临时停靠点、直立挡墙墙身底板浇筑基本完成，并按计划组织实施土方回填、墙前抛石等工程。

（陈 龙 王昕炜）

引江河工程纪念碑

交 通

·综 述·

【概况】2014年，泰州市境内公路总里程9456.93千米，公路密度为1.63千米/百平方千米。其中，高速公路256.04千米，一级公路863.1千米，二级公路1419.69千米，三级公路882.43千米，四级公路6024.12千米，等外公路11.55千米。公路客运站场9个。内河航道总里程2550.23千米。其中，三级航道90.54千米，四级航道33.99千米，五级航道2.61千米，六级航道205.73千米，七级航道499.89千米，等外航道1717.47千米。全市有通航船闸6座、套闸11座，其中交通部门主管的船闸2座。通扬线三级航道整治工程初步设计基本完成。泰州港共拥有泊位756个，码头总延米4.29万米，其中长江生产性泊位136个，万吨级以上生产性泊位56个。

全年全市交通基础设施建设共完成固定资产投资73.93亿元。其中，高速公路完成投资14.26亿元，占年度计划的150.11%；国省干线公路完成投资28.2亿元，占年度计划的102.55%；路网连接线完成投资9.6亿元，占年度计划的105.49%；农村公路完成投资5.96亿元，占年度计划的100.34%；撤渡建桥完成投资0.25亿元，占年度计划的100%；航道完成投资0.91亿元，占年度计划的100.61%；泰州港完成投资14.5亿元，占年度计划的120.83%；汽车客运站完成投资0.25亿元，占年度计划的100%。泰镇高速、兴泰高速、京沪高速（江广扩容）3条高速公路先导段全部开工建设。全市6个在建国省干线项目全部按序时进度完成目标任务，其中231省道东环高架形象显现，主线高架基本贯通；334省道泰兴城区至黄桥段、351省道昌荣至海南段建成通车；304、352省道兴化段全线基本贯通；229省道兴化、姜堰、靖江段稳步推进，泰常过江通道前期研究工作正在开展。

【投融资管理】2014年，全市共筹集各类资金45.67亿元。成功注册3年期10亿元非公开定向发行融资工具（简称私募债），发行首期5亿元私募债，融资成本7.7%；成功注册1年期18亿元短期融资券，先期发行5亿元，融资成本5.2%，创融资成本新低。先后获保障房项目贷款授信3.8亿元，到位0.4亿元，各银行流动资金贷款7.2亿元，其他融资5.5亿元。全市各项融资资金实际到位23.1亿元，获各类补助2.57亿元。

·交通运输生产·

【公路和水路运输】2014年，全市累计完成公路客运量0.89亿人次、客运周转量53.78亿人千米，比上年分别增长1.11 %和4.78 %。完成公路货运量2335万吨、货运周转量62.14亿吨千米，分别增长3.1%、13.1%；水路货运量1.46亿吨、货运周转量667.13亿吨千米，分别增长3.82 %和14.32 %。运力经济增长态势保持平稳，厢式货车占比19%、专用运输车辆占比6%。

【港口运输】全市沿江港口累计实现货物吞吐量1.58亿吨，完成年度目标的105.3%，比上年增长2.6%。完成外贸吞吐量1629.5万吨、集装箱吞吐量19.1万标准箱，分别增长27.3%和8.6%，增幅均高于全省平均增幅近19个百分点。内河港口累计完成货物吞吐量2730万吨。

【公交运输】全市建成农村客运站2个、公交首末站4个，新购公交车辆133辆。新辟公交线路13条，优化公交线路20条，泰州市主城区公交站点500米覆盖率为92%。完成公交国有化运营体制改革，新增出租汽车30辆，更新、改造出租车120辆。开展出租汽车企业年度服务质量信誉考核工作，评出AAA级企业1家、AA级企业2家。行政村班车通达率100%，全市镇村公交开通率63%。开发“掌上公交”客户端并正式上线，方便手机查询全市公交换乘到站距离信息；出租车智能调度实现“双网融合”（出租汽车服务管理信息系统和互动式公交智能化系统实现物理上的网络融合）。

【铁路运输】铁路运输全年完成旅客发送125.77万人次，完成运输总收入2.27亿元，装车7.7万吨，卸车12.9万吨。至年末，泰州火车站实现连续安全生产3723天，车站安全运输生产有序可控。春运期间，泰州火车站共安全发送旅客17万人次，完成运输收入1600万元，被省、市春运办分别评为省、市春运先进集体。

泰州火车站

【民航运输】2014年，扬州泰州机场共安全保障各类飞行22956架次，比上年增长43.9%；实现旅客吞吐量70.6万人次，增长15.2%；实现货邮吞吐量4792.5吨，增长53.9%，超额完成年度目标任务。全年完成经营总收入5012.5万元，增长15%，其中辅业收入2.23亿元，增长25%；航班平均客座率76.5%，上升4个百分点；航线补贴2.3亿元，下降8.3%。去除因航线补贴未及时到位而产生的银行贷款利息外，机场全年运营收支基本持平。2015年1月6日，扬州泰州机场开放一类航空口岸获国务院批准。

优化航线网络。年内新开辟郑州、银川、重庆、天津、海口、贵阳6条航线；对西安和厦门、三亚和哈尔滨、深圳和沈阳实行串飞，航班客座率保持在80%以上；调整优化北京、广州、深圳等航班时刻。创新营销策略。全年召开6次航线推介会，灵活制定“团队10免1”“散客10送2”等促销政策；加强与深航工贸、扬州外服、泰州华信等10多家机票销售代理人合作，提升票务销售量；出台货运销售奖励政策，实行全员营销策略，航班客座率76.5%，比上年提高4个百分点。加强对大客户和常旅客开发维护，全年共走访泰州、扬州两市重点旅行社112家、重点企业客户101家，签订企业大客户购票协议25份，实现协议企业客户散客机票销售2160张。

·交通行业管理·

【公路管理】2014年，全市共完成公路中修里程47.36千米。334省道增产港桥危桥完成改造并通过省级专项验收，231省道南官河大桥等14座桥梁完成支座更换，共更换支座704个。干线公路MQI值为94.7、PCI优良路率为92.4%、RQI优良率99.8%，均超过省交通运输厅考核目标。加强公路养护监管，完成交通部路网监测任务，通过国家干线公路检查。修订《泰州市干线公路养护管理检查考核与奖惩办法》，在2014年全省养护检查考核评比中，继续居第一方阵。探索公路养护机械化发展“泰州模式”，选择兴化应急基地和唐子养护工区作为全市养护工区“三个标准化”（工区建设、人员配备、机械配置标准化）建设试点运行。下发《泰州市公路系统行政执法人员管理考核办法》，组织交通执法人员专项、封闭式集中培训，提升依法治路水平。加大路政管理力度，提高路域环境治理水平及公路标志标线管理能力，排查出辖区内12个集镇路段，保持治超（超限超载运输）高压态势。全年开展治超执法17129人次，检查货运车辆89263辆，查处违法超限车辆2112辆次，卸驳载12917.56吨，收取罚款434.12万元。普通公路计重收费站超限率1.24%，动态称重检测系统超限率2.14%，两项超限率控制目标全省领先。落实国家重大节假日期间小型客车免费通行、秸秆运输“绿色通道”等优惠政策，全年免费放行“绿色通道”车辆7.96万辆、减免通行费136.55万元，节日期间累计放行七座以下（含七座）小型客车55.73万辆、减免通行费557.3万元。

【运输管理】全市“两客一危”(客车、客船、危险品车辆)车辆北斗卫星定位系统安装率100%，全省率先建成驾培信息化监管系统，“泰州驾培网”“泰州维修网”点击量超出全省平均水平20%。泰州公路港、江苏联江综合物流基地、兴化得胜湖港口物流园区等一批物流枢纽建设项目完成年度建设计划。打造“院校式”驾驶员培训中心；整合超长途客运班线主体运营，市、县际客运班线公司化经营率80%。全市新增中高级客运车辆19辆、专用货车506辆、厢式货车358辆，新增LNG客车7辆、货车8辆、“油改气”教练车80辆，改造船舶106艘。全市“两客一危”车辆全部安装符合规定的定位系统，在线率97%；重型载货汽车和半挂牵引车安装率96%。全市客运企业全部通过相关考评机构标准化考评，危险品运输企业全部完成自评工作，其中通过二级考核企业33家。加强“青奥会”、国家公祭日、文明城市创建等重要时段及节假日期间市场监管工作，开展联动稽查和专项行动，共检查各类车辆4.8万多辆次，查处各类违章2591起；运用电子监控等手段，共实施非现场执法案件800起，占处理案件总数的31%。

【航道管理】全年共新建船闸护岸17.6千米，疏浚土方57.5万立方米，辖区航道通航率在98%以上，优良闸次率为100%。市航道管理处完成航闸养护投资9055万元，征收过闸费3682万元。组织调研修编全市航道网规划，年底完成初稿。盐邵线护岸工程、疏浚工程，周山河船闸配套工程均通过省局验收并被评为优良工程；南官河护岸加固维修工程完成2千米模袋混凝土护岸年度计划。航道服务信息化进程全面提速，口岸船闸、周山河船闸共发放船舶电子标签480张，实现便捷过闸9万多次。周山河船闸水上ETC管控中心建成并通过省局验收，口岸船闸试点安装全省首批内河船载OBU设备。科技工作及QC小组活动有序开展，全年共申报QC小组活动成果7项，市航道管理处、周山河船闸、口岸船闸、泰兴航道站4个QC小组被省交通企业协会评为“江苏省交通运输行业优秀质量管理小组”。其中，靖江站申报的“船艇吸油器的研制”课题被省质量协会评为“2014年江苏省节能减排专题QC小组成果特等奖”。加强对辖区干线航道的综合治理，依法查处航道违章行为，全年办理行政许可50件，行政处罚（理）20件，收取赔补偿费488万元，辖区干、支线航道年通航保证率分别为95%和80%，航标正常率99%。全面开展“平安航道”创建和“船闸单位安全生产标准化建设”活动，全年实现安全生产无事故。

【海事管理】辖区全年水上交通，实现无上报事故、无死亡责任事故“零化”目标，未发生航道严重堵航事件和船舶污染水域事故。全年核发水工作业许可证9份，发布航行通告13次，查处违法施工5次，实施水工作业特种秩序维护458次、2086天。组织开展内河渡运安全、危化品运输船舶等10多项集中整治和安全检查活动，累计巡航3.7万小时、18.8万千米，检查各类船舶11.4万艘次，纠正船舶违章行为1.03万艘次。办理船舶进出港签证13.5万艘次、签证量3100万吨。组织协调内河水上搜救行动143次，救助船舶62艘次，救助遇险人员46人，挽回直接经济损失886.8万元；全年完成新船建造检验841艘、83万吨，船舶营运检验1.04万艘、493.8万吨，图纸审查185套，产品检验1.02万台（套）。全年举办各类船员培训班33期，培训2227人次，组织各类船员考试2752人次，一二类驾驶、轮机船员国家统考通过率分别为75%、96%。推动AIS平台建设，增强海事信息化监控和服务手段；启动船员培训平台升级，完成内河船舶轮机实操与评估系统验收并投入使用，获省厅科技项目成果鉴定；研发内河船舶实操考试模拟器关键水域视景模型，推进水上船检基地建设，投资新建“壹号趸船”建成下水。

【工程监管】2014年，国省干线公路监督里程231.83千米，工程总投资86.26亿元。实施公路工程质量监督分级管理，市级质监站监管国省干线、高速公路连接线，县（区）级质监站监管县乡道路、农村公路。及时调整交工评定方式和程序，形成公路工程质量鉴（评）定程序，全年共完成交工检测249次。对231省道泰州至高港段改线工程项目、姜堰东部干线公路工程（X307—泰兴界）、兴化市合陈至城东公路（昌荣—海南段）改扩建工程3个项目进行交工验收评定；组织泰州市引江河疏港公路建设工程、泰州市高港区疏港一路东延工程、328国道泰州至姜堰段改建工程3个项目竣工质量鉴定工作。

（交通局）

邮　政

【概况】2014年，全区累计完成邮政业务收入4.98亿元，比上年增长7.03%，实现收支差额1660万元。至年末，全市有邮政网点174个，总面积21829.91平方米。其中，城市邮政局（所）140个，面积4752.27平方米；农村邮政局（所）34个，面积17077.64平方米。邮政投递网点149个，城区9个，农村投递网点140个，平均服务半径4～5千米。

全区全年完成代理金融业务收入3.32亿元，比上年增长37.81%。全年完成函件业务收入5994万元。完成报刊发行业务收入4140万元，计划完成率101.1%，比上年增长6.4%；率先在全省完成2015年度报刊大收订工作。

快递业务快速增长。全市有快递网点170个，从业人员1.1万人。全年快递服务企业完成业务量3332.54万件，比上年增长32.74%；实现快递业务收入4.56亿元，增长35.32%。其中，同城快递业务量完成691.5万件，实现业务收入0.46亿元，分别增长22.46%、-1.07%；异地快递业务量完成2588.15万件，实现业务收入3.25亿元，分别增长35.36%、30.04%；国际及港澳台快递业务量完成52.9万件，实现业务收入0.4亿元，分别增长56.33%、36.17%。快递业务收入占行业总收入的比重为46.15%，比上年提高7.17个百分点。

基础能力建设。全年共投资1260万元用于基本建设和技术改造。改造网点17个，投放ATM、CRS自助机具15台。加大同城投递平台和投递终端的建设力度，新增50个社区代投点，在142个投递网点开放小包自取功能。新增4辆汽车和14辆电动三轮车，提升邮件运输和投递能力。

邮政电商业务发展和邮政信息化建设。加强“三专”（专家、专人、专岗）车险营销团队建设，“自邮一族”业务、邮政商旅业务等新型电商业务快速发展，全年累计完成车险收入587.04万元，完成率居全省第三，续保率居全省第一。开发邮政协储系统、邮政信息技术中心服务平台、服务台辅助报警工具等一批信息综合服务项目，提升运维管理效率。开展微营销和网络营销，“幸福邮局”微信公众平台、“泰州邮政局”微博以及“泰州幸福邮局”淘宝店运行效果显著。通过“幸福邮局”微信平台开展冰雕节、“畅游长三角体验游”、唐卡艺术邮资明信片、国版定制型贺卡等网络销售。

年内，泰兴局何健忠连任全国人大代表，靖江局刘宏获“全国邮政系统先进个人”称号，市公司江玲、蒋云飞、陈鑫获省公司“优秀共产党员”“敬业奉献好青年”称号，市公司孙芳被市总工会评为“五一巾帼标兵”。

【集邮业务】加强与中国集邮总公司合作，组织《藏珍》集藏文化品鉴会，开发“戏曲中国”和“梅兰芳120周年诞辰纪念大铜章”两个总公司合作项目，以及《光孝寺30周年》《泰州美丽乡村》《第6届千垛菜花节》《三水流韵》《璀璨靖江》《浴马图》等一批市县定向开发项目。至年末，市集邮协会有会员5239名。

【邮政便民服务站建设】2014年，泰州邮政公司将邮政便民服务站建设列为年度重点工程之一，全年全市共新增邮政便民服务站346处，其中村邮站319处、城区服务站点27处，服务面积超过1000平方千米，服务人口超过110万人。出台《泰州地区邮政便民服务站建设实施方案》，重点加强与市供电、供气、交通、通信等单位的合作，开办业务新种类，增加代收燃气费、水电费、通信费以及代售长远客票、飞机票等便民服务项目。

7月18日，医药高新区邮政便民服务站成立

【快递企业发展】2014年，国有快递企业业务量完成613.56万件，实现业务收入1.01亿元；民营快递企业业务量完成2715.29万件，实现业务收入3.41亿元；外资快递企业业务量完成3.69万件，实现业务收入0.14亿元。国有、民营、外资快递企业业务量市场份额分别为18.4%、81.47%和0.13%，业务收入市场份额分别为22.19%、74.13%和3.38%。与上年相比，民营快递企业市场份额持续提升。快递市场集中度下降，全年快递服务品牌集中度指数CR8为90.79，比上年下降3.04。

【苏中快递产业园授牌暨签约仪式】2014年5月13日，苏中快递产业园授牌暨签约仪式在泰州公路港举行。省邮政管理局副局长陈京生、泰州市政府副市长杨杰共同授牌。苏中快递产业园采用“一区两园”模式，整合城北物流园区和沿江物流园，打造“集纳高端快递企业”的苏中快递集散中心。城北园区作为苏中快递产业园主园位于泰州市海陵区城北物流园区内，泰州邮政速递物流、上海韵达速递、天天快递、百世汇通等快递企业与园区签订合作协议并落户。沿江物流园位于泰州市高港区临港工业园区内，有圆通、中通、国通等快递企业入驻。

5月13日，苏中快递产业园授牌暨签约仪式在泰州公路港举行

【成立海军集邮研究会泰州分会】 2014年4月10日，海军集邮研究会（简称海邮会）泰州分会成立大会在泰州邮政公司举行，成为海邮会第4家分会。江苏省集邮公司经理、集邮协会秘书长蒋苏萍，泰州市邮政公司总经理王承东及泰州分会40多位会员参加成立大会。蔡锦云被推选为泰州分会会长。海邮会会长纪墨向泰州分会赠送《中国海军纪念封总目录》等海军集邮文献。泰州市邮政公司特发行纪念封1枚，并刻制纪念邮戳。

【《网络生活》特种邮票首发式】 2014年4月20日，泰州邮政公司与电信公司共同举办《网络生活》邮票首发暨“天翼4G分享美好生活”活动启动仪式。该邮票1套4枚，全套邮票面值为5.10元，图案名称分别为信息交流、电子商务、移动互联、云计算。泰州邮政、电信合作推出限量版“网络生活20年、天翼4G分享美好生活”上网大礼包，包括天翼上网流量卡和《网络生活》新邮组合的《网络生活20年，天翼4G分享美好生活》纪念邮册首批500册。

【梅兰芳先生诞辰120周年纪念邮品首发仪式暨集邮展览】 2014年10月25日，“梅兰芳先生诞辰120周年纪念邮品”首发仪式暨集邮展览在泰州梅兰芳纪念馆举行。本次发行纪念邮品为梅花主图个性化邮票1版及纪念封1枚。个性化邮票副票为梅兰芳大师的经典剧照；纪念封配贴梅兰芳个性化邮票1枚，背面配有梅大师艺术人生简介。梅兰芳之孙梅卫东、曾孙梅玮参加纪念邮品签售仪式。中国集邮总公司为纪念梅兰芳先生诞辰120周年，特发行梅兰芳仿印邮票大铜章1枚，全国限量发行4000套。

（邮政公司　邮管局）

乔　园

综 述

【概况】2014年，全市完成建筑业营业额2683亿元，比上年增长19.1%，其中建筑业总产值2386亿元，增长18.0%；完成工程结算收入1799亿元，增长24.6%；完成建筑业增加值236.6亿元，增长6.8%。产业集聚取得新突破，全市建筑业总产值超1亿元企业359家，其中超10亿元企业48家；建筑业产值前30强企业共实现总产值1313亿元，占比50.5%。全行业利税总额185.44亿元，增长27.2%，其中地方入库税收超30亿元，增长17.6%；全市从事建筑业人员37.8万人，占从业总人数的13.4%；从业人员年均劳动报酬4.71万元，增加0.16万元。

【建筑工业化】海陵工业园区规划20公顷，姜堰经济开发区规划40公顷共同建立建筑产业园。园区集聚一批建筑业龙头骨干企业，旨在加快建筑产业现代化步伐，促进建筑业转型升级。锦宸集团与宇辉集团合作投资注册成立上海宇辉住宅工业有限公司，研发PC装配式剪力墙结构技术，其装配率可达90%以上，并已投产运行。

【建筑人才培养】2014年，全市新注册建造师1517人，其中一级、二级建造师分别为204人、1313人，全市建造师累计10821人。年内，市建工局组织各类培训考试，1万多人次参加；举办市第二届建筑企业管理高级研修班，200多人参加市工法编写及新技术应用示范工程申报培训。组织参加2014年度第二届江苏技能状元大赛，金秋建设公司职工徐干仁获装饰镶贴工一等奖，获“江苏技能状元”“江苏省劳动模范”称号和10万元现金奖励；金秋建设公司被省政府授予“人才建设摇篮奖”。

2014年度泰州市建筑业“十强企业”名录

正太集团有限公司
江苏广宇建设集团有限公司
江苏神龙海洋工程有限公司
锦宸集团有限公司
泰兴市第一建筑安装工程有限公司
中城建第十三工程局有限公司
江苏万邦建设集团有限公司
正威科技集团有限公司
江苏苏兴建设工程有限公司
江苏华昊建设集团有限公司

2014年度泰州市建筑业“明星企业”名录

江苏大都建设工程有限公司
江苏大江建设工程有限公司
江苏中程建筑有限公司
鸿佳集团有限公司
江苏正飞建设有限公司
江苏金禾建设工程有限公司
源丰建设有限公司
江苏永泰建造工程有限公司
江苏省国裕建设有限公司

江苏博尔国际建设有限公司

2014年度泰州市建筑业“十佳专业企业”名录

江苏中泰桥梁钢构股份有限公司
江苏河海科技工程集团有限公司
江苏民生建设有限公司
江苏庆泰钢结构有限公司
江苏金堰交通工程有限公司
泰州市口岸市政工程有限公司
江苏佳宇建设工程有限公司
江苏尊筑建筑装饰工程有限公司
江苏环宇水利水电工程有限公司
江苏齐达路桥工程有限公司

2014年度泰州市建筑业“优秀企业家”名录

蔡永进　江苏广宇建设集团有限公司
钱照华　江苏省国裕建设有限公司
范宏甫　正太集团有限公司
杭中和　江苏中程建筑有限公司
陈建民　江苏大都建设工程有限公司
陆正华　中城建第十三工程局有限公司
封同生　江苏民生建设有限公司
李焕军　锦宸集团有限公司
郑红卫　江苏华昊建设集团有限公司
奚友方　江苏永泰建造工程有限公司
艾玉虎　江苏正裕建筑安装工程有限公司
周荣生　泰兴市第一建筑安装工程有限公司
石建新　江苏金禾建设工程有限公司
钱善和　鸿佳集团有限公司
李文龙　江苏三泰建设工程有限公司
万兴东　江苏万邦建设集团有限公司

建　筑　管　理

【概况】2014年，全市新增一级资质企业19家，其中总承包一级资质企业6家、专业承包一级资质企业13家；新增二级资质企业61家，其中总承包二级资质企业32家、专业承包二级资质企业29家。至年末，全市共有一级资质企业66家、二级资质企业323家。正太集团、中兴建设被评为“2013年度中国建筑业竞争力百强企业”；中兴建设、江苏广宇等10家企业入选“2013年度江苏建筑业百强企业”；锦宸集团、江苏建安集团、中兴建设被中国施工企业管理协会评为“2014年度中国工程建设企业社会信用评价AAA企业”。

工程质量管理。坚持质量兴业原则，强化企业建立质量技术标准体系，鼓励企业加大科技创新力度，全年共创国家优质工程2项、省级优质工程31项、市级优质工程69项。制定下发《关于开展优质工程目标创建管理的通知》，分批组织专家对创建优质工程的项目全程检查并指导，全年共有75项工程通过审查。

建筑市场管理。加大对建筑企业的政策扶持力度，规范管理建筑业市场秩序，制定出台《建筑业企业资质联合审核会商办法》《建筑业企业合作指导意见》《进泰建筑业企业核验备案管理办法》《建筑业企业信用综合评价实施细则》等系列文件。深化建筑市场监督管理系统建设，企业库、人员库和项目库3个信用平台系统运行良好，至年末，信息系统有企业库（含进泰企业）1546家、人员库103214人、项目库1591项。开展《江苏省建筑业企业信用管理手册》核验换证工作，共换证671本，其中外省进泰备案建筑企业60家、外市进泰备案建筑企业151家。进一步规范市场行为，组织开展各类建筑市场专项检查行动，重点检查工程质量治理、转包违法分包、信用综合评价、农民工工资支付、施工扬尘整治情况等9个方面，共检查项目135项，检查施工企业147家，检查结果由建筑市场监管信息系统计算综合信用评价分并在网上进行公示。

为“三服务”挂钩企业出谋划策

建筑安全管理。全年全市在建安全监管项目610多项次，建筑面积2280万平方米。市直管在建安全监管工程项目89项次，建筑面积550万平方米，其中单位工程超5万平方米的规模工程17项。制定下发《2014年全市建筑业安全生产工作意见》，层层落实安全生产目标责任。围绕建筑行业新规范、新技术应用，多次组织安全监管人员和建筑施工企业安全员参加业务学习。组织举办事故单位负责人建筑安全生产集中强制培训，增强安全生产责任主体意识。以“安全生产月”为契机，开展“安全咨询日”活动，加大安全生产宣传教育力度。

【建筑工程信息化监管】开展安全生产动态化管理，全面使用“建设工程现场管理人员LBS定位考勤系统”。依托“江苏省建筑起重机械安全监督管理系统”对建筑起重机械设备实行“全寿命期”信息化管理，从设备的产权登记备案，到每一次安装、使用、检测，直至设备报废注销，全部进行网上备案。至年末，共办理建筑施工起重机械备案登记680台，其中塔式起重机490台、施工升降机190台。

【建筑施工安全专项治理】开展春节后工程复工前安全大检查，共抽查市区在建工程46项，签发隐患整改通知书36份，停工整改通知书9份，隐患整改率96%。开展深基坑、高支模专项整治，以超过一定规模的危险性较大分部分项工程整治为重点，着重对市区大型项目进行督查，共抽查建筑工地85个，重点检查深基坑工程10个、高支模工程6个，超过一定规模危险性较大工程安全专项方案专家论证率100%。开展建筑起重设备专项整治，抽查市区在建工程项目的建筑起重机械设备，涵盖在市区备案的各建筑起重机械设备安拆企业，其中抽查塔式起重机14台、施工升降机11台，下发隐患整改通知书13份、局部停工整改通知书3份，1台塔式起重机和2台施工升降机因存在严重安全隐患被责令暂停使用。制定冬季施工安全要点，开展脚手架、冬季消防专项整治，共抽查落地脚手架12处、悬挑脚手架17处、爬架3处，下发隐患整改通知书22份、局部停工整改通知书3份，1处爬架因存在重大安全隐患被责令暂停提升作业。

【扬尘治理】制定全市建筑工地扬尘集中整治“双百日”行动方案，加强开工项目现场围挡设施、场地硬化、冲洗设施等现场踏勘，先后对全市监管项目进行专项督查516次，下发整改通知单372份、停工通知单67份。加大“青奥会”期间和全国文明城市创建验收阶段督查力度，组建应急小组，应对突发情况。

【标准化工地创建】举办“泰州市建筑安全生产标准化现场暨‘平安工地’创建推进会”，全市100多家施工企业和监理单位共160多人参加会议。发挥典型示范作用，以点带面推动全市建筑安全生产标准化工作全面开展。全年创省级建筑施工标准化文明示范工地74项、市级建筑施工标准化文明示范工地135项。

建筑施工

【概况】2014年，全市建筑企业加大市场开拓力度，积极开拓上海、北京、天津及西北地区等重点市场。全年新签合同额再创新高，境内新签合同额2288.6亿元，境外完成合同额6.78亿美元，比上年分别增长8.4%、10.5%。3个市场建筑业总产值超100亿元、11个市场超50亿元、32个市场超20亿元。境外市场涉及16个国家和地区。河海集团中标印尼两个围海造陆项目，工程总造价6亿美元；中城建十三局获柬埔寨滨海特区工程总承包及施工资格。

工法编写及新技术应用示范工程申报培训

【一批工程项目在全国获奖】江苏永泰承建的苏州慈济园工程、泰兴一建参建的深圳迈科龙大厦工程获“国家优质工程奖”。江苏国裕承建的黄桥镇韩庄安置区1-7#楼工程、中兴公司承建的重庆东方（国际）广场A栋工程获国家“AAA级安全文明标准化工地”称号。

2014年度泰州市获国家级优质工程情况一览表

表16

工　程　名　称	施　工　单　位	获奖类型
苏州慈济园区	江苏永泰建造工程有限公司	国家级优质工程奖
深圳迈科龙大厦	泰兴市第一建筑安装工程有限公司	国家级优质工程奖（参建）

2014年度泰州市获省级优质工程情况一览表

表17

工　程　名　称	施　工　单　位	获奖类型
河北省天山42#地（天熙湖住宅小区17—20号楼	泰兴市第一建筑安装工程有限公司	河北省“安济杯”
成都华侨城纯水岸四期77栋工程	泰兴市第一建筑安装工程有限公司	四川省“天府杯”
成都华侨城纯水岸四期79栋工程	泰兴市第一建筑安装工程有限公司	四川省“天府杯”
荆州市楚天都市佳园7#住宅楼	江苏一建宜昌公司	湖北省“楚天杯”
安徽省凤阳中学新校区建设工程	江苏一建安徽公司	安徽省“黄山杯”
贵州武警总队门诊综合大楼	江苏一建贵州公司	贵州省“黄果树杯”
江苏淮安市妇女儿童活动中心	中兴建设	江苏省“扬子杯”
广西南宁中海雍翠峰工程	中兴建设	广西省优质工程
云南省滨江峻园6—8栋	中兴建设	广西优质工程一等奖
云南省七彩峻园一期2、3、5、11#工程	中兴建设	广西优质工程三等奖
惠民花园三期中学项目	锦宸集团	江苏省“扬子杯”
光谷软件园六期4#楼	正太集团	湖北省“楚天杯”
普爱医院创伤治疗中心综合大楼	正太集团	湖北省“楚天杯”
远洋城B2地块2#楼	正太集团	天津市“海河杯”
远洋城B2地块3#楼	正太集团	天津市“海河杯”
远洋城B2地块4#楼	正太集团	天津市“海河杯”
深航翡翠城A3#楼	正太集团	辽宁省“世纪杯”
辽宁移动综合业务楼	正太集团	辽宁省“世纪杯”
朗诗.绿色街区9#楼	正太集团	湖北省“楚天杯”
楚天都市佳园9#楼	江苏万邦建设集团	湖北省“楚天杯”
兴化市人民医院急诊医技病房综合楼	江苏泓建集团有限公司	江苏省“扬子杯”
泰州名流国际家居博览中心	通州建总集团有限公司	江苏省“扬子杯”
泰兴市城市规划展示馆、名人馆和博物馆	常熟古建园林建设集团有限公司	江苏省“扬子杯”
泰州华侨城温泉水疗	正太集团	江苏省“扬子杯”
江苏济川制药研发检验中心	江苏金禾建设工程有限公司	江苏省“扬子杯”
溢景园B标（7-11#楼及人防地下室）	江苏省建安建设有限公司	江苏省“扬子杯”
泰州市东风南路	江苏民生建设有限公司	江苏省“扬子杯”
兴化市泰莱新城北区A区	浙江泰莱建设有限公司	江苏省“扬子杯”
泰州铁塔广场人防	江苏省建安建设有限公司	江苏省“扬子杯”
锦绣姜城1、2期10号楼	正太集团有限公司	江苏省“扬子杯”
泰兴市经济开发区企业办公集中区综合大楼	江苏金禾建设工程有限公司	江苏省“扬子杯”

2014年度泰州市建筑工程“梅兰杯”优质工程获奖情况一览表

表18

工　程　名　称	施　工　单　位	项目经理
靖江市（11项）		
中天城市景园B区G1#楼	浙江展诚建设集团股份有限公司	钟培发
中天城市景园B区G3#楼	浙江展诚建设集团股份有限公司	钟培发
中天城市景园C区G7#楼	浙江展诚建设集团股份有限公司	赵　勇
中天城市景园C区G8#楼	浙江展诚建设集团股份有限公司	赵　勇
虹桥城市花园一期9#楼	靖江市鑫宇建设有限公司	何国军
虹桥城市花园一期22#楼	靖江市鑫宇建设有限公司	何国军
天伦花苑1#楼	靖江市新泉建设工程有限公司	瞿胜明
天伦花苑2#楼	靖江市新泉建设工程有限公司	瞿胜明
天伦花苑3#楼	靖江市新泉建设工程有限公司	瞿胜明
天伦花苑4#楼	靖江市新泉建设工程有限公司	瞿胜明
天伦花苑5#楼	靖江市新泉建设工程有限公司	瞿胜明
泰兴市（5项）		
泰兴市警示教育中心	中兴建设有限公司	陆　梅
泰兴市突发公共卫生事件应急指挥中心	源丰建设有限公司	陈永忠
泰兴市虹桥工业园区鑫福路新建工程	江苏民生建设有限公司	严　峰
泰兴市国庆东路东延建设工程	江苏民生建设有限公司	尹海林
泰兴汽贸城内街项目1-4#楼	江苏金龙建设有限公司	封祝云
兴化市（20项）		
兴化市第四人民医院康复中心楼	江苏苏兴建设工程有限公司	冯汝明
东方明珠四期34#楼	江苏苏兴建设工程有限公司	周从国
丹桂园综合楼	江苏兴建建设工程有限公司	沈金四
昭阳湖御景园一期工程1#楼	南通宏华建筑安装有限公司	戴　军
昭阳湖御景园一期工程2#楼	南通宏华建筑安装有限公司	戴　军
昭阳湖御景园一期工程3#楼	南通宏华建筑安装有限公司	戴　军
昭阳湖御景园一期工程5#楼	南通宏华建筑安装有限公司	戴　军
昭阳湖御景园一期工程6#楼	南通宏华建筑安装有限公司	戴　军
昭阳湖御景园一期工程7#楼	南通宏华建筑安装有限公司	戴　军
昭阳湖御景园一期工程8#楼	南通宏华建筑安装有限公司	戴　军
昭阳湖御景园一期工程9#楼	南通宏华建筑安装有限公司	戴　军

续表18-1

工　程　名　称	施　工　单　位	项目经理
兴化市中医院（南区）病房综合楼工程	江苏富安建设有限公司	王庭荣
兴化戴南万源公寓楼1#楼	中建八局第三建设有限公司	刘亚新
兴化戴南万源公寓楼2#楼	中建八局第三建设有限公司	刘亚新
兴化戴南万源公寓楼3#楼	中建八局第三建设有限公司	刘亚新
兴化戴南万源公寓楼5#楼	中建八局第三建设有限公司	刘亚新
兴化戴南万源公寓楼6#楼	中建八局第三建设有限公司	刘亚新
兴化戴南万源公寓楼7#楼	中建八局第三建设有限公司	刘亚新
兴化戴南万源公寓楼8#楼	中建八局第三建设有限公司	刘亚新
兴化戴南万源公寓楼9#楼	中建八局第三建设有限公司	刘亚新
姜堰区（10项）		
姜中学生宿舍楼	江苏鑫环球建设工程有限公司	钱卫东
北大街文化社区A区	江苏正威建设有限公司	许良林
姜堰区地方海事处办公楼	江苏永泰建造工程有限公司	吴华俊
德驰金郡A5楼及地下人防工程	德驰建设集团有限公司	崔周晨
德驰金郡A4楼及地下人防工程	德驰建设集团有限公司	崔周晨
嘉和丽苑三期17#楼	江苏沪武建设工程有限公司	孙立斌
嘉和丽苑三期18#楼	江苏沪武建设工程有限公司	孙立斌
嘉和丽苑三期24#楼	江苏沪武建设工程有限公司	孙立斌
嘉和丽苑三期27#楼	江苏沪武建设工程有限公司	孙立斌
拆迁安置大楼	锦宸集团有限公司	刘　斌
市区（23项）		
水岸帝景四期五标段75#楼	泰州龙腾建设工程有限公司	魏爱红
水岸帝景四期五标段76#楼	泰州龙腾建设工程有限公司	魏爱红
水岸帝景四期四标段100#楼	江苏临港建设有限公司	陈祥明
水岸帝景四期四标段101#楼	江苏临港建设有限公司	陈祥明
水岸帝景四期四标段102#楼	江苏临港建设有限公司	陈祥明
水岸帝景四期四标段103#楼	江苏临港建设有限公司	陈祥明
水岸帝景四期四标段104#楼	江苏临港建设有限公司	陈祥明
水岸帝景115#、116#、117#楼	江苏金云建设工程有限公司	臧韶琳
泰州市高港区蔡滩花苑8#楼	江苏大江建设工程有限公司	凌世海
泰州市高港区蔡滩花苑9#楼	江苏大江建设工程有限公司	凌世海

续表 18-2

工　程　名　称	施　工　单　位	项目经理
泰州医药产业园中试四期标准厂房B1#-B5#楼（三标段）	南通四建集团有限公司	吴洪兵
泰州中远依云湾二期一标34#、37#楼	泰州鑫林建设工程有限公司	孙道勇
泰州市清真寺及辅助用房	泰州市嘉泰建筑安装有限公司	李会成
香河湾2#楼	泰州市华林建筑工程有限公司	王罗红
香河湾3#楼	泰州市华林建筑工程有限公司	王罗红
光孝寺新建戒台殿、百祥园工程	江苏科宇古典园林建设工程有限公司	周维兵
泰州市退伍军人和军队离退休干部服务中心工程	江苏省第一建筑安装股份有限公司 德才装饰股份有限公司参建	赵英豪
泰州市突发公共卫生事件应急处置楼	泰州市江海建筑安装工程有限公司	张三宏
泰州阳光盛景（高层住宅）4#楼	江苏南通二建集团有限公司	翟群生
鹏欣领誉综合楼	江苏正裕建筑安装工程有限公司	刘　栋
欧亚国际花园八期一标D4号楼	江苏金云建设工程有限公司	黄跃军
济川华庭1#、2#楼	江苏金云建设工程有限公司	张扣林
美好家园一号区20#楼	泰州时代建设工程有限公司	张剑秋
江苏省泰州中学老校区新建图书馆	江苏省第一建筑安装股份有限公司	周　晖

（建工局）

建　筑　科　技

【概况】加大科技创新力度，加强重点项目创优创新，提高建筑施工技术含量。先后组织建筑企业赴沈阳、湖南等地学习建筑产业现代化生产、推广情况。针对施工技术难题，支持各建筑企业开展技术攻关和施工学术研究。主编行业标准2部（国家级、省级各1部）；获国家级工法1项、省级工法43项；获省级新技术应用示范工程4项、国家专利45项、国家级QC小组成果奖7项、省级QC小组成果奖44项；获省优秀施工学术论文一等奖3篇、二等奖9篇。

水城泰州

农业·农村

责任编辑 耿 维

综 述

【概况】2014年，泰州市实现农业总产值361.94亿元，比上年增长5.03%；农业增加值209.25亿元，增长3.3%；农村常住居民人均可支配收入15076元，增长10.8%。开展高产增效创建活动，科学应对多种自然灾害，全市粮食总产量328.53万吨，实现种植业产值201.06亿元。畜禽生产总量持续增长，实现畜牧业产值66.56亿元。渔业经济稳定发展，实现渔业产值72.21亿元。全市新增造林面积3000公顷，实现林业产值3.55亿元。

加快推进现代化农业示范区建设。国家现代农业示范区建设水平居全国前列，姜堰区农业改革与建设试点绩效考评居全国第一。农业生产再创历史新高，粮食生产实现“十一连增”，单产水平继续居全省前列，夏粮和小麦单产均居全省第一。农业发展基础持续夯实，全市水稻插秧机总量7527台、联合收割机7896台，主要农作物生产基本实现全程机械化。加大农业综合开发力度，全市土地治理项目获财政投资2.43亿元，新增高标准农田1.15万公顷。产业经营效益稳步提升，全市农业利用“三资”83.4亿元，比上年增长8%；农产品出口额2.4亿美元，增长3.3%。

农产品质量安全监管能力和农业信息服务水平明显增强。总投资1200多万元的国家地市级综合性农产品质检中心项目顺利建成，新增实验室面积1000平方米，购置仪器设备26台（套）。完善农产品质量安全追溯监管信息平台，全年共开展市级以上农产品质量安全监测3008批次。创新应用新媒体开展为农服务，建成泰州市“12316”惠农短信服务平台，覆盖农户3万多户，发送短信100多万条次。

【姜堰区农业改革与建设试点工作】2014年，姜堰区加快培育家庭农场等新型经营主体，推进确权登记和土地流转，强化高标准农田和农业园区建设，全面推进订单农业、金融支农、农业保险、为农服务等配套改革，改革试点成效显著，10多家国家和省级主流媒体进行报道。4月28日，农业部等部门对国家现代农业示范区农业改革与建设试点工作进行中期绩效评价，姜堰区农业改革与建设试点绩效评价在全国21个试点中得分排名第一。8月2日，市长陆志鹏出席国务院召开的全国现代农业示范区经验交流会并作重点发言，向全国推广姜堰区农业改革与建设试点工作经验。

【畜禽屠宰行业监管工作经验在全国会议推广】全面清理整顿生猪屠宰行业，共出动执法人员1936人次，突击检查生猪屠宰场、农贸市场等585个次，关闭无证屠宰点37家，有效消除屠宰环节质量安全隐患，保障人民群众畜禽产品食用安全。在11月28日召开的全国畜禽屠宰监管暨生猪屠宰专项整治工作会议上，泰州市作为全国唯一地级市在大会上作典型发言。

【编制“吨粮市”实施规划】2014年7月26日，市农委联合扬州大学编制《泰州市全面建成“吨粮市”实施规划（2014～2016）》，并通过农业部、省农委、省农科院等单位的专家组评审。新华网、人民网及《新华日报》等国内主流媒体进行多次宣传报道。该规划的实施将推动泰州市在全省乃至长江中下游稻麦两熟地区率先全面实现每亩粮食作物产量达到1000千克以上的目标。

【兴化垛田传统农业系统被联合国粮农组织列入全球重要农业文化遗产】2014年4月9~11日，由联合国粮农组织、农业部联合举办的第一届东亚地区农业文化遗产学术研讨会和“全球重要农业文化遗产”(中国)工作交流会在兴化召开。作为首批“中国重要农业文化遗产”的兴化垛田传统农业系统，在4月28~29日召开的联合国粮农组织全球重要农业文化遗产指导委员会和科学委员会会议上，被列入全球重要农业文化遗产。

【高港区获批国家农业综合开发县】2014年，高港区获批成为全省唯一一家新增的国家农业综合开发县，泰州市成为全省第4个实现全覆盖的地级市，高港区每年可新增农业综合开发项目财政投资2000万元。

【全国首届动物防疫职业技能竞赛在泰州举行】12月5~6日，由农业部、全国总工会、国家人社部联合举办的全国首届动物防疫职业技能竞赛在泰州市举行。靖江市马桥兽医站侯斌参加全国技能大赛获个人总成绩第一名，并被授予“全国五一劳动奖章”“全国技术能手”称号。

【兴化河蟹市场成为全国最大的河蟹交易中心和最具影响力的价格形成中心】2014年，泰州市积极推广河蟹生产新技术、新模式，蟹池的综合生产能力和河蟹产业的市场竞争力显著提高，全市河蟹产量比上年增长25%。兴化河蟹批发市场全年成交量首次突破10万吨，完成交易额67亿元，该市场成为全国最大的河蟹交易中心和最具影响力的价格形成中心，其价格指数在全国河蟹市场起到风向标作用。

【泰州市农产品质量安全知识竞赛面向全国范围开展】8月29日，泰州市面向全国开展“农产品质量安全知识竞赛”活动，共收到来自辽宁、福建、吉林等11个省、直辖市邮寄的答题卡2339份。经审核、摇奖、公正，最后评出一等奖1名、二等奖2名、三等奖3名、纪念奖50名。12月18日，泰州市举办首届综合性农畜水产品质量安全检测技能竞赛，全面提升基层检测技术水平，为农产品质量安全提供技术支撑。

【泰州市基本实现水稻种植机械化】2014年，全市组织开展“农机化推进年、提升年”活动，重点推广水稻机插秧等技术，创新农机补贴方式，全市农业综合机械化水平大幅提升，小麦生产基本实现全程机械化。随着兴化市通过省级“基本实现水稻种植机械化”验收，泰州市基本实现水稻种植机械化。

【农民培训工程】2014年，全市共举办各类农业技能、农民创业培训班302期，培训农民35225人。举办农业工种职业技能鉴定28期，鉴定2805人；省农业广播电视学校涉农中职学历教育招收5个专业925人，招生规模居全省第一，年内毕业1367人。靖江市获批成为新型职业农民培育省级示范县，泰州市新型职业农民培育度排名居苏中苏北地区第一、全省第六。积极培育新型青年农民，3人获省“首批青年农民创业之星”称号，2人获省首届“最美新型青年农民”称号。

【农产品质量安全】全年组织实施市级以上农产品质量安全风险监测和监督抽查共3008批次，总合格率98.97%。开展蔬菜、“瘦肉精”、生鲜乳、兽用抗菌药、饲料、水产品、农资打假、“三品一标”用标等8项专项整治。推行“检打联动”，监测不合格农产品追溯查处率保持100%。全市追溯处理禁限用药物超标12起，其中向外市发协查通报1起，市区农业执法机构立案查处4起（其中1起移交司法机关），移交工商部门处理1起，市区农业部门跟踪调查处理6起。农产品质量安全追溯体系进一步健全，91个乡镇监管站、52个农产品生产基地、4家农产品批发市场、10家农贸市场建成农产品速测室，并与市农产品质量安全追溯监管信息平台联网。

【农业执法】2014年，市农委明确农业执法监管、行政许可职责，严厉打击制售假冒伪劣农资违法行为，组织“种子双打”专项行动、“夏季百日行动”和农资打假秋冬季执法行动，两次牵头组织市公安、工商、质监等部门联合开展执法检查，全年累计出动执法人员10770人次，检查农资生产经营企业4110个次，查获假劣农资84.9万千克，立案102起。全市农资市场秩序明显好转，全年未发生因假劣农资引发的农业生产事故。

现代高效农业

【概况】2014年，泰州市加大农业结构调整，推进农业转型升级，全年新增规模高效设施农业项目76个，新增高效设施农业面积3733公顷、高效设施渔业面积1467公顷。畜禽生产总量持续增长，全市生猪饲养量445万头、肉羊饲养量130万只、奶牛栏存1.29万头，其中年出栏500头以上的生猪大中型规模比重为62%，比上年提高5个百分点。渔业经济总量稳步增长，全市养殖面积7.47万公顷（含稻田养殖），水产品总产量38.4万吨，增长3.8%。“虾蟹经济”成为水产养殖的主导特色，其中河蟹养殖面积5.8万公顷，占水产养殖总面积的78%，河蟹产量7万吨、增长25%，河蟹养殖面积、产量继续保持全省第一。

【高效设施农业】全市高效设施农业面积3.6万公顷，比上年增加3733公顷，占耕地比重12.13%。新建各类规模高效设施农业项目76个，其中种植业35个、花卉苗木2个、畜禽养殖28个、水产养殖11个。推广应用微孔高效增氧技术3300多公顷，新型生物制剂调控水质技术4.7万公顷。

【高效设施渔业】全面推进现代化渔业建设，发展特色渔业。全市高效渔业总规模5.92万公顷，新增高效渔业面积4600多公顷，占全市水产养殖面积的比重达79.29%。全市高效设施渔业面积1.23万公顷，新增高效设施渔业面积1467公顷，完成省局下达任务的110%。全年水产品总产量38.4万吨，其中特色水产品养殖螃蟹、小龙虾、鳜鱼、泥鳅、黄颡鱼等共14.46万吨，占总产量的37.66%。

【现代农业产业园区】2014年，泰州市明确现代农业产业园区“1+8+N”的发展思路。城北现代农业走廊实施重点项目31个，总投资2.96亿元。农业开发区创成国家现代农业科技示范园，海陵区获批省级现代农业产业园区，全市省级园区总数达8个；新认定市级园区22个，市级园区总数达37个。全市规模以上园区90个，建成区面积4.8万公顷，累计完成投资116.4亿元；高标准农田比重达82%，农机化水平达90%。园区实现农业产值92.18亿元，辐射带动面积7.67万公顷次，带动区域内农民人均年增收2400元。

5月15日,红旗种业公司举行“江苏好品种”淮南小麦现场观摩评比活动

【农业产业化】2014年，全市有市级以上农业龙头企业220家，其中国家级3家、省级45家、市级172家，实现销售额811亿元。农业利用“三资”83.4亿元，比上年增长8%；农产品出口额2.4亿美元，增长3.3%。有农业部定点批发市场4家、省级农产品批发市场6家，实现交易额240亿元，增长12%。有市级以上认定的农产品加工集中区7家，其中省级5家、市级2家；加工集中区新建项目32个，项目投资16亿元，实现加工产值392亿元。全年争取省级农业产业化引导项目19个，获省财政资金1940万元。

种　植　业

【概况】2014年，全市实现种植业现价总产值201.06亿元，比上年增长7.1%，占农林牧渔总产值的55.6%。农作物总播种面积58.2万公顷。其中，粮食面积43.87万公顷，总产量328.5万吨、比上年增长0.56%；棉花面积8793公顷、减少10.4%，总产量1.11万吨；油菜面积3.57万公顷、减少2.3%，总产量9.62万吨、增长0.3%；蔬菜（含瓜果）播种面积8.34万公顷，总产量296.3万吨、增长3.08%。全市稻麦周年亩产达1029.9千克，再创历史新高，连续5年实现稻麦周年亩产超吨粮，为全省唯一。兴化市、姜堰区被表彰为全国粮食生产先进县。

【种植业补贴】全市粮食直补和农资综合补贴共实际核定面积43.22万公顷，实际下发资金40912万元。其中，粮食直补核定面积20.88万公顷，发放资金6263万元（300元/公顷）；农资综合补贴核定面积22.34万公顷，发放资金34649万元（1551元/公顷）。良种补贴实施总面积44.95万公顷，补贴总资金8338万元。其中，春夏播水稻、玉米、棉花和花生良种补贴实施面积共22.43万公顷，补贴金额共4960万元（水稻、棉花225元/公顷，玉米、花生150元/公顷）；秋播小麦、油菜良种补贴实施面积共22.52万公顷，补贴金额3379万元（150元/公顷）。

【高产增效创建】全市共创建部、省级万亩示范片89个，比上年增加3个，有11个水稻、4个小麦和1个油菜共16个示范片被省农委认定为A级。30个小麦万亩示范片平均亩产512.9千克，比大面积平均单产增加103.6千克。其中姜堰区沈高小麦片经省农委组织的专家组实测，最高田块达605千克，创泰州市最好水平。3个油菜万亩示范片平均亩产240.9千克，比大面积平均单产增加60.9千克。53个水稻万亩片平均亩产693.2千克，比大面积水稻平均单产增加72.5千克。兴化市钓鱼镇粮食万亩示范片克服小麦晚播和水稻低温寡照等不利气候条件，实现稻麦两熟周年亩产1367.9千克，其中小麦579.7千克、水稻788.2千克。全市高产增效创建核心示范方接待省级以上的大型考察观摩活动20多次。市作栽站、泰兴市、靖江市农委被表彰为“2014年万亩示范片建设工作表现突出单位”。

【水稻生产】全市水稻生产面积20.51万公顷，亩产620.7千克，总产190.99万吨，比上年分别减少240公顷、2.17千克、0.891万吨。产量结构表现为每亩穗数和每穗粒数增加，结实率和千粒重减少，穗多和粒多是2014年水稻高产的主要特点。不同稻作方式单产差异较为明显，机插稻636.6千克/亩 > 手工移栽稻630.5千克/亩 > 抛栽稻616.4千克/亩 > 直播稻582千克/亩。品种结构进一步优化，全市迟熟中粳种植面积占比超七成，“武运粳24号”“淮稻5号”和“南粳9108”是种植面积最大的3个主栽品种，超级稻种植面积9.35万公顷。

【夏粮生产】全市夏粮、小麦的面积和总产均创新高，亩产继续保持全省第一，小麦亩产居历史第二位。夏粮面积20.43万公顷，亩产405.3千克，总产124.21万吨，比上年分别增加1947公顷、7.1千克、3.35万吨。其中小麦19万公顷，亩产409.3千克，总产116.70万吨。小麦产量结构表现为“三增”，平均亩有效穗34.74万，每穗34.11粒，千粒重38.59克。主推品种突出，弱筋小麦9.46万公顷，以“宁麦13”“扬麦13”为主；中筋小麦种植面积9.55万公顷，以“宁麦14”“扬麦16”和“扬麦20”为主。“宁麦13”种植面积7.33万公顷，占比38.5%，连续2年成为全市种植面积最大的小麦品种。

【油菜生产】全市油菜种植面积3.57万公顷，比上年减少870公顷，减少2.3%；平均亩产180千克，增加5千克，增长2.8%，再创历史新高且连续2年突破170千克；总产9.62万吨，增加320吨，增长0.3%。产量结构表现为每株角果数增加，每角粒数和千粒重略增，密度减少。平均亩产值880.91元，亩成本527.79元，纯效益358.31元。加大优质高产主体品种推介力度，形成“秦优”系列为主、“沣油737”和“史力佳”为辅的品种应用格局，推广机械直播、一穴双株移栽等轻简栽培技术。

【蔬菜生产】全市蔬菜播种面积8.34万公顷次，总产量296.3万吨，比上年分别增加0.14万公顷次、8.9万吨。8个万亩永久性蔬菜基地建设稳定推进，全市已建成4747公顷，完成规划面积的84.66%，当年新建1220公顷。建有各类蔬菜批发市场10个，均配备农残检测室，年交易量131.69万吨，交易额23.82亿元。获批9家市级蔬菜园艺类现代农业园区。创建菜果茶标准化园区3家（姜堰区、泰兴市和兴化市各1家）。组织9家蔬菜生产企业参加中国蔬菜产业大会，中艺农业生态园艺有限公司获“三星级全国优秀蔬菜生产商”称号，泰州市农委被授予优秀组织奖。

8月22日，市委书记蓝绍敏调研农业生产情况

林　业

【概况】2014年，全市新增造林面积3000公顷，四旁植树509.2万株，新建、完善农田林网控制面积1.97万公顷，完成森林抚育面积6600多公顷，建成省级绿化示范村87个（其中森林生态示范村20个），全市林木覆盖率达22.7%。建设义务植树基地23处、面积270公顷，建成绿色园区17个；新增自然湿地保护面积3300公顷、湿地恢复面积146.67公顷，自然湿地保护率提高到40.7%。建设乡土树种植物园、种质资源收集圃、良种繁育圃等基地7处共140公顷；新增花卉苗木、名优果品和珍贵用材林等传统高效林业基地面积733公顷，发展林下经济470公顷。林业有害生物发生得到有效预防和控制，林政资源管理进一步规范有序。首次

将造林绿化工作纳入园区建设的重要内容，全年建成2000亩以上的绿色园区17个。加强生态公益林建设与管理，全市省级重点生态公益林面积9520公顷，全年新建省级重点公益林标牌6处。

【林业有害生物防控】强化林业有害生物防控工作。全市林业有害生物发生面积1720公顷，发生率1.99%，其中病害发生面积60公顷、虫害发生面积1660公顷（杨舟蛾907公顷、银杏超小卷叶蛾600公顷、蛀干害虫73公顷、白蜡蚧80公顷），成灾面积56公顷，成灾率0.6‰。全年林业有害生物发生面积和危害程度呈现“双降”、前重后轻、总体偏轻发生和地区之间差异不大等特点。

【村庄绿化】坚持因村制宜、分类指导、分区突破的原则，推进四旁植树以及村口、庭院、公共地域绿化美化等工作，为农村居民打造宜居生态环境。继续推进省级绿化示范村创建工作，全年建成省级绿化示范村87个，其中森林生态示范村20个，获省补助经费896万元。

【防护林建设工程】发挥林业的生态防护功能，做好全市长防区和海防区的防护林工程建设。全市承担防护林工程项目4项，中央预算内财政投入360万元；全年完成防护林造林面积807公顷，圆满完成项目规定的建设任务。

【林业依法行政】加大林业行政案件查处力度，有效保护森林资源，维护林业生产秩序。全市共立案查处林业行政案件20起、结案20起，查处率100%。其中盗伐林木3起，滥伐林木8起，违法征、占用林地1起，非法收购、出售、运输野生动物及其产品6起，罚款7.63万元，补种树木600株，行政处罚14人。

【湿地与野生动植物保护】全市自然湿地保护面积2.28万公顷，新增自然湿地保护面积3300公顷、湿地恢复面积147公顷，全市自然湿地保护率40.7%。开展野生动植物保护管理工作，全年救护鹰隼、黑天鹅、鳄鱼、猫头鹰、蜥蜴、蛇类、黑斑蛙、中华蟾蜍、猕猴等国家、省重点保护野生动物20多种共2.6万只。

畜 牧 业

【概况】2014年，全市畜禽生产总量持续增长。全市畜牧业完成现价总产值66.56亿元，比上年减少1.0%，占农业总产值的18.39%。全市生猪饲养量462.68万头、肉羊饲养量39.73万只、奶牛栏存0.97万头，分别增长1.1%、5.2%和5.4%；家禽饲养量4861.5万羽，减少4.5%。肉、奶、蛋产量分别为26.8万吨、4.9万吨和12万吨，分别增长0.8%、6.5%、-1.6%。推进省级生态健康养殖示范创建工作，全市新增省级生态健康养殖示范基地19家、农业部畜禽养殖标准化示范场2家。

【畜牧规模养殖】全市畜牧规模养殖结构继续优化。生猪、家禽、奶牛规模养殖比重分别为90%、98%、100%。其中，年出栏500头以上的生猪大中型规模养殖比重为62%，比上年提高5个百分点；年出栏100头以上的肉羊大中型规模养殖比重为44%，提高13个百分点。

【推广应用畜禽养殖新技术】加快畜禽品种更新和改良，推广应用畜禽养殖新技术和新模式，促进畜牧业科技进步。“苏姜猪”母猪栏存近3000头，已建设扩繁场7个；“农大3号”小型蛋鸡、“苏牧1号”白鹅、“苏禽”绿壳蛋鸡等一批新品种已覆盖全市20个乡镇；肉羊适度规模高床舍饲育肥技术、优质水禽集约化高效健康养殖技术等一批综合配套技术得到集成创新与普及推广。

【落实省及市级扶持资金】全年全市争取省级以上扶持畜牧业各项资金5000多万元。其中，争取中央资金845万元，扶持25个猪场、1个奶牛场开展标准化建设；争取省级资金1730万元，扶持23个畜禽养殖场开展畜禽标准化生产改造和产业技术提升，实施产业化引导项目；4个市（区）获生猪调出大县奖励，奖励资金950万元；争取中央和省级资金993万元，用于规模养殖场病死猪无害化处理。市县两级财政重点在规模养殖场扩能增效、畜禽粪污治理、畜牧科技推广、能繁母猪保险、疫病防控等方面给予资金支持。

【畜禽屠宰】2014年，全市畜禽屠宰监管职能由市商务局调整至市农委。市农委组建畜禽屠宰管理处，落实监管机构和工作人员，在全省率先全面完成屠宰职能交接。开展全市生猪屠宰清理整顿工作，全市共关闭无证不合格屠宰场48家；联合市环保局对9家获证企业开展监督审查；与公安部门联合开展执法行动，集中打击生猪私屠滥宰等违法行为。年内，泰州市作为唯一的地级市在农业部召开的全国畜禽屠宰监管工作会议上作经验交流。

【动物防疫】组织实施春季动物防疫、夏季消毒补免、秋季集中防控“三大行动”。全年使用各类重大动物疫病疫苗14214.16万毫升（头份），检测各类动物疫病病原和免疫抗体6.4万份次。口蹄疫、小反刍兽疫等重大动物疫病免疫密度、免疫证持有率和牲畜挂标率均达到100%，平均免疫抗体合格率均超过国家、省规定标准。组织全市动物防疫人员开展“岗位大练兵”活动，一名选手代表江苏队参加全国动物防疫职业技能竞赛并获冠军，市疫控中心获全省优秀组织奖和团体二等奖。

【畜产品安全】开展“瘦肉精”专项整治、生鲜乳违禁物质专项整治、兽药和动物产品兽药残留专项整治、饲料专项整治“四大行动”，全市未发生重大畜产品质量安全事件。年内，针对“瘦肉精”共抽检4303个养殖场户、123587个样品，均未发现阳性样品；抽检兽药55个批次、饲料110个批次、生鲜乳362个批次、动物及动物产品兽药残留监控抽样50份，合格率均超过省平均标准。

渔 业

【概况】2014年，全市渔业结构不断优化，经济总量稳步增长。全市水产养殖面积7.47万公顷（含稻田养殖），比上年增长3%；实现水产品产量38.4万吨，增长3.8%；渔业产值72.21亿元，增长5.6%；渔业增加值36.09亿元，增长5.6%。河蟹养殖面积5.8万公顷，占水产养殖总面积的78%。推广健康养殖、净水养殖技术，生态养殖占水产养殖面积的比重达80%以上。组织推广应用微孔高效增氧技术3300多公顷、新型生物制剂调控水质技术4.6万多公顷、种草养鱼养蟹技术5.3万多公顷。加快发展休闲观光渔业，泰州市秋雪湖渔业有限公司被农业部评为第三批全国休闲渔业示范基地。加强渔业安全生产管理，全市渔业安全等级事故连续9年为零，海洋捕捞渔业连续18年未发生安全等级事故；高港区获第二批“江苏省平安渔业示范县（市、区）”称号。

【打击非法捕捞】制定下发《泰州市2014年打击电鱼等非法捕捞专项整治执法行动方案》，向社会公布24小时举报电话，举报电话与“12345”政风行风热线和公安“110”实现无缝对接。对交界水域、城郊接合部以及群众反映强烈的河道进行重点检查，全市共出动渔政执法车1125辆次、执法船艇472艘次，参加执法检查人员5106人次，立案查处电鱼案件102起、使用违规渔具案件3起，没收电捕鱼船15艘、电鱼器械215件、违规渔具531件，罚款36.16万元，全市非法电鱼得到有效遏制。3月27日和10月29日，先后两次在主城区举行集中销毁禁用渔具活动，共销毁电捕鱼船2艘、电鱼器械230多只，地笼网等违规渔具1万多米。

【长江禁渔管理】开展长江“护渔2014”专项执法行动，落实各项禁渔措施，开展禁渔宣传，加强渔政执法监管，实现“江面无违规渔船、水中无违规网具、市场无违规江鱼、政府无渔民集访”的目标要求，圆满完成长江禁渔任务。做好禁渔补贴发放工作，高港区渔民禁渔补贴由原来的每户1320元上升到2880元，上升118%。

【长江下游水生生物增殖放流活动】2014年7月1～7日，泰州市组织开展长江下游水生生物增殖放流活动，共放流鲢鳙鱼苗和赤眼鳟、细鳞斜颌鲴等1100多万尾。

【水产品质量安全执法行动】加大水产品质量安全执法力度，于6月、9月在全市范围内两次开展水产品质量安全专项执法抽检，打破以往检查预先通知的惯例，对9家企业实施“飞行抽检”，共抽检水产样品12个。6月18日，兴化市渔政大队联合公安、林牧等部门在中堡镇陆甸村，对该村养殖户使用禁药的4904千克水产品进行公开销毁，并对当事人立案查处。

农 业 机 械 化

【概况】2014年，全市农机化水平快速提升，小麦、水稻机械化收获率分别为98%和96%，机插秧比重达76%，秸秆机械化还田率61%；实施中央和省补贴资金7283万元，受惠农户3165户；新增各类机具7329台（套），其中高速插秧机816台、联合收割机210台、大中拖572台、秸秆还田机563台、鱼类设施机械2073台。全市有工商注册登记的农机合作组织1100个，65%的行政村拥有农机合作组织；持职业技能证的农机手超过1.5万人，持证率46%。

积极探索农机服务体系建设，培植农机大户和专业合作社，推进农业适度规模经营。全市新增农机合作社186个，总数达1122个，其中全国示范合作社6个，省五星、四星、三星合作社分别有4个、5个和29个。开展“平安农机通”和“双优加油卡”推广工作，全市“双优加油卡”累计发放3485张、“平安农机通”入网总数17046户，均完成省局下达的任务。

【农机化政策体系建设】2014年，市政府召开全市农机化工作会议，将农业综合机械化水平继续作为农业农村工作考核内容，农机化服务体系纳入《2014~2016年为农服务工作三年方案》；市农委印发《泰州市2014年农机化发展指导性目标》。与人民银行泰州中心支行联合出台《关于推广农机具贷款、支持农业机械化工作的指导意见》，全年共发放农机类贷款3000多万元。

【水稻机插秧技术推广】全市新增高速插秧机816台，占全省新增量的20%以上，各市（区）均基本实现水稻种植机械化。积极推广水稻机插秧技术，将插秧机推广数、秧池落实数等重点任务分解到镇、落实到人；加强作业补贴和集中育秧补贴，通过秧池落实确保机插面积，对合作社进行软盘、基质等生产物资补助。强化农机农艺结合，举办各类培训班，提升农机手操作水平和新技术应用能力，全年累计培训4290人次，现场演示55次，发放资料4万多份。

【秸秆机械化还田】完成《秸秆机械化还田技术推广情况》的调研报告，全面落实省《秸秆机械化还田实施方案》，各市（区）加紧制订秸秆机械化还田实施方案和技术路线；首次在全市范围内实行第三方核查制度，各市（区）通过招投标确定1~2家以会计师事务所为主的第三方核查单位，保障省级补助资金的安全高效实施。全年全市共实现秸秆机械化还田面积23.53万公顷，还田率首次超过60%。

【农机财政投入】全年使用国家及省农机购置补贴资金合计7283万元，连续3年超过7000万元；新增大、中型复式机具和高效设施机械的比重超过90%，其中粮食低温烘干机械212台，为上年的2.68倍，占全省新增量的1/7。各市（区）持续扶持农机化发展，兴化市、泰兴市投入超过3000万元，靖江市、姜堰区投入超过1000万元，拉动社会投资1.5亿元。

【农机职业技能培训及鉴定】加强农机队伍建设，培养一批农机管理、技术和操作人才。举办基层农机技术人员培训班，对80名涉农乡镇农机管理人员进行轮训；组织全市90名乡镇农机管理人员参加省举办的培训班；举办技能鉴定培训班23期，1739人（初级工1258人、中级工435人、高级工46人）通过技能鉴定，获得技能证书和奖补资金；举办3期新型职业农民培训班，培训250人。

【农机安全监管和政策性保险】全年注册登记拖拉机836台、联合收割机471台，年检拖拉机8994台。组织开展农业机械免费实地检验试点工作，共免费实地检验无挂车拖拉机1511台、联合收割机1867台，考核无挂车拖拉机驾驶员198人，联合收割机驾驶员173人。全年发生道路外农机事故2起，死亡2人，未发生重特大农机道路交通事故。组织开展“打非治违”专项行动，共出动检查组24次、689人次，检查农机3573台，整治572台，查处打击各类违法行为553起，排查农机安全事故隐患512起。

全市有5986台拖拉机（不含变拖）投保交强险，837台联合收割机投保第三者责任险，5215人投保驾驶人意外伤害险，总保费501.03万元。

农业综合开发

【概况】2014年，全市农业综合开发土地治理总任务1.15万公顷，项目总投资28627.18万元（财政总投资24370万元）。其中，国家农业综合开发土地治理任务8666.67公顷，项目投资18590万元（财政投资16900万元）；省级高沙土农业综合开发治理任务1900公顷，项目投资2717万元（财政投资2470万元）。在国家农业综合开发土地治理任务中，高标准农田建设项目8533.4公顷，项目投资18304万元(财政投资16640万元)，占项目总投资的98.46%；农民专业合作组织试点项目133.3公顷，项目投资286万元（财政投资260万元）。

全市农业综合开发招商引资情况良好，全年共新增农业项目56个，吸引投资10.87亿元，其中兴化市农业资源开发局自主招商项目1个，合同金额4000万元。年内，高港区获批成为国家农业综合开发县，泰州市实现国家农业综合开发县资格全覆盖。

【国家农业综合开发现代农业园区试点】全年实施高标准农田建设项目900公顷，项目总投资2750万元，其中财政投资2500万元；扶持龙头企业4家，总投资3044.04万元，其中财政投资1500万元；扶持农民合作社4个，总投资1526.14万元，其中财政投资1000万元。实施国家农业综合开发产业化经营项目17个，其中贴息项目1个、补助项目16个，财政投资分别为80万元、4360万元。

【高港区获批成为国家农业综合开发县】2014年5月，国家农业综合开发办公室发文批复，新增高港区为国家农业综合开发县。获批后，高港区每年可新增农业综合开发财政投资约2000万元，其中第二批高标准农田建设项目下达财政投资1300万元。

（农　委）

江苏省现代农业综合开发示范区

【概况】2014年，江苏省现代农业综合开发示范区以创建高品质的“农业科技示范中心，农业社会服务平台，农业生态旅游板块”为目标，创新项目企业服务和社会管理工作机制，加快构建公共基础设施和公共服务平台建设；创新市场主体集聚机制和生产经营方式，积极招引技术含量高、投资体量大、经济效益好、示范带动强的现代农业高端项目，优化资本、技术、市场、人才等发展要素的资源配置。通过土地流转经营、农民专业合作、职业农民培训、农机农资植保服务、融资贷款服务、物联网推广应用等途径，提高农业生产的集约化、合作化、标准化、信息化和机械化水平，促进农业丰收、农民增收。

加快推进现代农业示范区项目建设。以现代农业为主导产业，打造集科技研发、优质种源、设施栽培、特色养殖、精深加工、冷链物流于一体的现代农业产业链。2014年，以红旗种业、富民合作社为龙头的稻麦种子种苗产业，以绿园食品公司、浩润食品公司为龙头的果蔬园艺种子种苗产业，以苏中园艺公司、森禾园艺公司为龙头的花卉苗木种苗产业，以畜牧科技园为龙头的畜禽种苗产业，以秋雪湖渔业园为龙头的长江名贵鱼种苗产业，以天晨公司为龙头的食用菌种菌产业等园区六大种子种苗特色产业营销规模达6.5亿元。推进国家农业园区试点项目。绿园果蔬有限公司投资6800万元，建设3万平方米智能温室、2000平方米苗床；浩润食品有限公司引进台湾先进工艺和配方，投资5000万元生产低温油炸果蔬脆片；苏中园艺公司投资3600万元，引进利用太阳能智能加热系统、水肥一体化系统和移动喷灌系统等新技术，建成6000平方米智能温室。泰州铭晟农机公司创办全省首家农机4S店，专业从事销售、维护、技术培训等农机业务；富民农机专业合作社新建2000平方米农机库，添置农机280台，引进日本苗盘生产流水线3套，年产水稻种苗60万盘。

加快农业科技创新与推广。新创省级科技型企业6家、省级农业产业化龙头企业2家、市级农业产业化龙头企业5家，新增省著名商标1个、市知名商标3个，“三品一标”认证4个，省级农业工程技术中心和省级农产品质量安全控制示范基地各1个。园区内企业拥有自主知识产权29项，省、市级成果奖励11项，品牌农产品16个。

突出服务功能配套，构建科技创新、投融资、信息化三大服务平台。加强与江苏农牧科技学院、泰州农科院的合作，形成区级产业研究院，企业院士工作站、产学研工程技术中心，产品科研团队、科技专家的三级科技创新平台体系。加大农业科技投入，通过科技咨询、技术培训、新成果示范应用服务等方式，形成“人才—项目—基地”科研服务体系。泰州农村商业银行农业开发区支行经营业务不断扩大，农业开发区联行小额贷款公司投入运营，为驻区企业和项目建设提供金融保障。以全面感知、可靠传输和智能处理等物联网技术为支撑，以多网融合为基础，与国家农业物联网标准组组长单位合作创建“泰州朗坤物联网有限公司”，在全国率先实施“智慧园区”科技示范工程，1个区级应用平台和12家企业示范应用点投入使用。

以建设国家4A级景区为目标，发展生态休闲农业。围绕加快推进现代都市旅游农业，注重现代农业与生态休闲旅游融合发展，开展游客服务中心、生态环境修复、军旅农垦文化、现代农业成果观光体验等工作，打造泰州主城区“生态后花园”。举办“秋雪湖第三届郁金香展”“首届畜牧文化节”“泰州首届薰衣草展”等活动，吸引游客5万多人次；“里下河文学论坛”在景区国际写作中心召开，著名诗人洛夫加入秋雪湖国际写作中心。年内，获“江苏省级水利风景区”称号。

【企业转型升级】坚持因企施策、分类指导，对农业产业化龙头企业实行土地、配套设施、奖补项目等资源配置方面的政策倾斜。通过项目引导、政策扶持、科研服务等措施，加快农业成长型企业向规模企业发展。关停淘汰一批简单粗放生产、设施设备落后、运行质态欠佳的非农企业。年内，区内企业实施技改提升6家、嫁接盘活5家、关停并转8家，6家砖瓦企业、化工企业全部关停。

【基础设施及配套服务】年内，总投资5亿元的“红旗新村”集中安置区共19万平方米安置房竣工交付。总投资8220万元的污水管网及供水、燃气管网配套工程，总投资3200万元的洼地水利治理工程，总投资1430万元的高标准农田建设工程顺利推进。推进实施芝田路、苏红路、秋雪湖大道等道路维修和绿化提升工程，实现区内路灯亮化全覆盖。加快职工棚户区危旧房搬迁改造，出台《农业开发区关于贯彻〈泰州市市区征地补偿和被征地农民社会保障实施办法〉的意见》。配备社区卫生中心值班医师，建设老年人活动室，为集中居住区住户安装管道煤气，规范管理道路标识和门牌。

【红旗种业成功在“新三板”挂牌上市】2014年10月

30日，江苏红旗种业股份有限公司在“新三板”成功挂牌，股票代码“831232”，成为全国第四家、全省第二家在“新三板”挂牌的种子企业。多年来，红旗种业不断增强种子研发、生产、营销能力，先后育成具有自主知识产权的稻麦新品种13个，独占许可经营品种9个。2014年，公司建立和完善现代企业制度，兼并重组科研型、市场型、潜力型种子企业3家；加强与国家、省种业发展基金公司的资源整合和资本合作，成为国家基金投资的第1家种子企业。全年公司新扩良种繁育基地230多公顷，繁种规模达4300多公顷，年生产稻麦良种3500多万千克，实现良种营销收入2亿元、经营利润1500万元，产品畅销全国13个省（区）、180多个县（市），有多个品种在东南亚国家进行试种认定。年内，公司“宁粳4号”“南粳5055”被评为“江苏好品种”。

（农业开发区）

11月11日，总投资1.5亿港元的被毛孢保健品项目成功签约

农　村

【概况】 2014年，泰州市全面深化农村改革，不断加大社会主义新农村建设力度，农村经济发展活力进一步增强。全年农村居民人均可支配收入15076元，比上年增长10.8%，连续第五年高于城镇居民收入增幅。

积极培育新型农业经营主体，构建新型农业经营体系。推进家庭农场健康发展，开展认定和建档工作，建立名录制度，至年末，全市认定管理的家庭农场1964家，创建省级示范家庭农场7家、市级示范家庭农场116家。出台《关于促进家庭农场发展的意见》，从财政奖补、税费减免、用地保障等方面加大对家庭农场培育力度。启动金融支持“千户家庭农场”计划，推动涉农金融机构创新授信模式，为家庭农场提供多样化、个性化的金融服务。全市专业大户、家庭农场、农民合作社等新型农业经营主体达2.2万多家，新型农业经营主体规模经营面积11.6万公顷，占家庭承包面积的比重为52.3%。

推进农村新集体经济股份制改革，出台《泰州市加强村经济合作社和社区股份合作社规范化建设的意见》，加大规范化建设工作推进力度。全市1606个村（含涉农社区）中，村经济合作社和社区股份合作社累计已组建1571家，工商登记1529家，总组建率98%，工商登记比例96%，量化集体净资产总额31.6亿元；完善合作社分红机制，全市有136家村经济合作社和社区股份合作社实行分红，分红额9176万元，其中个人股分红6826万元、集体股分红2350万元。推进以增加集体经营性收入为主要内容的村级“四有一责”建设，靖江市、海陵区通过省级创建验收。至年末，全市村集体经营性收入11.16亿元（村均69.5万元），比上年增加0.92亿元，增长9%。从村集体经营性收入分档情况看，全市30万元以下的村250个，占全市总村数的15.6%；30万元以上的村1356个，占全市总村数的84.4%。

【农村金融改革】 建立现代农村产权制度，扩大土地承包经营权确权登记颁证试点。召开全市土地承包经营权确权登记工作推进会，明确试点时间表和任务图，要求做到地块、面积、合同、证书“四到户”，面积、合同、登记簿、证书“四相符”，并提出2016年底完成确权登记颁证。举办业务培训班，统一建立全市农村土地承包确权登记信息系统平台。至年末，全市有86个乡镇（其中27个镇为整体推进）的450个村开展土地确权登记颁证试点工作，共涉及31万多农户、6.47万公顷承包耕地。

建立农村资源流通平台，推进农村产权流转交易市场建设。开展农村产权流转交易市场建设试点，出台《农村产权交易管理试行办法》《农村土地承包经营权流转交易规则》等文件。年内，靖江市和姜堰区农村产权交易市场率先挂牌运作。

完善农村产权权能，推进土地承包经营权抵押贷款试点，丰富农村金融品种。年内，姜堰区作为试点，对109个家庭农场授信1800多万元，为8户家庭农场发放首批农村土地流转经营权抵押贷款325万元。兴化、海陵等市（区）的金融机构先后创新推出“农田流转融资宝”“农机通”“淡水养殖专项贷款产品”“富农贷”等一批特色农村信贷产品。

加大农业保险推进力度，提高农业经营风险预防保障水平，主要种植业参保率为100%，共实现保费收入1.39亿元；高效农业保险保障范围持续扩大，参保险种25个，实现保费收入1.31亿元，占农业保险保费总额的比重为48.5%。保险理赔资金9935万元，受益农户10.83万户次。

【新农村建设】实施全面小康村建设“十百千”提升工程，全年创建市级全面小康村38家、示范村100家、十强村10家。全市全面小康村累计达1409家，占行政村总数的比重为87.8%。实施新一轮农村实事工程，全年完成农村公路提档升级工程道路295千米、镇村公交开通率59%，农村天然气管道覆盖率65%，完成36个乡镇的污水处理设施建设，农村饮水安全工程新增受益人口83万人，农民安全饮用水覆盖率90%，村庄环境整治提前1年完成省定目标任务，农村教育、医疗卫生、文化体育等公共服务水平不断提高。实施农村脱贫奔小康工程。通过提供项目、资金、物资、技能、智力支撑及合作开发经营、加强管理等多种方式给予帮扶，加快黄桥老区和里下河经济薄弱地区部分镇村发展，共有14名市领导及80家市级机关部门对姜堰、高港黄桥老区的8个镇的40个经济薄弱村进行重点帮扶，筹集帮扶资金（实物）累计达3430万元。开展首个“全国扶贫日”系列活动，全市年人均收入5000元以下的建档立卡低收入人口有89.5%实现脱贫目标。

【农村基层管理】加强农村“三资”(资金、资产、资源)管理，全面实行村组以资金、账务、合同、档案“四代理”的管理模式，对村集体资产、资源项目发包和处置，由村民代表会议讨论，采取招投标的办法，实行阳光操作。组织对全市农村财务管理工作进行专项检查，共抽查16个乡镇（街道）42个村，及时纠正不规范行为。创新农村财务管理方式，全面推行村级支出非现金结算。强化非生产性开支监督力度，压缩村级办公费、通讯费、招待费、差旅费、会议费、考察费等6项非生产性开支10%以上。加强农民负担管理，坚持农民负担“一票否决”、预决算及监督卡发放制度。继续实施农村“一事一议”筹资筹劳及财政奖补工作，全市709个村建成1383个奖补项目，总资金1.78亿元。开展涉农信访调处工作，全市农经系统累计受理和调处涉农信访近1000起，调处结案率100%。

（农工办）

垛田风光

工 业

责任编辑 耿 维

综 述

【概况】2014年，全市工业系统积极适应经济发展新常态，加强工业经济运行调节、推动项目建设、做好要素保障，推进改革创新，工业经济呈现稳中有进、稳中向好的态势。全年全市规模以上工业完成现价产值9643.8亿元，比上年增长14.7%；规模以上工业增加值2169.7亿元，增长11.5%；实现销售9335.94亿元、利税1220.39亿元、利润713.87亿元，分别增长15.1%、20.9%和21.4%；工业开票销售3999.72亿元，增长12.75%。完成工业投资1196.96亿元，增长20.9%；工业用电量180.73亿千瓦小时，增长6.93%。工业投资、工业用电量增速分别居全省第四位、第三位；规模以上工业增加值、工业开票销售增速分别居全省第六位、第五位。

推进产业转型升级。加快产业结构调整，打造现代产业体系，实现“四个突破”，即规模以上工业增加值突破2000亿元、高新技术产业产值突破4000亿元、高新技术产业和新兴产业占规模以上工业比重均突破40%。加强规划引导，化工、纺织、医药、装备等传统优势产业发展态势稳定，增速高于全市平均水平；船舶产业回升态势进一步巩固，产值增幅比上年提高7.65个百分点，利税、利润增幅分别提高32.76个、47.69个百分点，全市船舶企业手持订单399艘、2839.8万载重吨，手持订单量占全省的40.7%。实施“新兴产业双倍增计划”，提质发展高端装备、生物医药、电子信息、新能源等新兴产业。全年新兴产业完成产值3901.79亿元，比上年增长16.8%，占规模以上工业总产值的40.5%，提高1.6个百分点；实现销售、利税分别为3746.5亿元、487.62亿元，分别增长18.5%、27.2%，增幅分别高于规模以上工业平均增幅3.4个和6.3个百分点；生物医药产业产值占全省1/4、居全省首位。发展高新技术产业，运用信息技术和先进适用技术改造提升传统产业。落实省下达的过剩产能化解目标，提前完成落后产能淘汰任务。继续推进化工专项整治，关停淘汰20家小企业。推进产业集聚，出台《泰州市特色工业园区认定管理办法》，评审、认定13家市首批特色工业园区。制定出台《泰州市重点物流企业（基地）认定办法》，分别认定重点物流企业、基地各3家。

增强企业发展后劲。推进重大项目实施，全市完成工业投资1196.96亿元，比上年增长20.9%，高于全省平均增幅10.7个百分点。实施投资1亿元、5亿元、10亿元、20亿元以上重点项目分别为284个、80个、41个、11个，其中1亿元以上项目完成投资397.89亿元，完成年度计划的103.39%。1亿元以上、5亿元以上重点工业投资项目平均单体规模分别为4.71亿元、12.64亿元。开展产业招商，成立5个工作组分别赴北京、上海、苏州、无锡，重点针对央企、国内知名大集团公司开展招商工作，共搜集各类有价值信息250多条，进入洽谈阶段项目有32个，正式签约项目有10个，投资总额80.2亿元。加强企业创新平台建设，全年新认定17家省级企业技术中心、55家市级企业技术中心。

企业整体素质明显提升。深化千企升级百企示范工程，加快发展重点企业，促进中小企业发展。全市50强企业利润增幅比上年提高1.8个百分点，建立213家规模小微企业培育数据库。强化数字企业的培育和认定，加强星级公共服务平台和创业基地建设。推进企业管理创新，选树42家管理理念新、技术层次高、创新能力强、市场占有率大、经济效益好的“行业首企”。加强诚信建设，制定实施《泰州市社会信用体系建设2014~2016年行动计划》，推进信用管理贯标，贯标企业达713家；基本完成企业信用基础数据库和个人信用库建设，系统归集45个市级部门、8.2万家企业、24.3万家个体工商户的178万条基础信用信息。

推动节能减排。举办“工业冷却循环水系统节能优化技术”“热管技术在空调行业中的应用”等多项技术节能培训与推广会，为企业搭建节能技术信息交流与合作平台。实施节能改造项目110个，总投资25亿元。开展节能低碳行动，推动年耗能1万吨标煤以上企业建立健全能源管理体系，改进能源管理水平。全市重点耗能企业实现节能量累计达73.75万吨标准煤，完成“十二五”总目标的92.19%。发展循环经济，支持清洁生产审核评估企业实施中、高费方案，培育一批清洁生产示范企业和项目，24家企业计划开展自愿性清洁生产审核。推进工业、农业、建筑和餐厨废弃物资源化利用，48家企业通过资源综合利用认定。推进节能降耗工作，单位工业产值能耗下降16.2%。泰州市连续3年获评省“节能工作先进市”。

加强经济运行保障。加强工业运行监测，完善以工业用电、应税销售、原材料和产成品价格为主要内容的统计快报制度，提高分析监测和预测预警水平。加强工业质量效益、企业融资、重点行业发展等重大课题研究，编制实施《2014年泰州市有序用电方案和电力供应应急预案》，加强电力生产组织协调和供需平衡衔接，推进电力需求侧管理；组织20家企业参与省电力直接交易扩大试点工作，帮助企业节约电费890.3万元。市经信委会同市银监局、地税局及18家商业银行赴海陵区、高港区相关镇街开展“融资服务进园区”银企对接活动，缓解中小企业“融资难”矛盾；开展全市融资性担保行业非法集资风险专项排查活动，做好全市非融资性担保机构清理规范工作。

（蒋成云）

节能宣传周千人签字活动

2014年泰州市工业经济工作目标考核先进市（区）

一等奖　泰兴市　高港区

二等奖　医药高新区　姜堰区

2014年泰州市节能工作目标考核先进市（区）

一等奖　靖江市

二等奖　海陵区　姜堰区　泰兴市

2014年泰州市“市长质量奖”获奖企业

济川药业集团有限公司

江苏罡阳股份有限公司

2014年泰州市工业国税开票销售“十强企业”名录

扬子江药业集团有限公司

新浦化学（泰兴）有限公司

中海油气（泰州）石化有限公司

江苏兴达钢帘线股份有限公司

江苏新扬子造船有限公司

泰兴市振华油脂有限公司

泰州乐金电子冷机有限公司

中海沥青（泰州）有限责任公司

益海（泰州）粮油工业有限公司

靖江龙威粮油工业有限公司

2014年泰州市“十佳转型升级示范企业”名录

江苏皓月汽车锁股份有限公司

江苏光芒集团有限公司

江苏兆胜空调有限公司

泰兴市航联电连接器有限公司

江苏金扬子包装科技有限公司

江苏微特利电机制造有限公司

泰州市博泰电子有限公司

泰州华丽塑料有限公司

泰州捷锋帽业有限公司

江苏海慈生物药业有限公司

2014年泰州市“十佳工业投资重大项目”名录

扬子江药业集团有限公司碘海醇注射液、盐酸格拉司琼葡萄糖注射液等国家新药生产线项目

阿斯利康药业（中国）有限公司药品制剂生产项目

泰州鹏翎胶管有限公司年产15000万件橡胶板、管、带及橡塑制品项目

江苏盛泰化学科技有限公司8万吨/年和12万吨/年非离子表面活性剂项目

华达汽车科技股份有限公司轿车零部件产品升级自动生产线技改项目

江苏罡阳转向系统有限公司年产100万套汽车电动转向系统建设项目

江苏江电电力设备有限公司特高压铁塔生产基地项目

江苏太平洋齿轮传动有限公司精锻齿轮（轴）成品制造和差速器总成制造技改项目

江苏海狮泵业制造有限公司高压、高效节能旋壳泵项目

江苏九天光电科技有限公司年产10万吨通信光缆专用钢基带和超深冲专用精密钢基带项目

2014年泰州市“节能工作先进企业”名录

江苏罡阳股份有限公司
泰州吉泰毛纺织染厂
泰州市北洋金属材料有限公司
扬子江药业集团有限公司
益海（泰州）粮油工业有限公司
国电泰州发电有限公司
泰州杨湾海螺水泥有限责任公司
江苏联美生物能源有限公司
江苏飞船股份有限公司
双登集团股份有限公司
泰州华源纺织品有限公司
江苏环球特种电机有限公司
江苏大中电机股份有限公司
江苏江源热电有限公司
泰兴市金江化学工业有限公司
泰州恒瑞能源科技有限公司
泰兴市蓝驰节能环保科技有限公司
江苏兴达钢帘线股份有限公司
江苏双乐化工颜料有限公司
江苏九寿堂生物制品有限公司

【千企升级百企示范工程】健全124户企业（集团）主要经济指标跟踪统计制度，促进重点企业平稳发展；组织转型升级示范企业的申报和评审，命名首批转型升级示范企业20家。促进中小企业发展，建立213家小微企业进规模培育企业数据库，制定“科技小巨人企业”培育计划，争创省级“科技小巨人企业”3家，认定市级“科技小巨人培育企业”64家，争创省级“专精特新”产品3个。开展数字企业培育和认定工作，加强星级公共服务平台和创业基地建设。推进企业管理创新，选树42家行业首企，2家企业获批省管理创新示范企业、7家企业获批省管理创新优秀企业。加强诚信建设，制定实施《泰州市社会信用体系建设2014~2016年行动计划》，推进社会信用体系建设步伐。在全省首创建立联席会议制度和诚信诉讼承诺制度，并率先征集个人信用基础数据库数据，率先公布诚信“红黑名单”，曝光“老赖”，营造“守信者荣，失信者耻”的社会氛围。

（尹宁静）

【现代企业家培育】构建现代企业家队伍，实施企业家精英培育“双百”工程，全年共举办各类培训活动13次，参加培训的企业高级管理人员1400多人次。发挥“企业发展讲坛”品牌优势，举办3次高端讲座，邀请全国知名专家学者，就宏观经济形势、企业效益增值和“工业4.0”等问题进行解读。市委组织部、市经信委和市科技局联合举办第二期新生代企业家浙大培训班，42人参加系统培训。推进经营管理人员职业化进程，41名企业高级管理人员、83名企业中层管理人员参加高、中级职业经理人认证培训。举办4期“企业家沙龙”，围绕企业家后备队伍建设、全市工业经济等话题进行探讨和交流。举办“工业质量品牌创新活动周”、电子商务专题培训班、小微企业进规模培育企业经营管理人员培训班等活动，提升企业经营管理水平。

（徐　彬）

【金秋投资说明会】10月25日，市经信委举办2014泰州金秋投资说明会，120多位中外客商参加。市委书记蓝绍敏致辞，副市长杨杰推介泰州投资环境，副市长张余松主持。该次投资说明会共现场签约20个重大项目，投资总额176亿元，单体规模近9亿元。其中，内资项目15个、总投资140.1亿元；外资项目5个、总投资5.78亿美元。项目涉及新能源、新材料、电子商务、金属制品、生物医药等领域。签约项目中，投资20亿元以上项目2个，分别是泰兴市的空气空调制造项

目、海陵区的中节能（泰州）环保科技产业园项目。

（夏加云）

【节能降耗】2014年，泰州市连续4个季度在全省节能预警通报中处于“节能工作进展比较顺利”绿灯状态。7月被省政府授予“2013年度完成节能目标优秀奖”。单位GDP能耗比上年下降2.8%，顺利完成省政府下达的年度目标。

举办3期节能技术推广会，200多人参加。专题举办“蓄热式燃烧节能技术”等多项技术节能技术培训，为企业搭建节能技术信息交流与合作平台；在全市各乡镇中开展高效照明产品推广活动，推广高效照明产品16.6万支。开展节能低碳行动，为年耗能1万吨以上标准煤的企业提供指导和服务，帮助18家企业建立能源管理体系。开展能源审计、高耗能设备用能效率监测，全年完成能源审计23家、节能监测55家。全市重点耗能企业实现节能量累计达73.75万吨标准煤。开展节能执法专项行动，规范用能行为，全年共对77家单位进行执法检查，对41家公共机构进行明察暗访，淘汰落后用能设备1000多台（套）。

发展循环经济，全市有48家企业通过资源综合利用认定，全年可利用粉煤灰、废石、碎屑435万吨以及秸秆等农林“三剩物”15万吨、生活垃圾13.5万吨。培育节能环保产业，制定出台《全市节能环保产业发展情况及2014年产业发展推进计划》《2015年度全市节能环保产业发展思路》，组织华强照明、大中电机、微特利电机等28家企业实施一批节能环保产业规模化项目和应用示范项目。年内，全市92家列统节能环保企业实现销售收入238亿元，比上年增长13.65%。

（王益璇）

【淘汰落后产能】全市20家企业承担的市级以上淘汰落后产能目标任务全部完成，其中承担省级以上任务企业7家、承担国家级任务企业1家。全年完成国家及省下达的铸造11.2万吨、电镀0.96万吨、印染1100万米、纺织1400万米、铅蓄电池极板190万千伏安时、铅蓄电池组装190万千伏安时、光伏制造（原料）2万吨等淘汰落后产能任务。市淘汰落后产能办公室拓宽行业领域，提高机械、纺织、轻工、医药等行业部分产品或工艺标准，淘汰相对落后产能或低端产品。6家企业承担的省船舶行业化解过剩产能项目7个任务全部通过省经信委组织的验收，共完成化解过剩产能120万载重吨，超额完成省下达的90万载重吨目标任务。佰家伴纺织、昆仑光源材料、唐泽交通器材等13家市区企业申请获得淘汰落后产能补助资金335.10万元；真斯达布业、龙王化工、华源纺织等8家企业争取2013年度省级淘汰落后产能奖励资金315万元。

【培大育强】继续实施“千企升级百企示范工程”和“大企业（集团）培育计划”，新增主营业务收入10亿元以上企业10家、利税1亿元以上企业44家，全市主营业务收入10亿元以上企业共142家、50亿元以上企业29家、100亿元以上企业6家，利税10亿元以上企业12家。“50强”工业企业全年完成现价产值2743.38亿元，比上年增长6.8%；实现主营业务收入2605.15亿元，增长5.4%；实现利税376.04亿元，增长6.8%；实现利润220.4亿元，增长7%。其中，“50强”企业利润增幅比上年提高1.8个百分点；扬子江药业集团产值突破450亿元，利税、利润增幅均超过20%。全市培育的重点企业和成长型企业整体素质明显提升，2家企业获批省管理创新示范企业、7家企业获批省管理创新优秀企业，15家企业获批市管理创新先进企业，29家企业成为第二批市转型升级示范企业。

（张　焱）

【企业创新】2014年，全市新认定江苏东方海洋装备有限公司、江苏新智源医学科技有限公司等省级企业技术中心17家、市级企业技术中心55家。至年末，全市认定各级企业技术中心共382家，其中国家级企业技术中心5家、省级企业技术中心92家、市级企业技术中心285家。

（卢震华）

【化工专项整治】推进第三轮化工生产企业专项整治工作，年内“关、停、并、转”化工生产企业7家，设立化工重点监测点22家。全年审批化工新建、技改、搬迁项目42个，其中审批化工新建项目7个、搬迁项目3个。开展常态化检查，下发责令限期整改通知书70多份。

（张　焱）

【三服务活动】2014年，全市开展以走进园区服务投资者、走进企业服务转型升级、走进工地服务项目的“三走进三服务”活动，80个市级机关部门为企业兴办实事项目83项，企业对机关部门综合满意度为90.7%。全年共促成24家金融机构推出小微企业信贷产品，有1585户小微企业首次获得银行贷款，小微企业贷款余额1016.9亿元。税收服务在政策服务、登记办理、自助办税、发票领用、涉税审批投诉处理、出口退税等方面进一步提速提效，推行“一窗通办”、网上办税、“免填单”办税等便捷服务。建立针对小微企业的靶向融资疏导机制，启动小微企业专属贷款风险保障资金池，财政首期投入300万元用作小微企业贷款的风险补偿。为全市347家亿元以上重点企业发放用电服务“连心卡”，帮助制定用电方案。

（许正祥）

【海陵区开展诚信企业创建活动】6月，海陵区成立诚信企业创建活动领导小组。11月，召开深化企业诚信体系建设动员大会，下发《企业诚信体系建设工作手册》，成为全区诚信企业创建指导性文件。

【高港区重要工业活动】3月3日，中国壁纸行业首个民间标准——《高港壁纸》联盟标准，通过省级专家评审。4月2日，高港壁纸产业集群被省质监局认定为省优质产品生产示范区。4月25日，高港高新区创建成省级生态工业园区。8月25日，扬子江药业集团有限公司、益海（泰州）粮油工业有限公司入选“江苏省营业收入超百亿元工业企业排行榜”，分别排名第24名、第106名，比上年分别提升4位、13位。

（鲍　馨）

【姜堰区重要工业活动】10月18日，姜堰区举办扬州大学水利与能源动力工程学院“青年博士基层行——走进姜堰企业”启动仪式，推动扬州大学与姜堰区的校地合作。12月26日，江苏天鹅食品股份有限公司在天津股权交易所成功挂牌，首次募集资金1000多万元，成为姜堰区在天津股权交易所挂牌的第一家农业企业。

（钱申涛）

【医药高新区重要工业活动】2014年，医药高新区聘请20位企业高管担任该区经济运行特约分析师。4月，总投资3亿美元的可胜科技一期工程建成投产。8月10日，阿斯利康药业（中国）有限公司一期工程建成投产。

【靖江市重要工业活动】2月26日，靖江市富天江电子电器有限公司研发的“一种电动机磁钢与磁回路的组合结构”获日本发明专利授权，这是靖江市获得授权的首个日本发明专利，也是靖江市获得的第2个国际发明专利。3月11日，江苏新程汽配制造有限公司启动建设位于辽宁沈阳、吉林长春的生产基地。8月25日，靖江三鹏模具科技股份成功挂牌上海股权托管交易中心股份转让系统，成为靖江市首家在该中心挂牌的企业。

（蒋永龙）

【泰兴市重要工业活动】4月，省经信委发布2014年度800个省级工业经济新增长点项目名单，泰兴市新浦化学的苯乙烯、联成塑胶的聚氯乙烯、扬子鑫福的大型船舶、济川药业的原料药、中丹集团的医药中间体新品、裕廊化工的丙烯酸等7个项目入选，列入省重点监控范围。10月16日，泰兴市举行第七届中国（泰兴）银杏节，现场共签约重大工业项目22个，总投资176.99亿元，主要投向新能源、装备制造、化工、电子电器、现代物流仓储等新兴产业和重点领域。

（季华成）

【兴化市重要工业活动】2014年，兴化市国家不锈钢制品质量监督检验中心入选第三批工信部工业产品质量控制和技术评价实验室。11月20日，兴化出口蔬菜示范区被国家质监总局认定为国家级出口食品农产品质量安全示范区。

（沈兆捷）

重点企业选介

【扬子江药业集团】该集团创建于1971年，是一家集科工贸于一体、产学研相结合、跨地区的国家大型制药企业集团，是科技部命名的创新型企业，主要产品中西药并举，覆盖十大系列、20多种剂型、200多个品规。2014年，集团拥有员工11085人，其中专业技术人员7500多人，集团累计实现产值、销售、利税，比上年分别增长16.7%、16.6%和20.3%，各项主要经济技术指标均再创历史新高，综合实力居国内医药行业前列。

扬子江药业集团药品研发

4月21日，江苏省国税局发布“2013年度国税纳税百强榜”，扬子江药业集团排名百强榜第19位，名次比2012年度上升8位，继续居全省医药制造行业榜首。7月19日，第35次全国医药行业质量管理（QC）小组成果发表会闭幕，扬子江药业集团以92项QC成果一等奖、89项最佳发表奖的业绩，再次获全国医药行业QC成果一等奖总数第一名，奖牌总数再创历史最高水平，蝉联全国医药行业QC成果一等奖“十连冠”。12月12日，中国品牌建设促进会和中央电视台联合举办2014年中国品牌价值评价信息发布会，扬子江药业集团获品牌强度903分，居生物医药板块第一名；品牌价值评价为103.92亿元，居生物医药板块第二名。

（罗　婧）

【益海（泰州）粮油工业有限公司】 该公司成立于2006年，是由世界500强企业丰益国际在泰州核心港区投资建设的一家粮油加工企业，总投资2.31亿美元，注册资本8900万美元，主要从事大豆、菜籽等农产品的生产加工、仓储及销售，是“金龙鱼”系列油和米的主要生产基地之一。2014年，公司实现销售收入52.89亿元。年内，公司获“全国放心粮油示范企业”“全国2A粮油信用企业”“中科院系统与进化植物学国家重点试验室”“国家进口粮食指定口岸”“江苏省信息化与工业化融合企业”“江苏省工业旅游示范点”等称号。12月，年加工30000吨的稻米油项目投产。

（鲍　馨）

【江苏新世纪造船集团】 该集团是一家集造船设计、制造于一体的大型民营造船企业，下设江苏新世纪造船有限公司和江苏新时代造船有限公司。2014年，集团新接订单38艘、475万载重吨，完成工业总产值135.5亿元，实现销售收入122.2亿元、利税总额17.85亿元，开工21艘计196.45万载重吨，出坞7艘计73.98万载重吨，交船2艘计22.84万载重吨。年内，集团自主开发33000吨、74500吨化学品油船，8800箱、9200箱集装箱船及15.75万吨油轮等新产品；通过安全生产标准化（二级）验收，被评为江苏省管理创新示范企业，通过能源管理体系认证，取得定额管理、能源管理两项软件著作权。

（蒋永龙）

【泰通（泰州）工业有限公司】 该公司成立于2005年，是中国最早的专业提供绿色智慧能源解决方案的企业，是省政府、市政府重点支持的光伏企业。2014年，公司全球组件总出货量突破4吉瓦，全球电站业务量超过500兆瓦，实现销售收入7亿多美元，在全球80多个国家和地区拥有超过1400多家开发商和合作伙伴。公司在美国成立ET Capital公司，专注光伏电站投融资；在澳大利亚成立分公司，为亚太地区客户提供专业的产品与服务；先后推出智能组件Smart Module、电池串级功率优化光伏组件Cell Optimizer Module、全球首款交流组件光伏系统在线设计软件；被英国专业评级机构评为“优质光伏供应商”，再次获光伏权威杂志PHOTON2013年度测试TOP3，成为唯一一家中标法国EDF电力的百兆瓦级电站项目的中国光伏企业。

（缪　微）

【中海油气（泰州）石化有限公司】 该公司拥有一套年产150万吨重交沥青—环保燃料油联合生产装置，主要生产和销售燃料油，180号普通道路沥青，50号、70号、90号重交沥青等。2014年，公司实现销售收入125亿元，资产总额36.8亿元，所有者权益11.8亿元；全年入库税金14亿元，实现利润总额6.15亿元。总投资102亿元的中海油气（泰州）一体化项目主装置工程部分于3月开工建设，计划于2015年年底建成。

新　兴　产　业

【概况】 2014年，全市新兴产业完成产值3901.79亿元，比上年增长16.8%，增幅高于规模以上工业2.1个百分点，产值占规模以上工业的比重为40.5%，提高1.6个百分点；高新技术产业完成产值4001.35亿元，增长17.8%，增幅高于规模以上工业3.1个百分点，产值占规模以上工业的比重为41.5%，提高1.4个百分点；高新技术产业完成投资391.64亿元，增长47.4%，高于产业投资增幅26.4个百分点，投资额占产业投资总额的24.6%，提高4.4个百分点。

（黄卫民）

【高端装备制造产业】 2014年，全市规模以上高端装备制造业实现产值615亿元，比上年增长16%；实现销售收入596.05亿元，增长17%；实现利税74.68亿元，增长15.8%；实现利润46.55亿元，增长12.9%。

（蒋成云）

【生物技术和新医药产业】 2014年，全市规模以上生物技术与新医药企业产销规模首次突破700亿元，全年完成主营业务收入700.39亿元，比上年增长16.39%；实现利税96.44亿元、利润57.13亿元，分别增长28.77%和35.56%。主营主务收入超过10亿元的企业有5户，其中扬子江药业集团有限公司主营业务收入突破450亿元，实施1亿元以上重大项目21个。龙头企业新项目和技改项目建设进展顺利。扬子江药业集团“304工程”软袋、瓶装输液线通过国家GMP认证；阿斯利康药品制剂生产项目竣工，片剂生产通过GMP认证，形成年产固体制剂和无菌粉针剂50亿片（瓶）的生产能力；中生方政疫苗及医疗器械研发生产项目，核酸车间及配套设施已竣工并试生产，具备年产诊断试剂2000万人份的生产能力；康禾生物、武田制药、百草堂药业、兴源药业等企业实施的医药产业化项目基本完成土建工作，开始进行内外装修和设备安装；济川药业中药提取及原料药生产项目2幢共4万平方米的车间封顶。至年末，医药高新区已集聚国内外高校和科研机构50多家，400多项医药创新成果成功落地申报。

（陈玉平）

【电子信息产业】2014年，全市电子信息产业有规模以上列统企业203家，实现现价产值682.58亿元，比上年增长11.27%，占全市工业总产值的7.03%，其中产值50亿元以上企业1家、10亿元以上企业9家、1亿元以上企业130家。实现主营业务收入660.32亿元、利税79.55亿元、利润47.52亿元，分别增长11.47%、17.91%、15.73%。全行业平均利润率6.96%。全市物联网产业完成营业收入106.44亿元，增长16.70%。剔除网络运营和服务后，物联网研发制造业务产值86.01亿元，增长20.73%。电子信息产业主要产品领域有电子元器件及组件制造、电线电缆制造、工业自动控制装置制造、电气电子控制设备制造、仪器仪表制造、通信设备和计算机外部设备及其他信息产品制造。

全市电子信息产品制造业企业投资1亿元以上重点工业项目35个，总投资127.65亿元。医药高新区可胜科技消费类电子产品构件项目计划投资18亿元，其中年内完成投资6亿元；纬创资通平板显示及配套项目已完成总投资9亿元，液晶显示模组、背光显示模组和背光板进入小规模生产阶段，新开工的微型计算机和配套工程项目加紧建设。海陵区科化新材料、明昕微电子、华龙电子等项目投产运行，逐步形成集成电路封装产业链。高港区旺灵绝缘、博泰电子、金鼎电子等项目的实施，已形成印制电路板产业链；创新电子的笔记本电脑转轴生产线二期扩产工程项目竣工投产。姜堰区南洋电缆项目、兴化市昭阳光电的触摸屏项目、靖江市金成光电摄像头项目、泰兴市九天光电的光纤塑封件项目等进展顺利，多数已竣工投产，将成为全市电子信息产业发展的新亮点。

（潘　安）

【新能源产业】2014年，全市新能源产业有规模以上企业55家，实现工业产值705.63亿元，比上年增长13.36%，实现销售669.45亿元、利税81.69亿元、利润46.32亿元，分别增长12.05%、21.4%和19.22%。主要产品包括光伏原材料加工、光伏组件生产、光伏系统集成、光伏电站全面解决方案、光伏电站建造与维护等整条光伏产业链，以及输配电及控制设备制造、电线、电缆、光缆及电工器材制造、电机制造、储能电池制造、风电核电配件制造等。

（白学文）

传统优势产业

【概况】2014年，泰州市不断做活做优传统产业存量，全年共化解过剩产能船舶120万载重吨，淘汰落后产能铸造11.2万吨、电镀0.96万吨、印染1100万米、纺织1400万米、铅蓄电池380万千伏安时、光伏制造（原料）2万吨。从规模以上工业主要产品产量看，部分产能过剩或产能落后的产品产量出现下降，盐酸产量比上年下降5.9%、合成氨下降21.3%、化肥下降38.1%、生铁下降20.4%、粗钢下降16.2%、钢材下降11.4%、船舶下降5.5%、铅蓄电池下降14.9%、光伏电池下降22.7%。

（黄卫民）

【金属及制品业】2014年，全市规模以上金属制品企业完成主营收入947.36亿元，比上年增长20.1%。

（蒋永龙）

【船舶制造业】2014年，全市造船完工量比上年下降32.26%，占全省的28.6%；新接订单增长2.68%，占全省的47.4%；手持订单占全省的40.7%。全市船舶行业全年新接订单占全国订单量的17%、世界订单量的约9%，重点骨干企业订单生产已排到2017年。企业用电量增长33.59%，其中从8月份起月增长都在50%以上。

（徐　明）

【化工产业】化工产业是泰州市的三大支柱产业之一。2014年，全市有规模以上化工企业259户。全年完成主营业务收入1367.9亿元，比上年增长21.3%；实现利税186.49亿元、利润101.58亿元，分别增长33.4%、36%。化工产业主营业务收入、利税、利润三大经济指标增幅分别高于全市规模以上工业平均水平6.2、12.5和14.6个百分点，绝对额占全市规模以上工业的比重分别为14.7%、15.4%、14.2%。化工企业主营业务收入10亿元以上的企业33户，比上年净增加4户，其中中海油气（泰州）石化有限公司主营业务收入122.93亿元，进入“百亿级”企业行列。泰兴经济开发区在全国化工园区20强位次前移至第9位。江苏黑松林粘合剂厂有限公司的“心力管理”被评定为“中国化工行业管理创新成果一等奖”，该奖项为全国化工行业企业管理最高奖项。

【食品加工业】2014年，全市有规模以上食品加工企业131家，比上年增加1家。完成主营业务收入707.23亿元，增长14.92%；实现利税90.01亿元，增长5.23%；实现利润50.92亿元，减少3.67%。主营业务收入10亿元以上企业10家，比上年增加3家，其中靖江龙威粮油工业有限公司、益海（泰州）粮油工业有限公司2家企业主营业务收入分别为134.55亿元、124.19亿元，跃升成为“百亿级”企业。“梅兰春”酒、“苏三零”牌系列小麦粉、“双鱼”“梅香”“卫岗”“金三麻”等产品（品牌）被认定为“中华老字号”“中国名牌产品”“江苏省名牌产品”“中国驰名商标”“长三角地区名优食品”等。

【纺织服装业】2014年，全市纺织服装业有规模以上企业215家，比上年增加9家。完成主营业务收入438.79亿元，增长20.02%；实现利税47.53亿元，增长29.72%；实现利润26.66亿元，增长30.49%。主要生产纯棉、纯化纤、混纺、气流纺系列纱线，以及各种细支高密府绸织物、高档混纺交织布、牛津纺、弹力布等坯布和面料，还有一批颇具特色的产品，如蚕丝被、蚕丝床上用品组合，丝绸睡衣、丝绸时装，高支薄型、特种整理精纺呢绒，羊绒针织产品，竹纤维产品等。有主营业务收入10亿元以上企业4家，其中10亿元以上1家。兴化市大地蓝公司实施“品牌强企”战略，产销量突破10亿元，成为全省最大的蚕丝被生产厂家之一。

（张　焱）

【建材业】2014年，全市建材业有规模以上企业100家，比上年增加8家。完成主营业务收入159.79亿元，增长15.69%；实现利税16.9亿元、利润10.1亿元，分别增长21.3%和18.6%。泰州杨湾海螺水泥有限责任公司完成主营业务收入32.55亿元，实现利税3.97亿元，成为全市建材行业首家利税过亿元的企业。全市水泥产量921.44万吨，散装量870.18万吨，散装率94.44%。

（张　焱　王晓萍）

电力工业

【概况】2014年，泰州市全社会用电量232亿千瓦小时，比上年增长4.4%；供电量219亿千瓦小时，增长4.26%；售电量209亿千瓦小时，增长5.8%；最高用电负荷389万千瓦，创历史新高；线损率4.6%，下降1.34个百分点。年内，总投资86.1亿元的国电泰州发电有限公司二期扩建工程获国家发改委正式核准。

市供电公司全年完成电网投资30.9亿元，比上年增长31.2%。至年末，有35千伏及以上变电所163座、主变容量2363.34万千伏安，其中500千伏变电所2座、主变容量525万千伏安，220千伏变电所29座、主变容量930万千伏安；35千伏以上线路447条、4823千米，其中500千伏线路12条、481千米，220千伏线路89条、1927.5千米；有营业户数231.01万户。公司在册正式员工1877人，农电工3291人。年内，市供电系统获全国五一劳动奖、省高技能人才摇篮奖等多项荣誉。

【电力安全生产】全年共发布电力生产计划9536项，按期完成率100%；督查现场19495个，查纠违章876起；消除危险源点风险隐患662个，发布并落实电网风险预警单135张。清理通道树障8.3万棵，配网故障跳闸率比上年下降54.5%。处理外破事件71起，预防并消除外破危险源116个。推广“一站一档”“一线一档”隐患排查治理模式，消除设备隐患缺陷1579处。完成26座变电站、295条线路的综合检修以及26座变电站、163条线路的标准化建设。加大电力设施保护工作力度，严防各类外力破坏。加强社会用电安全宣传，推进“强基固本”工作，开展配变、鱼塘警示标志和杆号牌、防撞标志专项治理，强化农村家用漏电保护器安装的排查整治。年内，市供电公司获“电力安全生产标准化二级企业”称号。

【电网规划建设】出台《市政府关于进一步加强全市电网规划建设工作的指导意见》，113座待建变电站选址全部列入城市规划。编制《泰州电网远景发展规划》并通过市政府和省供电公司评审。参与省供电公司世界一流电网指标体系探索研究，完成全市476个配网网格的控规图册。特高压建设取得突破，淮上线交流工程顺利开工建设，完成全部164处塔基交付，线路通道拆迁全面启动。按期完成锡林郭勒盟—泰州直流项目前期工作。主配网建设有序推进，落实苏中电网提升三年行动计划，完成项目可行性研究15项、核准9项，开工建设输变电工程12项，获省供电公司“流动红旗”2项。开展“配网项目集中攻坚年”专项行动，全年关闭项目2.1万个，关闭项目总数居苏中苏北地区第一位，项目关闭率居全省第一位。建成16个“一流配电网”示范区，全面消除“低电压”现象。

【电网调度管理】实现地县调业务一体化管理，地调统一组织制定地县电网年度运行方式。统一县（配）调管辖范围扩大至配变，4个县调配网管辖范围已扩大至分支开关。细化配网基础管理工作，完成配网防误操作系统图形绘制，制定《配网电力系统调控规程》《配电设备命名编号规则》《配网设备保护配置及整定原则》《配网运行方式管理规定》等规范和标准。制定配网抢修指挥业务交接方案并顺利过渡；编制配网抢修应急处置预案，建立配网抢修指挥工作内部通报机制，建立县调配抢值班互备机制。针对局部地区高峰期间供电容量不足的情况，调整运行方式12处，尽可能均衡设备负载。落实限电措施，编制《特高压直流故障地区事故限电方案》；开展220千伏变电站全停隐患排查，组织地区变电站所电源供电方式排查。组织开展备用调度系统24小时切换实战演练，严肃调度纪律和值班纪律，严格执行“两票三制”制度，确保电网安全稳定运行。

（颜广明）

【国电泰州发电有限公司】 2014年，该公司有员工363人，其中专业技术人员66人、技能人员198人、应届大学毕业生26人。年内安全生产态势平稳，未发生人身、设备、火灾及环境污染事故，实现连续安全生产2412天。全年共完成发电量116.2亿千瓦小时，平均上网电价402.4元/兆瓦小时（含税），电费回收率100%。入炉综合标煤单价控制在590.5元/吨(不含税)，比上年下降62.2元/吨；完成营业收入47.8亿元，实现利润9.88亿元，盈利能力创历史最高水平；国税开票销售完成51.6亿元，上缴税费4.72亿元。年内，公司先后获“中国能效之星”“全国发电可靠性A级机组”“2013年度中国国电集团公司先进单位”等称号。

国电发电二期扩建工程

【国电发电二期项目获国家核准】 2014年9月2日，国家发改委正式核准国电泰州发电有限公司二期扩建工程。该项目在国内首次将二次再热技术应用到超超临界燃煤发电机组，并通过技术集成形成五类16项专门技术，实现机组能效、排放水平大幅提升。建成后，发电效率、发电煤耗、环境指标将创下三个世界之最。二期工程造价目标76.35亿元，至年末，已累计完成投资66.89亿元，年内完成投资49.97亿元。

（张倩倩）

中　小　企　业

【概况】 2014年，泰州市中小企业发展速度、贷款增速均居全省前列。全年共实现产值6611.68亿元、销售收入6435.49亿元、利税805.65亿元、利润466.01亿元，比上年分别增长18.1%、18.6%、24.2%和24.8%，增幅均居全省第二位，分别高于全市规模以上工业增幅3.4个、3.5个、3.3个和2.8个百分点。全市中小微企业各项贷款余额2854.53亿元，比上年增长15.8%，增幅居全省第一位，其中小微企业贷款余额1016.89亿元，新增210.61亿元，增长26.1%，高于全部贷款增幅10.3个百分点，高于全省小微企业贷款增幅13个百分点。加强融资性担保机构建设，全年全市融资性担保机构新增担保额141.18亿元，增长4.4%。至年末，全市有规模以上中小工业企业2546家；新办私营企业12682户，私营企业总数67747户，比上年末增加10864户；私营个体企业总数28.19万户，注册资本3182.4亿元，净增注册资本668亿元。

企业发展水平不断提升，全年新增规模以上工业企业208家。建立“科技小巨人企业”培育库，认定市级“科技小巨人培育企业”64家，创成省级“科技小巨人企业”3家；引导中小企业走“专精特新”发展之路，争创省级“专精特新”产品3个。开展数字企业创建工作，全年新认定三星级数字企业122家、四星级30家，争创五星级数字企业4家。5家企业被表彰为省优秀民营企业，2名企业家被表彰为省优秀民营企业家。

推进企业服务体系建设，全市新认定二星级中小企业公共服务平台24家；争创省三星级中小企业公共服务平台4家，累计14家；争创省四星级中小企业公共服务平台4家，累计6

家。全市共有省小企业创业示范基地和重点培育基地29家。

全市有“百亿级”重点产业集群9家，分别是泰州医药产业集群、泰州汽车零部件产业集群、靖江船舶产业集群、靖江市汽车零部件产业集群、泰兴减速机产业集群、泰兴市化工产业集群、姜堰油气装备产业集群、兴化戴南不锈钢产业集群、兴化脱水蔬菜加工产业集群。9家产业集群共集聚企业6800家，其中规模以上工业企业近1800家，全年实现营业收入4300亿元，占规模以上企业营业收入的46.08%。

【服务与监管】加强政策的贯彻落实。落实国务院《关于扶持小微企业健康发展的意见》精神和减免小微企业税费等政策措施；对《泰州市关于进一步改善中小微企业发展环境的实施意见》落实情况开展督查；专题走访调研全市中小微企业发展情况，对120家中小企业进行问卷调查。开展小微企业培育。制定印发《2014年小微企业进规模培育工作实施方案》，筛选263家小微企业作为培育对象，建立培育企业数据库；组织100多名企业管理人员参加小微企业进规模培育企业业主培训。加强服务体系建设。举办省第101期中小企业主管理研修班，全市共120多名企业高管参加培训；组织4期“专家义诊进企业”活动。年内，泰州市盖恩教育培训中心、泰州市海陵机动车及非机动车零部件行业协会、泰州市高港区飞翔职业技能培训学校3家单位被认定为泰州市第三批中小企业培训基地；泰州市罡杨小企业创业基地、泰兴市同创中小企业创业园、兴化市张郭镇中小企业创业园被认定为省重点培育小企业创业基地。推动产业集聚发展。全年共引导1.1万户家庭开展家庭孵化创业，1080户向工业园区（集中区）集聚，102户规模大户落户特色园区；13家工业园区被认定为泰州市首批特色工业园区。

【中小企业融资服务】开展“小微企业产业政策、税收政策、信贷政策进园区宣传活动”。组织“融资服务进园区”银企对接活动，现场授信意向签约4900万元。对担保公司新任高管任职资格及从业人员进行上岗培训，6家担保公司的12名高管获任职资格证书。会同市人行开展融资性担保公司信用评级，全市25家担保公司参加信用评级。上争工信部中小企业融资环境专项资金项目，海诚担保、国信担保、银桥担保获国家财政扶持资金680多万元。

（叶成伟）

中国医药城

对外及对港澳台经济贸易

责任编辑 叶 彤

综 述

【概况】2014年，泰州市完成进出口总额108.90亿美元，比上年增长4.3%。其中，进口47.1亿美元，增长13.6%；出口61.82亿美元，下降1.8%，降幅比上年收窄7.6个百分点。利用外资形势严峻，全年协议利用外资24.79亿美元，减少26.78%；实际到账注册外资9.39亿美元，减少28.97%，除9月份累计降幅为11.7%之外，其他月份累计降幅均在20%以上。

全年民营企业出口好于外商投资企业，一般贸易出口好于加工贸易。民营企业出口比上年增长14.4%，外商投资企业出口下降10.6%；一般贸易出口增长13.8%，加工贸易出口下降24.5%。亚洲、欧洲、北美洲仍然是主要出口地区，分别出口26.5亿美元、13.5亿美元、14.2亿美元，占比分别为42.9%、21.9%、22.9%。

全年一般贸易进口29.4亿美元，比上年增长3.9%，占比为62.3%；加工贸易进口9.5亿美元，下降6.9%，占比为20.1%；其他贸易（以保税仓库进出口为主）8.3亿美元，增长172.3%。全市有进口实绩企业526家，增加20家；进口超1000万美元企业46家，增加5家；超1亿美元企业12家，增加2家。进口前3位的企业分别是江苏万林现代物流股份有限公司、益海（泰州）粮油工业有限公司和新浦化学(泰兴)有限公司，分别累计进口7.5亿美元、4.3亿美元和3.8亿美元。进口前3位的商品是化工、木材和机电设备，分别累计进口13.9亿美元，8亿美元和7.9亿美元。靖江市全年累计进口14.7亿美元，增长33%，进口额和增幅均居各市（区）首位。

对外投资实现平稳增长，全年新批境外投资企业29家，中方协议投资额1.22亿美元。对外劳务合作稳步发展，全市新签外经合同额9.43亿美元，实现外经营业额7.88亿美元。新派出国劳务1808人次。

2014年，市贸促会共办理一般原产地证13867份、优惠原产地证515份、国际商事证明书1104份、领事馆认证519份。加大ECO电子原产地证书推广力度，全市出证量具有规模的会员企业实现产地证的自主打印。

2014年度泰州市开放型经济工作目标考核先进市（区）

一等奖：泰兴市、姜堰区
二等奖：高港区
开放型经济贡献奖：医药高新区

2014年度泰州市开放型经济工作目标考核先进开发区

一等奖：泰兴经济开发区、姜堰经济开发区
二等奖：高港高新技术产业园区、靖江经济开发区

2014年泰州市外贸进出口“十强企业”名录

江苏万林木业有限公司
泰州乐金电子冷机有限公司
益海（泰州）粮油工业有限公司
新浦化工（泰兴）有限公司

江苏新时代造船有限公司
爱森（中国）絮凝剂有限公司
江苏圣奥化学科技有限公司
纬创资通（泰州）有限公司
江苏河海科技工程集团有限公司
正大集团有限公司

对外及港澳台贸易

【概况】2014年，全市累计进出口108.9亿美元，比上年增长4.3%，高于全省平均水平1.9个百分点。其中，出口61.8亿美元，下降1.8%；进口47.1亿美元，增长13.6%。

全年进出口呈现先扬后抑态势。年初在化工行业进出口、机电设备行业进口拉动下，进出口实现16.1%的增幅。其中，进口比上年增长34.7%，出口增长4.8%。春节过后全市进口增速逐步放缓，至年末累计进口47.1亿美元，增长13.5%，高于全省平均水平13.5个百分点，但与年初相比回落21.2个百分点；出口在一季度连续2个月下行后逐步止跌企稳，至年末累计出口61.8亿美元，下降1.8%，跌幅比最低月份收窄14.6个百分点，全年出口增幅低于全省平均水平。

全市三市四区中有6个市（区）实现进出口增长。姜堰区在石油配套和塑料地板行业拉动下保持高速增长，虽然下半年石油配套行业受国际油价影响增速有所放缓，但仍实现全市最大增幅，全年累计进出口10.7亿美元，比上年增长24.6%。医药高新区上半年进出口居全市首位，下半年随着IT行业订单减少，增速大幅回落，全年累计进出口13.1亿美元，增长16.7%，全年平均增幅比上半年下滑21.5个百分点。泰兴市在化工行业进出口拉动下，上半年实现高速增长，下半年受国际油价下跌影响，进出口增幅不断收窄，全年累计进出口26.7亿美元，增长7.5%，全年平均增幅比上半年下滑12.7个百分点。兴化市在手套和包装材料行业进出口拉动下，全年累计进出口5.8亿美元，增长10.4%。海陵区上半年在光伏行业出口拉动下实现一定增长，6月后受美国“双反案”裁定影响，光伏产品出口大幅下降，全年累计进出口14.9亿美元，增长1.7%，全年平均增幅比上半年下滑5.1个百分点。靖江市船舶行业出口出现较大缺口，但在粮油、木材行业进口带动下实现增长，全年累计进出口27.4亿美元，增长0.3%。高港区受船舶因素影响较为严重，成为全市唯一进出口呈现下降的市（区），全年累计进出口10.3亿美元，下降17.8%。

【进出口企业】2014年，全市有进出口实绩企业1473家，比上年增加95家。其中，进出口超1亿美元企业20家，与上年持平；5000万~1亿美元企业12家，增加2家；1000万~5000万美元企业108家，增加12家。进出口前30强骨干企业合计进出口67.2亿美元，占全市进出口总额的61.7%，占比与上年基本持平；骨干企业进出口增幅为5.8%，高于全市平均增幅3.5个百分点，对全市外贸拉动作用明显。

【进出口商品】2014年，全市船舶出口连续第3年大幅下降，全年出口3.8亿美元，比上年下降66.5%，拉低全市外贸出口增幅14.3个百分点。高新技术产品下半年受到美国光伏“双反”以及IT行业订单转移影响，出口由高速增长转为下降，全年出口5.6亿美元，下降5.1%。传统行业出口表现较好，除船舶外其他机电产品出口22.3亿美元，增长11.2%。化工产品出口在下半年国际油价暴跌后有所下滑，全年出口11.4亿美元，增长8.9%，增幅比上年回落8.4个百分点。农产品出口逐步转好，全年出口2.3亿美元，增长3.8%，比上年上升11.4个百分点。纺织服装出口增长低位运行，全年出口7.6亿美元，增长1.9%。新兴产业出口保持平稳增长，全年出口7.2亿美元，增长23.7%。

2014年，在新投产企业设备进口拉动下，全市机电设备进口大幅增长，全年进口7.9亿美元，比上年增长71%。全市进口体量最大的化工产品实现较大增长，全年进口13.9亿美元，增长25.9%。大宗资源产品粮油、木材进口保持平稳，分别进口7.7亿美元、8亿美元，分别增长11.8%和7%。液晶显示板及其零件进口受行业影响波动较大，上半年高速增长，下半年大幅下降，全年进口1.2亿美元，下降33.1%。

【出口市场】2014年，全市对北美洲出口保持增长，全年出口14.2亿美元，比上年增长15.2%。对欧洲出口扭转连续下降态势，出现恢复性增长，全年出口13.5亿美元，增长8.9%，其中对欧盟出口继续下滑，全年出口8.2亿美元，下降3.6%。受船舶出口下降影响，对亚洲、拉丁美洲、大洋洲、非洲出口下降，其中对亚洲出口26.5亿美元，下降1.2%；对拉丁美洲出口3.8亿美元，下降9.9%；对大洋洲出口2.2亿美元，下降19.7%；对非洲出口1.6亿美元，下降64%。

2013年、2014年泰州市十大出口国家（地区）出口情况比较表

表19 单位:亿美元

序号	2013年 主要出口国家和地区	出口额	占全市比（%）	序号	2014年 主要出口国家和地区	出口额	占全市比（%）
1	美国	11.1	17.68	1	美国	12.8	20.75
2	韩国	4.5	7.07	2	韩国	4.4	7.16
3	日本	4.2	6.64	3	日本	4.2	6.79
4	印度	3.0	4.69	4	印度	2.8	4.52
5	利比里亚	2.9	4.59	5	中国香港	2.6	4.21
6	新加坡	2.8	4.46	6	马耳他	2.4	3.87
7	德国	2.5	3.94	7	荷兰	2.2	3.56
8	荷兰	2.1	3.38	8	印度尼西亚	1.9	3.13
9	印度尼西亚	2.0	3.17	9	越南	1.7	2.82
10	中国香港	1.9	2.98	10	澳大利亚	1.6	2.60

2014年泰州市外贸工作目标完成情况表

表20 单位:万美元

市（区）	进出口 年计划	进出口额	比上年增长（%）	占年计划（%）	出口 出口额	比上年增长（%）	进口 进口额	比上年增长（%）
海陵区	155000	148877	1.7	96.0	117868	1.5	30844	2.1
高港区	126000	103089	-17.8	81.8	30211	-49.1	72873	10.5
医药高新区	144000	131069	16.7	91.0	67379	13.2	63707	20.6
姜堰区	91000	106928	24.6	117.5	90558	28.3	16364	7.3
靖江市	273000	273535	0.3	100.2	127090	-21.8	146385	32.8
泰兴市	251000	267537	7.5	106.6	132543	13.6	134919	2.1
兴化市	57000	58235	10.4	102.2	52514	18.5	5754	-32.1
全市	1097000	1089270	4.3	99.3	618162	-1.8	470846	13.5

利用外资及港澳台资

【概况】2014年，全市协议利用外资及港澳台资24.79亿美元，比上年减少26.78%；实际到账外资及港澳台资9.39亿美元，减少28.97%。全市新批117个外商及港澳台商投资项目中，总投资1000万美元以上项目78个，占新批项目总数的66.67%。全市新批及净增资3000万美元以上项目24个。世界500强企业法国赛诺菲集团在泰州医药高新区投资设立赛诺菲巴斯德生物医药有限公司。至年末，全市共有17家世界500强企业在泰州投资，累计设立企业24家。

投资产业结构。第一产业新批项目9个，协议利用外资及港澳台资1.3亿美元，比上年增长353.95%；实际到账外资及港澳台资1682万美元，减少74.53%。第二产业新批项目83个，协议利用外资及港澳台资19.03亿美元，减少30.17%；实际到账外资及港澳台资7.58亿美元，减少16.73%，占比为80.65%。第三产业新批项目24个，协议利用外资及港澳台资4.14亿美元，减少13.02%；实际到账外资及港澳台资1.65亿美元，减少46.96%，占比为17.56%。第二产业中，专用设备制

2014年泰州市利用外资工作目标完成情况表

表21　　　　单位:万美元

市(区)	实际到账注册外资及港澳台资					协议注册外资及港澳台资				
	年计划	本期累计	比上年增长(%)	占年计划(%)	占全市比重(%)	新批项目数(个)	本期累计	比上年增长(%)	占年计划(%)	占全市比重(%)
靖江	29400	2640	-65.48	8.98	2.81	5	18617	-75.34	29.55	7.51
靖江园区	—	0	-100.00	—	—	1	3100	-80.01	—	—
泰兴	23800	23843	-12.66	100.18	25.38	28	80374	3.28	157.60	32.43
姜堰	14000	15007	1.94	107.19	15.97	15	34994	1.89	116.65	14.12
兴化	14000	11594	-27.56	82.81	12.34	22	30918	-12.70	103.06	12.47
海陵	14000	5350	-59.74	38.21	5.69	20	30079	-17.93	100.26	12.14
高港	15400	18362	-8.51	119.23	19.55	16	33567	-13.51	101.72	13.54
医药高新区	29400	17466	-47.43	59.41	18.59	11	19317	-53.09	30.66	7.79
合计	140000	93945	-28.97	67.10	100.00	117	247866	-26.78	82.62	100.00

造业、通用设备制造业、电气机械及器材制造业实际到账外资及港澳台资分别增长185.15%、13.31%和5.04%，通信设备计算机及其他电子设备制造业、交通运输设备制造业、金属制品业实际到账外资及港澳台资分别减少77.19%、38.58%和26.53%。第三产业中，批发和零售业实际到账外资及港澳台资9283万美元，增长5.01%。

投资来源。中国香港、中国台湾仍是投资主要来源地。协议利用外资及港澳台资前3位分别是中国香港、中国台湾、英属维尔京，分别占总量的42.22%、11.88%和11.79%；实际到账资金前3位分别是中国香港、中国台湾、新加坡，分别占总量的58.11%、14.32%和8.94%。

【投资项目和增资项目】2014年，桑缇亚生物技术、日健中外制药、亚历山卓家居等一批重大项目相继投资落户。全市累计新增总投资3000万美元以上项目24个，协议外资及港澳台资金额11.76亿美元，占全市总量的48%，项目数量和金额分别是上年的1.7倍和2.4倍。其中，总投资1亿美元以上项目7个，协议外资及港澳台资6.88亿美元，分别是上年的2.3倍和4.4倍。全市累计批准增资项目59个，协议利用外资及港澳台资5.3亿美元，实际利用外资及港澳台资3.3亿美元，占全市实际利用外资及港澳台资总量的35%。平均每批准3个项目中就有1个增资项目。

【传统产业和新兴产业发展】2014年，全市制造业实际利用外资及港澳台资7.74亿美元，占总量的82.4%。化工行业累计实际利用外资及港澳台资1.73亿美元，比上年增长40%，以东联化工、新浦化学、联成塑胶等为主的一批化工企业加快产品升级和技术改造步伐。生物医药和电子信息产业累计实际利用外资及港澳台资2.21亿美元，增长6.3%，赛诺菲生物医药项目落户医药高新区，可胜、阿斯利康等续建项目加快实施。

【外资及港澳台资企业运行质态良好】2014年，全市外资及港澳台资企业累计缴纳涉外税收47.9亿元。完成进出口总额65.1亿美元，占全市总量的59.7%。其中，进口额29.24亿美元，比上年增长14.06%。外资企业进口设备总额2.32亿美元，增长173.07%，总量居全省第4位，增幅居全省第2位。

【举办泰州（香港）投资促进恳谈会】5月29～31日，市长陆志鹏率团赴香港开展经贸投资促进工作。5月30日在香港海逸君绰酒店举办2014江苏泰州（香港）投资促进恳谈会暨项目签约仪式，香港政商界人士100多人参会。期间，有包括泰州医药高新技术产业园区与香港中华厂商联合会签署的长期战略合作框架协议，姜堰经济开发区和中国创新投资有限公司签署的总投资1亿美元的TFT-LCD显示器项目协议在内的5个项目实现签约，总投资4.2亿美元。陆志鹏一行还分别拜访泰州旅港同乡会、钟山有限公司等单位，并和荷兰帝斯曼公司高层就与靖江江山公司的合作进行磋商。

【举办全市招商引资培训班】8月26日，泰州市招商引资培训班在高港区举办，来自全市商务系统、省级以上开发区分管负责人和招商人员共近300名学员参加。商务部投资促进局副局长杨依杭和德勤华永会计事务所高级经理李洁敏就当前招商引资的新形势新机遇、国际资本流动的新动向和招商实务等方面进行讲座。

【上海世贸商城代表团到泰州考察】9月13日，应市商务局邀请，上海世贸商城组织40多家中外企业和国外驻沪经贸机构负责人到泰考察。代表团一行考察了泰州、姜堰经济开发区，实地了解投资环境、产业配套、投资成本等情况并参观菁茂科技、太平洋精锻和泰达纺织等3家重点企业。活动期间，举办泰州投资说明会，推介泰州投资环境和优势产业，副市长张余松、市直有关部门主要负责人、姜堰区政府和开发区有关负责人出席。

【2014生物医药产业国际投资合作研讨会在泰州举行】2014年10月31日，第五届中国（泰州）国际医药博览会期间，由商务部投资促进局与泰州市商务局共同举办的“2014生物医药产业国际投资合作研讨会”在泰州举行，会议主题是“加强国际合作、推动科技创新”。商务部投资促进局副局长杨依杭，市委常委、医药高新区党工委书记陆春云出席会议并致辞。来自国内外的医药企业、产业园区、行业协会、咨询公司及投融资机构代表约150人出席活动。

【赴日本、韩国开展投资促进活动】11月21～28日，副市长张余松率团赴日本、韩国开展投资促进活动，市商务局、海陵区、中国医药城、靖江开发区相关负责人参加。期间，代表团分别拜访中国驻日本大使馆、大阪市政府商工会议所、日本IBUKI投资咨询株式会社，日本新能源汽车研发公司TOKYO R&D株式会社、日本新能产业株式会社、日本千弘商事株式会社、韩国BIO协会、韩国五松生命科学园、韩国仕达利恩电子有限公司和幸兴电子有限公司等机构和企业，并就生物医药、新能源、电子信息、再生资源回收等项目进行洽谈。

对外投资与经济合作

【概况】2014年，全市对外投资实现平稳增长。全年新批境外投资企业29家，比上年增加5家，中方协议投资额1.22亿美元，与上年基本持平。从项目类型分，贸易型项目12个，非贸易型项目17个（其中境外生产型项目1个）。投资500万美元以上项目6个，其中1000万美元以上项目3个。江苏裕纶纺织集团有限公司投资的裕纶（越南）纺织染有限公司，总投资额3900万美元，是全市最大的境外生产型项目，也是第一家产能转型企业。江苏新时代房地产开发有限公司成为全市第一家投资境外房地产开发的企业，总投资额3000万美元。

对外劳务合作稳步增长。全市新签外经合同额9.43亿美元，比上年增长5%；实现外经营业额7.88亿美元；新派出国劳务1808人次。对外劳务合作从以建筑工程为主，向成套设备安装、围海造陆、光伏电站、

2014年泰州市外经工作目标完成情况表

表22 单位：万美元

市（区）	新签合同额	实现营业额				新批境外投资项目数（个）	
	累计	年计划	累计	比上年增长（%）	占年计划（%）	年计划	累计
医药高新区	0	400	244	-51.49	61.00	2	3
海陵	14640	17000	17672	-29.65	103.95	3	3
高港	2049	3900	4238	4.59	108.67	3	4
泰兴	40790	22000	30036	5.16	136.53	8	9
靖江	9403	8700	8834	5.35	101.54	7	4
姜堰	27907	13000	14744	4.93	113.42	3	4
兴化	3355	3000	3263	14.09	108.77	2	2
合计	98144	68000	79031	-5.39	116.22	28	29

路桥建设等非建筑工程拓展。

承接重大项目能力持续增强。全市新签1000万美元以上境外工程项目18个，与上年持平。全市对外承包工程合同额排名前3位的企业分别是江苏河海科技工程集团有限公司（4亿美元）、正太集团公司（2.4亿美元）、中盛光电集团公司（1.57亿美元）。全市对外承包工程和对外劳务合作市场分布在亚洲、非洲和欧洲的28个国家和地区，其中亚洲13个、非洲9个、欧洲6个。

（王　华）

国际贸易促进

【概况】2014年，泰州市贸促会全年一般原产地证办件量13867份，比上年增长9.1%；优惠原产地证办件量515份，增长19.2%。办理国际商事证明书1104份、领事馆认证519份，均与上年持平；办理ATA单证册2份。年内新注册的会员企业91家。加大ECO电子原产地证书推广力度，6月和11月分别举办2期ECO电子原产地证书及CA证书业务培训会议，500多家会员企业完成申报备案工作并领取CA数字证书，签发电子优惠原产地证5000多份，全市出证量具有规模的会员企业均实现产地证的自主打印。

自7月1日中瑞自贸协定和中冰自贸协定正式生效以来，市贸促会成功签发35份中国—瑞士、中国—冰岛优惠原产地证书，涉及出口货物总值100万美元，受惠产品主要涉及五金、化工、生活用品等。与北京市高朋（扬州、泰州）律师事务所签署合作协议，联手打造泰州国际贸易中的大法律服务体系。

年内，市贸促会驻行政服务中心窗口获泰州市“2013年度行政审批服务先进窗口”称号。

【展览工作】开展组展工作，推动企业开拓海内外市场。国际展览工作方面，推荐江苏春海电热合金制品有限公司和博尔富（江苏）实业有限公司参加德国杜塞尔多夫管线材展，泰州市创新电子有限公司参加拉斯维加斯电子展，一拖（姜堰）动力机械有限公司参加中东国际电力、照明及新能源展览会，泰州市锋德机电制造有限公司参加迪拜国际海事展，泰州市万达轮叶制造有限公司参加美国拉斯维加斯五金展，江苏德泰墙纸有限公司和泰州皇冠壁纸有限公司参加第二十届俄罗斯Mos-build国际建筑建材展，泰州金吉泰制衣有限公司参加澳大利亚中国纺织服装展览会，江苏华杨控股实业有限公司参加巴西圣保Go Tex国际家纺展和香港国际面料辅料、时装材料展览会，江苏雪梅制冷设备有限公司参加第14届伊朗暖通制冷展览会，江苏大嘴吃货食品有限公司和泰州雨果化工有限公司参加法国巴黎国际食品贸易展览会，泰州万邦无纺业有限公司参加2015年巴西圣保Go Tex国际家纺展。内展工作方面，组织20家企业与到泰参加第五届泰州医药博览会的西班牙、捷克、韩国代表进行洽谈交流。

【贸易促进信息服务】加强信息服务网络平台建设，做好市贸促会网站维护更新工作，健全会员企业信息库，及时发布国内外经贸动态，全年为会员企业发布贸促动态信息16条、参展信息20条、贸促论坛信息4篇。加强对外信息交流工作，全年在江苏省贸促会网站上发布信息18条，向市商务局提供信息12条。

【召开市贸促会、国际商会第四届会员代表大会】4月8日，泰州市贸促会、泰州市国际商会第四届会员代表大会在泰州宾馆召开。会议由市商务局局长李文飙主持，副市长张余松、省贸促会副会长黄政、省国际商会副秘书长来红应邀出席会议并讲话。会议选举产生新一届市贸促会委员会和市国际商会理事会。聘请张余松任市贸促会名誉会长，李文飙任市国际商会名誉会长；选举孙远举为第四届泰州市国际商会会长，万小明为泰州市国际商会副会长兼秘书长。

【韩国贸易投资振兴公社、MCTT公司一行到泰州考察】3月18日，省贸促会副会长仇小萍与大韩贸易投资振兴公社南京代表处首席代表高相英，韩国MCTT公司董事长张松善、常务尹晶铉一行到泰州开展生物医药对接交流。实地考察扬子江药业集团和泰州医药高新区。副市长张余松、市政府副秘书长李志高、商务局局长李文飙、市贸促会会长孙远举等参加会见。

（贸促会）

产业园区·沿江开发

责任编辑 耿 维

综 述

【概况】2014年，泰州市共有国家级和省级开发区7家，其中，国家级经济技术开发区1家、国家级高新区1家、省级开发区5家。全市开发区内设有1个出口加工区、3个南北共建园区。全年国家级和省级开发区共实现工业产品销售收入7938亿元，比上年增长7.8%；完成地方公共预算收入146.75亿元，增长19.43%；完成全社会固定资产投入1185.54亿元，增长30.8%；实际到账外资额7.92亿美元，下降22.5%；进出口总额90.32亿美元，增长0.8%，其中出口47.57亿美元，下降8.1%。

【投资发展环境】2014年，泰州市突出简政放权，出台并向社会公布行政事业性收费、行政权力、行政审批等目录清单，推行行政审批“容缺受理”、并联审批，率先实施工商登记负面清单制度，企业注册登记实行“三证合一”（工商营业执照、组织机构代码证和税务登记证三证合为一证）。全市开发区投资发展环境明显提升，产业项目承载能力大幅提升。年内，姜堰经济开发区、高港高新区获批成为省级生态工业园区，靖江经济技术开发区通过省级生态工业园区验收，兴化经济开发区、海陵工业园区通过省级生态工业园区技术核查，海陵工业园区通过省级知识产权示范（试点）园区验收。全年全市开发区共完成全社会固定资产投资1185.54亿元，其中工业项目固定资产投资693.18亿元，比上年分别增长30.8%和27.99%；完成基础设施投入225.41亿元，增长34.57%。至年末，全市开发区已开发面积232.08平方千米，工业项目用地面积156.43平方千米。

【特色产业发展】2014年，泰州市积极构建具有泰州特色的现代产业体系，进一步提高开发区产业发展的质量和效益。医药高新区以建设“产城一体的医药名城”为目标，加快生物医药产业发展，全力打造疫苗、诊断试剂及高端医疗器械、生物制药、化学药新型制剂、保健品、中药现代化等产业基地。泰州经济开发区依托出口加工区，向以光电产业为主导的园区转型。靖江经济技术开发区向以高端制造业为主导的国家级开发区转型。泰兴经济开发区向循环经济园区转型。姜堰经济开发区向智能电网产业园区转型。兴化经济开发区向食品加工产业园区转型。海陵工业园区向文化创意产业园、新能源产业园转型。高港高新区向以通用动力、装饰新材料为重点的园区转型。年内，高港高新区内江苏省墙纸（装饰材料）质量监督检验中心获批，高港墙纸联盟标准通过省级验收，高港汽车零部件产业园创成省级科技产业园。泰州文化创意产业园入选江苏省首批重点文化产业园区，获批省级文化科技产业园。泰州数据产业园获批省级特色产业园，成为全市7家省级特色产业园区之一。

【科技创新】2014年，全市省级以上开发区内共有创新创业载体73家、高新技术创业服务中心（孵化器）59家（内有企业732家）、高新技术企业186家、各类研发中心253家。全年新增授权专利15766项、驰名商标14个、著名商标107个，科技领军人才266人。

【对外贸易】2014年，全市外贸发展平稳较快增长。区内有出口品牌企业16家。全市省级以上开发区完成进出口总额90.32亿美元，比上年增长0.8%，占全市总量的83%；出口47.57亿美元，占全市总量的78%。所有省级以上开发区出口额均超过3亿美元，其中泰州医药高新区出口超过12亿美元。

【社会文化事业】2014年，全市各开发区各项社会事业全面发展。医药高新区组建全国首个跨区域教育共同体，完成泰州第一外国语学校的招生运营；区内中科院幼儿园、红五星幼儿园和恒景大地幼儿园创成省优质幼儿园。靖江经济技术开发区加快推进安置房建设，全年竣工安置房项目10个，建成安置房8150套共计101万平方米，交付3461套共计55.4万平方米；就业保障有序推进，全年共免费培训各类职业技能人员9000多人次，新增就业3900多人；投入4.4亿元，帮助7200名被征地农民"入保"。兴化经济开发区建立健全村庄环境长效管理制度，各村村庄环境整治工作通过省、市检查验收。高港高新区总工会协调成立壁纸行业工会，签订工资专项集体合同；妇联组织企业女职工2000多人次参加"两癌"（宫颈癌和乳腺癌）普查，组织"六一"慰问活动；团委组织青年职工参观白马海军纪念馆，开展主题为"拥抱春天、播种绿色"的义务植树活动。海陵工业园区全年共举办、协办各类文艺汇演13场（次），参与演出800多人次。

【获批3个省级南北共建园区】2014年2月、4月、10月，无锡锡山经济技术开发区兴化工业园、江阴高新技术产业开发区黄桥工业园、昆山高新技术产业开发区姜堰工业园先后获批为省级南北共建园区，获批数量居苏中3个地级市首位。

锡山经济技术开发区兴化工业园首期规划建设面积8平方千米，先期启动1.2平方千米，主要发展高端食品、农副产品精深加工、机械制造、电子电气、新能源和高科技等产业，来自锡山的5个项目已成功落户，项目总投资13.9亿元，其中安井食品项目已竣工。江阴高新技术产业开发区黄桥工业园重点发展以精密制造、节能空冷、汽车零部件等为主的现代装备制造业和以新型建筑墙体材料、纳米材料、隐形材料、光电材料等为主的新材料产业，园区已累计招引江阴项目15个，总投资28.6亿元，其中7个项目一期工程已竣工投产。昆山高新技术产业开发区姜堰工业园先后编制完成共建园区(智能电网产业园)区域布局规划和控制性详细规划，已有来自昆山的4个项目落户，项目总投资24.2亿元，其中总投资10亿元的钢丝绳、传动链条2个项目一期工程已竣工投产，二期工程正在建设。

（王　华）

泰州医药高新技术产业园区

【概况】泰州医药高新技术产业园区（又称中国医药城）于2006年11月正式启动建设，总规划面积30平方千米，由科研开发区、生产制造区、会展交易区、康健医疗区、教育教学区、综合配套区等功能区组成，是中国首家国家级医药高新区。2014年，园区签约落户项目178个，其中医药类项目128个，比上年增加27个；新落地申报各类成果228个；新引进海内外高层次人才654名，新增7人入选国家"千人计划"，新增6人入选江苏省"双创计划"。

【产业集群发展】以疫苗、诊断试剂和高端医疗器械、生物制药等六大产业化基地为载体，整合上下游产业资源，拉长做粗产业链条，壮大产业集群。勃林格殷格翰、中崇生物、天舒生物等一批疫苗企业先后落户，至年末，园区内集聚疫苗企业10家，拥有各类疫苗产品40多个。华亘泰来、安百胜、森瑞谱等220多家诊断试剂和高端医疗器械企业先后进驻，申报产品100多个。以大分子药物平台、江苏省生物制剂检测中心为载体平台，集聚泰凌医药、三生药业、康禾生物等国内外生物医药企业，打造生物制药产业基地。

【项目建设】2014年，园区签约落户医药类项目128个，中崇生物、台湾半导体封装测试设备、中海油配套LNG气化等一批重大产业项目相继落户。新开工独立产业化用地项目6个，新开工进驻厂房项目48个。日健中外制药正式开业，勃林格殷格翰动物疫苗项目启动建设，日本武田制药项目土建工程基本完成，泰凌医药、长泰医药、美时医疗等独立产业化项目全面加快建设，台湾桑缇亚、海王药业、华亘泰来等租用厂房项目快速推进。推进项目审批，园区药品生产企业共申报产品142项，21家药品生产企业取得生产许可证，阿斯利康、盈科生物、国丹生物等6家药品生产企业通过GMP认证正式投产；72家医疗器械企业取得生产许可证，取得277张医疗器械生产注册证，550个医疗器械品种正在研究和申报中。

【园区配套功能建设】2014年，园区内竣工工程220万平方米，在建工程110万平方米。完善产业载体，会展交易区二期、原料药基地等项目加快推进。城市品位不断提升，东方小镇邻里中心、高新区图书馆建成开放，国际外国语学校开始招生，学生公寓、青年公寓、汇鸿金融中心等工程加快建设。公共平台不断健全，分子诊断平台、物流平台二期、药品保税仓库、医疗器械销售平台等相继建成，制剂代加工平台、疫苗工程中心二期等加快建设。

【产学研建设】2014年，园区先后与12所高校院所建立合作关系，共建医药研发机构8家。至年末，园区有各类研发机构56家，驻区企业与国内外80多家高校院所建立产学研合作关系；建有外籍院士工作站1家、院士工作站5家。各类产业平台不断完善，建成全省首家药品专用公共型保税仓库，疫苗工程中心中试原液生产车间加快建设，公共服务平台测试中心顺利获得CNAS实验室认可证书，园区临检中心通过验收。年内，聘请陈凯先、金力等知名专家为园区科学发展顾问。

【人才建设】2014年，园区先后成立“千人计划”医疗器械研究院、外籍院士工作站等载体；以中国国际医药人才市场为核心，成功获批建设省级人力资源服务产业园。全年新引进高层次人才654名，其中国家“千人计划”专家7名、省“双创计划”专家6人，3个团队入选省“创新团队”。打造“月、季、年”多层次人才招聘会体系，全年举行各类人才交流会80场，累计提供15400个岗位，吸引约10万名人才应聘，录用5000多人。

10月30日，省部共同推进泰州医药高新区建设联席会议第三次会议在泰州召开

【部省共建】2014年10月30日，江苏省政府、科技部、国家卫生计生委、国家食品药品监管总局、国家中医药管理局共同推进泰州医药高新区建设联席会议第三次会议在泰州召开。副省长张雷出席会议并讲话，省政府副秘书长朱步楼主持会议。会上，四部委负责人肯定医药高新区建设发展取得成绩，对提请研究的有关事项表示支持，并明确具体支持举措。

（医药园区）

江苏泰州出口加工区

【概况】江苏泰州出口加工区于2010年4月28日经国务院批准设立，是国家划定的专门制造、加工、装配出口商品的特殊工业区，规划面积1.76平方千米，2014年封关面积1.08平方千米。区内主要有工业加工区、保税物流区、综合服务区和联检公共服务区等4个功能分区，有重点企业6家，分别是纬创资通（泰州）有限公司、纬立资讯配件（泰州）有限公司、泰州泰达纺织有限公司、泰州普维通信科技有限公司、泰州鑫远物流有限公司、泰州中外运物流有限公司。其中，纬创资通及纬立资讯为大型电子产品加工贸易型企业，鑫远、中外运为区内2家物流企业。区内从业人数达5000人。

2014年，出口加工区实现工业产值36.09亿元，比上年增长13.35%；实现工业销售34.86亿元，增长17.18%。据泰州海关统计，出口加工区全年实现进出区业务货值29.07亿美元，增长22%。实现进出口4.38亿美元，其中进口2.12亿美元；出口2.26亿美元，增长56%。物流企业实现主营业务收入4297万元，增长56.08%。

年内，泰州出口加工区启动综合保税区申报工作。

【项目建设】2014年，泰州出口加工区坚持以项目招引和项目建设为中心，发挥海关特殊监管区域的政策优势，提升区内主导产业和特色服务业的发展规模和层次。区内龙头企业纬创资通（泰州）有限公司全年实现工业产值29.75亿元，生产触控屏296万片、液晶显示屏699万片、导光板118万片，产能比上年分别高出184万片、142万片、117万片。纬立资讯配件（泰州）有限公司实现工业产值5.77亿元。全年共引进普维科技、美欣达包装、苏兴报关、中外代、高择贸易、耀成贸易等6个项目，总注册资本5000万元。其中，泰达纺织、普维科技已正式投产。

【保税物流业务】区内“一日游”、保税仓储、特殊区域转关等保税物流业务发展迅速。2014年，区内保税仓库累计入库金额6.92亿美元，比上年增长86.08%；

出库金额5.52亿美元，增长88.04%。至年末，区内共有12家物流货代企业。其中，鑫远、中外运两家物流企业实现主营业务收入4297万元，增长56.08%。

（冒　颖）

靖江经济技术开发区

【概况】2014年，靖江经济技术开发区全年实现工业开票销售372.6亿元，比上年增长12.64%；完成公共财政预算收入13.6亿元，增长0.7%。产业发展功能加速完备，新港城常州大学怀德学院一期工程建成并顺利完成首届新生招录，与省内5所高校和中科院2个科研院所联合组建产业技术研究院。港口建设加快推进，完成对苏农物流股权的整体收购，开工建设和尚港内港池（含10个5000吨级码头泊位）。现代物流业加快发展，三江物流完成营业收入460亿元，增长23%；盈利港务木材接卸量330万立方米。推进科技创新，全年新认定高新技术产品22项，新增三部委认定高新技术企业6家、省级高新技术企业5家、省第一批科技型中小企业4家、省民营科技企业11家；新建市级以上工程技术研究中心3家，实施产学研合作项目20项；授权专利652项，万人发明专利拥有量达11.28件。

【招商引资】全年新签约重大产业项目22个，总投资82.21亿元，主要包括瑞泰电子、激光智能装备等一批科技成果产业化项目，以及光电薄膜成膜装置、胶粘成排钢纤维等一批新兴产业项目。全年达成投资意向项目29个，总投资100亿元，主要为中纺粮油、航天科工、上海电气等一批国企、央企投资项目以及粮食、木材等产业延伸类项目。

【项目建设和服务】全年在建项目55个，总投资195.06亿元。中小企业园二期、理化所产业园一期、木材产业园一期等一批工业项目，国际汽贸城等一批服务业项目以及公用码头四期、罗家桥内外储运港池等物流码头项目按序时推进。张氏纺织现代物流分拨中心、万都五金城、电镀中心一期、德桥仓储二期、江苏金也、盈丰木业等一批项目相继建成。

【基础及配套设施建设】基础配套功能不断完善，全年新开工道路9条，续建道路13条，开挖河道5个，新港城核心区“六横八纵”网络化道路体系基本形成，城南园区网格化道路更趋完善，城北工业集中区基础框架逐步拉开。城市公共工程进展顺利，新港城东阜湖公园建成，兴阜社区、阜康社区扩建工程加快建设，商业综合体项目征地拆迁等前期准备工作稳步推进。城南园区第四人民医院项目进行室内装饰工程；城北保障性住房项目一期4幢住宅竣工，渔婆批发菜场一期工程建成投入使用。城市管理水平不断提升，全年共维护管养道路102千米、绿化110万平方米、路灯5539盏；创新社区管理模式，通过引进专业物业管理公司、加大硬件设施投入和环境治理力度、加强社区文化建设等，提高安置区的管理水平。

【拆迁安置和民生保障】加快安置房建设速度，全区在建安置房项目15个计11500多套，面积184万平方米；已竣工安置房项目10个，建成安置房8150套计101万平方米，交付安置房3461套计55.4万平方米。推进就业保障，全年共免费培训各类职业技能人员9000人次，新增就业3900人；投入4.4亿元，帮助7200名被征地农民“入保”。安全生产形势平稳，组织安全知识培训6次，1200人次参加培训；加大企业安全检查，隐患整改率达95%，全年未发生一起较大以上安全事故。

（梅　勇）

江苏泰州经济开发区

【概况】江苏泰州经济开发区创办于1992年，1996年经省政府批准成为省级经济开发区，2009年成为国家级医药高新区下属功能性园区之一，主导产业为电子信息产业、高端装备制造业和现代服务业。2014年，全区实现规模以上工业产值237.6亿元，比上年增长28.09%；完成进出口总额8.5亿美元，增长23.7%；实际利用外资1.08亿美元；完成规模以上固定资产投资60亿元。

4月20日，省委书记罗志军（右二）调研纬创资通（泰州）有限公司

【项目建设】加大招商引资力度，全年共招引工业项目16个、服务业项目11个。可胜科技（泰州）有限公司年内先后两次增资，增资总额6500万美元，全年实现产值11.33亿元。纬创资通（泰州）有限公司实现产值29.75亿元，纬立资讯配件（泰州）有限公司实现产值5.77亿元。可胜二期、托马斯电梯等重点项目开工建设。

【服务企业】加强与劳动力中介服务机构及各职业院校的合作，成立用工服务小组，组织外出招工，为可胜、纬创、纬立等区内龙头企业解决用工难题。全年累计为可胜公司组织工人1万多人，为纬创公司组织工人5000多人。加快出口加工区、光电产业园周边生活配套项目建设，为可胜公司解决供水和污水排放等问题，开通光电产业园区间公交，招引布局生活性服务业项目。

【配套功能建设】推进凤凰街区建设，组织实施吴陵南路北延、梅兰路贯通等道路工程。完善区内污水管网、水电气等基础设施。实施梅兰大桥周边地块改造、高港路周边地块改造、光电产业园周边地块改造等3个搬迁项目，搬迁群众400多户。完成梅兰花园二期、东明花园二期安置房分配工作，双寿安置区一期竣工交付，药城二期、祥龙家园等安置区建设加快推进。

【泰州国际汽车城建设】泰州国际汽车城全年销售突破60亿元，成功获批市级“服务业发展集聚区”。奔驰4S店正式营业，泰州车管所国际汽车城服务站共建工作正式启动，国际汽车城加油站建成并投入运营。成功洽谈引进一批总部经济、商务商贸等现代服务业项目，世茂茂御酒店于9月正式开业，心怡锦江国际酒店建设进程加快。

（王冰冰）

江苏泰州海陵工业园区

【概况】2014年，海陵工业园区实现规模以上工业产值260.7亿元、利税总额26.5亿元，比上年分别增长0.2%、22.9%。实现工业开票销售收入70.7亿元。完成公共财政预算收入6.04亿元，增长6.9%。完成固定资产投资36.5亿元。净增规模以上工业企业5家、重点服务业企业3家。

【招商引资】全年签约落户项目21个、协议总投资121亿元。其中，外资项目3个，分别是普阳光电项目投资9500万美元、森托尔针织机械项目投资5000万美元、天恩塑料项目投资1000万美元；LG配套产业园成功签约赛福电子、永欣金属等10家企业入驻，总投资10亿元。21个项目中有园区开发类、文创服务业项目12个，协议总投资95.4亿元，其中，中节能环保产业园、国购动漫城、文化创意产业园S-park项目均为投资30亿元以上的重大项目。

【项目建设】歌德电子商务生态园淘宝“特色中国”泰州馆、“大学生创业就业馆”泰州高职院馆建成运营。申视新材料复合管一期厂房竣工，金桥不锈钢焊丝、云涌电子等12个新建项目以及海华机械、凯华发电机组、海发机电等15个技改项目进展顺利。全球商品采购中心奶粉进药店项目正式启动销售。

【园区功能建设】园区“五纵五横”路网框架基本形成，与主城区连片发展水平不断提升。梅兰东路东延工程建成通车，兴业路、城南污水处理厂南侧“空转绿”等工程顺利完工；实验小学东校区投入使用，海曙颐园回迁安置工作基本完成；金东花园3期、济川东路南侧安置区主体工程基本完工；231省道东环高架、美好易居城、中医院等重点项目进展顺利。

（海陵工业园区）

江苏泰州高港高新技术产业园区

【概况】2014年，江苏泰州高港高新技术产业园区实现地区生产总值78.24亿元，比上年增长18.17%；规模以上工业总产值225亿元，增长29.4%；高新技术产业产值120.68亿元，增长32.8%。完成公共财政预算收入2.41亿元，增长20.6%；服务业税收收入3.18亿元，增长41%；工业企业一般纳税人开票销售77.9亿元，增长24.1%；固定资产投资84.25亿元，增长32.68%。年内，园区获2013年度江苏省开发区科学发展综合评价第39名，较2012年上升7名。

【项目建设】全年实际利用外资6810万美元，新引进总投资9800万美元的亚力山卓高档家具、总投资4600万美元的大自然复合地板、总投资6亿元的江苏苏萨植物蛋白饮料等大项目3个。引进产业、城建等项目25个，总投资72.6亿元。鹏翎胶管、诚达精工、昆仑光源等项目建成运行；金海运船用设备、张弛轮毂制造、保力自动化、铭建精密模具、宇栓五金器材等项目完成厂房装修。麒润电子年产6000吨异型铜带、典雅墙纸新建3条生产线等在建项目完成全部工程建设，扬子江车辆配件完成项目报批。

【基础设施】永盛路东延、永福路建成通车，创新大道改造、解放路东延、三星路改造等工程建成通车。全年共建成道路8千米；完成污水主管网铺设8千米，自来水主管网铺设7千米，供热管网铺设2千米。完成安置房建设6万平方米以及4.5万平方米的拆迁任务。台湾国际新城商铺和别墅区19栋主体验收完成，明发商业广场11栋高层全部封顶，许庄农贸市场主体建成。

【科技创新】新增著名、知名商标和省、市名牌产品11个，新增省市"两化融合"试点企业5家、星级"数字企业"9家。万向精工、东田电子、追日同步器、保力自动化等4家企业获批为国家级高新技术企业。新认定省级高新技术产品20项，新建企业研发机构6家，获各项科技奖励资金605万元。完成专利申请量735件，专利授权量281件，其中发明专利申请量182件。成立"中国壁纸商城"电子商务平台，园区开发投资公司获批为"江苏省四星级中小企业公共服务平台"。

【高港区创成省级生态工业园区】1月5日，省级生态工业园创建工作通过省环保厅、商务厅、科技厅组织的现场考核验收。11月，经省环保厅发函公布，江苏泰州高港高新技术产业园区获"省级生态工业园区"称号。

【泰州高港汽车零部件科技产业园获评省级科技产业园】12月，省科技厅发布2014年度江苏科技产业园名单，高港汽车零部件科技产业园被认定为江苏科技产业园，为高港区首家省级科技产业园。该科技产业园集聚各类汽车零部件生产企业42家，其中11家骨干企业销售超过1亿元，初步形成汽车轮毂及轴承单元、汽车天线、汽车电子、汽车流体管道、汽油发动机等较为完整的产业链。有省级高新技术企业8家、省级高新技术（后备）企业4家、省级科技公共服务平台3个、省级民营科技型企业4家，有国家级重点新产品3项、省级高新技术产品35项，3个项目被列入国家火炬计划；有汽车零部件相关授权专利量94件，其中发明专利15件，实用新型专利79件。

（王　娜）

江苏姜堰经济开发区

【概况】2014年，江苏姜堰经济开发区实现地区生产总值285亿元，比上年增长15.4%；工业开票销售375亿元，增长18.6%；工业设备抵扣增值税额1.08亿元，增长22.6%。完成公共财政预算收入12.2亿元，增长19.6%。完成协议利用外资1.87亿美元，实际利用外资1.21亿美元。

【产业结构】实施"一企一策"，积极培植特色产业，培育规模企业。全年纳税销售超过1亿元的企业有36家，比上年增加10家。实现列统工业产值736亿元，增长20%；完成固定资产投资84.7亿元，增长28%。高新技术产业产值占列统工业产值的比重为38.2%，全年共申报高新技术企业10家、省高新技术（后备）企业7家、民营科技企业29家，申报国家重点新产品4个、省高新技术产品69个，申报国家火炬计划产业化示范项目5个、国家科技型中小企业创新基金项目4个、省科技支撑计划项目6个，申请专利1236个、发明专利159个，专利授权数322个。

【项目建设】全年新增固定资产投资1亿元以上工业项目8个、投资200万元以上农业项目4个、投资1000万元以上服务业项目6个。当年竣工并通过验收的项目8个，其中1000万～3000万元的项目2个、3000万～1亿元的项目5个、1亿元以上项目1个。投资1亿元以上的在建项目有19个，待开工项目9个。强化技术改造，推动产业转型，全年共实施纯技改项目25个，其中总投资1000万～3000万元的项目9个、3000万～1亿元的项目9个、1亿元以上项目7个。年内，昆山高新技术产业开发区姜堰工业园获批为省级南北共建园区。

【城乡建设】坚持城乡一体发展和产城融合发展理念，加快新城区功能配套建设，5大类16项工程完成序时任务，陈庄路对接迎春路等重点道路工程按序时进度推进。开发区大型生态绿地工程建成并对外开放，开发区学校建设进入装修收尾阶段，启动建设开发区工业污水处理厂、人民医院开发区分院。建成军铺、陈庄二期、许陆二期、马厂七期C区等安置区16.8万平方米。开工建设马厂七期D区、陈庄三期、许陆三期工程。全面实施农村垃圾处理一体化工程，深入开展环境综合整治，建立健全长效管理机制，村、社区面貌得到明显改善。

【社会事业】推进被征地农民社会保障工作，转移农村劳动力就业424人，推动农民创业730人，带动就业2159人，农民人均可支配收入18533元，增长14.2%。社会保障体系不断完善，五大社保扩面单项增幅都在90%以上。深化社会治安综合治理，一批重大矛盾纠纷得到及时有效化解，刑事案件发案率同比下降14%，社会大局保持和谐安定。

（姜堰区政府办）

江苏省兴化经济开发区

【概况】2014年，兴化经济开发区实现地区生产总值36.1亿元，比上年增长11%；公共财政预算收入1.94亿元，增长15%。实现工业开票销售59.6亿元，增长20%，其中食品业实现工业开票销售33.2亿元，增长54.4%，占全区工业开票销售的55.7%。

【招商引资】开展“重大项目推进年”活动，实施驻点招商，先后在厦门、无锡、杭州、郑州等品牌食品企业集聚地组织开展专题招商活动。全年引进领鲜冷链物流、味滋美食品等一批项目。其中，领鲜冷链物流产业园项目总投资3.15亿元，征地6.87公顷，一期工程建设4万平方米的冷链物流信息中心、生鲜食品类电商区和1.5万平方米的仓储中心。安井食品、东华齿轮、新蕾麦芽等9家企业投资新建二期工程。

【项目建设】华夏乳业、领鲜冷链物流等一批项目成功签约。安井食品2号车间、五得利3号车间、可可食品一期、盛洲粮油芝麻油车间、裕泰机械、腾欣工艺品、佳隆食品等7个项目相继建成投产。江鑫机械、瑞德机械等一批项目即将竣工投产，其中江鑫机械项目一期土建工程已竣工，1号车间进入设备安装阶段。伽力森主食、悦兴药业等一批重大项目加快建设，其中伽力森主食项目一期6万平方米的3幢厂房已封顶，悦兴药业项目一期固体制剂车间、研发实验楼、动力中心、小容量注射剂车间等土建工程基本竣工。

10月26日，兴化经济开发区领鲜冷链物流产业园项目签约仪式举行

【合作共建】年内，开发区与江南大学食品学院签订战略合作协议，成为江南大学食品学院副董事长单位。与锡山经济技术开发区合作共建的“锡山经济技术开发区兴化工业园”成功获批，园区总规划面积8.01平方千米，其中首期开发面积1.5平方千米。

【基础设施建设】完成五里西路改扩建、文林路五得利段改造和纬二路葛家段建设，按期完成纬九路桥梁和路基建设，园区路网体系进一步完善。实施经一路南段、纬八路东西两段、高兴东公路西连接线等道路绿化配套工程以及重要道口文化景观工程；完成葛家东河“黑臭”河道整治任务，加快延伸园区污水管网，扩大污水收集覆盖面，省级生态工业园区创建年内通过技术评估。加快推进配套服务设施建设，职工宿舍楼二期主体工程竣工，食品质量检测中心主体工程封顶。

【转型升级】兴利达齿轮、日升电力机械、中兴电动工具、格林生物制品等4家企业获批为江苏省高新技术企业，佳隆食品、金鼎消防器材、百味食品饮料等企业的3件商标被认定为泰州市知名商标，安井食品公司获批泰州市工程技术中心。全年新增江苏省高新技术产品6个、省民营科技企业5家；专利申请量302件，其中发明专利6件。

【民生事业】实施安居工程，做好马场基经济适用房和刘家拆迁安置房附属工程扫尾和安置工作，实施开源村集中居住小区一期工程。加强防洪水利设施建设，疏浚河道4条，加修圩堤2500米，新建卤汀河石驳岸1300米，新建圩口闸5座，改建排涝站1座。开展村庄环境整治，新建公厕21座、停车场2处。加大教育卫生事业投入，城南小学幼儿园通过省级优质园验收，村卫生室在全市率先实现医药费联网直报。推进企业职工和城乡居民社保扩面工作，成立为民服务中心。建成董家公墓，完成南部12个自然村的土散坟清理工作。

（兴化市政府办）

江苏省泰兴经济开发区

【概况】2014年，泰兴经济开发区实现地区生产总值170.5亿元，比上年增长16.2%；完成公共财政预算收入11.5亿元、工商税收收入24.8亿元，分别增长24.2%、22.4%；实现工业国税开票销售610亿元，增长30%。新增主营收入10亿元以上企业4家，50亿元以上企业2家，规模以上工业企业数累计为92家。完成高新技术产业产值420亿元，增长28%。实现沿江物流业税收5054.8万元，增长100.6%。实施节能减排技改项目17个，单位工业增加值能耗下降10.3%。年内，开发区获“泰州园区目标管理考核一等奖”，获批“中国产学研合作创新示范基地”，在“全国化工园区20强”的位次前移至第9位。

【招商引资】全年协议利用外资4.7亿美元，实际利用外资2.2亿美元，比上年分别增长55.1%、63%。年内，新签1亿美元或5亿元以上项目8个，总投资152.4亿元，其中外资项目5个。

【项目建设】2014年，新开工投资1亿元以上工业重大项目12个，总投资69.5亿元，其中1亿美元或5亿元以上项目5个。裕廊三期、凌飞化工等8个1亿元以上项目竣工投产，济川中药提取及原料药、金江化学二期等项目正在建设中。博特新材料、裕佳烷烃脱氢等21个1亿元以上报批项目进展顺利。

4月28日，泰兴经济开发区博特新材料产业园暨重大项目集中开工仪式举行

【开发区功能配套建设】2014年，累计完成基础设施投入50亿元。预征土地291.8公顷，签约2308户、拆除2171户，安置1258户，回购1936户。瑞祥路、文化路等10条区内道路建成通车。总长20千米的污水管网铺设到位。沿江资源整合和岸线资源评估启动，关闭小化工企业、小船厂4家，淘汰落后产能设备20台(套)。安全生产实现“双下降”。通过“全国生态镇”省级考核验收，完成道路绿化30千米，建成特色绿化景点18个，沿江绿色走廊初具雏形。完成农田林网333.3公顷，建成林业绿化示范村2个，新增成片林面积43.16公顷。新建、拓宽、维修农村公路28.91千米，新建农村桥梁8座，疏浚中沟3条共计8.4千米。总投入1000多万元用于新建机耕路、排灌站、涵闸渠等。进行村庄环境整治，全年改厕1591户，实现生活垃圾一体化管理模式，垃圾中转站全面建设到位。

【产学研合作】2014年，泰兴经济开发区促进产学研多层次合作，引导区内企业与高校、科研院所新签订科技合作协议12件，征集技术难题、技术需求信息12项，企业与科研单位、大专院校共建产学研联合体7家，区内企业已累计成立产学研联合体46家，规模以上企业研发机构建设比例达18%。加大高层次人才引进力度，全年招引各类高层次人才52名。11月15日，在深圳举行的第八届中国产学研合作创新大会暨2014中国产学研合作促进会年会上，泰兴经济开发区获“2014年中国产学研合作创新示范基地”称号，成为全国11个产学研合作创新示范基地之一。

【裕廊化工与法国阿科玛交割】2014年1月23日，泰兴经济开发区内的世界500强企业—裕廊化工有限公司与法国阿科玛公司举行股权转让合作签约仪式，双方共同组建合资企业—泰兴市昇科化工有限公司。该公司总投资39亿元，总注册资本25亿元，协议利用外资4亿美元。10月21日，昇科化工举行股权交割典礼，标志着泰兴市单体规模最大的合作重组项目启动，成为世界单套单厂规模最大的丙烯酸生产基地。

【惠民工程】2014年4月3日，泰兴经济开发区4项重点惠民工程集中开工，工程总投资3.37亿元。4项工程分别是：福泰大桥及接线道路工程，中标价5300万元，桥长207.5米，道路长1.2千米、宽25米；污水处理二期二阶段工程，总投资1.1亿元，工程建成后可提高接纳开发区企业工业废水和市区生活污水能力，污水处理能力将达4万吨/日，其中工业污水1.5万吨/日、生活污水2.5万吨/日；飞鸿路工程，总长1.6千米，总投资3600万元，路宽规划60米，建成后将成为区内行政主干道。

（泰兴市政府办）

泰州滨江工业园区

【概况】泰州滨江工业园区建于2000年6月，规划面积9.58平方千米，拥有国家一类开放港口——泰州港。2014年，园区以中海油气、东联化工、海阳化纤为代表的石油化工，以扬子江海慈生物、滨江原料药公共服务平台为代表的医药化工，以建业化工、九洲生物为代表的精细化工，以海螺水泥、新嘉建材为代表的新型建材，以海泰油品、通江油品为代表的临港物流等产业集聚效应不断增强，石化、建材、物流产业特色日趋鲜明。全年完成公共财政预算收入4.47亿元，比上年增长21%；完成固定资产投入54亿元，增长20.72%。年内，园区被列为首批泰州市特色工业园区。

【工业经济】2014年，园区实现规模工业总产值189.37亿元，比上年增长22.05%；高新技术产值7.03亿元，增长101.11%。实现主营业务收入175.47亿元、工业利税28.6亿元、工业利润10.84亿元，分别增长19.49%、0.2%、1.69%。重点企业运行平稳，中海油、杨湾海螺、建业化工、金泰环保热电等重点企业实现现价工业总产值173.51亿元，增长22.04%。全年新增规模以上企业3家。

【招商引资】全年完成协议利用外资5074.28万美元、实际利用外资3253万美元、注册内资7.78亿元，分别完成全年目标任务的110%、130%和104%。新增注册企业27家，增资企业4家；签约项目3个，总投资10.8亿元。

【工业项目建设】全年新开工项目9个，各类在建项目17个，总投资161亿元。总投资超10亿元的重大项目有中海油一体化项目、东联化工滨江项目和海阳化纤锦纶新材料项目。其中，中海油一体化项目预计2015年底实现工程中期交工；东联化工滨江项目基本建成；海阳化纤锦纶新材料项目1号、2号聚合楼基本完工。

【功能配套项目建设】全年新开工功能配套项目7个，总投资25亿元。其中，总投资2.2亿元的东联化工和中海油项目11万伏同杆双回专用供电线路工程、总投资1300万元的江平路西延工程、总投资4500万元的港城西路、润江路送水河以北段沥青化改造工程、投资600万元的3000米引水灌溉明渠等项目全面完成。建成泰镇路西东联化工东侧生态绿带走廊，南官河西侧生态带工程基础培土、管道铺设已完工。

【融资、国土工作】全年完成10亿元企业债券发行工作；成功获得各类授信38.5亿元，实际到账资金25.6亿元，完成各银行及金融机构贷款到期周转10.8亿元。确保重大项目用地需求，全年共上报土地点供项目1个，上争土地指标34.67公顷，办理土地挂牌71.47公顷，办结11宗项目用地土地使用证，办理14个项目总平图、施工图审查。

【民生建设】全年完成东联化工配套设施、滨江花苑沿街商住房、虹桥港和长生港综合整治、海阳化纤卫生防护区等8个项目共494户、10.86万平方米的拆迁任务。实施腾龙御园一期安置对象6项费用减免和2项照顾政策，完成腾龙御园1期1368户回迁安置。完成杨湾社区竖三组、常福钱湾南组等4个组的被征地农民基本生活保障办理工作。将泰州市第三人民医院和高港区中医院调整为街道二级定点医疗机构，出台《沿江街道大病民政救助实施意见》。对泰镇路、高港汽渡码头等重点地段进行集中整治，实施长效管理。

（滨江工业园区）

泰州数据产业园区

【概况】泰州数据产业园区位于泰州医药高新区东部核心区，占地面积6.67公顷，规划建筑面积20多万平方米，是泰州市发展软件信息产业的主要载体。2014年，园区新增注册项目65个，新增注册资本5.6亿元，分别完成全年目标的108%、280%，其中投资1亿元以上项目1个、1000万元以上项目12个。全年实现业务总收入15.3亿元，比上年增长27.5%，其中软件业务收入7亿元、服务外包收入8200万元；实现税收1500万元；完成服务业固定资产投资4.2亿元。

2014年，园区加快申报国家级平台，继续构建软件及信息服务、数据备份、北斗信息服务、医药特色服务外包、物联网技术应用、高技术服务等六条特色产业链。加快数据中心二、三期工程建设，积极发展楼宇经济、总部经济，加快扩大园区综合实力。年内，园区先后被授予“江苏省现代服务业集聚区”“江苏省特色产业园区”“江苏省电子商务示范基地”以及“江苏省医药行业软件开发应用特色园区”等称号。

【企业发展】2014年，园区共组织企业参加人才招聘专场12次，泰盈科技、联迪恒星、迅博科技等公司年内共新增各类人才500多名；组织风达为新能源、远东高科申报泰州市“双创”人才计划，2名博士成功入选。新增高新技术企业2家、市级以上研发机构2家。新增“双软认证”（软件企业的认定和软件产品的登记）企业5家，通过国家、省级认定软件产品11个，上争市级以上软件类项目4个，专利申请量33件。

【基础设施建设】2014年，园区完成综合楼二期工程建设；三期工程内部装修正加快推进，高端商务酒店项目即将进入营业阶段；泰州市电子政务展示中心投入使用，数据中心二期、三期项目成功签约。

【智慧产业】IDC（互联网数据中心）中心功能不断完善，共完成装机量130台架。承接全市电子政务服务中心平台、政务效能监察中心平台、“金保”工程以及智慧民生等平台数据资源，实现非保密数据资源的共享共用。数据中心二期、三期工程的500个台架投资协议签署完毕。

（数据产业园区）

泰州文化创意产业园区

【概况】泰州文化创意产业园区于2011年8月挂牌成立。园区位于主城区东部，是依托省级经济开发区海陵工业园区建设的以文化产业为主题的功能园区，规划面积5平方千米，一期规划面积2.7平方千米。2014年，园区围绕“产城一体，融合发展”的总体要求，积极引进文化艺术、数字影视创作制作、动漫研发体验、软件网络信息服务等产业，创新招商方式，加快载体建设，园区配套功能日趋完善。

完成5平方千米的总体规划、一期2.7平方千米的控制性详规编制和1平方千米先导区的城市设计工作，启动文创园信息化管网工程、景观绿化工程和人才规划等专项规划的编制。推进实施先导区7千米道路以及桥梁、水系和15万平方米景观绿化规划建设。建成6万平方米的文创产业孵化中心。总建筑面积7.8万平方米的文创大厦主体工程封顶并通过验收，中医院新院工程部分封顶。

全年洽谈引进各类项目20多个。围绕动漫研发体验和影视创作制作，招引落户国购动漫游戏城、泰州影视拍摄服务基地等项目；围绕信息服务和电子商务，招引落户泰州鼎新人工智能科技创业园、歌德电子商务生态园、他拍档跨境电商孵化中心等项目；围绕总部经济，招引落户全球商品采购中心、中城建第十三工程局、嘉欣建设、永丰海运、海建总部等项目。

年内，园区获批“江苏省文化科技产业园”，入选全省首批重点文化产业园区。数字领海数码科技有限公司入选首批江苏省重点文化科技企业，歌德电子商务有限公司创成省级电子商务示范企业。

【8个投资项目集中签约落户】2014年8月19日，泰州文化创意产业园举行招商恳谈会暨项目签约仪式，动漫游戏城项目、S-PARK项目、微软人才培训项目、轩宁软件科技项目、亿伦时代科技项目、华创启明科技项目、航天华有科技项目、博纳智行文化项目等8个项目正式落户，总投资额63亿元。其中，安徽国购投资集团和中国动漫产业集团共同投资30亿元建设全国首批室内动漫游戏城项目。

（文化创意产业园）

沿 江 开 发

【概况】2014年，泰州市沿江开发核心区域实现地区生产总值1877亿元、规模以上工业增加值1427.3亿元，比上年分别增长（现价）9.7%、7.4%，分别占全市比重55.7%、65.8%；完成固定资产投资1375.6亿元、公共财政预算收入158.4亿元，分别增长32.4%、10.9%，分别占全市比重62.5%、56%。全年新批协议注册外资15.19亿美元，实际到账注册外资6.23亿美元，完成出口额35.72亿美元，分别占全市比重61.3%、66.3%、57.8%。

全市长江岸线共96.3千米，已开发利用长江岸线57.6千米，占全市岸线资源的59.8%。除去河口、闸口和已用岸线外，未开发利用岸线32.1千米，占全市岸线资源的33.3%，其中一级宜港岸线6.6千米、二级宜港岸线6.7千米。

泰州港核心港区集装箱码头

【新常态下沿江开发理论研究】2014年，《泰州市沿江转型升级规划》正式发布，该规划确定新一轮沿江开发的指导思想和基本原则，明确转型方向、发展定位和发展目标。启动建设国际航运物流节点城市研究、泰州港口物流园区发展规划编制等工作，开展东夹江整体开发课题调研，为新常态下发挥长江岸线资源优势，促进经济社会转型升级发展做好前期理论研究。

【岸线资源管理】加大对沿江地区岸线资源的清理和整合力度，全年共整合岸线1261米。靖江市对苏农物流、扬子江港务一期扩建工程等存量项目实施“腾笼换鸟”，高港作业区4#、5#、6#泊位改造等工程基本完成，泰兴市出台《长江岸线资源使用管理办法》，启动东夹江整体开发一期工程、经济开发区南片区2千米岸线整合、天星洲综合整治开发工程、七圩作业区岸线资源整合、如泰运河内港池等项目。加强利用岸线项目管理，对使用长江岸线项目进行联合审查，确保使用岸线符合规划和产业发展政策要求，年内完成对泰州港泰兴港区东夹江开发项目一期码头工程使用长江岸线审查。

【基础设施建设】沿江地区新开工建设道路28条，靖江市阜前路一期、泰兴市瑞祥路、高港区友谊港路等21条道路竣工。靖江三峰港务物流码头、新民拆船船舶拆解码头、和尚港内港池码头等工程按序时推进，泰州港核心港区5万吨级集装箱码头建成运行。靖江经济技术开发区对4千米污水主管网进行改造提升，道路建设同步配套污水管网，东西两个污水厂日处理污水均达到3000吨以上；泰兴经济开发区总长20千米的污水管网全部建成；泰兴虹桥工业园区铺设天然气管道15千米、污水管线8千米，架设10千伏专用线路6千米；高港区自来水总管改造工程、永安洲污水处理厂二期扩建工程加紧实施；滨江工业园区11万伏同杆双回专用供电线路工程完成。

【重大产业项目的招引与实施】2014年，沿江地区围绕沿江主导产业，开展招商活动，加大服务力度，形成项目梯次推进、序时投入、良性循环的格局。全年新签约1亿元以上项目34个、计划总投资335亿元，其中1亿美元或10亿元以上项目12个、计划总投资170亿元。1亿元以上新开工项目76个、计划总投资311亿元，其中1亿美元或10亿元以上10个、计划总投资88亿元；总投资10亿元的南洋三期钢结构生产项目、总投资12.68亿元的重粮巴西大豆压榨项目、总投资10亿元的博特高性能混凝土外加剂产业基地项目等一批重大项目相继开工建设。1亿元以上竣工项目30个、总投资126亿元，其中1亿美元或10亿元以上6个、总投资72亿元；总投资10亿元的联合安能液体加工码头、总投资9.02亿元的木材产业园一期、总投资10亿元的海阳化纤锦纶新材料等重大项目竣工。

【联动开发】2014年，江阴—靖江工业园区全面加快二次创业，全力打造千亿园区，全年完成公共财政预算收入5.05亿元、固定资产投入33.3亿元，实现工业总产值185亿元，到账注册外资500万美元。加大招商引资力度，新招引总投资3000万美元的中力机械、一期总投资3000万美元的东方能源防冻液、总投资5亿元的兴业综合建材市场等项目。推进重大项目建设，总投资1.6亿美元的大明重工项目开工建设，总投资10.8亿元的长强铬铁、总投资5亿元的中建钢构三期、总投资5亿元的兴业综合建材市场、总投资5亿元的永益华元等拟建项目进入开工准备阶段。引导区内企业加快转型升级，新扬子造船及时调整市场策略，生产大载重量、低油耗、低排放的“绿色船舶”，新接订单45艘，手持订单129艘；中建钢构以技术研发带动业务扩大，中标项目15个，中标金额20多亿元，并获批成立江苏省钢结构焊接与检测工程技术研究中心；中铁建康远公司研发的时速300千米以上高速铁路的接触线和承力索打破国外技术和价格垄断，时速400千米以上接触线研制工作完成产品试制，获国际电工CE认证。

省人大代表省直南通扬州泰州组视察锡常泰经济圈建设

【沿江生态建设和保护】推进绿化建设，改善沿江生态环境。靖江市完成绿化面积110万平方米，沿江高等级公路两侧绿化景观带全面建成，靖江经济技术开发区通过省级生态园区考核验收；泰兴市完成焦土港风光带优化工程、同德中沟风光带绿化工程，建成18个特色绿化景点，完成道路绿化30多千米，新增绿化面积126万平方米；高港区创成省级生态区，划定生态红线区域45.15平方千米；滨江工业园区建成东联化工东侧生态绿带走廊，完成南官河西侧生态带工程基础培土和管道敷设。加强环保监管，减少污染排放。靖江市强化对拆船业拆解过程的监管，并加强对沿江物流码头的环保、安全督查，对重点污染源实施在线监管、限期整改、达标排放。泰兴市按序时开展小船厂和小化工企业的关停搬迁以及安全卫生防护距离范围内的房屋动迁等工作，加快推进大气环境应急预警监测系统、危险固废填埋场等重点工程建设。高港区污染物减排取得新成效，化学需氧量、二氧化硫、氨氮、氮氧化物比上年分别削减255吨、32吨、36吨、30吨；全面实施“蓝天工程”计划，淘汰燃煤锅炉、推广清洁能源、整治施工扬尘、秸秆禁烧、防治餐饮油烟等工作有序进行；加快淘汰电镀、化工等行业的落后产能，先后关闭沃爱特化工等3家化工企业。

（马林春　刘　迁）

梅兰芳纪念馆

①

②

泰州经济开发区
TAIZHOUJINGJIKAIFAQU

⑤

③

⑥

④

① 省委书记罗志军在开发区企业—纬创资通调研

② 市委书记蓝绍敏调研开发区工作

③ 市长陆志鹏在纬创资通召开现场办公会，帮助企业解决难题

④ 市委常委、高新区党工委书记陆春云督查开发区重点项目建设进展

⑤ 开发区汽车城泰州之星奔驰4S店正式开业

⑥ 开发区加快推进安置区建设，确保搬迁居民按约早日入住。图为双寿安置区竣工交付

（供稿：卞慧殿　审核：张干勇）

CMC
D-PARK

①

泰州市服务外包
人才培训基地揭牌仪式
泰州學院
TAIZHOU UNIVERSITY
实践教学基地

③

泰州数据产业园区

TAIZHOUSHUJUCHANYEYUANQU

① 省委书记罗志军到数据产业园区调研

② 市委书记蓝绍敏在数据产业园区检查指导工作

③ 与泰州学院合作，构建人才培训基地

④ 数据园区发挥自身优势，互联网+助推网上中国医药城迅猛发展

⑤ 广州车品e库与泰州数据产业园区成功合作

⑥ 泰州数据产业园区位于高新区核心区，获评“中国医药产业特色园区”，已聚集160多家软件信息企业，是泰州互联网经济和大健康数据产业的重要基地

（供稿：吴峰　审核：叶平章）

① 国务院副总理马凯、工信部部长苗圩等赴开发区调研船舶产业发展情况

② 泰州市委书记蓝绍敏在靖江开发区常州大学怀德学院调研

③ 2014年，开发区在建项目55个，总投资195.06亿元；新签约重大项目22个，总投资82.21亿元。图为建设中的中科院理化所产业园一期

④ 国信靖江电厂一期建成发电

⑤ 开发区内首所高校常州大学怀德学院一期工程建成并顺利完成首届新生招录

⑥ 2014年，开发区实现工业开票销售372.6亿元，公共财政预算收入13.6亿元，产业发展功能加速完备，港口建设、现代物流业加快推进、发展，船舶工业再上新台阶。图为江苏新时代造船公司船坞一角

（供稿：朱铭　审核：邵剑江）

江苏省靖江经济开发区

JIANGSUSHENGJINGJIANGJINGJIKAIFAQU

③

④

⑤

⑥

①

③

江苏省泰兴经济开发区

JIANGSUSHENGTAIXINGJINGJIKAIFAQU

②

④

⑤

⑥

① 泰州市委书记蓝绍敏调研泰兴经济开发区企业，泰兴市委书记孙耀灿，市长张育林，市委常委、开发区党工委书记孙群陪同

② 泰兴市委书记孙耀灿调研开发区重大项目审批情况

③ 泰兴市市长张育林深入园区企业检查安全生产

④ 紧紧围绕“全面领先苏中，加快融入苏南”奋斗目标，开发区在沿江开发中强势崛起。2014年实现地区生产总值170.5亿元，工业国税开票销售610亿元，公共财政预算收入11.5亿元，工商税收收入24.8亿元

⑤ 2014年，开发区协议利用外资4.7亿美元，实际利用外资2.2亿美元。新增10亿元以上企业4家，50亿元以上2家。全年新签1亿美元或5亿人民币以上项目8个，新开工亿元以上工业项目12个。图为博特新材料产业园暨重大项目集中开工仪式

⑥ 开发区成功获批“中国产学研合作创新示范基地”，在“全国化工园区20强”位次前移至第9位。图为区内“日化产业园”一角

（供稿：吕晓文　审核：朱炜）

①

②

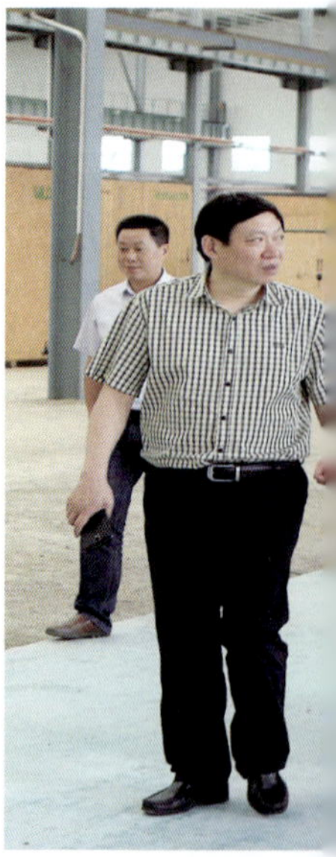

江苏省兴化经济开发区

JIANGSUSHENGXINGHUAJINGJIKAIFAQU

① 省长李学勇，省委常委、副省长徐鸣带领省有关部门负责同志在兴化开发区调研南北园区共建情况。泰州市委书记蓝绍敏、市长陆志鹏，兴化市市长李卫国，副市长李斌陪同

② 泰州市委书记蓝绍敏考察伽力森主食项目建设

③ 兴化市委书记陆晓声在开发区调研，副市长李斌、开发区管委会主任刘海山等领导陪同

④ 市长李卫国到江苏德创制管有限公司调研

⑤ 兴化市重大项目集中开工仪式在开发区举行

⑥ 开发区项目大突破—领鲜冷链物流产业园项目签约

⑦ 电子商务产业园互联网+工程助推开发区经济腾飞

⑧ 五得利面粉兴化有限公司

⑨ 园区四通八达的交通网络

（供稿：赵朝春　审核：朱兴勇）

海陵工业园区（京泰路街道）
HAILINGGONGYEYUANQU（JINGTAILUJIEDAO）

泰州市文化创意产业园区

TAIZHOUSHIWENHUACHUANGYICHANYEYUANQU

⑤

⑥

⑦

① 市人大党组书记、副主任高纪明率参加全省人大人事代表联络工作座谈会代表参观园区，海陵区委常委、园区（街道）党工委书记仲春瑞等领导陪同

② 海陵工业园区位于主城区东部，2006年4月升级为省级开发区。2014年园区地区生产总值81.77亿元，公共财政预算收入6.04亿元。图为繁华的泰州东部市场群

③ 2014年园区工业开票销售收入70.7亿元，固定资产投资41亿元，净增规模以上工业企业5家、重点服务业企业3家。图为园区大型企业LG生产线

④ 2014年园区签约项目21个，总投资达121亿元。项目成效明显，申视新材料复合管一期7万㎡厂房等大批工程竣工投入运营。图为申视新材料复合管生产线

⑤ 省总工会苏中片区会议与会人员参观园区，海陵区政协副主席、园区管委会、办事处主任彭俊陪同

⑥ 泰州文化创意产业园区2011年8月成立，2014年4月获批省级文化产业园区。2014年投入运营的文创项目12个，总投资6.6亿元；新招引文创服务业项目11个，总投资95.4亿元，其中，国购动漫城、文创园S-park项目均为投资30亿元以上的重大项目

⑦ 文创园全球商品采购中心进口奶粉直销项目正式启动销售，歌德电子商务生态园淘宝“特色中国”泰州馆投入运营，互联网迅猛发展助推文创园再上新台阶。图为进口奶粉直销区一角

（供稿：许骥　审核：杨小兔）

①

②

江苏（泰州）新能源产业园区

JIANGSU(TAIZHOU)XINNENGYUANCHANYEYUANQU

① 市委书记蓝绍敏在园区企业林海集团调研

② 市长陆志鹏考察新能源产业园区

③ 海陵区委书记徐克俭调研府前社区，园区管委会主任袁金刚陪同

④ 新能源产业园区是国家火炬计划泰州光伏与储能新能源特色产业基地、江苏省新能源产业基地、江苏省泰州新能源科技产业园、江苏省新能源制造特色产业基地、北京大学中国能源研究院新能源产业研究基地。2014年，园区实现地区生产总值58.8亿元，农民人均可支配收入17100元

⑤ 紧扣发展定位，确立更高目标追求。园区加快推进一批支撑、提升和带动能力强的大项目，发挥龙头带动、增长拉动的作用。图为区政协副主席、园区党工委书记俞军，管委会主任袁金刚陪同客商考察园区

⑥ 汽车齿轮项目成功签约

（供稿：袁文洋　审稿：陆小根）

程(园区段)搬迁工作制度
接待大厅

泰州市城北物流园区

TAIZHOUSHICHENGBEIWULIUYUANQU

③

⑧

⑨

④

⑤

⑥

⑦

① 海陵区委书记徐克俭、区长顾萍调研城北物流园区。副区长、园区党工委书记丁骅，管委会主任戴葆华，园区党工委副书记陈正羽陪同

② 区长顾萍在站前路园区段搬迁现场检查指导工作

③ 上海闵行区民营企业家考察园区投资环境

④ 园区毗邻启扬高速泰州西出口，长江大道直通园区，宁启铁路泰州货运站列车编组轨道直达园区，陆路运输便捷

⑤ 新通扬运河码头、卤汀河码头塔机林立，水上运输通江达海

⑥ 园区仓储基地满足不同客户的需求

⑦ 园区重点企业—长宏钢材物流中心

⑧ 与市邮政管理局成功合作，苏中快递产业园入驻园区

⑨ 2014年，园区实现公共财政预算收入1.01亿元；固定资产投资21.53亿元；物流营业收入6.9亿元；货物周转量6.56亿吨/千米。园区发展步入快车道

（供稿：于水　审核：戴葆华）

①

②

泰州高港高新技术产业园区

TAIZHOUGAOGANGGAOXINJISHUCHANYEYUANQU

① 区内泰州高港汽车零部件科技产业园获评省级科技产业园。图为省委书记罗志军视察高港高新区万向精工企业

② 2014年，高港高新区实现地区生产总值78.24亿元，规模以上工业总产值225亿元，高新技术产业产值120.68亿元，服务业税收收入3.18亿元，各项工作稳步有序推进。图为党的群众路线教育实践活动总结大会现场

③ 高港高新区获“省级生态工业园区”称号。图为省级生态工业园区技术评审会现场

④ 台湾国际新城举行奠基仪式

⑤ 省墙纸质量监督检测中心落户高港高新区

⑥ 全年共投资建设产业、城建等项目25个，总投资72.6亿元。图为高港高新区人才公寓

⑦ 泰州明发国际五星级酒店开工建设

⑧ 总投资1亿美元的大自然木门泰州工厂举行落成仪式

⑨ 总投资6亿元的植物蛋白饮料江苏苏萨特种兵饮料项目签约

（供稿：耿丹　审核：栾勇）

②

党建群团

泰州港核心港区(永安洲镇)

TAIZHOUGANGHEXINGANGQU(YONGANZHOUZHEN)

① 省委书记罗志军（前排中）在港区企业益海粮油调研

② 市委书记蓝绍敏（前排中）考察核心港区

③ 市长陆志鹏（前排右二）调研核心港区社区工作

④ 市人大副主任、区委书记王建（前排左二）督查核心港区项目建设，区委常委、核心港区党工委书记韩亚（前排左一）陪同

⑤ 江苏省城市管理示范社区—润洲花苑

⑥ 2014年10月28日，泰州国际集装箱码头开港试运行

⑦ 建设中的扬子江药业集团江苏龙凤堂中药项目

（供稿：李誉　审核：金正文）

③

高港区临港经济园（口岸街道）

GAOGANGQULINGANGJINGJIYUAN（KOUANJIEDAO）

① 市委书记蓝绍敏带领相关部门调研扬子江药业集团，市人大副主任、高港区委书记王建，扬子江药业集团董事长徐镜人等陪同

② 市委书记蓝绍敏在口岸水景街区调研，市委常委、秘书长、宣传部长卢佩民，市人大副主任、高港区委书记王建，副区长徐绍文等领导陪同参加

③ 市委常委、组织部长陆新，市人大副主任、高港区委书记王建到新明社区慰问困难群众，让他们充分享受到政府的关怀、社会的温暖

④ 领导班子定期召开专题民主生活会，加强班子思想政治建设，扩大党内民主，增强党性锻炼

⑤ 副区长徐绍文主持召开创建全国文明城市动员大会，落实创建措施，明确责任到人

⑥ 为深入践行党的群众路线，传递社会正能量，“美丽口岸 文化惠民”践行党的群众路线文艺汇调演为口岸人民奉献了一场精彩的文化大餐

（供稿：朱春生、刘小娟　　审核：樊庆勇）

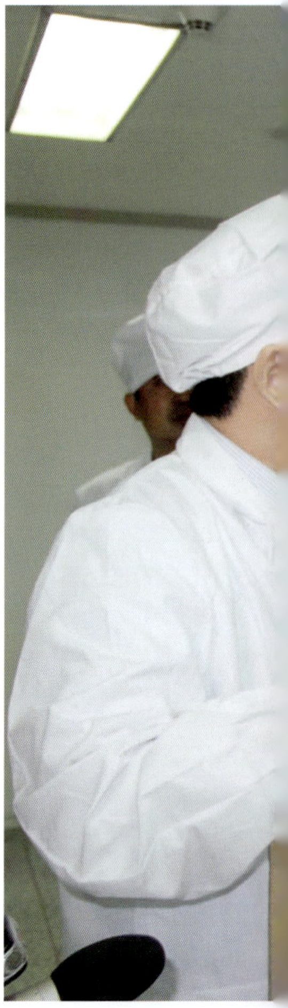

① 省委书记罗志军在罗塘街道调研

② 市委书记蓝绍敏在园区企业苏中药业调研

③ 区委书记李伟在园区企业调研

④ 区委常委、园区党工委书记、街道党工委书记戴兆平在园区企业检查指导工作

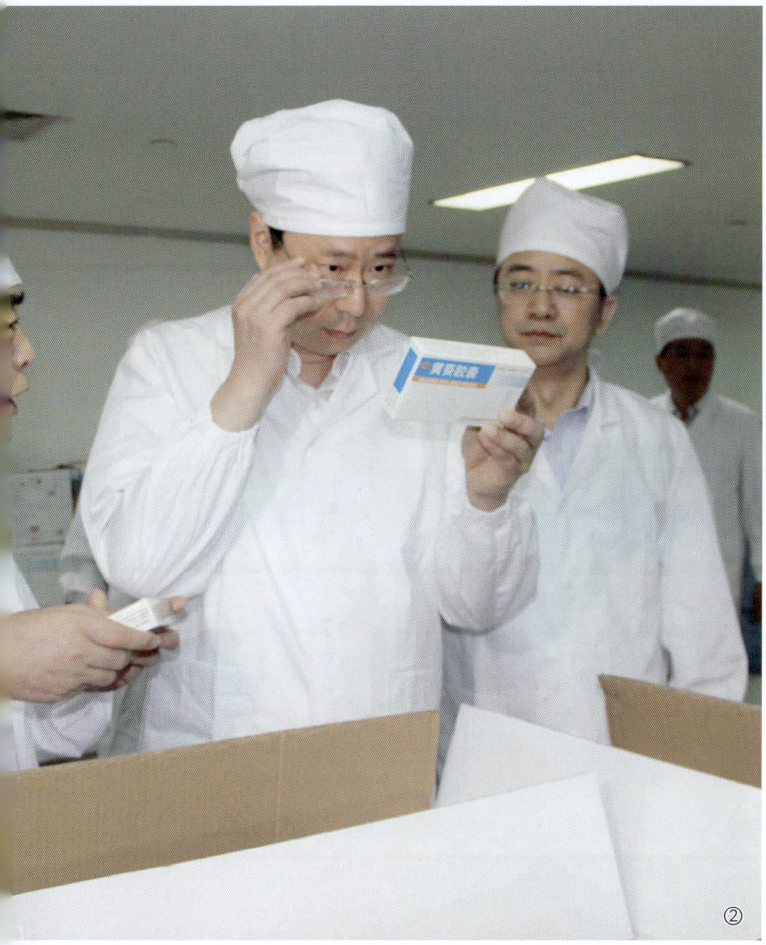
②

⑥

⑦

④

⑤

⑧

⑤ 2014年，园区实现地区生产总值89.7亿元，财政总收入11.6亿元，协议利用外投资8154万美元，项目招引取得重大突破。图为园区在大连召开的投资说明会现场

⑥ 江苏省人民政府苏政复【2014】49号批复同意撤销姜堰区姜堰镇，设立姜堰区罗塘街道办事处。2014年12月27日罗塘街道正式挂牌。2014年，街道城镇居民人均可支配收入31357元，农民人均纯收入21297元。街道便民服务中心获省农民工示范服务中心称号

⑦ 智谷软件园李德仁院士工作站成功签约

⑧ 大力推进项目建设，园区十大项目集中开工

（供稿：王耀明　审稿：陈晚林）

①

②

江苏省靖江经济技术开发区城南园区

JIANGSUSHENGJINGJIANGJINGJIJISHUKAIFAQUCHENGNANYUANQU

① 泰州市委常委、靖江市委书记倪斌调研城南园区专业市场

② 靖江市市长赵叶在园区企业调研

③ 城南园区现有企业400余家，2014年全部工业开票销售120.68亿元，实现公共财政预算收入4.45亿元。图为繁忙的富天江生产线一景

④ 2014年，园区共投入技改资金26.82亿元，拥有省级以上企业技术中心14个，院士工作站2个。图为江苏新程自动化生产线

⑤ 专业市场建设向纵深推进，国际汽贸城一期4S店签约入驻10家，奥迪、一汽丰田等7家已建成营业

⑥ 万都五金机电建材城市场拥有895个商铺，商户全部入驻，于2014年9月27日正式营业，预计年交易额达10亿元

⑦ 搬迁安置工作有序推进，园区居民充分分享建设发展成果

⑧ 园区企业家沙龙助推企业发展壮大

（供稿：王跃进　审核：杨宇飞）

虹桥新城

①

②

江苏省泰兴虹桥工业园区

JIANGSUSHENGTAIXINGHONGQIAOGONGYEYUANQU

① 2014年，虹桥工业园区实现生产总值96亿元；工业国税开票销售190亿元；工商税收收入5.33亿元；农民人均纯收入21795元。图为省委书记罗志军在虹桥调研

② 泰州市委书记蓝绍敏率市发改委等部门领导到园区调研，帮助破解发展难题

③ 泰州市市长陆志鹏检查指导园区工作，泰兴市委书记孙耀灿、市长张育林、常务副市长刘荣华，副市长、园区党工委书记钱军陪同

④ 园区项目建设、招引取得重大突破。2014年，园区新开工亿元以上项目13个，总投资38.28亿元；新签约亿元以上项目16个，总投资69亿元

⑤ 宏峰新材料与美国工程院院士刘锦川成功合作

⑥ 园区重点企业—江苏扬子鑫福造船有限公司

⑦ 为方便园区企业员工子女就近入学，经多方努力，泰兴市第五高级中学在园区落成

⑧ 2014年，园区新增规模以上企业9家，所辖虹桥镇成功创建全国文明镇、全国重点镇。图为园区企业集中办公中心

（供稿：韦庆国　审核：游洁）

①

②

① 城东高新区位于泰兴主城区东部姚王镇境内，为国家级环保服务试点园区。2014年完成国税开票销售29.6亿元，实现工商税收收入1.82亿元。图为全国政协常委、经济工作委员会副主任、工信部原部长李毅中参观区内企业江苏朗肯空气空调有限公司

② 泰州市委书记蓝绍敏到区内企业远大家俬参观调研

③ 高起点、高标准、高品味实施基础设施建设，2014年，园区基础设施投入7.5亿元。图为泰州市市长陆志鹏调研园区建设

④ 园区以“项目建设推进年”为抓手，以高新技术项目为引导，全年实施项目23个，总投资38.7亿元。图为泰兴市委书记孙耀灿督查园区项目

⑤ 泰兴市市长张育林走访调研区内企业，副市长、园区党工委书记顾刚陪同

⑥ 园区确立了以节能环保为主导、以高新技术项目为支撑、以“优二进三”的举措推进城市型工业的发展。图为园区组织企业参加第十五届中国（上海）环博会

⑦ 成功举办中国绿色工业发展企业论坛

⑧ 城东高新区区内企业概貌

（供稿：刘小艳　审核：季成）

泰兴市城东高新技术产业园区

TAIXINGSHICHENGDONGGAOXINJISHUCHANYEYUANQU

⑥

③

⑦

④

⑧

⑤

①

泰兴市农产品加工园区重大项目集中开工典
江苏永盛氟塑新材料有限公司　江苏中兴酒店设备有限公司

③

江苏菇本
JIANGSU

泰兴市农产品加工园区

TAIXINGSHINONGCHANPINJIAGONGYUANQU

① 泰兴农产品加工园区先后被命名为"全国农业产业化示范基地""全国农产品加工业示范基地""江苏省现代农业产业园区""江苏省省级农产品加工集中区"和"国家农业产业化示范基地"。图为农业部农产品加工局副局长刘明国、省农委农业产业化处处长潘长胜参观园区企业

② 2014年，园区实现工业现价产值31亿元，销售收入30亿元，利税3.7亿元，国税开票约26亿元，工商税收3600万元。图为市委书记蓝绍敏在园区企业调研

③ 2014年园区项目招商再创佳绩，一批重大项目开工建设

④ 国家级农业产业化龙头企业—江苏百汇农业发展有限公司

⑤ 畜禽加工产业—江苏永盛生物科技有限公司

⑥ 果蔬种植、加工产业—菇本堂生物科技公司

⑦ 设施、功能齐全的安置小区让搬迁农民充分分享社会主义新农村建设的成果

（供稿：赵峰　审稿：周章玉）

泰州市邮政管理局

TAIZHOUSHIYOUZHENGGUANLIJU

① 2012年11月28日，泰州市邮政管理局挂牌成立，省局局长张水芳（左一）、副市长杨杰（右一）揭牌

② 省邮政管理局局长张水芳（左二）来泰调研苏中快递产业园，市局局长李扣其（右二）做工作汇报

③ 苏中快递产业园入驻市城北物流园区，成为继苏南快递产业园后的全省第二家快递产业园

④ 联合公安等部门开展收寄验视制度专项检查，推动企业依法守规开展业务，及时发现并消除各种安全隐患

⑤ 市邮政管理局大力推进管理创新，泰州市快递行业协会成立

⑥ 全市寄递渠道安全管理工作会议召开，确保安全管理措施落实到位，职责明确，责任到人

（供稿：孙师梅　审核：吴东升）

靖江市公安局

JINGJIANGSHIGONGANJU

① 维护社会和谐稳定、促进社会公平正义、保障人民安居乐业。靖江公安机关出色完成2014年度各项工作，获靖江市市级机关综合考评“十佳”。图为泰州市委常委、靖江市委书记倪斌慰问青奥安保一线民警

② 通过开展集群研判、合成侦查，快速侦破 “3·28” 放火案。图为靖江市市长赵叶慰问专案组成员

③ 狠抓公安作风建设，创新管理，出台“履职、治警、执法”三个“红线”规定和“暖警”十项措施，靖江公安队伍面貌一新。图为基层所、队“一把手”向局领导递交作风建设承诺书

④ 推进基层所队项目建设、新警积分选岗，充实基层队伍

⑤ 社区民警入户走访，为建设和谐靖江尽责尽力

⑥ 交警弃休值岗，确保交通畅通

（供稿：刘钰　　审核：缪金桂）

泰州市园林绿化管理局

TAIZHOUSHIYUANLINLVHUAGUANLIJU

根据中华人民共和国国家标准《旅游景区质量等级的划分与评定》（GB/T17775-2003），经江苏省（自治区、直辖市）旅游景区质量等级评定机构初评并推荐，全国旅游景区质量等级评定委员会评定

泰州市天德湖景区

为国家AAAA级旅游景区，特发此证。

AAAA

全国旅游景区质量等级评定委员会

2010年5月0日

荣誉证书

曹季德

江苏省非物质文化遗产扬派盆景技艺代表性传承人。

江苏省文化厅

二〇一四年二月

① 市四套班子领导参观康桥水岸游园，市园林局局长王文官做现场讲解

② 天德湖公园主展馆

③ 改造后的泰州大道

④ 天德湖公园获评国家4A级旅游景区

⑤ 盆景研发中心曹季德获“江苏省非物质文化遗产（扬派盆景技艺）代表性传承人”称号

（供稿：徐莉　审核：陈伟）

泰州市建筑工程管理局

TAIZHOUSHIJIANZHUGONGCHENGGUANLIJU

① 由扬子晚报社、泰州市建筑业协会和江苏省建安集团联手中国江苏网共同打造的“泥瓦匠”互联网平台（www.nwjiang.com）在南京举行首期上线仪式

② 局长刘志群走访“三服务”挂钩企业 为企业发展出谋划策

③ 邀请专家举办工法编写及新技术应用示范工程申报培训班

④ 邀请专家开展泰州市建筑业“全面深化改革 加快转型升级”讲座

⑤ 开展送春联到工地活动，为一线建筑工人送温暖送祝福

（供稿：张志琴　审核：刁晓晴）

江苏省泰州引江河管理处是江苏省水利厅直属水利工程管理单位，负责高港枢纽工程管理，24千米引江河河道行业管理，里下河腹部地区湖泊湖荡监管，如皋拉马河闸管理以及省级防汛机动抢险工作。

① 处党委书记、主任张加雪慰问一线职工

② 引江河高港枢纽段景色

③ 高港枢纽鸟瞰

④ 高港船闸上闸首

（供稿：王建春、王昕炜　　审核：陈龙）

高港区水利局

GAOGANGQUSHUILIJU

① 省水利厅厅长李亚平到高港区蔡圩河泵站调研

② 口岸闸是一座具有防洪、灌溉、排涝及兼顾市区汛度水源等多功能的水工建筑物，对高港区及泰州市周边的经济发展和人民的生活起着十分重要的作用

③ 城区蔡圩河通过疏浚整治综合治理，河道常年保持水清岸绿景美的水环境

④ 优美的城区水环境，城区馨兰岛一角

⑤ 2014年继续完善防洪保安工程建设，投入670万元在永安洲镇兴洲社区兴建了同联排涝站。该工程实施后，可控面积达到1000多公顷，能有效地改善核心港区水环境，进一步提高永安洲镇中北部地区防洪排涝和农业生产灌溉能力

（供稿：徐哲　审核：白伟）

高港区财政局

GAOGANGQUCAIZHENGJU

① 2014年，区财政局积极开展“阳光财政”服务品牌创争活动，以优化服务为抓手，内抓管理、外塑形象，推动了财政实绩与服务效能的整体提升。图为区财政局领导牵头开展“三解三促，两送两增”活动，赴挂钩村——口岸街道大石村走访调研，实地查看现代农业发展状况

② 开展党的群众路线教育实践活动，举办“为了谁、我是谁”大讨论，进一步增强宗旨意识、服务意识

③ 开展革命传统教育，参观烈士陵园展馆，继承先烈奋斗精神，陶冶爱国主义情操

④ 区财政局领导赴挂钩共建农村——大泗镇佴陈村走访，实地查看黄粉虫饲养基地，了解虫鸡蛋生产、销售流程，帮助企业理清发展思路，排除发展难题

⑤ 区财政局领导带队赴文明共建村——大泗镇前进村走访，开展扶贫帮困活动

（供稿：赵明　审核：徐宝梅）

高港区住建局

GAOGANGQUZHUJIANJU

① 市、区领导参观高港住建局廉政图片展览

② 区住建局以党的群众路线教育实践活动为推手，大力加强机关作风建设，切实提高工作效率。区住建局获高港区“2014年度机关效能建设先进单位”称号

③ 深入推进社会主义新农村建设，全区82个行政村245个自然村村庄环境整治、长效管理全覆盖，顺利通过省、市验收

④ 2014年，全区实施城建重点项目67个，累计完成投资71.7亿元。民生工程优先发展，图为新建成的口岸实验学校

⑤ 科学合理规划，新城建设与老城保护并举，柴墟水景街区竣工开街

（供稿：朱群　　审核：陈向锋）

姜堰区住建局

JIANGYANQUZHUJIANJU

① 姜堰城区城市功能不断完善、城市形象大幅提升，城建取得新突破，光明东村老小区整治工作得到省、市领导高度肯定。图为省委书记罗志军调研光明东村整治工作

② 姜堰区全面完成村庄环境整治工作并落实切实可行的长效管理措施，高分通过省级全域整治考核验收。图为省、市专家深入村、组考核验收，区住建局局长郑长进陪同

③ 新城建设与旧城改造、保护并举，姜堰老城区北大街立面出新，现代城市与商贸古城交相辉映

④ 东方不夜城、苏北小上海—姜堰城区夜景

（供稿：费美勤　审核：钱凯峰）

姜堰区交通运输局

JIANGYANQUJIAOTONGYUNSHUJU

①

③

④

②

⑤

① 姜堰区委书记李伟调研公交工作，区交通运输局局长丁家余陪同

② 姜堰区交通运输局以完善网络为重点，推进交通重点工程建设，2014年实现交通建设投入10.8亿元。图为局长丁家余、书记顾安宝在4号桥建设工地检查指导工作

③ 管理创新，推进城乡公交一体化，由交投公司、大运公司、振兴公交公司三家参股的姜堰公共交通有限公司正式投入运营

④ 交通重点工程—新通扬运河官庄大桥建成通车

⑤ 姜堰通南地区蒋垛、顾高、大伦、梅垛四条农公班线全部改造为城镇公交，至此，农公班车全部退出历史舞台，姜堰区实现城镇公交全覆盖

（供稿：张晓华　审核：郭大文）

①

②

兴化地方税务局

XINGHUADIFANGSHUIWUJU

① 兴化地税局以开展党的群众路线教育实践活动为抓手，深化征管改革，转变工作作风，融合三大发展，推进三比竞赛，2014年，完成各项收入39.9亿元，比上年增长14.99%

② 大力推进管理创新，深化纪检监察体制机制改革，完善廉政风险防控网络，确保地税队伍廉洁高效、依法征税

③ 合力推进税文化建设，着力打造"阳光地税"文化品牌，塑造"追求卓越、共享阳光"的地税文化理念，引导税务工作者培育健康文明的生活情趣，激发全体人员满腔热情投身税收事业和纳税服务

④ 兴化地税局扎实推进"三比"竞赛，责任到人、严厉考核，全系统面貌焕然一新

⑤ 开展税法宣传，提升纳税人纳税意识

⑥ 送税法进乡镇，普及纳税知识

⑦ 税务人员深入生产车间，帮助企业排忧解难

⑧ 兴化地税巾帼志愿者与大学生村官结对帮扶基层小微企业，帮助农民脱贫致富

（供稿：李杏　审核：戴中海）

靖江地方税务局
JINGJIANGDIFANGSHUIWUJU

①

②

① 靖江地税局获全国"巾帼文明岗"称号，局长陆静波（中）出席授牌仪式

② 靖江地税以党的群众路线教育实践活动为动力，深化改革，推进管理转型，全面提升地税队伍素质

③ 2014年，全系统组织各项收入突破70亿元大关，圆满完成市政府下达的年度任务，连续十一年获评靖江市"十佳服务地方发展单位"

④ 加强税源管理，依法征税

⑤ 指导纳税人使用自助办税终端，规范便捷，高效廉洁

⑥ 身边的榜样激励着地税人争先创优，勇于担当

（供稿：高建华　审核：刘冬）

泰兴地方税务局

TAIXINGDIFANGSHUIWUJU

① 泰兴市委书记孙耀灿调研地税工作

② “地税开放日”期间，泰兴市政协领导和委员们体验纳税服务

③ 2014年，泰兴地税总收入达56.67亿元，超额完成市政府下达的年度计划

④ 全面深化税收征管改革，在泰兴市政协组织的专项民主评议活动中，3298个调查对象对地税工作的总体满意率达100%，对地税改革的总体满意率达88%

⑤ 全面开展党的群众路线教育实践活动，作风效能持续改进提升，泰兴地税连续四年获评泰兴市“十佳服务地方发展先进单位”，并连续两年蝉联第一

⑥ 加强对纳税企业涉税业务培训，指导企业依法、规范纳税

（供稿：焦瑾　审核：焦瑾）

中国农业银行泰州分行

ZHONGGUONONGYEYINHANGTAIZHOUFENHANG

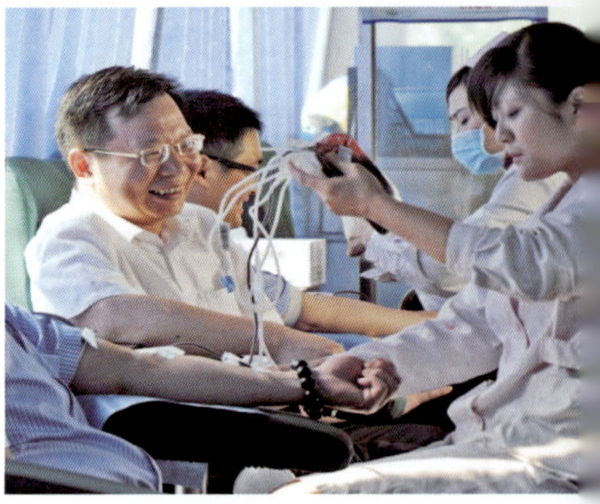

① 2014年，泰州农行抢抓项目贷款营销工作，全年新获批项目贷款12个，新发放项目贷款28.52亿元，全力支持地方经济发展。泰州市委、市政府授予农行泰州分行“泰州市十佳服务地方发展单位”称号。图为农行助力江苏扬子鑫福造船企业壮大发展

② 扎根乡镇服务三农，与26家省级农业产业化龙头企业建立合作关系，授信10.38亿元，三农贷款实现“两个不低于目标”

③ 农行泰州分行抓好文明创建工作，继续保持江苏省文明单位称号、泰州市文明行业称号，新区支行营业部成功创建“江苏省银行业文明规范服务百佳示范单位”

④ 努力践行社会主义核心价值观，弘扬社会正能量。图为农行干部员工积极义务献血

⑤ 紧扣业务特点，发挥金融优势，组织青年志愿者服务队宣传假币识别、防诈骗、反洗钱等知识，开展“青春共建和谐社区”、“送金融知识下乡镇、进社区、进市场”等活动，切实履行“服务地方发展、促进社会和谐”的社会责任

（供稿：许华　审核：孙俊）

泰州农村商业银行

TAIZHOUNONGCUNSHANGYEYINHANG

① 开拓进取的泰州农村商业银行新一届领导班子：董事长袁军（左三）、副董事长兼行长赵波（右三）、监事长丁圣海（左二）、副行长吴亚平（右二）、副行长崔步成（左一）、副行长姜跃华（右一）

② 泰州农商行致力打造"农民兄弟的贴心银行、社区居民的亲情银行和中小企业的伙伴银行"。图为送金融产品下乡走进火车站街区

③ 农商行送文化下乡，丰富农民精神生活

④ 至2014年末，农商行各项存款增加17.02亿元，增幅10.96%；各项贷款增加14.93亿元，增幅12.73%，实现账面利润4.38亿元。图为羊年纪念币发售火爆现场

⑤ 2014年，泰州农商行在省联社等级考核中继续保持"AAAAA"，荣获泰州市金融消费者十大满意品牌，实现了经营效益和经营质态同步提升，企业竞争力和社会影响力同步增强

（供稿：冒文彤　审核：赵波）

泰州市姜堰人民商场有限公司

TAIZHOUSHIJIANGYANRENMINSHANGCHANGYOUXIANGONGSI

姜堰人民商场位于姜堰步行街核心商贸区，是以时尚、大众百货为主要业态的综合型零售商场。

姜堰“老字号”商场——人民商场，始终坚持“人民商场为人民、真品真价送真情”的经营宗旨，通过深化改革、拓展经营思路、优化经营结构、打造经营特色、推进服务满意工程，提升核心竞争力，弘扬人民商场品牌优势，经营幅射能力不断扩大，企业形象不断提升，员工收入不断增加。2014年商场实现销售1.7亿元，上缴国家税收1000万元，员工平均年收入4.2万元。商场先后获“全国供销系统先进集体”、“全国商业服务业顾客满意企业”、“江苏省文明单位”、“江苏省百城万店无假货示范店”、“江苏省价格诚信单位”等荣誉称号。

① 姜堰区委书记李伟（前右一）考察人民商场经营情况，商场董事长、总经理李军（前左一）陪同

② 人民商场开展党的群众路线教育实践活动

③ 人民商场董事长、总经理李军获姜堰区“十佳关爱职工企业家”称号

④ 商场诚信为先，多举措确保维护消费者权益

⑤ 商场经常性组织惠民让利活动。图为黄金珠宝节盛况

（供稿： 王晓中　审核：王庆衡）

综 述

【概况】2014年，泰州境内口岸通行能力不断提高，泰州港、靖江港两个一类开放口岸共完成进出境货运量2054万吨、集装箱进出境6.84万标箱，比上年分别增长1.6%、10.6%。进口大宗货物方面，进口木材219.64万立方米，增长26.2%，居全省第三；进口木薯干65万吨，增长17%；进口矿产品656万吨，增长53.7%；进口大豆161万吨，继续保持全省首位；进口植物油54.43万吨，居全省第五。

推进口岸对外开放。靖江港口岸于2013年通过国家级验收，2014年开始正式独立运行，泰州市沿江岸线实现全线开放。泰兴港区太平洋液体化工码头和过船港务码头的开放准备工作有序推进，实现国际航行船舶临时靠泊作业；加快天星洲区域开发建设，“十三五”期间规划新开放15个5万～10万吨级码头泊位。高港港区加快推进核心港区开发建设，永安港务集装箱码头年内试运行。年内，永安港务、过船港务两个码头成功创建为全国首批进口粮食指定口岸。

优化口岸通关服务。全市各口岸查验机构简化办事程序，创新监管模式，推行“网上申报、网上审批”、24小时通关、节假日预约通关、“5+2”工作日等制度，加快通关速度，提高通关效率。泰州海关举全关之力切换应用新舱单管理系统，并在南京关区率先推进特殊监管区信息化管理系统。泰州国检局加强口岸卫生检疫核心能力建设，以最高分通过国家质检总局口岸卫生检疫核心能力考核组的验收，成为全省口岸核心能力建设样板。泰州海事局支持船舶修造企业发展，全年办理船舶抵押权登记34件，解决企业融资4亿元；维护775艘次超大型船舶安全靠离港口码头。泰州边检站重点加强窗口服务建设，严格落实“首问负责、限时办结、服务承诺”3项制度，推出“一站式”服务窗口、“流动式”便民窗口和“自助式”网上窗口。

加强口岸安全监管。全市口岸查验机构加强法定检验检疫商品的把关与服务，全年共截获各类疫情938种、13189种次，在全国口岸首次截获“灰白亚侧耳”和“马坦象白蚁”；检出11批含有违禁转基因成分的入境玉米糟粕6885吨，转口退运2700多吨，其余4100多吨作销毁处理，在全国首次成功转口退运进口不合格玉米糟粕；查获并退运固体废物3.71万吨、有毒油脂2.14万吨。继续保持打击走私高压态势，加强风险分析和布控查验力度，严防固体废物夹藏走私。圆满完成上海亚信峰会、南京青奥会等重大活动安保任务。做好H7N9禽流感、埃博拉疫情防控工作。修订完善有关应急处置预案，举行实战演练，提升口岸把关能力和应对突发事件处置能力。组织对全市所有开放码头对外开放条件进行核查，保障口岸安全生产。

【泰州两码头获全国首批进口粮食指定口岸资质】2014年10月，国家质检总局公布第一批进境粮食指定口岸名单，泰州永安港务有限公司、泰州市过船港务有限公司名列其中，获全国首批进口粮食指定口岸资质。2014年，全国实施进口粮食指定口岸制度，泰州检验检疫局启动泰州口岸进口粮食指定口岸申报工作，组织涉及进口粮食业务的永安、过船两家码头公司开展申报，先后建立联防联控协作机制、疫情疫病信息通报机制等多项机制，并和中国科学院植物所系统与进化植物学国家重点实验室合作共建“口岸外来杂草监测实验站”，年内，泰州市申报的永安、过船两家码头均通过国家质检总局组织的验收。

【靖江港口岸关检合作“三个一”通关模式启动运行】2014年12月26日，靖江港口岸关检合作“一次申报、一次查验、一次放行”通关模式正式启动运行。“一次申报”系统将原有的169项海关、检验检疫申报数据整合至92项；在“一次查验”模式下，关检双方按照各自的查验规定要求同步进行查验作业，企业等候查验时间可节省50%以上；“一次放行”模式将加快货主办单提货速度。根据靖江港口岸进出口货物特点，关检“三个一”主要针对煤炭、铁矿砂和木材3种进口货物，涉及2家代理企业和6家经营企业。

（陈菊芬）

出入境检验检疫

【概况】2014年，泰州检验检疫局共完成出入境货物检验检疫2.52万批、73亿美元，其中出口1.95万批、12亿美元，进口5711批、61亿美元。发现不合格品2583批、27.61亿美元，其中出境273批、1395万美元，进境2310批、27.47亿美元。全年实施出入境人员传染病监测1.2万人次，检出HIV感染者6例，梅毒、输入性疟疾、登革热等传染病213例，截获各类疫情380种、28395种次。年内，泰州检验检疫局获“全国文明单位”、“江苏省文明单位标兵”、“江苏检验检疫系统首批依法行政示范单位”等称号，连续5年获泰州市“十佳服务地方发展单位”称号。

【改革创新】2014年，泰州检验检疫局在全国质检系统开展的“天平行动”中，出台改革方案，加强第三方检验机构监管，率先在全省试行口岸重量鉴定“管检分离”，提高进出境货物的通关速度。成立推进口岸核心能力专项改革创新试点工作领导小组，制定试点工作方案，开展口岸核心能力专项改革创新试点，对泰州沿江口岸所有开放码头进行“梳发式”调研，按照统一指标体系、统一标志标识、统一核心流程、统一联防机制要求，序时推进试点工作。推进备案采信第三方认证试点，出台《泰州出口脱水蔬菜生产企业备案采信第三方认证工作方案》，创新备案监管模式，对兴化市29家出口脱水蔬菜企业进行认证有效性检查，对企业的认证类型、认证机构及后续监管等情况进行评估。试行关检执法互助，与泰州海关联合出台《全面推进关检合作“三个一”实施方案》，推进泰州口岸通关模式创新。在高港、靖江口岸首次进行集装箱联合查验、数据互联互通，并在口岸进口敏感产品鉴定、无主货物的处理等方面试行联合执法，将口岸“三互”(信息互换、监管互认、执法互助)工作从通关放行拓展到异常货物的联合处置。

【风险防控】2014年，为适应泰州口岸快速发展需要，泰州检验检疫局完善“大综合、大口岸、大监管、大检务”管理机制，积极整合资源，优化配置，合并产地检验，合并动植检与港口检验检疫，采取“以科带室”模式，合并食品检验检疫与实验室，将80%的人员安排到口岸一线，将执法监管延伸到检测、鉴定领域，增强把关能力。联合边检、卫生等部门在泰州港杨湾码头开展口岸埃博拉出血热应急处置演练，完善应急预案，加强检疫查验。针对进境木材、固体废物、油脂等大宗散货专门设计疫情监测方案，实施分类防控，防范外来林木害虫入境。年内，出台《外来林木害虫监测工作方案》，并在全国口岸首次截获玫瑰窄吉丁等6种有害生物，其中玫瑰窄吉丁为检疫性有害生物。强化对进口固体废物的检验监管，全年泰州口岸共进口固体废物38批、4000多万美元，其中查获并退运以燃料油名义进口的固体废物3.2万吨、2000万美元；查获并退运以韩国“铁矿砂”名义进口的固体废物5050吨、29.17万美元。加强对进口粕类转基因成分的检测，年内，泰州口岸首次从进口美国的玉米酒糟粕中检出违禁的转基因MIR162成分，共计11批次、6885吨，并在全国首次成功转口退运进口不合格玉米酒糟粕2700吨，其余4100多吨作销毁处理。

【助推地方经济发展】2014年，泰州检验检疫局落实各项优惠减负政策，召开专题新闻发布会，向出口企业宣传法检目录调整、减免检验检疫收费等政策，全年共减免法定计收费2500万元，签发各类优惠原产地证书1.9万份、货值11.3亿美元，为出口企业获进口国关税减免2亿多元；免费提供产品检测1441批、8483个检测项目，免收检测费近100万元。深入兴化出口蔬菜示范区，助推兴化市国家级出口食品农产品质量安全示范区申报工作，并成功获批。针对泰州沿江口岸大型油脂压榨企业豆粕产品由内销转出口的现状，专门定制“一对一”优惠措施，简化流程，快速放行，实现油企创汇3亿多元。组织召开输俄企业座谈会、专场宣贯会，通报输俄产品相关规定，开辟输俄农产品“绿色通道”，支持输俄农产品企业扩大出口。

【服务口岸开放】2014年，泰州检验检疫局根据泰州口岸业务特点，加强技术储备，打造便捷化的检测技术服务平台，重点拓展粮食、油料、化矿等产品检测项目，共新增粮油检测项目12个、食品检测项目13个、化工检测项目8个。全面启动国际航行船舶进出口岸电子申报系统，对泰州口岸国际航行船舶全面实行电子申报。持续推进泰州口岸进口粮食指定口岸申报工作，组织永安、过船两家码头公司开展申报，年内两家码头公司均取得国家进口粮食指定口岸资质。

【国家认监委在泰州开展采信第三方认证结果试点】2014年，泰州检验检疫局被列为国家认证认可监督管理委员会组织的出口食品备案企业监管模式改进和备案采信HACCP认证结果工作试点局。6月18～20日，江苏检验检疫局、中国检验认证集团江苏公司对泰州市出口脱水蔬菜企业开展认证有效性拉网检查暨备案采信第三方认证评估活动，共对获证的29家企业进行认证有效性检查。检查结果显示，获证企业均能够根据实际情况，建立并有效运行HACCP体系，企业的产品生产过程、安全卫生控制等持续符合认证要求。

【兴化获国家级出口农产品质量安全示范区】2014年11月20日，国家质检总局发布公告，批准兴化出口农产品质量安全示范区为国家级出口食品农产品质量安全示范区。2013年10月，泰州检验检疫局与兴化市政府签订战略合作备忘录，扶持兴化国家级出口农产品示范区建设。2014年5月，专题召开出口农产品安全示范区建设研讨会、国家级示范区创建现场推进会。6月，在兴化试点出口农产品企业采信第三方认证工作模式。9月23日，示范区通过国家质检总局专家组考核验收。

9月17日，“口岸外来杂草监测实验站”正式挂牌

【口岸外来杂草监测实验站挂牌成立】9月17日，泰州检验检疫局与中国科学院植物研究所系统与进化植物学国家重点实验室合作共建的“口岸外来杂草监测实验站”正式挂牌。双方将通过技术、资源的直接联盟，对进境杂草种子进行隔离种植、观察、鉴定、标本制作、基因标记、建立基因库，进而建立外来杂草标本制作中心和种类检疫鉴定中心，实现通过基因条码技术对进境杂草实施快速鉴定。至年末，实验站已制作杂草标本200多个。

【高玲当选为泰州市“十佳最美志愿者”】5月13日，在市委宣传部、市文明办等部门组织的寻找“最美志愿者”活动中，泰兴办事处职工高玲当选为泰州市“十佳最美志愿者”。高玲爱心事迹在江苏检验检疫系统“质检好故事”演讲比赛中获一等奖，央视《朝闻天下》和《半月谈》报道高玲的先进事迹。12月18日，泰州检验检疫局成立“高玲爱心”志愿服务队并举办启动仪式。

12月18日，泰州检验检疫局“高玲爱心”志愿服务队启动仪式举行

【泰州口岸首次进口饲用高粱】12月1日，装载5万多吨美国高粱的“BILLION TRADER I”轮靠泊泰州港永安码头，这是泰州口岸首次进口饲用高粱。经检疫，现场截获假高粱、豚草、长芒苋等6种检疫性杂草以及小白花牵牛、宾洲蓼等13种一般性杂草。

【全国首次截获小须异胫长小蠹等有害生物】12月3日，经中国检验检疫科学研究院鉴定，在泰州口岸截获的小须异胫长小蠹、Dactylipalpus transverses等两种有害生物为全国口岸首次截获，其中小须异胫长小蠹为国家检疫性有害生物。

（李新华）

海　关

【概况】2014年，泰州海关累计征收税款50.4亿元，其中征收关税6.75亿元、进口环节代征税46.6亿元。审核进出口报关单5.98万份；办理减免税款6126万元。监管进出口货物1145.7万吨、进出口标箱6.8万个、进出境船舶2389艘次；监管进境人员21519人次，出境人员21418人次。加工贸易合同备案1044份，累计备案金额11.32亿美元。稽查企业20家，移交案件线索10个。

5月21日，泰州海事局开展“水上交通安全知识进校园”活动

【缉私分局】2014年，泰州海关缉私分局深化各项缉私执法业务改革，以“大要案件”为抓手，推动泰州地区缉私执法各项工作。全年共立案侦查走私犯罪案件4起，案值1.5亿元，涉嫌偷逃税款5000多万元；立案调查行政违法案件127起，案值6824.9万元，涉税67.5万元，罚没106.7万元，补税17.1万元。

【口岸通关改革】2014年，泰州海关全面实施通关作业无纸化改革，9月至年末，月均全程无纸化率均保持在90%以上；依托电子口岸系统搭建关检信息平台，实现“一次申报、一次查验、一次放行”。推进长江经济带区域通关一体化改革，9月22日，完成海关通关系统的同时切换，至年末，通关一体化运行平稳，月均审结一体化报关单300多份，居南京关区前列。推广上海自贸区海关监管制度，提升特殊区域监管效能，在泰州出口加工区推广实施4项海关监管服务改革项目。做好委内加工试点工作，全年办理委内加工业务6票，累计进出口金额1823万美元，对加工费征税92.63万元。

【提升监管效能】推广物流信息化系统，完成新舱单管理系统切换应用，实现物流信息化系统、新舱单系统和H2010系统信息互通。开展船货一体化监管，实现舱单、运输工具、场所、查验联动监管。推广油气液体化工品监管系统。针对泰州口岸、特殊监管区域特点，重点对口岸类型的大宗散货、敏感商品实施风险布控，风险参数工作水平得到提升。

【服务中国医药城建设】2014年，泰州海关为阿斯利康、华创医药和华泰疫苗等医药城企业办理减免税设备货值5744万美元，减免税款4266万元。为重点企业提供“一对一帮扶”，降低删改单率，提升通关效率。1~11月，泰州海关进出口商品规范申报评价得分99.26分，居南京关区前列。

（泰州海关）

海　　事

【概况】2014年，泰州海事局加强水上安全监管，辖区水上安全形势保持稳定，未发生一般及以上等级水上交通事故。开展VTS（船舶交通服务）监控与现场巡查，提供海事信息服务7.68万艘次，海巡艇巡航14.91万海里。海事业务稳步增长，全年辖区进出港船舶25.67万艘次，船舶载货量1.54亿吨，比上年分别增长30.9%和26.2%；上缴各类规费2.1亿元，增长7.7%，其中港口建设费1.42亿元、船舶港务费6633.71万元。全年办理国际航行船舶进出口岸查验3916艘次，核准超大型船舶进出港1560艘次，办理船舶作业报备844件、船舶登记业务1126件、船舶重要日期确认及吨位复核169艘次。年内，泰州海事局获“2013~2014年度江苏省水上搜救突出贡献奖”“泰州市应急管理工作先进单位”等称号。

【水上安全监管】严格落实局领导带班值班与带队巡航制度，将VTS监控与现场巡查相结合，加强恶劣天气预警预控和违法行为查处，推进巡航救助一体化，实现对辖区重点区域、重点部位、重点船舶和重点时段的常态化监管。开展“救生衣”行动，保障船员和出行群众安全。组织修订污染事故应急计划和应急预案，完善水上险情和事故应急反应程序。组织企业开展水上反恐、弃船、防火灾、人员落水等综合应急演练，强化应急救助联动机制。

【水上搜救】2014年，泰州市水上搜救中心累计接受险情报警61件，共出动海巡艇86艘次，协调社会救助船舶41艘次，成功救助遇险人员1158人次，成功救助遇险船舶82艘次，水上人命救助成功率99.74%。全年船舶交通管理中心VTS中心共接收船舶报告75252艘次，跟踪船舶69148艘次，重点监控船舶27183艘次，提供信息服务88575艘次，实施交通组织4086次，纠正处置违法行为737次，避免险情44次。准确掌握辖区搜救资源分布，实施严格的辖区水上搜救资源动态报告制度，提高水上搜救的成功率。

【水上安全综合整治】围绕水上安全整治难点，确定以船舶修造（拆）行业、“三无”（无船名船号、无船舶证书、无船籍港）船舶非法载客和黄沙临时过驳区监管为主要内容的水上交通安全专项整治方案。开展水上“平安交通”建设集中整治、“打非治违”专项整治、水上交通安全专项督查、水上危化品运输安全专项整治等活动。将专项整治与日常监管相结合，推进专项整治长效管理机制，营造良好的水上交通安全环境。持续完善企业（船舶）自查自纠、海事督促整改和报送地方挂牌督办“三位一体”的隐患排查治理模式。

【服务地方发展】服务长江南京以下12.5米深水航道泰州段建设、泰州港核心港区建设、天星洲开发等重点项目，助推以港口发展带动产业快速集聚。支持造船企业发展，全年办理船舶抵押权登记34件，解决企业融资金额4亿元。服务沿江码头建设，年内，有8个码头开工建设，6个码头通过通航安全核查。为“世纪神话”号游轮靠泊选址、安全航行等提供维护，促进全市旅游业发展。支持煤、电、油等重点物资运输船舶优先停靠，保障电煤船进出港和作业安全。联合公安、水利和渔政部门对泰州三水厂取水口进行专项检查活动，确保市民饮用水水源安全。

（海事局）

港口运行和管理

【概况】2014年，全市沿江港口累计实现货物吞吐量1.58亿吨，比上年增长2.6%。完成外贸吞吐量1629.5万吨、集装箱吞吐量19.1万标准箱，分别增长27.3%和8.6%，增幅均高于全省平均增幅近19个百分点。组织开展港口安全生产检查、“打非治违”等专项行动，全市有31个港口设施取得“港口设施保安符合证书”，191人取得港口设施保安员资格证书。加大简政放权力度，将符合要求的7项工作职能下放到港口所在地港口行政管理部门。“两型港口”（资源节约型、环境友好型）建设初见成效。泰州港务集团整合扩建小码头，形成2个万吨级泊位；泰兴港区新增长江深水和非深水岸线各10千米；高港区和泰兴市共同谋划“小循环”方案，可拓展长江岸线约14千米；高港作业区、永安作业区LED节能光源、水平运输车辆“油改气”等项目年内完成。继续开展内河专项整治行动，全市内河港口管理取得成效，未批先建、边建边报、未许可先经营等违规现象基本消除，内河港口经营许可证持证率、干线航道码头持证率大幅提高。

【泰州港核心港区】泰州港核心港区位于高港区最南端，总规划面积55.9平方千米，拥有长江岸线12.8千米（可开发利用12米以下深水岸线7.8千米），已开发5.6千米，建有万吨级码头8座。2014年，核心港区经济社会持续保持稳中快进、量质齐升的态势，全年实现地区生产总值76亿元、工业总产值405.43亿元、列统工业产值393.23亿元，完成公共财政预算收入4.6亿元、全社会固定资产投入100亿元。新批外资项目6个，新开工1亿元以上项目19个，完成协议利用外资1.52亿美元、实际利用外资7289万美元。完成港口货物吞吐量2500万吨。10月28日，年吞吐量30万标箱的5万吨级集装箱码头一期工程全面开港试运行。

（交通局）

10月28日，泰州港核心港区（高港）集装箱码头开港试运行仪式举行

国内贸易

责任编辑 张 华

综 述

【概况】2014年，全市社会消费品零售总额903.60亿元，比上年增长12.0%。从城乡市场看，城镇消费品零售额838.50亿元，增长13.0%，其中城区消费品零售额690.92亿元，增长12.3%；乡村消费品零售额65.10亿元，增长2.5%。从行业看，批发和零售业零售额774.34亿元，增长11.9%，占全市社会消费品零售总额的85.7%；住宿和餐饮业零售额129.26亿元，增长12.2%，占全市社会消费品零售总额的14.3%。

商贸流通对经济发展贡献度提高。2014年，全市批发零售贸易和住宿餐饮业增加值338.05亿元，占全市服务业增加值的23.1%，占全市地区生产总值的10.0%。全年全市商贸流通业国税收入32.91亿元，比上年增长5.11%，占服务业国税收入的61.97%；地税收入43.19亿元，增长15.14%，占服务业地税收入的31.56%。

电商产业发展加快。年内，市电子商务发展工作领导小组和泰州市电子商务协会成立。全省首家淘宝地级市馆——“特色中国”泰州馆，依托江苏歌德电子商务生态园实现上线试运营，垛田脱水蔬菜、竹泓镇木船、大泗医疗器械和舞台设备、田河绳网带、野徐健身器材等特色电商集聚区创成省级农村电子商务示范村。

【泰州市电子商务协会】12月19日，泰州市电子商务协会在海陵区文化创意产业园成立。协会由江苏歌德电子商务有限公司等11家泰州电商企业共同发起，共吸纳泰州苏宁云商、江南春蔬菜有限公司、光芒环保设备等成员单位58家。

商 品 流 通

【概况】2014年，全市商贸流通企业规模不断扩大，功能不断完善，大型商品交易市场得到长足发展。全市限额以上企业中销售额超过1亿元的零售企业170家；销售额超过1亿元的商品交易市场26个，与上年持平。列入商务部监测系统的全市92家重点商贸流通企业共实现销售总额234.94亿元，比上年增长2%；销售额超过1亿元的零售企业38家，增加9家；销售额超过1亿元的批发市场6家，减少1家。全市营业额超过1000万元的餐饮企业8家，减少2家。

【市场监测与应急体系建设】2014年，市重点流通企业、重要生活必需品市场、重要生产资料市场、酒类流通领域、市场应急管理等监测系统建成，监测样本企业200多家，基本覆盖全市生产生活各方面。建成生猪等重要生活必需品的储备与应急机制，与市区3家生猪养殖企业签订日常生猪应急储备协议，在主城区日常储备活猪6000头。实施肉类、菜类等日常应急储备，市（区）大型超市、百货商场、生猪养殖合作社等多家骨干企业成为主城区重要生活必需品市场应急保供储备基地。

【典当业】2014年，全市有典当企业24家（不含泰兴）、分支机构2家，总注册资本6.14亿元，其中22家被评为A类企业、4家被评为B类企业。全年实现典当总额6.43亿元，年末典当余额2.95亿元。

【拍卖业】2014年，全市有拍卖企业22家，全年拍卖105场次、成交总额1.35亿元、佣金总额346.33万元、上缴营业税金27.18万元。受淘宝网拍卖的影响，全年全市拍卖企业受法院委托拍卖成交额1710.97万元，仅占成交总额的12.64%；部分拍卖企业业务单一，经营状况不良，面临倒闭。

供 销 合 作

【概况】2014年，全市供销合作社系统实现销售总额690.96亿元，比上年增长14.5%；实现消费品零售额285.5亿元，增长25.6%；实现农副产品收购额162.1亿元，增长19.1%；实现利润总额1.88亿元，增长19.8%；实现农副产品市场交易额124.5亿元，增长8.2%。市供销合作总社（简称市总社）本级企业实现销售总额11.3亿元，增长44%。

各市（区）社发展加快。兴化市社银桥信用担保有限公司和百发农村小额贷款有限公司开展农村金融服务，全年实现担保总额6.9亿元，发放贷款3亿元，有效解决区域内农副产品加工企业、专业合作社和种养户的融资困难；兴化市社参股建立沙沟银泉水产品批发市场、永丰螃蟹批发市场和富民农产品批发交易市场等3大农产品批发市场，全年实现交易总额超过30亿元。靖江市社推进靖江家私城建设，新建建材市场和多层、高层住宅楼；渔婆农贸市场一期建成开业，二期工程建设继续推进，工程投资超过1亿元。

2014年，市总社获全省供销合作社系统综合考评特等奖第4名，被评为“创新工作优胜单位”“农民专业合作社建设优胜单位”；泰兴市社、兴化市社被省社评为“基层社建设优胜单位”，靖江市社获评“为农服务社提升工程优胜单位”，兴化市社获评“农民专业合作社建设优胜单位”。年内，兴化市社居全国百强县级社第12位，居全省“二十强”县级社第4位。

【农产品电子商务】2014年，市总社成立江苏泰供润德电子商务公司，以该公司为母体与各市（区）社合资成立电子商务公司；至年末，全系统共组建电子商务公司9家，初步形成上下联动的农产品电子商务工作载体。年内，“特色中国”泰州馆成为全省第1家通过认证、上线的淘宝地级市馆，全系统电子商务公司淘宝“双11”（11月11日）网购节当天实现本土农产品销售额5200多万元；1号店“特产中国”靖江馆、兴化馆年内正式开馆，成为全省最早在1号店正式开馆的县级馆。兴化市社与安徽徽联支付有限公司合作成立江苏中科电子商务公司，首期注册资本1000万元，其中兴化市社占股35%。

8月17日，海陵区供销合作总社与江苏泰供润德电子商务有限公司战略合作签约仪式举行

【农产品产销对接】加快农产品平价直销店建店速度，扩大覆盖范围，江苏泰供海诞现代农业有限公司全年新建农产品平价直销店14家，至年末累计建成城区农产品平价直销店30家。结合农产品传统销售和电子商务，开展社区农产品生鲜直投试点，江南春蔬菜有限公司在城区凤凰园、金水湾、莲花四区、美好上郡等8个小区设立生鲜直投柜。姜堰区社协调溱湖八鲜公司的鱼圆鱼饼虾球、沈高村的绿色蔬菜进入苏果超市，并与相关部门联合在全区开设农产品平价商店10家。

【“新网工程”建设】2010~2014年，全市供销合作社系统累计获省级以上“新网工程”扶持资金2928万元，惠及企业30多家。至年末，全市供销合作社系统有连锁龙头企业45家、配送中心36个、乡镇中心超市43个、连锁网点4899个，全年实现连锁销售额147亿元。扶持培植系统龙头企业，泰供海诞、金辰科技、溱湖八鲜、集泰农产品等龙头骨干企业成为“新网工程”的支撑。加快网络建设，高港、泰兴等市（区）社相互合作，建设农资、农产品、烟花爆竹、再生资源等流通服务网络；泰州市新纪元农资公司拥有数百家农村直营和加盟网点，辐射里下河和江都地区。拓展创新农村金融、电子商务等服务领域，打造“新网工程”新概念，兴化市社的百发小贷、银桥担保发展迅速，兴化市社新合作电子商务公司、市总社江苏泰供润德电子商务公司尝试开展电子商务。年内，靖江市社、姜堰区社获省社“新网工程建设优胜单位”称号。

【为农服务体系建设】实施为农服务社提升工程，全年全系统新建和提档升级为农服务社83家，至年末累计新建和提档升级1586家。以产品、产业为纽带，推进创建高港区同人于野植保专业合作社、姜堰区田花园农业综合服务专业合作社等特色农业社会化服务组织。引导专业合作社通过开展精深加工和农超对接、产销对接活动，延伸产业链条，提高市场竞争力。全年建办农民专业合作社107家、联合社9家，至年末累计建办专业合作社503家、联合社50家；其中兴化戴南常发农机服务专业合作社有大中型农机设备130多台（套），为全镇60%的农户提供农作物耕作、收割服务。推进恢复重建基层社，全年恢复重建空白乡镇基层社4家、空壳基层社8家。

（朱余昌　钱　进）

粮油营销

【概况】2014年，泰州市国有粮食购销企业共收购夏粮124.6万吨，其中托市收购小麦64万吨，创2006年执行托市政策以来新高；收购秋粮30.4万吨，其中托市收购粳稻19.8万吨；托市收购带动农民增收1.08亿元。全年全市国有粮食购销企业实现粮食购销总量702.9万吨、报表利润5464万元，分别占全省总额的16.3%、18.8%，继续在全省领先。全市列统粮油工业企业实现总产值348亿元、销售收入335亿元、利税7.1亿元。

加大粮食流通监管力度。全年全市开展监督检查119次，出动人员2788人次，检查企业1895家次，巡查涉粮者538家次，回访督查32家；实施行政处罚兴化市2起、姜堰区1起，兴化市注销收购许可证8个。

年内，靖江市粮食局贾德勤被表彰为“全国粮食系统先进工作者”；姜堰区粮食局、泰州国家粮食储备库、靖江市粮油质量监测所被评为“全省粮食系统先进集体”。

【粮库维修改造】2014年，全市维修改造库点39个、仓房143栋、仓容43.84万吨，年内全部竣工并投入秋粮收购使用。维修改造资金总额8654万元，其中国家投资5173万元、地方政府配套资金1078.8万元、企业自筹资金2402.2万元。

【芋头产业】2014年，全市发展百亩以上芋头基地40个，兴化市建成龙香芋产业园。至年末，全市芋头种植面积达0.67万公顷，芋头深加工产品超过30种。年内，建立“泰州芋头微商城”，举办第二届中国·泰州芋头节和芋头产业发展论坛。

【为民服务工程】2014年，全市签订粮食订单2.23公顷，落实粮食订单27.4万吨，助农增收3200多万元。泰州国家粮食储备库成立全市首家“粮食银行”，按照“存粮自愿、取粮自由、保价增值”的原则开展业务，全年有12户农户存入粮食600吨。年内，全市新增“放心粮店（柜）”55家，海陵区率先启动“放心粮店（柜）”改造升级工程，姜堰首批8家“放心粮油”连锁店开始运作，全市有9家市级“放心粮油示范店（柜）”通过复评审。至年末，全市有“放心粮店（柜）”165家，乡镇覆盖率100%；有全国“放心粮油示范加工企业”9家，“信用评价试点企业”7家。

（李　勇）

食盐专营

【概况】2014年，泰州市盐务管理局（江苏省苏盐连锁有限公司泰州分公司）强化盐业市场监管，加大盐政执法力度，规范区域行业用盐，确保食盐市场供应和全市人民吃上放心加碘食盐。积极应对小工盐价格放开而出现的销量下滑的不利影响，采取“专职访销、征求意见、协商谈判、签订合同、做好服务、加强管理”6项应对措施，主营上以小包装食盐销售保增长、调结构为重点，集采商品销售以打造领军品牌、带动其他商品销售为突破，全年实现营业收入1.55亿元，完成年计划的100%，其中集采商品营业收入2637万元、完成年计划的121%；销售盐产品5.14万吨，完成年计划的98.9%；实现利润263万元，完成年计划的107%。年内，市盐务管理局、姜堰区盐务管理局、江苏省泰州盐业配送中心被省盐务局表彰为“盐政管理先进单位”。

【盐业市场监管】加大盐政执法力度，保证食盐市场稳定。全年查处各类盐业违法案件801起，比上年增加149起；没收各类私盐59.48吨，罚款20.55万元，创案件查处历史纪录。加强盐政宣传教育，利用“3·15”国际消费者权益日、“5·15”全国碘缺乏病宣传日向消费者宣传食盐专营政策和健康用盐知识。加强盐业市场监管，建立公安、工商、食药监等部门联合执法机制，在“五一”、端午、国庆、元旦、春节等节假日期间开展食盐安全专项整治行动和“食盐安全访万家”活动，规范食盐市场秩序。

【非盐渠道建设】2014年，全市盐务系统实现集采商品销售收入3121万元，完成年计划的108.2%；实现集采营业收入2637万元，完成年计划的121%，其中酒类812万元、酱醋类161万元、味精类431万元、油类1179万元。全年创建食盐有效终端7410户、非盐有效终端2651户，实现集采产品销售额2780万元，占集采销售收入的81%；食用油有效终端1282户，实现销售额1341万元，占销售收入的79.1%。

（单礼清）

烟草专卖

【概况】2014年，泰州市烟草系统共销售卷烟17.8万箱，比上年增长0.87%；实现销售收入（含税）54.22亿元，增长6.59%；平均单箱销售3.04万元/箱，增长5.67%；实现利税12.92亿元，增长11.59%，其中利润8亿元、增长12.38%。至年末，全市有基层客服网点20个、卷烟零售户29218户。年内，市烟草专卖局（公司）被确认为“省级依法行政示范点”。

【烟草专卖执法】全年共查办涉烟违法案件1487起，比上年增长40%；查获各类违法卷烟10.6万条；破获并上报符合国标的网络型案件5起。开展烟草市场集中整治行动及针对无证户、名烟回收店的联合专项清理行动，卷烟市场净化率达97%。建立零售许可证管理长效机制，提升许可证管理水平。加强预警核查，发挥专卖内管系统信息支撑作用，专卖内管与专卖、营销等部门协同配合，形成监管合力。

【卷烟专营】开展精准营销，严格执行品牌引入、退出及评价机制，提升品牌培育能力。加强终端建设，提升客户服务能力，出台《货源供应管理办法》等3项制度。推进市场秩序评价体系建设，发挥终端信息系统功能，省级创新课题“精准分析在APCD（分析、计划、检查和处理）工作法中的运用”取得初步成效。加强软件维护和费用管控，推进烟草物流技术管理和物流成本管理标准化。

（俞海峰）

餐饮服务

【概况】2014年，全市住宿和餐饮业实现零售额129.26亿元，比上年增长12.2%；限额以上住宿和餐饮业实现零售额18.17亿元，下降0.7%。

年内，市烹饪餐饮行业协会（简称市烹协）作为全省餐饮业协会第一家AAAAA级社会组织，承接市凤城河管委会和市民政局的购买服务，先后组织举办早茶集市、出台早茶精致点心标准、研制泰州水席、开展公益创投等活动，促进地方餐饮经济发展。2014年，市烹协成为中烹协社会团体分支机构成员；被表彰为“江苏省餐饮业优秀社团”；获“2014年全国商贸流通服务业先进集体”称号。

【行业规范管理】2014年，市烹协加快推进餐饮信息化，开通协会QQ群、微信公共平台、微博，全年发行内刊《泰好吃》8期，微信公共平台发布讯息363期、1452条信息，微博发布信息1452条，“泰好吃”网站累计点击率超过106万次。发挥行业规范职能，发布《年夜饭宣言》《文明餐桌行动倡议书》等，倡导餐饮企业诚信经营、规范操作。组织开展“爱走西藏”公益活动，海陵区和高港区的8家会员单位踊跃参加；开展“四季飘香·烹饪培训爱心服务”公益活动5场，累计现场培训372人，教授菜品27道；海陵区、姜堰区、高港区21家会员单位举办2014泰州市餐饮业走进敬老院“聚爱心·送温暖”公益活动，683位老人受惠。年内，市烹协组织会员单位参加医药博览会、早茶集市、中国斋菜美食节、首届江苏省“当家菜”大赛等活动；组织开展“我最喜爱的龙虾店”评选活动；举办免费培训5次，累计培训320人次。

【餐饮文化建设】2014年，市烹协出台《泰州精致早茶点心标准》。开展技术创新，研制“皮包水早茶中晚宴菜单”和“泰州水席”，并在3家企业试行；成功研制干丝真空包装。整理和挖掘泰州饮食文化，筹备出版《泰州菜》。

【名师名菜】2014年，金汇宾馆孙晓华在首届中国斋菜美食节上获“特金奖”。在2014首届江苏省“当家菜”大赛上，五味烫干丝、稻香扎肉获“当家菜”称号，蟹黄汤包获“当家点心”称号。

【泰州首届大众美食展】4月15日，“2014泰州首届大众美食展”在老街开幕，全市33家餐饮单位分4月15～17日、4月18～20日、4月25～27日、5月1～3

日4批进行展销。活动历时12天，参展菜品336道，累计吸引游客和市民1.5万人次，实现销售总额近30万元。

【重点餐饮企业选介】泰州国际金陵大酒店。酒店位于海陵南路298号，是五星级品牌酒店，主楼高22层，有各类客房322间（套）、各类会议室17个、1200平方米无柱多功能厅1个和泰州唯一的同声传译会议厅，配套有大堂吧、香榭西餐厅、金銮阁餐饮私人会所、健身中心、游泳池、桑拿中心等。

泰州天德湖宾馆。宾馆位于海陵南路268号，紧邻天德湖公园，建筑面积6万多平方米，主楼高5层，有各类客房243间（套），配套有大型多功能厅、中西餐厅和各类会议室，提供湖景客房、四季美食、户外BBQ（烧烤）、湖畔草坪婚礼、养生温泉等特色服务产品。

美丽华大酒店。酒店位于凤凰东路66号，市政府西侧，主楼高15层，有各类客房126间（套），设有商务行政楼层，有各类中西餐厅30多个，配套有商务中心、精品商场、棋牌室、歌厅、桑拿洗浴中心、健身房、美容室等。

会宾楼宾馆。宾馆位于济川东路101-103号，是国家三星级旅游饭店，是泰州市最大的民营酒店连锁企业。宾馆经营面积2.3万平方米，有客房113间（套）、大型宴会厅2个、中型宴会厅1个、容纳500多人的会场1个和中小型会议室4个，配套有商务及票务中心、精品商场、康乐中心等。

江苏嘉銮国际大酒店。酒店位于鼓楼南路336号，总投资1.8亿元，建筑面积2.4万平方米，楼高15层（含地下室一层），是集客房、餐饮、会议、休闲娱乐、购物为一体的大型涉外综合性酒店，有各类客房165间、大中会议室8个，配套有精品桑拿、健身房、美容美体中心、水疗中心为一体的休闲娱乐中心。

泰州市亚细亚大酒店。酒店位于海陵南路389号，是集餐饮、客房、休闲娱乐、会议等多功能为一体的三星级综合性大酒店，总面积2万多平方米，有包厢32个、宴会大厅2个、客房60间，休闲中心有休闲大厅及休闲包厢、豪华休闲套房30间。

金汇宾馆。宾馆位于扬州路588号，是集餐饮、客房、康体休闲、娱乐为一体的时尚精品商务酒店。宾馆总面积2万多平方米，有商务客房100多套，配套有大堂吧、健身中心、康体休闲娱乐会所等。

成品油管理

【概况】2014年，市商务局严格执行《成品油市场管理办法》和《江苏省成品油市场管理办法实施细则》，加强全市成品油管理，保障成品油市场供应，规范流通秩序，全市成品油市场呈现健康有序发展态势。全年全市共新建加油站6座、农村加油点2座。至年末，全市有成品油批发企业5家、仓储企业1家，成品油零售企业255家(不包括泰兴市)。全年有250家成品油经营企业参加年检，其中加油站190家、加油点39家、水上加油船21家；中石化集团有110家、中石油集团有24家、其他国有及社会加油站116家。有3家企业因迁建、2家企业因歇业未参加年检。

成品油市场供应平稳。全年全市共销售成品油77.07万吨，其中汽油37.45万吨、柴油39.62万吨。国有企业中石化集团、中石油集团及中海油集团所属的加油站（点）经营状况和设施普遍好于社会加油站（点），位于主干道的加油站(点)好于中心村的加油站（点）。

【中石化泰州分公司】2014年7月，公司由中国石化股份公司划转到中国石化销售公司名下，下辖泰兴、姜堰、兴化、靖江4个县级分公司，经营范围涉及成品油、天然气、润滑油和非油品销售。2014年，公司实现成品油销售61.3万吨，上缴税金5200万元。至年末，有在营加油站138座、在营油库2座，承担泰州区域成品油市场主要保供责任。

【中石油泰州分公司】至年末，公司有员工339人、加油站41座，其中全资站26座、控股站7座、租赁站8座。从区域分布看，泰兴市13座、兴化市11座、姜堰区11座、靖江市3座、高港区2座、海陵区1座。2014年，公司实现成品油销售23.1万吨，其中纯枪售量14.1万吨；非油销售收入1620万元，非油利润212万元。

【中海油销售泰州有限公司】公司注册资本3135万元，有员工46人、加油站6座。2014年，公司实现成品油销售2235吨、销售收入3516万元。

（商务局）

发展规划和计划管理

【概况】2014年，泰州市实现地区生产总值3370.89亿元，比上年增长10.8%。其中，第一产业实现增加值209.25亿元，增长3.3%；第二产业实现增加值1697.45亿元，增长10.5%；第三产业实现增加值1464.19亿元，增长12.3%。完成财政总收入805.94亿元，增长15.6%。其中，公共财政预算收入283亿元，增长9.2%。完成固定资产投资2200.19亿元，增长21.3%。实现社会消费品零售总额903.60亿元，增长12%。完成进出口总额108.9亿美元，增长4.3%。其中，出口额61.82亿美元、下降1.8%；进口额47.08亿美元、增长13.5%。新批协议注册外资24.79亿美元，下降26.8%；实际到账注册外资9.39亿美元，下降29%。城镇居民人均可支配收入31346元，增长9.2%；农村居民人均可支配收入15076元，增长10.8%。新增城镇就业9.89万人，农村劳动力转移1.53万人，城镇失业人员再就业5.36万人，就业困难人员就业6254人，城镇登记失业率1.95%。提前1年完成“十二五”单位地区生产总值能耗下降目标，化学需氧量、二氧化硫等主要污染物排放量削减均控制在省定目标以内。

（殷小军　孙桂周）

【规划管理】2014年，启动“十三五”规划编制工作，形成形势研判与总体思路研究、产业转型升级与现代产业体系研究、新型城镇化与城乡一体化研究、全面深化改革与开放创新研究、创新社会治理与民生保障研究、生态文明建设与资源要素保障研究等6个方面35个前期课题研究成果。至年末，全市“十三五”规划基本思路初稿形成。

（陈　勇）

【政府改善民生实事】2014年，市区改善民生实事涉及就业创业、医疗保障、养老设施、城市路网、居民出行、住房保障、社会管理、环境整治等民生领域，全年10大项19个子项实事进展顺利。全年新增城镇就业3.52万人，城乡新增创业1.82万人，带动就业4.19万人；育才路、梅兰路、引凤路、吴陵路、迎春路、海军大道、盛唐路等10条道路接通工程推进加快，部分路段建成通车；新增环凤城河慢行系统7千米；公共自行车系统建成，投放公共自行车2000辆；新增高港区政府北侧、雕花楼，姜堰区北大街、香溪美地、古田桥下，海陵区三水湾二期等社会停车场10个；新增、优化公交线路11条，医药城、园博园、张甸、中嘉国际装饰城等4个公交首、末站建成投用；东润首府、泰和园等安居工程建设加快，新增保障房13979套；姜堰区光明新村、西野行，海陵区鸿发小区、文鑫苑等老小区基础设施改造完成；新建姜堰区陈庄社区、城北社区，高新区康居社区、东方小镇邻里中心等5个农贸市场；姜堰镇、兴泰镇、张甸镇、白马镇等5家省二星级标准乡镇敬老院以及城东街道鲍坝、春兰等4家3A级居家养老服务中心建成；出台城镇基本医疗保险特药保障政策；提高新型农村合作医疗人均财政补助标准至355.15元以上；新增华港镇、蒋垛镇等地饮用长江水受益人口13万人；松林小区、海光新村等老小区管道燃气改造完成，新增管道燃气用户1.3万户；新（改）建公厕32座，新（改）建西堤阳光、凤凰曦城等垃圾中转站8座，整治五里河、夏家汪、许陈河、马宁河等黑臭河流10条；建成市未成年人心理咨询中心和未成年人非遗传习所，交流城乡中小学骨干教师273人；建成区级社会管理服务中心2个、乡镇（街道）社会管理服务中心22个、村（社区）管理服务站388个；建成志愿者服务总站，成立省级文明社区美德善行促进会27家。

（殷小军　孙桂周）

绿色出行

【投资结构】2014年，全市完成投资2200.2亿元，比上年增长21.3%。其中，第一产业完成投资10.4亿元，下降15.7%；第二产业完成投资1206.4亿元，增长20.6%；第三产业完成投资983.4亿元，增长22.6%。固定资产投资中，工业投资占全部投资的比重达54.4%。工业投资中高新技术产业完成投资391.6亿元，增长47.4%，占工业投资的比重达32.8%、提高5.9个百分点；高耗能产业完成投资265.7亿元，增长9.9%，占工业投资的比重为22.2%、下降2.2个百分点。全年新开工项目2870个，增加396个；完成投资1615.7亿元，增长27.1%，占全市固定资产投资的比重达73.4%、提高1.4个百分点。

（杨昊珺）

【交通能源】京沪高速江广段改扩建工程、泰镇高速泰州段、兴泰高速等项目开工建设；352、333省道等干线公路进展顺利；全年新改建农村公路295千米，农村出行条件得到改善。沿江港口保持良好发展态势，全年完成货物吞吐量1.58亿吨。国电泰州电厂二期工程获国家发改委核准，进入工程建设阶段；国信靖江电厂完成项目核准前期工作。

（陈大林）

【民营经济】2014年，全市民营经济呈现民间投资不断升温、规模总量不断扩大、经营领域不断拓宽、创新能力不断增强、社会贡献不断提升的良好态势。

民营经济发展规模保持高位增长。全年新增民营市场主体4.22万户；其中，新增私营企业1.26万户、比上年增长30.3%，新增个体工商户2.74万户、增长3.79%，新增家庭农场等农村新型合作组织2200多家、增长24.35%。主体结构不断优化，全市新增注册资本500万元以上的民营企业2306户，新增服务业私营个体企业28721户，占新增企业总数的73.56%，其中仓储、信息传输、软件和信息技术等服务业新增企业数增长66.45%。创新能力不断增强，全市新增省级以上高新技术企业98家，省级“科技小巨人企业”3家、市级64家，省级中小企业“专精特新”示范企业3家。全市新增中国驰名商标7件、省著名商标30件。社会贡献不断扩大，全市民营经济实现地税收入166.6亿元，占地税收入总额的82.5%；实现国税收入145.59亿元，占国税收入总额的66.3%。全市新增创业6.78万人，带动就业14.52万人。

加大民营经济政策扶持力度。继续实施“先照后证”改革，即先申领营业执照后再办理有关许可证。将“先照后证”的实施范围由2013年的65项扩大至178项，削减前置审批数约占总量的50%。建立制度化的信息互通机制，实现证照信息跨部门、跨行业互联互通。全年全市共办理“先照后证”登记714户，促成扬子江龙凤堂药业、苏萨食品、西碧化学等26个重大项目顺利落户。针对民营企业特别是小微企业开展“三名商标企业授信签约”“金融顾问三走进”“科技金融推进工程”“农民合作经济组织融资通达工程”等活动。全年新增中小微企业贷款259.07亿元，发放小额担保贴息贷款2.77亿元。

服务民营经济转型发展。年内，市民营经济发展领导小组办公室制定出台支持“个转企”的相关优惠政策，对自愿转型的帮助办理，对可转可不转的启发自愿办理，对转企后有行业门槛要求的强化协同推进，对不愿转的采取自愿与强制相结合方式进行督办，全年全市共有2000多家个体工商户转型升级为企业。主体转型后投资规模和从业人员增幅明显，注册资本共增加61169.6万元，比上年增长98.7%；从业人员增加3615人，增长99.1%。

【民营经济与品牌泰州高峰论坛】10月30日，由市民营经济发展领导小组办公室与泰州报业传媒集团联合举办的民营经济与品牌泰州高峰论坛会议召开。副市长孔德平、省品牌学会会长徐浩然及多名经济界专家学者出席会议。论坛以“民营经济与品牌创新”为主题。市民营经济发展领导小组办公室发布2014品牌泰州年度报告；与北京大学民营经济研究院、江苏省品牌学会、中国公关区域联盟签署意向性合作协议；组建

“泰州民营企业沙龙”，为全市民营企业提供常态化的信息咨询、管理策划、课题诊断、培训教育、商务交流、品牌传播和融资投资等服务。

（耿　维）

【高新技术产业】2014年，全市高新技术产业快速发展，实现产值4001.35亿元，首次突破4000亿元，比上年增长17.8%，高于全市规模以上工业平均增幅3.1个百分点；占规模以上工业的比重为41.5%，提高1.4个百分点；直接拉动全市规模以上工业增长7.1个百分点，对全市规模以上工业增长的贡献率达48.5%。2014年，全市新兴产业整体实力增强，全市工业新兴产业实现现价产值3901.79亿元，增长16.8%，增幅高于全市规模以上工业平均增幅2.1个百分点。其中，生物医药产业、电子信息产业、新能源产业、新材料产业、节能环保产业分别实现现价产值730.12亿元、682.58亿元、705.63亿元、923.08亿元、245.26亿元，分别增长16.6%、11.3%、13.4%、25.9%、14.2%。新兴产业中，120家高端装备企业实现现价产值615.12亿元，增长16.0%，增幅高于全市规模以上工业平均增幅1.3个百分点。新兴产业全年累计实现主营业务收入3766.48亿元，增长16.8%，增幅高于全市平均增幅1.7个百分点；实现利润291.89亿元，增长26.6%，增幅高于全市平均增幅4.8个百分点；实现利税487.62亿元，增长27.2%，增幅高于全市平均增幅6.3个百分点；新兴产业销售占规模以上工业的比重达40.4%。提高企业创新能力，泰州市智能高压成套电气设备工程中心等9家单位被认定为2014年度泰州市市级工程中心和工程实验室；泰州航宇电器有限公司承担的江苏省高性能电连接器工程中心等5家单位被认定为省级工程中心和实验室。推进产业化项目建设，组织申报各类国家高技术产业化专项、工业类项目以及新兴产业创投计划，全年上争项目5个、资金总额9611万元；推进泰州新兴疫苗及特异性诊断试剂产业区域集聚发展试点，出台《泰州新型疫苗及特异性诊断试剂产业区域集聚发展试点项目资金管理办法》，完成泰州新型疫苗及特异性诊断试剂产业区域集聚发展试点重点建设项目审核。

（陈　凯）

【资源环境】2014年，全市全部国家级开发区和60%的省级开发区开展循环化改造，超额完成省政府下达的目标任务。编制上报《泰州市2013年度控制温室气体排放目标责任评价考核自评估报告》。全年完成总投资140.5亿元的31个市本级固定资产投资项目的节能评审。其中，节能审查项目11个、节能备案项目20个，综合能耗8.33万吨标准煤，通过节能审查核减标煤1.29万吨。2014年，全市5个资源环境类项目累计获批中央预算内专项资金2303万元，医药高新区、高港高新技术园区和泰兴开发区共获省级循环化改造专项资金750万元。

（高　翔）

【社会事业】2014年，全市城镇居民人均可支配收入31346元、农村居民人均可支配收入15076元，比上年分别增长9.2%、10.8%；居民消费价格增长2.1%。全年新增创业6.8万人，新增城镇就业9.89万人，新增农村劳动力转移1.53万人，城镇登记失业率1.95%。推进医疗保险城乡一体化，城镇居民大病医疗保险实现全覆盖。城、乡低保标准分别提高至人均每月530元、370元。加大住房保障力度，全年全市新开工各类保障性住房1.6万套。推进教育事业发展，所辖市（区）均建成国家义务教育发展基本均衡市（区）。整合医疗卫生资源，实施县级公立医院改革。年内，市级公共文化设施全部免费开放；全国文明城市创建取得重要进展；所辖市（区）全部通过国家卫生城市技术评估。

（李乐飚）

【财政金融】2014年，全市完成财政总收入805.94亿元，比上年增长15.6%；完成公共财政预算收入283亿元，增长9.2%。完成财政总支出753亿元，增长15.1%；完成公共财政预算支出371.21亿元，增长8.0%。至年末，全市金融机构人民币各项存款余额3955.8亿元，增长11.6%；金融机构人民币贷款余额2751.5亿元，增长17.4%。2014年，全市通过国家发改委核准企业债券4支共45亿元，比上年减少11亿元、下降19.6%，其中靖江市港口公司8亿元、泰兴市中兴国有资产公司二期15亿元、兴化市城投公司二期12亿元、高港区望涛公司10亿元；累计发行企业债券22支共236亿元，企业债券余额232.25亿元。

（沈　泉）

【城建重点项目】2014年，全市有城建重点项目38个，计划总投资336亿元，年度计划投资85亿元。年内，梅兰西路、梅兰东路、育才路、引凤路北延、主城区空转绿、市区公共自行车服务系统一期、泰州学院新校区、泰和园二期、红旗新村集中居住区（美好家园二号区）工程竣工；西客站片区改造启动实施；周山河整治三期、南官河整治搬迁完成；泰镇高速泰州段、京沪高速改扩建泰州段路基施工；环城东路东环高架主线桥梁和部分下部结构施工完成；东风路贯通及快速化改造、永定路市区段快速化改造道路障碍物拆除、迁移；长江大道下穿扬州路节点改造初步设计批复；泰州三水厂三期改扩建及配套管网泵站道路绿化迁移、施工降水；稻河古街区改造复兴主体及屋面施工；现代服务业集聚区一期上部结构建设；老高桥历史街区改造进入征收拆迁推进阶段；海阳东路东延、泰州职业技术学院新校区工程征收拆迁完成；吴陵路接通老通扬运河桥及部分道路施工；迎春路陈庄路接通工程道路施工；引凤路南延工程道路、河塘施工；盛唐路北延工程桩基施工；海军大道东延工程桥梁施工，道路贯通；凤城河污水管网全覆盖部分路段顶管完成；中国评书评话博物馆、市人民医院新区医院、市中医院迁址新建主体施工；新区高级中学外装饰施工；市体育学校迁建确定项目选址；凤凰佳园一期室内外装饰及配套设施施工；东润首府保障房高层和多层主体封顶，内、外墙粉刷完成；青年路西侧拆迁安置主体施工。

（张见远）

9月19日，泰州学院新校区揭牌仪式举行

【对口支援】2014年，泰州市投入援藏资金5175万元，实施援建项目11个；投入援疆资金1.6645亿元，实施援建项目14个，年内全部完成；援助三峡库区项目资金86万元。实施苏陕挂钩无偿援助项目6个，提供援助资金170万元。其中，略阳县白雀寺镇白杨村通村水泥路项目援建资金40万元，宁强县高寨子镇初级中学塑胶运动场建设项目援建资金40万元，洋县洋州镇东城社区居家养老服务楼项目援建资金30万元，留坝县江口镇范条峪至月亮坪道路硬化项目援建资金30万元，勉县褒城镇红星村道路硬化工程项目援建资金15万元，勉县青羊驿镇东边河村二组道路水毁修复工程项目援建资金15万元。

（邹德贵）

统　计

【概况】2014年，全市统计部门坚持质量至上和服务导向，开展“统计改革创新推进年”活动，提高统计能力、统计数据质量和政府统计公信力。年内，市统计局成立统计宣传处，协调组织统计宣传工作；完成常规统计调查年定报及各项新增调查任务，及时发布《统计公报》；在第三次全国经济普查中，完成4.9万家法人单位和27.5万户个体经营户经普数据的PDA现场采集上报、审验处理、查询答复、事后质量抽查和迎检等主体工作。2014年，市统计局被表彰为“江苏省文化产业经济普查先进单位”；在2014年度市级部门（单位）依法行政考核中被评为优秀，1人获泰州“最美基层干部”称号；全市统计系统9人被表彰为“全省第二批基层规范统计岗位标兵”。

加强“八项工程”（转型升级工程、科技创新工程、农业现代化工程、文化建设工程、民生幸福工程、社会管理创新工程、生态文明建设工程、党建工作创新工程）、全面小康建设、民生幸福“六大体系”（终身教育、就业服务、社会保障、基本医疗卫生、住房保障、社会养老服务）综合统计监测；组织开展文化产业、社会发展、妇儿发展、农业基本现代化等专项统计监测；开展“1+3+N”产业体系、转型升级等市委、市政府重大决策的统计监测预警；完成绩效管理民意调查和国税纳税人满意度调查。

2014年，市统计局有9篇（次）经济信息、统计分析和统计专报被市领导批示，62篇（次）被市委办、市政府办、泰州政府网、省统计网采用。年内，组织开展市、县、乡三级统计分析评选活动，评选出优秀统计分析40篇，其中一等奖8篇、二等奖12篇、三等奖20篇；编印《数说泰州——2013年优秀统计分析报告汇编》。

【统计服务】编印统计资料，撰写参阅资料，每月定制全省各省辖市及所属市（区）主要经济指标完成情况和经济走势图。开展项目大突破、农副产品加工、工业投资、房地产开发、经济开发区特色产业发展、旅游业发展以及零售额统计等重点调研。完善统计内外网建设，定期召开统计新闻发布会，在《泰州日报》开设《统计专刊》，开展第五届“中国统计开放日之泰州”系列活动，完善季度经济形势分析例会制度。2014年，市统计局“真情迅达”统计服务品牌被《中国信息报》和国家、省统计内网宣传报道。

【统计数据质量评估和控制】完善《统计数据全程质量管理工作规范》《专业数据质量评估办法》，核算、工业、投资、批零住餐等专业实行集中会审、公开评估。加强部门协作，制定部门统计资料报送目录。年内，统一和规范季度GDP（国内生产总值）核算方法；推行规下服务业企业联网直报，试行规下服务业数据纳入市（区）GDP核算；完成科技服务业统计调查试点，试点投资统计改革。高港区95%以上的规模以上工业企业推行电子台账，规范管理源头原始记录；姜堰区构建数据质量控制“三张网”保障体系。

【统计课题研究】2014年，市统计局立项课题34项，评出优秀课题24项，编印《2014泰州市经济社会发展研究优秀课题汇编》；立项经济普查研究课题37项。承接省委宣传部社会科学基金项目、市委办重点课题和市级软科学项目3项，省统计学会、省经普办研究课题1项。

【统计信息化建设】完成视频会议室环境更新改造，搭建部门数据共享平台，统计网络与市电子政务网实现互联互通。加强统计信息网络安全管理，推进基层统计网络提速，全市乡镇（街道）统计机构均实现专线接入统计内网。

【统计规范化建设】2014年，全市6家市（区）统计局和泰州医药高新区发改委、靖江经济开发区统计科统计规范化建设合格，其中3家被确认为“省级示范单位”；108家乡镇（街道、开发区、园区）统计机构全部通过省级规范化建设验收，其中26家被确认为“省级示范单位”；4856家联网直报企业统计规范化建设合格率91.9%；18家市、县级部门被确认为第2批“江苏省部门统计示范点”。基层统计规范化管理创新、统计服务、优秀统计宣传作品示范项目确认个数居全省前列。年内，海陵区对社区（村）统计实施网格化管理；高港区放大乡镇垂直管理效应，向村居统计网络延伸；姜堰区、泰兴市分别将“部门统计工作考核”、“争创全省县级统计规范化管理示范单位”纳入政府绩效考核目标。

【统计法制保障】加强统计法制宣传，开展《江苏省统计条例》专题宣讲、“六五”普法学习和测试、送法下乡、送法进社区等活动。开展统计执法检查，全年共检查300家单位，立案查处统计违法行为9起。加强统计行政指导，推进统计信用体系建设，海陵区对新增“四上”企业（规模以上工业企业、资质等级建筑业企业、限额以上批零住餐企业、规模以上服务业企业）实施“建立统计调查关系告知制度”；高港区打造诚信体系，构建“诚信统计”；靖江市推进统计行政指导制度化、常态化。

【基本单位名录库建设】制订“四上”企业增减变动审核确认实施方案及其细则，全年新增“四上”企业477家，退出“四上”企业261家，净增216家。兴化市加强政策引导，鼓励“个转企”，促进服务业企业新增入库。

【统计文化】以“快乐统计，幸福人生”为主题推进统计文化建设。开展“五比五提升”主题实践系列活动，举办泰州市统计系统青年风采大赛和第一届统计业务技能大赛；开展“改革创新大家谈”和“我的统计梦”征文活动；开展“树典型、学先进”活动，组织泰州“最美统计人”巡回演讲3场次；开展泰州“最美普查员”推荐活动，1人被评为全国“最美普查员”，3人被评为江苏“最美普查员”。

【统计教育培训】2014年，市统计局完成教育培训计划25项。年内，举办首期全市乡镇（街道、园区）统计站长培训班；选派50多名基层统计业务骨干参加国家局培训；选派53人参加由中国人民大学承办的首期市（区）统计负责人及业务骨干提升班。2014年，全市统计从业资格认定合格1571人；156人参加统计专业技术资格考试；15人成功申报高级统计师资格。年内，靖江市率先推行统计人员网上继续教育。

（统计局）

审　计

【概况】2014年，全市审计机关完成审计项目295个，查出主要问题金额230.39亿元，其中违规金额5.08亿元、损失浪费金额1699万元、管理不规范金额225.14亿元；损益（收支）不实10.89亿元；审计处理处罚金额15.08亿元，其中应上缴财政7.06亿元、应减少财政拨款或补贴1.87亿元、应归还原渠道资金1556万元、应调账处理金额4.96亿元；审计发现非金额计量问题

288个；审计促进整改落实有关问题资金2.68亿元，其中增收节支1.97亿元、已调账处理金额6042万元，审计后挽回（避免）损失2.35亿元。全年出具审计报告和专项审计调查报告372篇，被批示、采用12篇；移送司法机关及有关部门处理事项18件；提出审计建议987条，提交审计信息166篇，被批示、采用108篇；向社会公告审计结果31篇。

【财政金融审计】以财政收入的真实性、财政支持落实转型升级政策专项资金、民生资金支出、财政资金使用效益及上年审计发现问题的整改情况为重点深化财政审计，以“三公经费”情况和部门专项预算编制及执行情况为重点开展部门预算审计，并首次在《泰州日报》公告市本级和各市（区）财政同级审计结果。年内，抽调91名审计人员赴镇江完成所承担全国土地出让金审计任务。

【民生审计】以与群众生产生活紧密相关的事项为重点，开展城镇保障性安居工程审计，加大教育、医疗、文化、社保、就业等资金项目审计力度。2014年，市审计局先后开展市直医疗服务收费、公交优先发展“三年行动计划”执行情况、主城区生活垃圾清运及处理情况、全市区域供水运行情况等专项审计调查。

【固定资产投资审计】2014年，全市审计机关完成固定资产投资审计（调查）项目109个，核减工程款（投资额）3.77亿元。组织市、区审计机关对青年路西侧ABE地块房屋拆迁补偿等6个拆迁项目补偿情况开展专项审计调查。开展援疆审计，揭示施工方借用资质招投标、监理不到位等问题。

【经济责任审计】推进“三责联审”（用人责任审查、编制责任审核、经济责任审计）和“同步审计”，丰富经济责任审计内容，提升经济责任审计质量和水平。2014年，全市审计机关完成对60名领导干部经济责任审计，查出主要问题金额5.17亿元。加强对内审工作的指导，推动部门、单位加强内部管理领导干部经济责任审计。

（游　弋）

物　价　管　理

【概况】2014年，泰州市制定《2014年价格调控目标责任制实施意见》，分解落实重要商品在生产、供应、储备等环节的调控任务，明确各责任单位的价格调控责任。健全价格调控目标考核指标体系，定期开展专项督查与量化考核。全市居民消费价格指数比上年上涨2.1%，比全省平均涨幅低0.1个百分点，实现年度价格调控目标。扩大价格调节基金规模和使用范围，全市价格调节基金规模为2675万元，累计使用949.84万元，其中市区使用294.84万元。完善社会救助和保障标准与物价上涨挂钩联动机制，全年累计发放价格补贴13.5万元。年内，市价格举报中心被表彰为市“12345”政风行风热线先进单位。

【市场价格监测】严格价格监测，加强价格形势分析，组织开展住房、农副产品、夏粮秋粮等8个专题调查以及重大节日市场监测调查。健全市场价格异动快速反应机制，修订《泰州市重要商品和服务价格异动反馈指标》。2014年，全市共设立价格监测点273个，监测商品种类7925个；累计上报监测报表480份、动态分析90多篇，其中被国务院办公厅采用2篇，被省、市采用31篇，被市政府专刊采用4篇，被市领导批示3篇。坚持价格新闻发布制度，每月定期召开价格新闻通气会，解读价格政策，通报市区居民消费价格指数运行情况，曝光市场价格违法的典型案例。

【价格改革】在全省率先制定《泰州市天然气批发价格管理办法》，调整市区车用天然气、非居民用管道天然气等价格，制定居民用管道天然气价格调整方案，建立居民管道天然气销售价格与综合门站价格联动调整机制，提高对困难家庭的用气优惠幅度。制定“十二五”水价改革方案，推行居民生活用水“阶梯式”水价，实行差别化水资源费和污水处理费政策。修订《泰州市车辆救援服务收费管理细则》，对车辆救援服务收费实行政府指导价管理，制定拖车、吊车作业和平板车运输等服务收费标准。完善煤热价格联动办法，调整吨煤产热系数及吨热加工费成本。推进生态泰州建设，制定化学需氧量、氨氮、二氧化硫、氮氧化合物等主要污染物排污权有偿使用收费标准及相关政策，明确电动汽车充电设施服务价格标准。年内，上争医药高新区华电公司热电联产项目扶持政策，其上网电价达省内同类行业较高水平；制定江苏联美生物能源有限公司供热价格，保障重大项目正常运行；调整全市客运票价燃油附加费，规范客运票价管理。

【收费管理】2014年，市物价局会同市财政、地税等部门建立收费年审协作机制，首次推行网上年审。全市共年审收费单位481家，年审率100%；取消、免征收费项目20个，累计减免收费4900多万元。建立收费清单制度，梳理、编制《泰州市区政府性基金行政事业性收费项目清单》《泰州市区涉企行政事业性收费清单》《泰州市区经营性服务收费项目清单》。开展涉企收费专项督查，专项检查市区涉企收费政策落实情况。加强银行收费行为监管，及时变更经营服务收费登记证，推动市区18家银行金融机构网上公布服务价格。

【价格行政许可】加强价格行政权力清理，建立权力清单制度。对原有的69项价格行政职权进行清理，取消非行政许可项目14项、行政处罚权力1项、其他权力1项，合并或调整5项，新增行政许可权力1项，清理后审核确认行政权力共59项。年内，市物价局行政许可处整建制进驻市政务服务中心，对审批事项实行“一个窗口受理、一站式审批、一条龙服务”，全年累计受理、办理各类事项156件，其中承诺件17件、即办件139件，按时办结率100%。

【价费监督检查】加强节假日期间市场价格巡查和检查，重点检查市区大型餐饮企业价格、客运票价、旅游景点门票价格和停车场收费、旅行社明码标价等，维护市场价格秩序。开展汽车4S店销售、维修服务行业专项整治，涉车、涉农、涉企收费专项检查和宾馆、酒店价格行为检查，责令整改明码标价不规范行为，打击虚假价格宣传行为。协助省物价局开展反价格垄断工作，指导市保险行业协会及全市55家保险公司自查整改。制定《关于推进泰州市价格信用体系建设的实施意见》，开展“省价格诚信单位”的创建和认定工作，全市有13家企业被表彰为“2013～2014年度江苏省价格诚信单位”。深化泰州老街“诚信示范街区”创建，推进商户实行明码实价。依法及时办理价格举报件、申（投）诉件，全年全市共接受各类物价投诉咨询564件，其中价格举报137件、价格咨询427件，按期办结率、回复率均为100%；严格执行局长每周值班接访制度，全年共处理疑难案件52件。

【价格公共服务】强化重要民生价格公示，完善价格监测目录，优化监测方式，提升监测数据质量。推动“民生价格数据中心”建设，利用互联网、手机终端及数字电视等载体提供价格信息公共服务，形成可供查询发布的综合型基础数据库。加强平价商店管理，完善日常监管考核机制，规范连锁经营行为；将姜堰区10家平价商店纳入市区范畴，实行统一管理和考核，并享受市区统一的优惠政策；完善淘汰递补机制，年内有32家平价商店退出、按规定要求递补5家。加强惠民药店管理，调整惠民药品的品种设置、惠民价格政策及公示方式；完善惠民药店价格信息管理平台，对药品的销售价格、数量、金额以及“购药资助卡”使用等情况进行监控管理；健全购药资助金的使用流程及责任机制，重新核实梳理购药资助卡受惠群体基本信息，全年累计使用购药资助金101.75万元，惠及市区特困群体3931人。规范教育收费行为，制定江苏农牧科技职业学院、南京理工大学泰州科技学院等4家高校公寓化宿舍学生住宿费标准。加强涉房价格管理，完善普通住宅价格备案制度，修订《泰州市区物业服务收费管理实施细则》，公布物业服务费指导标准。建立全市旅游景点门票价格半年统计上报制度，规范旅游价格行为。

【县级公立医院价格管理】2014年，市物价局对兴化市、姜堰区县级公立医院价格综合改革方案进行审核，取消药品加成，将医院原有的药品加成收入、医疗服务收入和政府补助3个补偿渠道改革为医疗服务收入和政府补助2个补偿渠道。至年末，全市11家县级公立医院价格综合改革全部完成，1300多种、2500多个品规的药品实行零差价。建立县级公立医院考核指标动态监测体系，动态管理县级公立医院医疗服务价格。建立健全联动考核机制，阶段性评估县级公立医院医药价格综合改革实施情况。2014年，全市县级公立医院门诊次均药费比上年下降5.6%，住院次均药费下降15.5%，药占比下降9.5个百分点，初步实现由“以药养医”向“以技养医”转变。

（陈金夫）

工商行政管理

【概况】2014年，全市工商系统以“改革创新”为全年工作主题，推进工商登记制度改革、监管模式改革和体制改革。年内，组织6家广告经营单位上争年度省广告业发展专项资金，帮助5家广告企业成功申报国家级资质；办理全省首家以码头作为抵押物的抵押登记；44家企业被国家工商总局公示为“守重”（守合同、重信用）企业。全年共办理企业抵押登记386件，主债权金额53.96亿元。泰州工商局连续8年被表彰为泰州市“十佳服务地方发展单位”；“12315”中心被评为全国工商系统先进集体。

推进工商登记制度改革。在全省率先出台工商登记“负面清单”制度，工商登记“负面清单”制度入选全国工商系统“宽进严管改革十佳案例”和年度“改革记忆”十大事件。实施“四证一体”（申请人一次申请即领取营业执照、国税、地税税务登记证、组织机构代码证4份证照）和“三证合一”（工商营业执照、组织机构代码证和税务登记证3证合为1证）改革，“三证合一”在全省率先实现市（区）全覆盖。与市商务局联合推行外资企业审批与登记“一表申报”，推广网上登记和电子营业执照，开放企业名称登记自助查询系统。工商登记制度改革连续两年在创新创优工作考核中居全市垂直部门首位。2014年，全市新增民营市场主体4.22万户。其中，新增私营企业1.26万户、比上年增长30.3%；新增个体工商户2.74万户、增长13.91%；新增家庭农场等农村新型合作组织2200多家、增长115.98%。

服务民营经济发展。组织开展民营经济发展政策“进村居”宣讲活动；在《泰州日报》设“民营经济风采录”专栏。举办“2014民营经济与品牌泰州主题高峰论坛”，全市近1000名民营企业代表参加；成立“泰州民营企业家沙龙”，搭建云集民商、对话发展新平台。推广“个转企分类四办工作法”，2015户个体户升级为企业。与邮储银行泰州分行联合开展“十亿送贷行动”，发放金融“协惠卡”，帮助小微企业解决融资难问题。

加强工商行政执法监管。开展商标侵权和假冒伪劣商品“双打”行动，查处案件1899件。围绕房地产市场欺诈消费等投诉热点开展整治行动，帮助消费者挽回经济损失150多万元。打击汽车销售服务行业合同欺诈、霸王条款、强制保险、维修猫腻、恶意加价等违规行为，汽车消费领域的典型投诉数量比上年下降26%。推进红盾护密，编印《红盾护密规范化手册》。通过媒体宣传、上门服务等，指导14万户市场主体完成年报。年内，市政府出台规范性文件，明确“先照后证”实施后部门之间责权划分。

加大商标培育力度。开展“护航品牌”行动，全年全市新增驰名商标7件，新认定省著名商标30件，新认定知名商标90件，新增注册商标3100多件、比上年增长11%，新增“靖江香沙芋”“泰兴香荷芋”“兴化鱼圆”等地理标志3件；指导12家企业41件商标进行国际注册，在59个国家（地区）予以延伸保护。

【职能调整和体制改革】2014年，市工商行政管理工作由省以下垂直管理调整为地方政府分级管理。11月27日，市政府下发《关于市级食品安全监管职能调整的通知》，泰州工商局承担的流通领域食品安全监管职能划转至市食品药品监督管理局。

【消费维权】设立消费者投诉综合调解中心，延长“12315”人工值守时间，电话一次性接通率超过95%，“12315”中心全年受理咨询、投诉和举报2.6万件。全年在各大商场、超市新设“郑美琴维权工作室”8家，总数达25家。启动消费维权信用档案建设，出台“12315”投诉举报处理联动工作意见，强化消费事件联动处置。出台“提升公共服务满意度”行动方案，组织开展消费体验活动，提升公共服务满意度。

（工商局）

国土资源管理

【概况】2014年，全市落实“农转用”计划1712.67公顷。其中，下达的国家计划568.67公顷、增减挂钩计划300公顷，上争的“点供”计划86公顷、独立选址计划744.67公顷。全年向省报批“农转用”和土地征收总面积1211.6公顷，增减挂钩项目144个、新增耕地110公顷，保障例行督察整改需要和重大项目用地报批。全年挂牌出让经营性土地255宗，面积867公顷，总成交价287亿元，其中市区126宗、面积585公顷、总成交价206亿元；支持政府融资平台和企业通过土地抵押融资544亿元；代各级政府征收土地出让金254.71亿元、新增建设用地有偿使用费3.38亿元、耕地开垦费1.5亿元。全年盘活闲置土地33公顷，建成多层标准厂房161万平方米；靖江、泰兴、医药高新区节约集约用地模式得到省国土资源厅肯定，海陵区被评为“全省国土资源节约集约模范县（市、区）”。年内，建立国有建设用地使用权“决策、管理、操作”相分离的公共资源交易新模式，交易权集中到市公共资源交易中心；全国首家地市级地质资料馆正式建成并向社会提供资料查询等服务。全年市国土资源局处理各类群众来信266件、接听来电170个、接待来访36人次，处置网络舆情29件。年内，市国土资源局被表彰为“2013~2014年度法治泰州建设依法行政先进单位”，“六五”普法工作获市政府表彰；靖江市、高港区分别获“全省土地执法模范市”“全省土地执法先进区”称号。

市国土资源管理局开展“6·25”全国土地日法律咨询暨党员义工服务

【耕地和基本农田保护】落实耕地保护责任，推进基本农田保护区建设，全年基本完成31.55万公顷耕地保护目标任务，完成27.18万公顷基本农田划定任务，建成高标准基本农田2.68万公顷。

【土地复垦开发】推进耕地占补平衡，全年全市入库占补平衡项目236个，规划新增耕地面积49.01公顷，实施耕地占补平衡项目211个、新增耕地面积44.98公顷，调进占补平衡指标425.47公顷。推进土地综合整治，申报省以上投资的土地整治项目4个，争取省投资1.35亿元。

【征地补偿安置】健全完善被征地农民基本生活保障制度，颁布实施《泰州市市区征地补偿和被征地农民社会保障实施办法》。2014年，全市落实征地补偿总费用10.41亿元、被征地农民社会保障资金7.36亿元，1.22万名被征地农民纳入社会保障。

【地政地籍管理】完成2013年度土地变更调查与遥感监测，土地登记信息动态监管查询系统投入使用，省、市、县三级土地登记信息实现互联互通。建立“四全”（全流程优化审批、全区域便民服务、全业务网上办理、全节点效能监管）服务模式，个人土地登记即时办结，单位土地登记缩短至5个工作日，单位融资抵押登记缩短至2个工作日，市政府重点工程和民生工程土地登记当日办结。2014年，市区国有土地使用权登记发证18685本，宅基地使用权登记发证3197本，土地使用权抵押登记16840本。

【矿产资源管理】2014年，市国土资源局年检采矿企业118家，登记发证采矿企业71家。全年全市开发利用黏土资源357.56万吨、地热资源7.14万吨、二氧化碳30.15万吨，实现矿产资源工业总产值3.49亿元。

【地质环境管理】2014年，全市完成建设项目地灾危险性评估备案384宗，监测地下水684次，收集地下水数据960个。年内，天德湖地热井后续水处理工作完成并投入试运行。

【土地执法监察】2014年，全市立案查处各类违法用地案件149件，面积173.2公顷，其中耕地120.67公顷。全年没收构建物面积133.62万平方米，拆除构建物面积12.43万平方米，收缴罚款961.13万元，对87名责任人提出行政处分建议。其中，市本级立案58件，面积100公顷，没收构建物面积78.21万平方米，拆除构建物面积6.26万平方米，收缴罚款452.20万元，对51名责任人提出行政处分建议。年内，市政府约谈2个违法用地情况较为严重市（区）的主要负责人、13个违法用地情况较为严重的乡（镇、街道）的主要负责人。

【依法行政】组织开展“4·22”地球日、“6·25”土地日、“8·29”测绘法宣传日、“12·4”法制宣传日等活动，其中“微信公众平台”宣传活动被评为省国土资源厅2014年全国土地日宣传好项目。年内，行政审批事项全部向电子政务平台集中，许可类审批事项整建制进驻市行政服务中心，实行行政审批和便民服务事项双轨运行机制，实现行政权力网上公开运行。市国土局全年参与办理行政复议、行政诉讼50件，行政复议被维持率、行政诉讼胜诉率、部门负责人出庭应诉率均为100%。

（范建国　樊润华）

质量技术监督

【概况】2014年，市政府出台《泰州市创建全国质量强市示范城市工作方案》，启动全国质量强市示范城市创建工作；泰兴市被列入“全国质量强市示范城市”创建计划，为全省唯一获批县级市；质量强市工作首次被纳入市（区）政府绩效管理考核指标体系。组织申报省政府质量奖，扬子江药业获“第二届省政府质量奖”，兴达钢帘线获“第三届省政府质量奖”提名；开展第三届市长质量奖、质量管理奖、服务质量奖评选，罡阳股份有限公司、济川药业集团获“市长质量奖”；兴化市首次开展市长质量奖评选。推进质量诚信体系建设，出台《质量信用红黑名单制度（试行）》。加强名牌产品梯队培育，推进兴化戴南不锈钢制品、姜堰溱湖湿地公园创建“全国知名品牌示范区”；全年新增质量信用企业AAA级6家、AA级10家，41家企业49个产品获评“江苏名牌”。

【质量基础建设】推进计量基础建设，加强能源计量，开展能效测试服务和能效标识监督检查，全年检测重点耗能设备79台，检查电机生产企业36家，新增计量体系确认企业2家、计量保证确认企业30家、计量合格确认企业219家。推进标准建设，年内制定高港壁纸联盟标准，全市17个企业获批主持、参与制（修）定国家、行业标准22项；发布《镇（街道）便民服务规范》等省级服务业地方标准2个和市级农业、服务业地方标准17个；新增《商品芋分等分级》等省级农业地方标准制定计划3个；姜堰“镇村便民服务”国家级标准化试点通过考评验收，靖江市被列为全国首批“农村公共服务运行维护标准化试点县（市）”，黄桥现代农业产业园成为全省首家通过验收的省级综合标准化示范区；全年新获批“社区助残服务”国家级社会管理和公共服务标准化试点项目、“农村社会化服务”等国家级农业标准化示范区3个及战略性新兴产业技术标准专项、高新技术自主创新省级标准化试点项目6个。推进认证规范化，开展节能产品、消防产品强制性认证和有机食品专项检查，全年监督评审实验室35家，2家企业通过能源管理体系认证。

【质量安全监管】加强重点产品质量监督，全年抽查工业产品582批次，合格553批次，合格率95.02%；开展节前食品打假集中行动和农资产品、一次性发泡塑料餐具等执法检查，立案查处案件350起，涉案货值超过1亿元，其中大要案件47起、移送司法机关案件3起；在全省率先成立市级家用汽车产品三包申诉处理中心。加强特种设备安全监察，开展安全检查整改专项行动、“六打六治”［打击矿山企业无证开采、超越批准的矿区范围采矿行为，整治图纸造假、图实不符问题；打击破坏损害油气管道行为，整治管道周边乱建乱挖乱钻问题；打击危化品非法运输行为，整治无证经营、充装、运输，非法改装、认证，违法挂靠、外包，违规装载等问题；打击无资质施工行为，整治层层转包、违法分包问题；打击客车客船非法营运行为，整治无证经营、超范围经营、挂靠经营及超速、超员、疲劳驾驶和长途客车夜间违规行驶等问题；打击“三合一”“多合一”场所（住宿与生产、储存、经营等一种或几种用途混合设置在同一连通空间内的场所）违法生产经营行为，整治违规住人、消防设施缺失损坏、安全出口疏散通道堵塞封闭等问题］打非治违专项行动，专项整治气瓶、场（厂）内专用机动车辆、造拆船行业等环节，全年出动检查人员640人次，监督检查特种设备使用单位408家，发现安全隐患559处；强化电梯安全监管，开展维保单位星级评定，推进应急处置服务平台建设。加强食品质量安全监管，开展食品风险排查和专项整治，加强乳制品、肉制品、白酒等8类食品生产监管；全年发放食品生产许可证230张，注销食品生产许可证35张。2014年，全市生产领域未发生区域性、系统性、行业性质量安全问题。

【质量平台建设】2014年，市质监局加大国家级不锈钢、精细化学品质检中心和特防产品、测绘仪器等省级质检计量中心建设推进力度，知名度和服务能力得到提高。省特防产品质检中心承担口罩产品省级风险监抽，成为黑龙江省森林保护研究所试验基地；省减速机产品质检中心正式立项行业标准1项，申报制定国家标准2项；省泵阀产品质检中心参加制（修）定国家标准3项。推进项目申报和平台建设，国家不锈钢制品中心获批工信部“工业产品质量控制和技术评价实验室”，全年新申报国家、省级服务平台5个；市质检所申报国家、省级实验室和科研项目4个；省测绘仪器计量中心在全省率先开展经纬仪、水准仪检定装置检定；市技术监督情报所加快WTO/TBT（世界贸易组织贸易技术壁垒）平台建设，为全省脱水蔬菜和医用辅料出口企业提供应对贸易壁垒服务。推进装备和载体建设，国家不锈钢制品质检中心启动精密铸钢产品检测楼建设项目，省特防产品、墙纸产品质检中心完成迁建，省测绘仪器计量中心启动整体迁建；省减速机产品质检中心完成200千瓦减速机基础试验平台的改造安装和机器人精密减速器实验室环境改造。

（质监局）

国家不锈钢制品质量监督检验中心

食品药品监督管理

【概况】2014年，全市食品药品监管系统组织实施“机构改革提速、监管工作提效、服务发展提质、队伍建设提优、社会共治提升”五项工程，保障人民群众饮食用药安全。年内，全市未发生等级餐饮安全事故和源头性药害事件。市食药监局全年办结行政许可事项946件，受理办理各类投诉举报359件。2014年，市食药监局居全省食品药品监管局年度综合绩效考评首位；被表彰为省“公共机构节能示范单位”，市“社会管理综合治理先进单位”“六五普法中期先进集体”“十佳政务服务窗口”。

服务产业发展。2014年，市食品药品检验所完成检品1963批，添置三重四级杆液相色谱—质谱联用仪等检验检测仪器设备20多台（套），引进硕士以上高层次人才12人，通过CNAS（中国合格评定国家认可委员会）认证；对园区药品、医疗器械生产企业42家1230个车间进行净化测试，提供菌种263支，减免费用近50万元。年内，市食药监局指导园区建成滨江原料药产业基地和华为、华能、华越药品医疗器械经营平台。

加强食品药品安全监管。2014年，全市检查单位9635家次，发出整改通知书268份，立案查处156起；查处案件涉案货值5.85亿元；取缔无证经营药械窝点10个，捣毁非法生产窝点12个；移交公安机关涉嫌犯罪案件27起，抓获犯罪嫌疑人45人。全年查办国家总局挂牌督办案件4件、省局挂牌督办案件7件，其中“6·10”非法生产销售软性亲水接触镜案被评为全国医疗器械“五整治”十大典型案件之一。加强广告监测，全年上报省局违法广告5616条次，提请省局暂停销售品种6个，向工商部门移送违法广告5632起。加强抽样监测，全年完成餐饮抽样750批次、酒类专项抽样20批次、保健食品和化妆品抽样252批次、药品抽样1200批次、医疗器械抽样29批次。

【“餐保化”（餐饮食品、保健食品、化妆品）监管】至年末，为期3年的全市“餐饮服务食品安全放心工程创建”活动累计建成市级示范镇街57个、达标镇街39个，示范餐饮单位194家、合格餐饮单位1363家。全年完成餐饮服务许可2165家、小餐饮备案3808家，保健食品经营企业临时备案65家，非特殊用途化妆品网上备案476个。开展农村餐饮服务食品安全“四打击四规范”（打击无证无照行为，规范食品生产经营者的主体资格；打击销售、使用无合法来源食品和原料的违法行为，规范食品生产经营者的采购活动；打击生产经营侵权仿冒和“五无”食品违法行为，规范食品包装标签标识管理；打击生产经营“两超一非”等劣质食品行为，规范食品生产经营过程）和保健食品、化妆品等专项整治。年内，指导学校食堂改造52家2.58万平方米，建成透明厨房752家；完成重大活动餐饮安全保障51次。

【药品监管】2014年，全市飞行检查、认证检查、变更审查、注册核查、整改督查和现场指导药品生产企业、药包材生产企业、医疗机构178家次；上报药品不良反应报告（ADR）6066份，其中新的、严重的2188份；上报药物滥用报告289份；检查特药企业61家次；组织开展药源性兴奋剂专项治理。2014年，全市通过新修订GSP（药品经营质量管理规范）认证药品批发企业16家，新开办药品零售企业268家；9家药品零售连锁企业245家门店实现远程药事服务和审方；专项检查医疗机构、医务室和小诊所共86家。

【医疗器械监管】开展医疗器械“五整治”（整治虚假注册申报行为、整治违规生产行为、整治非法经营行为、整治夸大宣传行为、整治使用无证产品行为）专项检查，共检查单位874家，发放整改通知书287份。2014年，全市第一类医疗器械产品注册发证53张、备案62份，第二类医疗器械经营企业备案33家；上报医疗器械不良事件报告（MDR）4249份。

（药监局）

安全生产监督管理

【概况】2014年，全市安全生产形势保持总体稳定、持续好转的发展态势。全年全市发生各类安全生产事故228起，死亡139人，比上年分别下降10.59%、14.72%。年内，未发生较大及以上工商贸企业事故。泰州市2014年度安全生产工作被评为全省“优秀”等次；市安监局被评为“全国安全生产监管监察系统先进单位”。

【政策指导】出台《泰州市安全生产“党政同责、一岗双责”暂行规定》，各市（区）及乡镇两级政府主要负责人担任本级安委会主任。制定《企业主要负责人保护员工生产安全八条规定》《强化安全生产监管八项举措》《开发区安全生产八项要求》等制度文件，规范企业和地区、部门工作责任。完善安全生产目标管理体系，修订市级部门目标责任书27个，修订各地各部门监管保证金制度，严格季度通报，对隐患集中、事故多发的部分地区和行业主管部门进行专题约谈督导。推进安全责任保险工作，督促企业落实安全费用提取使用制度。

【重点企业安全风险评估】在全省首创政府购买服务、专家排查隐患的模式，投入市级专项资金100万元，聘请专家对存在有毒有害、易燃易爆气体、有限空间作业和使用危化品的重点企业进行风险评估，掌握企业危险等级和安全现状，指导现场安全管理和事故预防，解决基层安监人员少、专业水平不高等问题。全年开展风险评估企业203家，查出各类隐患6184项；至年末整改5596项，整改率90.5%。

【安全事故隐患排查治理】推进安全事故隐患排查体系建设，通过信息系统记录整改标准化评审、安全风险评估中查出的隐患；年内，市级隐患排查信息系统建成并通过省验收，市、市（区）隐患排查信息系统实现联网。至年末，全市累计登录注册企业11653家；上报隐患84500条，整改隐患81861条，整改率96.9%，平均月隐患排查率60.4%；开展职业卫生现状普查企业8390家；其中排查上报隐患数量、隐患排查治理上报率、企业职业卫生现状普查率获全省第1、2、3季度通报表扬。分级挂牌督办重大隐患，对按期完成整改且效果显著的市级挂牌涉及公共安全的重大隐患项目，补助市级专项资金380万元。

【乡镇（街道）安全规范化建设】 加强指导督查，推动乡镇设立完善安监机构、加强装备建设、配足配强人员、拓展教育培训，开展乡镇安监人员安全管理知识竞赛，解决乡镇安全生产缺人管、不会管、管不住等难题。全市95个乡镇（街道）全部设置单独的安监机构，落实“1+2”（1名公务员和2名事业人员）专职安监人员配备，修订完善《安全监督检查指导手册》，达规范化管理合格单位要求。其中，33家通过省基层安监机构能力建设验收，23家获评“市级示范乡镇”，17家获评“市级优秀乡镇”。

【企业安全标准化建设】 分类推进企业安全标准化建设。至年末，全市1437家规模以上工业企业通过三级以上标准化考评；1627家小微企业开展安全标准化创建；81家涉及“两重点一重大”（重点监管的危险化工工艺、重点监管的危险化学品和重大危险源）的危化品、化工生产企业全部开展二级创建，其中申报验收52家。至年末，全市有一级达标企业2家、二级达标企业38家；中海油气（泰州）石化有限公司成为全省首家危化品标准化一级企业，泰州市口岸船舶有限公司成为全省民营船舶企业中首家二级达标单位。

【危险化学品安全监管】 以危险化学品企业为重点，开展危化品安全监管。扩大专家检查范围，全市50家带仓储的剧毒品经营企业、工业气体充装企业、油库和构成重大危险源的经营企业全部落实专家检查制度，实现危化品生产、经营企业专家检查制度全覆盖。加大小化工关闭力度，全年关闭安全生产基本条件不合规及存在危害公众安全重大隐患的小化工企业20家，超出年初计划的33%。深化在役化工装置设计诊断，对由于历史原因形成的虽经正规设计但未经正规“三同时”（生产经营单位新建、改建、扩建工程项目的安全设施，必须与主体工程同时设计、同时施工、同时投入生产和使用）审查的在役装置按程序进行设计复核，并在带仓储的经营企业开展储存装置设计诊断；至年末，全市18家相关企业中，完成15家、搬迁2家、注销1家。推进HAZOP（危险与可操作性）分析工作，免费辅导重点企业近200人；年内对64家企业开展HAZOP分析，其中10家由中国安全生产科学研究院指导开展。开展化学品罐区排查摸底，加强专项治理。举办安全知识巡回宣讲和化工安全专题讲座，联合泰州学院开展化工、安全专业本科学历教育，解决部分企业负责人安全意识淡薄、安全管理人员不会管的问题。

【油气管道安全监管】 建立油气输送管道保护工作机制，开展石油天然气和工业气体输送管道安全检查和隐患排查治理。通过组织企业自查、地区互查、专家检查等方式，督促指导油气管道企业加强作业现场安全管理，落实隐患排查、应急管理、特殊作业环节安全措施等工作；通过专题约谈、挂牌整治等方式，督促落实隐患整改。年内，市安监局协调解决高新区寺巷街道三野村4家工厂占压西气东输管道遗留问题；严厉打击侵占管道、破坏管道标志及设施、盲目施工甚至打孔偷盗等危害管道安全的违法行为；督促建设单位整改西气东输江都—如东天然气管道项目泰兴芙蓉段存在的靖江分输清管站等级不清、穿越江苏绿涛食品有限公司厂区等问题和隐患；全面排查整治油气管道，落实国家和省统一部署的油气管道隐患治理3年攻坚战任务。

【重点工贸企业安全监管】 分类监管冶金和机械铸造、重点使用危化品（含涉氨制冷）、非煤矿山、涉及有限空间和粉尘作业等重点工贸企业。开展粉尘防爆专项整治，现场检查涉及危化品、粉尘作业和有限空间作业重点企业（单位）66家，发现隐患159处，保证全市19家铝镁粉尘企业和317家涉及其他粉尘企业生产安全，其中铝镁粉尘企业在中介机构或专家确认符合安全条件后恢复生产。联合市质监、消防等部门督查全市25家涉氨制冷工贸企业专项治理情况，督促落实整改发现的问题和隐患。

9月25日，市委副书记、市长陆志鹏检查重点工贸企业国庆节前安全生产工作

【烟花爆竹安全监管】加强行业自律，烟花爆竹协会完成换届选举。组织开展烟花爆竹批发企业三级标准化“回头看”和二级标准化创建工作。严格执行批发企业仓库新、改、扩建项目“三同时”制度，严格批发企业换发证初审和零售网点经营许可，全年全市零售网点换发证785家、培训1539人。加强烟花爆竹企业基础管理，13家烟花爆竹批发企业递交2013年践诺报告并签订2014年安全经营承诺书。应用烟花爆竹流向管理信息系统进行产品标识和流向登记，推行使用《烟花爆竹安全买卖合同》，13家批发企业全部应用流向管理信息系统。推进检查制度化，年内市安全生产委员会办公室对13家批发企业每家执法检查2次，各市（区）对辖区内批发企业每家执法检查不少于3次；加强产销旺季执法检查、跟踪执法及零售网点“菜单式”检查；加大重点地区打击烟花爆竹“四私”（私产、私销、私运、私存）力度，联合市公安、工商等部门多次督查泰兴、姜堰、靖江、高港等市（区）和13个“四私”（私产、私销、私储、私运）现象较严重的重点乡镇。

【船舶修造（拆）行业安全监管】推行安全生产“告知、承诺、报告”三项制度，全市船舶修造（拆）企业安全生产责任和义务告知率100%，开工企业均通过工商报告备案前安全生产条件审查。出台《关于在全市造修船行业开展安全生产标准化工作的实施意见》，推进船舶企业安全标准化。至年末，全市有103家企业达到市级标准化要求，占开工企业的90%。推进船舶企业现场定置化、可视化管理，全年全市56家单位通过验收。排查重大危险源和重点使用危化品单位并进行安全现状评价，评估其他一般企业安全生产现状，全年全市船舶修造（拆）企业重大危险源监控率100%、安全现状评价（评估）率97%。

【职业卫生监管】推进职业卫生基础建设，在木制家具、铅酸电池、水泥生产、电子产品、皮革箱包和制鞋等5个行业71家企业及造拆船、精密铸造等行业197家企业开展基础建设；226家企业达到职业卫生基础建设要求，累计完成率81%，其中示范企业10家。加强职业病危害项目申报，全市累计申报企业数为7776家，申报数、净增数在全省地级市中均居第四位。开展职业病危害防治评估试点，明确60家重点企业为试点企业。开展职业卫生“三同时”（建设项目职业病防护设施必须与主体工程同时设计、同时施工、同时投入生产和使用）监管，委托各市（区）安监部门从5月1日起对市级以下建设项目实施职业卫生“三同时”监管。

【安全生产行政执法】严格执行年度安全监管执法计划，开展“四不两直”（不发通知、不打招呼、不听汇报、不用陪同接待、直奔基层、直插现场）暗查暗访；对危化品、冶金煤气、涉氯涉氨、涉及有限空间、粉尘作业、存在职业危害等重点企业，做到全年专项执法检查不断线，执法检查计划完成率、隐患整改复查率、隐患整改率、罚没款到位率均达100%。以危化品、粉尘防爆、建筑施工、交通运输企业和道路交通路面执法、消防等为重点，集中打击非法违法行为，全年全市出动执法检查人员12485人次，检查各类企业和场所12936家，责令改正、限期整改、停止违法行为17486起。建立健全联席会议和联合执法机制，依法将相关案件移交公安、法院。严格事故查处，实行挂牌督办、公示通报，调查报告经市政府批复后3日内在网站全文公示。总结事故教训，将事故案例作为安全宣传和教育培训的题材。强化责任追究，市安监局全年跟踪督办23家责任部门、单位的整改措施落实情况和28名个人责任追究情况。

【安全生产宣传教育】组建“百人宣讲团”，宣传新修订的《中华人民共和国安全生产法》；开展“安全生产月”、安全知识“六进”、《中华人民共和国职业病防治法》宣传周、安全社区创建等活动，姜堰区娄庄镇被评为“江苏省安全社区”；以报纸专版、电台“安监在线”等栏目为载体，加大宣传力度，《泰州日报》连续8天头版报道安全生产检查整改专项行动。开展“安康杯”竞赛、“安全文化建设示范企业”、危化品从业人员穿戴空气呼吸器防护装备“培训比武”、事故单位专题培训等活动，提高企业人员安全素质和应急能力；以“三项岗位”人员（高危行业企业主要负责人、安全生产管理人员、特种作业人员）为重点开展企业全员培训，共培训各类人员46969人。开展乡镇分管领导和安监人员业务培训、工贸监管人员企业现场“练兵竞赛”等活动，组织全市65名新上岗安监人员参加省执法资格培训，提高基层安监人员业务能力。

【应急管理】坚持安全生产24小时专人值班和领导带班，市安委会办公室不定期夜查基层值班情况。重要时段严控重点部位和关键环节，规范事故信息上报。修订市级应急预案，加强应急演练，年内市县联动、部门联动、政企联动开展危化品企业、船舶企业、城镇燃气、消防等演练活动数百次。

（黄　蓉　张　丹）

财 政

【概况】2014年，泰州市完成财政总收入805.94亿元，比上年增长15.6%。完成公共财政预算收入283亿元，增长9.2%，其中税收收入230.61亿元、增长7.7%；税收占比为81.5%，下降1.1个百分点。年内，市财政局获省财政厅2014年度财政重点工作奖2项表彰，被认定为全省“法治财政建设示范点”，连续3年被表彰为“全省法治财政建设先进单位”。

坚持科学征管，保持财政平稳运行。优化行政服务，清理规范行政审批事项，下放相关行政权力。强

2014年泰州市地方财政收支主要项目一览表

表23 单位：万元

财政收入	不含靖江园区		含靖江园区		财政支出	实绩	比上年增长（%）
	实绩	比上年增长（%）	实绩	比上年增长（%）			
增值税（25%部分）	432746	10.61	447889	8.76	一般公共服务	440133	-1.95
营业税	817108	17.82	823287	16.99	公共安全	227239	8.36
企业所得税（40%部分）	242698	-2.95	257645	-7.14	教育	592193	3.84
个人所得税（40%部分）	78210	10.11	78793	10.10	社会保障和就业	314822	6.31
契税	153733	8.16	154238	7.71	医疗卫生	315256	14.82
城市维护建设税	161435	12.27	166126	10.14	城乡社区事务	462395	18.12
其他税收收入	372079	-0.44	378081	-1.02	农林水事务	508050	9.46
非税收入	521534	16.60	523967	15.89	资源勘探电力信息等事务和金融监管等事务支出	228521	29.96
基金收入（含政府性基金和社会保险基金）	3535871	33.33	3543415	32.93	基金支出（含政府性基金和社会保险基金）	3512987	25.26

化综合治税，优化税收环境和税收秩序，社会综合治税平台实现市区全覆盖。专题调查分析部分重点领域、行业和企业组织，制定相应引导政策和约束措施。加强政府性债务管理，建立落实政府债务计划管理、风险预警等工作机制，年内出台《关于加强市级政府融资平台和城市建设投融资管理的意见》，建成市级政府债务信息化管理平台，实行向市本级政府融资平台委派财务监管专员制度，完成政府性债务调查、甄别上报工作。

加大财政政策资金支持力度。2014年，市财政安排工业经济发展专项资金2.3亿元，支持传统产业技术改造，促进医药、装备制造产业健康发展，支持船舶、石化产业走出困境；安排“双轮驱动”战略及重大项目专项资金1.6亿元、服务业及外向型经济发展专项资金5000万元、科技专项资金4240万元，支持产业结构调整，提高新兴产业比重；安排区域经济发展专项资金1.8亿元，加大对新能源产业园、核心港区等功能区投入，推进区域同步发展。优化财政金融服务，建立科技风险池资金等政策工具，建立市区区域集优发展基金、科技型中小企业贷款风险补偿资金池；落实“营改增”试点过渡扶持、中小微企业结构性减税、政府采购向中小微企业倾斜等政策。

【财政民生保障】2014年，市财政用于民生支出占公共财政支出的76.1%。其中，市财政预算安排教育专项1.1亿元，用于学费减免、扶贫助学和校舍安全等；安排民生及社保专项3.2亿元，用于引导就业、社会养老、公共卫生、医疗救助、公共交通等；安排7000万元，用于保障性住房建设和棚户区改造；安排生态文明建设专项资金3900万元，用于节能减排、改善投资环境、美化人居环境。

【财政改革】推进财政管理改革创新，提升财政科学化精细化管理水平。出台《深化全市财税体制改革的实施意见》，推进实施市区新一轮财政体制调整方案。清理整合财政专项资金，建立专项项目资金清单制度和财政结转结余资金定期清理机制。在全省率先引入第三方中介机构开展政府专项资金绩效评价，建立市级财政专项资金管理清单发布制度。深化财政部门预决算信息和“三公经费”公开，年内除保密单位外的市级73个一级预算单位均按要求公开信息。加强国有资产产权登记和交易管理，建立健全全市国资监管信息报送系统。推进投融资体制改革，加强PPP（政府与社会资本合作）模式、资产证券化、发行政府债券研究，探索创新融资渠道。推进组建市国有资产经营（集团）公司。落实国有企业幼教职教退休人员待遇，实施首批政府购买公共服务项目试点。

【财政助推全民创业就业】2014年，市财政优化小额贴息贷款政策，助推全民创业就业。提高贷款额度，个人小额贴息贷款最高可贷30万元，贷款期限最长3年；增加贴息次数，符合条件的借款人可申请2次贷款并享受财政贴息政策；灵活还款方式，符合条件的借款人可根据自身需要选择3年内等额本息按月还款或到期一次性还款付息；拓宽担保形式，借款人可选择保证、质押、抵押等方式进行担保；增加贷款渠道，支持范围包括非指定金融机构发放的、用于个人自谋职业和自主创业的小额贷款。

【市财政局获第九届全国政府采购监管峰会两项荣誉】9月1～2日，以“科学监管抓关键——创新理念、提升效能”为主题的第九届全国政府采购监管峰会在河南郑州召开。会上，《泰州市政府采购代理机构考核细则（施行）》被评为“2013～2014年度创新制度”；市财政局被评为“2013～2014年度政府采购先进宣传单位”，是该峰会上全国唯一获两项荣誉的地级市。

（周守东　高新华）

国家税务

【概况】2014年，泰州市完成国税收入211.96亿元，完成地方公共预算收入60.11亿元。其中，国税地方公共预算收入产出率为28.36%，居苏中苏北各市第2位；国税地方财政收入贡献度为21.63%，居苏中苏北各市首位。全年落实小微企业、高新技术企业、涉农企业等各项税收优惠101.5亿元，占国税收入47.89%。

完善创新立项、推广激励等机制，全市国税系统共上报创新项目46个，立项实施21个，优选推广项目10个，表彰优秀项目12个。围绕经济热点，报送各类信息，全年有7篇信息被国务院办公厅采用、3篇信息获国务院领导批示，52篇信息被市委市政府采用、3篇信息获市委书记批示。加强党风廉政建设，全年共查处效能投诉5件、信访举报15件，立案查处1人。

年内，市国税局被表彰为全国文明单位、全省“六五”普法中期先进单位、泰州市十佳服务地方经济发展单位，获各类市级以上表彰21次；12家基层单位分别被表彰为江苏省廉政文化建设示范点和市基层站所作风建设五星级、四星级单位。

2014年泰州国税分税种收入表

表24 单位：万元

指标名称	2014年	2013年	比上年增长(%)
国税总收入	2119867	2055472	3.13
增值税	1447735	1394315	3.83
消费税	129598	130751	-0.88
企业所得税	434109	437167	-0.7
个人所得税	12	93	-87.61
车辆购置税	108413	93146	16.39

2014年泰州国税分地区收入表

表25 单位：万元

地区	2014年	2013年	比上年增长(%)
全市	2119867	2055472	3.13
市直	163345	157300	3.84
海陵区	288212	312419	-7.75
高港区	251858	215158	17.06
农业示范区	2780	1816	53.11
医药高新区	235057	219814	6.93
姜堰区	225993	208718	8.28
兴化市	260317	252383	3.14
靖江市	309649	344835	-10.2
泰兴市	382655	343027	11.55

【税收管理改革】2014年，市国税局出台《全面深化税收管理改革实施方案（试行）》，确定基本实现税收现代化的总目标以及3大战略步骤、7项具体目标和10项主要任务。至年末，泰州国税纳税服务一体化改革基本完成，实现"一个纳税服务分局+多个税源管理分局""一个办税服务窗口+全部办税事项"的无缝衔接，做到受理、调查、审批"一条龙"运行，办税、咨询、维权"一站式"服务。设立专业化纳税服务机构5个，在岗人数287人，比上年增长24.24%；涉税工作流程平均用时1.31天，下降40%，为国税总局规定用时的15%；省局第三方测评纳税人满意度为100%。加强风险管理，累计实施风险应对4528户次，应对总成效10.59亿元，国税收入贡献率5.56%，居全省前列。

【依法治税】全年共清理税收规范性文件157件；纠正不规范执法行为11户次，整改执法过错13类345条；出具说理式行政处罚决定书36份，覆盖面100%；稽查查补入库税款3.02亿元，罚款911万元。年内，市国税局被表彰为省"六五普法中期先进单位"和市"依法行政示范点""法治文化示范单位""法治泰州建设先进单位"。

【税源结构】全市国税纳税50强企业继续对全市国税收入发挥支撑作用，全年共缴纳税款92.37亿元，比上年增长7.36%，占全市国税收入的43.57%；户均缴纳税款1.85亿元，增长28%；固定资产抵扣申报额增长57.86%。龙头效应持续增强，国税纳税50强排行榜前10位的纳税企业共缴纳税款62.86亿元，增长5.7%，占50强企业纳税总额的68.05%；其中，扬子江药业集团有限公司、中海油气（泰州）石化有限公司、中海沥青（泰州）有限责任公司分别以16.4亿元、11.56亿元、9.7亿元的纳税额继续居国税纳税50强排行榜前3位。抗风险能力和可持续发展实力不断提高，2013年国税纳税50强企业有44户企业入围2014年国税纳税50强排行榜，企业位次基本稳定，国税纳税50强排行榜企业整体呈现健康上行的良好态势。

产业结构协调。第二产业举足轻重，2014年国税纳税50强企业中第二产业企业37户，合计入库税款73.51亿元，户数和缴纳税款占比分别为74%和80.8%；其中，资本和技术密集型产业上升较快，劳动密集型产业下降较多，铁路船舶航空航天和其他运输设备制造业、废弃资源综合利用业、专用设备制造业比上年分别增长307.83%、362.74%、74.16%，列入库税款上升幅度前3位。第三产业稳定成长，2014年国税纳税50强企业中第三产业企业13户，合计入库税款17.75亿元，户数和缴纳税款比例分别为26%和19.2%，其中租赁业、货币金融业、批发业贡献税款比上年分别增长6.99%、23.1%和10.38%；货币金融业有上榜企业5户，共缴纳税款5.78亿元，户均入库1.16亿元，占国税纳税50强企业缴纳税款总量的6.4%。全市企业产业转型步伐加快，产业分布趋于合理，产业结构逐步向环保、精细、高端方向发展。

区域特色彰显。所辖各市（区）均有企业入围2014年泰州国税纳税50强排行榜。其中，市区上榜企业23户，共缴纳税款60.38亿元，税收占比66.37%，主要集中在铁路、船舶、航空航天和其他运输设备制造业、医药制造业、批发业和电力、热力生产和供应业；靖江市上榜企业7户，共缴纳税款5.85亿元，主要集中在铁路、船舶、航空航天和其他运输设备制造业、汽车制造业；泰兴市上榜企业12户，共缴纳税款14.98亿元，主要集中在通用设备制造业、化学原料和化学制品制造业；兴化市上榜企业8户，共缴纳税款9.77亿元，主要集中在货币金融服务、电力、热力生产和供应业。全市具有区域特色的集中型产业形成。

2014年泰州国税纳税“50强企业”名录

1. 扬子江药业集团有限公司
2. 中海油气（泰州）石化有限公司
3. 中海沥青（泰州）有限责任公司
4. 江苏省烟草公司泰州市公司
5. 国电泰州发电有限公司
6. 泰兴市裕廊化工有限公司
7. 济川药业集团有限公司
8. 扬子江药业集团江苏扬子江医药经营有限公司
9. 江苏兴达钢帘线股份有限公司
10. 泰州石油化工有限责任公司
11. 新浦化学（泰兴）有限公司
12. 江苏兴化农村商业银行股份有限公司
13. 中国石油化工股份有限公司江苏油田分公司
14. 江苏新时代造船有限公司
15. 江苏姜堰农村商业银行股份有限公司
16. 泰州口岸船舶有限公司
17. 扬子江药业集团江苏制药股份有限公司
18. 江苏泰州农村商业银行股份有限公司
19. 靖江市新程汽车零部件有限公司
20. 爱森(中国)絮凝剂有限公司
21. 格兰特(江苏)钻具有限公司
22. 泰兴市扬子鑫福船舶配件加工有限公司
23. 华达汽车科技股份有限公司
24. 江苏靖江农村商业银行股份有限公司
25. 江苏苏中药业集团股份有限公司
26. 双登集团股份有限公司
27. 江苏省电力公司兴化市供电公司
28. 江苏江山制药有限公司
29. 泰州杨湾海螺水泥有限责任公司
30. 泰兴锦云染料有限公司
31. 兴化市润企废旧金属回收有限公司
32. 江苏省电力公司泰兴市供电公司
33. 江苏兴达特种金属复合线有限公司
34. 江苏泰兴农村商业银行股份有限公司
35. 泰州艾格服饰有限公司
36. 江苏圣奥化学科技有限公司
37. 江苏省电力公司泰州供电公司
38. 泰州华信药业投资有限公司
39. 江苏泰隆减速机股份有限公司
40. 江苏扬子江金属加工有限公司
41. 泰州市烟草公司兴化分公司
42. 泰州市烟草公司泰兴分公司
43. 江苏济源医药有限公司
44. 江苏省电力公司靖江市供电公司
45. 江苏双登集团有限公司
46. 扬子江药业集团江苏海慈生物药业有限公司
47. 江苏罡阳股份有限公司
48. 江苏兆胜空调有限公司
49. 江苏双乐化工颜料有限公司
50. 江苏太平洋精锻科技股份有限公司

（王　勇　许耀明）

地　方　税　务

【概况】2014年，泰州市地税系统共组织入库各项收入320.17亿元，比上年增加34.94亿元，增长12.3%，地税总收入创历史最高水平。组织入库税收收入201.93亿元，增加18.06亿元，增长9.8%。其中，组织入库省级税收收入11.83亿元，增加2.36亿元，增长24.9%；组织入库市县级税收收入190.1亿元，增加15.7亿元，增长9%；市县级税收收入中公共财政预算收入166.71亿元，增加15.34亿元，增长10.1%。全系统累计征收各项基金费118.24亿元，增加16.89亿元，增长16.7%，其中征收社保费98.7亿元、增加15.03亿元、增长18%。

加强基础数据分类分级管理，搭建全市统一的三方数据加工平台，开展零申报户专项清理，按月发布《税源与征管质量监控分析报告》，泰州地税局基础数据质量及主要征管质量指标均从全省第三方阵上升至第一方阵。重点加强税收占比90%以上的前2000户重点税源监控，组织重点行业税收专项检查，强化土地增值税清算，提升重点税源监控质效。在全国税务系统率先开发运行并在全省推广应用“房土两税动态申报系统”，全年房地产地方税收比上年增长9.8%，增幅居全省第五位。

加强税源风险管理，构建集约化风险管理体制，出台《组织收入责任管理办法》《风险管理增收促管意见》，推广《风险应对任务积分管理办法》，全年通过风险管理入库税款18.9亿元，贡献率8.92%，居全省第二位。

在全市地税系统中组织开展“三比竞赛”，将全年84项重点工作转化为“比好质效、比进位次、比正能量”等3个层面27项竞赛内容。完善人才队伍管理制度，实施分类分级达标升级工程，建立健全“以考促学”机制。创新建立纪检监察与督察内审部门联动机制，实施“介入式”自我廉政教育，自办或协办案件12个；制定《作风效能建设铁纪》，全年共开展明察暗访3轮，通报典型问题7类，追究责任59人次。

2014年泰州市分地区分税种地方税收入库情况表

表26　　单位：元

指标名称	总　计	市　级	海陵区级	高港区级	开发区级	农业开发区级	姜　堰	兴　化	靖　江	泰　兴
税收总收入	20193423982.17	1321392338.36	2798657109.71	1975211052.3	1805423916.28	86293411.69	2218515837.62	2648611611.85	4106486985.45	3232831718.91
营业税	9353930212.48	870170011.7	1187225773.81	898641638.77	690506192.07	32713732.46	1033869218.79	989686545.53	2397733686.26	1253383413.09
省级	1182858934.35	458982730.55	24304456.36	32024790.95	8987448.84	2505428.63	130932464.52	122128084.59	272880669.63	130112860.28
地方	8171071278.13	411187281.15	1162921317.45	866616847.82	681518743.23	30208303.83	902936754.27	867558460.94	2124853016.63	1123270552.81
企业所得税	1944829112	20771810.08	244143584.39	310559354.72	91311272.42	9515390.37	247378171.93	248590138.92	327443687.66	445115701.51
中央(60%)	1166897467.2	12463086.048	146486150.634	186335612.832	54786763.452	5709234.222	148426903.158	149154083.352	196466212.596	267069420.906
省级(40%)	2364.132	0	2364.132	0	0	0	0	0	0	0
地方(40%)	777930068.712	8308724.032	97655857.668	124223741.888	36524508.968	3806156.148	98951268.772	99436055.568	130977475.064	178046280.604
个人所得税	1955249734.25	157859839.68	200813273.57	161022844.64	195588190.67	6644876.19	238485232.01	251146341.22	374321195.2	369367941.07
中央(60%)	1173149840.55	94715903.808	120487964.142	96613706.784	117352914.402	3986925.714	143091139.206	150687804.732	224592717.12	221620764.642
地方	782099893.7	63143935.872	80325309.428	64409137.856	78235276.268	2657950.476	95394092.804	100458536.488	149728478.08	147747176.428
资源税	103158310.63	0	200	7690	0	0	15613518.31	86632514.7	0	904387.62
城建税	1681278192.83	132368103.59	246814413.2	228563822.19	178055527.5	4261974.02	163561334.27	158789569.54	310309615.86	258553832.66
房产税	622287179.58	30429236.42	102361968.23	43672508.65	85489700.54	1974527.24	71838400.12	85247771.47	113469274.83	87803792.08
印花税	302540580.51	9240052.67	37091689.86	29004209.78	34647787.27	2354055.13	33384303.1	32990025.32	59959671.46	63868785.92
土地使用税	805057607.78	11536724.38	124866501.42	77159428.97	98231103.5	6591838.87	114708139.56	106401998.23	135933981.86	129627890.99
土地增值税	1396239630.01	12215.01	189675492.11	126738181.55	83115453.21	6834374.53	131822307.92	491977499.04	158040233.04	208023873.6
车船税	153225712.98	87313846.49	20684.05	24159.64	5184.35	1055	16224620.02	15969369.28	20251682.45	13415111.7
契税	1537335121.13	1690498.34	426570739.07	70003748.39	311257246.29	11617967.88	123196504.09	128609333.85	132069004.89	332320078.33
耕地占用税	338292587.99	0	39072790	29813465	37216258.46	3783620	28434087.5	52570504.75	76954951.94	70446910.34

（任　俊）

2014年，泰州地税局被评为泰州市“依法行政示范点”，税收动漫公益短片被国家税务总局评为三等奖。全市地税系统有2家基层单位被评为“全国工人先锋号”，1家基层单位被授予“全国巾帼文明岗”称号；3家基层单位被评为“江苏省五一巾帼标兵岗”，3家基层单位被授予“江苏省工人先锋号”称号，1家基层单位被评为“江苏省地税系统依法行政示范单位”；3家基层单位被评为“泰州市依法行政示范点”。

【税务稽查】围绕大要案的查处，以查促收、以查促管、以查促改。强化第三方信息在稽查工作中的应用，实行A类企业必查、疑点企业必查、潜在税源必查；强化市级稽查，“乡镇区域税收专项整治”品牌在全省居前列。全年共查处100万元以上大要案42件，居全省第三位；曝光违法案件38个，查补入库税款6.5亿元，高风险应对税款贡献率3.26%，居全省第二位。

【依法治税】推行“清单式”管理，建立“税收行政审批事项清单”“税收执法权力清单”。创新“轻微涉税违法行为快速处理”机制，明确快速处理应用标准，优化设置快速处理程序，提高行政处罚工作效率。开展重点执法督察和专项执法督察，建立督察内审联动工作机制和风险疑点筛选机制，全年共纠正执法过错行为299项，查补税款2561.6万元，责任追究73人次。

【纳税服务】优化纳税服务，推进快捷办税。开展“税企沙龙”活动，为68家上市及拟上市企业提供政策扶持。开展“小班化”辅导、“订单式”培训，推进小微企业“简并征期”。建立并依托“12366”联动指挥中心和“1主4辅N点”办税服务网络，建立纳税人需求快速响应机制，提供“四全”（全员、全程、全心全意、全天候）纳税服务。办税服务厅等候时间、等候超时率、预警处置率等3项指标用户满意率均为100%，居全省首位。

水乡田园

金　融　管　理

·中国人民银行泰州市中心支行·

【概况】2014年年末，泰州市本外币各项存款余额4061.82亿元，比年初增加449.26亿元、增长12.44%，增幅比全省平均增幅高2.67个百分点、居全省第5位；本外币各项贷款余额2854.53亿元，比年初增加390.38亿元、增长15.84%，增幅居全省第4位、沿江8市首位。全年全市完成各级预算收入入库853.52亿元，比上年增长17.7%；完成各级预算支出669亿元。2014年，泰州市社会融资总量831.78亿元。

【货币信贷】加强信贷政策窗口指导，出台《泰州市绿色信贷信息共享管理办法》，创新建立“绿色信贷信息共享服务”平台，在全省率先实现企业环评、节能降耗等26项绿色金融信息共享；市人行与市发改委、经信委联合开展工业重大项目发布、“信贷大营销”等活动，建立转型升级“双百工程”金融顾问制度，创新运用征信系统跟踪贷款落实情况，实现重点项目全流程金融服务。2014年，市人行实施定向降准3次，释放商业银行可用资金16亿元；成功申报省级重点示范项目4个，获省分行专项信贷规划4.5亿元和再贷款、再贴现支持3.2亿元；指导江苏长江商业银行申请发行全市首单10亿元小微企业专项金融债并获总行批准。加强对重点企业的直接融资跟踪服务，加大政策上争力度，累计促成银行业金融机构与20户企业签订主承销协议，签约金额278.7亿元；推动华信药业成功注册全省首单、全国第2单10亿元项目收益票据。

10月17日，泰州市高港区第三届“金融超市”金融工作恳谈会暨签约仪式举行

【金融稳定】建立涵盖银行、证券期货、保险、小贷公司、农民资金互助社、担保公司等10个领域的全金融稳定基础数据库，按月连续动态监测。创新县域重点企业风险监测预警机制，在4个市（区）分别侧重船舶、化工、不锈钢、50强企业选取90家县域重点风险监测企业，动态监测主营业务收入、贷款使用和归还、不良贷款等指标，形成上下结合、条块结合、合力推进的风险监测网络。创新法人金融机构流动性风险防范机制，建立流动性监测日报制度和法人机构流动性互助机制，制订《法人金融机构流动性困难紧急救助预案》，在全省率先开展法人机构流动性风险应急演练。年内，“金融生态县”实现三市三区全覆盖，其中海陵区、高港区、姜堰区、靖江市为“江苏省金融生态优秀县”；姜堰区、海陵区、靖江市在2014年全省

考核评估中分别居第2位、第7位、第10位。

【金融服务】加强支付结算管理，优化农村支付结算环境。在全省率先制定“第三方支付机构收单服务公约”，加强第三方支付机构行业自律；优选助农取款点和农村村支部建立农村金融综合服务站，配备A类点钞机520台。在全省率先实现一般退税“退、更、免”业务和财政拨款无纸化处理，提高退税资金和财政资金的运行效率。加强现金运行分析预测，科学安排现金调拨供应，建立小面额货币供应及残损券回笼长效机制；在全国率先出台试点工作方案、制定评价办法和评价标准，开展市（区）反假货币工作分级管理试点。实施小微企业“融资扶持”工程，累计向金融机构推介小微企业4060户。

【外汇管理】制定“跨境资金流动监测实施方案”“货物贸易外汇管理主体核查制度”等4项制度，建立跨境资金交易的持续监测分析和核查的标准化工作机制，形成以非现场监测为基础核查验证、分类管理、立案检查的管理链条和综合核查执法机制。出台《船舶企业贸易收支监管指导意见》，实现对船舶企业收支和贸易融资的全流程监管。创建“大企业服务机制”，对大企业开展“一对一”政策辅导。年内，市人行推动中盛光电集团获准成为全省6家之一、苏中唯一一家跨国公司外汇资金集中运营管理改革试点企业；改革后，中盛光电集团从境外借款额度增加1.7亿美元、对外贷款额度增加1.2亿美元，预计每年可为企业节约财务成本约2000万元。

2014年泰州市各金融机构本外币存款情况表

表27　　　　单位：亿元

机　　构	年末各项存款余额	比2014年年初增加	比2013年年初增加
全　市	4061.8	449.3	540.1
农发行	23.7	4.5	4.7
工商银行	389.5	29.3	42.3
农业银行	569.0	17.8	53.5
中国银行	328.6	9.9	55.7
建设银行	432.0	-7.8	59.5
交通银行	169.0	-14.6	23.5
中信银行	166.5	27.1	26.1
招商银行	51.8	16.0	7.5
浦发行	87.4	19.7	12.7
兴业银行	89.4	11.3	30.4
华夏银行	22.7	12.9	9.79
民生银行	41.0	19.1	21.8
浙商银行	25.5	25.5	0.0
南京银行	176.9	63.9	24.9
江苏银行	152.0	55.3	6.5
长江银行	104.4	18.4	15.3
邮储银行	311.2	33.4	27.1
靖江农商行	134.3	17.1	16.8
姜堰农商行	183.1	22.1	22.3
泰州农商行	172.3	17.0	23.4
兴化农商行	230.2	31.9	25.2
泰兴农商行	150.6	21.4	22.1

续表27

机　　构	年末各项存款余额	比2014年年初增加	比2013年年初增加
吴江农商行	8.8	-5.2	3.3
锡商农商行	1.8	0.0	0.1
江阴农商行	2.9	1.1	0.3
润丰村镇	8.4	0.1	-2.6
建信村镇	2.5	-0.4	0.8
苏南村镇	2.5	-1.9	1.2
锡州村镇	1.9	-0.3	1.2

2014年泰州市各金融机构本外币贷款情况表

表28　　单位：亿元

机　　构	年末各项贷款余额	比2014年年初增加	比2013年年初增加
全　市	2854.5	390.4	383.5
农发行	93.0	19.5	21.8
工商银行	240.4	14.8	25.6
农业银行	311.0	21.3	28.5
中国银行	266.1	-4.1	41.4
建设银行	365.3	33.7	47.7
交通银行	154.1	5.6	10.8
中信银行	110.5	16.6	12.0
招商银行	40.4	5.8	6.1
浦发行	66.5	14.8	7.4
兴业银行	71.9	35.0	14.0
华夏银行	12.4	8.5	3.9
民生银行	26.5	18.3	8.2
浙商银行	14.0	14.0	0.0
南京银行	117.5	15.5	21.1
江苏银行	147.7	60.3	14.9
长江银行	71.9	9.0	13.7
邮储银行	65.7	23.2	12.1
靖江农商行	98.9	12.0	12.6
姜堰农商行	135.3	16.2	18.3
泰州农商行	127.4	14.4	17.5
兴化农商行	165.9	18.7	23.4
泰兴农商行	109.5	14.7	17.4
吴江农商行	15.6	1.7	2.1

续表28

机　构	年末各项贷款余额	比2014年年初增加	比2013年年初增加
锡商农商行	6.8	1.5	2.4
江阴农商行	2.5	-0.4	0.4
润丰村镇	7.1	-1.4	-2.0
建信村镇	3.1	-0.6	0.7
苏南村镇	5.0	1.0	1.1
锡州村镇	2.7	0.5	0.6

（张高贵）

银　行　业

·银行业监管·

【概况】2014年，泰州银监分局引导各银行促改革、防风险、强服务，为全市经济转型升级、融合发展提供金融支撑。年内，召开专门信贷管理工作会议2次，督促银行业强化贷款分类管理，建立潜在不良台账；出台《泰州市银行业不良贷款管理与问责办法》，全年对26人给予罚款、记过等处分，开除涉及严重违规员工1人。2014年年末，全市银行业不良贷款率1.19%，比全省平均水平低0.07个百分点。泰州银监分局获江苏银监局系统、银监会系统“文明单位”和“全国文明单位”等称号；连续第8年被评为江苏银监局系统“优秀分局”和泰州市“服务地方发展十佳单位”。

【金融改革】推动银行机构改革，完善辖区银行体系，积聚金融资源。年内，浙商银行泰州分行正式对外营业；江南农村商业银行筹建靖江支行；吴江农商行组建泰州分行；高港常农商村镇银行获准筹建。2014年，市大型银行探索新型网点，新设“自助＋理财”普惠型支行2家、社区支行7家；向县域下延银行网点，新设传统支行4家、乡镇网点1家。

【小微金融服务】建立“网上金融商城”，集中展示小微企业信贷产品，公开信贷政策和联系方式。开展“四新同创”（金融产品创新、信贷流程创新、还款方式创新、担保方式创新）竞赛，辖内法人银行通过还款方式创新为全市小微企业节约成本近7000万元。2014年年末，全市银行业小微企业贷款余额1292亿元，比年初增加208.35亿元，比上年年末多增加15.48亿元；比年初增长19.23%，增幅比各项贷款平均增幅高3.33个百分点。泰州市小微企业金融服务被中央电视台专题报道。

【涉农金融服务】加强涉农机构市场定位监管，定期考核农村中小金融机构涉农贷款业务情况。指导姜堰农商行发放泰州首笔土地流转承包经营权抵（质）押贷款，至年末辖内农合机构共对109户家庭农场、282户合作经济组织发放土地流转承包经营权质押贷款4115万元。2014年年末，全市涉农贷款余额1246.73亿元，比年初增加130.22亿元，增长11.66%。泰州市“农村土地承包经营”信贷支持工作被中央电视台专题报道。

【银行业消费者权益保护】在全省率先制定《银行业消费者投诉处理实施细则》，推动银行业履行第一责任；印发《泰州银监分局关于加强银行业代理销售保险产品管理的通知》，督促银行业建立保险公司和产品准入评估、代理人员销售终身承诺、业务投诉纠纷分级接访、销售全程录音录像等工作制度。2014年，全市受理银行业消费者投诉132件，答复满意率超过98%。

（杨　峰）

·中国农业发展银行泰州市分行·

【概况】2014年，中国农业发展银行泰州市分行（简称农发行泰州市分行）年末贷款余额92.95亿元，比上年年末增加19.48亿元，增长26.51%，增量和增幅分别居全省第3位和第1位；实现账面利润1.68亿元。

【资产业务】2014年，农发行泰州市分行投放贷款82.16亿元，比上年增加6.8亿元，增长9.02%，投放总额和增幅均居全省第4位。拓展国家储备肉贷款业务，推动夏秋两季“托市收购”，全年累计发放小麦和稻谷最低价收购贷款22.16亿元，创历史最高纪录。推进中长期业务发展，全年支持水利、农业开发和农村基础设施建设项目9个，投放中长期项目贷款20.38亿元，比上年增加9.68亿元，投放额居全省第4位；年末中长期贷款余额38.03亿元，比上年增加10.7亿元，占全部贷款余额的41%。提升资产质量，全年现金清收不良贷款100万元、核销81家企业1.18亿元的粮油附营停息挂账贷款；年末不良贷款率0.2%。

【负债业务】2014年，农发行泰州市分行主动负债大幅增长，年末企事业单位存款余额24.73亿元，比年初增加4.41亿元，增长21.70%；企事业单位日均存款余额18.69亿元，比上年增加1.1亿元，增长6.25%。

【内控管理】完善内控体系，规范决策、审议和执行机制。建设合规文化，加强合规监督。组织开展全市信贷制度执行合规性知识竞赛，提升信贷人员业务水平及合规意识，全市47人参加竞赛。

（张卓异）

·中国工商银行股份有限公司泰州分行·

【概况】2014年，中国工商银行股份有限公司泰州分行（简称工行泰州分行）年末本外币各项存款新增29.48亿元，增量居全市四大国有商业银行首位；人民币各项贷款新增17.66亿元。组织开展各类培训，其中“月月讲坛”等培训班156期；全年累计培训各类人员6622人次。2014年，工行泰州分行营业部被评为“江苏省百佳示范网点”；“园区贷”获省银行业协会2014年服务小微企业和三农优秀金融产品。

【资产业务】拓展国家、省、市地区优先重点发展的新型城镇化项目和优质工业项目，全年共投放项目23个，贷款金额32.26亿元。其中，新型城镇化项目9个、贷款金额18.71亿元，优质工业项目9个、贷款金额10.51亿元，项目贷款金额比上年增长108.88%。实施“开发区增信+区内实体企业融资”模式，泰兴、靖江经济开发区小企业集群融资方案获批，新增融资授信3.55亿元。发展个人贷款业务，全年新增个人住房按揭贷款6.74亿元，累计发放15.2亿元；办理分期付款8.71亿元，比上年增加2.3亿元；推进个人贷款结构转型，全年发放“逸贷”292笔、1396万元。

【负债业务】拓展重点市场，发展负债业务。年内，办理南京中医药大学翰林学院校园一卡通升级改造项目，财政局国库集中支付无纸化改造、泰兴国库集中支付系统升级改造、公共资源交易中心保证金招投标项目上线。推广“工商企业通”，全年办理新注册企业240家。开展“金融下乡 服务三农”活动，全年走访村镇236个，开展访销客户活动759场、进村镇161场。开展生日慰问、一对一健康体检、“南京梅花节”、子女夏令营等活动，提升个人客户服务水平，全年举办客户答谢活动22场。

【中间业务】2014年，工行泰州分行实现中间业务收入4.3亿元，比上年增加0.06亿元；实现拨备前利润8.69亿元，增加0.17亿元。发展银行卡分期付款业务、国际业务、大资管业务和结算代理业务，全年实现卡分期付款业务收入8666万元，增加213万元；实现品牌类投行收入4115万元，增加1675万元；实现国际业务收入4694万元、结算理财代理业务收入2.42亿元。拓展互联网产品，全年新增手机银行7.7万户，新办理工银e支付4.76万户。推进融e购商城平台建设，全年签约商户3户，交易金额1.3亿元、完成率165%。

【渠道建设】优化网点布局，全年新撤销低效网点1家、迁址网点1家、改造“自助+理财”网点6家、新增离行式自助银行4家。加强低柜设置，提高网点非现金业务服务能力。至年末，实现专人专职个人低柜31个、岗定人不定个人低柜6个、综合兼个人低柜14个。推进网点服务管理改革，灵活处理特殊客户业务，年内柜面服务基本实现“三优（优美环境、优良形象、优质服务）、四无（无违规经营、无服务障碍、无客户排长队问题、无客户投诉）”。

【内控管理】开展“一加强 两遏制”专项检查，促进业务健康发展。对经理三级以上人员、客户经理、集中采购及基建装修人员、专职纪检员进行反腐倡廉主题教育，对信贷客户经理进行廉政案防主题教育。对市行资产业务部室开展履职效能监察，提高部门履职效能。

（工　行）

·中国农业银行股份有限公司泰州分行·

【概况】2014年，中国农业银行股份有限公司泰州分行（简称农行泰州分行）年末本外币各项存款总量、时点增量和日均增量分别为569亿元、17.8亿元和48.3亿元，各项存款总量居全市四大国有商业银行首位；本外币各项贷款余额311亿元，比年初增加21.3亿元，其中人民币各项贷款余额300亿元、增加27.26亿元、比上年年末多增5.78亿元。推进网点“三小”（乡镇网点的小食堂、小休息室、小活动室，城区网点的小会议室、小活动室、小休息室）建设，全年建成标准“三小”网点32家。2014年，农行泰州分行被评为“泰州市十佳服务地方发展单位”“泰州市文明行业”；农行泰州分行及泰兴、姜堰、高港支行被评为“江苏省文明单位”；靖江支行被总行评为“精神文明建设工作先进单位”，海陵支行被省分行评为“精神文明建设工作先进单位”；新区支行营业部创成“江苏省银行业文明规范服务百佳示范单位”。

1月8日，泰州市中医院、中国农业银行泰州分行举行“银医通”自助挂号、缴费系统上线启动仪式

【负债业务】强化贵宾客户“包户包效”管理，开展产品交叉营销、客户积分回馈、客户升级营销等贵宾客户专项营销活动。拓展转账电话、代发工资、商惠通、存贷通等产品，吸收低成本存款。

【信贷投放】2014年，农行泰州分行发放项目贷款28.52亿元，比年初增加7.4亿元；小微企业贷款余额59.8亿元，增加7.68亿元，增长14.72%，比各项贷款增幅高7.38个百分点。

【“三农”金融服务】2014年，农行泰州分行支持城镇化建设，全年获批城镇化等11个项目贷款、金额32.9亿元。对接新型农业经营主体，与26家省级以上龙头企业合作，其中有信贷合作关系的12家，授信总额10.38亿元，用信8.6亿元；新增农户贷款4083万元，其中营销家庭农场、农民合作社及农业专业大户79家、新增贷款2423万元。

【经营转型】推进对公业务转型，实施对公业务下沉管理，构建信贷事项由二级支行直接受理发起的运作机制，全年实现15家B类及以上网点、18家C类重点推进网点客户经理全配备。实施网点软转导入，建立高低柜分设、柜面劳动力组合、弹性排班等制度，压缩柜面人员94人，基本解决大堂经理、专业代班团队、集中加钞人员缺乏问题。

【内控管理】加强内控基础管理。2014年，农行泰州分行内控评价为一类行，运营质量居全省综合排名前3位；蝉联市人行监管统计考评一等奖，监管评级得分居五大行（工商银行、农业银行、中国银行、建设银行、交通银行）首位。2014年，全市新增总行、省行级“三铁”（铁账、铁款、铁规章）单位10个，“三铁”率达42.71%，比上年提高5.21个百分点；“三化三铁”（临柜业务的标准化、规范化、制度化，铁账、铁款、铁规章）率达100%，比上年提高6.25个百分点；信贷“三化”（制度化、程序化、规范化）达标率100%；创建安全保卫“三化三达标”（标准化、制度化、精细化，物防达标、技防达标、人防达标）优秀网点58个、金库2个、一级支行4个，优秀网点占全部网点比重为60%。

（许　华）

·中国银行股份有限公司泰州分行·

【概况】2014年，中国银行股份有限公司泰州分行（简称中行泰州分行）年末本外币一般性存款余额328.67亿元，比年初增加10.02亿元；本外币各项贷款余额266.48亿元，比年初减少4亿元；实现中间业务净收入4.58亿元。实现国际结算业务量56.57亿美元；累计实现跨境联动融资产品收入74.96亿元；海关市场份额51.93%，跨境人民币市场份额29.48%。2014年，中行泰州分行被评为“最受泰州人尊敬的品牌”，志愿者联名卡被评为“泰州市金融消费者十大金融服务品牌”；泰州分行营业部创成“2014年中国银行业文明规范服务五星级营业网点”“中国银行业文明规范服务千佳示范单位”，高港支行营业部创成“2014年江苏省银行业文明规范服务百佳示范单位”。

【业务发展】发展大企业业务，年内靖江支行为江苏艾兰得营养品有限公司发放省内首笔海外并购贷款3450万美元。发展民生金融和消费金融，拓宽资金沉淀池，全年开立志愿者联名卡33527张，开立旅游联名卡金卡759张、普通卡7165张。

【内控管理】制订《泰州分行授信指导意见》，促进全行授信业务健康发展。建立预审机制，实现事前、事中、事后风险管控，防范授信发放操作风险和政策风险。深化预警盘存，加强重点跟踪管控客户管理，梳理潜在不良客户，制订落实具体管控措施。加强重点行业管控，制订不锈钢行业授信管控方案和钢贸行业授信管控方案，防范行业性风险。制定《中国银行泰州分行问责工作管理规范》《中国银行泰州分行内控合规奖励实施意见》，强化绩效考核数据审核，开展典型案例学习教育活动，建设合规文化。

（中　行）

·中国建设银行股份有限公司泰州分行·

【概况】2014年，中国建设银行股份有限公司泰州分行（简称建行泰州分行）年末一般性存款余额432.3亿元，比上年年末增加28.64亿元；各项贷款余额365.77亿元，增加34.17亿元；实现账面利润11.49亿元。全年未发生风险案件和责任事故。2014年，建行泰州分行被总行评为“旺季营销最佳私人银行”称号，获“泰州市金融消费者十大满意品牌”“泰州市2014年度小微企业金融服务先进单位”等称号。

【资产业务】围绕地方政府性债务管理新政要求，创新土地储备、基础设施项目，投放城镇化贷款项目。加大名单制服务力度，制定《对公目标客户手册》，为企业定制综合金融服务方案，全年新增实体企业授信39.82亿元。发展零售贷款，年末个人贷款余额突破100亿元，达102.72亿元，全年新增7.84亿元。

【负债业务】发展私人银行业务，实现私人银行资产管理和顾问咨询服务转型。2014年，建行泰州分行一般性存款日均新增18.36亿元，个人存款时点新增22.7亿元；客户AUM（资产管理）规模达21亿元，客户投资类资产增幅居全省建行系统第二位。

【战略性业务】开展对社保、医院、学校等战略性客户的业务延伸合作，提升业务延伸性项目投入；在泰州率先与人社部门合作，提供金融社保卡发卡服务。推进信用卡业务发展，开展大商城、重点商户拉网式营销，扩大分期业务规模，全年净增发卡3.11万张。发展电子银行业务，全年账务性交易量、企业网银、个人网银、手机银行完成率均居全省建行系统前2位。

【渠道建设】优化网点布局，全年装修网点5个、迁址网点1个、新增自助设备20台、更换老旧设备29台、布设助农取款点10个；推进网点“三综合”（综合功能、综合柜员、综合营销）建设，24家网点达到“三综合”标准，18个单功能网点增开对公业务，全部网点实现柜员综合化；打造星级网点，实施“柜面统一管理”，推进网点规范服务，网点服务质量在全省建行系统考核中居首位。年内，组建投行团队、机构团队、授信团队和国际业务产品经理团队；梳理授信业务申报和重大项目推进流程，完善多部门会商机制；提升重点项目、重点客户经营层级。

【金融产品创新】个金条线方面，加大“聚财宝”和“惠存通”推广力度。公司条线方面，实现供应链融资零突破；年内，办理多笔“养颐四方”产品，办理建行泰州分行首笔定向保理业务，办理全省建行系统首笔融资租赁保理业务。国际业务方面，推进汇贷盈、出口收益保、出口风参业务、海外代付等新产品；年内，与建行首尔分行合作，办理建行泰州分行首笔出口收益保产品4亿元。开展小企业“善融商务贷款”专项营销活动，全年善融商务贷款客户新增19户，余额新增6141万元。

【内控管理】加强内控管理，开展专项治理、主题教育、风险排查、百日竞赛等活动，组织网点内控自我评价，建立合规风险排查分析会进基层制度，全年成功防范各类案件12起，为建行泰州分行和客户避免资金损失157万元。强化信贷风险化解防控，健全风险监测、评估、预警和快速反应机制，参与地方金融稳定协调机制和大额授信联合管理，重点推进东方重工风险缓释工作。加强信贷基础管理，制定《城区客户经理综合评价管理办法》，建立健全信贷业务检查制度，组织押品管理专项检查，重点监控大额授信项目5个；加强信贷风险前瞻性研究，开展专题风险会诊，预判预控潜在风险。

（胡桃军　刘　艺）

·交通银行股份有限公司泰州分行·

【概况】2014年，交通银行股份有限公司泰州分行（简称交行泰州分行）年末人民币各项存款余额166.73亿元，比年初减少12.05亿元，下降6.74%；人民币各项贷款余额148.74亿元，比年初增加7.67亿元，增长5.44%，增幅比全市银行业平均增幅低11.93%。年内，2家普惠型网点落地泰州市区和靖江市。交行泰州分行微信公共平台有粉丝17500人，在交行总行财富微生活第一期微信评选中获5312票，在与北京、安徽等省直分行的PK赛中居首位；交行姜堰支行创成中银协“千佳”网点，交行医药高新区支行创成省银协“百佳”网点；交行姜堰支行被评为“总行级优秀网点”，黄伟等3人被评为“总行级服务明星”，杨海霞被评为“省行级服务明星”。

【资产业务】2014年，交行泰州分行年末人民币各项贷款余额148.74亿元，比年初增加7.67亿元，增长5.44%，增幅比全市银行业平均增幅低11.93%。其中，实质性贷款余额145.88亿元、增加4.89亿元，票据融资余额4.86亿元、增加2.78亿元。人民币各项贷款泰州市场占比5.41%（全口径），比年初下降0.61%；人民币各项贷款泰州市场占比9.39%（17行口径），比年初下降0.81%。投放重大项目贷款，年内投放鑫通置业保障房项目4400万元、中城建第13工程局国内保理6000万元和泰州市鹏宇房地产开发有限公司牡丹园2亿元项目贷款；上争信贷规模，新增投放贷款18.93亿元，其中新增投放泰州凤城河建设发展有限公司项目贷款3亿元、国电3.5亿银团项目贷款中的3500万元、济川药业集团贷款1.5亿元、华信药业银团项目贷款5亿元、泰州市土地储备首笔融资市土地储备中心“周山河新城天德湖西侧地块”项目贷款9.08亿元。投放外币贷款，为江苏万林现代物流股份有限公司提供外币贷款和贸易融资近1亿美元；年末外汇各项贷款余额8000万美元，比上年年末增长15%。

【负债业务】2014年，交行泰州分行年末人民币各项存款余额166.73亿元，比年初减少12.05亿元，下降6.74%；人民币各项存款泰州市场（全口径）占比4.21%、下降0.83%，人民币各项存款泰州市场（17行口径）占比7.35%、下降1%。人民币对公存款余额122.09亿元，减少9.68亿元，下降7.35%，比上年年末少增24.75亿元；人民币对公存款泰州市场占比6.33%（全口径）、下降1.37%，人民币对公存款泰州市场（17行口径）占比9.97%、下降1.55%。人民币储蓄存款余额44.64亿元，减少2.37亿元，下降5.04%；人民币储蓄存款泰州市场（全口径）占比2.20%，下降0.37%；人民币储蓄存款泰州市场（17行口径）占比4.27%，下降0.44%。

【中间业务】公司板块方面，年内开展NRA账户（境外机构境内外汇账户）福费廷和以央行互换资金为资金来源的外币贷款业务，操作全市银行业首单跨国公司资金集中运营业务、全市首笔出口风险参与转卖和泰州分行首笔外保内贷业务；全年完成投资银行业务13单，其中投行类理财1单、公司类理财3单、融资租赁6单、企业债募集资金存管2单、私募股权投资基金托管1单。零售板块方面，发展公共事业费代扣业务，获得靖江广电、水费代扣项目和泰州市公共自行车发卡资格，全年发放公共自行车卡5508张、办理信用卡302张、新增微信480户、新签代扣72户；推进零售板块机构体制改革，成立零贷业务部，下设个贷中心。

【内控管理】加强对各级负责人权力运行的监督，监察检查姜堰、靖江、泰兴、兴化四家县域支行以及新区、医药城等市区支行班子及负责人履职情况，执法监察覆盖面占分行网点总数的46%。加强反腐倡廉和依法合规宣传教育，开展廉政文化建设论文比赛、预防职务犯罪专题讲座、现场警示教育等，以“廉政、合规、案防”为主题组织巡讲6场；开展员工谈话和家访活动，组织员工排查谈话386人次，家访基层支行负责人27人、客户经理92人、其他干部职工236人。加强监督检查和案件风险排查，开展重点领域和重点岗位人员的监督检查、案件风险专项排查、员工日常行为监督检查等，组织开展“违规放贷和非法集资案件风险”专项排查。

（交　行）

交行泰州分行首家社区普惠型网点——恒盛支行

·泰州农村商业银行·

【概况】2014年，泰州农村商业银行年末各项存款比年初增加17.02亿元，增长10.96%；各项贷款增加14.39

亿元，增长12.73%；不良贷款率1.49%；实现账面利润4.38亿元。年内，泰州农村商业银行获“泰州市金融消费者十大满意品牌”“2014民营经济与品牌泰州高峰论坛最受泰州人尊敬的品牌”等称号，在省联社等级行考核中继续保持AAAAA级。

【资产业务】深耕农村基础市场，拓宽社区金融服务，定位中小微客户市场，“服务三农、服务小微、服务社区”，引导涉农信贷和中小微信贷投放。丰富金融服务产品，创新推出针对小微企业、医药科技型企业贷款专利权质押及“药业通”“科贷通”“兴源通”等贷款新产品，探索发放“易贷通卡”贷款、林权抵押贷款，推广发放政府贴息扶贫贷款、免担保贷款、家庭农村助推器贷款、下岗失业贷款等特殊人群贷款。2014年，泰州农村商业银行“三农”、小微企业贷款增幅均高于全部贷款平均增幅，500万元以下“三农”、中小微贷款占全部贷款比例比年初增长0.9%。

【转型发展】完善规范“限制性”行业退出管理制度和“风险行业”实时监控制度，优化机构网点布局，加大金融机具投放量，加强电子银行服务渠道建设，推进“阳光信贷”标准化服务和富民惠农金融创新。年内，泰州农村商业银行开通微信银行，发行农商行首张社保卡，开通“定活通”业务和圆鼎贷记卡网上商城积分系统，向25905户农户授信16.18亿元。

【风险管理】加强金融风险防控，建立日常监测机制和应急处理机制。加强信贷资产风险防控，建立大额贷款、单一行业授信集中度等系列管理、监测、考核、报告制度。加强合规风险防控，强化违规积分管理和员工合规文化培训教育。推进风险防范机制建设，检查评估业务条线和机关职能部门履行风险管理职能情况，推进审计重点由合规审计向风险导向审计、管理审计转变。

（冒文彤）

保　险　业

·综　　述·

【概况】2014年，全市实现财产险业务保费收入24.93亿元，比上年增长16.35%，占全市总保费收入的28.85%。其中，实现车险业务保费收入18.91亿元、增长21.15%，实现非车险业务实现保费收入6.02亿元，增长3.45%。全年办理赔付案16.47万件，支付赔款14.12亿元。全年全市实现人身险业务保费收入61.43亿元，增长18.76%，占全市总保费收入的71.15%，其中首年保费收入32.70亿元、首年期交保费6.71亿元、首年趸交保费25.99亿元；全年办理赔给付案9.89万件，支付赔款16.92亿元。全年全市通过保险中介渠道实现保费收入34.35亿元，占全市总保费收入的39.78%。至年末，全市共有保险公司57家，其中产险主体26家、寿险主体31家；保险专业中介机构11家，兼业代理机构近500家；保险销售从业人员1.2万人。

【保险行业管理】加强行业自律，增强合规经营意识。2014年，市保险行业协会修订完善《泰州市机动车辆保险行业自律公约2014版》《泰州市机动车辆保险理赔行业自律公约2014版》，组织各保险公司高管人员及相关部门负责人参加《中华人民共和国反垄断法》培训；联合市放心消费办、新闻媒体现场模拟测评全部产险公司车险理赔服务，提升行业理赔服务水平；年内各保险公司获车辆违章查询权限，安全驾驶费率调整系数使用得到规范。对人身险公司开展治理销售误导定期自律检查，年内多次暗访市区部分银行网点；开展保险销售从业人员管理自律检查，检查两证管理、招聘管理以及人员流动情况。2014年，市保险行业协会对存在不规范增员行为的3家人身险公司作出扣除自律违约金的处理，对未及时注销离司营销员展业证的1家人身险公司下发限期整改通知书；督导4家专业中介法人机构、8家金融类兼业代理法人机构清理整顿第二阶段工作。

【保险宣传】2014年，市保险行业协会加强保险宣传，开展保险法律法规、保险知识、消费者权益保护、反保险欺诈、服务承诺等专题宣传，发放各类保险知识普及宣传资料；开展“我身边的保险故事”征文比赛，获奖作品在《泰州晚报》刊登；组织保险公司参加“3·15”国际消费者权益日和“7·8”全国保险公众宣传日活动。

【保险服务】加强对快速理赔中心的管理，不定期检查驻点人员到岗情况，落实节假日期间高速公路快赔服务工作。加强考务管理，修订《泰州市保险销售从业人员电子化考试管理实施细则》《人身险公司组考工作季度考评管理办法（试行）》。加强行业交流，组织开展新《中华人民共和国消费者权益保护法》培训、《中华人民共和国反垄断法》培训、新“国十条”宣讲会、放心消费创建培训、摄影培训等活动。年内，召开寿险银保满期给付工作专题会，化解银保业务满期给付风险。

【保险业消费者权益保护】2014年，市保险行业协会建立保险信访工作责任人处理机制，严格执行总经理信访接待日制度，加强督促、检查各公司总经理信访接待日执行情况。全年市保险行业协会收到各类信访投诉239件，比上年增长39.77%，其中上门投诉65件、电话投诉126件、书面投诉8件、“12345”政风行风热线33件、市委书记信箱和市长信箱投诉5件、消费者协会转交投诉2件；市保险行业协会保险纠纷调处中心调解成功涉诉保险合同纠纷3起，行业裁决案件1起，共涉及金额20万元。

【泰州市保险纠纷诉调对接工作室】2014年，泰州市保险纠纷诉调对接工作室进驻海陵区人民法院。全年受理案件369件，其中参与调解、开庭案件174件，调解成功结案130件、撤诉8件，未结案36件，调撤率79.31%；减损总金额630.87万元，减损率35.53%。

【反保险欺诈】加强反保险欺诈宣传教育，开展《道路交通事故评残现状与案例分析》专题培训。召开反保险欺诈工作交流会，会商案件处理；分析研判“反保险欺诈信息比对平台”和“高风险信息平台”系统推送的赔案信息，开展线索串并及移送查处工作。全年向经侦部门和各保险公司移送案件9起，涉及金额120万元；成功处理3起，减损金额28万元。

（保　协）

·中国人民财产保险股份有限公司泰州市分公司·

【概况】2014年，中国人民财产保险股份有限公司泰州市分公司（简称财保泰州分公司）实现保费收入10.04亿元，首次突破10亿元，比上年增长19.71%；市场份额40.16%，增加1.06个百分点，其中车险、非车险市场份额分别增加2.05、5.28个百分点；综合成本率89.46%，为全省财保系统最低；全年缴纳税费近1亿元。至年末，财保泰州分公司累计承担风险责任7151亿元，占全市财产险行业的63%；处理各类赔案85090件，支付赔款5.28亿元。

【汽车保险】优化业务结构，车险实现新发展。2014年，实现车险保费收入6.83亿元，比上年增加1.49亿元，增长27.95%，增幅居全省第2位、比全省平均增幅高6.95个百分点；车险保费收入占总保费收入的68%。

【农业保险】农险顺利适应新模式。发展高效农业保险业务，巩固农网渠道。2014年，实现农险保费收入1.02亿元；实现农网非农业务保费收入8088万元，增长41.81%，其中农网非车专属产品2110万元、增长62.59%。

【非车非农保险】非车非农保险实现新发展。2014年，财保泰州分公司推进新兴非车险业务及重大项目发展，实现非车非农险保费收入2.18亿元，比上年增长12.6%；市场份额46.9%，增加5.28个百分点。

【服务能力】实施标准化服务，优化网点服务平台；规范出单服务，加强出单速度治理；强化理赔服务，实施移动查勘系统和“快速理赔”，1万元以下理赔周期14.66天，比上年下降24.59%。年内，财保泰州分公司对靖江、泰兴、兴化公司进行服务品质提升督导和营业厅5S（整理、整顿、清扫、清洁、素养）管理培训，全市财保系统实现服务品质提升全覆盖。加强合规管理，完善合规制度，开展合规风险排查。强化客户信息管理，至年末，客户电话真实率71.4%，比7月提高35个百分点。推进队伍建设，财保泰州分公司全年新招录员工50人，其中招录销售人员25人、理赔员工18人、其他岗位7人；全年全市财保系统实施培训项目86个，培训2714人次。

（朱跃清）

3月5日，财保泰州分公司开展“学雷锋、促合作；讲服务、助发展”志愿服务活动

·中国人寿保险股份有限公司泰州市分公司·

【概况】2014年，中国人寿保险股份有限公司泰州市分公司（简称寿保泰州分公司）实现总保费收入25.64亿元，市场份额42.3%。寿保泰州分公司在全省寿保系统经营绩效考核中居第7位、比上年上升3位，获评AA级市分公司；泰兴支公司获评“中国人寿保险股份公司全国先进综合性支公司”；靖江、泰兴、姜堰支公司均居全省“实力强、管理好”综合性支公司前10位。

加强运营服务能力建设，强化赔付率管控、失效保单清理、客户信息清理、柜面直销等重点项目。加强风险防范，开展2014年度人身保险风险排查、集中采购、单证印章风险大排查、保险中介市场清理整顿等工作。化解满付退保风险，全年未发生区域性、系统性风险。加强队伍建设，充实销售管理和后备干部梯队；运用总公司“战投”资源，加大资源投入，固化常态增员机制。

（寿 保）

证 券 期 货

【概况】2014年，全市新增证券营业部2家，至年末共有证券营业部21家、期货营业部2家。全年实现证券期货交易总额3106亿元，比上年增长30.67%；投资者开户总数26.16万户，增长5.93%；全市证券期货营业部完成营业总收入2.44亿元，营业总收入增幅比同期加权平均的沪深交易额48.37%的增幅低17.7个百分点。2014年，全市有50%左右营业部亏损；亏损的营业部均为2010年后新设的营业部，客户基础较薄弱，盈利模式相对较单一，互联网金融的发展使这些营业部市场局面更为严峻。

【服务地方经济发展】2014年，全市各证券期货营业部发挥窗口作用，利用总部资源，服务地方经济发展。全年累计为市政府及企业融资32.9亿元，比上年增长近50%。丰富融资模式，新增新三板、集合理财计划、股票质押回购等融资形式。年内，海通证券配合公司融资部在泰州、扬州各完成1单项目收益债，合计融资15亿元；东吴证券为泰州华信药业投资有限公司及江苏华联东方置业融资近11亿元，为科冕木业通过股票质押回购方式融资1亿元；华泰证券发行泰州凤城河私募债3亿元；中信建投通过发行中小企业私募债及创投基金为泰州市3家企业募集资金1.5亿元。全市各证券营业部为企业登陆资本市场上门服务，全年累计走访企业达200多家次。

【证券业互联网服务】2014年，泰州市各证券期货营业部为投资者提供综合网络服务，提升行业服务水平。年内，华泰证券推广涨乐财富通，通过移动客户端为客户提供开户、产品、交易、业务办理、资讯、在线客服等服务；海通证券推出e海通财互联网金融平台，为客户提供综合化、全流程金融服务，并利用泰州便民信息亭进行服务推广，使线上线下有机结合；东吴证券推出网上开户、手机开户等功能，减少客户现场开户的不便，并依托公司总部与浙江核新同花顺网络信息股份有限公司的战略合作，提升客户服务水平；长江证券利用公司微信、移动终端构建员工与客户之间交互的桥梁，培养客户对营业部的忠诚度；中信建投、申银万国、国联、东海、南京证券均开展互联网服务。

【泰州证券期货协会】2014年，泰州证券期货协会组织全市各证券期货营业部，配合市政府相关领导小组和市金融办、金融协会等部门和单位，推动金融创新。加强调查研究，结合泰州企业实际，提出“金融创新应立足于推动实体经济发展”等具体建议6项16条。组织各会员集中排查涉嫌非法集资广告资讯信息，并督促各会员单位整改。督促各会员填写从业人员信息，推进全市个人信用基础数据库第一批数据归集工作。打造宣传阵地，协会在泰州日报开设“泰州证券期货业转型谋发展”“泰州证券期货工作任重而道远”“泰州证券期货业加快转型”等专版，帮助投资者理解行业发展趋势、认识投资误区与风险、了解新业务和新产品。

【华泰证券股份有限公司泰州分公司】华泰证券股份有限公司泰州分公司作为华泰证券的直属机构，是泰州地区设立最早的证券经营机构。泰州分公司下辖泰州迎春西路营业部、泰州鼓楼北路营业部、姜堰东大街营业部、靖江人民中路营业部、泰兴国庆中路营业部、高港金港南路营业部、兴化长安中路营业部等7家证券营业部，有从业人员59人、营销人员近100人。2014年，泰州分公司以打造全业务链战略为主线，开拓泰州地区投行、资产管理等业务。至年末，13万多户投资者在泰州分公司进行沪深两地交易，客户资产188亿元；全年实现股票基金交易总量近1700亿元。年内，泰州分公司开展产品创新、服务措施创新、经营手段创新，建立具有泰州地区特色的业务品牌体系；强化服务理念，进行市场细分，实施“以客户价值为核心”的竞争策略；提升服务水平，制定核心客户分类服务标准，实现服务的规范化和专业化；提高CRM（客户关系管理系统）使用率等，实现统一流程、统一价格、统一服务、统一营销；设立体验式服务专区，客户经理对客户进行辅导；发展金融创新业务，推出融资融券和股指期货等金融创新业务，泰州分公司成为全业务证券经营机构；提高市场竞争力，推广“紫金理财”“涨乐理财”“积分计划”，打造投资理财的“全业务链”体系。

（证券期货协会）

综　述

【概况】至年末，全市共有各级各类学校672所，其中幼儿园302所、小学158所、初级中学151所、特殊教育学校5所、普通高中37所、中等职业学校12所、高等学校7所；在校生585314人，其中幼儿园幼儿104654人、小学生219420人、初中生110453人、特校生909人、普通高中生66981人、中等专业学校在校生27622人、高等学校全日制在校生55275人；教职员工52989人，其中幼儿园9451人、小学11638人、中学25754人、特殊教育学校172人、中等专业学校2184人、高等学校3790人。全市小学、初中、普高、职高专任教师学历达标率分别为100%、99.89%、99.65%和96.14%，高校副教授以上职称教师比例为40.3%；有“省人民教育家培养对象”10人，中小学在职正高级教师38人，在职省特级教师102人，市名校长25人、名教师76人。

推进教育转型发展。调整丰富“163”行动计划（围绕“全面实现教育现代化，办好人民满意的教育”主题，实施教育质量提升、教师队伍优化、教育公平促进、教育结构调整、国际教育拓展和教育生态营造等6大工程，实现服务理念、发展路径、育人方式等3大转型）实施项目为28项，增加2个实施项目，优化3个实施项目。“163”行动计划实施两年来，一批创新创优项目在全省乃至全国走在前列。年内，《中国教育报》、教育部网站、省委新闻网等媒体对泰州市教育转型发展成果及经验予以报道。

推进教育现代化。2014年，市政府与省教育厅签订《共同推进泰州教育改革发展合作协议》，出台《关于加快推进教育现代化建设的实施意见》。推进教育信息化三年发展规划，全年教育信息化投入1.36亿元，新创成市级数字化校园42所。教学多媒体实现基本普及，“班班通”达标率82%，城域网“在线课堂”开通上线，市直学校全部建成录播教室。教育创新项目“泰微课”正式上线并升格为“江苏泰微课”，获评2014年度全市创新创优项目第1名。

推进教育国际化。规范全市普通高中涉外办学项目，强化课程设置和质量管理。职业教育国际合作取得突破，泰州机电高职校与中德乐浩公司共同举办汽车专业国际班；泰州学院与西班牙萨拉戈萨大学签订合作框架协议，共建欧洲语言文化研究中心；泰州学院、泰州职业技术学院开办的国际职业资质证书课程与考试项目年内启动实施。2014年，全市参与共建“孔子课堂”4所，有28所学校与国（境）外学校建立友好关系。

常态化教育督导。实施责任督学挂牌督导，全市划分8个市级责任区、57个市（区）级责任区，建立专兼职相结合的171人的责任督学队伍，责任督学挂牌到位、督学到岗、督导到校实现率100%。

推进依法治校。出台《泰州市中小学章程建设管理办法》，加强中小学、幼儿园家长委员会建设，推进现代学校制度建设。组织开展全市依法治校示范校创建工作，全市211所学校建成市“依法治校示范校”。2014年，市教育局被评为全市“依法治市示范点”。

年内，所辖各市（区）全部通过国务院教育督导委员会“全国义务教育发展基本均衡市（区）”督导检查，靖江市、姜堰区通过省义务教育优质均衡发展市（区）督导评估。市教育局被评为2014年度“泰州市十佳人民满意机关”。

【党建与思想政治教育】2014年，学院组织召开全体党员大会，选举产生党委新一届班子。完成学院内二级单位党组织设置工作，在二级院（系）和机关成立党总支8个、直属党支部2个，形成“学院党委—二级院（系）党总支—基层党支部”的组织架构体系。开展以“培育和践行社会主义核心价值观”为主题的系列道德讲堂；组织“社会主义核心价值体系”“南京大屠杀死难者国家公祭日”等系列主题教育活动，承办团省委、泰州市多项社会主义核心价值观教育活动。年内，环境检测中心入选南京理工大学“学习型党组织建设典型案例”；学习型党组织建设成果获第三届全国教育课程改革教研成果一等奖。

【“泰微课”正式上线并向全国推介】2014年9月，市教育信息化应用创新项目“泰微课”正式上线。市教育局集中全市师资、技术力量，选调各学科骨干教师1500多人，组成多个专家组，梳理中小学各学段17门学科，制作教学微视频及配套微测试，建成系统化学习资源库，并自主研发网络学习平台，向全市60多万中小学生免费开放。至年末，共制作完成微视频近5万条、微测试12万条，平台注册使用学生数达30万多人、教师数达3.5万人，成为全国较早推出的基础教育微课程平台、规模最大的中小学生自主学习系统，并被《中国教育报》《新华日报》等媒体予以报道。年末，“泰微课”项目升格为“江苏泰微课”，并作为江苏省教育创新项目向全国推介。

“泰微课”网站首页主界面

【教育惠民和经费保障】建立泰州市学前教育经费保障机制，实现各学段教育经费保障政策全覆盖。全市学前教育、义务教育、高中教育公用经费拨款标准均达到或超过省定基准定额。全年全市化解高中学校基本建设性债务1.12亿元。保障农民工子女入学、升学享受“同城待遇”，健全学校、家庭、社会关爱和留守儿童自我教育“四位一体”的关爱工作格局，泰州市农民工子女义务教育工作在教育部专题会议上作交流发言。全面建成家庭经济困难学生资助工作体系，小学、初中低保家庭学生生活补助标准分别提高至1500元/人/年、2000元/人/年，增长50%；全年全市共发放各类学生资助资金9240万元，受惠学生6.46万人。

【校园安全】2014年，泰州市在全省率先出台普通中小学建设标准，建立中小学校校舍安全保障长效机制，全市校舍安全工程共投入3.2亿元，加固改造校舍面积15.7万平方米。推进国家安全教育实验区建设，各项监测数据指标均居全国第一方阵。组织开展全市校车管理专项督查，投入400万元全面升级市直学校安防监控系统。2014年，各市（区）中小学幼儿园全部建成“泰州市合格校园警务室”；全市建成“泰州市平安校园示范学校”45所，人民日报社《平安校园》杂志推出泰州专版予以报道。年内，全国中小学安全工作会议推介泰州市学校安全工作经验；市教育局被省委、省政府表彰为“2011～2014年全省社会治安综合治理先进集体”。

【招生考试】2014年，全市共组织各级各类教育考试29次，419167人报考。其中，普通高校招生考试报考人数为31509人，比上年减少4749人；成人高考报考12858人，规模创历史新高；自学考试规模保持高位运行，全年学历考试人数4.2万人，非学历教育考试报考人数13.9万人。

全面落实义务教育阶段学校免试就近入学政策，四星级普通高中指标生招生计划占统招计划比例提升至75%。推动招生工作“阳光工程”，执行“双控”（严格控制招生计划、严格控制录取分数线）和“三同步”（录取、建学籍、公示同步）政策。开发考务培训管理平台，强化涉考人员培训管理，全年有6项考试组织工作获省考试院表彰奖励，高考、中考组织工作实现“指挥系统零失误、试卷安全零事故、考务管理零差错、考风考纪零投诉、服务考生零距离”目标。年内，承担成人高考医学类考生身份证和指纹验证仪身份识别试点，考务管理考核总分居全省首位。

【招飞工作】2014年，全市有14名学生被录取为空军飞行学员，录取总人数居全省第2位，创泰州市招飞历史新高。其中，兴化楚水实验学校被录取5人，单校录取总人数居华东地区首位；兴化中学学生钟正鸣居全省飞行员招生总分首位。

（邹京明）

高　等　教　育

·泰州高等教育园区·

【概况】泰州高等教育园区（简称高教园区）隶属于泰州医药高新技术产业开发区，总规划用地面积4.2平方千米。园区内有本专科院校4所，分别是泰州学院、南京理工大学泰州科技学院、南京师范大学泰州学院、江苏农牧科技职业学院。

推进项目建设。推进校区建设，全年完成21万平方米高教园区中心共享区（泰州学院新校区）项目建设，实现泰州学院整体搬迁；完成南师大泰州学院图书馆主体施工；回购江苏农牧科技职业学院一期学生公寓，开工建设9.8万平方米的生活区二期工程；建成南师大泰州学院南大门（通扬运河大桥）。推进其他项目建设，启动8.2万平方米的中国医药城商务中心建设，推进春晖花苑限价商品房及社会公租房建设。

加强后勤管理。2014年，新入驻高教园区的泰州学院将后勤保障、服务全部交由园区进行管理，江苏农牧科技职业学院生活区后勤工作于年末正式由园区接管，园区实现对区域内4所高校后勤服务一体化管理。拓宽后勤服务发展渠道，与复旦大学后勤管理团队签订合同，成立大学城后勤服务公司，对高校后勤实行社会化运作。加强校园信息化建设，园区3所本科高校的“一卡通”系统完成升级并投入使用；“一卡通”服务中心获“江苏省用户满意服务明星班组”称号。至年末，园区有后勤员工500多人，后勤经营性年收益2600多万元。

年内，高教园区被评为2013～2014年度“泰州市文明单位”，获医药高新区“先进基层党组织”“预防职务犯罪、创建廉洁园区先进单位”等称号。

【资本运作】以泰州高教投资发展有限公司为平台，充实股本金，做大做实公司资产；与市工商银行、中信银行、浙商银行等金融机构联系，拓宽融资渠道，优化融资结构。建立多元化投入、市场化运作的融资机制，利用园区拥有学费收入等固定现金流的优势和项目资源，全年募集资金共18亿元。

【服务业发展】2014年，园区拓宽经营渠道，发展新的经济增长点。泰州高教后勤有限公司与泰州天成蔬菜种植专业合作社签订合作协议。成立泰州高教景观园林工程有限公司，与南师大泰州学院签订产学研合作基地合同，在校园内划出4公顷土地，作为高教景观园林公司所在地；建成盆景园，为全市所有高校提供优质盆景。与园区挂钩扶贫村野徐镇老庄村签订30公顷土地流转合同，建设苗圃园，培育经济苗木，开辟盆景、绿化租赁等业务。年内，园区被评为医药高新区“项目推进工作先进集体”，获高新区“经济工作综合考评先进园区”二等奖。

（高教园区）

·泰　州　学　院·

【概况】泰州学院是2013年经教育部批准成立的一所普通本科高等学校。学院占地面积51.47公顷，有全日制在校学生6000多人。学院设人文学院（马克思主义学院）、数理学院、计算机科学与技术学院、教育科学学院、外国语学院、经济与管理学院、船舶与机电工程学院、音乐学院、美术学院、医药与化学化工学院（筹）、体育系等11个院（系），有本、专科专业40个，分布在文学、理学、教育学、管理学、工学、艺术学等学科门类。学院建有省级重点建设学科1个，国家教育部、财政部重点支持建设专业2个，省级特色专业3个，省“十二五”期间重点建设专业群2个。

加强师资队伍建设。2014年，学院招聘硕士11人、博士14人、教授5人；3人被评聘为教授职称，10人被评聘为副教授职称，11人被评聘为高校讲师职称，1人被评聘为实验师，1人被评聘为副图书馆员职称，1人被评聘为高级会计师，1人被聘为二级教授，3人被聘为三级教授；4人被确定为省第四期“333高层次人才培养工程”培养对象，3人参加“国培计划”培训，3人参加境外骨干教师培训，6人考取博士研究生。至年末，学院有正式在编教师375人，其中正高职称29人、副高职称152人；有博士30人、硕士学历79人、硕士学位163人；有博士生导师2人、硕士生导师9人；有省级“突出贡献专家”2人，省“333工程”中青年科技领军人才1人、青年科学技术带头人9人，省“六大人才高峰”资助人选2人，省高校“青蓝工程”优秀中青年学术带头人培养对象4人、优秀青年骨干教师培养对象12人，省教学名师1人。

年内，推进绩效工资改革，制定《绩效工资改革方案实施意见》；济川新校区于9月19日正式启用，迎春校区完成整体搬迁，春晖校区部分搬迁至新校区；聘任中层干部93人、科级干部48人，完成493名正式在编人员的聘用工作。与兴化戴南镇建立战略合作关系，成立泰州学院戴南函授学院。

构建党委、党总支、党支部三级组织体系，全院共选举党总支委员会15个、设立党支部33个。组织开展泰州学院党校首期入党积极分子培训班和各分党校培训工作。全年共发展党员166人，预备党员转正27人。年内，2项党组织活动获省高校“最佳党日活动”优胜奖，2个党总支获“江苏省高校先进基层党组织”称号，4人分获“江苏省高校优秀共产党员”“江苏省高校优秀党务工作者”称号。制定《建立健全惩治和预防腐败体系2013～2017年工作规划》，开展“校园廉洁文化月”活动，组织参加第二届全国高校廉政文化作品大赛，2人获表演艺术类二等奖、1人获艺术设计类作品三等奖。加强统战工作，学院民盟支部被民盟江苏省委授予2013年江苏省“活力基层组织建设年先进基层组织”称号。

【专业建设】制定《泰州学院重点学科建设管理暂行条例》《泰州学院学科（方向）带头人遴选暂行办法》，遴选学科带头人12人、学科负责人1人、学科方向带头人40人，“数学”学科被评为省重点建设学科。全年新增本科专业2个，完成2015年10个本科专业申报和2014级本科人才培养方案修订工作。年内，成功申报中职与普通本科“3+4”分段培养项目，首次招收商务英语专业“3+4”项目学生80人。

【教育教学改革】2014年，全校评选出校级教学改革研究课题立项建设项目31项、优秀教学团队3个。举办全校微课制作比赛，启动2014年校级精品资源共享课立项建设申报工作。开展青年教师公开课听评、教案评比和课堂教学专项考核工作，提升青年教师教学水平。规范教研室建设和管理，设置“语言学”等57个教研室。组织参加省第三届师范生教学基本功大赛，3人获二等奖、11人获三等奖。年内，1人获第五届“蓝桥杯”全国软件和信息技术专业人才大赛省赛一等奖。

【科学研究】2014年，学院邀请国内外知名专家、教授到校讲学70多次。全年全校成功立项科研课题65项，其中国家级课题1项、省级课题3项；获江苏省哲学社会科学成果三等奖1项，发明专利1项，市科技进步奖等市级奖项26项；纵、横向科研项目到账经费200多万元。2014年，全校教师发表论文300多篇（其中核心期刊以上40篇），出版专著13部；学院编辑出版《泰州学术》2014年第1期、《泰州学院学报》2014年第1期。

【校园文化】以“阳光校园文化”建设为宗旨，举办“‘微’泰院添彩，‘微’校庆献礼”主题团日活动，建立“美德善行榜”，举办“阳光讲坛”，开展第二届大学生校园科技文化艺术节等活动。承办江苏省高校动感地带歌手大赛泰州赛区比赛，获优秀组织奖。组织新生军训、体育运动会、大学生社会实践、大学生志愿者服务等活动，提升校园文化内涵。

【学生管理】开展“阳光教育”系列工程。年内，出台《学生工作年度目标考核实施办法》。开展帮贫济困，全年争取“伯藜助学金”、市福彩、市红十字会等社会济困经费30多万元；通过“绿色通道”入学286人、涉及金额179.38万元，学费减免116人、减免总额27.45万元；有2500多人获得各类国家级奖学金、助学金。2014年，学院获“省国防教育示范校”称号，1人被表彰为省“军训工作先进个人”，1人获南京军区学生军训军事理论课教学比赛第3名、首届江苏省普通高校军事课教师微课教学竞赛二等奖。

【招生就业】2014年，学院共录取本专科新生1804人，其中汉语言文学、数学与应用数学、学前教育、英语、音乐等5个师范类本科专业录取887人。推进“阳光就业创业”工程，开展职业生涯规划教育、创业教育、创业方案大赛等活动，提高学生创业就业能力。年内，有2名学生获省第九届职业生涯规划大赛本科组一等奖，1个团队获泰州市第二届创业富民大赛三等奖。2014年，学院组织大型校园招聘会2场，参会单位近450家，提供4200个就业岗位；发布就业信息5000多条。2014届毕业生共1978人，初次就业率91.2%，年终就业率96.97%（1918人）。其中，协议就业1217人、协议就业率61.53%、升学出国699人，升学出国率35.34%。2014年，学院重点帮扶的30多名困难毕业生全部就业。

【继续教育】2014年，学院与市委组织部、市民政局、教育局、邮政管理局、戴南镇政府、中航船舶有限公司、泰州新扬子船舶有限公司、泰州技师学院等企事业单位合作，招收各类成人教育学生2295人；“泰州舰”合作项目首届“法律事务专业”32名学生顺利毕业；“汉语言文学”本科函授专业成功申办。年内，完成“一村一名大学生”千人培养计划；培训省市级各类教师近1万人次；全年举办出国劳务人员培训32期1000多人次，培训合格率100%。

【国际交流合作】2014年，学院新聘外籍教师4人。年内，西班牙萨拉戈萨大学代表团、澳大利亚拉特罗布市政府代表团和意大利福贾市教育代表团先后到学院访问，学院与意大利福贾大学签署合作备忘录。2014年，学院有4名学生获得政府奖学金项目分别赴英国、澳大利亚学习，1名学生赴加拿大北方理工学院交换学习，1名教师赴美国接受为期3个月的学习培训；学前教育专业中加合作办学项目通过加拿大北方应用理工学院首次教学评估。

【第一届第一次教代会暨工代会】6月30日，学院第一届教职工暨工会会员代表大会第一次会议在春晖校区体育馆召开。大会听取学院工作报告，选举产生第一届教代会执委会、提案工作委员会、工会委员会和工会经费审查委员会。大会审议通过《泰州学院2014～2018年事业发展规划》《泰州学院首次岗位设置与聘用工作实施意见》《泰州学院绩效工资实施暂行办法》《泰州学院教职工代表大会实施办法》和《泰州学院劳动人事争议调解组织及工作细则》。

（仲　宁　贾荣圣）

6月30日，泰州学院召开第一届第一次教代会暨工代会

·南京理工大学泰州科技学院·

【概况】南京理工大学泰州科技学院是2004年经国家教育部正式批准、江苏省第一所由高校与地方政府合作举办的全日制普通本科高校。学院实验室门类齐全，建有计算机、语言等10个教学实验中心；图书资源丰富，拥有各类中外文纸质藏书74万册、电子文献资源近60万种，开通电子数据库11个。2014年，学院设机械类、电气信息类、土木类、化工制药类、经济管理类以及英语、艺术设计等20个本科专业，有在校生8975人。

加强科学研究。全年获批省、市级科研项目26项，其中首次获批江苏省高校自然科学项目3项、省社科应用研究精品工程3项。全年科研到账经费比上年增长93%，学院首次配套经费17万元。申请国家专利20件，其中发明专利6件；授权专利10件，其中实用新型专利6件、软件著作权4件。

加强师资队伍建设。推进骨干教师培养，完成首批“领雁计划”“栋梁计划”培养对象遴选及机制构建，确定“领雁计划”6人、“栋梁计划”18人；2人入选省“青蓝工程”，3人入选市“311人才工程”。全年学院教师共发表论文173篇，其中核心期刊60篇，6篇被三大国际期刊数据库检索录用，109篇论文获市级表彰。年内，10多名教师被聘为国家、省、市级相关领域评委专家。

2014年，南京理工大学泰州科技学院获“中国综合实力最强独立学院”称号

2014年，学院被中国教育电视台、中国互联网新闻中心等单位评为2014年度“中国最具知名度独立学院”“中国综合实力最强独立学院”；获泰州市“消防先进单位”“餐饮安全放心工程示范单位”“卫生综合量化A级单位”“医疗卫生信誉等级A级单位”等荣誉称号；学院“道德讲堂”被市文明委评为“优秀道德讲堂”。

【人才培养】年内，新获批省大学生实践创新训练计划项目20项；1个项目研究成果获“计算机软件著作权登记证书”；2个项目入围“2014江苏省大学生创新创业优秀成果交流展示会”，其中1项被评为“最具潜力创新项目”。全年共参加全国大学生机械创新设计大赛、中国机器人大赛暨RoboCup公开赛等29项赛事，获奖项206个，其中国家级奖项31项、省级奖项175项。毕业设计（论文）质量提升，在江苏省普通高校本专科优秀毕业设计（论文）评选中，获二等奖1项、三等奖1项、团队优秀奖1项，是全省唯一一所同时获优秀团队和二等奖的独立学院。2015届校企联合指导毕业设计的课题量大幅提升，219名工科专业学生在企业完成毕业设计，占2015届专业学生总数的16.6%，实现毕业设计和毕业实习一体化。

【招生就业】2014年，学院省内招生录取分数创历史新高。理科投档线高出省控线23分，居省内独立学院第8位；文科投档线高出省控线16分；录取考生中理科生占三分之一，二本线以上文科生占全部文科生的16%。组织“小型化、常态化”校园招聘会，拓宽毕业生就业渠道，2014届毕业生初次就业率91.91%，年终就业率99.33%；有10个专业的就业率为100%，占有毕业生本科专业的56%。

【科研与社会服务】推进产学研合作基地建设，与高港区政府签订校地产学研合作协议。全年新建实践教学基地19家，与20家企业签署产教融合基地合作协议，与企业签订科技对接项目8项，联合申报国家中小型企业创新基金3项，18名企业家、工程技术专家受聘为学院产业教授。开拓校外培训项目，与市人社局技能鉴定中心及海陵区相关单位就企业内部培训达成初步合作意向。开展“送技能下企业”活动，累计为197名企业员工提供技能培训。

【国际交流合作】年内，与英国伯明翰城市大学签订合作协议备忘录，联合开展“3+1+1”本硕项目、“4+1”本硕连读项目；与新西兰科技教育学院、加拿大康尼斯多加学院以及中国对外友好合作服务中心签订合作协议，开展游学、交换生、留学、学生赴美暑期实践、教师交流等合作项目。

【学院10天获2项全国性荣誉】12月3日，由腾讯网、中国教育电视台、现代教育报社举办的2014回响中国“腾讯网教育年度总评榜”荣耀盛典在北京举行，南理工泰州科技学院获评2014年度“中国最具知名度独立学院”，并跻身全国前十强。12月12日，由中国互联网新闻中心（中国网）主办的2014年中国教育家年会暨“中国好教育”颁奖典礼在北京钓鱼台国宾馆举行，南理工泰州科技学院获评“2014中国综合实力最强独立学院”。

（尚海磊）

·南京师范大学泰州学院·

【概况】南京师范大学泰州学院是2004年经教育部批准、由南京师范大学和泰州高教投资发展有限公司共同组建的一所普通高校本科层次独立学院。2014年，学院设13个院（系、部），有经教育部备案的44个本科专业和58个专业方向。2014年，学院标志性建筑——图书馆建成，图书馆规划建筑面积2.3万平方米，主体建筑为地上11层和地下1层，将于2015年投入使用。年内，经省事业单位登记管理局批准，学院成功登记为事业单位法人。

加强科学研究。2014年，学院获国家社会科学基金（青年）项目1项、省高校自然科学研究面上项目2项、省商务厅重点课题1项，其他省市级课题51项；获省第十三届哲学社会科学优秀成果奖二等奖1项，科研发明专利1项。

加强师资队伍建设。推进两个“双百”行动计划，计划在10～15年内培养100名博士和100名高级职称教师，用5年左右时间安排100名青年教师到社会实践单位进行挂职锻炼，聘请100位社会实践单位的专家参与学院教学。2014年，学院有6名教师考取博士；8名院聘青年教师晋升为副教授，本批次晋升数居全省独立学院前列。年内，聘任著名歌唱家、国家一级演员戴玉强为学院特聘教授；邀请中科院院士林群、著名经济学家金碚、台湾地区著名诗人洛夫、著名学者叶橹等到学院作专题讲座。全年全校教师共发表省级以上科研论文250篇，其中在权威期刊、核心期刊上发表论文97篇，37篇论文被三大国际期刊数据库检索录用（SCI 17篇、SCIE 1篇、EI 19篇）。推进人事体制改革，加大校内轮岗、换岗力度，开展第二次校聘中层干部选聘工作和首次全员岗位聘任工作。

根据2014年武书连中国独立学院排行榜，学院综合排名居全国独立学院第22位、江苏省第2位；全国排名比上年提升12位，创历史新高。

【建院10周年总结暨发展战略研讨会】9月20日，南师大泰州学院建院10周年总结暨发展战略研讨会举行。省教育厅厅长沈健、市委书记蓝绍敏致辞。南京师范大学党委书记宋永忠、校长胡敏强，东吴大学校长潘维大，市四套班子领导，南师大和其他兄弟院校领导，参加学院创建和在学院工作过的老同志代表，校友代表等出席院庆活动。研讨会上，20多名专家学者围绕独立学院发展战略暨应用型本科院校建设、人才培养模式等主题展开研讨。南师大泰州学院向师范专业教学基地、大学生创业园、大学生艺术创作孵化实践基地授牌，并举行建院10周年艺术教育成果展演。

南师大泰州学院成立于2004年6月，于2010年成为泰州历史上第一座万人本科高校，至2014年年末累计向社会输送各类专业人才1.6万多人；学院先后获“全国先进独立学院”“中国民办高等教育优秀院校”等称号。

9月20日，南京师范大学泰州学院举办建院十周年总结暨发展战略研讨会

【专业建设】在全国率先推行师范生“4+1”（“4”即学生每周4天在校或在见习学校编班进行专业知识的学习，“1”即每周安排1天在见习学校全天跟岗见习）人才培养模式改革，强化师范生教学实践技能培养，首批在8个学院（部）的10个师范类专业试行。加强专业建设与评估，制药工程、应用化学专业获批学士学位授予权；人文传媒学院汉语言文学专业通过省教育评估院专业抽检。年内，资助首批立项教学成果建设并达到省级成果标准；评审第二批教学成果，确立品牌特色专业5个、精品课程23门、精品教材10部。

【人才培养】2014年，组织学生参加国家、省级各类竞赛，获第四届全国小学教育专业学生儿童诗画创作比赛一、二等奖和“高教杯”尺规绘图比赛一、二、三等奖。连续第五次获全国大学生数学建模竞赛国家一等奖。英语专业四级考试通过率71.2%，比全国平均通过率高20个百分点；在全省计算机等级考试中，一级考试合格率86.15%，在全省100多所高校中居第10位。

【招生就业】2014年，学院普招录取2300人，“专转本”录取627人，新生报到率95.09%；毕业生2865人，毕业率98.85%，学位授予率95.78%。通过司法考试、考取教师编制、通过研究生入学考试、考取公务员、出国深造、服务“苏北计划”“西北计划”的应届毕业生820人；师范生新入职教师人数占全省新入职教师总人数的8.1%，其中新入职小学教师人数占全省的10%。

（南师大）

·江苏农牧科技职业学院·

【概况】江苏农牧科技职业学院是以培养农牧科技类技术技能型人才为主的高等院校。2014年，学院围绕农牧产业链设置48个专业，形成以凤凰路校区为主体、江苏现代畜牧科技园和江苏中药科技园为两翼的新“一主两翼”办学格局。学院占地面积300公顷，校舍建筑面积53万平方米；设有动物科技学院、动物医学院、动物药学院、食品科技学院、宠物科技学院、园林科技系、水产科技系、农商管理系、农业物联网系、农业工程系、基础部、思想政治理论课教研部、体育部等10个二级院系和3个部，在校生14600多人；图书馆藏书102万册，电子图书11143千兆。

2014年，学院设置48个专业，其中国家级重点专业6个、省级品牌专业3个、省级特色专业3个、省重点专业群建设点4个。全年获省部级以上教育教学成果60多项，其中国家级教学成果一等奖1项、二等奖1项，省教学成果特等奖1项、一等奖2项、二等奖5项，国家级精品课程3门，省级精品课程6门。

2014年，学院聘请中科院院士饶子和担任名誉院长，有教职工980人，专任教师612人；高级职称201人，其中教授等正高职称52人（专业技术二级岗教授2人、三级岗教授6人）；具有博士、硕士学位教师378人，“双师”素质专业教师比例92.48%。获国务院表彰1人，享受国务院特殊津贴1人，新中国60年畜牧兽医科技杰出贡献人物1人、省农业科技创新工程首席专家1名、江苏省教学名师1人、江苏省有突出贡献的中青年专家1人、全国农业职教名师4人、江苏省“青蓝工程”科技创新团队带头人1人、省“青蓝工程”学术带头人2人、省“333高层次人才培养对象”15人、省高校“青蓝工程”骨干教师18人。

【创新发展高等职业教育暨全国高职高专校长联席会议2014年年会在学院召开】10月18日，由教育部主办的“创新发展高等职业教育暨全国高职高专校长联席会议2014年年会”在江苏农牧科技职业学院召开。全国近400所高职院校和相关部门领导、专家共1600多人参加会议。新华社、中国教育报社、新华日报社等中央及地方16家媒体集中采访报道。该年会是学院举办的规模最大、层次最高的会议。市委书记蓝绍敏、省教育厅副厅长丁晓昌、农业部科技教育司司长唐珂分别致辞。国家教育部职业教育与成人教育司司长葛道凯解读《国务院关于加快发展现代职业教育的决定》，发展规划司副司长陈锋解读《现代职业教育体系建设规划（2014～2020年）》。中国畜牧业协会等社会团体和行业组织，围绕“产业加快发展现代职业教育的认识与措施落实”主题，进行互动对话；大连机床集团有限责任公司等企业，围绕“发挥企业重要办学主体作用”主题，参与互动交流。大会在会场外集中展示“国家示范（骨干）高职院校建设”“专业教学资源库建设”“职业教育国家教学成果奖（高职部分）”等8个主题216个典型案例。会议期间，中国现代畜牧业职教集团（校企联盟）成立。

10月18日，创新发展高等职业教育暨全国高职高专校长联席会议2014年年会在江苏农牧科技职业学院召开

【全国动物防疫职业技能竞赛在学院举行】 12月6日，由农业部、全国总工会、人社部联合主办的全国动物防疫职业技能竞赛在江苏农牧科技学院举行。来自全国31个省（自治区、直辖市）和新疆生产建设兵团的96名选手参赛。农业部副部长、国家首席兽医师于康震，省政协副主席何权，省农委主任吴沛良，市委副书记杨峰以及省市有关部门负责人出席开幕式。学院2000届毕业生、江苏代表队代表侯斌获得冠军。

12月6日，2014年中国技能大赛——全国动物防疫职业技能竞赛在江苏农牧科技职业学院举行

【签约中国牧工商集团（总公司）】 5月20日，学院与国内畜牧行业最大的央企——中国牧工商（集团）总公司签约倍康合作项目。中国牧工商（集团）总公司董事长张春新、总经理薛廷伍，省农委总畜牧兽医师黄淼，市医药高新区管委会副主任耿晓利，学院党委书记吉文林等出席签约仪式。学院院长何正东主持签约仪式。根据协议，合作双方将组建新公司，实施“合作研发、合作兴业、合作办学、合作发展”的校企合作新模式，将新公司建设成为国内唯一的兽药特药、新型兽药制剂、中兽药与水产用药研发、生产及国际药品新技术转化生产的基地。

【国家级教学成果实现突破】 2014年，学院首次获得高等教育国家级教学成果奖。9月9日，在庆祝第三十个教师节暨全国教育系统先进集体和先进个人表彰大会上，江苏农牧科技职业学院教授刘俊栋主持的“高职动物疫病防控专业群‘双元一体化’人才定向培养模式的创新与实践”获国家级教学成果一等奖，教授臧大存主持的“高职‘工学研融合’培养现代畜牧业技术技能人才的创新与实践”获二等奖。国家级教学成果奖是国务院确定的国家级奖励，每4年评选一次，代表我国教育教学工作的最高水平。2014年职业教育国家级教学成果奖共评出特等奖1项、一等奖50项、二等奖400项。

【专业建设】 巩固国家示范性（骨干）高职院校建设成果，出台《关于加强专业内涵建设的实施办法》，完成10个专业建设标准的制定工作。“现代畜牧生产专业群”等4个省级重点专业群建设项目通过省教育厅中期检查，“现代宠物技术职业教育教学资源库”获全年国家级共享型专业教学资源库建设项目。

【教研成果】 2014年，学院获国家级教学成果一等奖1项、二等奖1项，获第九届全国农业职业教育教学优秀论文一等奖2项、二等奖7项、三等奖8项。建成国家级精品资源共享课程2门；《家禽生产与疾病防治（第一版）》等7部教材入选国家教育部第一批“十二五”职业教育国家规划教材，《宠物美容》等19部教材被评为全国农业教育优秀教材，《兽药检测技术》等3本教材获江苏省高等学校重点教材立项；“猪生产”课程入选2014年度江苏高校省级英语授课精品课程名单。参加第二届全国高校（高职高专）微课教学比赛，获全国三等奖1项，江苏赛区一等奖2项、二等奖2项、三等奖4项。

【人才培养】 组织参加全国职业院校技能大赛，获一等奖2项、二等奖1项；参加江苏省高等职业院校技能大赛，获二等奖3项、三等奖4项。参加江苏省2014届大学生毕业设计（论文）评优活动，获优秀毕业设计（论文）一等奖、二等奖、三等奖各1项，优秀毕业设计团队奖2项，获奖数量和等级均为历次参评之最。参加2014年江苏大学生创新创业优秀成果交流展示会，2个项目获“我最喜爱的项目”奖，1个项目获“最具潜力创业项目”奖。

【师资队伍建设】 2014年，学院新聘任教师37名，新晋升正高职称教师7名、副高职称教师20名。组织21名青年专业教师到企业一线挂职锻炼，选派50多名专任教师赴国内外培训或进修。新选拔江苏省高校“青蓝工程”培养对象6人、泰州市“311工程”4人、第二批学院“凤凰学者”8人；评选10名院级“教学名师”、10名“教坛新秀”、10名青年教师专业技能操作能手、18名优秀教师和10名优秀教育工作者，1人获“江苏省职业教育先进个人”称号。

【学生工作】 组织新评选出的优秀辅导员（班主任）10人参加全省辅导员岗前培训，对全院64名辅导员、206名班主任进行暑期集中培训；组织优秀辅导员参加国家和省级研修，全年共推荐34人参加校外进修。全年获评省级优秀班集体4个，省级“三好学生”3名，省级优秀学生干部7名。

组织学生参加国家、省级各类竞赛。1人获“2013江苏省大学生年度人物入围奖”，3人获泰州市大学生文明礼仪知识竞赛二等奖；参加第三届江苏省大学生安全知识竞赛决赛，获专科组总分第一名，获专科组唯一的一等奖。首次参加2014年“创青春”江苏省大学生创业大赛决赛，获省“创业实践挑战赛专科组”铜奖；参加“挑战杯—彩虹人生”创业创新创效比赛，获全国二等奖1项，江苏省二等奖、三等奖各1项。在学生资助工作绩效评价中，获得省“优秀”等级。

【招生就业】2014年，学院新生报到4251人，外省招生人数创历史新高；毕业生年终就业率99.11%。年内，学院被评为“2014全国职业院校就业竞争力示范校”；连续第四次被省教育厅表彰为“江苏省高校毕业生就业工作先进集体”。与扬州大学等本科院校合作开展“专本直通”项目，开设3个专业，招收102人。构建中高职分段培养模式，与连云港生物工程中等专业学校等合作，招收475人。

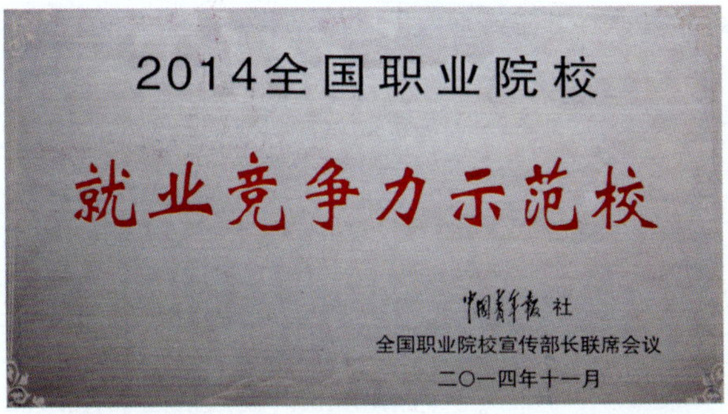

江苏农牧科技职业学院获“2014全国职业院校就业竞争力示范校”称号

【科研和社会服务】2014年，学院共争取到各类科研项目89项，总经费3754.6万元，到账经费3154.6万元，项目总数与经费总额创历史新高。其中，纵向项目62项、经费3363.6万元，横向项目27项、经费350.3万元。国家发改委、国家林业局等部委项目申报实现突破，共成功申报100万元以上项目12个。年内，获泰州市科技进步一等奖1项、二等奖2项、三等奖1项；获授权专利22项，其中发明专利3项。2014年，学院在滨海县和姜堰区推广“苏姜猪”等3个畜禽新品种（系），培育各类特色示范基地28个，学院各科技服务团队入户率均超过98%，地区主导产业增产超过20%，增收超过15%；承担的省“挂县强农富民”工程（盐城市滨海县、泰州市姜堰区）通过省考评组验收。

【继续教育】2014年，学院完善职教体系，畜牧兽医等5个涉农专业实行自主招生；开展联合办学，开设“专接本”班，招收成人学历教育在校生4250人，组织各类培训4.5万人次。年内，学院被认定为农业部“新型职业农民培育基地”。

【国际交流合作】2014年，学院招收印尼籍园林园艺专业留学生12名；与12所国外高校签署合作办学协议；选派骨干教师到国外高校、培训机构等学习考察23人次。

【信息化建设】完善校园网基础设施建设，完成校园核心网络设备扁平化改造工程，无线网络覆盖扩展至凤凰路校区所有教学办公场所；实现全省高职院校中第一个数据存储双活部署模式，完成智能流量负载系统的建设和校园网出口带宽扩容工作。与市建设银行和移动公司合作实施“一卡通”建设项目，年内完成管理中心、消费系统等13个系统的建设。推进电子图书信息工作，全年入藏文献3万册，新增1万平方米标准库、维普考试资源系统和网上报告厅等电子资源。

【后勤基建】2014年，中药科技园一期工程1.3万平方米的教学综合楼、学生生活区等工程建设基本竣工，道路基础、管网设施及景观景点建设按期完成。启动迎宾路校区基础设施改造，继续教育培训中心宾馆正常运行。完成凤凰路校区生活区电力基础设施增容改造、生活区电缆沟改造建设，学生宿舍完成空调安装；启动生活区二期工程。江苏省种猪性能测定中心完成土地划拨手续的办理以及建设规划设计工作。开展江苏省动物生物安全三级实验室的前期调研、项目建议书撰写和项目建设的可行性论证工作。

（朱国奉　奚　旺）

·泰州职业技术学院·

【概况】泰州职业技术学院占地面积79.33公顷，总建筑面积24万平方米；设有机电技术、医学技术、经济与管理、信息技术、药学、建筑工程、艺术等7个分院及基础科学部和思想政治理论教学部，2014年招生专业37个。学院有教职员工558人，其中硕士以上学位233人、副教授以上职称189人。全日制普专生7785人，成人学历教育学生8900人，年培训超过2万人次。学院建有药物制剂技术、建筑工程技术2个国家级重点建设专业，护理实训中心、计算机应用技术实训中心2个国家级实训中心，医药服务、机电装备制造技术、电子信息3个省级重点建设专业群，建筑装饰工程技术、计算机应用技术、护理、建筑工程技术、机电一体化技术5个省级特色专业，有省级实训基地3个、省级和市级工程技术研发中心7个。

加强专业内涵建设。2014年，学院深化校企合作，推动中高职教育衔接，构建现代职业教育体系。

与泰州市人民医院合作开办护理专业驻点教学班，与泰州三福船厂合作建立船舶工程技术专业“厂中校”。启动“1+6”专业建设与课程开发项目，聘请华东师范大学专家全程指导。3个省级重点建设专业群通过省教育厅中期检查，4个院级重点专业群建设有序推进。出台《学院关于加快推进教学信息化建设的实施意见》，建成专业教学资源库网站20个、专业（群）建设网站18个。

5月8日，泰州职业技术学院举行泰州三福船舶工程有限公司船舶工程技术专业“厂中校”揭牌暨开班仪式

举办学院首届信息化教学比赛和微课比赛，组织参加省级以上竞赛，获江苏省教学信息化课堂教学比赛一等奖、国家教学信息化课堂教学比赛二等奖。推进实训基地建设，投入820多万元，基本完成实验实训室建设项目32个，校外实习基地达237家；国家级实训基地——计算机应用技术实训中心基本建成；全年新增省级大学生实践创新训练项目14项。2014年，学院获江苏省高等教育教学成果一等奖1项，省级以上技能竞赛奖项84项、其中一等奖11项，省级优秀毕业设计（论文）二等奖2项。

2014年，学院获“江苏省文明单位”“江苏省高等学校和谐校园”“江苏省平安校园”“江苏省高校毕业生就业工作先进单位”“泰州市文明单位标兵”等称号；学院人才培养工作通过专家组现场考察评估。年内，泰州市职业教育联合会在学院揭牌成立。

【招生就业】 2014年，学院共录取3013人，报到2745人，文科投档线高出省控线52分，理科投档线高出省控线39分。开展各类就业、创业指导，获“挑战杯”江苏省大学生创业大赛银奖等奖项；引导学生在泰就业，2014年毕业生在泰就业率27%；加强大学生创业孵化园建设，建立女大学生创新创业示范基地和电商创业体验馆。2014届毕业生就业率99.52%、协议率95.82%；学院连续4次（2年1次）获“省高校毕业生就业工作先进集体”称号。

【学生管理】 举办“道德讲堂”5场，学院“道德讲堂”被评为“泰州市优秀道德讲堂”；举办“双百讲坛”，开展“中国梦·学子梦”主题教育活动。开展大学生科技文化艺术节、社团巡礼节、大学生读书节等活动。加强国防教育和大学生心理健康工作，成立泰州市高校心理健康教育工作联盟。开展关心下一代和校友会工作，学院获省关工委“工作常态化建设巩固提高奖”。年内，755名学生获生源地信用助学贷款460多万元，1572名学生获国家助学金470多万元，市慈善总会、市妇联、福彩中心、交警支队、南大校友会、河海大学校友会等资助学生50多万元；学院获省高校资助绩效评估“优秀”等级。开展文明单位创建活动，被评为“江苏省高等学校和谐校园”。加强法治文化建设，学院被表彰为省“六五”普法中期先进单位。开展星级社团评定，共评定学生社团87个，参与社团的学生7900多人次。2014年，学院开展志愿服务89项，获“全国铁路春运青年志愿先进集体”称号；组织暑期社会实践活动，开展红十字工作，获“省大学生暑期‘三下乡’社会实践活动先进单位”“省红十字会系统先进集体”等称号；组织参加省第18届运动会，获女子乙组跳高冠军等多个奖项；学院报所报作品获“全国高校校报好新闻”一等奖等奖项。

【师资队伍建设】 举办华东师范大学课程负责人培训班，40名课程负责人封闭培训10天；举办课程和专业网站建设培训班。全年派出境内外高级访问学者4人，高级访问工程师4人，33人参加高职院校骨干教师培训与企业顶岗培训、“四新”教育培训，9人赴台湾相关高职院校进行3个月专业研修；新增省“青蓝工程”培养对象3名；派出访问工程师到企业实践24人，攻读博士学位6人。全年组织各类进修培训150多人次，引进博士、高级技师各1名，硕士6名。实施高级职称评定量化考核与改革，全年专业技术职务晋升36人，其中正高职称5人、副高职称10人。

【科研工作】 2014年，学院与市经信委共建的开放式研究交流平台“泰州市工业经济研究院”挂牌成立；“江苏省数控机床工程技术研发中心”项目通过验收。全年获省、市科研纵向立项课题和科技支撑项目37项，完成对外科技和社会服务68项，开设科研讲座77场；在省级以上期刊发表论文360篇（其中核心期刊53篇），出版著作（教材）17部，获专利授权17个；获省、市科技进步三等奖各1项。

【成人教育】 2014年，学院成人专科学历教育共录取2734人，各联办高校录取2007人。全年组织培训22224人次，其中对外培训9703人次；年内学院获“江南大学现代远程教育十年贡献奖”。通过省民政厅退役士兵培训第三方评估机构审查，培训退役士兵788人，47名优秀退役士兵接受第二期“村官”培训。完成社区干部培训102人，共有471名社区干部取得大专或本科学籍。

【和谐校园建设】开展“为教师办实事”活动，全年办理三届四次教代会提案23件，慰问教职工及家属50多人次。上争人员经费财政预算拨款比上年增加近900万元，实际拨款增加1000多万元。严格执行招投标规章制度，全年固定资产建账入库1200多件、1000多万元。年内，创成首批国家节约型公共机构示范单位。加强特色专业文献资源建设，全年新增纸质图书1.38万种4万多册，订购期刊712种、报纸200多种；续订《中国知网CNKI》等数据库，新增试用数据库10种。

【泰州职业技术学院慈善创业孵化园正式开园】2014年5月15日，经1年试运营，泰州职业技术学院慈善创业孵化园正式开园。开园仪式在泰州职业技术学院举行。市委常委、市委秘书长卢佩民，慈善总会会长张文国、副会长常龙福，兴业银行泰州支行行长刘金本，院校企合作委员会顾问叶德明等出席仪式。学院党委书记许书平致欢迎辞，学院党委副书记、副院长郭冬梅主持仪式。卢佩民、张文国共同为孵化园开园揭牌。孵化园融创业教育、创业实践于一体，由市慈善总会牵头，兴业银行泰州分行、市人社局等共同出资，泰州职业技术学院具体承办。孵化园面积500多平方米，可满足34个创业项目同时入园；自2013年试运营至正式开园，累计有191名学生、47个基础销售、科技服务类创业项目成功申请入园，其中参与创业的贫困学生有107人，全部业主均实现盈利。

（张明森　王萍萍）

·南京中医药大学翰林学院·

【概况】2014年，南京中医药大学翰林学院设有中医学、中药学、药学、制药工程、药物制剂、中药资源与开发、护理学、公共事业管理、国际经济与贸易、市场营销、信息管理和信息系统、应用心理学等16个本科专业。年内，学院加强专业建设，取得公共事业管理专业学士学位授予权，成功申报康复治疗学专业。

加强师资队伍建设。开展人才引进和智力引进工作，全年引进各类人员40人，其中博士研究生1人、硕士研究生28人，聘请兼职教授、客座教授17人。举办师资培训系列讲座5场，举办学院第二届教师教学技能大赛和“千人讲坛”系列讲座。推进“双师型”教师（同时具有教师资格和职业资格）队伍培养，安排教师到企业一线接受培训14人次。在教育部主办的“第一届高等学校中药学类专业青年教师教学设计大赛”中，2人获三等奖。实施“人才支持计划”，完成2013年度“人才支持计划”中期检查和结题评审，组织2014年度“人才支持计划”申报工作，共申报课题27个。成功申报“青蓝工程”优秀青年骨干教师1人，“311”工程第二层次培养对象1人，“泰州市优秀教育工作者”1人。全年学院申报省级课题2个、市级课题1个、院级课题22个，申报教学科研课题国家级3项、省级1项、厅局级2项；获省级、市级人才项目3项，发表教学科研论文43篇，其中SCI论文3篇。

【教学资源建设】推进教研室标准化建设。年内，推进建设3000平方米的制药工程实训中心，“国家职业技能鉴定所”挂牌成立；注重实践实训教学，举办首届临床知识与技能大赛。推进实验室开放，提升学生实践技能，全年累计开放实验室近2800学时。加强教学基地建设，与泰州市中医院建立直属附属医院关系，与盱眙县中医院建立附属医院关系，与上海新生源医药集团建立“医药产业化人才联合培养基地”和“医药产业化实践教学基地”。2015届毕业生中有120人在中国医药城进行毕业实习，是2014届毕业生实习人数的4倍。推进教育教学改革，实施新生源联合培养人才，年内“杜瑞制药”实践课程班顺利开班。2014年，学院完成大学生创新训练计划项目申报12项；获第十届全国大学生“用友新道杯”沙盘模拟经营大赛江苏省总决赛三等奖；获2014年江苏省高等学校第十二届高等数学竞赛二等奖3个、三等奖10个；获首届江苏省高等院校健身气功比赛集体项目二等奖2项、个人项目第一名2人、个人项目第二名2人；被评为省教育厅2011～2013年度全国大学英语四级、六级考试优秀考点。

【学生管理】推进实施“青年马克思主义者培养工程”，建立以团委委员“月月谈”、团校、理论社团、团支部“三会一课”（支部大会、支委会、民主生活会，团课）组成的链条式载体，构建院、系、班三级培训的工作格局，全年共举办理论学习类活动23次、学习和践行社会主义核心价值观主题活动67场、形势主题教育活动128场，覆盖学生3000多人，占在校生的70%。打造翰林“风·韵·人·情”系列品牌文化活动，开展传统文化（女子集体笄礼和孔子诞辰拜贺、成立汉典国学社）、创业文化（创业创意大赛、挑战杯大赛等）、科技学术文化（营销技能大赛、中基解剖知识竞赛、科技节、启思讲堂）等系列活动。年内，2个创业项目分获泰州市第二届创业富民大赛创意组决赛总分第2名、第3名；在江苏省第九届大学生职业规划大赛总决赛中获本科院校组三等奖。开展志愿服务实践活动，举办“康健泰州行”“江苏省农家书屋普查”“健康天使”社区行、“助梦青春·益起来”等活动。完善学生工作体制，实施兼职班主任、本科生导师制、政治导生制，初步建立“学院主导、两级管理、以专为主、专兼结合、五位一体、交叉互补”的学生工作体制。年内，召开学院第二次团学代表大会以及医学系、药学系、经贸管理系第一次团学代表大会。2014年，全院学生有50多人次获市级及以上奖项；学院团委被评为泰州市“共青团工作先进集体”“五四红旗团委”；“康健泰州行”青年志愿者服务计划获泰州市共青团工作创新创优成果二等奖；大学生志愿服务项目“光影下的爱”获江苏省青少年公益项目创投大赛三等奖。

【招生就业】编制2014年分省分专业招生计划，生源质量稳定。加强毕业生就业指导与服务，建立毕业生就业情况周报制度，创立面试培训工作室和泰州人才市场工作站。全年举办职业生涯规划大赛1次、校园大型招聘会2次。2014年，学院就业率95%，有88名学生考上硕士研究生。

（翰林学院）

基 础 教 育

【概况】2014年，泰州市学前教育优质资源不断扩大。按照“一市一标”的要求，强化对学前教育人员编制、公办园建设、财政投入、布局规划等方面的督查考核。加强新建居住区配套幼儿园管理，在全省率先明确小区配套幼儿园产权归属教育部门。全年新增省优质园29所，全市累计有省优质园191所，占成型园总数的61%，比上年增加10个百分点。启动学前教育游戏化课程基地建设，开展全市幼儿园创意小游戏比赛。年内，泰州市在2014年中国学前教育年会上作经验交流；姜堰区、靖江市通过省学前教育改革发展示范区创建现场评估。

义务教育优质均衡发展。2014年，泰兴市、海陵区、高港区、姜堰区通过国家义务教育发展基本均衡县（市、区）督导评估，靖江市、姜堰区通过省义务教育优质均衡发展示范区评估验收。开展义务教育现代化学校创建和学校文化建设工程，全市有65%的学校建成义务教育现代化学校。市区中小学和幼儿园完成布局规划修编工作，周山河新城“1+2+3+N”教育资源规划建设加快。

普通高中教育实现优质特色发展。修订全市普通高中教育工作考核方案，加强高中教育教学质量监管。年内，2所高中接受省四星级高中现场晋评验收；召开全市普通高中教育教学工作研讨会，强化高三复习研讨，学科竞赛成绩显著。2014年高考再创佳绩，本二以上达线12067人，连续第7年超过1万人；本二以上达线率41.02%，首次突破40%。

【泰州市被确定为全国《义务教育学校管理标准（试行）》首批7个实验区之一】8月，泰州市被教育部确定为全国《义务教育学校管理标准（试行）》首批7个实验区之一。9月，实验区试点工作正式启动。启动后，泰州市成立实验区工作协调小组，制订泰州市《义务教育学校管理标准（试行）》实验区工作方案，明确在全市实施现代化学校建设工程、教育质量提升工程、教师队伍优化工程、学校安全管理工程、现代学校制度建设工程等5项实验重点工程；举办全市义务教育学校校长培训班，建立专题网站，制订《义务教育学校管理标准（试行）》督导评估细则，编发《实验工作简报》，全面推进实验区工作。

【德育工作】成立全市德育工作领导小组，开展未成年人文明礼仪养成教育、乡情教育等主题德育活动，举行未成年人文明礼仪风采大赛、首届少儿书法大赛、第三届高中生辩论赛和“红领巾读书”征文评选活动，组织“携手庆双节·共圆中国梦”关爱周和“学楷模、争三好、强素质”实践教育活动。2014年，全市建成省示范家长学校1所、省优秀家长学校13所；泰州市被表彰为全省家庭教育先进市。开展心理健康教育和科技教育，启动市级心理健康教育特色学校创建。组织参加第29届全国青少年科技创新大赛，获一等奖2项。

【素质教育“5+2”工程】2014年，泰州市制定出台《关于实施素质教育“5+2”工程的意见》，自秋学期起在全市范围内全面启动实施中小学素质教育“5+2”工程（实施主题德育、自主学习、青春活力、实践体验和未来素养5大行动，构建区域推进展示和学校微创新激励2大机制）。至年末，全市各主题德育活动和学生社团活动蓬勃开展，体现学生主体地位、符合不同学校实际的自主课堂不断涌现，学校自主设置、教师自主开设、学生自主选择的校本化课程体系初步形成，区域推进素质教育的“泰州特色”初具雏形。

推动实践创新，出台常年征集学校微创新实践案例的办法，每季度评选发布一次学校微创新实践案例，每年评选奖励一批学校微创新成果；至2015年1月，共评选发布“个十百”孝道作业、“文明护照”“家长上晨会”“双主五步学习”课堂教学模式等2批26

项学校微创新优秀实践案例，涉及德育、课堂教学改革、体育艺术活动、实践体验、家校共建等方面。强化素质教育展示考核，全年举办8场面向全市的素质教育汇报展示活动，7个市（区）教育局和22所学校进行成果汇报展示；评选表彰素质教育“5+2”工程先进市（区），并将素质教育“5+2”工程实施情况列入市（区）教育工作考核和市直学校年度绩效考核。争取市政府支持，将学生校外实践活动费用列入财政预算，设立素质教育“5+2”工程专项经费。

【科研工作】开展课程资源校本化建设，建立学校集体备课规范机制。推进“自主课堂”构建活动，举办全市课堂教学模式展示暨“自主课堂”推进活动2次，全年在省级课堂教学竞赛中获一等奖9个。开展“义务教育学校管理标准”和“素质教育5+2”工程等专项课题申报研究。全年在首届基础教育国家级教学成果奖评选中获一等奖2个、二等奖2个。

12月22日，泰州市素质教育“5+2”工程汇报展示周活动在靖江市启动

【体育、卫生、艺术和语言文字工作】开展全市体艺教学常规检查督导，落实学生“阳光体育一小时”；推动大课间体育活动，举办全市大课间示范学校和特色学校评选活动，评选出示范学校、特色学校共81所。实施学生体质健康监测，涉及全市7个市（区）331所普通中小学，采集样本量74000个，形成泰州市学生体质健康分析报告。组织全市田径、球类、棋类等9个项目的体育比赛，组织全市中小学合唱比赛和个人艺术单项赛。组织暑期体育教师专业技能培训，推进青少年校园足球活动，确定阳光体育后备人才基地43所。年内，启动学校体育场地向社会开放试点工程；建成省健康促进金奖学校7所、市健康促进金、银、铜奖学校77所。加强语言文字工作，举办第17届推普周，组织“中国汉字听写大会”选拔活动；推进市级机关普及普通话工作，重点加强机关工作人员和幼儿教师普通话水平培训测试，全年培训测试各类人员7000多人次。

【4项成果获首届基础教育国家级教学成果奖】7月5日，首届基础教育国家级教学成果奖获奖名单公布。泰州市有4项成果获奖。其中，著名语文教育家洪宗礼的《中学语文教学整体改革的实践与研究》、泰兴市洋思中学的《洋思教学模式》获一等奖，姜堰第二中学陈余根等6人的《本真教育：高中素质教育的校本化实施》、江苏省口岸中学封留才等5人的《内地新疆高中班民族团结教育教学实践研究》获二等奖。

特　殊　教　育

【概况】2014年，泰州市编制实施《特教三年行动计划（2014～2016年）》，市特教中心与镇江市特教中心、扬州市特殊教育学校共同发起成立“长三角”特殊教育发展联盟；巩固十五年一贯制特殊教育，听障综合高中办学模式逐步成熟，聋教育集中办学稳步推进；完善特教课程改革、教材体系，提升办学质量；开展全市特教青年教师基本功比赛、优质课及论文评比活动、涉残专业知识辅导和技能培训等活动。

10月28日，“长三角”特教发展联盟启动仪式在泰州市特殊教育中心举行

【“长三角”特教发展联盟启动仪式在泰州举行】10月28日，“长三角”特教发展联盟启动仪式在泰州市特殊教育中心举行。省教育学会特殊教育专委会常务理事长、南京市特教学院党委书记丁勇，省特殊教育学会秘书长、南京市特教学院科研处处长谈秀菁，省教育学会特殊教育专委会原理事长程益基，泰州市特殊教育中心校长吴巧华，镇江市特殊教育中心校长吴善亮，扬州市特殊教育学校校长邵宝兴，市特教专委会理事长曹文兵及各加盟学校校长和教师代表50多人参加启动仪式。“长三角”特殊教育发展由联盟泰州市

特教中心、镇江市特教中心、扬州市特殊教育学校共同研究、共同发起，旨在加强特教学校的交流，提高特殊教育的质量，打造区域性特殊教育发展的高地，将围绕课程建设、教学交流和学生活动等开展系列活动。

·泰州市特殊教育学校·

【概况】泰州市特殊教育学校是一所专业从事视障、听障儿童康复训练、文化教育和职业技能培训的地市级特殊教育中心校，占地5.4公顷，建筑面积近1万平方米。学校于1987年由原泰州市文教局批准成立，校名为“泰州市聋哑学校”；1992年更名为“泰州市特殊教育学校”；1996年转为地级泰州市教委（教育局）直属学校，面向全市招收适龄视障、听障学生，实施九年一贯制义务教育；2006年增设职业高中教育；2009年成立“泰州市特殊教育中心”。2014年，学校有从小学一年级至职高三年级教学班级17个，视障、听障学生122人；有在编教职工46人，其中中高级教师26人、专本科学历46人、市“311”培养对象、教学能手等9人。

2014年，学校综合楼内部改造装备工程完工并投入使用，整理并装备美术、工艺制作、感觉统合训练、体育康复训练、个别康复训练等专用教室、图书馆和学生自习室，校园整体文化布置初见成效，基本达成“江苏省特教现代化示范学校”建设与装备目标。年内，完成《泰州市特殊教育提升计划（2014～2016）》草案编制；牵头筹建“长三角”特教发展联盟；成功承办全市特殊教育学校青年教师教学基本功比赛；开展全市教职工暑期校本培训、市区视障人士盲文培训、全市残疾人田径集训、海陵区7个街道社区群众涉残专业知识辅导和技能培训；全年为司法机关提供28次聋人案件审理服务支持。

【师资队伍建设】健全教师专业发展促进机制，优化学校后备人才培养机制。2014年，学校综合组被表彰为“泰州市五一巾帼标兵岗”，语文组被命名为市“工人先锋号”，工会被评为市教育系统“模范职工之家”；校长吴巧华被表彰为市“巾帼建功标兵”并被评选为市中小学卓越教师培养工程第二批培养对象；全年有1人获省级表彰，5人获市级表彰。

【特教课程改革】深化康复、文化、综合实践等课程改革，健全课程体系和教材体系，全年新开发校本课程17项、校本教材16册，校本化率达100%。注重特教科研工作，年内1个国家级课题、1个市级课题顺利结题，7个在研市级课题进展顺利；14篇教育教学论文在市级及以上核心刊物发表，69篇教育教学论文在各级各类评比中获奖。2014年，学校有27人次在市级及以上教学技能比赛中获奖，4名教师在市级以上优质课评比中获奖。

【特色办学】2014年，学校开展“爱心互动·文明共建”系列活动60多次；教育工会“职工书屋”成功挂牌；举办课本剧、师生读书征文、艺术沙龙和各种生活体验活动。开展校企合作、校际合作，听障部高中毕业生职业技能考证合格率达100%，7人成为市区企业技术型员工，5人参加全国聋人高考单招并被全部录取，视障班3名初中毕业生参加全国重点盲校招考并被全部录取。组织参加各级各类竞赛活动24次，近100人次获奖；在江苏省第九届残疾人运动会上，获8金5银。

职业教育与社会教育

【概况】2014年，泰州市推进现代职业教育体系建设，举办中高职衔接直通班，推进泰州机电高职校、泰兴中专、靖江中专与泰州学院开展中职与应用型本科学校“3+4”分段培养项目试点，拓宽升入本科院校的渠道。2014年，全市四星级中等专业学校、特色学校与普通高中的对口单招规模进一步扩大，对口单招达线比例98.08%，创历史新高。强化实训基地和专业建设，全年建成国家示范性中等职业学校1个、省级品牌专业4个、省级特色专业2个、省级实训基地5个。年内，市职业教育联合会成立，38个企业冠名班组织招生；重庆力帆汽车校企人才江苏培养基地落户泰州。2014年，泰兴中专、江苏农牧科技职业学院动物科技学院、泰州技师学院被表彰为“全国职业教育先进单位”。

年内，召开全市社会教育工作会议，加强社区教育四级网络和社区教育信息化建设。全年新建省级社区教育中心9所、省居民学校60所、省级高水平农科教结合示范基地1所，乡镇（街道）社区教育中心网站建成率65%。

【举办和参加各类技能大赛】年内，完成全市职业学校学生技能抽测。举办第十届全市职业（技术）学校教师学生技能比赛，全市663名师生分别参加11个大类31个项目的决赛，共评出一等奖35个、二等奖105个、三等奖170个。组织参加江苏省职业学校技能大赛，获一等奖2个、二等奖9个、三等奖56个。泰州机电高职校在全国职业学校创新创效创业大赛上，作品

“广场口香糖残渣清除机”获全省唯一的中职组特等奖；在第八届国际发明展览会上，获“宝钢奖”1项、金奖6项。

【泰州市职业教育联合会挂牌成立】4月16日，泰州市职业教育联合会成立大会暨揭牌仪式举行，市政协副主席、教育局局长奚爱国和泰州职业技术学院党委书记许书平共同为联合会揭牌。大会选举徐庆国为首届常务理事会名誉理事长，朱善元、张曙光为名誉副理事长；选举陈宜刚为理事长、陈红秋为秘书长；选举出常务理事26人。泰州市职业教育联合会由5家行业协会、14所中高职院校和42家企业组成，旨在促进中、高职院校衔接，构筑校校合作、校企合作、区域合作平台。

4月16日，泰州市职业教育联合会成立大会暨揭牌仪式在泰州职业技术学院举行

【泰州机电高职校作品获第八届国际发明展览会多项大奖】11月19～22日，由中国发明协会、发明者协会国际联合会（IFIA）主办的第八届国际发明展览会在江苏昆山举行。泰州机电高职校10件作品参赛，获“宝钢奖”及6金1银2铜。其中，“广场口香糖残渣清除机”获特别金奖——“宝钢奖”，“无绳跳绳机”“高效捕鼠器”“多功能快速风干仿真水写布练字台”“带放大镜灯的老人阅读台”和“自行车转向头盔”获金奖，“太阳能全自动晾晒架”获银奖，“宠物洗浴消毒烘干一体机”“太阳能全自动环保休闲座椅”获铜奖。这是泰州机电高职校学生作品第二次参加国际发明展，获奖数量和层次均创新高。

师资队伍建设

【概况】2014年，泰州市出台《关于进一步治理中小学在职教师有偿补课的实施意见》，在全市开展在职教师有偿补课专项整治行动，近20名教师受到党纪政纪处分或相关处罚，有偿补课等师德失范行为得到遏制；市教育局“以惩促防”有效治理在职教师有偿补课的做法获评全市纪检监察工作创新项目。组织开展第二届“感动泰州·师德模范”评选表彰、第二届“我的教育故事”征文评选、教师节书画展览、第六届“行知杯”优秀论文评审等活动，开展“泰美教师·大爱至上”师德模范事迹展演。年内，全市有6名教育工作者获国家级表彰、24人获省级表彰。

2014年，“泰州师说”教师全员网络培训全面启动，教师参训率100%、合格率93.6%。组织高中语数外学科教师暑期全员培训，以“大备课”式教师研修促进学科教师课堂教学技能提升。开展义务教育学校音体美兼职教师“一专多能”专项培训，首批300多名教师顺利结业。组织特级（骨干）教师送教下乡活动2次，惠及教师2000多人次。年内，市教育局被表彰为省级中小学教师培训工作先进单位。

深化教育人事制度改革。实施教师资格认定工作，确认2792人相应教师资格。全年公开招聘录用新教师458人，其中公办幼儿教师111人，382人补充到农村中小学任教。健全全市中小学岗位设置管理制度，在全省率先明确中等及以下学校正高级教师三级岗位聘用条件。年内，开展市直学校优秀教育人才教科研工作考核；出台《关于加强全市中小学校长队伍建设的意见》，健全校长培养选拔机制和校长任期制等制度。

【首轮泰州市卓越教师培养工程完成】2014年，首轮泰州市卓越教师培养工程圆满完成。全年全市共组织集中培训5次。46名培养对象在国内各级各类刊物上发表学术论文211篇，出版教学研究著作10部，承担国家级研究项目8项、省级研究项目69项，获国家级奖励16项、省级奖励75项，其中5人获评正高级教师，11人获评省特级教师。

【教师交流】2014年，泰州市在全省率先组建跨区域教育共同体，形成集团化办学、组建学校联盟、名校办分校、片区一体化管理等多种交流模式，促进城乡义务教育学校师资队伍的优质均衡发展。全年全市交流专任教师3132人、骨干教师727人，占符合交流条件专任教师总数的20.07%和31.4%，超过省定15%的标准。10月，新华社及《人民日报》《光明日报》《中国教育报》《新华日报》等20多家中央和省级媒体记者到泰州集中采访报道教师交流工作。

（邹京明）

科学

责任编辑 王 卉

科技综述

【概况】2014年，泰州市建立完善科技计划信息管理系统，启动网上科技洽谈平台建设，推行科技计划以引导为主的服务创新模式，开展农村科技服务超市法人化试点。高新技术产业发展取得历史性突破，高新技术产业产值突破4000亿元，提前1年完成“十二五”规划目标。全年发明专利申请6657件，比上年增长21.12%；发明专利授权340件，增长37.10%，增幅居全省第3。成功举办泰州市科技创新创业大赛和首届泰州市外观设计（专利）大赛。在全国创新创业大赛总决赛中，泰州市1家企业与1个团队分别获优秀企业奖与优秀团队奖。

年内，市科技局被评为“第二届江苏科技创业大赛优秀组织单位”，市知识产权局被评为“2014年度全国知识产权系统人才工作先进集体”，中国科学院泰州应用技术研发及产业化中心获“2014年度中国产学研合作促进奖”，兴化市昭阳镇、靖江市西来镇、高港区永安洲镇、泰兴市张桥镇、姜堰区华港镇等5个镇成功创建为第四批“江苏省创新型试点乡镇”。

2014年泰州市科技创新工作目标考核先进市（区）

一等奖：兴化市 高港区

二等奖：海陵区 姜堰区 靖江市 医药高新区

2014年泰州市“十佳高新技术企业”名录

江苏梅兰化工有限公司
江苏罡阳股份有限公司
扬子江药业集团有限公司
江苏南瑞泰事达电气有限公司
江苏太平洋精锻科技股份有限公司
五行材料科技（江苏）有限公司
华达汽车科技股份有限公司
江苏江山制药有限公司
济川药业集团有限公司
江苏博生医用新材料股份有限公司

2014年泰州市发明专利“十强企业”名录

泰州乐金电子冷机有限公司
江苏皓月汽车锁股份有限公司
扬子江药业集团有限公司
兴化市绿禾食品有限公司
江苏双登集团有限公司
江苏迪沃生物制品有限公司
济川药业集团有限公司
江苏兆胜空调有限公司
江苏春兰清洁能源研究院有限公司
江苏赛德力制药机械制造有限公司

科技创新和管理

【概况】2014年，泰州市稳步推进科技体制机制改革，重点构建以企业为主体、市场为导向、政产学研紧密结合的协同创新体制。对科技计划体系进行调整优化，实现以扶持为主的项目管理模式向以引导为主的服务创新模式转变。启动科技创新券有偿使用试点，重点向高新技术企业、高新园区、初创期的科技型中小企业和公共服务平台等倾斜，支持广大中小企业科技创新。改革产学研活动组织形式，采取小股多批的方式，分地区、分行业组织企业与高校、科研院所开展对接活动。中科院泰州中心在全省率先建立市（区）工作站，进一步扩大工作的覆盖面。国家知识产权推进与服务泰州中心公司化运作迈出实质性步伐。改革科技金融工作模式，与江苏长江商业银行泰州分行进行合作，共同设立孵化器专项贷款风险补偿资金，专款用于创业中心内有融资需求的企业。全面推动江苏银行、农行泰州科技支行、农商行的科技贷款工作，全年3家银行科技贷款余额超4亿元。

【高新技术产业】2014年，全市实现高新技术产业产值首次突破4000亿元，达4001.35亿元，比上年增长17.75%，占规模工业总产值比重为41.21%，提前1年完成“十二五”规划目标。98家企业进入“三部委”高新技术企业公示流程，4家企业获批国家火炬计划重点高新技术企业，79家企业通过江苏省高新技术企业（后备）企业认定，4家高成长性科技企业列入省科技企业上市培育库。

【科技孵化器建设】2014年，全市共建成国家级孵化器6家、省级3家、市级7家，主要孵化方向为机电一体化、生物医药、电子信息、新能源、新材料等领域，其中政府批准设立的事业机构14家、民营孵化器2家；综合型孵化器12家、专业型孵化器4家。深化科技金融工作，与江苏长江商业银行泰州分行合作，组成孵化器专项贷款风险补偿资金，出台《泰州市科技企业孵化器贷款专项风险补偿资金操作细则》《泰州市科技企业孵化器贷款专项风险补偿资金管理办法》等配套机制。举办江苏省孵化器从业人员培训、“长三角”孵化器管理人员中高级业务管理培训等培训活动，提升孵化能力。泰州市高新技术创业服务中心全年共招引项目33个，入驻企业实现产值1.75亿元、利税1851万元，毕业企业实现产值7391万元、利税486万元；有61家企业申报各级科技计划，22家企业申请知识产权74件。

【农村科技创新】2014年，全市农村科技服务超市转化应用成果204项，开展超市门诊与田间指导50824次，举办培训班226期、培训农民24099人次，解决农户生产经营中的需求与难题2167个，服务农民112435人次。获批省级农村科技服务超市分店2家、便利店6家。编制《江苏泰州国家农业科技园区建设总体规划》，并通过省科技厅组织的专家组论证。

【科技创新创业大赛】2014年4月，由市政府主办、市科技局等部门联合承办的江苏省科技创新创业大赛泰州区比赛拉开帷幕。该届大赛历时5个月，评审专家全部异地邀请，比赛过程全程公开透明，评审结果全部现场公布，并同步上传创业中心门户网站上接受全社会监督。获奖项目直接纳入2015年度市级创新资金计划支持项目。全市共有近190家创业团队和企业报名参赛，报名数居全省第3，超额完成省科技厅要求的项目组织目标任务；通过初审的有156家，居全省第2。决赛于9月12日举行，有6个项目分获初创企业组和创新创业团队组的金、银、铜奖，并获得10万元、6万元、3万元奖金。在江苏总决赛上，泰州市共获二等奖1个、三等奖3个；在江苏省推荐参加全国总决赛的148个项目中，泰州市有13个项目入围。

科　技　服　务

【概况】2014年1月，市科技局成立“科技直通车”服务品牌创建工作领导小组，出台《“科技直通车”服务品牌创建工作实施意见》。全年全市科技系统配备科技政策辅导员131人，举办创新培训班55个，开展科技政策宣讲100次，辅导服务企业3809家次。重点联系企业421家，重点监察企业146家。落实各项科技政策，全市408家企业、科技园和孵化器等享受各类税收减免7亿多元；2人被省科技厅推荐申报国家科技创新创业人才，25人入选2014年度省“博士计划”，张旭团队入选2014年度江苏省“双创计划”团队。加快科技金融创新，设立小微企业专属科技贷款风险池保障资金1000万元，全年3家银行的科技贷款余额达4亿多元。

【网络服务】整合形成以科技局门户网站、泰州市科技计划管理信息系统、国家级泰州市高新技术创业服务中心网、市大型科学仪器设备协作共用网、市科技情报网、市科技教育培训网、中科院泰州技术市场网、中国泰州专利信息综合服务平台等为主体的综合性科技服务平台。其中，中科院泰州技术市场网和“永不落幕的网上科技洽谈会”技术交易平台先后发布中科院、国防科工委、国内其他著名院所与泰州产业紧密相连的科研成果3370条，服务企业3648家。泰州市科技计划管理信息系统拥有各类专家超过7000人，拥有注册用户684家，点击量356万人次，全年累计接受申报各类项目1000多项，参加评审897项。

【基层服务】全市科技系统共配备科技政策辅导员131人，服务企业1701家、3800多次；举办各类科技政策宣讲和培训160多次，2738家企业、4000多人参加。税收减免政策落实显著，全市115家企业享受国家高新技术企业税收减免约5.1亿元；170家企业享受研究开发费用加计扣除税收减免税额1.57亿元；11家软件企业、集成电路企业增值税减免税收1889.28万元；全市大学科技园、科技企业孵化器的112家企业享受减免税收2138万元。全年累计上争省级以上科技计划项目143项，获扶持资金1亿多元；中国科学院泰州应用技术研发及产业化中心获全国产学研界的最高奖项——2014年度中国产学研合作促进奖。

【创业服务】全市累计聘请50多位创业导师，为入驻孵化器企业提供创业辅导、政策咨询和培训服务。探索建立科技金融创新联盟，建立科技支行、科技保险公司等科技金融专营机构，推广知识产权质押等科技金融产品，设立首个小微企业专属贷款风险保障资金池，定向支持孵化器内的初创期企业，为入驻企业解决融资难题。组织开展江苏省科技创新创业大赛泰州区比赛，全市企业报名数居全省第三，江苏总决赛获奖数居全省第二，1家企业与1个团队获全国总决赛优秀企业奖与优秀团队奖。

科技项目和成果

【概况】2014年，泰州市科技创新工作取得新突破。江苏亚星锚链股份有限公司参与完成的钻井平台“海洋石油981”研发与应用项目获2014年度国家科学技术进步奖特等奖。全市有6项科技成果获2014年度江苏省科技进步奖，其中二等奖1项、三等奖5项。92项科技成果获2014年度泰州市科技进步奖，其中一等奖8项、二等奖24项、三等奖60项。

全年共获批国家级科技项目23项、省级以上科技项目160项，获支持资金1.23亿元。获批有关国家科技计划项目68项，其中新增国家火炬计划32项、国家重点新产品6项、国家中小企业发展专项科技创新项目7项、国家中小企业发展专项科技服务项目2项；获批省高新技术产品562项、省科技支撑计划项目18项、省创新基金项目7项；获批国家农业科技成果转化资金项目3项、省级科技支撑农业项目5项、社会发展项目3项、自然资金项目6项，获农业项目数量居全省第3。29个项目入选2014年度“十二五”农村领域科技计划预备项目库星火计划。

科技合作

【概况】2014年，全市共签订科技合作正式协议432项，设立产学研联合体149个。年内，市政府与南京航空航天大学签订第二轮全面合作协议。与大连化学物理研究所签订《共建“中科院大连化物所国家技术转移（泰州）分中心”合作协议》。召开民营科技军工配套企业协会成立暨“民参军”政策报告会。中国科学院泰州应用技术研发及产业化中心获全国产学研界的最高荣誉——2014年度中国产学研合作促进奖。

产学研活动特色鲜明。组织近百家企业到全国各高校院所开展“企业院校行”活动，达成合作意向42项。围绕新能源和环保技术、光机电与先进制造领域，组织23家企业到中科院深圳先进制造研究院和清华大学深圳研究院，达成产学研合作意向8项。围绕精细化工和化工新材料领域，组织22家企业到中科院大连化学物理研究所、大连理工大学、中科院长春应化所和吉林大学，达成产学研合作意向20项。围绕医药医疗器械、保健品、药品疾病诊断领域，组织20多家企业参加中科院泰州应用技术研发及产业化中心举办的中科院生物物理所项目发布对接会，达成意向性合作协议8项。围绕先进焊接技术与装备制造，组织12家企业与南京理工大学泰州研究院专题开展产学研对接，达成意向性协议6项。

加大企业研发机构培植力度。年内，14家省级研发平台被认定为“江苏省重点企业研发机构”。获批省级企业重点实验室2家、省级外资研发机构4家、省级研究生工作站13家、省级工程技术研究中心14家。组织11个省级科技公共服务平台参加省绩效评估，3个平台获优良等次；组织江苏农牧科技职业学院、双登集团的省级重点实验室参加省绩效评估；组织10家节能环保和电子信息领域省级工程技术研究中心参加省绩效评估，2家获优秀等次。

2014年高新技术企业名录
（泰州市部分）（共98家）

1. 江苏江进泵业有限公司
2. 江苏苏中药业集团股份有限公司
3. 江苏润泰化学有限公司
4. 五行材料科技（江苏）有限公司
5. 江苏新时代造船有限公司
6. 江苏江山制药有限公司

7. 江苏三江电器集团有限公司
8. 靖江神驹容器制造有限公司
9. 靖江三鹏汽车模具制造有限公司
10. 江苏武新泵业有限公司
11. 泰兴市梅兰化工有限公司
12. 江苏兆胜建材有限公司
13. 泰州润伟机械有限公司
14. 江苏鑫顺不锈钢制品有限公司
15. 江苏海宇机械有限公司
16. 江苏天康食品有限公司
17. 江苏申隆锌业有限公司
18. 江苏新宏大集团有限公司
19. 江苏威鹰机械有限公司
20. 江苏兴利达齿轮有限公司
21. 兴化市远洋机械有限公司
22. 江苏丞宇米特医疗科技有限公司
23. 泰州日顺电器发展有限公司
24. 泰兴联创绝缘材料有限公司
25. 江苏华骋科技有限公司
26. 泰兴开广塑胶有限公司
27. 济川药业集团有限公司
28. 波瑞电气有限公司
29. 兴化市大地蓝绢纺有限公司
30. 江苏日升电力机械有限公司
31. 兴化市华伦达铸钢有限公司
32. 兴化格林生物制品有限公司
33. 泰州市慧通机械工程有限公司
34. 江苏亚星锚链股份有限公司
35. 江苏东华测试技术股份有限公司
36. 江苏上骐集团有限公司
37. 江苏双达泵阀集团有限公司
38. 江苏艾兰得营养品有限公司
39. 江苏乐科热力科技有限公司
40. 靖江正茂锚链附件有限公司
41. 江苏华雕机械有限公司
42. 泰州市华源电机有限公司
43. 江苏恒丰波纹管有限公司
44. 米库玻璃纤维增强塑料泰州有限责任公司
45. 泰州振昌工业废渣综合利用有限责任公司
46. 江苏五星波纹管有限公司
47. 江苏太平洋精锻科技股份有限公司
48. 江苏飞船股份有限公司
49. 江苏振华泵业制造有限公司
50. 江苏苏北砂轮厂有限公司
51. 江苏泰阳消防器材有限公司
52. 泰州新生源生物医药有限公司
53. 江苏康泰环保设备有限公司
54. 江苏追日汽车同步器有限公司
55. 江苏泰氟隆科技有限公司
56. 泰州东田电子有限公司
57. 江苏北洋通讯设备有限公司
58. 江苏冬庆数控机床有限公司
59. 江苏三星机械制造有限公司
60. 江苏海阳化纤有限公司
61. 万向精工江苏有限公司
62. 泰州市腾达建筑工程机械有限公司
63. 江苏保力自动化科技有限公司
64. 江苏海诞电子科技有限公司
65. 扬子江药业集团有限公司
66. 泰州市华强照明器材有限公司
67. 江苏罡阳股份有限公司
68. 林海股份有限公司
69. 泰州新安阻燃材料有限公司
70. 江苏能建机电实业集团有限公司
71. 江苏璞瑞电池有限公司
72. 泰州市天宇交通器材有限公司
73. 泰州市科美伦机电有限公司
74. 泰州市宏华冶金机械有限公司
75. 江苏杉浦节能技术有限公司
76. 泰州市苏星洗涤印染机械制造有限公司
77. 江苏皓日汽车零部件有限公司
78. 江苏无畏警用装备制造有限公司
79. 江苏龙腾门业有限公司
80. 泰兴市裕廊化工有限公司
81. 江苏常隆农化有限公司
82. 中船重工天禾船舶设备江苏有限公司
83. 江苏中兴水务有限公司
84. 江苏维凯科技股份有限公司
85. 江苏泰隆减速机股份有限公司
86. 江苏泰来减速机有限公司
87. 泰星减速机股份有限公司
88. 江苏江分电分析仪器有限公司
89. 江苏天禹农业机械有限公司
90. 江苏华海冶金机械设备有限公司
91. 江苏扬动电气有限公司
92. 江苏祥生新能源科技有限公司
93. 江苏弗格森制冷设备有限公司
94. 星达（泰州）膜科技有限公司
95. 江苏李文甲化工有限公司
96. 泰州君灵奔腾动力机械有限公司
97. 兴化市恒威生物技术有限公司
98. 兴化市中兴电动工具有限公司

2014年国家火炬计划项目表

（泰州市部分）

表29

序号	项目名称	承担单位
1	环保型高能效全封闭转子式直流变频压缩机	江苏春兰动力制造有限公司
2	商用涡旋压缩机偏心轴	江苏罡阳股份有限公司
3	一种固定切削齿钻头	泰州市宝锐石油设备制造有限公司
4	高性能根茎类作物联合收获机械产业化	江苏宇成动力集团有限公司
5	基于生物特性的医用水胶体敷料	泰州市榕兴敷料有限公司
6	双花百合片	扬子江药业集团有限公司
7	数字化印刷用免处理阴图热敏CTP	江苏乐彩印刷材料有限公司
8	纯电动客车用变速电子控制系统	泰州市海博汽车科技有限公司
9	卫星通信用高频四层电路板	泰州市金鼎电子有限公司
10	经济型18000DWT多用途重吊船	泰州三福船舶工程有限公司
11	绝缘栅双极性晶体管的封装技术及产业化	泰州市海天半导体有限公司
12	新型ZR150-X高精汽车同步器	江苏追日汽车同步器有限公司
13	中药黄葵胶囊二次开发关键技术研究及产业化	江苏苏中药业集团股份有限公司
14	WQB型曲柄销油温监测报警装置	江苏远望仪器有限公司
15	环保高强阻燃热塑性弹性体合金纳米复合材料	五行材料科技（江苏）有限公司
16	食品及添加剂痕量SO_2类物质快速监测仪	姜堰区高科分析仪器有限公司
17	耐腐蚀超低温波纹管补偿器	江苏晨光波纹管有限公司
18	节能型耐高压旋转补偿器	江苏宝金来管道成套设备有限公司
19	多振片式驻波型超声波电机	江苏三江电器集团有限公司
20	增安型高压三相异步电动机	江苏航天动力机电有限公司
21	高速洗衣机用串励电动机	江苏三江迪生电机有限公司
22	氯化法制钛白粉用氧化炉本体	江苏双勤民生治化设备制造有限公司
23	客运高铁专线专用混凝土搅拌站	江苏华星重工机械有限公司
24	NiBallastTM去氧化压载水管理系统	江苏南极机械有限责任公司
25	矿井及其他高尘、高湿环境用移动式防爆制冷装置	江苏永昇空调有限公司
26	功能部件系列数控高精密智能加工磨床	泰兴市晨光高新技术开发有限公司
27	ZGY悬挂式齿轮减速机	江苏泰隆减速机股份有限公司
28	清洁高效新方法制备三苯基奥美沙坦酯	江苏施美康药业股份有限公司
29	高性能资源节约型高品质气阀钢	江苏申源特钢有限公司
30	一次成型冷挤压锻造法兰式球笼	江苏海宇机械有限公司
31	FD真空冷冻干燥温暖葱	江苏兴野食品有限公司
32	科技成果转化平台建设	泰州市姜堰区生产力促进中心
33	姜堰区快速检测智能仪器技术服务中心建设	泰州市姜堰区高新技术创业中心
34	泰州石墨烯研究及检测平台	泰州市高新技术创业服务中心

2014年国家星火计划项目表

（泰州市部分）

表30

序　号	项　目　名　称	承　担　单　位
1	蛋鸡自动化饲养技术示范推广	兴化市飞翔禽业专业合作社
2	出口草莓品质保障及产业化开发	靖江市益源水果专业合作社
3	高附加值宠物食品再生牛皮制备技术的研发及应用	江苏康贝宠物食品有限公司
4	设施葡萄标准化生产技术示范推广	泰兴市果园场
5	苏中地区药用黄蜀葵花种植示范	泰州市许庄种植专业合作社
6	无公害豆芽标准化工厂栽培技术集成与示范推广	泰州市菜之家蔬菜有限公司
7	绿肥/蚯蚓/青蛙/水稻生态种植模式推广	泰州绿蛙源农业有限公司
8	大棚式蛋鸡标准化养殖	姜堰区达文养殖专业合作社
9	优质花生新品种-泰花7号繁育及推广应用	泰兴市农业科学研究所
10	水稻生产减量用药技术示范与推广	兴化市金瑞童果蔬专业合作社
11	肉牛生态循环养殖技术示范推广	靖江市裕胜牲畜养殖专业合作社
12	“长江一号”大闸蟹优质种苗培育技术示范推广	江苏裕丰渔业科技有限公司
13	设施番茄病虫草害生态综合防治技术推广应用	兴化市红春松果蔬专业合作社
14	菇类新品种引进及其配套生产技术推广应用	兴化市有前食用菌专业合作社
15	金针菇栽培废料在秀珍菇袋栽生产中的应用与推广	泰州弘成食用菌农业合作社
16	“扬州鹅”健康养殖新型模式示范推广	兴化市建平林牧专业合作社
17	优质稻米高效产销模式应用与推广	兴化市老圩乡金农植保专业合作社
18	设施草莓高产栽培技术推广应用	兴化市老圩乡梅缘果蔬专业合作社
19	枫香优良种质资源引进及培育技术研究	江苏腾龙园林绿化工程有限公司
20	稻麦秸秆基高密度成型生物炭技术产业化技术研究与推广	泰州市鑫鑫秸秆能源化利用有限公司
21	生猪发酵床养殖技术的应用与示范推广	泰州市海陵区宏裕畜禽养殖专业合作社
22	长江野生鳜鱼秋季人工繁育与生态养殖	靖江市江潮水产养殖专业合作社
23	设施茄果类蔬菜土传病害生物防控技术示范	泰兴市双桥霞美蔬菜专业合作社
24	优质花生新品种-泰花7号繁育及推广应用	泰兴市劲丰农业科技有限公司
25	农村城镇化建设用节能铝合金型材	江苏宇马铝业有限公司
26	香荷芋提纯复壮及优质安全高效生产技术集成创新与示范	江苏金辰农业科技有限公司
27	设施水果水肥一体化灌溉施肥栽培技术示范应用	泰兴市新平水果专业合作社
28	4LL-4.1纵轴流稻麦联合收割机产业化	江苏宇成动力集团有限公司
29	铁皮石斛生态智能设施栽培技术示范应用	江苏益草堂石斛股份有限公司

2014年中小企业发展专项资金科技创新、科技服务项目表
（泰州市部分）

表31

序号	项目名称	承担单位
1	基于机械蒸汽再压缩的新型节能低温蒸发系统研发及产业化	江苏乐科热力科技有限公司
2	基于多相全流技术的高压余能回收装置	江苏飞羚泵阀制造有限公司
3	基于新型传动结构穴距可调式插秧机	江苏永涛实业有限公司
4	高可靠性超大扭矩船用起重电动机	江苏世隆电机有限公司
5	超高真空NCVM制备纳米不导电金属膜	江苏海诞电子科技有限公司
6	姜堰科技型中小企业技术转移服务平台	泰州市姜堰区生产力促进中心

2014年度国家重点新产品项目表
（泰州市部分）

表32

序号	项目名称	承担单位
1	大型抗结焦乙烯裂解炉（ZHC35R）	卓然（靖江）设备制造有限公司
2	环保型高密度可成型绿色秸秆托盘	捷运环保材料（江苏）有限公司
3	缬沙坦甲酯	江苏施美康药业股份有限公司
4	ET-P型安科索(PID-Free)组件	泰通（泰州）工业有限公司
5	Y63系列高铁用特种电连接器	泰兴市航联电连接器有限公司
6	C70G组合天线	泰州苏中天线集团有限公司

2014年江苏省科技成果转化专项资金项目表
（泰州市部分）

表33

序号	项目名称	承担单位
1	高致病性猪繁殖与呼吸综合症、猪瘟二联活疫苗(TJM-F92株+C株)技术成果转化与应用	华威特（江苏）生物制药有限公司
2	女性下生殖道微生态检测评价系统的产业化	江苏硕世生物科技有限公司
3	细胞因子药物的产业化创新-注射重组人胸腺肽α1的产业化	江苏海王生物制药有限公司
4	大型港机结构状态智能化监控系统研发及产业化	江苏东华测试技术股份有限公司
5	采用激光强化技术的中空薄壁件冷温复合锻挤自动生产线研发及产业化	江苏威鹰机械有限公司
6	高比能富镍浓度梯度型微纳镍钴锰系正极材料关键技术研究及产业化	江苏菲思特新能源有限公司
7	高效烟气脱硫脱硝脱二噁英多污染物协同控制技术的研发与产业化	江苏康洁环境工程有限公司

2014年江苏省科技进步奖获奖项目表

（泰州市部分）

表34

序号	项目名称	完成单位	完成人	获奖等级
1	机械蒸汽再压缩蒸发系统关键技术研究与应用	南京航空航天大学，江苏乐科热力科技有限公司	梁林 韩东 彭涛 夏君君 岳晨 蒲文灏	二
2	数字城市-泰州地理空间框架平台及其应用	江苏省测绘地理信息局，武汉大学，江苏省地理空间信息技术工程中心，泰州市国土资源局，江苏省基础地理信息中心，江苏省测绘工程院	李德仁 邵振峰 虞泰泉 史照良 潘金华 仲思东 孟尔贵	三
3	尿失禁治疗用药曲司氯铵片的开发	扬子江药业集团有限公司	路显锋 赵文镜 杨菡 王庆辉 吕慧敏 罗宏军 林梅	三
4	新能源汽车电子控制系统关键技术研发与产业化	江苏春兰清洁能源研究院有限公司，吉林大学汽车工程学院，泰州职业技术学院	李玮 杨桃 邹海曙 郭建成 于远彬 秦盛荣 赵家宏	三
5	亚微米锌粉制备技术	江苏科创金属新材料有限公司，江苏科成有色金属新材料有限公司，南京理工大学	严海锦 翟国华	三
6	自保护式全合金铸钢超高温冶金炉窑冷却系统	江苏联兴成套设备制造有限公司，北京科技大学	王志斌 程树森 周成 樊旭初 朱大胜 潘宏伟 邢涛	三

2014年泰州市科技进步奖一等奖获奖项目表

表35

序号	项目名称	完成单位	项目完成人
1	具有抗静电和抑菌功能的碳纳米管/TiO_2改性UV树脂涂层	泰州市华丽塑料有限公司	徐伟 崔益华 薛根祥 陶杰 李鸭华 钱宏发 郑益霞 王厚明 钱海庆
2	74500吨绿色安全化学品船	江苏新时代造船有限公司	孙权 黄炼 薛钱柳 董桥华 黄胜炎 吴红 王峰 李强 刘铭
3	1000千瓦级高效智能型潜水电泵关键技术研究与工程应用	江苏亚太泵阀有限公司	张爱霞 张成华 孟凡有 蒋文军 曹国春 封玉 谭晓强 钱卫霞 鞠虎
4	核电站用堆顶三防圆形电连接器可靠性及关键部件研究	泰州市航宇电器有限公司	常小平 许桢英 匡秀娟 陈跃洪 张兴福 叶留芳 阳恩规 周军林 钱华国
5	药物递送关键技术的研究和应用	泰州医药城一方药物研发有限公司 南京大学	胡一桥 吴锦慧 红玮 袁阿虎 汤晓雷 董虹 龚光明 丁大伟 蒋轲
6	苏姜猪的培育与推广	江苏农牧科技职业学院 泰州市农业委员会 江苏姜曲海种猪场 泰州市姜堰区种猪场	吉文林 王宵燕 倪黎纲 周春宝 朱淑斌 陈章言 杨元青 韩大勇 韩祥林
7	食管鳞癌患者血清miR200c表达水平与铂类化疗药敏感性及预后的关系	泰州市人民医院	于鸿 袁冬兰 姜琳 孙灿林 贾卫光 高广忠 刘庆宏 焦霞 赵燕
8	白细胞介素6-634C/G多态性与房颤患者左房血栓和重度左房超声自发显影的关系	兴化市人民医院	邓新桃 石桂良 赵建祥 郑金国 洪渊

【市政府与南航签订第二轮全面合作协议】12月10日，市政府与南京航空航天大学（简称南航）签订第二轮全面合作协议和共建泰州技术转移中心协议。市委书记蓝绍敏、南航党委书记崔锐捷出席签约仪式。市委副书记、市长陆志鹏与南航校长聂宏代表双方签署全面合作协议。副市长杨杰与南航副校长宣益民代表双方签署共建南京航空航天大学泰州技术转移中心协议。根据第二轮全面合作协议，双方将建立高层会商协调机制，定期举行高层次领导的会商与交流，商讨和推进双方的全面合作以及相关重要事宜。双方合作内容主要包括决策咨询、学术交流、科研开发、创新平台建设、科技成果转化、人才培养等6个方面。2009年9月，市政府与南航签订第一轮全面合作协议。至年末，泰州市与南航共签订各类科技合作协议49项，共建产学研联合体18家。

【中科院泰州中心获2014年度中国产学研合作促进奖】11月15日，由中国产学研合作促进会和深圳市政府联合主办的第八届中国产学研合作创新大会在深圳举行。这是全国产学研合作领域最高规格的会议。中国科学院泰州应用技术研发及产业化中心获2014年度中国产学研合作促进奖。全国共有36家单位获该奖项殊荣。这是该中心继2012年获“国家技术转移示范机构”后获得的又一项“国字号”奖项。

知识产权发展与保护

【概况】2014年，全市各级知识产权管理和执法部门加强知识产权工作基础，提高服务水平，加大专利保护、商标保护、版权保护、司法保护力度，为促进泰州争创全省转型升级示范区提供有力支撑。

全年专利申请量26695件，专利授权量9118件；发明专利申请量6657件，发明专利授权量340件，比上年增长37.10%。每10万人专利申请量576.6件，每10万人专利授权量197件，每10万人发明专利申请量143.8件。至年末，全市累计专利申请量、专利授权量、发明专利申请量分别为12.23万件、4.5万件、2.45万件。年内，靖江市艾兰得营养品有限公司一项目获第八届国际发明展览会发明金奖、一项目获发明专利银奖。发挥国家知识产权战略推进与服务（泰州）中心作用，成功举办国家重大医药专利信息发布会，中美知识产权服务平台累计招募国内服务机构57家、国外服务机构19家，总成交数27件。

全年新增注册商标1852件，新获认定中国驰名商标7件、江苏省著名商标30件，新增“靖江香沙芋”“泰兴香荷芋”“兴化鱼圆”地理标志3件。至年末，全市共拥有注册商标19322件，其中中国驰名商标31件、江苏省著名商标225件、泰州市知名商标540件、农产品地理标志商标11件。全市拥有100件以上注册商标企业3家。全年登记计算机软件著作权128件，比上年增加48件。至年末，全市共登记计算机软件著作权412件。全年完成一般作品著作权登记360多件，累计全市一般作品著作权登记共700多件。

全年共新增江苏名牌产品49个、泰州名牌产品98个。至年末，全市拥有江苏名牌产品200个、泰州名牌产品267个。年内新增32家企业获评“国家标准化良好行为企业”，16个项目列入国家、行业标准制修订计划。兴化大闸蟹获国家地理标志保护产品，至年末，全市共获国家地理标志保护产品6个。

【知识产权管理】2014年，市知识产权局制定出台《关于加强科技计划知识产权管理工作的意见（试行）》，对全市科技计划项目的全过程实行知识产权管理。推进发明专利攻坚行动，强化专利政策引导，加大对发明专利授权、维持、引进等资助和奖励力度，全年共组织161件发明专利申报2014年度省级专利资助资金，共获资助62.7万元；组织21件国外发明专利申请申报省2014年度向国（境）外申请专利省级资助专项资金，获资助63.3万元。推进企业贯标工作，全年全市共有55家企业申报2014年度江苏省企业知识产权管理标准化示范创建单位，3家企业被列为2014年度江苏省企业知识产权战略推进计划重点项目承担单位，2家企业被列为2014年度江苏省企业知识产权战略推进计划一般项目承担单位。开展知识产权集群管理试点工作，兴化特种合金材料及制品产业基地承担的国家知识产权集群管理试点项目，在全部24个试点项目验收中获总评第一。

市两级检察机关在“分类审查、集中管理、流程提速”机制基础上，均明确专人负责知识产权案件办理。推进医药知识产权保护创新项目，成立医药知识产权保护协同体，完善执法联动机制，筹建医药知识产权保护成果展示中心。市商务局组织实施科技兴贸战略和名牌战略，培育一批拥有自主知识产权的骨干企业和出口名牌产品，全市有16家企业获批“2014~2016年度江苏省重点培育和发展的出口名牌”、5家企业获批“2013~2014国家重点文化出口企业”。市工商局开展“护航品牌”专项行动，对全市注册商标发展和使用情况开展全面调查摸底；明确帮扶名单，调整完善“商标信息库”“三名商标培育库”和“重点商标保护库”，按照“一企一策”要求，实行“点对点”“一对一”指导培育。

【知识产权保护】2014年，市知识产权局进一步扩大专利保护范围，先后挂牌建立3家知识产权维权援助中心分支机构，建成全省首个专利行政执法巡回审理庭，成立“12330”知识产权志愿者服务队。开展知识产权执法维权“护航”专项行动，联合市工商、公安等部门开展跨部门联合执法检查，与各市（区）知识产权局开展专利专项执法检查，共检查商场、超市、药店等100多家，各类商品5800多种，立案查处假冒专利案件371件，调处专利侵权纠纷案件38件。市工商局出台《假冒侵权行政处罚案件信息公开暂行办法》，组织开展打击侵犯知识产权和假冒伪劣商品行动，共出动执法人员4790人次，检查商品交易场所540个、经营户1.69万户，没收侵权商标标识1.61万件，没收、销毁侵权商品7600件。市文化广电新闻出版局以开展“净网行动”“清源行动”等专项整治行动为契机，强化监督管理，全市共组织集中行动80多次，出动检查人员1.67万人次，检查出版物经营单位5100多家，立案调查违法违规经营案件119起。

加大知识产权司法保护力度。全市公安机关配合相关行政执法部门开展联合清查行动163次，破获各类侵权制假案件64起，打掉犯罪团伙19个，捣毁侵权制假生产窝点81个、传播盗版作品网站6个，查扣假冒注册商标标识7万多件，抓获犯罪嫌疑人120名。全市检察机关共受理各类知识产权移送起诉案件34件94

人，提起公诉24件50人。市法院全年共审理知识产权民事案件289件，其中专利纠纷10件、著作权纠纷63件、商标权纠纷190件，结案239件，结案率82.70%，知识产权案件调撤率为67.36%；受理知识产权刑事案件21件，审结17件，共处罚被告人27人，被告单位7家，共处罚金1398.5万元，没收违法所得20.97万元。

【知识产权宣传培训】2014年，市知识产权局积极开展专利活动和科普宣传，开展首届泰州市外观设计（专利）大赛、第八届中国专利周暨专利专家泰州企业行等活动。“4·26”世界知识产权日期间，在《泰州日报》开设专版，全文刊登《2013年泰州市知识产权发展与保护状况》，提高全社会知识产权意识。市文广新局深入学校、社区开展“4·26”版权宣传周活动，举办专题版权知识培训。市工商局通过《泰州日报》《新华日报》、泰州电视台等媒体，宣传、解读新《商标法》。市法院发布2013年度知识产权司法保护白皮书和十大典型案例。加大知识产权培训力度，推动全市高素质知识产权人才队伍建设。年内，市知识产权局组织和举办全市知识产权工程师培训、企业知识产权总监培训班、市专利布局初级实战班、专利信息分析初级培训班等；承办苏中地区第四期企业贯标培训，来自扬州、南通和泰州地区的140多名知识产权管理人员参加培训。

【泰州市首届外观设计（专利）大赛】6月10日，由市知识产权局主办的泰州市首届外观设计（专利）大赛正式启动。大赛共收到347份参赛作品，经专家初评、群众评议、专家复评、网上检索和公示等程序，共评出一等奖1件、二等奖2件、三等奖4件、优秀奖21件。另有5家单位获组织奖。

【发布2014年度知识产权十大典型案例】2014年，市法院发布泰州市2014年度知识产权十大典型案例，分别是：1. 中国音像著作权集体管理协会诉KTV经营者侵害作品著作权纠纷案。2. 顾某某不当使用联想商标侵权案。3. “张小泉剪刀”系列侵害商标权纠纷案。4. “盱眙龙虾”系列商标侵权案。5. 苏酒贸易公司诉高某某侵害商标权案。6. 网店销售假冒劲霸品牌服装商标侵权案。7. 星河湾房地产商标侵权案。8. 许某等非法制造、销售假冒水泥编织袋获刑案。9. 贾某“朋友圈”销售假冒奢侈品获刑案。10. 钟某某等生产销售假冒双鱼肉脯获刑案。

（科技局）

防震减灾

【概况】2014年，全市地震系统全面落实防震减灾目标管理责任制，加强地震监测、震害防御、应急救援三大体系建设，提升防震减灾各项水平。年内，创成国家级地震安全示范社区1个，地震趋势研究报告居全省第三，政务服务中心地震局窗口被评为市“政务服务先进窗口”，靖江市地震局、高港区地震局获“全市防震减灾综合考核先进单位”称号。

【地震监测预报】加强地震监测台网建设，提升地震监测预测预警能力。年内，姜堰强震观测台、靖江形变观测台建成并投入运行；泰兴数字测震台完成仪器搬迁并正式投入运行，实现与市台网互联互通，地震监测能力达到2级。组织指导兴化、高港等地开展防震减灾助理员业务培训，及时更新防震减灾助理员信息，新增宏观观测点1个。印发《2014年度泰州市震情短临跟踪工作方案》，强化春节、“两会”、“五一”、国庆和南京“青奥会”等时段震情监视。坚持月、季度、半年、年度组织对市及临近地区地震趋势进行会商，全年共监测全省及邻区1.0级以上地震125个，组织地震趋势研讨4次，开展震情会商12次，编发《震情通报》12期，发布震情信息143条。

【地震综合防御】加强建设工程抗震设防要求监督，对23项建设工程抗震设防要求实施行政审批，对其中4项建设工程进行场地地震安全性评价。高港区蔡滩社区建成全市首家社区地震科普馆，高港区乔杨社区创成国家级地震安全示范社区。

【地震应急救援】2014年，完成新一轮地震应急预案修编，形成《泰州市地震应急预案选编》。开展区县级地震应急救援能力建设情况调查，组织地震应急桌面演练，指导社区开展地震应急疏散演练12场。

【防震减灾知识宣传】印发《全市防震减灾宣传工作意见》。在“防灾减灾日”“科普宣传周”“7·28唐山地震纪念日”期间，通过广场集中宣传、专题知识讲座及多媒体播放等形式普及防震减灾知识。开展防震减灾法律、法规知识和抗震避险常识“进校园、进社区、进乡村”活动，举办“5·12网民防震减灾知识有奖竞赛”活动。全年，在37个社区开展防震减灾知识常态宣传活动，发放宣传资料2万多份，组织大型宣传活动30多场。

【泰州市活动断层探测项目通过验收】推进“活断层探测与地震危险性评价”项目进程，加强与施工方、监理方沟通联系，推进“目标隐伏断层的控制性浅层人工地震探测与断层空间定位”等4个专题的实施。完成“目标隐伏断层的控制性浅层人工地震探测与断层空间定位”“高精度卫星遥感影像图制作”“标准钻孔钻探取样，新年代学数据测年与第四纪地层年代学剖面的建立”“中深层地震探测”等子课题通过专家组验收。

泰州市“活动断层探测与地震危险性评价”项目于2012年8月28日正式启动。该项目是泰州市“十二五”防震减灾专项规划中的重点项目，通过项目的实施，可以判明泰州地区是否存在发震构造，圈定泰州地区孕震构造位置，判断最大地震震级。

（地震局）

气　象

【概况】2014年，市气象部门推进气象现代化建设，不断提升气象预报服务水平和气象防灾减灾能力。综合预报质量、地面测报综合质量、区域自动站到报率在江苏省气象系统综合考评中均列第2。

年内，向市委、市政府及相关部门发送重要天气报告23份，决策气象服务专报7份，夏收夏种、秋收秋种、小麦赤霉病防治气象服务等专题气象服务专报共29份。“@泰州气象”微博被评为泰州市“十大最具影响力政务微博”。

2014年，气象防灾减灾被列入市政府社区工作事项，全市35个社区通过市气象局、民政局气象灾害防御应急准备认证。年内，市气象局与市安监局联合开展防雷电防静电装置安全隐患排查专项行动，与市总工会联合开展气象行业雷电防护技术岗位技能竞赛。

【气象公共服务】加强气象信息发布工作。市气象局连续8年组织兴化市政府与江苏省气象台专家连线，会商汛期天气趋势。市气象、防汛部门分享雨情水情信息，开展里下河防汛、沿江防汛、城市防洪和旱涝天气转换水利调度气象服务。在市区公交站台电子显示屏发布实时气象预报、预警信息。市气象、环保部门联合制作每天的空气质量预报、空气污染气象条件预报，适时发布空气扩散气象条件服务专报。开展道路交通气象服务，发布一周公路天气预报。

提升气象信息服务水平。兴化市、靖江市乡村气象服务专项建设通过验收。与软件公司合作，深化气象信息预警服务平台的开发，构建基于web方式满足服务功能的多用户交互式短信发布平台。年内，建成“为农服务综合信息发布平台”，并在苏陈镇、兴泰镇、胡庄镇、凤凰街道开展平台应用试点，全年为农户发送各类短信近200万条。

【气象现代化建设】加强气象基础设施建设，提高预报预警能力。建设泰州、兴化、靖江大气气溶胶观测站，建成综合探测基地标准钢架和智能温室大棚。建成姜堰区气象科普公园，靖江市观测场新站开始对比观测。开发“泰州市综合气象业务服务平台”，举办地面观测业务和装备保障技术培训班。加强科研开发和项目管理，市气象局与南京信息工程大学合作的“面向泰州市的多模式集成预报技术研究”成果投入业务试运行，“暴雨云团识别跟踪技术研究”获泰州市科学技术进步奖，市气象局自立科研项目16项和省气象局专项课题1项全部通过验收，新立项课题4项。

（气象局）

综　　述

【概况】2014年，泰州市文化事业蓬勃发展，文化名城建设迈上新台阶。培育“康泰之州、富泰之州、祥泰之州”城市形象品牌，城市文化软实力不断增强。扩大重大文化活动品牌效应，成功举办水城水乡国际旅游节、梅兰芳艺术节等文化节庆活动。加强文学艺术创作，文艺精品创作成果丰硕，全年获国家级奖项近30项。

构建公共文化服务体系。年内，市级公共文化设施全部免费开放；靖江市创成省级“公共文化服务体系建设示范区”，7个乡镇创成省级“公共文化服务体系建设示范乡镇”；海陵区图书馆、姜堰区博物馆建成开放。年末全市拥有各类图书451万册，公共文化设施面积75.19万平方米；有线电视综合入户率96.2%。

开展城乡文化活动。全年“百姓大舞台”举行各类演出20场。广场舞系列文化活动影响广泛，组织开展全市广场舞骨干培训班、广场舞大赛、广场舞优秀队伍巡演等活动，引导广场舞健康、有序开展。

保护文化遗产，发展文化产业。放大国家历史文化名城效应，加大文化遗产保护力度，重新修编《泰州历史文化名城保护规划》以及4个历史文化街区保护规划，完善《泰州文物古建筑维修导则》，加快建设稻河、钟楼巷等历史文化街区，城市文脉得到较好保护。做好“非遗”保护传承，建成一批“非遗”展示馆，形成一批“非遗”产业基地；至年末，全市共有全国重点文物保护单位7处，国家级“非遗”项目6个，国家级“非遗”代表性传承人2人。发展优势文化产业，培植新兴文化产业，年内泰州文化创意产业园、黄桥乐器文化产业园获批省级文化产业示范园区，全年新增3家省重点文化科技企业。

加强改进新闻报道，提升舆论引导能力。各新闻媒体和网站围绕全市中心工作，策划系列重大主题宣传，利用主流媒体发出主流声音，形成舆论强势。加强新闻舆论宏观管理，健全完善新闻通气会、新闻协调会、新闻评奖等制度。

（宣传部）

文　学　艺　术

【文艺创作】2014年，泰州市各类文学艺术创作取得丰硕成果，全市文学、美术、书法、摄影、音乐、舞蹈、戏剧等多个艺术门类作品在全国、全省获奖，特别是在“书法兰亭奖”“紫金山文学奖”等重大赛事中获得新突破。全年全市获国家级奖项近30项、省级奖项60多项。

文学方面。累计出版《里下河文学流派作家丛书》、兴化散文丛书《荷叶地》等文学作品集60多部，长篇小说10多部；刘仁前、庞余亮分获第五届紫金山文学奖长篇小说奖和短篇小说奖，周新天长篇小说《伏虎》连载于《芳草》文学月刊，周卫彬、俞秋言获首届江苏省紫金文艺评论奖。

书法方面。王家任获全国第五届“书法兰亭奖”佳作三等奖；在首届江苏书法奖评选中，纪松、孙志勇获提名奖，常秦、曹洋、陆献荣入选。

美术方面。张任荣获全国第四届线描艺术展优秀奖（最高奖）和“万年浦江”全国中国画作品展优秀奖（最高奖）；在省第五届美术新人展上，泰州市有14幅作品入选，6人获新人奖，3人获佳作奖。

摄影方面。杨天民、陈富平、时永、高卫东、张颖峰等5人作品入展上海第十二届国际摄影艺术展，徐义、顾祥忠、毛明成等3人作品在“牧歌昭苏 天马故乡”全国摄影大赛中获奖。

年内，由戴中明、薛悠璐等主创的电视文艺片《陈派唱腔韵飘香》获江苏省电视文艺一等奖；音乐剧《银杏花又开》获省舞台艺术精品工程奖及省“五个一工程奖”；小戏《住院》获江苏戏剧奖6项大奖；音乐作品《同唱中国梦》《三十六垛上》获省“五个一工程奖”，舞蹈《小梅花》获省第六届少儿舞蹈大赛创作、表演铜奖。在第十一届省“五星工程奖”评选中，全市有32件作品分获金、银、铜奖，其中音乐、舞蹈各有2件作品获金奖；在全国第18届少儿戏曲小梅花荟萃活动中，泰州4位小选手获“金花”称号。市淮剧团在恢复排演经典剧目的基础上，新编《泗洲奇缘》等新剧目，大型历史剧《李斯》被评为全省舞台精品优秀剧目。

大型历史剧《李斯》剧照

【文艺惠民】2014年，市文联成立泰州市文艺志愿者服务团，开展作家签名赠书、书画家走进社区等文艺惠民活动。在明珠街道挂牌成立社区辅导站，组织知名文艺家“一对一”结对帮扶，建立文艺惠民长效机制。开展“三解三促”活动，组织开展拍摄“寿星照”，送春联、送福字进乡村、进社区等活动。至年末，全市有文艺志愿者1000多名，全年组织开展各类文艺惠民活动100多场（次）。

【文艺品牌】打造“里下河文学流派”品牌。2014年，市文联与省作协联合成立“里下河文学研究中心”并举行揭牌仪式。举办第二届全国里下河文学流派研讨会，以“里下河文学与乡村社会伦理”为主题，对里下河文学内在肌理进行全面梳理和解读。编辑出版里下河文学流派丛书，首批推出10本中短篇小说选集。编辑出版《里下河文学》年刊，共推出学术研究文章35篇。打造“里下河文学流派”品牌系列活动被《文艺报》《文学报》《中华读书报》《文汇读书周报》等多家媒体报道。

打造中国泰州秋雪湖国际写作中心文艺品牌。邀请世界华语诗坛泰斗、台湾诗人洛夫正式入驻秋雪湖国际写作中心。4月，来自包括美国、斯洛文尼亚等国在内的15名中外著名诗人访问写作中心。年内，举办洛夫、叶橹诗歌专题讲座、“烟雨故土”洛夫诗歌朗诵会、洛夫塑像落成仪式以及媒体专访等系列文学活动；举办2014“秋雪湖之春”书画笔会，全市众多知名书画家现场创作书画艺术作品。

【文艺展示】2014年，市文联与市委宣传部联合举办泰州市首届青少年书画展，近400幅书画作品入选，评选出优秀获奖作品90多件。组织全市才艺少年参加省“朝霞工程”，成绩居全省首位。成立泰州市青少年书画研究中心和青少年书画考级工作领导小组，打造青少年书画交流、学习平台。与八尾猫文化发展有限公司合作成立八尾猫文艺创作中心，并与市10位作家签订创作协议，完成书稿3部。组织开展“泰州城市形象”微电影剧本评选活动，评选出优秀作品10部。举办第二届江苏城市摄影（团体）擂台赛、“美在家乡”泰州淮安两地摄影展、“江左花开”泰州市花鸟画研究会赴宁展、“心·经”刘灿铭写经书法展、“泰境圆融”沈威峰画展、泰州市摄影公益大讲堂等活动20多场（次）。兴化市文联与中国小说学会联合举办2014年度“中国小说排行榜”活动，靖江市举办“古韵新声”仿古街系列文艺活动，泰兴市举办全国知名词曲家“红色之旅”采风创作等活动。

【第二届“祥泰之州”美术书法展、摄影展】9月25日，第二届“祥泰之州”美术书法展、摄影展在海陵区艺术展览馆开幕。展览由市委宣传部、市文联主办，市美术家协会、书法家协会、花鸟画研究会、摄影家协会、民俗摄影协会承办，海陵区文联协办。展览以文艺的形式向新中国成立65周年献礼，是代表全市美术、书法、摄影三大艺术领域最高水平的一次集中展示；共征集到近800件作品，其中入展作品200多件。经省、市专家组两轮评审，评选出金、银、铜奖作品35件。市委书记蓝绍敏，市委常委、市委秘书长、宣传部长卢佩民出席展览。

（周卫彬）

群众文化

【概况】2014年，泰州市注重培养基层群众文化人才，举办全市公共文化服务体系建设培训班2期，各市（区）文化工作骨干近120人参加轮训；组织基层群众文化活动，开展“百团千场”文化惠民群众文艺团队展演；以“中国梦”为主题，举办全市新创文艺节目调演，一批优秀文艺创作节目脱颖而出；举办全市文化馆站干部业务技能大赛，在全省文化馆站业务干部技能大赛中综合评分居全省第4位；提升文艺创作和表演水平，举办为期5天的全市文艺家读书班，全市近30名文艺家参加学习。

“百姓大舞台”专场文艺演出

年内，泰州市市级各公共文化设施实现全部免费开放。实施“农家书屋”提升工程，完成1061家“农家书屋”书目、设施更新；推进数字“农家书屋”建设，安装调试数字设备的有515家，年内全部投入使用。

开展全民阅读活动，在全市推行“图书馆总分馆”和“一卡通”模式。举办泰州市首届“胡瑗读书月”活动，10家泰州市图书馆社区书吧正式挂牌。市图书馆实行中午和晚间开放；市博物馆实行午间开放；市文化馆根据离退休老人、未成年人等人群的实际情况和文化需求，有针对性地举办春季、暑期、秋季等公益培训班；海军诞生地纪念馆开展红色文化走进学校、社区、军营宣传教育，组织专题活动近30场，全年接待参观者15万人次；市美术馆举办画师作品慈善拍卖、百名书法家写春联、首届少儿书法大赛等公益性文化活动。

加快文化阵地建设，由原市图书馆改建的海陵区图书馆于10月29日揭牌开馆，姜堰区博物馆7月建成开放。年内，靖江市创成“省公共文化服务体系建设示范区”；靖江斜桥镇、孤山镇，兴化戴南镇、安丰镇，姜堰区俞垛镇、梁徐镇和高港胡庄镇等7个乡镇创成省级“公共文化服务体系建设示范乡镇”。

【图书馆】2014年，泰州市图书馆新增馆藏资源63415册，其中征集地方文献83种、接受社会捐书150册。至年末，有各类文献67万多册（件），其中古籍5万多册、善本3000多册、新版地方文献2500册。新办理读者证10454张，其中成人6791张、少儿3663张，持证读者总数5.3万人。全年接待读者超过58万人次，流通书刊102万多册次，单日最大接待读者量超过1200人次。年内，泰州市图书馆实现晚间开放，每周开放时间75小时。

加强流通分馆建设。年内，完成10家社区书吧的建设，并于4月18日举行授牌仪式；市级机关分馆4月正式建成；至年末，共建成23个流通服务点，馆外流通书刊1.4万册。利用新型媒介，打造图书馆数字化服务平台。短信服务平台于4月正式运行；在市区公共场所安装数字书刊自助借阅机3台，利用龙源云借阅平台，提供2000本电子书和100种电子期刊资源。年内，编剧制作微电影《芸香》，并在国家图书馆数字图书馆推广工程举办的“图书馆故事随手拍”创意微视频大赛中获机构组二等奖，成为江苏省唯一获奖作品。2014年，泰州市图书馆策划举办“从零开始学电脑”免费培训班、世界读书日和图书馆服务宣传周等3场活动；举办或合办“凤城讲坛”8期，推出视频讲座36场，举办“伟大复兴路，共圆中国梦”“泰州之最图片展”等展览10次。

【美术馆】2014年，泰州市美术馆共举办“泰州书画院迎新春书画作品展”“盛欣夫书画瓷绘艺术展”“王奇志山水画展”“北京名家书画瓷绘义展义卖会”“江苏书法院白鹤书法篆刻展”“江苏省苏中地区老年书画作品展”“梅兰芳艺术节专题画展——梅兰芳大师书画藏品展”等各种展览18个。开展“送美术进社区、进部队”活动，举办公益性市民书画讲座；与净因寺联合举办救助先天性心脏病贫困儿童书画义卖，募得善款15万元。弘扬传统书法艺术，组织“百名书家写春联活动”，举办“写中国好字，做中国好人”泰州首届少儿书法大赛。鼓励书画创作，全年有7幅作品入选“建国65周年江苏省美术展”，多幅作品入选省中青年美术作品展。

【文化馆】2014年，泰州市文化馆共举办市民免费文艺培训3期、摄影讲座5期，建立基层辅导点4个，培训群众5000多人。举办文化馆暑期未成年人公益性培训班，共开设12个专业、18个班，招收学员300多名。开展“百团千场”“百姓大舞台”“民众剧场”等各类惠民演出80多场，受益群众5万多人次。年内，举办江苏省农民美术书法展、“美好江苏”摄影作品展、“放飞梦想，绽放青春”泰州学院学生习作展、“光影寻梦”虹军摄影作品展、中朝国际画展等公益性群众性展览9次；承办第18届中国少儿戏曲小梅花荟萃、第11届江苏省“五星工程奖”现场艺术表演（音乐专场）复赛、全市新创文艺节目调演等大型文艺赛事。

在第11届江苏省“五星工程奖”评选活动中，市文化馆群星合唱团演唱的《春风追梦来》《松花江上》获金奖，女声小组唱《好美好美的中国梦》获银奖，书法、论文获银奖。在全省文化馆（站）干部技能大赛上，市文化馆获金奖3个、银奖1个、铜奖1个。其中，小组唱《印象泰州》、舞蹈《水韵泰州》、书法作品分别获金奖，摄影作品获银奖，美术作品获铜奖。

庆祝人民海军诞生65周年纪念活动

【海纪馆】中国人民解放军海军诞生地纪念馆（简称海纪馆）位于泰州市白马镇，分中国人民解放军第三野战军渡江战役指挥部旧址和海军诞生地新馆两部分，占地面积23000平方米。2014年，海纪馆共接待游客近15万人次，全年共举办活动近30场。年内，举办元旦戏曲演唱会、迎马年贺新春文化系列活动、有奖灯谜知识竞猜、舞龙表演等文化活动。发挥红色文化教育基地的宣传引导作用，会同白马中学、市武警支队以及公益企业、村（居）委会，举办“三代人共圆中国梦”“在警营建功，为党旗添彩”“感悟红色革命路·同心共筑中国梦”等主题活动。举办庆祝人民海军诞生65周年纪念活动，活动现场分别进行海军中学新一届“海军班”命名仪式、《中国人民解放军海军成立65周年》纪念封首发揭幕仪式，人民海军初创见证人黄胜天的委托人、泰州书画院书画家分别向海纪馆捐献藏品和书画作品。推进馆舰共建，与海军南海舰队某实验基地某舰共同开展党的群众路线教育实践活动，举办座谈会，建立共建关系。年内，海纪馆馆长卢家陵被聘为第1批江苏省“首席科技传播专家”。

文化遗产保护

【概况】2014年，泰州市提高历史文化名城保护和发展水平，重新修编《泰州市城市总体规划》《泰州历史文化名城保护规划》以及4个历史文化街区保护规划，完善《泰州文物古建筑维修导则》，实施税务街明清住宅、蒋科进士宅第、汪氏住宅、笔颖楼等省、市级文保单位修缮方案制订工作，划定第七批省级以上文保单位和市级文物保护单位的保护范围及建设控制地带，完成张淦清故居、柱史坊修缮工程，启动吴同甲故居修缮工程。完成第一次全国可移动文物普查国有收藏单位调查和文物认定工作。

推进博物馆体系建设及服务提升工程，开展文博人才培训和文物法制建设，初步实现文物保护数据化管理，文物保护单位及馆藏文物保管保护得到全面改善。年内，泰州市博物馆“衣冠明道——泰州出土明代服饰展”巡展入选2014年全省馆藏文物巡回展。

推进非物质文化遗产（简称“非遗”）保护传承工作，建成一批“非遗”展示馆，形成一批“非遗”产业基地，举办系列非遗项目展演展示、优秀淮剧剧目基层展演等“非遗”宣传活动。至年末，全市共有全国重点文物保护单位7处、江苏省文物保护单位29处、市级文物保护单位291处，“非遗”项目国家级6个、省级17个、市级64个，“非遗”代表性传承人国家级2人、省级11人、市级40人。

【博物馆】至年末，市博物馆拥有各类藏品近1万件，其中已经经过鉴定的国家一、二、三级珍贵文物800多件。文物收藏中，古代书画、明代服饰、六朝青瓷等尤具特色，在国内博物馆界有较大的影响。

2014年，市博物馆开展文物征集、保护、整理工作，参与泰兴黄桥何氏家族墓地考古发掘清理、苏州市吴中区越城遗址博物馆工地的发掘整理、苏州市秦家塘遗址资料整理，对春兰路明墓出土服饰进行修复保护，征集到日伪时期“良民证”、孙竹铭居士分家书各1件。

年内，策划“衣冠明道——泰州出土明代服饰展”，赴宿迁博物馆、盐城博物馆、淮安博物馆、南京民俗博物馆、江宁博物馆、连云港博物馆等地进行巡回展出。

文化市场、新闻出版管理

【概况】2014年，泰州市加强版权登记工作，全年全市登记版权作品400多件；年内启动靖江市版权登记。以“扫黄打非”为重点，组织开展“清源”“秋风”“净网”等专项行动，集中销毁非法出版物7万册（张）。开展文化市场管理执法，全年累计出动执法人员7389人次，检查经营单位2200多家次，立案调查违法违规经营案件37起。破获的“贾某侵犯网络游戏著作权案”被江苏省版权局评为“2013年度江苏省版权执法重大案件”。

文化产业

【概况】2014年，泰州市发展优势文化产业，培植新兴文化产业。整理编印《文化产业政策文件汇编》，首次启用市级文化产业专项资金，共资助扶持项目20个，配套奖励基地及项目6个。组织文化企业申报国家、省级文化产业引导资金项目，获2014年度省引导资金补助920万元，居全省第6位、苏中第1位。年内，泰州文化创意产业园、中国黄桥乐器文化产业园获批省级文化产业示范园区，江苏凤灵乐器集团、泰兴市东方实业公司、数字领海数码科技有限公司等3家企业被认定为首批江苏省重点文化科技企业。组织文化企业参加各类文化产业展览会，引导文化产业转型升级；举办全市第二届文化企业产品展示会，市内外53家文化企业参展。

9月30日，泰州市第二届文化企业产品展示会在泰山公园开幕

【文化创意产业】全市文化创意产业涉及广告、文化传媒、工艺美术、装饰装潢、新闻出版等行业，有各类企业1100多家，其中广告公司136家、装饰装潢公司730家、新闻出版业186家。全市建有泰州文化创意产业园区和凤城河文商创意产业园，规划建设的文创产业园区有溱湖文化创意园和兴化八字桥文化创意产业园区等。

泰州文化创意产业园区与央企、大企业集团和科研院校开展合作，重点发展以创意内容产业为核心产业、以特色演艺业、数字出版业、创意旅游业及文化会展业为关联产业、以办公居住、教育培训、金融服务、商业消费及社区服务为配套产业的“145”产业体系；园区洽谈各类项目近30个，正式运营项目10多个，主要有以立体影像制作为主营业务的数字领海、中泰文化等项目，以编剧培训影像制作为主营业务的众道影业、江苏剧本中心泰州制作基地等项目，以动漫影视为主营业务的八尾猫、中青院线等项目。凤城河文商创意产业园规划面积383公顷，重点发展文化创意、文化旅游、文化演艺、会展服务等产业，打造集观光旅游、创意创作、休闲体验、博览展示、商务办公于一体的综合性文化产业集聚区。

（文广新局）

广播电视

·泰州广播电视传媒集团（台）·

【概况】2014年，全市广播平均每日播音时间80小时，全年自制广播节目22150小时；电视平均每周播出时间663.57小时，全年自制电视节目6700.83小时。泰州广播电视传媒集团（台）组织实施“思想再解放、项目大突破、城建新提升”三大主题工作、党的群众路线教育实践活动、转型升级融合发展、社会主义核心价值观、文明城市创建、“三个名城”建设、全国和省市“两会”、市委四届七次全会、全市三级干部大会以及第六届中国泰州水城水乡国际旅游节、梅兰芳艺术节等重大主题、重要会议、重要活动的宣传报道，全年共推出专栏、系列报道70多个，播发报道3000多篇。年内，承接制作各类专题片45部。全年广播在央广用稿20条（其中在《新闻和报纸摘要》节目用稿5条），省台用稿199条；电视在央视用片44条（其中在《新闻联播》节目用片13条），省台用片296条。

强化品牌建设。完善“12345”政风行风热线节目，形成“声、屏、报、网、手机客户端”“五位一体”的宣传格局；组织以“践行群众路线，建设美好泰州”为主题的省市联动直播活动；成立“小范帮帮团”，开辟“有请老娘舅”电视调解专栏，开展“寻找校园文明礼仪之星”“欢乐社区行”“手拉手”公益慈善夏令营、“最美儿媳”评选、网民春晚等活动。《小范帮你忙》志愿服务队被评为泰州市“十佳志愿服务组织”；“送剧下基层·你点我播”活动被评为市“走进你我他”服务活动优秀项目。

推进节目创新创优，提升节目质量和品位。在2013年度省级政府奖评选中，有47件作品获奖，其中一等奖9件、二等奖14件、三等奖24件；在2013年度全省电视节目录制技术质量奖（金帆奖）评比中获一等奖。年内，获江苏省“金凤凰奖”一等奖2件，获第21届中国国际广告节“黄河奖”优秀奖1件。

【广电文化产业】举办“5A级海之蓝”群星演唱会、“泸州老窖窖龄酒”巨星演唱会、“梦想新主播”大赛、“声动泰州”全民歌唱大赛、车博会、房博会等活动，全年经营创收收入1.51亿元，其中广告创收1.05亿元。投资合作拍摄《幸福请你等等我》《夺宝传奇》《铁血军魂》《十月围城》等4部电视剧，总体运作良好；完成信号调度监测中心机房二期工程建设，新闻广播、交通广播、音乐广播基本实现市域全覆盖；媒资系统于6月正式投入使用；高标清转播车和800平方米的演播厅全年共录制节目76场次；投资实施婚庆礼仪项目建设，开拓企业庆典、旅游活动等新领域。

【新媒体发展】推进媒体融合，构建全媒体采编体系，建立首批18人的全媒体记者队伍。1月18日“无线泰州”手机客户端正式开通上线运营；9月10日建成泰州广电史上首个户外高清LED大屏；9月25日，集团（台）官方认证的公众微信号“泰州微视听”正式上线；凤城泰州网实施全新改版。2014年，公共信息联播网信息发布平台基本覆盖海陵区、姜堰区、高港区和泰兴市，终端总数达220个，全年发布电视时政新闻2160条、公益广告195条。

【“小范帮帮团”】8月14日，泰州广播电视台新闻综合频道《小范帮你忙》栏目联合市慈善总会等33家单位共同成立民办非企业单位“小范帮帮团”。成立仪式上，首批以政府职能部门为主的33家公益协作单位代表签署“小范帮帮团”公益协作承诺书；市慈善总会先期捐赠30万元，设立慈善帮忙救助专项资金。

《小范帮你忙》栏目自2009年1月开播后，以普通人的视角关注困难群体，开展“帮忙志愿者社区行”“爱心助学圆梦行动”等活动，累计为近1万名群众解决实际困难。“小范帮帮团”成立后，有1000多名志愿者和100多家公益协作单位加入；年内举办多场慈善募捐活动，筹集善款100多万元。2014年，“小范帮帮团”获市宣传文化系统创新成果奖，“小范帮你忙”志愿服务队被评为市“十佳志愿服务组织”。

【央视《寻宝》栏目走进泰州】8月15日，央视《寻宝》栏目“走进泰州”新闻发布会在华泽天下营销中心举行。9月21日，在华泽天下营销中心举办大型寻宝、鉴宝海选活动；9月25日，在泰州广电台演播大厅进行《寻宝》节目录制，金运昌、丘小君、蔡国声、欧阳朝霞等鉴宝专家现场鉴定。市委书记蓝绍敏参加节目录制并为“最具收藏价值宝物”颁奖。《寻宝》栏目“走进泰州”上、下集分别在12月3日、10日在央视一套播出。

8月15日，央视《寻宝》栏目走进泰州

【群众路线教育实践活动宣传报道】围绕党的群众路线教育实践活动，广播电视各栏目开设系列报道、系列短评、典型报道、海采报道等专栏。开展“新春走基层”“美丽乡村”“边缘百村行”等“走基层”大型新闻行动，全年共播出群众路线教育实践活动相关报道700多篇。开展公益宣传和公益行动，广播节目各频率每天公益广告播出9条以上，电视节目各频道每天公益广告播出10条（次）以上；公共信息联播网公益宣传内容占比超过30%；开播电视公益频道，每天播出公益类节目20小时以上；开设《走基层·帮忙调查》专栏，举办“公益助学”“‘手拉手’公益慈善夏令营”“你的微心愿 我来帮实现”等活动，帮助群众解决实际问题。

【创建全国文明城市宣传报道】将创建全国文明城市纳入常态宣传，常年开设“文明创建在行动”“美德善行”“最美人物”等专栏，每月播出相关报道60多条。创建迎检期间，整体策划“声、屏、报、网”，以动态消息、主题新闻、系列报道、典型宣传、言论等相结合的方式，全面展示泰州市文明城市创建工作取得的成果以及给百姓带来的实惠。其中，主题新闻《泰州：美德善行育良知》总结全市设立“美德善行榜”、提升社会道德水准的经验做法，在央视《朝闻天下》栏目播出。

（吉晓峰　朱李云）

·广　电　网　络·

【概况】2014年，江苏省广电有线信息网络股份有限公司泰州分公司（简称江苏有线泰州分公司）实现营业收入比上年增长16%；高清互动终端净增19834台，累计达68634台。

年内，完成县级广电网络整合，对靖江市、泰兴市、兴化市、姜堰区广电网络进行资产评估、财务审计、人员划转、资产交接以及县级分公司挂牌成立等工作，各县级分公司均达到2015年正式运行的基础条件。落实线路和设备日常巡查制度，全年实现广播电视安全传输、安全播出实现零事故。推进泰兴至靖江、姜堰至靖江市网建设以及姜堰至泰州双环网建设和泰州至泰兴（泰州段）市网改造，完成泰州广电IP城域网建设，推进乡镇地区双向网改造和市区网优化，新建竣工小区同步开通广电网络信号。

强化用户服务，推进新型网格化服务营维体系试点建设，合理划分网格，完善业务流程，强化营维人员全业务技能培训。年内，通过省公司阶段性验收；开发上线江苏有线泰州分公司微信公众平台，成功对接BOSS数据库，实现资讯发布、消息推送、用户消费和账户信息查询等功能。

【云媒体电视发展】江苏有线泰州分公司是全省范围内除南京分公司外第1家下传云媒体电视的地市级分公司。年内，公司推进网络改造、终端软件升级，业务推广、技术维护、运维服务等工作，建成云媒体电视本地平台，制定云媒体电视落地推广方案和云媒体电视升级计划，全年完成3万多个云媒体电视终端升级。

【互动电视信息平台建设】对“勤廉泰州”“泰州就业”等互动版块进行全面改版，丰富“文明泰州”“文化泰州”“智慧海陵”等互动版块内容，开发上线泰州水、电、气、铁路、公路和机场6个查询版块，提升政务服务和民生服务能力。依托“智慧海陵”互动版块，开展广场舞展示、少儿才艺大赛、幼师才艺比赛3个线上线下文化活动。

（王　波）

·广　电　新　媒　体·

【概况】2014年，泰州广电新媒体发展中心在原有的凤城泰州网站、CUTV（城市网络电视台）、“无线泰州”手机客户端项目的基础上并入公共信息联播网、LED户外全彩大屏、“逛泰州”电商平台、微信公众号“泰州微视听”等项目，组建新的广电新媒体发展中心。

围绕全市中心工作，发掘各平台信息发布优势，丰富广电信息发布途径，组织“12345”政风行风热线网络直播，参与创建全国文明城市公益广告展播和“微两会”直播等活动。初步建立全媒体记者队伍，策划第四届网民春晚、文明礼仪进校园、书画名家进万家等公益活动。依托凤城泰州网站，创办“今日头条”“天天网事”等原创板块，PV（页面浏览量）数据稳步上升。凤城泰州网拓展市民记者、小记者队伍，总人数500多人。

【新平台建设】1月18日，“无线泰州”手机客户端正式开通上线运营；8月，“无线泰州”手机客户端全面升级改造，以九宫格形式展现新闻资讯、便民服务、互动娱乐等版块。年内，广电微信公众号“泰州微视听”于9月25日正式上线；泰州广电史上首个LED大屏9月正式启用，位于泰州最大商业综合体——茂业百货的第二块LED大屏12月正式开工。2014年，公共信息联播网终端新增89个，总数达220个，基本形成覆盖海陵区、姜堰区、高港区和泰兴市的信息发布平台。

（王念东）

报　业　传　媒

【概况】2014年，泰州报业传媒集团拥有《泰州日报》《泰州晚报》、泰州新闻网、《泰州手机报》和与人民文学出版社联合主办的《中华文学选刊》、与泰州市文联联合主办的《稻河》杂志。集团下设广告、发行2个分公司，控股泰州日报社印务有限公司，与江苏凤凰教育出版社共同出资组建泰州凤凰文化发展有限公司。有固定资产1.21亿元，在职职工427人。其中，行政、事业人员127人，本科以上学历280人，高级职称14人，中级职称78人。《泰州日报》每日对开12版（双休日为4版），每周68版；《泰州晚报》周二至周五每日四开40版（双休日、周一为24版），每周232版。年内，启动实施“两报”（《泰州日报》《泰州晚报》）新一轮改版。

围绕“思想再解放、项目大突破、城建新提升”，重点策划并增设“思想再解放，发展见行动”“项目大突破，创造新动能”“城建新提升，共建新家园”3大重点栏目。突出贴近民生、服务百姓。《泰州晚报》推出“带你看泰州”“关注重点工程”“聚焦周山河新城”等栏目，以百姓视角传达市委市政府中心工作；加强民生报道，新开设“乐活”“公益”“怀念”等版面。《泰州日报》开设“生活”“健康”“城史”等版面，重点增加市场信息、家居、美食、趣玩等生活资讯。

推进报网融合。将微信公众号等新媒体作为报社的新主业打造，推进报业从传统媒体向全媒体转型。打造以“微泰州”为主体的微信群，全年“微泰州”粉丝超过2.2万个；“泰享吃”“云电影”等分众传媒微信平台稳步发展。

做大做强报业经济。《泰州日报》年发行量5.8万份，《泰州晚报》年发行量6.8万份；全年实现广告投放1.01亿元。与华润、东润等客户进行合作，阶段性广告创收400多万元。创新经营载体，推进从一业为主向多元发展转变，加快户外载体发展，公交站台、公交车身、遮阳篷、阅报栏、灯杆灯箱、LED大屏等9种户外载体成为报业经济的重要增长点。

（陈忠勋）

【《泰州日报》】2014年，《泰州日报》围绕全市中心工作，重点策划“思想再解放，发展见行动”“项目大突破，创造新动能”“城建新提升，共建新家园”三大重点栏目；重点宣传转型升级融合发展、群众路线教育实践活动、文明城市创建、安全生产等工作；围绕市委全会、市“两会”、梅艺节金秋投资说明会、医博会等重大节点进行栏目策划。

加大对“三个名城”建设的报道力度，每周一、周二、周三的第三版分别开设“医药”“文化”“生态”专版，跟踪报道“三个名城”建设的最新进展、举措和成就。开展全国文明城市创建宣传报道，开设“文明创建先锋”等专栏，每周五推出“文明城市 共建共享”专版，下设“诚信泰州人”“立即行动”“漫画文明”“议一议 评一评”“曝光台”子栏目，推出“文明城市长效管理情况测评突出问题整改系列报道”。加强社会主义核心价值观宣传，开辟“践行社会主义核心价值观”“美德善行榜”“最美人物”“诚信泰州”等专题专栏，策划徐勤生、许杏桃、严晓明等一批有影响的报道。

（王长中）

【《泰州晚报》】2014年，《泰州晚报》加强舆论引导，做精地方新闻。围绕全国文明城市创建，开设“文明城市共建共享”“志愿者在行动”“做一个有道德的人”等栏目。其中，“文明城市共建共享”共推出8个整版，“志愿者在行动”“做一个有道德的人”等栏目全年共刊发稿件50多篇。加强公民道德建设和社会主义核心价值观宣传，开设“美德善行”专栏，刊载“美德善行”故事100多篇。围绕“思想再解放、项目大突破、城建新提升”，推出“关注重点工程”“聚焦周山河新城”“带你看泰州”等栏目。年内，策划多个选题，重点推出“我的马年梦想”栏目，专注普通百姓对美好生活的期盼；“记者走基层”栏目全年发稿近40篇；推出“温暖回家路”系列报道40多篇，帮助30多位流浪汉找到回家之路，“温暖回家路”栏目被评为中国地市报好栏目一等奖。

关注民生热点，打造精品栏目。深入基层，从百姓身边挖掘鲜活的故事，全年共推出“我们的节日”“小焦社区工作室”“创新社会管理”“长寿经”“多彩社区”“百姓列传”“社区达人”等民生栏目50多个，其中固定栏目约20个。

深化“走转改”，加大晚报记者进社区力度，“小焦工作室”新增城东街道迎春社区、城西街道兴业社区、城南街道沁莲社区3个便民联系点，实现海陵区全覆盖。加强报网融合，发挥微博、微信等新媒体作用，与市文明办联合推出“泰州微文明”微信平台。

（高裕明）

7月1日，“小焦工作室”兴业站、迎春站和沁莲站成立暨授牌仪式在兴业社区举行

【《泰州日报》改版】3月3日，《泰州日报》实施全面改版。改版后，头版和二版为要闻版，主要围绕市

委、市政府的中心工作组织报道；新设名城版，跟踪报道“三个名城”建设；新设城史版，以时间为序；生活、健康、时事等版面为读者提供丰富的资讯。推进报网互动，通过在头版和内页设置二维码、公布微博微信等手段，首次实现传统媒体与新媒体的互联互通。在版面形式上，实现创刊以来的首次全彩。

（王长中）

【《泰州晚报》改版】2014年，《泰州晚报》实施全面改版。与市政府纠风办联合创办《12345·政风行风热线》纸媒版，每周6期；与微信互动，推进报网融合，开设“健康”“美食”“运动”“亲子”“公益”“怀念”“新苗”“网萃”等专刊版面；整合优化，形成“乐活”版块，自成一叠，每天4～8版；整合包装《望海楼》副刊版块，推出全新《望海楼》文化副刊，增设“泰州地理”“泰州人物”等版面；创新新闻版块，将地方新闻归并为“要闻”“关注”“社会”专版，域外新闻分设点击版块与博览版块。

【“泰州微文明”微信平台正式上线】3月5日，由市文明办和《泰州晚报》联合推出的“泰州微文明”微信平台正式上线。“泰州微文明”是集信息发送与实时互动于一体的公众平台，第一时间发布有关全市思想文化宣传和精神文明建设的各类重要动态信息，设有“好人故事”“志愿者在行动”“社区公益”“非遗在身边”“社会正能量”“温情故事”等7个板块，逢节日策划推出“我们的节日”板块。

【“小焦工作室”实现区域全覆盖】7月1日，《泰州晚报》“小焦工作室”城东街道迎春站、城西街道兴业站以及城南街道泌莲站挂牌成立。该3站挂牌成立后，“小焦工作室”共有城北街道工人站、城中街道钟楼站、城东街道迎春站、城西街道兴业站和城南街道泌莲站5个站，实现在海陵区城东、城西、城南、城北、城中全覆盖。

【“泰州晚报”官方微信平台】10月24日，“泰州晚报”官方微信平台通过官方认证正式上线。至年末，微信平台粉丝量突破2万，平均单条新闻信息点击量6000人次。

（高裕明）

【报业新媒体】泰州新闻网。2014年，泰州新闻网调整页面结构，由PAD式页面扩展为下拉式页面，扩大页面容量。年内，制作2014年泰州“两会”、泰州国际旅游节、第五届中国（泰州）医博会、2014梅兰芳艺术节以及文明城市创建等系列网络专题报道。全国文明城市创建期间，开设不文明交通行为“曝光台”、“美德善行”专题报道、“践行‘八礼四仪’争做崇德少年”等专栏专题。

泰州报业“微媒群”。泰州报业拥有微泰州微信公众号、泰州新闻微信公众号、泰州晚报微信公众号、泰州新闻网微博、泰州晚报微博等微媒体。泰州报业“微媒群”延伸纸媒、网媒范围，具有时代性和时尚性。

微泰州。微泰州是泰州报业传媒集团核心微信公众号，是泰州地区阅读量最高、综合影响力最强的本地订阅号，在全国8000多个民生类微信排行榜最高动态排名第30名，在全省榜单最高动态排名第2名。年内，以独家采访素材为线索，以微信的语言、形式为市委市政府中心工作服务，制作《玉树临风蓝大叔的秋日骑行》《百日新政，蓝大叔都忙了啥?》《泰州今天获得了一座城市的最高荣誉！习总书记刚刚亲切接见蓝绍敏啦!》等微信。其中，《玉树临风蓝大叔的秋日骑行》点击量近4万，《泰州今天获得了一座城市的最高荣誉！习总书记刚刚亲切接见蓝绍敏啦!》2.5天阅读量超过18万人次。

（姜景旸）

【《泰州广播电视·新周刊》】2014年，《泰州广播电视·新周刊》全面改版。按照“原创、本土、实用”的原则，打造“泰好吃”“泰好玩”“泰好看”等专版，突出泰州本土文化特色，推出“人文”“视野”“五巷”等版面。在2013年度江苏广播电视报刊新闻与专稿奖评选中，有6件作品获奖，其中二等奖2件、三等奖4件。

（曹　庆）

卫 生

责任编辑 王 齐

综 述

【概况】2014年，泰州市建成苏中苏北地区首个国家卫生城市群，率先完成三级医院和国家中医药先进单位县域全覆盖。全市有医疗卫生机构1978个，其中医院52所（三级甲等医院2所、三级乙等医院2所）、卫生院125家；各类卫生机构拥有病床20926张，其中医院13801张、卫生院5738张，平均每千人口医院床位数4.51张；拥有卫生技术人员22965人，其中执业（助理）医师9708人、注册护士8573人，平均每千人口卫生技术人员4.95名。全市有疾病预防控制中心7所、卫生监督所6所、妇幼保健机构6所；市直卫生系统有直属医疗卫生单位8家。全年孕产妇死亡率为0/10万、婴儿死亡率2.64‰。

【医疗卫生基础建设】2014年，靖江人民医院、兴化人民医院、泰州市第二人民医院通过三级医院评审，泰州市成为苏中苏北地区第一家所辖县医院全部建成三级医院的地级市。年内，泰州人民医院建成全省第一家胸痛中心，周山河新区医院建设按序时推进；泰州市中医院建成中医药文化展示馆，新院建设超额完成进度。省级转化医学基地全年引进开展新技术20项，推广适宜技术10项。

【泰州市医学卫生学会】2014年，泰州市医学卫生学会加强组织建设，完善学会管理制度，全年录入会员3510名；中医药学会有省（市）级会员近400名。完成医学会各专业委员会改选，全年新增加分会、学组17个，新当选主任委员46个。加强学术交流，全年组织专题学术会议36次，征集学术论文3511篇，参加会议交流11437人次；邀请国内外知名专家讲学113人次，成功承办省级学术会议12个。提高科研能力，全年《泰州医药卫生》杂志出版6期，发表学术论文366篇、100多万字；市预防医学会有2个课题获省卫生厅预防医学课题立项；在全国核心期刊上发表论文16篇，在国家级期刊上发表论文80多篇。

【卫生科普宣传】开展医学卫生知识普及活动。各医疗卫生单位通过电视、广播等媒体，设置宣传栏，开展“卫生下乡”、义诊咨询，举办科普讲座。市卫生局联合市科协、社科联开展“医学卫生科普知识进社区”宣传教育活动，组织义诊体检活动，派遣医学专家及医、护、卫技人员，为社区群众进行疾病诊治和医疗咨询。在市委宣传部组织的2014年科技文化卫生“三下乡”活动中，市医学会共组织201支医疗队、946人次到各乡镇举行义诊活动，义诊咨询病人56310人。中医药学会全年举办中医药文化科普知识巡回讲座30多场，举办中医养生文化义诊和咨询活动20多次；举办膏方节、药酒节、冬病夏治等活动，推广中医养生保健知识；开展中医“进乡村、进社区、进家庭”活动，新增设乡镇常规义诊点5个。

【医疗卫生支援和合作】2014年，由市卫生局组建的第11期援马耳他医疗队继续开展援外医疗工作。深化卫生援疆，市人民医院与新疆昭苏县人民医院签订友好合作共建协议并捐赠10万元及多参数监护仪1台；兴化市人民医院出资50万元开通兴化与昭苏两医院远程会诊，昭苏县人民医院成为伊犁第一家开通远程会诊的县级医院。加强对台交流合作，市卫生局与台湾亚东纪念医院签订合作协议，组织护理培训班赴台学习；为全市145名台商办理医疗保健绿卡，组织6家重点医院开辟台商医疗保健绿色通道，市卫生局被推荐为“台商满意服务单位”。

医疗卫生体制改革

【概况】2014年，泰州市继续推进医药卫生体制改革。全市11家县级公立医院全面实施医药价格综合改革，所有药品同步实行零差率销售，涉及药品1300多种、2500多个品规。年内，出台《关于进一步加快泰州市非公立医疗机构发展的意见》，鼓励和引导社会资本兴办医疗机构，有序开放个体、民营及中外合资医疗市场，简化医疗机构审批手续。

【基层医疗体系】2014年，泰州市实施市区基层卫生机构提升工程，对市区基层卫生机构超过200万元的建设项目，市级财政配套奖补100万元；对社区卫生服务站和村卫生室每个奖补2万元。全市按省示范标准新、改、扩建乡镇卫生院12个、村卫生室92个，累计建成国家示范社区卫生服务中心1个，省级示范社区卫生服务中心18个、乡镇卫生院28个、村卫生室39个。全市创成省农民健康工程先进县3个、社区卫生服务先进区1个。

【重大公共卫生项目】基本公共卫生服务项目纳入政府民生工程，项目经费提高至35元/人。全市累计建立居民电子健康档案397.43万份，建档率85.91%。为全市65岁以上老年人提供健康管理共55.41万人，高血压、糖尿病人患者规范管理率分别为78.77%、88.08%。重性精神病患者检出率4.1‰、管理率89.67%。

【县级公立医院改革】2014年，全市共有实施县级公立医院改革单位11家。取消药品加成后，门诊次均药费135.5元，下降5.6%；住院次均药费3524.3元，下降15.5%。靖江人民医院、兴化人民医院、泰州市第二人民医院通过三级医院评审，泰州市在苏中苏北地级市中率先实现县域三级医院全覆盖。

【“智慧医疗”项目】2014年，全市基本公共卫生服务信息系统、卫生监督综合管理信息系统、疾病预防控制信息系统和卫生应急视频系统建成并投入使用，区域卫生信息平台正式上线。建成市级卫生应急决策指挥中心，确保突发事件监测预警系统及时启动。全市共有9家医院实施预约挂号，预约号源占全部号源的17.13%。

医疗卫生服务

【概况】2014年，泰州市推进临床路径电子化管理，开展优质护理服务。制定《卫生系统“三好一满意”活动方案》，深化“优质护理服务”，落实改善服务24条具体措施，对全市二级以上医院进行督查考核。二、三级综合医院全面开展预约诊疗服务，三级医院初诊患者预约率、复诊患者预约率等指标均达卫生部标准。建立完善市级重点联系医院督导制度、二级医院创优月报制度、二级医院检查考评制度等。三级医院优质护理服务病区覆盖率达100%，二级医院优质护理服务病区覆盖率超过90%。开展市级专科护士培训，共招收急诊、危重症、肿瘤、静疗护理4个专业104人，96人结业；普训护理人员3200人，完成二级以上医院计划培训人数的60%。推进医患纠纷人民调解组织和医疗责任保险制度建设，健全医患纠纷人民调解组织各项制度。完善医院内部安全防范管理制度，提高人防、技防、设施防水平。规范医院投诉管理，落实“首诉负责制”等制度。全市二级医院全部达平安医院创建标准。

【医疗质量安全】开展医务人员“三基三严”（基本理论、基本知识、基本技能，严格要求、严谨态度、严肃作风）训练和考核活动，440人参加全市“三基”抽考。加强医院急诊科规范化建设，二级甲等综合医院、三级综合医院全部达省建设管理规范要求；畅通急诊“绿色通道”，实现与院前急救系统无缝衔接。加强二级甲等以上综合医院ICU、CCU、NICU等重症监护病房规范化建设与管理，加强技术能力建设。加强手术病人管理和手术室规范化建设与管理，完善手术室工作流程，完善重大手术审批和患者知情同意制度，严格掌握手术适应症，落实手术分级和手术类别、术式、部位核对制度和其他制度。加强医院消毒供应、血液净化、介入诊疗、放射治疗科室等其他关键部门的规范化建设与管理。

【无偿献血】建立无偿献血返还互认制度。全年共招募采集无偿献血者40703人次，采集全血55219.5单位、血小板7192单位；临床供血红细胞56853单位、血浆45357.75单位、血小板3072单位，保证医院临床用血合理需要。

【医院科研管理】出台《泰州市医学重点学科建设方案》，组织各临床重点专科申报，评选出市重点学科8个、学科培育点4个。组织申报省“科教兴卫”工程和省、市级相关科研成果，全年获省科研立项课题3项，获省卫生厅医学新技术引进奖一等奖1项、二等奖4项。加强市级转化医学基地建设，引进开展新技术20项，基层推广适宜卫生技术10项，完成省级优秀继续教育项目“送教下乡”6项，培训基层卫生技术人员1485人。

【全科医生培养】年内，完成2013级57名全科医师转岗培训任务及结业考核工作，通过率100%。2014年招录的37名学员分别在5个全科培训基地进行为期1年的转岗培训。对二级以下医疗机构新招录的临床医学本科毕业生，普遍进行全科规范化培训，2014年，新招录全科医师50人，参培率100%；新招录住院医师135人，参培率100%。全年共有已注册全科执业医师1057人、执业助理182人、乡镇助理121人，实现全科医生在社区卫生服务中心和乡镇卫生院全覆盖。

【医院药事管理】加强医院药事管理，推进医院“依法治药”，全年有25家二级及以上医疗机构发生网上采购行为，药品总采购金额16.47亿元。其中，基本药物采购金额1.69亿元，占总采购金额的10.26%，比上年提高近2个百分点。年内，开展药物不良反应监测工作，重点对多重耐药菌开展监测；推进医院静脉用药配制中心规范化建设试点工作，提高临床药学研究水平；加强医疗器械临床使用的安全管理。

【医疗事故技术鉴定和职业病鉴定】2014年，市医学会承担医疗事故技术鉴定和医疗损害鉴定工作，全年共接受咨询528人次，医疗事故受理鉴定28例、完成11例，医疗损害受理鉴定88例、完成70例、调解4例。市预防医学会承担市级职业病鉴定工作，全年共组织开展职业病鉴定4次。

妇幼保健

【概况】2014年，全市孕产妇保健管理率98.58%，7岁以下儿童保健管理率97.80%，高危孕产妇管理率100%；孕产妇死亡率0，5岁以下儿童死亡率3.87‰，出生缺陷发生率3.75‰，“三网监测”（孕产妇死亡、儿童死亡和新生儿出生缺陷监测）合格率超过90%。市区婚检率70%，新生儿疾病筛查率96.61%，儿童听力筛查率94.56%，妇女病普查率88.95%，托幼机构卫生保健合格率100%、儿童健康建档率100%。全市重大妇幼卫生服务项目完成率100%。

制定《泰州市“妇幼健康服务年”活动实施方案》，辖区内妇幼保健机构全部通过省级复评验收。制定《泰州市母婴安康工程实施方案》，成立泰州市危重孕产妇、婴幼儿急救中心。印发《泰州市高危孕产妇转诊管理办法》，对全市136家助产机构、6家婚检机构和171家计划生育技术机构进行抽检，共抽查32家、下达整改通知8家。建立泰州市新生儿筛查治疗补偿专项基金，提取5元/人，为7名确诊患儿提供援助。全年有18555名农村孕产妇领取住院分娩补助，任务完成率163.91%。27116人服用叶酸，任务完成率179.4%。

【“两癌”检查】组织“两癌”（乳腺癌、宫颈癌）检查人员培训并进行现场督导；加强质控检查，规范各市（区）“两癌”筛查与管理工作。全年全市共为103315名农村妇女进行“两癌”免费筛查，共发现乳腺癌41例、宫颈癌43例、癌前病变276例。实施母婴阻断项目，年内兴化市被列为母婴阻断国家点。全年全市艾滋病病毒检测率96.94%，梅毒检测率96.97%，乙肝病毒检测率99.8%；对2009例乙肝表面抗原阳性孕产妇所生新生儿进行免费乙肝免疫球蛋白注射。

【妇幼保健技术服务和宣传咨询】组织开展泰州市妇幼健康技能竞赛，市及市（区）共8支代表队、30人参加市级竞赛，竞赛设围产保健、儿童保健、妇女保健、计划生育技术服务4个项目。开展业务培训和指导，提高基层妇女儿童保健医生的临床业务技能，组织婚检规范、儿童保健技术规范及营养新进展、孕产妇保健管理规范、新生儿窒息复苏等培训班4次，500多人参加培训。组织党员义工服务活动，到大专学校、幼儿园、机关、工厂、社区开展青春期保健、儿童保健、妇女保健知识讲座近20场，2000多人次听课。开展孕妇学校、家长学校、孕妇操等健康教育，组织“母乳喂养宣传周”“出生缺陷预防宣传周”等活动。

【全面启用新版“出生医学证明”】1月1日，泰州市全面启用新版“出生医学证明”，全年共领取60000份，发放46112份。市妇幼保健所加强与公安部门协作，强化对新版“出生医学证明”的发放和防伪识别，年内共发现假证7份，接受协查12份，发出协查函4份。

中医药事业

【概况】2014年，泰州市实施中医药人才“1131”工程，邀请原创专家到泰州推广国家级适宜技术。推进老中医继承人才培养，加强中医全科医生规范化培训示范基地建设。加强乡镇卫生院和社区卫生服务中心“国医馆”建设，指导推动兴化、泰兴、海陵国家中医药先进单位建设。年内，泰州市成为全国第一批、全省第一家以市、区为单位全部建成国家中医药先进单位的地级市。

10月18～19日，国家中医药适宜技术推广培训班（第三期）在姜堰区举办

【实施中医药事业发展“十二五”规划】至年末，全市中医药事业发展“十二五”规划目标完成90%。泰州市中医院新院征地11.13公顷，主体工程完成50%；泰州市姜堰中医院病房综合楼、兴化市中医院南区病房综合楼、靖江市中医院搬迁扩建等工程均完成并投入使用；泰兴市中医院8万平方米新院内装修工程完成超过50%；兴化市中医院新院完成9.13公顷征地与设计规划。增加二级中医院升三级、一级中医院升二级共3家，增加设置市中西医结合医院1家。二级以上综合医院中有96%达到国家综合医院中医临床科室基本标准。泰兴市第二人民医院建成省级综合医院示范中医科，泰兴市人民医院建成国家综合医院示范中医科。全市建成省中医药适宜技术推广示范点1个、国家级中医重点临床专科1个、全国农村医疗机构中医特色专科3个、全国农村医疗机构针灸理疗康复特色专科3个。新增省中医临床重点专科建设单位7个、市级重点专科14个、特色专科13个。培养、评选市级“名中医”19名、基层“名中医”19名。引进培养高层次中医药人才30人。依托医疗机构设立“名中医工作室”15个，系统整理研究4名老中医学术思想、临床经验和技术专长。收集中医民间验方36项。推进“中医青苗培养工程”，中医住院医师规范化培训参加率100%，通过率85%。开展中医药文化惠民活动，举办国家中医药文化科普巡讲233场，直接听众超过10万人。建设中医博物馆、展示馆、陈列室、文化走廊、基层国医馆等56个。

【基层中医药事业】至年末，全市134家社区卫生服务中心、乡镇卫生院全部完成中医药科室的建立，有97%实行中医药科室集中设置、43%建立基层中医馆；全市1160家社区卫生服务站与村卫生室均能提供中医药服务。修订《泰州市村卫生室与社区卫生服务站中医药示范点建设与评估细则》，全市新建设中医药示范点32个。培训基层中医药骨干医生858人，700多人取得合格证书。基层医生培训合格的发证人员达1500人，实现为全市每家村卫生室、社区卫生服务站配备1名以上中医药骨干医生的目标。

爱 国 卫 生

【概况】2014年，泰州市爱国卫生运动委员会（市健康促进委员会）调整组成人员，修订《泰州市爱国卫生运动委员会工作规则》，将卫生城市长效管理纳入“双文明”考核和绩效考核。组织开展“9315”专项行动，规范占道经营、车辆停放和户外广告设置，提高城市整体卫生水平。全市建成省级卫生镇3个、省级卫生村37个、市级卫生镇3个、市级卫生村46个，新增农村无害化卫生户厕6.4万座。农村生活饮用水卫生监测合格率97.9%，水质监测覆盖率100%。年内，靖江、泰兴和兴化市通过国家卫生城技术考核评估。推进健康城市建设，起草《关于泰州建设健康城市的调研报告》《泰州市建设健康城市工作方案》《泰州市建设健康城市相关情况的汇报》《泰州市建设健康城市行动计划（2014～2016年）》。

疾 病 预 防

【概况】2014年，市疾控中心建设及实验室检测能力建设达标率71%，全年共举办各类疾控人员培训班80多期，培训疾控人员5000多人次；泰兴市、靖江市疾控中心在整体搬迁的基础上，完成实验室改建。制订并印发《泰州市免疫规划强基工程实施方案》，计划在2～3年内，通过加强免疫规划队伍建设、改善基础设施、健全落实相关制度，全面实施计划免疫工作的提档升级。

【传染病疫情防治】2014年，全市共报告法定传染病25种16439例。其中，乙类传染病19种5594例，发病率120.53/10万，比上年下降1.8%；丙类传染病6种10845例，发病率233.67/10万。突发公共卫生事件及相关信息共报告12起，均在接报2小时内得到规范调查处置。全市发现并规范治疗管理活动性结核患者2227例，比上年增加4.6%，其中涂阳肺结核606例、增加22.4%。年内，推进国家重大专项“超短程治疗复治肺结核的临床研究”等项目的实施。

【血地寄综合防控】2014年，全市完成查螺4351.92万平方米，灭螺179.67万平方米，分别超额完成省年初下达任务数的8.8%、28.3%。完成血清学查病21649万人，粪检查病5125人。发现疟疾病人40例，均为国外输入性病例，及时进行处置，未发生二代传播。完成农村生活饮用水碘含量、碘营养水平及人群碘营养状况监测工作。年内，泰兴市、海陵区通过消除疟疾省级考核验收，姜堰区通过省血地办组织的有效控制肠道线虫病达标考核验收。

【免疫规划强基工程】2014年，全市新建数字化预防接种门诊30家，累计建成73家、在建16家。国家免疫规划疫苗报告接种率、乙肝疫苗首针及时率、常住儿童11种一类疫苗接种率均超过95%。年内，完成AFP、麻疹、疑似预防接种异常反应等监测任务；全年报告的新发麻疹病例数控制在1/100万以下。

【慢性病综合防控】2014年，全市共建立居民电子健康档案397.43万份，建档率85.91%；全市65岁以上老年人累计体检55.41万人次。规范管理高血压患者45.62万人，糖尿病患者15.02万人。全年全市共通过死因网络直报报告死亡病例30548例，居民死因报告率6.58‰。累计登记报告恶性肿瘤病例14873例、脑卒中病例7883例、冠心病病例2816例。累计登记录入重性精神疾病患者18950人，在册患者18360人，在管患者16464人。年内，高港区被国家卫计委命名为第三批“国家慢性病综合防控示范区”，泰兴市被省卫计委命名为“江苏省慢性病综合防控示范区”。

9月19日，海陵区对健康素养监测调查员进行培训

【健康素养干预】全年累计开展健康知识讲座7800多场，咨询活动628场次，资料入户779万份，户覆盖率100%，完成各类人群监测6000多人。创建“健康促进示范单位”80多家，2所学校获“国家学生营养与健康示范学校”称号。作为江苏省唯一地级市监测点接受国家食品安全风险评估中心督导。全年共完成建设项目职业病危害评价项目10个，放射防护评价31个；接受职业病诊断就诊登记51人，组织诊断27例52人次。

卫　生　监　督

【概况】2014年，泰州市规范卫生监督分所的制度化管理，全市基本建成县乡村三级卫生监督网络。运用市级卫生监督机构“云平台”，实行“一户一档”管理。年内，举办泰州市首届卫生监督执法技能竞赛、卫生行政执法能力提升培训班。实行执法卷宗审查制度，共审查执法案卷76份，发放审查意见书12份；实行执法卷宗点评制度，共发放行政许可文书、行政处罚文书10份，编印点评专刊10期。年内，2份报送的执法文书获全省卫生行政执法文书评查一等奖，抽查的许可案卷获“全省十佳卫生许可案卷”。出台《泰州经营性公共场所控烟管理规定》，将控烟纳入公共场所量化分级评定考核，在公共场所全面张贴禁烟标志。加强食品安全监督工作，完成11类97份食品样品的采集以及20份餐饮具样品的监测。年内，市卫生局与市卫生监督所联合承担的《食品安全国家标准跟踪评价调研报告》获全省一等奖。

【日常监督管理】2014年，泰州市在全省率先制定出台《社会检测服务机构管理暂行规定》，制定《泰州市医疗服务监督工作规范》。全市日常监督模块平均覆盖率达98.11%。年内，配合省“健康江苏2014卫监”系列执法行动，共检查职业放射单位34家、各类公共场所饮用水单位640家、消毒及传染病防治单位80家，培训放射工作人员45名。开展全市性涉水产品企业培训3期，对生产管材管件的13家企业进行检查，抽检样品5份，发放监督意见书25份，立案查处2家。全年共查处各类违法案件77起，罚没款47.5万元。年内，建成非法行医监测一级哨点5个，二级哨点44个。

【食品安全国家标准跟踪评价】2014年，市卫生监督所开展《食品营养强化剂使用标准》（GB14880-2012）和《蒸馏酒及其配制酒》（GB2757-2012）2项食品安全国家标准跟踪评价。跟踪评价工作采取问卷调查、现场调查、指标验证、专家咨询等方式，组织食品安全监管机构2家、检验机构2家，调查食品生产企业4家，完成调查问卷19人份，采集食品样品4个品种，完成1000多条信息的收集、录入、汇总。

（卫生局）

综　述

【概况】2014年，泰州市体育局围绕体育惠民方针，推进体育事业转型升级。年内，出台《泰州市中心城区学校室外体育设施向社会开放实施方案》，推进泰州实验中学、泰州实验学校、市智堡学校、市明珠实验学校等4所学校体育设施向社会开放；更换、安装主城区室外健身器材80套，培训二级以上社会体育指导员1172名，超额完成省下达的万人拥有20名体育指导员的社会指标；举办“凤城河公开水域全国邀请赛”等品牌赛事活动，累计举办各类健身活动近500次；组织近40家企业申报市级产业引导资金。推进体教结合，全年创成省高水平体育后备人才基地1个，国家级、省级体育俱乐部31个，省级传统项目学校11所；命名市“阳光体育后备人才基地”43所、市“校园足球布局学校”38所。加强城区室外健身器材维护与更新，海陵区建立1支专业巡查维护队伍，高港区与澳华体育用品有限公司签订管理养护协议。

推进城乡体育发展一体化。在全省率先实施农村“20分钟体育健身圈”建设，各类体育协会组织向农村延伸，乡镇普遍建立体育总会、老年人体育协会；启动实施《城区体育场馆设施专项规划》编制工作，推进市体育公园、市体校建设工作，推进机关、学校及各类企事业单位体育场地设施对公众开放，率先在全省建成城市社区“10分钟体育健身圈”并通过验收。

推进体育社团专业化。开展市属单项体育协会A级评估工作，至年末全市有市属体育单项协会31个、团体会员320个、个人会员近4万人；城乡晨晚练健身点近2300个，每万人拥有5个健身点；有各类体育俱乐部429个，其中国家级1个、省级16个、市级47个。

【体育事业发展】推进“群众体育与竞技体育”“体育事业与体育产业”融合发展。推进场馆服务业和竞赛表演业“两业融合”，举办2014“舞动中国·全国排舞联赛”“中国梦·泰州风”广场舞大赛等赛事。放大名人名赛效应，打造“中国棋城”，举办第四届“黄龙士杯”世界女子围棋擂台赛、省少年儿童国际象棋锦标赛、中国象棋青年大师赛等。年内，推进体育公园广场、健身步道、健身长廊等建设；出台《泰州市竞技体育奖励暂行办法》《关于进一步加强运动员文化教育和保障工作实施意见》等奖励激励措施，提升业余训练水平；出台《泰州市全民健身中心建设资金补助办法（试行）》《泰州市加快体育产业发展的实施意见》，上争省产业引导资金310万元。

2月16日，第四届“黄龙士·双登杯”世界女子围棋擂台赛在姜堰区开赛

群　众　体　育

【概况】2014年，泰州市推进体育设施“两圈”（城市社区“10分钟体育健身圈”，农村“20分钟体育健身圈”）建设。年内，全市城市社区“10分钟体育健身圈”初步建成；兴化市、姜堰区和医药高新区通过“10分钟体育健身圈”建设省级检查验收；出台《泰州市农村“20分钟体育健身圈”建设实施方案》，计划用3年时间实现建设目标。全年全市共新建室外健身路径1121套、室外篮球场地94个，配套建设乒乓球室246个、棋牌室355个、室内体育健身房25个；全市全部乡镇（街道）均建有功能较齐全的全民健身中心，全部行政村（社区）均有体育健身设施，自然村体育设施覆盖率达60%。2014年，全市人均体育场地面积2.25平方米，超过“十二五”规划目标。

推动基层全民健身组织社会化发展。免费培训各级各类社会体育指导员，全年全市承办全省一级社会体育指导员石锁、泰兴花鼓技能培训班等2期，承办健身气功、排舞、广场舞、太极剑、石锁等全省一线社会体育指导员技能培训班等9期；各市（区）举办二级社会体育指导员培训班9期，参培人员1600多人次。2014年，全市新增二级以上社会体育指导员645人，全市社会体育指导员人数累计12307人，万人拥有社会体育指导员24人；每个乡镇均有老年人体协、农民体协、指导员协会等体育组织3个以上、健身队伍1~2支，80%以上的行政村有晨晚练健身点和社会体育指导员。

【农村“20分钟体育健身圈”建设】年内出台《泰州市农村“20分钟体育健身圈”建设实施方案》。争取省体育局支持，年内获省体育局对黄桥老区300套健身器材和兴化400套健身器材专项扶持资金1050万元。1400多个行政村的健身设施维护更新或提档升级完成，其中医药高新区鲍庄村、高港区刁铺镇大丰社区、兴化市安丰镇健身广场获国家级“全民健身广场”称号，并获配套资助资金10万元。推进对全市近8000个自然村进行一套标准健身路径或一片标准篮球场地配套建设的工作，其中海陵区、高港区和医药高新区于2013年基本建设到位。2014年，省、市、市（区）体育部门累计投入泰州体育设施建设专项资金2000多万元，全市自然村体育设施覆盖率达60%，农村体育发展格局初具规模。

【全民健身活动】举办泰州市第十届全民健身节，共举办各类体育活动300多项。6月6日，举办全民健身系列活动启动仪式暨泰州市第五届广场舞大赛，17支队伍400多人参赛。

【民间传统体育活动】出台《泰州市民间传统体育项目发展规划（2014～2018年）》，开展民间传统体育系列活动。6月8日，全省第九届“沿江体育大联动”泰州分会场举办民间传统体育项目嘉年华，数千人参加市区抛石锁、抖空竹、滚铁环、打陀螺、放风筝、跳秧歌、练气功、玩武术等近20种民间传统体育项目。

【泰州市第四次国民体质监测】5月，泰州市启动第四次国民体质监测工作。至7月，全市共测试城市幼儿280人、成年人1120人、老年人140人，农村幼儿280人、成年人560人、老年人140人；共监测6类适宜人群14个年龄段的样本量15000人，报省有效样本量9576人。

【“中国·泰州”系列邀请赛】5月25日，举办“中国·泰州”环天德湖长跑邀请赛，省内外200多人参赛。8月3日，举办“中国·泰州”凤城河公开水域游泳邀请赛，全国34支代表队近600人参赛。11月30日，举办第三届“中国·泰州”环天德湖国际自行车邀请赛，全国各地300多人参赛。

5月25日，2014中国·泰州第二届环天德湖长跑邀请赛在泰州举行

【泰州首届风筝交流展示节暨第三届风筝文化节】5月1~3日，由市体育局、园林局主办的泰州首届风筝交流展示节暨第三届风筝文化节在天德湖公园举行，来自南京、扬州、常熟等地和泰州市区的100多名选手参赛，向市民游客展示夜光风筝、运动风筝、立体风筝、盘鹰风筝等。活动期间每天提供300个风筝供市民

免费领取，并设风筝展览、现场传授风筝制作和放飞技巧等环节。

【健身气功】6月30日，由泰州市体育局、健身气功协会和靖江市体育局共同承办的全国“百城千村”健身气功系列展示活动泰州启动仪式在靖江市举行，全国11支参赛队120多名选手进行五禽戏、易筋经、八段锦和马王堆导引术等4种功法的集体展示。7月11~14日，江苏省第二届健身气功站点联赛在泰州市体育馆举行，来自全省13个市、26支基层健身气功站点代表队的120多名选手参加集体和个人项目的比赛，这是泰州市首次承办全省健身气功比赛。至年末，全市建有各类健身气功站点近100个，练习人数超过5000人。

【“海陵石锁王”创吉尼斯世界纪录】7月21日，“海陵石锁王”王秉荣在意大利米兰举行的吉尼斯世界纪录挑战赛上，创下“80斤石锁，在蒙眼情况下成功抛接13次”的纪录，成为泰州市首个打破吉尼斯世界纪录的人。石锁项目是集技巧、力量、趣味、娱乐为一体的传统体育运动，是区级非物质文化遗产项目；海陵区石锁协会于2007年成立，至年末“海陵石锁”爱好者共有200多人。

【在2014“舞动中国·全国排舞联赛”获佳绩】9月27~28日，2014“舞动中国·全国排舞联赛”（江苏赛区）在泰州市体育馆举行，省内外33支代表队近600名选手参加比赛；泰州市海陵区代表队获常青组团体一等奖。11月8~10日，“舞动中国·全国排舞联赛”总决赛在浙江举行，海陵区文体新局代表队、高港区口岸街道代表队参赛，获金奖6项、银奖2项；海陵区文体新局代表队获大集体常青组团体亚军，《洲堤杨柳舞港城》《扎西德勒》等2个金奖节目入选闭幕式和颁奖典礼。

学 校 体 育

【概况】2014年，泰州市推动实施“阳光体育后备人才基地”认定工作，命名高港区实验学校、泰州市实验小学、姜堰区东桥中心小学、江苏省靖江市高级中学、泰兴市根思小学、兴化市新生中心小学等43所学校为首批泰州市“阳光体育后备人才基地”。出台《关于进一步加强市校园足球工作的实施意见》，命名泰州实验学校、靖江市东兴镇中心小学、兴化市实验小学、姜堰区蒋垛中心小学、泰兴市黄桥初级中学等38所学校为市级“校园足球布局学校”。出台《泰州市中心城区学校室外体育设施向社会开放实施方案》，推进泰州实验中学、泰州实验学校、市智堡实验学校、市明珠实验学校等4所学校体育设施向社会开放。

【在第十二届全国学生运动会田径比赛中获佳绩】7月28日~8月1日，全国青少年田径运动最高水平赛事之一的第十二届全国学生运动会田径比赛在上海举行。泰州市5名选手参赛，4人次获金牌并打破1项赛会纪录。其中，黄妍获女子400米冠军、女子400米栏冠军、女子4×400米接力冠军等3枚金牌，并打破女子400米栏赛会纪录；陈文文以4775分的总分获男子七项全能亚军。

【泰州市中小学生篮球赛】7月25~27日，2014年泰州市中小学生篮球赛在市智堡实验学校举行。全市32所中小学校400多名运动员分小学组、初中组、三星高中组、四星高中组参赛，参赛人数创历届比赛参赛人数之最。

竞 技 体 育

【全国及以上赛事泰州（籍）运动员赛绩】8月17日，吴志强获第二届南京青年奥林匹克运动会柔道男子66公斤级季军。9月19日，钱佳睿获第十七届仁川亚运会女子佩剑团体银牌。10月2日，杨敏获第十七届仁川亚运会女子橄榄球冠军。2014年，泰州市共有18人次获26项次全国冠军，13人次获20项次全国亚军，15人次获18项次全国季军。

9月19日，泰州代表团参加省十八届运动会开幕式

【江苏省第十八届运动会泰州（籍）运动员赛绩】2014年，泰州市代表团在江苏省第十八届运动会上共获金牌54.88枚、奖牌151.08枚、总分1858.53分。4月18

2014年泰州籍运动员参加全国及以上赛事成绩统计表

表36

运动员	赛　　事	大　项	小　项	名　次
沈　慧	2014年全国少年自行车锦标赛	自行车	女子甲组50公里个人赛	1
沈　慧	2014年全国少年自行车锦标赛	自行车	女子甲组个人计时赛	1
陈　敏	2014年全国青少年射击锦标赛	射击	女子少年组10米气手枪团体	2
万元烽	2014年全国青年男子自由式摔跤锦标赛	摔跤	66公斤级	3
吉程征	2014年全国男子自由式摔跤锦标赛	摔跤	74公斤级	3
万元烽	2014年全国男子自由式摔跤冠军赛	摔跤	65公斤级	3
徐佳琦	2014年全国田径锦标赛	投掷	女子投掷团体	2
徐佳琦	2014年全国室内田径锦标赛（北体大）	投掷	女子铅球决赛	2
徐佳琦	2014年全国青年田径锦标赛	投掷	女子青年组铅球决赛	2
钱佳睿	2014年仁川亚运会	击剑	女子佩剑团体	2
王　一	2014年全国少年击剑赛	击剑	乙组女子佩剑个人	2
栾润秋	2014年全国青少年射击锦标赛	射击	飞碟男子多向	1
陈歆怡	2014年全国少年击剑赛	击剑	乙组女子佩剑团体	3
焦静雯	2014年全国少年击剑赛	击剑	乙组女子佩剑团体	3
王　一	2014年全国少年击剑赛	击剑	乙组女子佩剑团体	3
殷逸慧	2014年全国少年击剑赛	击剑	乙组女子佩剑团体	1
殷逸慧	2014年全国少年击剑赛	击剑	乙组女子佩剑个人	7
钱佳睿	2014年全国击剑锦标赛	击剑	女子佩剑个人	2
钱佳睿	2014年全国击剑锦标赛	击剑	女子佩剑团体	2
颜逸飞	2014年全国少年击剑赛	击剑	乙组男子花剑团体	3
吴志强	2014年全国青年男女柔道锦标赛	柔道	−66公斤级	1
吴志强	2014年南京青奥会	柔道	−66公斤级	3
吴志强	2014年全国男子柔道锦标赛	柔道	−66公斤级	5
田　野	2014年全国青年男女柔道锦标赛	柔道	男子团体	1
吴志强	2014年全国青年男女柔道锦标赛	柔道	男子团体	1
李茂鉴	2014年全国男子柔道锦标赛	柔道	−81公斤级	5
吴志强	2014年全国男子柔道冠军赛	柔道	−66公斤级	3
李茂鉴	2014年全国男子柔道冠军赛	柔道	−81公斤级	1
朱文娟	2014年全国女子柔道冠军赛	柔道	−63公斤级	7
朱文娟	2014年全国女子柔道冠军赛	柔道	团体赛	2
叶　露	2014年全国女子柔道冠军赛	柔道	−70公斤级	7
朱　丽	2014年全国少年男女柔道锦标赛	柔道	女子−57公斤	3
张小艳	2014年全国少年男女柔道锦标赛	柔道	女子−52公斤	1
高姚敏	2014年全国少年男女柔道锦标赛	柔道	女子−63公斤	3

续表36-1

运动员	赛　　事	大　项	小　项	名　次
孙　琴	2014年全国少年男女柔道锦标赛	柔道	女子-70公斤	1
韩嘉伟	2014年全国少年男女柔道锦标赛	柔道	男子-55公斤	1
马　鑫	2014年全国少年男女柔道锦标赛	柔道	男子-66公斤	2
潘薪阳	2014年全国少年男女柔道锦标赛	柔道	男子-81公斤	1
胡文轩	2014年全国少年男女柔道锦标赛	柔道	男子-90公斤	2
唐卫国	2014年全国少年男女柔道锦标赛	柔道	男子-100公斤	3
朱雨雯	2014年全国大学生男女柔道锦标赛	柔道	女子团体赛	3
张　言	2014年全国赛艇锦标赛	赛艇	男子2000米八人单桨有舵手	2
张　言	2014年全国赛艇锦标赛	赛艇	男子2000米四人单桨	4
王　雪	2014年全国赛艇锦标赛	赛艇	女子2000米四人双桨	4
孙美琳	2014年全国赛艇锦标赛	赛艇	女子2000米四人双桨	4
孙美琳	2014年全国赛艇锦标赛	赛艇	女子2000米双人双桨	5
马芳静	2014年全国青年U-18赛艇锦标赛	赛艇	女子2000米单人双桨	8
陈　钰	2014年全国少年拳击锦标赛	散手	女子54公斤级	3
薛　珂	2014年全国竞走锦标赛	竞走	女子少年组10公里	2
王杰忻	2014年全国竞走锦标赛	竞走	男子青年组30公里团体	1
薛　珂	2014年全国竞走大奖赛（2）	竞走	女子少年组10公里	1
黄　妍	2014年全国田径锦标赛	田径	女子4*400米接力	1
黄　妍	2014年全国田径锦标赛	田径	女子400米栏	3
黄　妍	2014年第十二届全国学生运动会	田径	女子400米栏	1
黄　妍	2014年第十二届全国学生运动会	田径	女子400米	1
黄　妍	2014年第十二届全国学生运动会	田径	女子4*400米接力	1
黄　妍	2014年第十二届全国学生运动会	田径	女子4*100米接力	2
丁晓雪	2014年第十二届全国学生运动会	田径	女子4*400米接力	1
丁晓雪	2014年第十二届全国学生运动会	田径	女子400米栏	6
张　峰	2014年中华人民共和国第十二届运动会	田径	男子200米	3
张　峰	2014年中华人民共和国第十二届运动会	田径	男子4×100米接力	3
张　峰	2014年中华人民共和国第十二届运动会	田径	男子100米	5
杨思嘉	2014年全国田径锦标赛	田径	女子4×400米接力	1
徐佳琦	2014年全国田径冠军赛总决赛	田径	女子铅球决赛	2
徐佳琦	2014年世界青年田径锦标赛	田径	女子铅球决赛	4
徐佳琦	2014年亚洲青年田径锦标赛	田径	女子铅球决赛	1
吴　椒	2014年全国青年跳水冠军赛	跳水	女子双人跳台	2
蔡星宇	2014年全国青年跳水冠军赛	跳水	女子双人跳台	2
吴　椒	2014年全国跳水冠军赛	跳水	混合全能	2

续表36-2

运动员	赛　　事	大　项	小　项	名　次
杨炎智	2014年全国少年体操比赛总决赛	体操	男甲12岁自由体操	1
杨炎智	2014年全国少年体操比赛总决赛	体操	男甲12岁吊环	1
杨炎智	2014年全国少年体操比赛总决赛	体操	男甲12岁跳马	2
杨炎智	2014年全国少年体操比赛总决赛	体操	男甲12岁双杠	3
杨炎智	2014年全国少年体操比赛总决赛	体操	男甲12岁单杠	1
杨炎智	2014年全国少年体操比赛总决赛	体操	男甲12岁个人全能	1
杨炎智	2014年全国少年体操比赛总决赛	体操	男甲12岁团体	2
杨　敏	2014年仁川亚运会	橄榄球	女子橄榄球	1

日，丁成龙获男子自行车少年甲组（公路项目）80千米个人赛冠军。5月12日，王杰获男子举重青年组56公斤级冠军。5月18日，何俊航获男子摔跤少年乙组古典式55公斤级冠军。7月5日，王杰忻获男子竞走青年组10000米冠军。9月21日，高姚敏获柔道女子少年乙组60公斤级冠军。9月22日，徐佳琦获女子青年组铅球冠军，马鑫获男子柔道少年乙组66公斤级冠军。9月23日，黄妍获女子青年组400米冠军并破江苏省年龄组纪录，朱雨雯获女子柔道少年甲组49公斤级冠军。9月24日，陈苏海、陈嘉杰获男子赛艇少年乙组公开级双人双桨1千米冠军，杨寅鹏获男子少年甲组200米冠军，杨忠华获男子柔道少年甲组66公斤级冠军，张亚琴获女子柔道少年甲组56公斤级冠军，田野获男子柔道少年甲组81公斤级冠军。9月25日，黄妍获女子青年组400米栏冠军并破江苏省年龄组纪录，栾雨生、颜逸飞、丁柳获男子花剑儿童组团体冠军，周中博、王峰获男子赛艇少年乙组公开级双人双桨4000米冠军。

【第四届“黄龙士·双登杯”世界女子围棋擂台赛在姜堰举行】2月16日，第四届“黄龙士·双登杯”世界女子围棋擂台赛揭幕战在姜堰溱湖度假村举行。国家体育总局棋牌运动管理中心主任刘思明、中国围棋协会主席王汝南、江苏省体育局副局长朱维宁、中国围棋队领队华学明、江苏棋院院长邵震中、姜堰区副区长刘文来及中日韩三国参赛棋手出席开幕式。经过2个阶段共14局比赛，中国队王晨星4月12日执白胜韩国队朴志恩，中国队获胜。

【向省体工队输送运动员】2014年，泰州市向省体工队输送11名运动员，分别是击剑运动员胡鑫子，自行车运动员丁成龙，田径运动员王杰忻、徐佳琦，举重运动员王宇星、王杰、张新明，中国象棋运动员孙逸阳，国际象棋运动员袁烨，柔道运动员田野、吴志强入选省体工队，输送人数在全省13个地级市中居第6位。

体　育　产　业

【概况】2014年，泰州市共有6个项目获省体育产业发展引导资金310万元，11家企业单位获市级体育产业发展引导资金资助和奖励共145万元。全年举办游泳教练员培训1期、游泳救生员培训3期，106人通过考核。7月，市体育局、公安局、卫生局联合对全市游泳场所进行实地安全检查。

【泰州市第六次全国体育场地普查】普查于2013年12月启动。2014年，举办普查员骨干培训2期，培训人员220多人；组织各乡镇、街道、中小学一级普查员对体育场地实地丈量、登记，组织县级初审工作，并按表格10%、实地1%的比例进行核查。至2013年末，泰州市共统计有体育场地8208个，其中室内体育场地1626个、室外体育场地6582个；用地面积836.44万平方米，建筑面积50.29万平方米，场地面积583.15万平方米；平均每万人拥有体育场地16.21个，人均体育场地面积1.15平方米。

【体彩销售】2014年，全市体育彩票实现销售总额7.96亿元，比上年增长18.81%；市场份额58.52%。其中，传统电脑彩票销售额2.27亿元，体彩高频游戏“11选5”销售额2.99亿元，即开型彩票销售额4645万元，竞彩销售额2.23亿元。全年全市共产生100万元以上大奖3注，其中“体彩7位数”500万元大奖2注、“排列5”200万元大奖1注，中奖地分别是靖江、兴化和泰兴。

2014年度江苏省体育产业发展引导资金项目表
（泰州市部分）

表37　　　　单位：万元

项目名称	项目单位	支持额度	方式
全民健身中心托管经营项目	泰兴市金仕堡体育产业发展有限公司	50	资助
LACKPARD运动帽品质提升与自主品牌打造项目	泰州捷峰帽业有限公司	100	资助
溱湖龙舟大奖赛	泰州市姜堰溱湖风景区开发建设有限公司	50	资助
利用小区闲置场所建设运动会所	江苏美好置地有限公司	50	奖励
利用大型闲置场馆改造健身场地	泰州市体育服务有限公司	30	奖励
利用闲置场地改造体育健身休闲场馆	姜堰市尊爵瑜伽健身俱乐部	30	奖励

（周　乐）

望海楼

社会生活

责任编辑 王 卉

民　　政

·综　　述·

【概况】2014年，泰州市城市低保标准提高至人均530元/月以上，农村低保标准提高至370元／月以上，共保障城乡低保对象9.2万人；医疗救助比例提高至60%，全年累计救助22.7万人次。加强低保动态管理，普遍建立起社会救助家庭经济状况核对系统，比对申报信息22648条。全市81个乡镇（街道）均建立社会救助“一门受理”窗口，并在高港区开展“救急难”工作试点。举办“5·12”系列防灾减灾知识宣传和救灾演练活动，建成全国综合减灾示范社区5个。推进婚姻收养登记补录和区划调整工作，开展历史地名保护，编撰出版《泰州市历史地名保护名录》。

推进社会福利事业发展。全年新（改）建养老机构32家，建成省级示范性社区居家养老服务中心29个、农村社区居家养老服务站153个、农村“老年关爱之家”20个、城市小型托老所2个、虚拟养老院1个，完成农村幸福院项目92个，新增养老床位5236张，每千名老人拥有养老床位30.6张。实施“牵手夕阳”福利惠老保险项目，累计赔付5227例，赔付金额994.94万元，获“中华慈善突出贡献（项目）奖”。启动实施“牵手·困境儿童”福彩慈善保险项目，为6万名困境儿童提供免费保险。

落实优抚和惠民政策。调高优抚对象生活补助标准，实现参照系数和补助标准城乡一体化，惠及全市1.61万名优抚对象。退役士兵免费职业技能培训参训率为83.2%。基本完成“烈士证明书”和“残疾军人证”换发工作，烈士纪念设施抢救保护工作完成率为85%。举行首个“烈士纪念日”公祭活动。出台《关于实施退役士兵村官培养工程的意见》。泰州市革命烈士纪念馆被民政部表彰为“全国文明优抚事业单位”。落实全民普惠殡葬政策，泰州市殡仪馆被授予“全国殡葬工作先进集体”称号。推进公益性公墓建设，对市区采取节地生态葬法的户籍居民进行减免和奖补。

9月30日，泰州市举行首个“烈士纪念日”公祭活动

推进“政社互动”工作。全市共有42个街道（乡镇）进行试点。开展和谐社区达标创建，城乡和谐社区达标率分别为87.5%、79%，全市有3个社区被表彰为“全国和谐社区建设示范社区”。加强社工队伍建设，实施“百名优秀社工人才培养工程”，全市164人通过社会工作者职业水平考试，比上年增长41.4%。社会组织孵化中心于6月实现试运行，进驻社会组织14个；市级机关有14个行业协会与部门脱钩，全年直接登记行业协会商会类、科技类、公益慈善类和城乡社区服务类“四类社会组织”62个，全市社会组织登记备案总量达7843个，比上年增长8.4%。开展“福彩慈善·助力社区”公益创投活动，提供近600万元扶持资金，全市100多个社区群众享受服务。

【“烈士纪念日”公祭活动】9月30日，市委、市政府在市革命烈士纪念馆举行“烈士纪念日”公祭活动。市四套班子、泰州军分区、市法院、市检察院领导，市级机关各部门（单位）主要负责人，各市（区）代表，烈士遗属和革命老战士代表以及各界群众代表共1000多人参加。市委副书记、市长陆志鹏主持公祭仪式。

（钱志宇）

·社会救助和社会福利·

【概况】2014年，全市保障城市低保对象8990户、14664人，月人均低保标准由2013年的480元提高到530元，累计支出资金4910万元；全市保障农村低保对象50677户、77164人，月人均低保标准由2013年的320元提高到370元（姜堰区为430元），累计支出资金18713万元。靖江市、海陵区、高港区和高新区实现城乡低保标准一体化。全年累计医疗救助22.71万人次，投入救助资金10364万元。其中，救助住院患者56799人次，投入救助资金8819万元；资助参保人员14.06万人，投入资金1295万元。全年救助困难家庭33085户，其中城市家庭12157户、农村家庭20928户，累计支出资金1413万元。

因遭受雷电、风雹等自然灾害袭击，全年全市受灾人口32655人；紧急转移安置人口95人；倒塌房屋59间，其中农房21户48间；农作物受灾面积2400.4公顷，其中绝收面积551.5公顷；已救助口粮人口3243人，救助人口15428人。自然灾害造成直接经济损失2772.6万元。

2014年，全市有老年福利机构145家，床位34906张，每千名老人拥有养老床位30.6张。其中，公办老年福利机构8家，拥有床位2007张；民办老年福利机构37家，拥有床位5771张；公办民营老年福利机构2家，拥有床位560张；农村“五保”供养服务机构98家，拥有床位17617张。实施农村“五保”供养服务机构建设管理提升工程，建成省星级“五保”供养服务机构37家（不含泰兴市），其中一星级19家、二星级13家、三星级5家。全市有儿童福利机构3家，床位150张。落实《孤儿保障办法》，全市有771名孤儿被纳入基本生活保障体系，福利机构集中供养孤儿每人每月1550元、社会散居孤儿海陵区每人每月1000元、高港区每人每月1020元、姜堰区每人每月1098元、医药高新区每人每月1020元、兴化市每人每月1050元、靖江市每人每月1000元。全年为市区26558名80周岁以上老年人共发放“尊老金”1757万元。

（柳阿红　刘春国）

【启动市区自然灾害民生保险项目】7月10日，由市民政局、市慈善总会联合平安养老江苏分公司和平安财险江苏分公司实施的“佑护万家”市区自然灾害惠民保险项目举行签约仪式，标志着市区自然灾害民生保险项目正式启动。该保险项目在全省首创“政府+社会组织”模式，覆盖市区163.27万户籍居民和55.68万户自住房，以及在抢险救灾中受到人身伤害的非户籍施救人员，保费总额197.5万元，所有保费从政府福彩公益金和慈善捐款中支出，不需要办理投保手续。市民政局局长叶海波和平安养老江苏分公司总经理梁嘉源代表双方签约，副市长陈明冠、省民政厅副巡视员晏翠耀、市慈善总会副会长常龙福出席签约仪式。市民政局党委副书记、纪委书记丁亚明主持签约仪式。

（柳阿红）

7月10日，“佑护万家”自然灾害惠民保险项目举行签约仪式

【福利彩票销售】2014年，全市实现福利彩票销售收入5.64亿元，其中电脑型彩票销售3.81亿元、网点即开票销售2154万元、“中福在线”销售1.62亿元。兴化市、泰兴市、靖江市、姜堰区分别实现福利彩票销售1.34亿元、1.31亿元、6001万元、8033万元。

（夏荣霞）

·基层政权和社区建设·

【概况】健全“一委一居一站一办”（党委、居委会、管理服务站、综合治理办公室）社区组织架构。全市村（居）委会依法自治达标率分别为97.5%和97.9%。出台《泰州市城乡社区工作事项准入办法》，全市共有42个街道（乡镇）开展“政社互动”工作试点，占乡镇（街道）总数的43.2%。推行村（居）干部辞职承诺制，下发《关于实行村（居）干部辞职承诺制度的实施意见》，组织开展任期目标承诺和辞职承诺，规范村（居）干部履职行为。组织开展“村（居）民直评村（居）干部”活动，全市各村（居）委会班子共作出整改承诺8643项，已践诺8279项，践诺率为95.8%。

推进城乡社区基础设施达标建设，组织市（区）、街道（乡镇）、社区（村）“三级联创”活动，城市、农村和谐社区达标率分别为87.5%和79%，海陵区城北街道大浦社区、高港区口岸街道新城社区、靖江市靖城街道虹兴社区创建成“全国和谐社区建设示范社区”。全年市级财政共投入社区建设经费300万元，全市7个市（区）的97个乡镇（街道）级社区综合服务中心全部建成。出台《关于进一步加强城乡社区网格化服务管理规范化建设的实施意见》，下发《深化社区大走访工作的意见》，实现网格化服务管理与社区大走访相结合，全年累计走访群众近200万人次，解决各类矛盾4万多件。开展减轻社区负担专项治理工作，公布《泰州市级机关社区工作事项准入目录》，批准26个市级机关部门的41项工作进社区，城市社区和农村社区分别清理台账23个、18个，台账总数分别减少32%、26%。

（孙润海）

·双拥优抚安置·

【概况】2014年，泰兴市、靖江市、兴化市、海陵区、姜堰区获省级“双拥模范城”称号。全年全市（不含泰兴市）共接收城乡退役士兵1757人，其中转业士官88人。接收部队移交地方干休所退休干部2名，接收部队移交地方安置的无军籍退休职工2名。组织1463名退役士兵参加免费职业技能培训，参训率为83.2%；组织实施第二批退役士兵“村官”培养工程，选聘47名退役士兵到村任职。提高7~10级伤残军人、带病回乡退伍军人、“两参”（参战、参试退役）人员抚恤补助的比例，将在乡复员军人抚恤补助标准参照系数调整为上年度全市在岗职工平均工资，实现参照系数和城乡标准两个“一体化”。开展“五百”（进百家门、知百家情、结百家亲、解百家难、暖百家心）优抚走基层活动，全年共组织集中疗养5期180人次，医疗巡诊16期1468人次。为在乡老复员军人及1~6级残疾军人免费体检，建立健康档案。投入资金593.22万元，“一助一”结对帮扶3230户，扶植项目146个，为116户重点优抚对象家庭提供免费司法代理。全年完成2908位伤残军人和2374位烈士遗属的“残疾军人证”“烈士证明书”换发工作。开展零散纪念设施和烈士墓普查工作，数据库录入率为100%。

【社会化拥军】开展“双拥在基层”活动，完善落实基层双拥工作领导机制，指导基层组织开展双拥共建活动。发挥社区双拥工作站服务作用，为优抚对象提供物质资助、精神抚慰、心理援助等服务。泰州学院为“泰州舰”官兵免费开展学历升级教育。组织“送亲人嘱托、送家乡祝福”系列走军营活动，赴“泰州舰”开展慰问交流。慰问在成都军区服役的装甲兵某部和防空某部泰州籍新兵。积极培植双拥典型人物，泰州市爱国拥军促进会副会长、梅兰春酒厂有限公司董事长刘秀兰获2013《中国双拥》年度人物——“社会拥军典范”提名奖。

【走访慰问部队官兵】7月30日，市领导蓝绍敏、陆志鹏、王守法、杨峰、卢佩民、陈明冠、赵建生、王群集中慰问驻泰部队全体官兵。7月31日，市长陆志鹏率团慰问“泰州舰”官兵。

（马丽华　刘双林　崔赟智）

·专项社会事务管理·

【概况】2014年，全市经各级民政部门注册登记的地方性社团总数为1483个，其中市直社团314个、县级社团1169个；学术性社团309个、专业性社团325个、行业性社团508个、联合性社团152个、其他性社团191个。年内审核批准社团132个，依法注销社团27个、撤销社团1个。依法对各社团进行年检，参检率为93.4%。

至年末，全市经各级民政部门注册登记的民办非企业单位1981个，其中市直129个、县级1852个；教育类417个、卫生类125个、文化类108个、科技类60个、体育类105个、劳动类263个、民政类501个、中介类120个、法律服务单位4个、其他类278个。年内，审核批准民办非企业单位90个，依法注销民办非企业单位102个、撤销1个。依法对民办非企业单位进行年检，参检率为94.2%。

加强救助管理工作，出台《泰州市加强流浪未成年人救助保护工作的实施意见》。全年全市共救助城市生活无着流浪乞讨人员3329人。其中，泰州市区救助1883人，靖江市救助588人，泰兴市救助346人，兴化市救助512人。全年共救助流浪未成年人1092人次，精神病人、智障人员、危重病人、肢体残疾人782人次。

全年全市办理结婚登记55857对、离婚登记9207对，婚姻登记合格率为100%。

规范收养程序，开展收养人与被收养人DNA比对工作。全市共办理收养登记109人。其中，办理收养社会福利机构抚养的弃婴84人，办理收养非福利机构抚养的弃婴14人，办理收养三代以内同辈旁系血亲的子女7人，办理收养特殊困难无力抚养儿童4人。

加强殡葬改革，全年共清理市区主要道路沿线两侧和居民区各类坟墓2340座。出台《泰州市市区节地生态葬法减免和奖补暂行办法》，对采取节地生态葬法处置骨灰的市区户籍居民给予1000元/例的奖补。出台《关于充分发挥党员干部带头作用深入推进殡葬改革的实施意见》。全年全市火化遗体37504具，其中市区（含姜堰区）火化遗体11699具，靖江市火化遗体4956具，泰兴市火化遗体10112具，兴化市火化遗体10737具，火化率为99.8%。

（戴祝英　陈　红）

【行政区划调整】4月1日，经省政府批准，撤销姜堰区姜堰镇，以原姜堰镇的河西、南街、北街、高陈、东街、光明、罗塘、老庄、叶舍、康华、振兴、河东、西街、河南、南苑、荷叶、太平、桃园、古田、新城、彭垛、中天等22个居委会和前堡、公园、工联、幸福、西桥、城中、朱云、城东、通扬、东桥、城北、银穆、院子、太宇、唐园、三园、殷家、沿河、曹家、城南等20个村委会区域，设立罗塘街道办事处，办事处驻长江西路16号；以原姜堰镇的陈庄居委会和陈庄、新河、石黄、前马、城西、南石、马厂、双寿、陆庄、西陆、唐宁、杏林、东查、西查、三舍、小冯甸、军甫等17个村委会区域，以及果林场区域，设立三水街道办事处，并将梁徐镇新南村委会划归三水街道办事处管理，办事处驻姜堰大道88号。4月28日，经市政府批准，将泰州大道西侧、南官河东侧高港区刁铺街道通泰社区的朱西、朱东、朱前、五丰、叶河、韩东、韩西7个组，以及许庄街道三旗营社区的三二、三三、永红3个组划归医药高新区寺巷街道代管。编制出版《泰州市区地图》，编撰出版《泰州市区历史地名保护名录》。完成对扬州泰州、南通泰州、靖江泰兴、海陵高港行政区域界线的联合检查，按照新标准更换扬泰线、通泰线的15套界桩和警示碑。

（倪劲松）

·老年人事业·

【概况】2014年，泰州市充分发挥社会力量参与养老服务，推进居家养老服务项目建设，完成社区居家养老服务中心（站）省级“以奖代补”建设任务，全市共建成省级示范性社区居家养老服务中心29个、农村社区居家养老服务站153个、农村“老年关爱之家”20个、城市小型托老所2个、虚拟养老院1个，完成农村幸福院项目92个。完成市区为民办实事项目，海陵区、高港区、姜堰区、医药高新区各建成省级示范性社区居家养老服务中心1个。开展“安康关爱行动”，全市29.2万名老年人参与意外伤害保险，参保率为25.33%。

做好老年精神关爱工作，开展“走出家门·做快乐老人”主题活动，评选表彰“泰州快乐老人”65名。12月18日，全省老龄工作座谈会（苏中、苏南片）在泰州召开，苏中、苏南七市老龄办负责人参加会议。

2014年泰州市百岁老人分布情况表

表38　　　　单位：人

地　区	男	女	合计
泰州市	66	345	411
海陵区	4	18	22
高港区	3	28	31
医药高新区	3	9	12
姜堰区	17	71	88
靖江市	12	67	79
兴化市	19	76	95
泰兴市	8	76	84

9月30日，“迎国庆·庆重阳”全市老年人体育健身展示在泰州体育馆举行

【“走出家门·做快乐老人”主题活动】2014年，泰州市老龄委在全市组织开展“走出家门·做快乐老人”主题活动，分别开展老年健康论坛和知识讲座、“泰州

市老有所学三万培训计划”、退休人员烹饪技艺展演、老年人广场维权服务、老年人走上“百姓大舞台”专场文艺演出、“晒幸福晚年·传家风家训·讲孝亲故事”征集宣传、周桥戏曲大篷车送戏演出、“迎国庆·庆重阳”全市老年人体育健身展示、金秋十月苏中老年书画作品联合展览、“泰州市快乐老人”评选表彰暨老年节公益演出等10项活动，评选表彰“健康长寿之星”10名、“老有所学之星”10名、“书画创作之星”15名、“体育健身之星”10名、“文艺表演之星”10名、“老有所为之星”10名共65名“泰州市快乐老人”。

（戴晓玉）

关心下一代工作

【概况】 2014年，泰州市各级关工委发挥“五老”作用，积极参与社会治理，开展各类帮扶助困活动，加强校外教育辅导站建设，推进基层关工委制度化建设。年内，市关工委被中国关工委表彰为“宣传工作先进单位”，被省关工委授予“全省关工委宣传工作先进集体”；泰州市、姜堰区分获“江苏省家庭教育先进市”称号。

加强校外辅导站阵地建设。召开专题研讨会，推广泰兴市办站经验。召开全市校外教育辅导站工作经验交流会，培训基层辅导站负责人，表彰先进个人100名。至年末，全市有校外辅导站1477个，其中已建立校站共建的辅导站833个，占辅导站总数的56.4%；11698名“五老”、928名大学生“村官”参与辅导站工作，2039名教师兼职校外辅导员，共组织活动8083次；建成电子阅览室185个，2个村（社区）的电子阅览室活动计划、1个村的电子阅览室视频案例被省关工委采用并表彰。

5月，省关工委主任曹鸿鸣、市关工委主任万门祖等在兴化市管阮村调研校外辅导站建设情况

关爱弱势群体。开展关爱政策落实情况调查，帮助孤儿及低保、重大疾病、重残家庭儿童按政策规定纳入社会保障救助机制。召开全市关工委关爱工作推进会，推广兴化市、姜堰区、靖江市的经验做法。筹集关爱基金，对未能纳入社会保障、救助体系的弱势群体青少年，提供过渡性救助。全年全市各级关工委和“五老”共筹集助学助困资金889.7万元，扶贫助学7567人，帮助孤残弃青少年2238人。

加强基层关工委建设。深化“五有五好”（有班子、有队伍、有阵地、有经费、有制度，领导重视好、组织建设好、作用发挥好、活动开展好、工作效果好）关工委创建工作。推广兴化市“万名‘五老’做万件好事”和教育系统“双证（退休证、关心下一代工作上岗证）同发”制度；宣传潘兰英、王镜泉等一批“五老”典型；确立每年3月3日为“五老”志愿者活动日。

【基层学校关工委常态化建设】 2014年，在全市基本实现关工委常态化的基础上，启动基层学校关工委常态化的创建工作。市教育局先后召开全市学校关工委工作常态化建设研讨会和现场推进会，制定下发《泰州市关工委常态化建设合格学校考核细则》，推广“六步工作法”。各市（区）分别制订创建规划，召开基层学校主要负责人参加的创建动员大会，落实具体创建措施。年内，市关工委对各市（区）推荐申报的基层学校关工委常态化建设合格单位，按照20%的比例进行抽查并现场评估确认。8月，市教育局专门发文，确认全市141所中小学为首批“泰州市关工委常态化建设合格学校”，其中靖江市23所、泰兴市32所、兴化市26所、海陵区4所、高港区8所、姜堰区47所、医药高新区1所。

【“中国梦”主题教育活动】 2014年，市文明办、关工委、教育局在全市联合开展“爱学习、爱劳动、爱祖国，践行中国梦”主题教育活动。开展“老少共讲‘三爱’（爱学习、爱劳动、爱祖国）”“六个一”（读一本“三爱”经典书籍、看一部“三爱”教育影视片、订一个体现“三爱”要求的日常行为计划、讲一个“三爱”模范人物故事、做一件有意义的事、写一篇学习心得体会）教育活动。开展“传家风、讲礼仪”实践活动。举办以“在家做个好孩子、在学校做个好学生、在社会做个好公民”为主题的泰州市第二届“三好青少年”评选活动，初评“三好青少年”100名；通过网上投票，评选出“十佳三好青少年”10名。全年各级关工委共组织1626名“五老”宣讲员，编写宣讲材料346篇，受教育青少年62万人次；组织图片展览、文艺演出643场次，演讲比赛468场次，参与青少年80多万人次。组织全市中小学生参加中国关工委举办的“老少共话中国梦”书法绘画和省关心下一代周报社组织的“三爱”书签制作活动。

【“三扶两创一促进”活动】2014年，市关工委开展“三扶两创一促进”（扶技、扶志、扶创业，争创青年农民创业示范基地、青年农民创业之星，促进现代农业发展）活动，共创办农村政治科技学校249个，建立科技指导咨询机构174个，动员组织8.1万青年农民参加培训。全市有605名老农业科技人员参加帮扶培育“农民创业示范基地”134个，培育“青年农民创业之星”64名，其中，泰兴市三香果业有限公司董事长郭磊、兴化市沃丰果蔬专业合作社理事长姚贵远、姜堰区双缘瓜果蔬菜专业合作社董事长丁谦军被省关工委、省农业系统关工委表彰为“省青年农民创业之星”。

（丁 洋）

慈 善 事 业

【概况】2014年，泰州市各级慈善总会共募集慈善资金7374.12万元，救助支出4888.17万元，受助困难群众92.12万人次。其中，市本级接受捐赠收入1743.69万元，救助支出3040.65万元用于实施“福彩·慈善助学行动”“公益创投 助力社区”“牵手夕阳”“牵手困境儿童”“佑护万家”“关爱老人 从‘齿’开始”等42个慈善救助项目，“情暖江苏·爱在泰州”等8个救助项目的支出均超过100万元。“‘牵手夕阳’老年人公益保障项目”获中华慈善总会第二届“中华慈善突出贡献奖”。

至年末，全市乡镇（街道）一级共有基层慈善组织88个（靖江市13个、泰兴市14个、兴化市35个、姜堰区16个、海陵区10个），占全市乡镇（街道）总数的90.7%。资助兴化市20万元用于村、社区一级实施造血型慈善帮扶等项目试点和10个以上乡镇基层慈善组织建设。

加强慈善工作宣传力度，全年在《新华日报》《江苏慈善》《泰州日报》《泰州晚报》上刊登文章10多篇。开办《慈善在线》专栏，推出“情系学子”等专题10多个。

【第三次会员代表大会】11月27日，召开泰州市慈善总会第三次会员代表大会。市委书记蓝绍敏对大会作出批示，市委副书记杨峰、副市长陈明冠出席并讲话。会议审议通过《泰州市慈善总会第二届理事会工作报告》和《泰州市慈善总会会员代表大会选举办法（草案）》，选举产生泰州市慈善总会第三届理事会理事，召开三届一次理事会，选举泰州市慈善总会第三届常务理事、会长、副会长、监事会主席、副主席。

【“城市文明 你我共享”慈善文化惠民活动】6月20日，由市文明委主办，市慈善总会、泰州大剧院承办的2014年“城市文明 你我共享”慈善文化惠民活动正式启动。该活动从6月持续至12月，分别开展“暖心城市美容师”“暖心困境儿童”“暖心贫困学子”“暖心困难老人”“暖心最美泰州人”5大主题系列活动，受益对象为环卫工人、困境儿童、高校贫困学生、困难老人和优秀市民代表。活动期间，泰州大剧院共推出10场公益文化大餐，并免费向符合条件的市民发放3100张门票。

（慈善总会）

消费者权益保护

【概况】2014年，全市各级消费者协会围绕“新消法，新权益，新责任”年主题，发挥社会监督功能，开展消费教育，构建多元化消费纠纷解决机制。

市消费者协会（简称市消协）开展2013～2014年度“诚信单位”推荐评比，引导和吸纳120家企业加入诚信联盟；推荐14家经营单位参加省“诚信单位”评比活动，10家单位获省“诚信单位”称号。年内，市消协召开会员代表大会，选举产生第四届理事会领导机构，聘请新一届理事会的名誉会长和顾问。

加大消费维权宣传力度，开展送法、送消费知识进农村、进商场、进银行等活动。姜堰区消协每月送法到一个乡镇；兴化市消协以“关注消费安全 防范消费陷阱”为主题，在中小学组织开展消费文化考察活动。强化社会监督职责。下发《关于在五大公共服务行业中开展提升社会满意度活动的通知》，组织消费者走进供电、通信等部门。年内，市消协开展节日食品安全检查、公用服务单位格式合同点评，组织参与行政部门市场监督检查，参与市工商局组织的房地产行业的专项整治活动、电商网上不公平格式条款的点评工作等；组织开展2014年春节旅游市场消费体察、夏季“水上世界”消费体察、部分行业明码实价行为的情况等调查，联合市交通局开展市区出租车行业消费满意度调查。

多举措服务消费者。市物价局出台《进一步规范汽车销售、维修企业价格行为的通知》，规范汽车销售、维修企业价格行为；创建老街“诚信示范街区”，推进明码实价；专项检查医疗价格、教育收费和商业银行的相关收费，规范相关单位的服务收费。市交通局开展“放心维修直通车”活动，搭建“泰州市车辆救援网上工作平台”，出台《泰州市车辆救援服务收费管理办法》。

【加强消费维权行业联动和区域合作】2014年，市消协与市法院、检察院等部门合作，扩大维权调处工作覆盖面；市检察院与消费者投诉举报中心“12315”共建检务公开平台；医药高新区消费者协会与区法院联合挂牌设立巡回法庭，区工商分局在国际汽车城成立泰州汽车行业首家“12315”消费维权服务站；市保险行业协会在海陵区法院成立消费纠纷调处工作室。创新运用双轨并行的诉调对接模式，保护消费者权益工作与法院案件审理同时进行、相互配合；市消协律师团对重大消费维权事件及时反应，参与消协与有关部门及行业组织的协商对话，义务代理诉讼严重损害消费者合法权益的案件。年内，市消协开通泰州消费维权网，与周边市消费维权组织加强协作，推动提高区域性消费维权工作水平；抽查各市（区）消协投诉电话，通报相关问题并要求整改。

【“3·15”宣传咨询活动】3月14～16日，市消协组织质监、卫生、烟草、农业等34家单位，开展“3·15”国际消费者维权日宣传咨询活动。活动期间，诚信联盟单位代表在活动现场作诚信承诺宣誓；市检察院与工商局举行共建消费保护联动平台揭牌仪式；市法院发布《维护消费者权益十大审判案例白皮书》；市交通局与放心消费创建活动领导小组办公室联合开展“放心消通车”“3·15汽车维修质量服务月”活动。市电视台《泰州新闻》《民生关注》栏目播放泰州消协维权动态、维权案例、消费提示、年主题宣传；市广电系统通过跟踪采访，帮助8名当事人成功维护权利。3月15日，共发放宣传资料8.98万多份，接受咨询2900多人，现场受理投诉174起、处理34起。

（消　协）

人口和计划生育

【概况】2014年，泰州市共出生35607人，出生政策符合率99.42%，比上年高0.06个百分点；独生子女累积率77.10%，人口自然增长率为1.4‰，出生性别比为正常值；“新农村新家庭建设”示范单位创建覆盖率95%，人口信息化建设达标率96%，人口文化建设达标率为95%，人口计生奖励扶助政策覆盖率100%；新生儿出生缺陷发生率控制在4‰以内。年内，市人口计生委获泰州市“十佳人民满意机关”和“作风建设先进单位”称号。

【国家卫生计生委、中国计生协会到泰调研】9月18～19日，中国计生协会副会长勾清明率国家卫生计生委、中国计生协会一行5人到泰州调研。国家调研组重点考察姜堰区兴泰镇星光特钢公司计生协开展6项服务、尤庄村开展人口计生基层群众自治工作、沈高镇创建五星基层计生协和发挥人口中心户作用等现场，听取市计生协会全面工作和姜堰区计生基层群众自治工作情况汇报。省卫生计生委副主任何小鹏，省计生协会副会长顾翔，市人口计生委主任、计生协会常务副会长王新华陪同调研。

【综合治理出生人口性别比】确定10个出生人口性别比重点管理乡级单位，并纳入市级重点管理；召开重点管理单位负责人约谈会和全市出生人口性别比综合治理工作推进会。印发《关于进一步加强全市乡级单位综合治理出生人口性别比工作的通知》《2014年泰州市出生人口性别比重点管理乡级单位评估细则》。全年共组织明察暗访8次，对24个乡镇、48家医疗卫生、计生服务机构的孕情随访服务、终止妊娠手术、出生实名登记和B超、终止妊娠药品使用管理等情况进行重点督查，共立案查处“两非”(非医学需要的胎儿性别鉴定和人工终止妊娠行为)案件10起，移送司法机关追究刑事责任1起。

【“单独两孩”审批工作】4月1日，泰州市召开“单独两孩”政策实施工作专题培训会，印发《泰州市“单独两孩”实施方案》《关于进一步简化和规范计划生育证件办理工作的若干规定》。专项督查全市“单独两孩”政策实施情况，委托第三方组织明察暗访3次，下发整改建议书4份。发放全省第一例“单独两孩”生育证，全年全市共审批发放城镇“单独两孩”生育证2121例。

【流动人口计划生育示范创建活动】2014年，泰州市组织开展流动人口计划生育服务管理示范单位创建评选活动，命名表彰兴化市戴南镇永丰村等24个村为“泰州市流动人口计划生育服务管理示范村”、兴化市昭阳镇海池社区等36个社区为“泰州市流动人口计划生育服务管理示范社区”、江苏省兴达钢帘线股份有限公司等27家企业为“泰州市流动人口计划生育服务管理示范企业”、兴化市戴南不锈钢交易城等6个市场为“泰州市流动人口计划生育服务管理示范市场”。市人口计生委积极引导基层加大对流动人口服务管理经费的投入，并对示范单位创建实行以奖代补，示范村、社区、市场补助3000元，示范企业补助5000元。年内，海陵区城东街道等10个镇(街)参加2014年全国流动人口动态监测工作，共调查流动人口400名，调查内容为就业与收入支出、基本公共卫生和医疗服务、婚育情况与计划生育服务等。

【落实计生奖励政策】全年共发放常规性计生奖励扶助资金5项，其中发放独生子女父母奖励620多万元，发放农村部分计生家庭奖励4738万元，发放独生子女伤残、死亡家庭特别扶助1907万元，发放计划生育节育手术并发症特别扶助826万元，发放城镇非从业居民计划生育一次性奖励181.8万元。构建持证退休职工一次性奖励金发放工作长效机制，每年集中发放一次，所需资金全部由财政承担，6月，按3000元/人的标准，提前半年发放到人。重点对1500户失独家庭、节育并发症家庭、病残儿家庭等实施全面帮扶，其中市级生育关怀项目帮扶200户、各市（区）重点帮扶800户、市级机关部门挂钩帮扶计生特困家庭500户。9月，为102户计生特困家庭提供1000元/人的经济补助。

【“强基提质”工程】出台《关于加强计生队伍建设的意见》《2014年人口计生干部培训工作计划》。开展“妇幼健康服务年”活动，6月和11月分别组织全市乡级计生服务站医技人员、乡村计生人员进行知识测试，并对测试前10名人员进行表彰。做好“一证三师”（生殖健康咨询员证和社工师、统计师、执业医师）资格考试的考前宣传、组织发动工作，举办统计师、社工师2期培训班，全市计生系统共有316人参加考试，参考人数居全省13个地级市前列。

【生育关怀】2014年，市计生协会超额完成生育关怀基地创建任务和生育关怀项目增收目标。全年计划新建生育关怀基地6个，实建7个；关怀帮扶218户，比计划增加38户；计划帮扶群众年人均增收30%以上，经抽查实际人均增收84.2%，人均增加纯收入5870.7元。结对帮扶计生特困家庭6035户，为全市47527名独生子女父母办理计划生育系列保险。年内，省卫生计生委、保监局、计生协授予泰州市“计划生育系列保险创新突破奖”。

（翟建军　姚　岚）

民族·宗教

【概况】2014年，全市共有52个少数民族2.8万人，其中常住人口约1万人、流动人口约1.8万人。有市级民族社团1个、江苏省清真食品基本供应点3个、省级民族工作示范社区4个、省民族团结宣传教育示范单位2个、内地新疆班1个、少数民族关爱医院（挂牌）1家。依法登记的宗教活动场所241处，其中寺观教堂37所。有市级宗教团体6个、县级宗教团体14个，经认定的宗教教职人员439人，信教群众30多万人。年内，江苏省口岸中学被国务院表彰为“全国民族团结进步模范集体”，靖江市隆丰砖瓦厂、姜堰区永宏医用辅料有限公司被命名为“江苏省民族工作示范企业”，光孝律寺被省宗教局认定为江苏省首批“五星级宗教活动场所”。

推进民族事务服务体系建设。建立完善少数民族群众诉求反应、代表人士联系交流、扶贫帮困、矛盾纠纷化解、企业少数民族用工服务协调等“五项机制”。组织编印《社区民族工作手册》1000本，强化对社区民族工作的指导。海陵区花园社区、西浦社区“少数民族之家”于年内先后挂牌成立。

落实民族惠民政策。加大扶持少数民族力度，解决清真牛羊肉等食品价格上涨给少数民族群众带来的影响，对回族等10个少数民族群众发放清真食品补贴，各市（区）均按照不低于省定11元/人/月的标准发放补贴。上争省少数民族发展项目资金40万元，扶助泰兴市峻峰生猪养殖合作社三元杂交生猪养殖、江苏永兴生态农牧发展有限公司特种养殖、姜堰区金桐林木种植专业合作社规模种养殖等3个项目。

推进基督教堂工程等宗教活动场所建设。新批筹备设立高港区普贤禅林、高港区古寿胜寺和兴化市东岳庙3处宗教活动场所。泰兴市编制《泰兴市宗教活动场所布局专项规划》，高港水景街区“三庙”（城隍庙、财神庙、关帝庙）、姜堰梁徐教堂等投入使用，泰州市基督教新堂建设工程完成重新选址、立项批复、土地征用补偿协议签订等工作，推进靖江市基督教堂、高港基督教堂、古寿胜寺、姜堰千佛寺等建设。推进南山寺复建工程，泰州城隍庙、天主教堂维修工程列入政府投资项目。

推进宗教文化建设。深入挖掘宗教文化资源，光孝律寺戒台殿、百祥园建成并举办落成庆典，年内发行《江淮名刹光孝寺》邮册，启动《光孝寺简史》编撰工作，编纂《泰兴佛教祖师大德》《庆云禅寺》和《泰兴宗教揽胜》初稿。举办光孝律寺祈福迎新撞钟庆典、泰兴城隍庙落成庆典、姜堰古寿圣寺第二届药师文化节等活动。成立泰兴市庆云书画院、庆云慈善会。经中国佛教协会批准，泰州光孝律寺、姜堰观音禅寺于10月28日～11月24日承办二部传戒法会，全国各地400名戒子在泰州受戒。

【民族团结进步创建活动】举办“我的梦 民族梦 中国

梦”第五期少数民族青少年夏令营活动，海陵区40多名青少年学生参加。参加全省“建设伟大祖国、建设美丽家乡”主题征文演讲比赛，省口岸中学新疆班选送的《桑梓之爱》获二等奖。在全市范围内开展以“同唱民族团结事业曲 共圆民族复兴中国梦”为主题的第二次民族团结进步宣传周活动。首次组队参加全省第二届清真烹饪比赛暨首届清真拉面比赛，2人获优秀奖，市民宗局获组织奖。

【“宗教政策法规学习月”活动】 6月，在全市宗教界开展“发挥正能量，共筑中国梦”为主题的“宗教政策法规学习月”活动，共发放各类宣传资料1万多份，参与活动的宗教教职人员和信教群众7000多人次。

【首批星级宗教活动场所认定】 2014年，市民宗局对照《江苏省星级宗教活动场所考核评分细则》，在全市开展首批星级宗教活动场所认定工作。泰州光孝律寺被省民宗局认定为江苏省首批“五星级宗教活动场所”；兴化市恩典堂等6家场所被市民宗局认定为江苏省首批“四星级宗教活动场所”，靖江市孤山寺等15家场所被市民宗局认定为江苏省首批“三星级宗教活动场所”。

【“宗教慈善周”活动】 9月15～21日，全市宗教界组织开展以“慈爱人间·五教同行”为主题的“宗教慈善周”活动，共举办活动40多场，募集善款60多万元，直接受益人数近3000人。

（张振宁）

消　防

【概况】 2014年，泰州市共发生火灾2214起，死亡15人，受伤11人，直接财产损失1061.2万元。年内，未发生有较大影响的火灾事故。强化社会化消防工作，出台《消防工作考核办法》《泰州市级机关社区工作事项准入目录》《泰州市市区消防水源设施管理办法》等制度。

加强社会消防安全管理，开展第二次“清剿火患”战役、火锅店专项治理、“青奥会”消防安保、消防安全检查整改专项行动、“今冬明春”火灾防控专项工作。年内，全市消防部门共检查社会单位8859家，发现火灾隐患6015处，督促整改5659处，排查出重大火灾隐患单位38家，排查区域性火灾隐患4处。全年共受理、处理“96119”火灾隐患举报投诉及各类消防违法行为115起，核查和处置回复率为100%。

推行火灾隐患“一站式”监督服务，启动移动受理服务审批平台，推行“三上门”（重大项目提前上门受理、企业需求预约上门服务、咨询培训主动上门宣传）服务，开通重大项目和重点工程“绿色通道”，实行“保姆式”服务。

加强消防安全培训和消防知识宣传，在泰州电视台每天播放消防公益广告，重大活动和节假日期间在泰州电视台和泰州广播电台滚动播出消防安全警示，在《泰州日报》开设每月1期的《消防》专版。全市建有“消防平安信息联播网”870屏，初步形成覆盖娱乐场所、人员密集型场所、政府机关企事业单位的消防安全宣传网络。全年开展以“关注消防安全，普及消防知识”为主题内容的消防安全文艺演出20多场次。年内，全市共新增消防主题教育馆、社区体验馆4家，累计建成10家。

【江苏省文物单位消防安全现场会在泰州召开】 12月17~18日，省消防总队、省文物局联合在泰州召开全省文物单位消防安全现场会，省消防总队政委陈益新、省文物局局长刘谨胜、副市长王学锋及全省文物、消防部门80多人参加会议。与会人员实地观摩泰州市姜堰区溱潼古镇消防安全管理工作现场；泰州市、南京市、无锡市、盐城市、淮安市文物、消防部门进行大会工作交流；市文物局与市消防支队签订文物消防共建协议。

（吴　亮）

12月17～18日，江苏省文物单位消防安全现场会在泰州召开

人　民　生　活

【城乡居民收入】 2014年，泰州市城乡居民人均可支配收入为23833元，比上年增长9.7%。分城乡看，城镇常住居民人均可支配收入为31346元，增长9.2%；农村常住居民人均可支配收入为15076元，增长10.8%。分市(区)看，海陵区全体居民人均可支配收入为29757元，增长9.4%；高港区全体居民人均可支配收入为25786元，增长9.7%；姜堰区全体居民人均可支配收入

为23913元，增长9.8%；兴化市全体居民人均可支配收入为20745元，增长9.7%；靖江市全体居民人均可支配收入为24922元，增长9.7%；泰兴市全体居民人均可支配收入为23430元，增长9.7%。分构成看，人均工资性收入15177元，增长3.2%；人均经营净收入3760元，增长25.6%；人均财产净收入1943元，下降8%；人均转移净收入2953元，增长2.1%。

【城乡居民消费】2014年，泰州市城乡居民人均消费支出15514元，比上年增长8.0%。分城乡看，城镇常住居民人均消费支出为19517元，增长7.1%；农村常住居民人均生活消费支出为10849元，增长10.0%。分市区看，海陵区全体居民人均消费支出为18964元，增长7.3%；高港区全体居民人均消费支出为18206元，增长8.3%；姜堰区全体居民人均消费支出为15087元，增长6.9%；兴化市全体居民人均消费支出为12730元，增长8.2%；靖江市全体居民人均消费支出为18361元，增长8.4%；泰兴市全体居民人均消费支出为14898元，增长8.2%。分构成看，人均食品消费支出4585元，增长6.8%；人均衣着支出1266元，增长10.2%；人均居住支出3359元，增长2.5%；人均生活用品及服务支出829元，增长3.5%；人均交通通信支出2316元，增长19.3%；人均教育文化娱乐服务支出1641，增长12.7%；人均医疗保健支出1005元，增长4.4%；人均其他用品和服务支出515元，增长6.9%。

2014年泰州市城乡居民生活情况表

表39

指　　标	单位	全体居民	比上年增长（%）	城镇常住居民	比上年增长（%）	农村常住居民	比上年增长（%）
调查户数	户	1015.00	16.0	636	21.9	379	7.3
平均每户家庭人口	人	3.21	1.5	3.32	1.4	3.01	0.9
平均每户就业人口	人	2.39	2.5	2.45	2.3	2.28	2.3
每一就业者负担人口	人	1.34	-1.0	1.36	-0.9	1.32	-1.4
年末人均住房建筑面积	平方米	57	1.6	53	0.3	65	4.9
人均可支配收入	元	23833	9.7	31346	9.2	15076	10.8
人均消费支出	元	15514	8.0	19517	7.1	10849	10
#食品支出	元	4585	6.8	5679	6	3309	8.5
教育文化娱乐服务支出	元	1641	12.7	2110	13.4	1093	11.1
年末百户家庭耐用消费品拥有量							
1.家用汽车	辆	25.1	25.2	28.3	19.4	19.8	35.1
2.摩托车	辆	49.1	10.4	49.0	13.1	49.3	6.6
3.助力车	台	120.9	4.3	123.9	2.1	116.0	7.3
4.洗衣机	台	99.3	5.9	101.9	5.2	95.1	6.5
5.电冰箱（柜）	台	101.7	5.2	102.9	2.2	99.5	9.8
6.微波炉	台	89.8	5.2	95.4	3	80.5	7.7
7.彩色电视机	台	183.4	6	192.8	4.5	167.7	7.5
其中：接入有线电视	台	166.8	11	175.9	7.4	151.6	16.1
8.空调	台	160.5	18.8	186.0	16.4	117.8	19.5
9.热水器	台	103.3	7.2	109.0	8.1	93.7	4.5
其中：太阳能热水器	台	90.1	3.9	92.5	4.3	86.1	2.7
10.消毒碗柜	台	4.0	64.9	5.5	44.3	1.3	366.1
11.洗碗机	台	1.0	187.4	1.1	91.5	0.8	

续表39

指　　标	单位	全体居民	比上年增长（%）	城镇常住居民	比上年增长（%）	农村常住居民	比上年增长（%）
12.排油烟机	台	61.2	13.1	76.5	7.1	35.6	24.5
13.固定电话	线	78.1	2.4	76.8	5.3	80.2	-1.1
14.移动电话	部	238.3	7.3	247.8	5.9	222.5	8.6
其中：接入互联网	部	128.2	32.8	139.5	34.3	109.3	27.5
15.计算机	台	79.5	16.4	93.6	12.6	55.9	20.4
其中：接入互联网	台	72.5	23.4	86.5	18.1	49.1	31.2
16.摄像机	台	5.0	107.8	6.4	110.3	2.6	80.4
17.照相机	台	20.5	12.9	27.6	14	8.7	-6.5
18.中高档乐器	架	4.6	110.5	6.3	90.3	1.8	226.3
19.健身器材	台	6.0	139.1	8.0	120.3	2.6	210.7
20.组合音响	套	12.5	19	14.2	15.4	9.8	23.2

2014年泰州市市区居民消费价格分类指数表

表40

指　　标	2014年	比上年增加（个百分点）
市区居民消费价格总指数	102.1	0.2
#服务项目价格指数	102.5	0.9
消费品价格指数	101.9	-0.1
#食品	101.9	-1.7
#粮食	102.0	0.1
油脂	95.5	-3.6
肉禽及其制品	100.7	-0.6
蛋	110.3	6.8
水产品	95.2	-11.3
菜	97.5	-9.1
干鲜瓜果	110.6	9.0
在外用膳食品	103.8	-2.5
烟酒及用品	97.6	-1.0
衣着	103.9	0.2
家庭设备用品及维修服务	103.5	3.6
医疗保健和个人用品	101.0	1.6
交通和通讯	99.8	0.5
娱乐教育文化用品及其服务	103.1	1.6
居住	102.7	1.0
市区商品零售价格总指数	101.5	0.8

（泰州国调队）

海陵区

【概况】海陵区为泰州市主城区，总面积237平方千米，辖3个镇、6个街道、4个园区（海陵工业园区、泰州市新能源产业园、城北物流园、现代农业科技示范园）。2014年末，全区户籍人口42.66万人。全年实现地区生产总值430.56亿元，比上年增长9.2%。其中，第一产业增加值6.63亿元，增长3.1%；第二产业增加值215亿元，增长7.7%；第三产业增加值208.95亿元，增长11.4%。

【农业与新农村建设】加快农业结构调整，引导农村土地向种植养殖大户、农民合作组织、农业龙头企业等市场主体流转，进一步彰显都市型高效农业特色。实行土地流转逐级审批制度，流转土地2800公顷。新增高效农业面积1000公顷、设施农业面积720公顷，新增高效渔业面积100公顷、设施渔业面积66.67公顷、水产养殖面积1670公顷。招引实施规模现代高效农业项目22个，其中20个项目建成投产，新增国家级无公害农产品20个。农业龙头企业实现销售总额超12亿元、利税总额7000万元，比上年分别增长20%、15.63%；科研投入700多万元，增长15.6%。新增市级农业龙头企业8家，市级以上农业龙头企业数达19家。全面推进新农村建设，打造新型农村社区。新建农村公路20.9千米，农村桥梁17座，疏浚整治农村河道19条，完成成片造林275.93公顷，创成市级全面达小康“十强村”1个、“示范村”14个。加强农民就业技能培训，促进农村劳动力就近就地转移。农业专项技术培训3300人，农机职业技能培训330人，乡镇企业经营管理人员培训400人，转移劳动力3606人。推进秸秆禁烧工作，提升秸秆能源化利用水平，秸秆禁烧和综合利用率分别达100%、98.66%。

【工业】2014年，全区现有1800多家工业企业，其中规模以上企业238家，销售收入超100亿元企业1家；开票销售过1亿元以上企业61家，新增销售收入1亿元以上企业25家、10亿元以上企业5家。工业经济规模不断壮大，实现规模以上工业增加值225.13亿元，比上年增长6.8%；完成销售收入1160.9亿元、利税128.6亿元、利润61亿元，分别增长7.8%、16.8%和11.7%。新兴产业发展提速，实现新能源、新材料、电子信息、先进装备制造等战略性新兴产业产值580.07亿元，增长9.23%。重点成长型企业作用明显，42家重点成长型企业完成产值744.17亿元，占规模以上工业产值的61.8%；实现销售收入715.54亿元、利税82.74亿元、利润34.62亿元，分别增长4.7%、13.3%、7.7%。重点项目推进有力，全年完成工业投资61.56亿元，实施3000万元以上项目65个、新开工50个，其中1亿元以上项目24个、新开工10个。

【建筑业】全年完成建筑业总产值403.79亿元、建筑业增加值122.96亿元，实现工程结算收入312.84亿元、地方入库税收4.43亿元，比上年分别增长20.28%、16.37%、20.84%、19.09%。在建工程施工面积4774万平方米，其中2014年新开工面积1650万平方米，分别增长11.96%、14.74%。竣工面积2046万平方米，增长4.23%。省内完成施工产值264.89亿元，增长25.14%；

省外完成施工产值217.14亿元，增长15.10%，施工人数达7.3万人。全年共有11家企业资质升级，其中江苏鲁艺晋升为装饰装修一级资质，天驰、顺扬、嘉泰等5家企业晋升为房建二级资质，北洋公司、金茂公司等5家企业晋升专业承包二级资质。企业多元化发展亮点不断，中城建第十三工程局有限公司依托集团优势，承建集团公司在柬埔寨总投资达300亿美元的“滨海旅游特区”项目，将成为境外施工新的增长极。全年共获得省市级优质工程16项、省级工法3项、省级QC奖7项、标准化工地18项，未发生重大质量安全事故。

【民营经济】全面落实鼓励和引导民间投资各项政策，开展集中整治影响经济发展“中梗阻”专项活动。宣传民营经济发展优惠政策，开展民营经济发展政策宣讲进社区、进企业活动，不断优化民营经济市场主体登记注册流程，建立健全一次性告知、限时办结、首问责任、同城通办等制度。清理规范行政许可和非行政许可事项，放宽企业住所登记和“住改非”条件，优化前置审批，提高审批效率。开展个体私营企业商标培育活动，全年共完成465件商标注册申请，比上年增长8%。全年净增个体工商户1465户、净增私营企业1453户、净增个私注册资金152.7亿元，分别增长1.5%、10.3%、16.5%。全年新发展注册资本500万元以上私营企业199家，增长22.8%。全年完成302户“个转企”，有效促进企业转型升级。

【服务业】全区实现服务业增加值208.95亿元，比上年增长11.4%。实现社会消费品零售总额199.61亿元，增长10.4%。实现服务业税收31.4亿元，增长3.3%。完成服务业固定资产投资132.4亿元，其中房地产投资63.8亿元，增长31.6%。服务业增加值占GDP比重达48.5%，提高1.5个百分点。生产性服务业占服务业比重达34.9%，提高1.6个百分点，提升幅度位居全市首位。服务业重点项目顺利推进，全年实施重大项目25个，开工建设16个，主体竣工12个，实际运营8个，完成投资22.5亿元，其中列入市考核的8个服务业重点项目，开工率、投资完成率均为100%。全年新招引5000万元以上服务业项目30个，新开工5个，大润发超市、齐家网等项目年内投入运营。服务业发展扶持力度不断加大，省“十百千”重点项目文创综合体获得省级服务业引导资金400万元扶持，创历史新高；泰州一百、歌德电子商务生态园等18个项目、企业获批市级服务业引导资金595.8万元。现代服务业加快发展，建成省级电子商务示范园区1个、示范企业1家，电子商务交易额突破100亿元。传统服务业稳步发展，城中核心商圈实现销售总额70亿元，东部市场集聚区实现成交额80亿元。全年新增规模以上服务业企业13家、限额以上服务业企业39家、省AAA级居家养老服务中心6家，上厢房餐饮（江苏）有限公司商标获评江苏省著名商标，泰州市园林美容美发有限公司和泰州灵通传媒文化发展有限公司商标获评泰州市知名商标。

【开放型经济】全年协议利用外资3.01亿美元，实际利用外资0.54亿美元，新批外商投资项目20个，增资项目3个，招引3000万美元以上、1亿美元以上项目各1个。分别在台湾、北京、上海、深圳等地举办投资说明会，有力推介了海陵。实施驻点招商，在上海、深圳、北京设立招商点，初步形成辐射长三角、珠三角、京津冀的招商网络。队伍建设不断加强，出台《全区招商队伍建设意见（试行）》，形成一支60多人的专职招商队伍。招商政策不断完善，制定出台《飞地招商政策意见》。外贸进出口稳定增长，全年实现进出口总额14.87亿美元，新增进出口有实绩企业15家。实施品牌战略，“林海”和“春兰”荣获“2014～2016年度江苏省重点培育和发展的国际知名品牌”。企业“走出去”步伐加快，新增境外投资企业3家，境外投资总额是2013年的5倍有余，对外承包工程由传统土建向电站开发等新兴业态转变，对外合作方式由分包逐步向总包过渡，全年实现外经营业额1.77亿美元。

【社会事业】关注未成年人健康成长，成立青少年心理健康指导中心，实小科技馆建成开放。通过“全国义务教育发展基本均衡区”国家督导评估，实小东校区、扬桥小学一期投入使用。至2014年末，全区共有中小学、幼儿园46所，其中初中5所、九年一贯制7所、小学8所、幼儿园26所。在校中小学生34979人，在园幼儿10106人。专任教师3146人，其中小学1355人、初中1138人、幼儿园653人。海陵图书馆投入使用，成功举办首届全民健身运动会，建成10个百姓大舞台、50个全民健身点。“海陵石锁”创造吉尼斯世界纪录，少儿群口相声《梅韵飘香》获省“五星工程奖”银奖。全区现有医疗卫生机构133个，其中医院6家、卫生院（社区卫生服务中心）10家、门诊部（所、室）16个、个体诊所36个、村卫生室（社区卫生服务站）64个；卫生技术人员1560人，病床1262张。四院整体搬迁并创成二级甲等综合医院，5个社区卫生服务中心建设项目如期竣工，7个村卫生室提升工程达到省级示范标准。通过全国中医药工作先进单位复核验收，“婴幼儿配方乳粉进药店”率先试点，发放计划生育一次性奖励金722.4万元。建成5家社区残疾人“幸福家园”，实施红十字“快乐心声”项目。全面完成第三次全国经济普查并荣获省先进集体。获得省“双拥模范区”荣誉称号，被评为全省征兵工作先进单位。妇女儿童、慈善、民族宗教、外事侨务、史志档案等工作有序开展。

【城市建设】强化“人文、生态、精致、经营”的城建理念，2014年实施城建重点项目118个，累计投入148.33亿元。“阳光征收”取得重大突破，制定征收现场工作十项规范，全面启动阀门厂周边地块、西客站片区改造、西南城河地块、森园路两侧棚户区改造等21个征收搬迁项目，基本完成迎春路接通、泰镇高速苏陈段、商机厂二期等征收搬迁工作。基础设施建设稳步推进，全年开工建设基础设施项目31个，迎春路东延二期、育才路、梅兰路东延、阳光大道等11条道路建成通车，海陵中路、春兰路等4条道路完成改造。城市配套设施日益完善，推进泰茂城、茂业天地等城市综合体建设，市区道路照明节能改造工程全面竣工，老旧小区楼道亮化实现全覆盖，实施污水管网项目9个，新建管网12.6千米。加快安居工程建设，开工建设安置房79.46万平方米，竣工78.83万平方米、6350套，智堡三期、韵梅苑二期、金东花园二期等7个安置区项目有序推进，海曙颐园、韵梅苑一期、尚品国际等项目共回迁安置4299户。提升群众生活质量，完成西桥街、书院路等20条后街背巷整治和文昌社区、苏电西巷等21处低洼地改造；增设青年路、五一路等27条道路窨井防护网5000个；完成鸿发新村、海光新村等小区整治。

【城市管理】营造生态宜居环境，实施新一轮城市环境综合整治“十大工程”，开展市容环境百日整治行动，青年南路创成“江苏省城市管理示范路”。开展“拆违百日行动”，全年拆除违法建设9.88万平方米。认真实施城区“空转绿”工程，建成新胜苗圃、宫涵生态停车场等一批游园绿地，新增绿地面积73.3公顷。实施全面小康村建设“十百千”提升工程，创成市级“十强村”1个、“示范村”7个。新建肉联厂、森园路、韩桥、苏北商业广场等8处疏导点，对680条后街背巷卫生实施长效保洁，处理各类举报投诉3942件，办理城市管理违法违章案件1767件，处置数字化城管各类事部件79267件，处置率和及时率均在91%以上。深入推进城乡生活垃圾一体化管理工作，全年垃圾收集处理率达100%，无害化处理率达100%。

【财政】全年实现财政总收入66.36亿元，比上年下降10.6%。其中，上划中央收入24.57亿元、基金预算收入5.74亿元、公共财政预算收入36.05亿元，公共财政预算收入增长6.0%；税收收入占公共财政预算收入的比重达87.7%，占比为全市最高。

【固定资产投资】全年完成固定资产投资194.26亿元，比上年下降12.80%。其中，规模以上项目完成投资130.43亿元，下降25.14%；房地产项目完成投资63.82亿元，下降31.56%。

【科技创新及节能减排】获批“国家知识产权强县工程试点区”。全年共申请专利3059件，其中发明专利949件、PCT申请8件；授权专利1512件，其中发明专利47件；万人专利拥有量8.84件。全社会R&D（研究与开发）占比达2.0%，R&D经费比上年增长10.2%。实现高新技术产业产值526.82亿元，占规模以上工业的43.81%。新认定三部委高新技术企业9家、省级民营科技企业36家，省级高新技术产品89件。获批国家重点新产品计划1项，火炬计划和星火计划各4项；获省科技进步奖2项，省工业支撑重点项目1项、省博士计划项目6项、省双创计划项目2项、省科技副总项目5项；实施市工业支撑项目7项、农业支撑项目9项、社会发展项目3项。开展高质量的产学研合作项目61项，企业与高校、科研院所共建产学研联合体25项。组织“院士专家园区行”活动，邀请吉林大学、东南大学、中科院系统的专家教授与企业面对面交流，组织开展“泰州高校教师服务海陵企业转型升级”活动，促进成果转化和产品升级。成立中科院泰州分中心海陵工作站，新增省、市级工程技术研究中心5家，1家外资研发机构被认定为省级外资研发机构，7家研发机构获得市级研发机构绩效评价奖励。科学制订减排方案，全面推进工程减排、结构减排和管理减排，将主要污染物总量减排控制目标和污染物减排“三大体系”建设目标纳入国民经济和社会发展年度计划。全年排定水污染减排项目8个、大气污染减排项目6个，完成化学需氧量削减42.8吨、氨氮削减4.6吨、二氧化硫削减346.8吨、氮氧化物削减2000吨。开展排污权有偿使用于交易试点工作，有效控制新、改、扩建项目主要污染物新增量，重点污染源自动监测数据传输有效率达95%，监督性监测结果公布率达100%。重金属总铬在2007年基数上削减21.79千克，净削减率达18%。

【人民生活和社会保障】进一步完善社会保障体系，新增企业职工养老保险参保6092人、城镇职工医疗保险参保4820人、失业保险参保5476人，城乡居民养老保险续缴费人数达3.77万人，续缴费率95.4%。新农合筹资标准提高到每人每年480元，参保率达100%。乡村卫生室新农合门诊报销平台成功开通，实现省、区、镇、村四级网络联通。全年新增创业6092人、就业15761人，城镇登记失业率控制在2%。全年面向各类就业困难人员提供政府公益性岗位500个，累计提供岗位补贴420.7万元；向符合条件的946人发放社保补贴

227.6万元。获评全省民政工作先进集体，被省委、省政府、省军区表彰为“双拥模范区”，兴业、高桥社区被评为全国社会工作服务示范社区，城东街道东安社区被评为全国综合减灾示范社区。低保标准提高到每人每月530元，全年发放保障金1042.24万元。资助参保城市“三无”、农村“五保”、城乡孤儿、城乡低保共计2999人。拥有养老机构12所，床位数2614张（其中居家养老床位数500张），床位数占老年人口的23.7‰。组建泰州祥和老年康乐中心，并于11月26日试运行。引进民间资本，改造提升罡杨镇敬老院为二星级敬老院，朱庄敬老院被评为一星级敬老院。拥有居家养老服务站126个，打造出一批优秀服务品牌。给80周岁以上高龄老人发放“尊老金”，接收退役士兵165名。创成市级全面达小康“十强村”1个、“示范村”14个。实施居民收入倍增计划，城镇居民人均可支配收入32358元，农村居民人均可支配收入16805元，分别比上年增长9.3%、10.7%。

【社会管理、社会稳定】全区3个街道被评为省和谐社区建设示范街道，28个社区（村）被评为省和谐社区建设示范社区（村），城市社区和农村社区和谐建设达标率分别达91%和83%。城北街道大浦社区被表彰为全国和谐社区建设示范单位。出台《泰州市海陵区中心户长考核细则》，对全区3143名城乡中心户长进行细化管理。实行优秀奖励和不称职辞退制度，对年终被评为优秀的中心户长给予表彰；对称职的人员继续聘用，对基本称职的人员进行提醒谈话；对不称职人员上报镇（街道、园区）民政科，经备案后予以解聘。对各镇街（园区）的中心户长进行业务培训，在社区、楼栋将中心户长的联系方式进行公示，实现中心户长为居民服务的科学化、精细化、长效化。培育社区服务品牌，提升社区管理服务能力，“周剑秋爱心奶奶互助会”等一批优秀服务品牌得到了群众认可。全年共受理调处社会矛盾纠纷1877件，调解成功率达96.8%；成立全省首家少数民族调解员队伍。建立调解超市平台，交通事故调解委员会获“全国模范人民调解委员会”称号。“六五”普法工作取得新进展，通过省市中期检查验收。

【海陵图书馆正式对外开放】10月29日，在原泰州市图书馆老馆基础上改建的海陵图书馆正式开馆启用，这标志着市区又新增了一处公共图书馆。海陵图书馆主体建筑总面积约为4800平方米，一至二层为公共区域，三层为办公区域，设有成人借阅区、少儿借阅区、报刊期刊阅览室、电子阅览室、自习室、参考资料阅览室和报告厅等。馆内拥有成人图书近9万册，少儿图书近3万册，期刊500多种，报纸100多种以及少儿杂志100多种。海陵图书馆的建成，不仅完善了市区的文化功能，也满足了老城区市民的文化需求，受到广大市民的一致好评。

2014年海陵区部分街道、镇简况一览表

表41

街道、镇	年末乡村人口（人）	行政村（个）	农业总产值（现价）（万元）	农村地区生产总值（万元）	粮食产量（吨）	油料产量（吨）	水产品养殖产量（吨）
城东街道	20630	7	5418	255918	853	549	1682
城西街道	16546	9	4894	412197	4116	966	628
京泰路街道	32763	0	10264	818301	9102	545	1541
九龙镇	19032	6	3185	588659	11103	450	505
苏陈镇	40667	7	14084	202004	33194	1282	1145
罡杨镇	21844	5	10113	194141	23451	421	3100
城东街道	20630	7	5418	255918	853	549	1682

·组织机构及负责人·

中共海陵区委员会

书　记　徐克俭
副书记　顾　萍（女）
　　　　季玉平
常　委　于顺华
　　　　丁和扣
　　　　陈锋剑
　　　　赵　忠
　　　　刘　玲（女）
　　　　江福斌
　　　　刘志明（至2014-11-17）
　　　　仲春瑞（2014-12-26任）
　　　　徐志仑（2014-12-26任）

办公室
主　任　徐志仑

研究室
主　任　沈子异（至2014-09-09）

绩效办
主　任　张　鹏（2014-09-09任）

信访局
局　长　李羊喜

组织部
部　长　于顺华

组织员办
主　任　周晓晔（至2014-09-09）
　　　　何庆栋（2014-09-09任）

非公经济组织党工委
书　记　王明军（2014-09-09任）

老干部局
局　长　王明军（至2014-09-09）
　　　　葛中国（2014-09-09任）

宣传部
部　长　刘　玲（女）

文明办
主　任　卞扬扬

统战部
部　长　张怀德

台　办
主　任　胡建萍（女）

政法委
书　记　丁和扣

综治办
主　任　何东翔（至2014-03-12）
　　　　王　勇（2014-03-12任）

区直机关党工委
书　记　丁爱民（至2014-03-12）
　　　　李　军（2014-03-12任）

编办
主　任　周晓晔（至2014-03-12）
　　　　孙哲平（2014-09-09任）

事业单位登记管理局
局　长　周晓晔（至2014-03-12）
　　　　孙哲平（2014-09-09任）

史志档案办
主　任　夏洪根（至2014-09-09）
　　　　沈子异（2014-09-09任）

反邪教办
主　任　高德宏

农工办
主　任　陈树平

社会管理服务中心
主　任　何东翔（至2014-03-12）
　　　　王　勇（2014-03-12任）

海陵区人大常委会

主　任　徐克俭（2014-01-10任）
党组书记　徐克俭（至2014-03-12）
　　　　　张仁德（2014-03-12任）
代主任　张仁德（至2014-01-10）
副主任　张仁德
　　　　罗建群（女）
　　　　史桂旺
　　　　吴安家

办公室
主　任　李一陵

人事工委
主　任　张　进

财经工委
主　任　沈遐龄

法工委
主　任　周学庆

教科工委
主　任　祁　静

城乡工委
主　任　苏锦中

海陵区人民政府

区　长　顾　萍（2014-01-10任）
代区长　顾　萍（至2014-01-10）
副区长　陈锋剑
　　　　朱爱俊(女)
　　　　丁　骅
　　　　孙桂银
　　　　刘　燕（女）
　　　　黄正良（援藏）
　　　　于世生（2014-12-29任）
　　　　龚云峰（挂职，2014-01-03任）

办公室
主　任　袁友山

研究室
主　任　谭　忠（至2014-03-12）

法制办
主　任　戴葆华（至2014-03-26）
　　　　袁　强（2014-09-25任）

外侨办
主　任　于　鹏

应急办
主　任　万象新

发改委
主　任　吴国余

经信委
主　任　李国平

中小企业局
局　长　李国平

教育局
局　长　凌华余

教育督导室
主任督学　陈　荣

文体新局
局　长　吴家宽

科技局
局　长　杨　臣

地震局
局　长　杨　臣

知识产权局
局　长　杨　臣

监察局
局　长　李顺根（至2014-12-29）
　　　　裴承安（2014-12-29任）

发展环境监察办公室
主　任　高根林（至2014-03-12）
　　　　马　辰（2014-03-12任）

民政局
局　长　于圣筛

司法局
局　长　明和平

财政局
局　长　宲国钧

人社局
局　长　金国栋

公务员局
局　长　金国栋

住房和城乡建设局
局　长　肖六林

建工局
局　长　肖六林

农　委
主　任　周社明

商务局
局　长　曹　群

投资促进局
局　长　拜俊锋（至2014-03-12）

卫生局
局　长　解锦云（至2014-09-25）
　　　　夏洪根（2014-09-25任）

人口计生委
主　任　姚建中（至2014-03-26）
　　　　殷春生（2014-03-26任）

审计局
局　长　陆　钢（至2014-03-26）
　　　　谭　忠（2014-03-26任）

统计局
局　长　黄明和

民宗局
局　长　黄　进

安监局
局　长　王　勇（至2014-03-26）
　　　　杨卫军（2014-03-26任）

食品药品监督管理局
局　长　张　森

市场监督管理局
局　长　储　娟（2014-12-29任）

供销总社
主　任　高维俊

行政服务中心
主　任　戴葆华（至2014-03-12）

政务服务管理办公室
主　任　王为祥（2014-03-12任）

数字化城管办

主　任　徐殿峰

区级机关行政事务管理中心

主　任　黄鹤友（2014-09-09任）

区金融办

主　任　刘金桂

区征收办

主　任　陈煜峰（2014-12-18任）

政协海陵区委员会

主　席　崔国庆

副主席　俞　军

夏振宇

孙佳玲（女）

张怀德

周宏林

彭　俊（2014-01-09任）

秘书长　林晨光

办公室

主　任　唐小林

学习文史委

主　任　李章富

提案社情信息委

主　任　孙　黎（女）

经济建设委

主　任　吴鹤铭

社会事业委

主　任　朱　明

群团法制委

主　任　韩应轴

中共海陵区纪律检查委员会

书　记　江福斌

法院、检察院、人武部

法　院

院　长　陈　炜

检察院

代理检察长　王　成（至2014-01-10）

检察长　王　成（2014-01-10任）

人武部

部　长　赵　忠

政　委　许建军

群　众　团　体

总工会

主　席　树爱萍（至2014-03-19）

周晓晔（2014-03-19任）

妇　联

主　席　薛　梅(女)

团区委

书　记　李　明（至2014-03-12）

科　协

主　席　王加兴

残　联

主　席　刘　燕（女）

理事长　王明忠

工商联

主　席　孙佳玲(女)

侨　联

主　席　于　鹏（至2014-10-16）

顾晓梅（女，2014-10-16任）

文　联

主　席　孙广华

社科联

主　席　孙广华

红十字会

会　长　朱爱俊（女）

专职副会长　王国英（女）

乡镇、街道、园区

九龙镇

党委书记　俞　军

人大主席　陆小根

镇　　长　杨卫军（至2014-03-28）

袁金刚（2014-03-28任）

政协工委主任　窦小林

苏陈镇

党委书记　周来荣

人大主席　周来荣

镇　　长　陈松桦

政协工委主任　陈松桦（至2014-09-26）

夏洪元（2014-09-26任）

罡杨镇

党委书记　周学良

人大主席　周学良

镇　　长　汪　杰

政协工委主任　汪　杰（至2014-09-26）

曹锦明（2014-09-26任）

城东街道
党工委书记　汤荣祥
人大工委主任　汤荣祥（2014-03-26任）
主　　任　汤荣祥（至2014-03-12）
　　　　　李春荣（2014-03-12任）
政协工委主任　汤荣祥（至2014-09-26）
　　　　　孙万金（2014-09-26任）

城南街道
党工委书记　钱善军
人大工委主任　钱善军
主　　任　王振民（至2014-12-18）
　　　　　丁永圣（2014-12-18任）
政协工委主任　王振民（至2014-09-26）
　　　　　严文林（2014-09-26任）

城西街道
党工委书记　吴松柳
人大工委主任　吴松柳
主　　任　姜小军
政协工委主任　王桂兰（女）

城北街道
党工委书记　袁金刚（至2014-01-26）
　　　　　叶慧莲（女，2014-03-12任）
人大工委主任　袁金刚（至2014-03-26）
　　　　　叶慧莲（2014-03-26任）
主　　任　叶慧莲（女，至2014-03-12）
　　　　　李　明（2014-03-12任）
政协工委主任　孙宝社

城中街道
党工委书记　于世生
人大工委主任　于世生
主　　任　陈金宇
政协工委主任　陈金宇（至2014-09-26）
　　　　　孔　伟（2014-09-26任）

京泰路街道
党工委书记　刘志明(至2014-12-18)
　　　　　仲春瑞（2015-01任）
人大工委主任　李　明（至2014-03-26）
　　　　　翟山明（2014-09-29任）
主　　任　彭　俊
政协工委主任　邹兆丰（至2014-09-26）
　　　　　李　杰（2014-09-26任）

工业园区
党工委书记　刘志明（至2014-11-17）
　　　　　仲春瑞（2014-12-26任）
管委会主任　彭　俊

新能源产业园区
党工委书记　俞　军
管委会主任　袁金刚

城北物流园区
党工委书记　丁　骅
管委会主任　殷春生（至2014-03-12）
　　　　　戴葆华（2014-03-12任）

农业科技园区
党工委书记　张仁德
管委会主任　李升让

垂直管理部门（单位）

国税第三分局
局　长　王　华（至2014-07-29）
　　　　顾学群（2014-09-26任）

地税第四分局
局　长　崔进荣

工商海陵分局
局　长　储　娟（女）

国土海陵分局
局　长　朱秋生（至2014-01-23）
　　　　庞佑林（2014-01-23任）

粮食海陵分局
局　长　陈家骅（至2014-08-26）
　　　　林育庆（2014-08-26任）

规划海陵分局
局　长　朱根山

水利海陵分局
局　长　张　剑

城管海陵分局
局　长　徐殿峰
教导员　秦来林

环保海陵分局
局　长　王厚俊

中行海陵支行
行　长　毛庆玖

农行海陵支行
行　长　顾俊飞（至2014-11-04）
　　　　李凤嘉（副行长，主持工作）

工行海陵支行
行　长　葛崇民

泰州农村商业银行
党委书记、董事长　陈　飞
行　长　陈志龙

（顾晓梅　胡安顺　王顺国）

高 港 区

【概况】高港区南濒长江，北倚海陵，是泰州的主城区之一。总面积286.83平方千米。辖4个镇、3个街道，89个行政村（居委会）。年末总人口26.23万人。全年实现地区生产总值338.88亿元，比上年增长12%。其中，第一产业增加值10.39亿元，增长3.5%；第二产业增加值217.84亿元，增长11.9%；第三产业增加值110.65亿元，增长12.9%。人均生产总值134717元。三次产业比重为3.07∶64.51∶32.42。城镇居民人均可支配收入31503元，农村居民人均纯收入15633元，分别增长9.4%和10.8%。

【农业】全年小农场、农业龙头企业、农民合作组织、专业大户分别达到193个、15家、280个和186户，新型规模经营主体规模经营面积6647公顷，占承包耕地面积比重达62.4%。高标准农田项目867公顷，成功获批国家级农业综合开发项目县，白马镇岱白村获评“全国一村一品示范村”。全年推广各类农机具159台（套），农机化水平达到84.5%。推动农业社会化服务组织建设，经工商注册登记的农业社会化服务组织达到77家，全区专业化统防统治和联防联治覆盖面达70%。完善农产品质量安全追溯监管信息平台建设，农产品质量抽检合格率达100%，获市考评一等奖。新申报无公害农产品22个，有机农产品33个。完成成片造林307公顷，森林抚育面积533公顷，建成省级村庄绿化示范村11个。许庄街道在全市率先跨村组建资产管理有限公司，全区村级集体经营性收入总额达7512万元，村平达到89.4万元。秸秆禁烧和综合利用工作考评继续名列市区第一，创成全省唯一一家内陆平安渔业县（区）。区农委被省委宣传部等多部门联合表彰为“全省三下乡工作先进集体”。

【工业】全年完成工业总产值1548.6亿元，增长20.7%；列统工业产值、销售、利税、利润分别达1449.8亿元、1403.4亿元、195.8亿元和122.9亿元，比上年分别增长22.2%、22.4%、19%、22.5%；全年实施亿元以上重大工业项目31个，工业投资财务发生数达126.14亿元，增长36%。凯威包装被认定为省级企业技术中心，保力自动化、中兴医械、永盛彩等8家企业被认定为市级企业技术中心；高新区开发投资有限公司被认定为省四星级公共服务平台，口岸工业园服务有限公司、泰州市郎驰开发投资有限公司、泰州市律诚服务有限公司、江苏戚鸭章律师事务所、江苏省特种安全防护产品质量监督检验中心被认定为市级二星级公共服务平台；口岸街道王营社区被认定为江苏省农村信息化应用示范基地，泰州博泰电子有限公司被认定为省“两化”融合示范企业，江苏神驰机电有限公司、益海（泰州）粮油工业有限公司、泰州市恒源化织厂3家企业被认定为省“两化”融合试点企业，泰州超人汽车电子有限公司、泰州友润电子有限公司和华润雪花啤酒（泰州）有限公司3家企业被认定为泰州市“两化”融合示范企业，天圣针织机械实业有限公司、江苏保力自动化科技有限公司和泰州市天鑫机械有限公司3家企业被认定为泰州市“两化”融合试点企业；江苏宇马铝业被认定为省五星级数字企业，新增三、四星级数字企业23家；核心港区通过省“两化”融合示范园区复核。

【建筑业】全区建筑业总产值343.54亿元，实现增加值93.58亿元，工程结算收入178.51亿元，入库税收3.44亿元。

【服务业】全年实现服务业增加值110.65亿元，比上年增长12.9%，占GDP比重达32.42%。完成服务业税收收入17.89亿元，增长23.41 %。完成服务业固定资产投资121.1亿元，增长28.5%。海企仓储入选省“十百千”行动计划创新型企业，泰州化工品交易中心创成省首批进口商品交易中心，高港综合物流园建成百亿级服务业集聚区，泰州市港城驾驶员培训有限公司获评“泰州市服务品牌”。成功签约安能物流、辉春医疗器材交易中心、典诚医疗器械交易平台、顺丰物流转运中心等4个项目，项目投资总额14.8亿元。

【开放型经济】全年新批及增资外资和港澳台资项目18个，实际利用外资和港澳台资1.836亿美元、协议注册外资和港澳台资3.38亿美元，分别完成市交目标任务的119.2%和112.7%，亚力山卓家居、顺丰光电等一批重大项目相继落户；完成自营进出口总额10.3亿美元，占市交目标任务的81.7%；实现外经营业额4047万美元，占年度市交目标任务的103.8%，完成境外投资项目4个。实现社会消费品零售总额39.08亿元，比上年增长13.6%，占市交目标任务的100.05%。全年累计为企业申报上争各类资金700余万元。获全市开放型经济工作目标考核先进市（区）二等奖。

【财政】全年实现财政总收入70.54亿元、公共财政预算收入28.68亿元，增长2.77%和15.07%。

【科技】全年实现高新技术产业产值732.05亿元，比上年增长22.70%，占规模以上工业产值的比重达

50.88%。获批国家重大专项1项、火炬计划8项、星火计划4项、国家中小企业创新基金1项、国家重点新产品1项、三部委新认定高新技术企业7家，省级科技支撑计划1项、省级博士集聚计划5人、省级科技副总2人、新认定高新技术产品80项。新签订产学研合作协议56项，新建产学研联合体16家，新增省级工程技术研究中心2项、省级研发机构绩效评估优秀1项、省级研究生工作站1家。获批省知识产权贯标先进单位3家、省知识产权“正版正货”单位1家，新组织11家企业进行省贯标备案。获全市科技创新工作先进市（区）一等奖。区科技局（知识产权局）获评江苏省知识产权执法维权工作先进单位。

【城市建设与管理】全年实施城建重点项目67个，累计完成投资71.7亿元。其中，基础设施项目23个，完成投入20.1亿元；社会事业项目8个，完成投入2.3亿元；商业及住宅工程开发项目29个，完成投入40亿元；现代服务业7个，完成投入9.3亿元。加大基础设施投入：全年建设主、次干道22条约56千米，田许路改扩建一期、友谊港道路、珑湾路、永福路、王营河路北延、古田路改造、泗白路和银杏路西延等道路工程竣工通车，东风路快速化改造、金港路南延、龙窝路改造工程实施动迁，自来水总管网改造工程投入使用。加快完善城市配套功能：口岸实验学校交付使用，全民健身中心综合馆改造一期工程开馆，柴墟水景街区建成开街，生态停车场竣工交付，高港书画院投入使用，基督教堂主体封顶。高标准建设保障房项目：龙湖美景一期竣工交付，龙湖美景二期、新城名邸一期、临港水岸景城二期、育才花苑二期等安置房项目加快推进，东方明珠二期工程拆迁结束。不断强化基础设施维护与管理：实施城区市政消火栓维修、主干道雨水管网疏通、公交站台维保、城市排水防涝设施改造、口永路和通扬路沥青维修等工程，持续加强对公园、广场、小区、道路绿化的日常维护，管护面积超150万平方米，补栽灌木约300万株，城区道路、绿化完好率达95%以上。加强路灯维护，及时更换灯泡、电缆，定期维修箱变，城区路灯亮灯率、完好率达98%以上。

【新农村建设】全年农村河道疏浚整治投资450.73万元，实施沈岱中沟、刁西引河等5条中沟疏浚整治任务，疏浚河道6.10千米，岸坡整治1.97千米，配套建筑物16座。小型农田水利重点县工程项目总投资3361.49万元，新建或改造灌溉泵站95座，新建混凝土衬砌渠道169.35千米，配套建设过路涵及沟口涵洞48座，高效节水灌溉53.33公顷。小型农田水利重点县项目在省水利厅和财政厅联合组织的绩效考评中获得优秀等次。

【环境保护】总投资4.2亿元的区污水总管及污水处理厂二期工程有序推进，完成总工程量的48%，进入主体施工阶段；企业新建或改造废气处理装置29台（套），完善污水处理设施15台（套），新增日处理污水量1600吨。泰州市沃爱特化工、泰州市大唐化工等6家化工、电镀企业先后关停到位。全区实际完成化学需氧量削减255吨，氨氮削减33吨，二氧化硫削减32吨，氮氧化物削减30吨。投入280多万元购置空气监测设备6台套，对原有的环境空气自动监测站点进行升级改造，11月底正式投入使用。环境空气质量优良天数百分率65.3%(新标准)、集中式饮用水源地水质达标率100%、水域功能区水质达标率100%、功能区环境噪声达标率100%。制定实施《高港区生态红线区域保护规划》，明确生态红线区域总面积45.15平方千米，占全区国土面积的15.7%。4月30日，省环保厅正式发文确认高港区为“江苏省省级生态区”。5月15日，胡庄镇顺利通过国家级生态镇考核验收，如期实现国家级生态镇（街）全覆盖。引江社区、许庄社区、蔡庄村等5个村（社区）建成省级生态村（社区）；田河小学创成省级绿色学校；育才社区、界牌社区、官沟社区等15个社区建成市级绿色社区。至12月底，迎接国家生态区技术评估的各项工作准备就绪。

【劳动和社会保障】城镇净增就业9600人，新增创业10227人，城镇登记失业率1.8%以内，继续保持全省最低水平。城镇职工养老、医疗保险参保人数分别达4.76万人和6.5万人，城乡居民社会养老保险参保人数5.78万人，农村新型合作医疗保险实际参保率100%。打造公共服务平台建设新亮点，在全区试点建立村级劳务公司10家，有效增强村级基层组织造血功能的同时，促进村富余劳动力充分就业；大力推动引才载体建设，新增省级博士后创新实践基地1个；针对建筑施工企业用工管理混乱、欠薪事件频发的现象，在全市率先出台《高港区建筑业企业实名制用工实施办法》，进一步规范建筑施工企业用工管理、工资发放等行为；各基层调解组织高效运行，许庄街道劳动人事争议调解中心成功创建为基层调解组织省级示范单位；创新性地推行先考试后选岗的办法，更大程度凸显考试录用的公正公平原则。

【人口与计划生育】全年出生人口2092人，出生政策符合率（计划生育率）99.8%，出生人口性别比104：100，孕前优生健康检查覆盖率100%，流动人口服务管理率95%，人口信息化建设达标率98%，人口计生机构队伍建设达标为95%。全年发放各类奖励扶助金

1018.3万元，惠及6804人。7月，区人口计生委获“全国优质服务先进单位”称号。孕前优生健康检查项目的室间质控工作再次获得省“优秀”等次，实现“三连优”。

【教育】2014年，通过“全国义务教育发展基本均衡区”现场评估验收。全区有10所省优质园，省优质园比例达83.3%；高港中专校工业分析与检验专业品牌建设通过省现场评估验收。安排1800万元全面完成市交重点目标考核项目“高港实验小学加固改造工程”，融资2.6亿元建成口岸实验学校并投入使用，引资2.7亿元建设永安洲实验学校。7所学校建成塑胶化运动场地，全区共有市数字化校园17所，为高港实验学校、高港实验小学、口岸实验学校统一食材配送、统一带量食谱、统一劳务外包。许敏获“全国优秀教师”称号，叶红、叶新和被评为“江苏省特级教师”，孙冬萍、朱月红为江苏省特级教师后备人才，叶新和为泰州市名教师、泰州市有特别贡献中青年专家；李玉华、戴长林获全国教育教学信息化大赛一等奖。3个省教育科学“十二五”重点规划课题开题，邀请全国著名教育专家蔡林森、魏本亚作专题报告。未成年人文明礼仪风采大赛获市特等奖、省三等奖和风尚团队奖。制订《泰州市高港区中小学校责任督学挂牌督导实施方案》，分6个责任区，聘任18位督学，对全区21所中小学进行定点挂牌督导。

【文化体育旅游】全年送戏下乡14场，送电影下乡890场次，送图书7000册。举办8场“大江放歌”广场文艺演出、6场“大江剧院苏演院线”专场演出、8场“大江艺术团”基层巡演等“大江系列”文化品牌活动。成功举办“4·23”读书节、全国第九个文化遗产日（高港非遗节）、“九九重阳”老年艺术节等重大节庆活动。举办第二届社区群众文艺调演。组织区老年艺术团等文艺团队开展春节文艺演出、参加市“百团千场”、长三角地区民乐展演等文体活动30多场。高港“大江艺术团”作为全市唯一单位获赠省委宣传部流动演出车1辆。图书馆“总分馆”建设和农家书屋“一卡通”工程启动实施。中广蓝海影城上线运行。

【文物和非遗保护】历史文化展示馆（李宅）、国学启蒙馆（孙宅）、中华武进士园（戚宅）建成开放。公布高港区第三批非遗项目代表性传承人名单。高港宫灯制作技艺、高港江鲜烹饪技艺成功申报为泰州市第五批市级非遗名录项目。

【卫生】2014年，创成国家级慢性病综合防控示范区，新增江苏省城市示范社区卫生服务中心1家。市三院与市人医建立战略合作伙伴关系，临检中心实现与市人医一体化运行。开展全科医学培训周活动，邀请中华医学会专家授课，累计培训基层医务人员近500人次。组织实施第四届“中医药就在你身边”中医文化科普巡讲，筹备泰州市委统战部、农工党泰州市委、泰州市卫生局三部门联合举办“中医同行”活动，泰州中医院专家和护士为群众开展科普宣传、专家义诊和中医特色理疗服务200多人。实现100%的社区卫生服务中心、乡镇卫生院和90%以上的社区卫生服务站、村卫生室能够提供中医药服务。市三院中医科达到国家中医药局综合医院中医临床科室基本建设标准。高港中医院针灸科、儿科创成市级中医重点专科。

【工商】2014年，全区企业登记注册总数1555户，注册资本总额518464.21元，其中有限责任公司777户、国有企业721户。累计注册外商投资企业9户，均为外商独资企业，注册资本17810美元。个体工商户3575户，从业人员6525人，注册资本77769.95元。私营企业1502户，其中有限责任公司736户、独资企业764户，雇工人数9590人，注册资本358511.21元。农民专业合作社111个，注册资本12981.89元。各类市场11个，其中消费品市场10个、生产资料市场1个，商品交易市场成交额5400元。广告经营单位60户，从业人员172人，广告经营额4078万元。全年检查合同84份，金额0.21元；办理动产抵押登记24件，帮扶企业融资33195.92万元，盘活企业资产61586.9万元。查处各类违法案件66起，为消费者挽回经济损失320万元。

【质量监督】2014年，新增江苏省质量信用评价A级企业8家，省级标准化良好行为企业3家；新增省级计量保证确认1家，计量合格确认6家，工业产品采标率达93%；全年工业产品质量抽查合格率96.97%，食品抽查合格率为96%。制修订国家标准1个，行业标准9个，等待发布。泰州华强照明器材有限公司的LED道路照明应用技术被列入2014年泰州市服务业标准化项目，并制定《LED道路与街路照明灯具安装规范》。蔡滩社区养老助残项目申报省服务业标准化试点单位。

【供销】2014年，全区供销系统实现商品销售总额58.29亿元，再生资源销售6.08亿元，农副产品收购额10.70亿元，农产品交易额14.27亿元，连锁销售16.94亿元，电子商务实现销售额1610万元，基层社销售1.61亿元，实现利润1653万元。提档升级为农服务社5家；新建庄稼医院4个，创建农民专业示范社4个，其中：前程为农服务社为省级样板社。区供销总社被市供销总社评为2014年综合考评一等奖；泰州市福齐天科技有限公司、泰州市集泰农产品有限公司被市供销总社评为2014年全市供销系统“十强企业”，口岸供销社评为优秀基层社，高港区同人于野植保专业合作社评为优秀专业合作社。

【审计】全年组织实施审计项目88个，查出违纪违规金额1818.01万元，管理不规范金额48070.99万元，核减政府建设项目工程造价2952.15万元。

【信访】2014年，接待群众来访295批1201人次，受理群众来信115件，办理省委书记、省长信箱交办案件25件。开展“信访积案专项治理行动”，全区梳理的41件信访积案化解33件，交办的和近年来去京上访的10件信访积案成功化解7件。全国“两会”、南京“青奥会”和中央巡视组驻宁期间，没有发生一起有影响的信访事件，工作成绩获全市通报表扬，区信访局被市政府记南京青奥会信访维稳工作三等功；高港区被省联席办评为“信访工作先进区”。

【公安】2014年，圆满完成南京“青奥会”、上海“亚信”峰会、北京APEC会议等重大活动安保、警卫任务55次，实现全省平安县（市、区）创建“十二连冠”目标；精心组织开展“泰安”行动、“利剑行动”、严打“娼赌毒”等专项行动，保持建区17年28起命案全破；社区民警“一网考”总成绩列全市前茅，1人进入全市社区民警“十佳”，4人进入全市“五十优”；继续保持民警违法违纪“零纪录”，蝉联执法质量“省优”成绩；在公安品牌打造上，率先推出的“微警务”工作、民生小案侦破常态机制、“群众议事团”化解矛盾经验、民警AB角搭档模式、“小威士”智能报警平台、社区“居家警务”、企业“四色服务”工作法、邻里“说事评理”新机制等20多项创新项目，不仅被上级政法、公安机关推介交流，还被中央电视台、新华网、《人民公安》等中央级媒体宣传报道。

【司法】全年调解各类民间纠纷521件，调解成功518件，其中非正常死亡案件62起，劝阻群体性上访37起436人次，防止民转刑案件12起41人，有效维护社会和谐稳定。全区共接受刑释解教人员151人，落实帮教151人，帮教率100%，落实安置151人，安置率100%，并为13名刑释解教人员落实了责任田。以“未成年人法治教育‘5+5’模式”为基础，拓展延伸“法律进学校”长效机制。深入推进“法律六进”活动，探索实施法治副主任工作制度。积极开展民主法治示范村（社区）创建工作，超额超期完成省定“2015年底命名率达30%”要求。5月，覆盖全区所有镇（街）、村（社区）的全区法律服务网络基本建成并开始试运行。成立高港区法律援助服务团和高港区刑事法律援助律师团，进一步加强法律援助专业化队伍建设。畅通“12348”服务平台，推行预约上门服务及“点援制”工作，办理各类法律援助案件270件，为当事人避免经济损失或挽回人身赔偿800多万元，实现应援尽援优援。

【交通管理】全年查处各类交通违法行为115175起，处罚113911起，扣留车辆2722辆，扣留证件78本，共接处警9933起，死亡30人，伤489人，直接经济损失274.5万元。

【党建工作】启动实施名校优生、双创人才、海外人才、领军人才、科技副总五大集聚计划。全年共引进各类高层次人才184名，其中国家“千人计划”专家1名。面向全国选聘15名应届硕士研究生及以上学历高层次人才充实到园区、镇街和区级机关有关经济综合部门。全年为35人申报市级以上各类人才项目，其中2人被确定为省“双创计划”资助对象、5人被确定为省“企业博士集聚计划”、10人被确定为市“双创计划”资助对象。推动财力向村居倾斜，村居定职干部平均年薪达3.8万元，离任村居干部平均补贴超6000元，有效解决了村居干部的后顾之忧。举办2期专题培训班，帮助基层干部掌握现代农业生产技术。发挥“大学生村官培养工作室”的导师效应，安排大学生“村官”跟班学习、实践体验。全区有28名大学生“村官”通过独办、领办或合办的形式创办项目26个，带动500余名群众增收致富。创新实施非公党建“一企一品”建设，非公党建实现了由打基础、上台阶到创特色的转变。深入开展“周末高港·党员关爱服务行动”，开展各类活动30多次，投入资金30多万元，服务群众1.2万人次。“周末高港·党员关爱服务队”入选泰州市十佳优秀服务组织。深化“三解三促、两送两增”、党代表工作室工作日等活动内涵，先后筹集120多万元，帮助群众解决实际问题3200件。加大优秀典型的培育和选树力度，口岸街道徐庄村党总支书记徐勤生被评为“江苏省最美人物之优秀共产党员”，与市委组织部联合拍摄的反映其事迹的专题片《丰年》在江苏省第十二届党员教育电教片观摩评比中获二等奖，另外选送的2部党员教育电视片，在全市第五届党员教育电视片和远程教育教学课件观摩评比活动中，分获一、二等奖。

2014年高港区各街道、镇简况一览表

表42

街道、镇	面积（平方千米）	人口（人）	居委会（个）	行政村（个）	农业增加值（万元）	列统工业产值（亿元）	地区生产总值（亿元）
口岸街道	53.32	70334	17	6	21115	225.57	84.72
刁铺街道	18.69	23267	6	0	7063	52.75	24.77
许庄街道	46.1	39400	10	4	9992	45.88	24.64
永安洲镇	36.98	31012	11	0	15420	393.23	76.72
白马镇	23.5	22290	2	5	10643	19.87	10.06
大泗镇	36.7	33324	2	13	17732	28.27	9.79
胡庄镇	45.3	42644	1	12	24353	6.25	11.93

·组织机构及负责人·

中共高港区委员会

书　记　王　建
副书记　周裕昌
　　　　张兆洋（2014-11-17任）
常　委　王　建
　　　　周裕昌
　　　　张兆洋
　　　　陈　军
　　　　程荣稳
　　　　韩　亚
　　　　薛永忠（2014-12-18任）
　　　　吴　斌
　　　　蒋向荣
　　　　陈志斌
　　　　唐明刚（至2014-09-16）
　　　　王友茂（2014-09-16任）

办公室（研究室、督查考核办与其合署，挂接待办牌子）
主　任　袁　斌（至2014-12-27）
　　　　田宝武（2014-12-27任）

研究室
主　任　田宝武（至2014-12-27）

督查考核办
主　任　袁　斌（至2014-12-27）

网络信息管理中心
主　任　徐旭东

组织部（非公有制经济组织党工委与其合署）
部　长　陈志斌

非公有制经济组织党工委
书　记　戴建斌

组织员办公室
主　任　叶俊东

宣传部（挂文明办、文联牌子，社科联与其合署）
部　长　程荣稳

区委外宣办（区政府新闻办）
主　任　邵釜明

统一战线工作部（区委台办与其合署，挂政府台湾事务办公室、区民宗局牌子）
部　长　周法鸣

台　办
主　任　吴　琥

政法委员会（综治办与其合署）
书　记　蒋向荣

综治办
主　任　杨　勇（至2014-12-27）
　　　　钱润泽（2014-12-27任）

编　办（挂区事业单位登记管理局牌子）
主　任　高志勇

反邪教办
主　任　唐吉武

区维稳办
主　任　姚　飞

机关党工委
书　记　陈振东

老干部局
局　长　包志明

信访局
局　长　王明龙（至2014-12-27）
　　　　王镇静（2014-12-27任）

机要保密局（副乡科级）
局　长　于　云

文明办

主　任　（暂缺）

沿江开发办

主　任　王　庆

高港区人大常委会

主　任　王　建

副主任　刘振东

李达华（至2014-12-29）

张　勤（女）

王国平

办公室（挂研究室牌子）

主　任　周树发（至2014-12-29）

李友荣（2014-12-29任）

研究室

主　任　张　平

人事代表工作委员会

主　任　丁春枝

财经工作委员会

主　任　刘晓春

法制工作委员会

主　任　李秀年

教科文卫工作委员会

主　任　朱冬林

城乡建设工作委员会

主　任　戴凤鸣

高港区人民政府

区　长　周裕昌

副区长　陈　军

吴　斌

邵春宁（女）（至2014-12-29）

蔡秋云（女）

肖志勇

李新美（女）（2014-12-29任）

徐绍文

包　亚

胡道勇（挂职）（2014-03-28任）

李亚林（挂职）（2014-03-28任）

办公室（挂政府研究室、法制办、外侨办、应急办牌子，正科级下属事业单位：机关事务局）

主　任　顾为进（至2014-12-29）

王飞平（2014-12-29任）

政府研究室

主　任　王飞平

法制办

主　任　冷　洪

发展和改革委员会（挂物价局、服务业发展办牌子）

主　任　王　庆

服务业发展办

主　任　叶　智

物价局

局　长　吴玉春

经济和信息化委员会（挂中小企业局牌子）

主　任　陈新兵（至2014-12-29）

秦荣生（2014-12-29任）

中小企业局

局　长　程永进

教育局（挂教育督导室牌子）

局　长　李俊仁

教育督导室

主　任　张宏泉（2014-01-09任）

科学技术局（挂知识产权局、地震局牌子）

局　长　孙　跃

监察局（与纪委合署，挂纠风办牌子）

局　长　毛一鸣（至2014-12-29）

丁新成（2014-12-29任）

民政局

局　长　葛　武（至2014-12-29）

毛一鸣（2014-12-29任）

司法局

局　长　祁亚峰（至2014-12-29）

张宏生（2014-12-29任）

财政局

局　长　王金云

人力资源和社会保障局（挂区公务员局牌子）

党组书记　居山林（至2014-12-27）

局　　长　匡裕民（2014-12-29任）

住房与城乡建设局（挂建工局、规划办牌子）

局　长　邱小平

水利局

局　长　胡万源

农业委员会

主　任　陈宝进

商务局（挂粮食局牌子）

局　长　吴　琥

文体旅游局

局　长　张霁明

卫生局

局　长　梅　跃（至2014-12-29）

陈新兵（2014-12-29任）

人口和计划生育委员会
主　任　李友荣（至2014-12-29）
党组书记　陈新兵（2014-12-27任）
审计局
局　长　江淑平（至2014-12-29）
　　　　曹映华（2014-12-29任）
环境保护局
局　长　匡裕民（至2014-12-29）
　　　　左祥生（2014-12-29任）
统计局
局　长　李正堂
安监局
局　长　秦荣生（至2014-12-29）
　　　　胡怀扣（2014-12-29任）
食药监督局
局　长　李新美（至2014-11-28）
书　记　唐秧林（至2014-11-28）
市场监督管理局
局　长　吴　斌（2014-11-28任，至2014-12-29）
　　　　高希兆（2014-12-29任）

区委、区政府直属机构、直属事业单位

城管办
主　任　张万卿
供销总社
主　任　毛照明
史志档案办
主　任　阚　进
行政服务中心（2014年12月27日更名为政务服务管理办公室）
主　任　尹晓平
区级机关事务管理局
主　任　戴永建

政协高港区委员会

主　席　任寿南
副主席　仲新光
　　　　周法鸣
　　　　李　强
　　　　李新美
　　　　钱亚东
秘书长　马步忠
办公室
主　任　（暂缺）
学习提案文史委
主　任　朱长顺
经济城乡建设委
主　任　邹贤平
社会法制委
主　任　陆惠章
科教文卫体委
主　任　徐亚明

群　众　团　体

总工会
主　席　张　琴（女）
团区委
书　记　徐思达（至2014-12-27）
妇　联
主　席　李　平
工商联
主　席　李　强
残　联
理事长　刘富庭
科　协
主　席　蒋　为
文　联
主　席　（暂缺）
侨　联
主　席　卢国平
红十字会
党组书记、常务副会长　唐秧林

中共泰州市高港区纪律检查委员会

书　记　张兆洋（至2014-11-17）
　　　　薛永忠（2014-12-18任）

法院、检察院、人武部

法　院
院　　长　胡欣荣（女）（至2014-12-29）
代理院长　陈富贵（2014-12-29任）
检察院
检察长　华为民
人武部
部　长　王友茂（2014-02-25任政委，无免部长文件）
　　　　丁　杰（2014-06-29任）

垂直管理部门（单位）

高港公安分局
局　长　薛荣美

国土资源分局

局　长　陆　俊（至2014-12-23）
　　　　朱秋生（2014-12-23任）

工商分局

局　长　曹映华（至2014-11-27）

国税第二分局

局　长　赵剑三

地税第三分局

局　长　焦中华

地税第五分局

局　长　虞　健

高港电视节目中心

局　长　周越星

交通运输分局

局　长　高林海

规划高港分局

局　长　刘国圣

人防办

主　任　戈　琦

交巡警二大队

大队长　薛荣明

公安消防大队

大队长　吴文俊（至2014-03-23）
　　　　席爱泉（2014-08-11任）

气象局

局　长　赵　蓓

质量技术监督局城区（高港）分局

局　长　高希兆（至2014-11-27）

电信分局

局　长　王广宇（至2014-01-18）
　　　　郭宏文（2014-01-18任）

邮政分局

局　长　冯利平

镇、街道、园区

口岸街道

党工委书记　徐绍文
办事处主任　张桂林
人大工委主任　韩记国

刁铺街道

党工委书记　张宏生（至2014-12-27）
　　　　　　袁　斌（2014-12-27任）
办事处主任　李伯英
人大工委主任　李风华

许庄街道

党工委书记　邵剑峰（至2014-12-27）
　　　　　　田光明（2014-12-27任）
办事处主任　田光明
人大工委主任　袁荣堂（至2014-12-29）

永安洲镇

党委书记　韩　亚
镇　　长　王镇静
人大主席　金　星

白马镇

党委书记　马才本
镇　　长　马才本
人大主席　周鑫科（至2014-03-01）
　　　　　许建中（2014-03-01任）
政协工委主任　李乃和（至2014-12-31）

大泗镇

党委书记　魏玉云
镇　　长　（暂缺）
人大主席　周鑫科（2014-03-02任）

胡庄镇

党委书记　卞晓江
镇　　长　陆明航
人大主席　曹建芳

高港高新技术产业园区

党工委书记　陈　军
管委会主任　包继春（至2014-12-18）
　　　　　　顾为进（2014-12-18任）
财政局局长　陆　青
社会事业一局局长　邵剑峰
社会事业二局局长　张宏生
招商局局长　田光明
规划建设局局长　刘长军
党政办主任　栾　勇
经济发展局局长　（暂缺）

泰州港核心港区

党工委书记　韩　亚
党政办主任　金正文
财政局局长　王镇静
规划建设局局长　孙忠厚
招商局局长　（暂缺）
经济发展局局长　金　星
社会事业局局长　（暂缺）

临港经济园

党工委书记　徐绍文
管委会主任　张桂林

（高港区政府办）

泰州医药高新技术产业开发区

【概况】2009年3月，泰州医药高新技术产业开发区（简称医药高新区）升级为国家高新技术产业开发区。2010年2月，科技部、卫生部、国家食品药品监督管理局、国家中医药管理局与江苏省人民政府共建泰州医药高新区机制正式建立。泰州医药高新区下辖正处级泰州医药高新技术产业园区、泰州经济开发区、泰州出口加工区、泰州高等教育园区和泰州市周山河街区，副处级泰州数据产业园区和泰州滨江工业园区等7个功能性园区，以及野徐镇和寺巷、明珠、凤凰、沿江4个街道。全区行政区划面积125平方千米，辖54个社区、2个行政村，总人口15.49万人，常住人口16.05万人。

2014年，全区积极应对宏观经济形势变化，推进开放创新、转型升级、融合发展，经济社会保持平稳较快增长。全年实现地区生产总值150.25亿元，比上年增长13%；完成公共财政预算收入25.6亿元，增长14.5%；完成固定资产投资增长32.2%，占全市比重比上年提高0.9个百分点；实现社会消费品零售总额70.45亿元，增长19.5%。地区生产总值、工业开票销售、固定资产投资、社会消费品零售总额、进出口总额等指标增速继续领跑全市。

【工业和开放型经济】2014年，全区实现规模以上工业总产值481.9亿元，比上年增长21.4%，增速居全市第二位，继续保持销售增长快于生产，利润增长快于销售的良好势头。实现新兴产业产值226亿元，增长26.5%，增速居全市第一位，高出规模以上工业5.1个百分点；实现高新技术产业产值211亿元，增长32.3%。企业培育取得新成效，全区销售超50亿元企业3家、超20亿元企业2家、超5亿元企业7家；全年新增规模以上工业企业15家、销售超1亿元企业7家、利税超1000万元企业4家，累计分别达145家、50家和32家。民营经济蓬勃发展，全年新增私营企业731家。项目招引成效显著，中外制药、中崇生物、台湾半导体封装测试设备、中海油配套LNG气化等一批重大产业项目相继落户；经济开发区SMT电子装备产业园启动建设，首批8家企业签约入驻。全年累计签约落户投资1亿元以上产业项目27个，其中5亿元以上项目10个。利用外资结构持续优化，全年新批外商投资企业10家，增资项目11个，实际利用外资连续多年居全市前列，成为全省利用外资转型发展示范区。外贸全年累计完成进出口13.1亿美元，增长16.7%。

【服务业】2014年，全区新增雀巢、赛诺菲·巴斯德、甘李药业、扶渡药业4家医药销售企业通过GSP认证，全年实现医药销售90亿元，比上年增长10.2%。数据园区成为省级医药行业软件特色园区。大连华信网上药品第三方交易平台、万通特色产品电销中心等一批电子商务项目有序建设，全年实现软件及服务外包收入7亿元，增长20%。新型服务业态不断拓展，传化公路港、浙江智慧谷、日健中外制药、车品E库、大道电子商务等一批项目顺利签约；北京儿童医院、健康管理中心等项目相继落户，康健医疗区建设正式启动。金融服务体系逐步健全，医药高新区与上海股权交易中心开展战略合作，10家企业顺利实现挂牌。年内，医药园区成功获批“中国创业投资（医药）示范基地”。

【重点项目建设】全年按计划实施项目189个，其中30个市“双百工程”项目全年完成投资74.8亿元，10个项目按期竣工投产。全区62个重点工业项目中有59个按期实施，阿斯利康泰州供应基地投产，可胜公司年内先后3次增资共到账9945万美元，托马斯电梯开始基础施工，凯恩特机械开始设备安装，中海油一体化项目进入全面快速建设阶段，东联化工、海阳化纤一条生产线建成，泰达纺织达产达效。

（高新区发改委）

【城市建设】2014年，全区房屋建筑类工程计划建设总面积887万平方米，已在建737万平方米。其中，东方小镇邻里中心、大华锦绣商务中心、汇鸿金融中心已经建成，教育教学区邻里中心即将竣工，高新区图书馆对外开放；高新写字楼、鑫泰写字楼主体封顶；中国医药城商务中心、会展交易中心二期工程开工建设。全区道路计划建设34千米，已开工建设20千米，完成14.1千米。健康大道西延、福康路、李时珍路、医疗器械区一期支路、三野路西延、医药园区污水管网改道等项目按序时进度推进，西景路南延项目完成；南官河西侧污水提升泵站项目投入使用；乡镇污水管网改造项目，除凤凰街道振兴路污水管网将与2015年道路整治同步实施外，其他污水管网改造项目均实施完成。完善全区城市景观规划，完成中草药植物园、药城大道景观提升工程、水上咖啡屋景观提升工程、化合药基地等绿化项目；完成康居社区一期工程周边空地等5个地块“空转绿”的实施。推进民生配套项目建设，梅兴社区自建房项目已确定自建方案，康居社区北侧垃圾中转站、南侧公交首末站于2015年1月基本竣工。

（高新区住建局）

【拆迁安置】2014年，全区计划建设安置房项目14项、建筑面积258万平方米，已在建213万平方米。其中，康居社区东区进入后配套施工阶段；康和学校东侧地块安置房项目人防地下室已封顶，进入主体施工阶段；康和学校南侧地块安置房项目进行方案设计。2014年实施生物医药出口创新基地、泰高高速、泰州职业技术学院新校区、梅兰大桥周边地块改造、引凤路南延、东风路快速化改造、东谢棚户区改造及安置房建设、永定路快速化改造等拆迁项目共19个，完成2022户房屋征收（搬迁）任务。完成梅兰花园二期、腾龙御园一期、东明花园二期等安置区约2000套安置房的回迁安置。

（高新区住建局　拆管办）

【科技创新】2014年，全区实现高新技术产业产值211.27亿元，比上年增长32.3%，高于全市平均增速14个百分点，高新技术产业产值占规模以上工业总产值的43.5%。新增科技孵化器面积23万平方米，引进新兴产业项目20项。科技服务业实现产值4亿元。新增省级以上高新技术企业14家，其中三部委（科技部、财政部、税务总局）认定的高新技术企业5家。新增省科技型中小企业15家、省民营科技型企业24家、市级创新型企业6家。新增省高新技术产品34个。新增专利申请量604件，增长37.3%，其中发明专利263件，增长50.3%。新建产学研联合体14个；新建市级以上研发机构7个，其中省级工程技术研究中心2个；新增市级以上绩效优良研发机构6家。组织申报各类科技计划项目178项，获国家级立项4项、省级立项13项、市级立项40多项，累计上争各类科技计划资金5800万元。

（高新区科教局）

【人才引进和交流】落实人才特区政策，全年全区共引进高层次人才2345名，引进海外优秀人才45人，其中26人入选国家“千人计划”，70人入选江苏省“双创计划”，6个团队入选江苏省“创新团队”，创办医药生产、服务型企业400多家，申报医药创新成果400多项，一半以上新药取得国家临床批件。引进教科研高级人才3名，新增专业技术人员113名。加强国外智力项目引进工作，完成2015年国外引智项目计划申报工作。成功举办中国医药城创新创业环境推介会暨创业大赛。

【劳动保障】针对失地农民基本生活保障待遇偏低的突出问题，于2014年10月再次调高保障金标准，第四年龄段保障标准从400元/月提高到460元/月，增幅15%。至年末，全区累计248个村组49653名征地农民（含第一年龄段）纳入基本生活保障体系。2014年城乡居民养老保险参保人数15850人。

（高新区人社局）

【社区建设和管理】2014年，医药高新区成功召开首届社区建设与管理工作大会、首届残疾人代表大会，成为全省首家成立残联的高新区。社区管理服务中心、社会组织发展服务中心、“虚拟养老院”“慈善爱心救助超市”等一批服务民生项目建成并投入运行。民政基础设施逐步完善，完成15家社区的“两房”达标建设。加强社会组织培育发展，构建“政府搭台、社会组织唱戏、群众广泛参与”的社会治理新机制。镇村经济发展初见成效，全区所有行政村的集体经营性收入均达到35万元以上，其中集体经营性收入50万元以上的村有45家（新增15家），100万～200万元的村有12家（新增7家），200万元以上的村有9家（新增8家）。秸秆禁烧和综合利用工作成效显著，在全市综合考核中居第一位。

【优抚】2014年，城乡低保标准提高到人均530元/月，全年全区有1267户2216人享受城乡居民最低生活保障，其中城市低保25户37人、农村低保1242户2179人，发放城乡低保金552.7万元。全区纳入“五保”供养人员90人，其中集中供养60人，集中供养标准提高到年均7414元/人；分散供养30人，分散供养标准提高到年均6360元/人，全年共发放“五保”供养经费59.8万元。分散供养孤儿13人，散居孤儿基本生活保障标准提高到1020元/月，全年发放孤儿供养金14.7万元。全年累计救助“一户多残”“依老养残”195多人次，发放资金17.69万元；向全区80名重度残疾人发放护理金9.2万元；对全区900名享受重残低保人员实行动态管理，累计发放重残低保金562.4万元。全年资助参加医疗保险1950人，支出参保资金23.14万元；民政医疗救助9677人次，支出救助资金270.45万元。建立退役士兵自谋职业补助金动态增长机制，并在泰州地区率先发放资金到位，共发放退役士兵自谋职业补助金99.9万元，发放家庭优待金19.12万元；发放719名享受60周岁以上农村籍退役士兵人员待遇补助经费51.87万元。全区办理结婚登记1655对，离婚登记249对，婚姻登记率100%，婚姻登记合格率100%。免费为全区20名符合申请免费的复明对象进行筛查、手术。建成残疾人“幸福家园”社区3家。

（高新区民政局）

【教育】2014年，全区有中小学校8所（小学4所、初级中学2所、九年一贯制学校2所）；在编教师605人，其中专任教师504人；在籍学生6367人，其中小学生

5288人、初中生1079人。有公、民办幼儿园18所，教职工556人，其中专任教师338人，在园学龄前儿童4433人。通过教育部义务教育均衡发展检查，完成省教育现代化监测评估。“地理泰州·三水文化”省级课程基地通过省级中期验收，康和实验中学“消防文化·生命教育”校本课程创成省级课程基地。泰州第一外国语学校正式注册办学。深化“市直—高新区学校共同体”建设。学前教育五年行动计划稳步实施，全年创成4所“江苏省优质幼儿园”。加强社区教育中心的内涵建设，创成1所省级示范社区教育中心。全年资助贫困幼儿545人次，基本达到省定10%的资助面和每生每年1000元标准；资助小学生636人次和初中生185人次，资助面基本达8%，落实小学生每生每年1000元、初中生每生每年1250元的要求。实施“蓝天行动计划”，建立留守儿童“关爱驿站”，全年接纳外来务工人员子女就学近400人次。

（高新区科教局）

【卫生】中国医药城泰州普济医院正式更名为泰州市中西医结合医院，增挂高新区人民医院牌子，医院性质由自收自支事业单位转为差额拨款事业单位。加强基层卫生设施建设，推进寺巷卫生院、野徐卫生院迁建，完成24所村级卫生机构的新建任务，全区31所村级卫生机构全面实现一体化管理。寺巷街道居桥村卫生室、二桥村卫生室评为省“示范村卫生室”。全年实施农村孕产妇住院分娩补助352人，补助金额17.6万元；叶酸新增补服408人，完成“两癌”（宫颈癌和乳腺癌）筛查4783人。强化抗菌药物临床应用管理，开展医疗机构毒麻药品专项整治活动。2014年全区共出生人口2013人，人口出生率12.99‰。

（高新区卫生局）

【三农】2014年，全区有3个村（社区）创成市级“全面小康创建示范村”。落实粮食直补、良种补贴、农机购置补贴等各项补贴政策。发放粮食直补和农资综合补贴386.7万元、良种补贴资金74.4万元，惠及农户2.1万户；发放农机购置补贴资金46.43万元。水稻、小麦、油菜实现“应保尽保”，完成保费总额170万元；高效农业保险工作超额完成市下任务，所有理赔款全部通过“一折通”发放到农民手中。全年全区秸秆全量还田面积占粮油面积比例为93%。有21个村实施“一事一议”项目建设，建成村级道路14条、水渠4.1千米，建成文化体育场所3个共6652平方米。全区有12家农民资金互助合作社，建立诚信监管共享平台。

（高新区农工办）

【重要活动和重大事件】1月7日，总投资2.3亿美元的阿斯利康泰州供应基地在中国医药城正式开业。

3月11日，日本中外制药株式会社独资设立的日健中外制药有限公司落户医药高新区，注册资本3000万美元，项目总投资9000万美元。

3月17日，江苏森瑞谱生物制药有限公司开工仪式在中国医药城举行，标志着世界首个抗HPV病毒药物——“REBACIN”系列产品（瑞贝生、蕊蓓尔）项目正式落户。

3月18日，中海油气（泰州）石化一体化项目举行地管及桩基工程开工仪式，总投资102亿元，创泰州单体投资规模历史之最。

4月2日，江苏崇尚生物科技有限公司等11个产业化项目在中国医药城集中开工。

4月8日，阿斯利康药业（中国）有限公司成功增资1.2亿元。增资后，公司总投资18.2亿元，注册资本6.1亿元。

4月20日，江苏省委书记罗志军在中国医药城调研。

4月30日，江苏华为医药物流有限公司二期高架仓库顺利通过国家新版《药品经营质量管理规范》（GSP）现场检查，成为全省首批通过国家新版GSP认证的两家企业之一。

5月28日，新型疫苗及特异性诊断试剂产业区域集聚发展试点2013年专项资金使用及拨付方案成功获批，24个重点实施项目获得国家、省财政2亿元资金扶持。

5月30日，江苏勃林格殷格翰生物制品有限公司项目在中国医药城正式动工。总投资5800万欧元，建成后将成为亚洲领先的动物疫苗生产基地。

6月18日，第十一届全国人大常委会副委员长、中国工程院院士、国家科技重大专项“重大新药创制”技术总师桑国卫考察中国医药城。

6月30日，桑缇亚国际有限公司投资的桑缇亚（中国）生物技术有限公司正式落户高新区，投资总额3000万美元，注册资本1200万美元。

8月6日，中国医药城江苏华亿细胞组织工程有限公司组织30万平方厘米人工皮肤发往上海、苏州、南通等地医院，救治昆山爆炸事故中的烧烫伤病人。

8月23～24日，由泰州市政府和中国医药企业管理协会联合主办的2014中国医药企业家年会召开，年会主题为“转型挑战与产业重构”。

9月15日，中国医药城首批5家中小企业将在上海股权托管交易中心“中小企业股份报价系统”挂牌。

9月18日，可胜科技（泰州）有限公司成功增资2亿元人民币。增资后，公司总投资额30.8亿元，注册资本8.3亿元。

9月18日，“泰州·中国医药城投资与发展研讨会”在上海举行。

9月19日，泰州学院新校区举行揭牌仪式。

9月26日，医药高新区成功获批江苏省利用外资转型发展示范区。

10月8日，医药高新区首家综合性大型图书馆建成开馆。

10月28日，医药高新区顺利通过国家低碳工业园区试点实施方案评审。

10月30日，江苏省政府与科技部、国家卫生计生委、国家食品药品监管总局、国家中医药管理局共同推进泰州医药高新区建设联席会议第三次会议举行。

10月31日，十一届全国政协副主席李金华考察中国医药城。

10月31日至11月2日，第五届中国（泰州）国际医药博览会在中国医药城会展交易中心举行。

12月29日，江苏省疾病预防控制中心疫苗一期临床基地在中国医药城挂牌成立。

·组织机构及负责人·

泰州医药高新技术产业开发区

市委常委、医药高新区党工委

书　记　陆春云

党工委副书记、管委会

主　任　吴　跃

党工委副书记（挂职），省食品药品监管局党组成员、食品药品安全总监、高新区直属分局

局　长　王　越

党工委

副书记　唐文奇

　　　　严晓明

委　员　韩成龙

　　　　任志强

党工委委员、管委会

副主任　刘正源

　　　　刘玉平

委　员　张　春（至2014-09）

　　　　王晓梅

　　　　钱建网

党工委委员、管委会

副主任　方　针

委　员　黄　建（2014-09任）

人大工委主任、政法委

书　记　任志强

纪工委

书　记　韩成龙

法院党组

书记、院长　朱建华

检察院

党组书记、检察长　何建明

人武部

部　长　黄　建

党政办

主　任　陈　磊

研究室

主　任　严春荣

组织部

部　长　钱建网

宣传部

部　长　王晓梅

发改委

主　任　丁建中

农工办（民政局）

副主任、副局长　邱德进

科教局

局　长　何　杰

住建局

局　长　朱叶青

拆管办

主　任　王　届

财政局

局　长　周同山

审计局

局　长　邵　骅

人社局

局　长　王　敏

卫生局

局　长　章　涛

监察局

局　长　刘　鹏

综治办

主　任　高明岗

市公安局

副局长兼高新区公安分局局长　徐　军

市国税局

党组成员、副局长兼高新区国税局局长　周曙东

市地税局

五分局局长　虞　健

工商分局

局　长　孙　静

规划分局

局　长　刘　缨

城管分局
局　长　王　届
交通分局
局　长　曹其平
市环保局
副局长兼高新区环保分局局长　童　宁
国土分局
局　长　陆　俊（2015-01任）
　　　　钱艺兵（至2015-01）
水利分局
局　长　朱晓春
司法分局
局　长　吕建国
消防大队
教导员　王洪君

开发（园、街）区

泰州医药高新技术产业园区
党工委书记　陆春云
党工委副书记、管委会主任　吴　跃
党工委副书记、管委会副主任　章　涛
党工委委员、管委会副主任　吴　诗
市食品药品监督管理局副局长、党组成员，园区管委会副主任（挂）　刘　露
省疾病预防控制中心副主任、园区管委会副主任（挂）　朱凤才
党工委委员、管委会副主任　吴　翔
　　　　史献锌
　　　　耿晓利
　　　　周继红
党工委委员、纪工委书记　徐永千
市食品约品监督管理局副局长、园区管委会副主任（挂）　王　岩
泰州经济开发区（出口加工区）
党工委书记　唐文奇
党工委副书记、管委会主任　方　针
党工委副书记、管委会副主任　霍雨霞
党工委委员、管委会副主任　潘爱民
党工委委员、管委会副主任　王昌林
党工委委员、纪工委书记　周　杰
党工委委员、管委会副主任　华晓明
党工委委员、管委会副主任　朱桂五
党工委委员、管委会副主任　张银宝
泰州市周山河街区
党工委书记　陈　林
党工委委员、管委会副主任　许立新
党工委委员、管委会副主任　丁银存
党工委委员、管委会副主任　翟荣明
党工委委员、管委会副主任（援藏）　黄礼群
泰州高等教育园区
管委会主任、党组书记　严晓明
管委会副主任、党组成员　包晓敏
管委会副主任、党组成员　左有民
管委会副主任、党组成员　申忠健（至2014-06）
纪检组长、党组成员　祝灯山
管委会副主任、党组成员　陈　正
泰州数据产业园区
管委会主任　刘玉平
管委会副主任（副处级）　魏昌东
泰州滨江工业园区（沿江街道）
管委会主任　唐文奇
管委会副主任　潘小泉
管委会副主任　邵阿勤

镇（街道）

野徐镇
党委书记　陈立新
党委副书记、人大主席　胡万贵
党委副书记、镇长　陈　群
寺巷街道
党工委书记、人大工委主任　朱海涛（2014-06任）
　　　　王　届（至2014-06）
党工委副书记、办事处主任　吴康强
明珠街道
党工委书记、人大工委主任　高　君
党工委副书记、办事处主任　拱卫民
凤凰街道
党工委书记、人大工委主任　李俊标
党工委副书记、办事处主任　韩洁桂（2014-06任）
　　　　朱海涛（至2014-06）
沿江街道
党工委书记、人大工委主任　潘小泉
党工委副书记、办事处主任　邵阿勤

（高新区组织部）

姜　堰　区

【概况】姜堰区位于泰州市中部，东临海安县，南接泰兴市，北毗兴化、东台市，西连泰州市海陵区、高港区；全区总面积927.52平方千米。2014年全区实现地

区生产总值488.52亿元，可比增长11.1%。其中，第一产业增加值35.16亿元，可比增长3.5%；第二产业增加值242.99亿元，可比增长10.9%；第三产业增加值210.37亿元，可比增长12.6%。继续跻身全国中小城市科学发展百强区。三次产业结构比例为7.2：49.7：43.1，服务业占GDP比重比上年提高1.8个百分点。全区实现高新技术产业产值448.81亿元，增长16.1%；占规模以上工业比重达39.8%，提高2.3个百分点。民营经济发展较快，全年净增私营企业数和个体经营户数分别为1591户、2581户，新增“个转企”371户、著名商标6件、注册商标705件。年末，全区私营个体经济注册资本达到523亿元，私营企业数1.09万户，个体经营户3.48万户。

【农林牧渔业】2014年，全区实现农林牧渔业总产值59.94亿元，比上年增长5.6%。全年粮食产量56.15万吨，增长1.3%，实现“十一连增”。全年粮食播种面积为7.56万公顷，增长0.4%，粮食单产7425千克/公顷，增长0.8%。获评“全国粮食生产先进县”。2014年全区新增造林面积423.86公顷，森林覆盖率达23.6%。全年生猪饲养量88.67万头，增长1.8%，其中生猪出栏62.27万头，增长2.5%。家禽饲养量1319万只，增长4.1%，其中家禽出栏895.49万只，增长4.6%。主要畜产品中，肉类总产量5.96万吨，增长3.6%；禽蛋总产量2.68万吨，与上年基本持平。全年水产品产量4.27万吨，增长3.6%。改革与建设试点工作居全国前列，新增规模经营面积8067公顷、设施农业面积1413公顷、设施渔业面积340公顷、农村“三大合作”组织197家，新认定规模经营种养大户及家庭农场727个。省级现代农业产业园区服务中心建成运行，城北现代农业走廊建设提速，荣获“全省发展现代高效农业成效显著县（区）”，创成全国休闲农业与乡村旅游示范县（区）。

【工业】2014年，全区473家规模以上工业企业完成产值1131.30亿元，比上年增长17.7%。其中轻、重工业产值分别为326.52亿元、804.78亿元，分别增长17.8%和17.6%。国有工业增长11.0%，集体工业增长13.6%，股份制工业增长20.3%，外商及港澳台商投资工业增长13.2%。从主要行业看，纺织业完成产值91.99亿元，增长20.7%；化学原料和化学制品制造业完成产值131.72亿元，增长30.3%；专用设备制造业完成产值134.63亿元，增长16.1%；电气机械和器材制造业完成产值205.93亿元，增长11.1%。在规模以上工业中，十强、重点、成长型工业企业产值分别增长14.3%、5.5%、19.2%。三大园区贡献突出，实现产值640.36亿元，增长20.4%，高于全区增幅2.7个百分点，占规模以上工业的比重达56.8%，比上年提高7.2个百分点。全区规模以上工业企业实现主营业务收入1046.10亿元，增长19.6%；实现利税总额124.18亿元，增长25.6%，其中利润78.61亿元，增长26.2%。全区规模以上工业企业亏损企业数量与亏损企业亏损额分别下降84.6%、78.9%。

【建筑业】2014年末，全区有资质的建筑施工企业168家，累计施工面积6991万平方米，比上年增长18.6%；竣工面积2892万平方米，增长16.9%。全年实现建筑施工总产值462.56亿元、建筑企业增加值141亿元，分别增长17.0%、23.2%。

【固定资产投资】2014年，全区完成固定资产投资345.56亿元，比上年增长29.3%。投资结构进一步优化，第一产业投资2.86亿元，下降11.5%；第二产业投资232.10亿元，增长26.1%，其中工业投资231.75亿元，增长28.4%。第三产业投资110.60亿元，增长38.1%。房地产开发完成投资51.93亿元，增长39.8%。全区签约5000万元以上工业项目55个，其中1亿元以上项目30个；在建1亿元以上项目26个，其中5亿元以上项目9个。竣工5000万元以上工业项目42个，其中1亿元以上工业项目21个。实施3000万元以上技改项目48个，其中1亿元以上技改项目11个。南洋电缆一期、普奥新材料、飞船公司变速箱齿轮等一批重大项目建成投产，投资45亿元的健康养老产业园项目初步列入省重点项目计划。全年房地产施工面积417.11万平方米，比上年下降3.6%，竣工面积173.29万平方米，增长68.5%。全年商品房销售面积89.06万平方米，增长1.4%，商品房销售额44.92亿元，增长4.0%。

【国内贸易】2014年，全区社会消费品零售总额137.63亿元，比上年增长12.5%，按行业分，批发和零售业零售额126.39亿元，增长12.6%；住宿和餐饮业零售额11.24亿元，增长11.2%。按销售单位所在地分，城镇消费品零售额131.71亿元，增长12.7%；乡村消费品零售额5.92亿元，增长9.2%。按规模分，限额以上单位消费品零售额22.36亿元，增长14.8%，占社会消费品零售总额的25.3%；限额以下单位消费品零售额115.27亿元，增长16.2%，占社会消费品零售总额的83.8%。在限额以上批发和零售业商品销售额中，粮油、食品、饮料、烟酒类商品销售额35.16亿元，增长20.1%；服装、鞋帽、针纺织品类商品销售额4.35亿元，增长6.8%；家用电器和音像器材类商品销售额2.38亿元，增长17.8%；书报杂志类商品销售额1.17亿元，增长4.8%；汽车类商品销售额2.90亿元，增长14.8%。

【对外贸易】2014年，全区外贸进出口首次突破10亿美元大关，全年进出口总额（海关数）10.69亿美元，比上年增长24.6%。其中，进口总额16364万美元，增长7.5%；出口总额90558万美元，增长28.3%。油气装备、五金工具、装饰建材、纺织服装等4个产业进出口过亿美元。全区新批协议注册外资3.5亿美元，增长1.9%；实际到账注册外资1.5亿美元，增长1.9%。新签外经合同额27907万美元；外经实际营业额14744万美元，增长4.9%。

【交通运输】2014年，全区完成交通运输业增加值31.64亿元，按可比价计算增长16.5%，占地区生产总值的比重为6.5%，比上年提高0.2个百分点。全年完成公路客运量724万人，公路旅客周转量37021万人千米；完成公路货运量362万吨，公路货物周转量12702万吨千米；完成水路货运量1784万吨，水路货物周转量139944万吨千米，均比上年有所增长。完成农公班线路公交化改造，实现城镇公交全覆盖，全区96.5%的行政村通达公交。

【邮电业】2014年，全区完成邮电业务收入25905万元，比上年下降0.9%，其中邮政业务收入7177万元，下降1.2%；电信业务收入18728万元，下降0.8%。年末全区固定电话用户26.63万户，移动电话用户64.17万户，电信互联网宽带接入用户9.12万户。

【旅游业】溱湖旅游景区创成中国环境科普教育基地，古罗塘旅游文化景区、溱湖湿地农业生态园分别跻身国家AAAA、AAA级旅游景区。年末全区旅游星级饭店2个，其中四星级1个。全年接待游客540万人次，实现旅游直接收入13.5亿元，比上年分别增长10.0%、12.0%。

【财政、金融、保险】2014年，全区公共财政预算收入30.35亿元，比上年增长12.7%。其中，税收收入25.16亿元，增长13.5%；占公共财政收入的比重达82.9%，提高0.6个百分点。全年公共财政预算支出44.28亿元，增长13.5%。

2014年末，全区金融机构本外币存款余额534.46亿元，比年初增加53.24亿元，增长11.1%，其中人民币存款余额528.72亿元，比年初增加50.83亿元，增长10.6%；本外币贷款余额389.93亿元，比年初增加33.77亿元，增长9.5%，其中人民币贷款余额386.37亿元，比年初增加36.78亿元，增长10.5%。在人民币贷款中，短期贷款219.33亿元，比年初增加3.57亿元，增长0.3%。

2014年，全区保险业务收入11.03亿元，比上年增长7.0%。其中，财产险业务收入2.78亿元，增长13.4%；人寿险业务收入8.25亿元，增长5.0%。全年保险业务支出4.08亿元，与上年持平。其中，财产险业务支出1.64万元，增长35.6%；人寿险业务支出2.44万元，下降15.0%。

【科学技术】2014年，全区授权专利1524件，其中发明专利49件，比上年分别增长3.5%、8.9%。全区发明专利拥有量320件，增长49.5%，万人发明专利拥有量4.39件。全年全区组织申报各级各类科技计划项目112项。新增国家级科技计划项目13项，其中国家火炬计划项目8项、国家重点新产品计划项目1项、国家科技型中小企业技术创新基金2项；获省级科技计划项目35项，其中省重大成果转化项目1项，省科技支撑计划（工业）项目2项，省重点新产品计划项目3项、省创新基金1项，省科技企业上市培育计划推荐入库企业2家，农业科技成果转化资金项目1项，星火计划项目2项。产学研合作取得新进展，组织或参与各类产学研活动28场次，实施高质量产学研合作项目68项，企业与高校院所签约共建产学研联合体20家，区政府与中南大学签约合作共建"江苏省金属新材料工程技术研发中心"。举办首届"百名专家姜堰科技行"大型产学研活动。全区新增高新技术企业17家，国家火炬计划重点高新技术企业1家，省高新技术（后备）企业23家，高新技术企业总数居泰州第一。新增省级企业重点实验室1家、省级企业重点研发机构2家、企业研究生工作站6个，新建市级以上科技公共服务平台1项，新批院士工作站1家，新建市级、区级工程技术研究中心8家、34家。区生产力促进中心参与国家级绩效评价获批为B类示范中心，成为苏中苏北地区唯一一家市（区）国字号示范中心。华港镇成功入选江苏省创新型试点乡镇。

【教育】年末全区拥有幼儿园33所，在园幼儿1.38万人；小学27所，在校学生3.42万人；初中17所，在校学生1.98万人；普通高中8所，在校学生1.38万人。2014年全区学龄儿童入学率99.0%，初中毕业生升学率98.8%，高中阶段教育毛入学率98.0%，分别比上年提高0.3个、0.2个、0.1个百分点。中、高考和学业水平测试成绩继续保持泰州领先、全省一流位置，创成全国义务教育发展基本均衡区、省义务教育优质均衡发展区、省学前教育改革发展示范区。

【文化】成功举办2014年中国泰州姜堰·溱潼会船节、第十届群众文化艺术节、第二届"欢乐新春"十大文化惠民等系列文化活动；全年完成"激情三水"广场文艺演出12场，送书30万码洋、电影3200场、演出

100场。成功入选中国民间文化艺术之乡，获评全省农家书屋提升工程示范区。两台在上级台用稿（片）800多篇（条），其中央视用片12条。广播剧《假如战争明天发生》获江苏省“五个一工程”奖，电视纪录片《醒篙人家》获第20届中国纪录片奖。年末全区拥有文化馆1个，艺术表演团体1个，公共图书馆1个，公共图书馆总藏量46万册，电子图书藏量255万册，博物馆1个，美术馆1个，档案馆1个，全年向社会开放各类档案数1.16万卷。

【卫生】县级公立医院综合改革稳步推进，在泰州市第二人民医院、姜堰中医院全面实施医药价格综合改革，建立完善乡村医生多渠道补偿机制，落实乡村医生养老保障制度，在兴泰、沈高、蒋垛等3个镇所辖的9个村卫生室实施乡村医生签约服务试点，探索构建新型农村卫生服务模式。巩固新农合制度，新农合筹资标准提高到430元/人，新农合参合率100%，出台姜堰区农村居民大病医疗保险实施意见，启动农村居民大病医疗保险制度。全区累计建立居民电子健康档案60.52万份，建档率83%；65岁以上老人健康体检10.75万人。年末全区共有各类卫生机构301家，其中医院、卫生院30家；各类卫生机构实有床位3311张，其中医院、卫生院3146张；共有卫生技术人员3469人，其中执业医师、执业助理医师2742人，注册护士1248人。

【体育】成功举办第四届“黄龙士·双登杯”世界女子围棋擂台赛、全国侨牌A类俱乐部联赛等大型赛事。服务水平再提升，三水公园、人民公园的健身器材全部安装到位，城区30处小游园健身设施建成1处，配套1处。举办“建工杯”职工长跑比赛、职工乒乓球、篮球、羽毛球比赛、第三届广场舞大赛。开展第六个全民健身日健身舞表演暨2014年姜堰区武术比赛，承办泰州市老年人棋类等比赛，城市社区“10分钟体育健身圈”通过省级验收。竞技体育再创佳绩，积极备战省十八届运动会，自行车、摔跤等比赛获得一金三银三铜的成绩，女足乙组获得第五名。培养输送的运动员杨敏、钱佳睿在仁川亚运会上获得女子橄榄球、女子击剑的金、银牌。姜堰被命名为全国校园足球精英训练营20个城市之一。

【城市建设】五中东路、河南大街、花园西路等15条道路已全部建成通车。三水公园建成开放，人民公园正式开园。实现引长江水工程行政村全覆盖，16个镇区接通天然气管网。实施天目东路、五中东路等9千米污水管网铺设，城区生活污水集中处理率近90%。张甸、蒋垛、白米、华港、俞垛等镇5座二级生活污水处理厂已全部建成并正式运行，建设配套污水管网27.27千米。完成药厂北侧、振兴北路、气象局南侧等3处游园建设，实施高教路、二布厂东路等新建道路配套绿化，对城区主次干道绿化及时进行补植和提升，更换、补植灌木30多万株，乔木1000多株，全年新增绿地面积31.36万平方米。完成光明东村、西野行组团、北苑新村3个老小区综合整治和青年路组团的外立面出新，累计出新房屋本体修缮80幢，惠及住户2000多户。200套经济适用住房建成并交付使用，全年新增公共租赁住房1005套，发放廉租住房租赁补贴147户，并对2544套棚户区危旧房进行改造，高分通过省级全域整治考核验收并获得较好评价，全区262个行政村2160个自然村整治全覆盖。全年共疏通城区主次干道、后街背巷排水管道近5000多米，维修各类路面29400平方米，人行道板3200平方米；更换路牙600米，更换各类井盖650套，增设马眼窨井68座，清理各类窨井13600座（次），清运淤泥1200立方米。

【环境保护】生态创建稳步推进，全区15个镇全部获得国家生态镇命名，开发区创成省级生态工业园区，溱湖风景区创成国家生态旅游示范区、国家级环保科普教育基地，国家生态区创建在泰州地区率先通过环保部组织的考核验收，国家生态文明示范区建设规划编制工作全面启动。突出绿色发展，对全区662家企业环保信用等级进行评价并公示，4家企业获评泰州市绿色企业。累计完成63台套燃煤小锅炉整治任务，夏秋秸秆“双禁”工作取得显著成效。通过划定禁鸣区、综合整治社会生产噪声、建设噪声达标区等工作，在高考、中考等期间开展“绿色护考”专项行动，全区区域环境噪声均值、交通噪声昼夜均值均保持国家控制标准以下。新增细颗粒物、一氧化碳和臭氧的监测能力，实时发布各空气质量数据，各因子日均值平均值基本达到《环境空气质量标准（GB3095—2012）》二级标准要求。全年减排化学需氧量862.9吨，氨氮108.7吨，二氧化硫238.6吨，氮氧化物100吨。

【人口与计划生育】2014年末全区家庭总户数27.16万户，户籍总人口79.44万人。在总人口中，女性39.35万人，占49.5%。全年出生人数6114人，人口出生率为7.69‰；死亡人数6814人，死亡率为8.57‰；人口自然增长率-0.88‰。年末全区常住人口73万人。城镇化水平进一步提高，年末常住人口城镇化率为55.56%，比上年提高1.05个百分点。

【人民生活】全区城镇居民人均可支配收入31375元，比上年增长9.3%；人均消费性支出18673元，增长7.1%。农村居民人均可支配收入14887元，增长11.0%；人均生活消费支出10749元，增长10.0%。城乡居民恩格尔系数分别为29.5%、35.8%。居民储蓄存款持续增加，年末城乡居民人民币储蓄存款余额达到338.76亿元，比年初增加40.32亿元，增长13.5%。

2014年末城镇登记失业率为2.02%，比上年下降0.24个百分点。企业职工月最低工资提高到1630元，企业退休人员月均养老金提高到1743元，城乡低保标准分别提高到每人每月530元、430元，60周岁以上城乡居民养老保险实现全覆盖。全年实施医疗救助8021人，发放救助金1731.5万元。全年全区基本养老保险新增参保8100人，基本医疗保险新增参保8058人，失业保险新增参保6488人，工伤保险新增参保6178人，生育保险新增参保6408人。全区享受最低生活保障的对象15482人，其中农村13746人、城镇1736人。全年最低生活保障金额2981万元，其中农村2442万元、城镇539万元。

2014年姜堰区各镇、开发区简况一览表

表43

镇、开发区	土地总面积（平方千米）	年末人口（人）	居委会（个）	行政村（个）	农业总产值（万元）	农民人均纯收入（元）	（规上）工业总产值（万元）	粮食总产量（吨）	棉花总产量（吨）	油料总产量（吨）
姜堰镇	46.48	155935	22	20	36255	21346	1585838	15233	0	1126
溱潼镇	38.61	28761	4	10	17788	16874	206508	12949	27	657
蒋垛镇	65.05	50358	1	17	48327	14139	435932	44200	0	1298
顾高镇	38.2	29888	—	11	21267	13157	254826	23557	0	2672
大伦镇	55.03	40967	—	16	40910	13429	551596	36965	0	1907
张甸镇	93.6	77229	1	35	58043	14420	770776	68860	0	4012
淤溪镇	71.68	41420	2	15	33987	16382	171815	24925	983	2821
白米镇	54.88	44212	2	17	39190	18532	1274268	37859	0	962
娄庄镇	67.92	46392	2	17	46002	19198	935395	55717	16	2410
沈高镇	56.73	36628	1	15	61050	18119	610964	36127	13	2132
兴泰镇	36.91	24905	—	8	21465	17293	379454	28416	2	1141
俞垛镇	79.8	46588	1	18	49735	17261	318269	49420	153	2172
华港镇	69.77	40143	2	17	45087	16355	169925	37004	185	1850
开发区	148.11	124513	1	46	75688	18059	3543456	88817	0	4272
风景区	—	4626	—	—	—	—	—	—	—	—
其　他	4.76	1876	—	—	4644	—	60011			

·组织机构及负责人·

中共姜堰区委员会

书　记　李　伟

副书记　张长平　何光胜

常　委　李　伟

张长平

何光胜

戴庆柳（至2014-12）

戚才俊

徐闻仲

张红霞（女）

丁志强（2014-12任）

张士林

戴兆平

张荣进（至2014-09）

薛金林
肖延川（2014-06任）
徐俊（2014-09任）

办公室

主　任　薛金林（兼）

研究室

主　任　沈　崎（至2014-10）
许　兵（2014-10任）

机要保密局（国家密码管理局）

局　长　杨少军

接待办公室（区委办下属事业机构，副科级）

主　任　薛勇明

组织部

部　长　戴庆柳（兼至2014-12）
丁志强（2014-12兼任）

组织员办公室

主　任　吴庆海

非公经济组织党工委

书　记　丁如根（至2014-10）
陆　锋（2014-10任）

宣传部

部　长　薛金林（兼）

精神文明办公室

主　任　胡中华

对外宣传办公室

主　任　黄立群（女，2014-08任）

新闻中心

主　任　黄立群（女）

统战部

部　长　黄彭赣（兼）

民族宗教事务管理局（统战部挂牌机构）

局　长　许恒才

政法委

书　记　张士林（兼）

综合治理办公室

主　任　朱国旺

农村工作办公室

主　任　周亚平

台湾工作办公室

主　任　夏建琪

机构编制委员会办公室（挂事业单位登记管理局牌子）

主　任　于　健

党　校

校　长　戴庆柳（兼）

行政干部学校

校　长　戚才俊（兼）

史志档案办公室

主　任　周建军

信访局

局长、党组书记　俞言平

老干部局

局　长　王圣彪

老干部大学

校　长　戴庆柳（兼）

区级机关工委

副书记　张如生

姜堰区人大常委会

主　任　高永明
副主任　钱爱社
钱拥军
申忠华
汤文林
常　委　王圣彪
王吉根
石宝荣（2014-01任）
刘爱军
杨　希（女）
李新荣（女）
张怀东
周亚平
周宏才（2014-01任）
洪其华（2014-01任，至2014-08）
胡中华
胡银虎
袁海燕（女）
钱忠林
钱志强（2014-01任）
高亚军
高全凤（女）
黄晓萍（女）
曹学军
曹德锋
蒋跃东
熊先明

办公室

主　任　高亚军

研究室

主　任　熊先明

财经工委

主　任　杨　希（女）

环资城建工委

主　任　钱忠林

教科文卫工委

主　任　钱志强

法制工委

主　任　李新荣（女）

人事代表工委

主　任　曹德锋

农村工委

主　任　曹学军

姜堰区人民政府

区　长　张长平（2014-01任）

代区长　张长平（至2014-01）

副区长　戚才俊

徐闻仲（至2014-10）

肖延川（2014-08任，挂职）

王　萍（女）

朱嘉浩

盛育河

刘文来

周如勇（至2014-10）

王　平（2014-10任）

黄健全（2014-10任）

艾玉春（挂职，至2014-10）

刘　玮（2014-10任，挂职）

办公室

主任、党组书记　周　谅

政府研究室

主　任　景吉跃（至2014-08）

谷文林（2014-08任）

招标采购管理办公室（副科级，2014年12月撤销）

主　任　申　兵（至2014-12）

法制办公室（政府办挂牌机构）

主　任　吴俊明（至2014-12）

周　谅（2014-12任）

应急管理办公室（政府办挂牌机构）

副主任　周　兵

外事侨务办公室（政府办挂牌机构）

主　任　景吉跃（至2014-08）

单平宏（2014-08任）

金融办

主　任　谷文林

发展和改革委员会

主任、党组书记　李宝权

服务业局（发展和改革委挂牌机构）

副局长　丁小虎

经济和信息化委员会

主任、党委书记　沈锦云

中小企业局（经济和信息化委挂牌机构）

局　长　沈锦云（至2014-03）

胡振袭（2014-03任）

工业资产经营公司

董事长　魏玉山（至2014-03）

总经理　游海涛（至2014-03）

教育局

局　长　武晓明

区委教育工作委员会

书　记　武晓明（至2014-10）

沈　崎（2014-10任）

区教师发展中心

主　任　沈　崎（2014-10任）

区政府教育督导室

副主任　曹根生

科技局

局长、党组书记　胡建华（至2014-08）

王长林（2014-08任）

地震局

局　长　何　剑（至2014-08）

知识产权局

局　长　胡建华（至2014-08）

王长林（2014-08任）

公安局

局长、党委书记　周如勇（至2014-10）

王　平（2014-10任）

民政局

局长、党委书记　张苏平

司法局

局长、党组书记　刘兆山

财政局

局长、党组书记　黄健全（至2014-10）

秦永金（2014-10任）

人力资源和社会保障局

局长、党组书记　陈中华（至2014-10）

丁如根（2014-10任）

公务员局（人力资源和社会保障局挂牌机构）

局　长　陈中华（至2014-10）

丁如根（2014-10任）

国土资源局区分局

局长、党组书记　钱忠星

住房和城乡建设局

局　　长　郑长进

党委书记　宋　羽（至2014-10）

郑长进（2014-10任）

城市管理局

局长、党组书记　颜礼明（至2014-03）

曹圣基（2014-03任）

交通运输局

局　长　丁家余

地方海事处

处　长　朱桂凤（至2014-10）

石克峰（2014-10任）

水利局

局长、党委书记　陈永吉

农业委员会

主任、党委书记　王玉才（至2014-08）

孙来扣（2014-08任）

商务局

局长、党委书记　薛维昌

企业投资服务局（商务局下属事业机构，副科级）

局　长　薛维昌

文化广电新闻出版局

局长、党组书记　曹学林

卫生局

局长、党委书记　凌　涛

食品药品监督管理局

局　长　王　方

人口和计划生育委员会

主任、党组书记　王天波

审计局

局长、党组书记　马　林

环保局

局长、党组书记　张亚平

统计局

局长、党组书记　林俊宽

安全生产监督管理局

局长、党组书记　窦华泰

行政服务中心（2014年12月撤销）

主任、党组书记　王东升（至2014-12）

政务服务管理办公室（2014年12月设立，正科级，挂区政务服务中心牌子）

主任、党组书记　王东升（2014-12任）

公共资源交易中心（2014年12月成立，为区政务服务管理办公室下属全额事业单位，副科级）

主　任　王东升（2014-12任）

体育局

局　长　陈国胜

供销合作总社（商务局下属事业机构，正科级）

主任、党委书记　杨俊贤

广播电视台（文广新局下属事业机构，正科级）

台长、党组书记　黄跃华

机关事务管理局（政府办下属事业机构，副科级）

局　长　刘汉宝（至2014-08）

建筑工程管理局（住建局下属事业机构，副科级）

局长、党委书记　宋　羽（至2014-10）

颜礼明（2014-10任）

农业资源开发局（农委下属事业机构，副科级）

局　长　钱凫琳（女）

农业机械管理局（农委下属事业机构，副科级）

局长、党委书记　赵文澜

人民防空办公室（政府办挂牌机构）

主任、党组书记　李建胜

物价局（发展和改革委挂牌机构）

局　长　李宝权

规划局区分局

局长、党组书记　沈　梅

林业局（农委挂牌机构）

局　长　夏义华（至2014-08）

粮食局（商务局挂牌机构）

局长、党委书记　王洪峰

姜堰中等专业学校

校　长　高文章

江苏省姜堰中学

校　长　高志雄

江苏省姜堰第二中学

校长、党委书记　陈余根

溱潼中学

校　长　孙治林

张甸中学

校　长　卢开明

泰州市第二人民医院

院　长　陈文德（兼）

中医院

院长、党委书记　沈宇清

政协姜堰区委员会

主　席　仲亚岭

副主席　陈文亚

周　林（至2014-04，被捕）

夏彩霞（女）

黄彭赣

陈文德

常　委　丁如根

丁粉红（女）

王　坚

王　凯

王百年

冯祯龙
朱善宽
刘宏芹（女）
刘晓东（至2014-05，去世）
许恒才
孙　极
孙亚飞
李焕军
李书军（2014-01任）
严桂珠
何益民
沈宇清
沈军林
宋　羽
张　晖
张　益
武晓明
林祥华
郁胜天
罗圣蒂（女）
郑希文
郑桂发
学　贤
孟向惠
孟晓庆（女）
洪　艳（女）
顾广明
钱　进
钱才凤（女）
徐　隽
高文章
高茂平
黄翠玲（女）
龚秀凤（女）
常家旺
蒋晓斌
潘红宝

秘书长　缪卫东

办公室

主　任　王　坚

提案委员会

主　任　龚秀凤（女）

学习文史委员会

主　任　郑桂发

经济科技委员会

主　任　高茂平

社会事业委员会（2013年12月撤销）

主　任　王　凯（至2014-08）

城乡建设委员会（2013年12月设立）

主　任　王　凯（2014-08任）

文教卫体委员会（2013年12月设立）

副主任　邵宝楠（2014-08任）

中共姜堰区纪律检查委员会

书　记　张红霞（女）

副书记　莫鹏权
　　　　刘爱军

常　委　张红霞（女）
　　　　莫鹏权
　　　　刘爱军
　　　　徐　冉（女）
　　　　夏德明（至2014-08）
　　　　石克飞
　　　　周怀旺
　　　　徐立新（2014-08任）

办公室

主　任　常　军

信访室

主　任　徐立新

纪检监察一室

主　任　周怀旺（至2014-08）
　　　　张华官（2014-08任）

纪检监察二室

主　任　黄晓军（至2014-08）
　　　　翟志勇（2014-08任）

纪检监察三室

主　任　王志刚（2014-08任）

案件审理室

主　任　王顺林

案件监督管理室

主　任　黄晓军（2014-08任）

宣传教育室

主　任　周大松

干部管理室

主　任　丁　勇

执法监察室（2014年1月撤销）

主　任　王伯华（至2014-08）

执法和效能监督室（2014年1月设立）

主　任　王伯华（2014-08任）

党风廉政建设室（2014年1月撤销）

主　任　潘晓红（女，至2014-10）

纠风室（2014年1月撤销）

主　任　黄建军（至2014-08）

党风政风监督室（2014年1月设立）
主　任　黄建军（2014-08任）
效能监察室（2014年1月撤销）
主　任　张华官（至2014-08）
基层纪检监察一室
主　任　翟志勇
监察局（与纪委合署办公）
局　长　莫鹏权
经济环境监察中心
主　任　石克飞

姜堰区法院、检察院、人武部

法院
院长、党组书记　褚靖娟（女）
执行局局长　陈网喜
检察院
检察长、党组书记　丁军青
反贪局局长　陈　进（2014-03任）
反渎职侵权局局长　童圣荣
人武部
部　长　张荣进（至2014-03）
　　　　邓　肯（2014-06任）
姜堰区国防动员委员会
第一主任　李　伟

群　众　团　体

总工会
主　席　肖乐平
团区委
书　记　翟文周
妇　联
主　席　黄晓萍（女）
工商联（总商会）
主席（会长）　陈文德（兼）
科　协
主席、党组书记　王百年（至2014-08）
　　　　　　　　何　剑（2014-08任）
残疾人联合会
理事长、党组书记　游庆宝（至2014-08）
　　　　　　　　　杨书标（2014-08任）
红十字会
会　长　刘文来
侨　联
主　席　景吉跃（兼至2014-08）
哲学社会科学联合会
主　席　刁义峰
文学艺术界联合会
主　席　陶惠林

双重管理单位

国税局
局长、党组书记　顾学群（至2014-07）
　　　　　　　　朱　勇（2014-07任）
地税局
局长、党组书记　刘佑渠
工商局（2014年12月整合至市场监督管理局）
局长、党组书记　李国民
质量技术监督局（2014年12月整合至市场监督管理局）
局长、党组书记　张兆海
邮政局
局长、党委书记　徐赣林
电信公司
总经理、党委书记　姜文红（2014-03任）
供电公司
总经理　朱云山（至2014-01）
　　　　唐晓勇（2014-01任）
烟草专卖局
局长（经理）、党组书记　王　芳（女）
盐业公司（盐务局）
局长、党支部书记　丁　华
气象局
局长、党支部书记　吕冬红（至2014-03）
　　　　　　　　　袁昌洪（2014-03任）
中国人民银行姜堰区支行
行长、党组书记　陆开杰
中国工商银行姜堰支行
行长、党委书记　丁　峰
中国农业银行姜堰区支行
行长、党委书记　丁俊龙
中国银行姜堰支行
行长、党支部书记　张惠宇
中国建设银行姜堰支行
行长、党委书记　赵　强
江苏姜堰农村商业银行
董事长、党委书记　洪其华（至2014-07）
　　　　　　　　　刘友余（2014-07任）
行　长　王国平
交通银行股份有限公司姜堰支行
行　长　陈前进
中国农业发展银行姜堰区支行
行　长　赵季民（至2014-01）
　　　　范建锋（2014-01任）

邮政储蓄银行姜堰区支行

行　长　徐向春（至2014-12）

　　　　汪毅进（2014-12任）

南京银行股份有限公司姜堰支行

行　长　曾勇祥（2014-12任）

吴江农村商业银行姜堰支行

行　长　王志勤

江苏银行姜堰支行

行　长　冯文志

中信银行股份有限公司姜堰支行

行　长　李　晴（女）

江苏长江商业银行姜堰支行

行　长　汪爱国

中国人民保险公司姜堰区支公司

总经理　许如宏

中国人寿保险有限公司姜堰区支公司

经　理　曹爱军

太平洋财产保险公司姜堰支公司

经　理　周兴中

太平洋人寿保险公司姜堰支公司

经　理　张春凤（女）

住房公积金管理中心（正科级）

主　任　凌　成

新华书店

经　理　王万军

石油公司

党总支书记　陶　潜

经　理　陈明君

移动公司

经　理　朱荣军

联通公司

经　理　谢天海（至2014-06）

　　　　王爱华（女，2014-07任）

江苏省姜堰经济开发区

党工委书记　徐闻仲

主　任　花庆如（至2014-10）

　　　　孙大明（2014-10任）

溱湖风景区

主　任　秦永金（至2014-10）

　　　　陈中华（2014-10任）

党工委书记　秦永金（至2014-10）

　　　　　　宋　羽（2014-10任）

旅游局

局　长　王　斌

现代科技产业园区

党工委书记　戴兆平

主　任　姜洁云（女）

高新技术装备产业园区

党工委书记　朱嘉浩（至2014-10）

　　　　　　黄健全（2014-10任）

主　任　吴　琼

江苏省姜堰现代农业产业园区（2014年8月设立）

党工委书记　肖延川（2014-08任）

主　任　周宏才（2014-08任）

镇、街道

姜堰镇（2014年12月撤销）

书　记　戴兆平

人大主席　刘长虹

镇　长　姜洁云（女）

罗塘街道（2014年12月挂牌成立）

党工委书记　戴兆平（2014-12兼任）

人大工委主任　刘长虹（2014-12任）

主　任　姜洁云（女，2014-12任）

三水街道（2014年12月挂牌成立）

党工委书记　徐闻仲（2014-12兼任）

主　任　孙大明（2014-12兼任）

溱潼镇

书　记　曹圣基（至2014-03）

　　　　秦永金（2014-03兼任，至2014-10）

　　　　宋　羽（2014-10任）

人大主席　张爱丽（女）

镇　长　李荣圣

顾高镇

书　记　吴巧林

人大主席　吴巧林（兼）

镇　长　江均海

蒋垛镇

书　记　张　勇

人大主席　李伯琴

镇　长　缪昌友

大伦镇

书　记　王国斌

人大主席　刘兴军（至2014-08）

　　　　　王国斌（2014-08兼任）

镇　长　王国斌（至2014-03）

　　　　杨德宝（2014-03任）

张甸镇

书　记　周旺根

人大主席　胡银虎

镇　长　李伯群

梁徐镇

书　记　孙大明

人大主席　孙大明（兼）

镇　　长　杨书标（至2014-08）
　　　　　石佳生（2014-08任）

桥头镇

书　　记　俞扬祖
　　　　　曹爱国（2014-08任）
人大主席　石佳生（至2014-08）
　　　　　俞扬祖（2014-08兼任）
镇　　长　俞扬祖（至2014-08）
　　　　　蒋金荣（2014-08任）

白米镇

书　　记　吴　琮
人大主席　张　喜（至2014-08）
　　　　　吴　琮（2014-08兼任）
镇　　长　吴　琮（至2014-08）
　　　　　夏义华（2014-08任）

淤溪镇

书　　记　孙来扣（至2014-08）
　　　　　袁　勤（2014-08任）
人大主席　沈玉堂（至2014-08）
　　　　　袁　勤（2014-08兼任）
镇　　长　袁　勤（至2014-08）
　　　　　沈玉堂（2014-08任）

俞垛镇

书　　记　章惠明
人大主席　纪马龙（至2014-08）
　　　　　章惠明（2014-08兼任）
镇　　长　纪马龙（2014-08任）

兴泰镇

书　　记　王荣明
人大主席　王荣明（兼）
镇　　长　王　亮（女）

沈高镇

书　　记　周宏才
人大主席　陆双琳（女，至2014-08）
　　　　　周宏才（2014-08兼任）
镇　　长　张俊民（至2014-07）
　　　　　陆双琳（女，2014-08任）

娄庄镇

书　　记　陈希斌
人大主席　陈希斌（兼）
镇　　长　黄　鹏

华港镇

书　　记　王长林（至2014-08）
　　　　　杭绘东（2014-08任）
人大主席　蒋金荣（至2014-08）
　　　　　杭绘东（2014-08兼任）
镇　　长　杭绘东（至2014-08）
　　　　　张　喜（2014-08任）

（姜堰区政府办）

兴　化　市

【概况】兴化市地处江淮之间，东邻大丰、东台，南接姜堰、江都，西与高邮、宝应毗邻，北与盐城隔界河相望。全市总面积2393.35平方千米，户籍人口158万人，辖29个镇、5个乡、1个省级经济开发区，设70个居民委员会、614个村民委员会。兴化素有“鱼米之乡”的美誉，境内生态环境优越，是国家级生态示范区、江苏省历史文化名城，先后被授予“中国生态河蟹养殖第一县（市）”“国际象棋之乡”“中国小说之乡”等称号。2014年实现地区生产总值624.83亿元，比上年增长11%；公共财政预算收入36.95亿元，增长10.2%；城镇居民人均可支配收入28691元，农村居民人均可支配收入14258元，分别增长9.1%和10.7%。连续12年蝉联全国粮食生产先进市。淡水产品总量继续居全省首位，被表彰为中国河蟹产业先进市。兴化垛田传统农业系统入选全球重要农业文化遗产。

【工业经济】全市完成规模以上工业增加值262.6亿元，比上年增长13.2%；实现规模以上工业产值1352.08亿元、销售1327.20亿元、利税141.78亿元、利润77.82亿元，分别增长17%、16.9%、27.9%和23%；实现工业开票销售456.2亿元，完成工业入库税金19.4亿元、工业投资195亿元，分别增长8.6%、6.1%、21.5%。规模以上工业中三大主导产业完成产值1088.7亿元，增长17.4%，其中不锈钢产业完成产值787.2亿元，增长17%；食品加工产业完成产值177.6亿元，增长21.2%；机械铸造产业完成产值123.9亿元，增长14.7%。全市592家规模以上工业企业中，13家企业产值增长100%以上，401家企业产销过1亿元，比上年增加45家，其中6家企业产值过10亿元。兴达公司完成开票销售77.5亿元，入库税金4.9亿元，获中国石化行业科技进步二等奖。兴达公司及重点培育的34家成长型工业企业实现开票销售179.7亿元、增长11%，入库税金8.1亿元、增长7.9%，其中30家企业开票销售超1亿元，11家企业入库税金超1000万元。

【科学技术】启动百家科技创新型企业培育工程，建成国家级科技企业孵化器，新增省企业重点实验室1家、省企业技术中心3家、省工程技术研究中心3家、省级以上高新技术企业30家、省民营科技型企业42家、省高新技术产品59项，实现高新技术产业产值503亿元，占规模以上工业总量的37%。全面深化产学研合作，成立国家钢丝绳索具、铁皮石斛和河蟹产业技术创新战略联盟，建成江苏大学国家技术转移中心兴化分中心和中科院泰州分中心兴化工作站，开展“百名专家进百企解决百项技术需求”活动，威鹰公司获批省重大科技成果转化资金项目，新宏大公司、恒力达公司获批科技部中欧国际合作项目。专利申请量3756件，其中发明专利354件；专利授权量1068件，其中发明专利28件。

【开放型经济】开展“重大项目推进年”活动，成功举办北京“央企行”、千垛菜花节、金秋经贸科技洽谈会等专题招商活动，全年招商引资106.9亿元，签约引进1亿元以上项目78项，其中5亿～10亿元项目10项，10亿元以上项目4项，新批外商投资企业26家，协议利用外资3.1亿美元，实际利用外资1.16亿美元。新备案进出口经营权企业67家，完成进出口总额5.8亿美元，比上年增长10.4%，其中外贸出口5.3亿美元。加快企业“走出去”步伐，拓展境外投资项目，支持推动企业对外合作，新宏大集团成功获批对外承包工程经营资格，全年新签外经合同额3355万美元，实现营业额3263万美元，增长34.3%。

【环境保护】推进国家生态市和国家环保模范城市创建工作，编制《兴化市生态文明建设规划》，省级生态市创建通过省技术评估，21个乡镇通过国家级生态乡镇省级考核验收，5个乡镇被命名为国家级生态乡镇，开发区通过省级生态工业园区技术评估。开展大气污染防治、化工企业整治、不锈钢酸洗行业整治、饮用水源地保护、危险废物处置、涉重企业污染治理、“青奥会”环境质量保障等环保专项行动，严厉打击环境违法行为，立案查处环境违法企业38家，限期治理125家，城区“黑臭”河道整治完成年度目标任务，燃煤锅炉整治工作稳步推进。全年累计审批建设项目348个，大中型项目环保“三同时”执行率100%。水环境质量保持稳定，主要河流考核断面水质达标率91.7%，跨界断面出境水质达到规定要求；空气质量总体优良，环境空气质量良好及以上天数占全年84.7%；城区区域环境噪声昼间平均值51.3分贝。全市小康社会环境质量综合指数91.6。

【供电】1000千伏淮上线特高压交流工程开工建设，164处塔基全部交付，线路通道拆迁工作全面启动。按期完成锡林郭勒盟——泰州直流项目前期工作。220千伏东鲍及110千伏中沙、纪荀、合陈输变电工程建成投运，220千伏必存及110千伏裴马、林湖和安北输变电工程开工建设。完成配电农网工程投资4.1亿元。完成全社会用电量63.58亿千瓦小时，供电量62.49亿千瓦小时，售电量58.73亿千瓦小时，比上年分别增长4.97%、4.98%、4.48%。电网最高负荷131.88万千瓦，增长4.33%。日最高供电量2173万千瓦小时，增长7.6%。城市和农村供电可靠率分别为99.98%、99.94%。

【安全生产】落实安全生产“党政同责、一岗双责”责任制，加强隐患治理，严厉打击安全生产非法违法行为，先后组织6次“拉网式”大检查和安全生产检查整改、“六打六治”专项行动，全年检查企业1.3万多家（次），排查治理事故隐患3.2万多处。全年共发生各类事故126起，死亡25人，比上年分别下降45.9%和21.9%。推进企业安全标准化建设，新增12家规模以上工业企业通过三级标准化考评，500家小微工贸企业评审达标，2家危化品生产企业通过二级标准化验收。加强乡镇安全生产管理规范化创建，张郭、合陈等7个乡镇通过省安监局基层安监机构能力建设验收，戴南、竹泓等5个乡镇被泰州市政府表彰为安全监管规范化管理乡镇。

【粮食】深化国有粮食购销企业改革，优化粮食购销经营体制机制，完成国有购销企业土地性质变更，开展购销企业股份制改造试点。全年国有购销企业购销经营总量182.6万吨，其中夏粮收购总量46.1万吨、秋粮18.5万吨，综合经济效益2000多万元。规范储备粮管理和市场秩序，完成18家粮库维修改造工程，维修总仓容32.9万吨，启动市粮食烘干服务中心建设，首批建成站点7家。粮油工业经济运行平稳，全年列统粮油加工企业实现销售86.5亿元，利税1.66亿元。

【农业】农业经济稳定发展，全年完成第一产业增加值89.08亿元，比上年增长3.3%。农村居民人均可支配收入14258元，增长10.7%；实现农林牧渔总产值155.84亿元，增长5.4%。粮食总产量142.32万吨，增长0.9%，粮食生产实现“十一连增”，连续12年被表彰为“全国粮食生产先进县”。水产品总量29.3万吨，增长2.9%，连续25年居全省首位，被表彰为“中国河蟹产业先进市”。兴化垛田传统农业系统入选全球重要农业文化遗产。新增林地面积0.22万公顷，林木覆盖率18.6%。建设现代农业产业园、粮食产业园、龙香芋产业园等39个农业园区，获“中国果蔬脱水加工第一县”称号，建成国家级出口食品农产品质量安全示范区。新增家庭农场199家、专业合作社255家、高效设施农业面积0.44万公顷，规模经营比重达50%，改造标准粮田1.6万公顷。

【水利】高标准农田项目有序推进，一般土地治理项目、小农水重点县项目、千亿斤粮食田间工程项目、土地整理项目均完成序时任务，修建圩口闸207座、排涝站127座，新建电灌站296座、机耕桥860座、机耕路500千米，加修圩堤175.4千米；疏浚县级河道7条、乡级河道8条，疏浚324个行政村的生产河道，实施土方360万立方米；启动实施得胜湖、平旺湖“退渔还湖”工程，川东港、幸福河整治工程加快推进。

【供销】开展供销社综合试点改革，培植和营运富民农副产品、沙沟银泉水产品、永丰螃蟹三大农副产品批发交易市场。“新网工程”提质增效，全年新建农家店158家，其中日用品农家店108家、农资农家店50家。扩大新合作电子商务有限公司经营规模，实现网上年销售额2亿元，1号店“特产中国·兴化馆”上线运行，建设完成100个村级电子商务示范点。推进农村金融服务经营，全年实现担保总额6.9亿元，发放贷款3亿元。

【民政】加强基层群众自治管理，推进“中心村”公共服务模式。落实城乡低保等社会困难群体生活补助标准增长机制，全面完成提标任务。实现省级双拥模范城“七连冠”。进一步完善社会救助体系，实现市、乡镇两级社会救助服务中心全覆盖；开展低保动态核查，全年核停城乡低保3957户7596人；实施乡镇敬老院“三有三能六达标”提升改造工程，建成全国“文明敬老院”1家、省“三星级敬老院”2家、省“二星级敬老院”6家，筹建可容纳600人的公办福利院，扶持发展民办养老机构。新建公益性墓地461个。实施流浪人员街头主动救助，全年救助513人次；推进残疾人服务体系建设，实现城乡残疾人基本养老保险全覆盖，加大残疾人享受公共服务优惠政策落实力度，全市持证残疾人可免费乘坐城市公交车。

【财政、金融】全年完成公共财政预算收入36.95亿元，比上年增长10.2%；实现财政总收入73.85亿元，增长4.49%；公共财政预算支出73.56亿元，增长9.1%。其中：教育、文化、社会保障、医疗卫生、环境保护、农林水、交通运输和住房保障等民生类支出51.4亿元，占公共财政预算支出的69.9%。全市各类存款余额517.40亿元，增长12.73%；各类贷款余额352.69亿元，增长9.94%。江苏长江商业银行落户兴化。全年实现保费收入12.22亿元，增长23.94%，其中产险收入3.06亿元、寿险收入9.16亿元。3家证券营业部实现证券交易120.08亿元，增长76.59%。农村小额贷款公司贷款余额11.69亿元，农民资金互助合作社互助金贷款余额1.10亿元。

【改革】加大简政放权力度，推进行政审批制度改革，143项前置审批项目改为后置。组建市政务服务管理办公室，推行政务服务中心与公共资源交易中心一体化管理模式。推进戴南行政管理体制改革试点，梳理下放第二批322项县级经济社会管理权限。组建市场监督管理局，加快推进工商、质监、食药监职能和机构整合工作。深化财税体制改革，试点公开10家部门年度预算信息，完善综合治税平台建设，推进“营改增”和规模企业主辅分离。建立健全政府性债务统一管理和风险预警机制，开展存量债务清理甄别工作。重视社会信用体系建设，加大金融失信行为的惩戒力度，改善经济社会发展信用环境。

【人力资源社会保障】实施就业优先战略和更加积极的就业政策，全年净增城镇就业10836人；新增扶持创业11752人；新增转移农村劳动力13815人。新增电子商务行业创业孵化基地2家。城镇登记失业率控制在2.1%以内，始终保持“零就业”“零转移”家庭的“动态清零”。启动实施企业职工养老保险三年行动计划，企业职工养老、失业、工伤保险分别扩面22069人、10100人、14984人。城乡居民医疗保险、新型农村养老保险续保率分别达100%和91%。城乡居民养老保险首次实现基础养老金和个人账户养老金“双调增”，基础养老金提高到每人每月90元，个人账户养老金标准统一按20%的比例调增。整合新农合与城镇居民医保，建立城乡居民医疗保险制度；启动实施城乡居民医疗保险大病再结报工作。严格社会保险基金稽核监管，社保基金安全平稳运行。引进培养各类高层次人才512名，新增各类职业技能人才1.48万人。新增获批博士后科研机构1家。开展劳动监察“两网化”建设和劳动人事争议调解仲裁实体化建设。推进以工资集体协商为主要内容的集体合同制度。完善农民工维权长效机制，和谐劳动关系得到巩固。

【教育】成功创建8所省优质园，19所幼儿园实施独立法人建制，组织为期一年的学前教育教师全员培训。14所义务教育阶段学校创建成泰州市义务教育现代化学校，9所学校被评为泰州市数字化校园。戴南高中通过省四星级高中评估验收，文正实验学校通过省三星高中现场复评，安丰高中成功申报省级课程基地。职教学生在全国创业大奖赛中获全国第五名，戴窑镇社区教育中心被授予“全国老年远程教育先进收视点”称号。开展义务教育学校“课堂教学改革促进月”活动，初步形成“一校一式”课堂教学改革局面。全面实施素质教育“5+2”工程，2014年大学新生体质健康抽测成绩居泰州第一。成立全市家长委员会，出台《治理在职教师有偿补课暂行规定》，加大对师德失范行为的督查处理力度。2名教师被评选为省特级教师，

14名教师当选泰州市第三批省特级教师后备人才，7名教师成为泰州市第二批卓越教师培养对象。制定出台《兴化市中小学生创新教育实施方案》，推进中小学生创新教育，打造科技教育品牌，全面推进“一校一品”党建文化品牌建设。实施校舍安全工程，完成4.2万平方米危房加固改造任务，做好学生资助工作，资助各类学生11893人，资助费用1506.65万元。

【人口和计划生育】围绕创建“十二五”省人口协调发展先进市和省幸福家庭建设示范市目标，稳妥实施单独二孩政策，组织实施幸福家庭建设各项活动，做好免费孕前优生健康检查、出生人口性别比综合治理、持证人员一次性奖励等工作。全市出生政策符合率98.6%，出生人口性别比控制在基本正常值范围内，2个乡镇通过验收评估，退出泰州市出生人口性别比重点管理。举办盐扬泰三市九县流动人口区域协作联谊活动，创新区域协作机制做法被省政府办公厅《信息共享》予以刊登、推广。市人口计生委被省人口计生委列入“第一批全省幸福家庭建设项目市”，被兴化市委市政府表彰为2014年度市“十佳人民满意机关”。

【民族宗教】开展民族宗教政策法规宣传月活动，全面宣传贯彻党的民族宗教政策。继续开展一助一“结对帮扶”送温暖活动。走访慰问20户少数民族困难家庭，发放帮扶资金2万元。进一步完善外来少数民族流动人员服务管理网络，推进少数民族流动人员服务管理工作进社区，开展“省级模范社区”创建工作，做好回族等10个少数民族清真食品补贴发放。开展“星级宗教活动场所”创建，宗教管理工作安全有序，兴化市被省、市认定四星级宗教场所4家，三星级宗教场所2家，一、二星级场所12家。东岳庙、上方寺和恩典堂宗教档案管理已通过省三星级档案标准测评，宝严古寺已通过省二星级档案标准测评。加强宗教团体负责人管理，对场所负责人实行“道风承诺制”“述职测评制”和“诫勉谈话制”。注重宗教安全工作，先后4次开展全市宗教活动场所安全工作检查，成功组织宝严古寺和上方寺先后举行2起大型水陆法会；茅山景德禅寺举行迎舍利佛像开光庆典活动和基督教中心堂(恩典堂)举行圣诞节庆典。开展宗教界代表人士特别是基督教界反邪防渗教育培训，做好反邪防渗工作。关心社会特殊困难群体，开展宗教慈善活动，全年共筹集善款24.5万元，其中基督教10万元、佛道教14.5万元，帮扶残疾人200户，助困学生97人，解决重点特困家庭2户，3.5万元。

【体育】群众体育、竞技体育和体育产业协调有序发展。全面建成城区“10分钟体育健身圈”，完成农村所有613个行政村的体育设施提档升级；全年共组织举办各类群众体育活动60多次，并组织开展国民体质监测和社会体育指导员培训等志愿服务活动。在各项全国比赛中，共获奖牌37枚，其中金牌11枚；在各项省级比赛中，共获14枚金牌；继续承办第六届中国·兴化全国国际象棋锦标赛（个人甲组）和第五届全国少年儿童国际象棋精英赛两项国家级大型赛事，承办2014年江苏省少年儿童国际象棋锦标赛；积极上争体育产业引导资金，体育彩票累计销量13559万元，增幅21.17%。

【卫生】2014年，全系统医政管理水平不断提高，全年新增设置医疗机构4家，全市医疗机构医疗责任保险实现全覆盖。市人民医院被省卫计委确认为三级医院。继续开展全国基层中医药工作先进单位创建，通过国家中医药管理局专家组评审验收。深化公立医院改革，市人民医院、中医院、三院全面取消药品加成，药品实行零差价销售，同时实施医疗服务价格调整改革。规范实施基本公共卫生服务项目，在省卫生厅、财政厅组织的项目工作绩效考评中，获得项目资金全额补助。建成数字化门诊8家。信息平台建设有序推进，组建卫生系统信息专网和各乡镇卫生院局域网，集中招标采购卫生院和村卫生室终端设备，实现卫生信息化在乡镇卫生院的全覆盖和公共卫生、医疗服务、医疗保障、药品保障、综合管理等业务的初步应用。城乡卫生创建成绩显著，完成改厕30000座，创成江苏省卫生村2个、泰州市卫生镇2个、泰州市卫生村8个。积极创建省示范乡镇卫生院和示范村卫生室，茅山镇卫生院被确认为省示范乡镇卫生院，昌荣镇安西安仁村卫生室、大营镇营丰村卫生室被确认为省示范村卫生室。继续全面推进国家卫生城市创建，接受国家卫生城市创建技术评估。

【文化】以文化惠民为根本，公共文化服务体系建设再上新台阶。市文化馆以巩固国家（县级）一级馆创建成果为抓手，加强基层文化辅导，组织辅导工作覆盖面由乡镇扩大到村和社区，由学校扩大到企业，由部门扩大到军营。市图书馆由文化部正式挂牌“一级图书馆”，组织开展国家、省级第五批古籍名录及“江苏省古籍收藏单位”申报工作。开展“兴图讲坛”“小小图书管理员”等讲座、培训和社会文化活动。全面推进公共图书借阅“一卡通”服务，完成市级总馆、35个乡镇分馆和70个村级流动服务站建设，初步实现市、乡、村三级公共图书通存通借。市博物馆加大基础设施建设，郑板桥·范仲淹纪念馆获批国家AAAA级旅游景区。戴南、安丰两镇分别被命名为江苏省公共文化服务体系示范区。20个乡镇被定级为等级文化站，其中一级文化站4家。完善农家书屋“供书、读书、管书、用书”长效机制，积极参加省农家书屋提升工程试点，为614个村农家书屋配购更新图书，并不断加快数字书屋建设步伐，为470个书屋配送数字阅读设施，实现区域内数字农家书屋全面覆盖。组织全民阅读活动，举办全市农民读书系列活动、农家书屋春风行动、中华经典诵读活动等。全年送戏下乡136场，送电影到村9136场，送书3.5万册。成功举办迎新春文艺演出、第七届新春舞龙大赛、第七届乌巾荡龙舟大赛、菜花节现场民俗表演、非遗项目展演、“多彩周末”广场文艺演出、“梦水乡·民星汇”广场文艺演出等活动。完成泰州知识丛书初稿创作。启动中国历史文化名城及金东门国家级历史文化名街申报工作。茅山会船入选国家“非遗”名录。举办第九个“文化遗产日”活动，完成茅山号子、传统木船制造技艺传承人补助资金的申报，完成2项国家级、6项省级“非遗”项目保护单位的核定上报工作。公布泰州市第三批“非遗”项目代表性传承人和泰州市第五批“非遗”名录。积极申报和利用文化产业引导资金，获得省级文化产业引导资金资助项目2个，总额160万元，审核下发本级文化产业引导资金120万元。兴化市被江苏省社会文化管理委员会、省“扫黄打非”工作领导小组授予2014年全省“扫黄打非”工作先进地区称号。

【质量技术监督】培育江苏名牌产品9个，泰州市名牌产品11个。积极推动兴化市市长质量奖工作，双乐、兴海获评兴化市市长质量奖。参与制（修）订国家标准5个，新认定标准化良好行为企业7家。特种设备监察保障安全功能愈加完善，全年检查特种设备使用单位465家，检查特种设备2100台，排查隐患设备1062台，举办特种设备培训班12期，培训特种设备作业人员756人。

【广播电视】在党的群众路线教育实践活动开展期间，先后推出《贯彻群众路线 为民务实清廉》《解放思想再发力 科学发展勇攀登》《群众路线教育实践活动大家谈》等专栏。在千岛菜花旅游节及品蟹赏菊旅游季期间，通过开设专栏、记者走基层等方式，全面报道旅游节经贸文化成果。围绕重大项目推进年主题，关注大项目建设力度、重点项目服务保障，推出乡镇招商引资系列报道。适时做好“三城同创”、村庄环境整治、水环境整治、夏季安全生产、征兵工作、五级人大代表回选区访选民等宣传报道工作。积极开展践行社会主义核心价值观系列报道，先后播出《村官资助孤寡老人》《社会捐助红斑狼疮女孩》《孝顺孙子关爱痴呆奶奶》《小区居民拾金不昧》《西郊好人顾庭才》等新闻。中央人民广播电台《中国乡村之声》节目与市广播电台记者连线推出兴化大型直播专题节目，介绍沟板凳龙、竹泓木船等非遗项目和兴化大青虾、中庄醉蟹、米甜酒等美食。首次承办兴化金秋房展会，成功举办2014中国泰州“梦想新主播”大赛兴化分赛。建成江苏省“户户通”有线电视市，江苏有线兴化分公司正式挂牌成立，实现独立运作。

2014年兴化市各乡镇、开发区简况一览表

表44

乡镇	乡镇总面积（平方千米）	年末人口（人）	农业总产值（万元）	工业总产值（万元）	人均纯收入（元）	地区生产总值（万元）	棉花产量（吨）	油料产量（吨）	粮食产量（吨）
合计	2282	1580016	1558387	25639495	14258	624.83亿	9754	36587	1423220
戴窑镇	94	68354	60555	1131075	15382	210267	159	1576	71067
合陈镇	97	55014	45735	628128	14880	74206	76	1544	67559
永丰镇	77	51301	48054	195000	13698	52422	57	1605	59039
大营镇	50	28327	37830	136508	11787	31320	4	803	37571
新垛镇	47	26715	24507	216965	13400	41221	299	803	31874
老圩乡	52	27820	31389	118550	12863	32990	625	726	35383
安丰镇	95	69257	84891	1393493	16415	224391	645	1628	53919
下圩镇	49	25925	32829	30750	13520	26657	415	1077	36211
海南镇	70	37404	44670	133134	13820	52745	77	1046	48136

续表44

乡镇	乡镇总面积（平方千米）	年末人口（人）	农业总产值（万元）	工业总产值（万元）	人均纯收入（元）	地区生产总值（万元）	棉花产量（吨）	油料产量（吨）	粮食产量（吨）
钓鱼镇	73	45964	32185	133065	12334	48232	306	1288	57784
大邹镇	45	27728	25387	163146	12773	32959	58	547	32332
沙沟镇	67	27696	51048	31090	14398	38026	285	1615	21899
周奋乡	56	27599	37556	34000	12901	30578	125	2331	23197
缸顾乡	39	22292	41711	143256	14775	51738	585	1803	19090
中堡镇	62	35393	46217	97143	15682	70908	351	1815	37754
李中镇	78	35562	52984	117764	13550	72004	650	1015	28942
西郊镇	69	29751	49498	441256	15666	82728	1208	1020	29480
城东镇	53	31775	45041	300265	14923	78161	48	699	26268
西鲍乡	50	29541	34619	94990	12935	40921	180	616	36694
临城镇	90	57007	67222	962350	16750	208828	385	1102	54071
林湖乡	62	38190	34389	167338	12890	42666	52	548	35421
垛田镇	57	58603	52146	763936	13229	95206	—	483	2004
竹泓镇	62	39830	38200	512773	13604	45271	75	768	40061
沈伦镇	49	28241	28384	106031	13404	44917	512	331	32887
大垛镇	70	43120	66121	926885	17224	172535	107	1154	56619
荻垛镇	69	47464	51862	475026	15203	98149	412	1038	58130
陶庄镇	69	46891	48978	197910	11790	72714	502	1159	53133
昌荣镇	59	38421	41801	210835	13680	60519	—	637	45335
茅山镇	43	30492	27418	375514	15357	56095	73	469	33046
周庄镇	89	55943	68489	729295	17440	242978	127	1178	67840
陈堡镇	78	45528	68034	590477	17370	191857	123	1031	50804
戴南镇	105	96485	39007	7036495	23986	1921342	19	892	63183
张郭镇	82	63949	36498	2399402	21008	692045	198	1126	52350
昭阳镇	38	161930	32955	2495258	20152	613748	645	435	8058
开发区	37	24504	20102	2150392	18707	360610	361	665	15970

·组织机构及负责人·

中共兴化市委员会

书　记　陆晓声
副书记　李卫国
　　　　吉天鹏
常　委　徐立华
　　　　何　军
　　　　马雅斐（女）
　　　　马元连
　　　　翟云峰
　　　　邹祥龙
　　　　顾国平
　　　　王吕忠

办公室（挂研究室、接待办公室牌子）
主　任　吴海盈
研究室
主　任　沙增平
接待办
主　任　沈　浮
机要保密局
局　长　周德富
台湾工作办公室
主　任　倪红香
信访局
局　长　姚群印
组织部（挂组织员办公室牌子）
部　长　何　军
组织员办公室
主　任　（空缺）
非公有制经济组织工作委员会
书　记　张进厚
机构编制委员会办公室（挂市事业单位登记管理局牌子）
主　任　刘秀武
市事业单位登记管理局
局　长　刘秀武
宣传部
部　长　邹祥龙
精神文明建设指导委员会办公室
主　任　史道智（2014-11任）
　　　　刘定荣（至2014-11）
统战部（挂民族宗教事务局牌子）
部　长　翟云峰
民族宗教事务局
局　长　陆炳祥
农村工作办公室
主　任　赵桂银（2014-11任）
　　　　韦雁国（至2014-11）
政法委员会
书　记　顾国平
社会治安综合治理委员会办公室
主　任　马红专
市级机关工作委员会
书　记　彭巧萍（女）
老干部局
局　长　沈卫国
史志档案办公室
主　任　陈友光
党　校
校　长　吉天鹏

兴化市人大常委会

主　任　陆晓声
副主任　卞正祥
　　　　赵旭东
　　　　王小跃
　　　　刘云山
办公室
主　任　茅康勇
人事代表联络工作委员会
主　任　顾小兵
法制工作委员会
主　任　王志华
财经工作委员会
主　任　钱建忠
农村工作委员会
主　任　吴　生（2014-10任）
　　　　江镜华（至2014-10）
环资城建工作委员会
主　任　毛　洁（女）
科教文卫工作委员会
主　任　徐文凤

兴化市人民政府

市　长　李卫国
副市长　徐立华
　　　　陈　浩（至2014-10）
　　　　邓志方（女）
　　　　戴荣军
　　　　余建年

李　斌
沙顺喜
刘文荣
朱学林（2014-10任）
王　进（挂职）（2014-10任）
周　钧（挂职）（至2014-10）

办公室（挂市政府研究室、市人民防空办公室、市政府法制办公室、市政府外事侨务办公室、市应急管理办公室牌子）
主　任　刘　忠

研究室
主　任　王　迅

应急办
主　任

金融办（2014年1月成立）
主　任　林建祥（2014-04任）

人民防空办公室
主　任　王永国

市政府法制办
主　任　林建祥（至2014-11）

外事侨务办
主　任　舒桂兰（女）

政务服务管理办公室（2014年11月成立，市政府派出机构，正科级）
主　任　戴振涛（2014-11任）

政务服务中心（政务服务管理办公室下属事业机构，副科级）
主　任　（空缺）

审计局
局　长　郑元明

市级机关事务管理局（市政府办下属事业机构，副科级）
局　长　董学华

发展和改革委员会（挂物价局、服务业局牌子）
主　任　徐学坚

物价局
局　长　谭世国

服务业局
局　长　卞爱昌

人力资源和社会保障局（挂公务员局牌子）
局　长　周天林

公务员局
局　长　沐娟华

统计局
局　长　郑成洋

经济和信息化委员会（挂中小企业局牌子）
主　任　卢存林

中小企业局
局　长　张仁刚

经贸资产经营管理公司
经　理　史道健

商务局（挂市粮食局牌子）
局　长　孙　健

粮食局
局　长　曹逸锋

投资促进局（商务局下属事业机构，副科级）
局　长　张鹏建

安全生产监督管理局
局　长　杨加安

兴化经济开发区管委会
主　任　刘海山

科学技术局（挂知识产权局牌子）
局　长　陈万健

财政局（挂市政府国有资产监督管理办公室牌子）
局　长　蒋　林

市政府国有资产监督管理办公室
主　任　施迎春

招标采购管理办公室（财政局下属事业机构，副科级，2014年11月划转至市政务服务管理办公室）
主　任　杨成楠（至2014年11月）

住房和城乡建设局（挂规划局、旅游局牌子）
局　长　朱春红

规划局
局　长　徐志扬

旅游局
局　长　曹　阳

建筑工程管理局（住房和城乡建设局下属事业机构，副科级）
局　长　孔凡春（2014-11任）
　　　　张长春（至2014-11）

环境保护局
局　长　陈茂旺

国土资源局
局　长　韩中东

交通运输局（挂市港口管理局牌子）
局　长　沈德才

城市管理局
局　长　丁　锋

城市管理行政执法局
局　长　丁　锋（兼）

数字化城市管理监督指挥中心（2014年6月成立，市城管局下属事业机构，正科级）
主　任　丁　锋（兼）（2014-11任）

农业委员会（挂市农业局、市林牧业局牌子）
主　任　刘文荣（兼）
农业局
局　长　吴存发
林牧业局
局　长　苏林华（2014-11任）
　　　　陈友洪（至2014-11）
水产局（市农业委员会下属事业机构，副科级）
局　长　王福全
农机局（市农业委员会下属事业机构，副科级）
局　长　陈茂贵（2014-11任）
　　　　刘玉军（至2014-11）
农业资源开发局（市农业委员会下属事业机构，副科级）
局　长　钮月桂
水务局
局　长　包振琪
供销合作总社
主　任　张久银
教育局（挂市政府教育督导室牌子）
局　长　曹伯高
市政府教育督导室
主　任　吴　纲（至2014-08）
兴化中学
校　长　顾晓斌（2014-12任）
　　　　曹伯高（至2014-12）
文化广电新闻出版局
局　长　唐永贵
广播电视台（文化广电新闻出版局下属事业机构，正科级）
台　长　唐永贵
体育局（文化广电新闻出版局下属事业机构，副科级）
局　长　翟培元
卫生局
局　长　江义舟
市场监管局（2014年12月成立，挂市食品药品监督管理局牌子）
局　长　邓志方（2014-12任）
食品药品监督管理局（2014年12月并入市场监管局）
局　长　耿永才
人口和计划生育委员会
主　任　李维干
人民医院
院　长　张　彤
公安局
局　长　朱学林（2014-10任）
　　　　陈　浩（至2014-10）
民政局
局　长　张建华
司法局
局　长　彭中法
监察局（与纪委合署办公）
局　长　董正炎

政协兴化市委员会

主　席　金厚坤
副主席　彭国良
　　　　丁永明
　　　　常传林
　　　　刘春龙
秘书长　王宇云
办公室
主　任　王宇云
社会法制委员会
主　任　徐荣书
教育卫生文化体育委员会
主　任　冯鸿灿（至2014-11）
经济科技委员会
主　任　万光明
学习文史外联委员会
主　任　吴健全
提案委员会
主　任　蒋兆所

纪律检查委员会

书　记　马雅斐（女）

法院、检察院、人武部

法　院
院　长　宋亚平
检察院
检察长　陆红梅（女）
人武部
部　长　王吕忠
政　委　张海林（2014-03任）
　　　　沈满涛（至2014-03）

群　众　团　体

工商联
主　席　丁永明
侨　联
主　席　舒桂兰（女）

红十字会

会　长　邓志方（女）

总工会

主　席　顾　荣

团　委

书　记　吉金楼

妇　联

主　席　周小娟（女）

文　联

主　席　刘定荣

社科联

主　席　罗有高

科　协

主　席　江镜华（2014-08任）
　　　　吴春泉（至2014-08）

残　联

理事长　徐文鑫

慈善总会

会　长　范学忠

垂直管理部门（单位）

国家税务局

局　长　张世荣

地方税务局

局　长　万　军

工商行政管理局（2014年12月并入市场监管局）

局　长　吴友林（至2014-12）

烟草局（烟草公司）

局　长（经理）　卞善千

盐务局（盐业公司）

局　长（经理）　陈文栋

质量技术监督管理局（2014年12月并入市场监管局）

局　长　苏学东（至2014-12）

气象局

局　长　邹大林

邮政局

局　长　李　强

供电公司

总经理　杨　波

泰州市住房公积金管理中心兴化分中心

主　任　闵　华（女）

国家统计局兴化调查队

队　长　孙　敏

中国人民银行兴化市支行

行　长　陈　平

中国工商银行兴化市支行

行　长　王　忠

中国建设银行兴化市支行

行　长　蒋郢兴

中国农业银行兴化市支行

行　长　朱　江

中国银行兴化市支行

行　长　易剑虹（2014-02任）
　　　　秦进龙（至2014-02）

中国农业发展银行兴化市支行

行　长　谢德胜（2014-07任）

农村商业银行

董事长　洪其华（2014-07任）
　　　　黄锦荣（至2014-07）
行　长　陈　进

邮政储蓄银行兴化市支行

行　长　闾建康（2014-12任）
　　　　吴　祥（至2014-12）

江苏银行戴南支行

行　长　华志坚

吴江农村商业银行兴化市支行

行　长　祭德胜

苏南村镇银行

行　长　顾建忠

人民财产保险股份有限公司兴化支公司

经　理　申家岚

人寿保险股份有限公司兴化支公司

经　理　王建新

电信公司

总经理　王　波（2014-07任）
　　　　周新华（至2014-07）

移动公司

总经理　赵云峰（2014-03任）

联通公司

总经理　邵玉才（2014-09任）
　　　　赵庆年（至2014-09）

乡　镇

昭阳镇

书　记　杭爱兵
镇　长　夏爱东
人大主席　蒋兆兰（女）

市城市社工委

主　任　张文彪

市昭阳工业园管委会

主　任　夏爱东（兼）

戴南镇
书　记　马元连
镇　长　仲春瑞（至2014-12）
江苏（戴南）不锈钢综合物流中心管委会
主　任　马元连（兼）
人大主席　拜　磊
张郭镇
书　记　黄满盛
镇　长　王　龙（至2014-11）
人大主席　黄满盛（兼）
大垛镇
书　记　王建宏
镇　长　张冬根
人大主席　王建宏（兼）
荻垛镇
书　记　陈　林（2014-11任）
　　　　邓　骏（至2014-11）
镇　长　陈　林(兼)
人大主席　赵龙海（至2014-11）
戴窑镇
书　记　王晓秋
镇　长　陈永根
人大主席　王晓秋（兼）
合陈镇
书　记　吉天河
镇　长　袁小龙
人大主席　吉天河（兼）
昌荣镇
书　记　刘金鹏
镇　长　刘金鹏（兼）
人大主席　陈正银
陶庄镇
书　记　赵长宏
镇　长　杨　龙
人大主席　赵长宏（兼）
海南镇
书　记　张永辉（2014-11任）
　　　　陈学明（至2014-11）
镇　长　华　实
人大主席　陈学明（至2014-11）
大邹镇
书　记　刘启元
镇　长　张永辉（至2014-11）
永丰镇
书　记　时育龙（2014-11任）
　　　　张天源（至2014-11）
镇　长　房兴杰
人大主席　张天源（至2014-11）
安丰镇
书　记　余大海（2014-11任）
　　　　常传林（至2014-11）
镇　长　崔淦才
人大主席　常传林（至2014-11）
老圩乡
书　记　仇文明
乡　长　朱广钱
人大主席　仇文明（兼）
新垛镇
书　记　曹　慧（女）
镇　长　谢贵春
人大主席　曹　慧（女，兼）
钓鱼镇
书　记　马红祥
镇　长　葛同华（女）
人大主席　马红祥（兼）
大营镇
书　记　王　勇
镇　长　王　勇（兼）
人大主席　陆阳永
下圩镇
书　记　唐小进（2014-11任）
　　　　苏林华（至2014-11）
镇　长　唐小进（兼）
人大主席　苏林华（至2014-11）
沙沟镇
书　记　王广才
镇　长　王广才（兼）
人大主席　许宏亮
李中镇
书　记　朱学美（2014-11任）
　　　　余大海（至2014-11）
镇　长　朱学美（兼）
人大主席　余大海（至2014-11）
西郊镇
书　记　李　华（2014-11任）
　　　　赵桂银（至2014-11）
镇　长　李　华（兼）
人大主席　赵桂银（至2014-11）
周奋乡
书　记　徐德凤
乡　长　徐德凤（兼）
人大主席　陆殿仁（至2014-11）
中堡镇
书　记　陈　坚

镇　长　蒋　宏
人大主席　陈　坚（兼）

缸顾乡

书　记　范晓娟（女，2014-11任）
　　　　荀维荣（至2014-11）
乡　长　范晓娟（女，兼）
人大主席　荀维荣（至2014-11）

西鲍乡

书　记　王永江（2014-11任）
　　　　李玉东（至2014-11）
乡　长　王永江（兼）
人大主席　李玉东（至2014-11）

城东镇

书　记　周海霞（女）
镇　长　时育龙（至2014-11）
人大主席　周海霞（女，兼）

临城镇

书　记　刘宏照
镇　长　刘宏照（兼）
人大主席　刘义芹（至2014-11）

陈堡镇

书　记　刘汉梅（女，2014-05任）
　　　　刘宝华（至2014-05）
镇　长　刘汉梅（女）
人大主席　刘宝华（至2014-08）

周庄镇

书　记　张大军
镇　长　陈新生（至2014-11）
人大主席　张大军（兼）

垛田镇

书　记　殷爱根
镇　长　黄永泉
人大主席　殷爱根（兼）

竹泓镇

书　记　浦　成
镇　长　冯玉荣
人大主席　浦　成（兼）

茅山镇

书　记　金国明
镇　长　于海翔
人大主席　金国明（兼）

林湖乡

书　记　花再鹏
乡　长　吴俊富
人大主席　花再鹏（兼）

沈伦镇

书　记　黄卫平
镇　长　黄卫平（兼）
人大主席　杨文高

（兴化市政府办）

靖　江　市

【概况】靖江位于长江下游，襟江近海，东、西、南三面临江，南与张家港、江阴等地隔江相望，东与如皋相邻，西、北与泰兴相连，是苏中新兴的港口工业城市，拥有优质长江岸线54千米，水路交通便利。锡澄、广靖高速公路通过江阴长江大桥南连沪宁高速，北接宁通高速公路；新长铁路从靖江过江，向南联沪宁铁路，向北通陇海铁路。全市总面积665.58平方千米，辖1个国家级经济技术开发区、1个省级经济开发区、8个镇、1个街道，188个行政村、75个社区居民委员会。年末全市总人口68.65万人。2014年完成地区生产总值713.5亿元，增长9.7%；完成一般公共预算收入59.1亿元，其中市本级收入54亿元、增长9.2%；城乡居民收入分别为33864元、16570元，分别增长9.1%、11%。县域经济和基本竞争力居全国百强县第26位。

（梅　勇）

【农业】小麦、水稻单产分别为404.3千克、615千克，粮食总产达33.9万吨，实现“十一连增”。现代农业加快提速，规模效益扩大，新增土地流转1333.33公顷、高效设施农业813.33公顷、高效设施渔业36公顷。农业园区化进程加快，生祠省级园区建成千亩设施蔬菜基地，新增泰州市级农业园区3个。农业品牌化成果显著，新认定无公害农产品32个、绿色食品2个，“靖江香沙芋”获批国家地理标志证明商标。农业产业化水平提升，农业龙头企业实现销售收入185亿元、利税5.1亿元，分别增长15%、10%。机械化种植全面推广，新增各类农机具633台（套），农业综合机械化水平达81%。林业绿化有序开展，新增绿化造林661.53公顷，创成省绿化示范村10个。水利建设扎实推进，完成九圩港整治一期工程、第四批小型农田水利重点县二期项目，实施夏仕港套闸除险加固，疏浚整治城乡河道805条，水环境进一步改善。

（夏　羽）

【人口与计划生育】全市出生人口4466人，比2013年少生275人，出生政策符合率99.64%，出生人口性别比为104.3，人口自然增长率0.34‰。免费孕前优生健康检查项目完成2185对，免费孕前优生健康检查覆盖率达100%。完成再生育审批1340例，其中单独夫妇审批920例。

（倪志鹏）

【经济体制和社会事业改革】强化统筹协调，市委、市政府成立全面深化改革领导小组，出台《全面深化改革实施意见》，选好找准改革突破口，研究制定了《关于进一步推进简政放权加快转变政府职能的实施意见》《关于健全完善现代市场体系的实施意见》《关于加快推进金融改革创新的实施意见》《关于深化财税体制改革加快建立现代财政制度的实施意见》等4个实施意见。制定《深化重点领域改革工作要点》，进一步细化分解任务，明确责任部门，促进了各项改革任务有序落实。全面清理政府职权，制定公布行政审批清单、权力清单、收费清单和行政审批服务流程图，梳理保留行政权力事项5475项，其中行政许可207项，削减行政许可、行政审批180项。梳理798个行政审批和服务类项目，优化审批服务环节171个。设立市政务办，实行政务服务与公共资源交易一体化管理。有序推进新桥镇简政放权改革试点，梳理确定首批赋予新桥镇行政权力事项319项。完成市场监督体制改革，整合市食药监、工商、质监部门，组建市场监管局。全面实行注册资本认缴登记制，新增市场主体5939户；在泰州地区率先实施企业注册登记“四证一体”。人力资源市场逐步完善，开工建设人力资源服务中心，基本实现市、镇、村公共就业服务信息联网。出台《关于全面推进节约集约用地的实施意见》，推进土地利用水平和产出效益双提升。技术市场加快发展，成立市产业技术研究院，共建产学研联合体32家，集聚科技项目76个。江南农村商业银行在靖设立支行，金融组织体系持续完善。长江行新设2家市外分支机构，总部经济效应逐步放大。融资渠道多元拓展，制定《企业上市三年行动计划》，三鹏科技、尚香食品在上海股交中心挂牌，储备上市（挂牌）后备企业36家。累计化解银行不良贷款4亿元，创建成省级金融生态优秀市。积极开展预算信息公开试点，市财政局、发改委等10个部门的预算信息向社会公开。综合治税成效显著，治税平台共采集各类信息数据449万条，有效防止了漏征漏管。债务清理有序开展，对政府性存量债务进行清理甄别，初步形成政府性债务管理的项目清单，逐步实现对地方政府债务全口径管理和动态监控。完成马桥镇农村土地承包经营权确权登记试点，修订完善农村公共产品和公共服务标准化指导手册。推行关检合作“三个一”，海关实现长江经济带区域通关一体化。试点推广排污权有偿使用和交易制度，重金属污染防治被列入国家试点，电镀集中区成为省首个专业生产片区。出台《进一步鼓励全民创业的实施意见》，净增就业8300人；社保扩面全面推进，继续调增养老保险待遇，职工养老、医疗保险实现异地转移接续；创建成省义务教育优质均衡示范市，学前教育改革发展示范区通过省级验收；建成“120”急救体系，99个标准化村卫生室投入使用。

【财政金融】全年完成财政总收入116.6亿元；完成公共财政预算收入（包括江阴园区）59.1亿元，比上年增长2.8%。全年公共财政预算支出61.49亿元，增长14.4%。金融存贷款规模平稳增长，年末全市金融机构人民币存款余额839.88亿元，增长6.2%；人民币贷款余额585.14亿元，增长6.2%。保险收入持续增加，全年实现保费收入14.2亿元，增长17.4%；其中财产险保费收入4.2亿元、人身险保费收入10亿元，分别增长20%、16.3%。全年各类保险赔款给付支出2.3亿元，增长35.3%。

【社会保障】养老、医疗、工伤、生育、失业五大保险人数分别达到17.1万人、26.44万人、18.91万人、13.42万人、14.3万人，被征地农民参加基本生活保障9.21万人；城乡居民养老保险参保4.49万人；城乡居民医疗保险参保33.47万人；举办各类招聘会62场次，提供岗位36684个，进场求职31632人次，达成意向10019人，实现新增就业1.99万人，净增就业1.61万人，城镇登记失业率1.95%。

（汤毅钧）

【科学技术】高新技术产业快速发展。高新技术产业产值占列统工业比重达34.8%；新增三部委认定的高新技术企业11家，新增省级民营科技企业47家，新增省级高新技术产品120项；实施省级以上科技计划39项，其中省科技成果转化资金项目1项，国家级星火、火炬计划8项，国家创新基金项目3项，国家863计划项目1项；上争资金2148.4万元。科技创新体系逐步完善。新建泰州市级研发机构10家，省级以上研发机构9家，其中省级工程技术研究中心3家，省外资研发机构1家，省级研究生工作站5家。企业创新能力增强，全年引进高新技术项目并签订正式协议76项，共建产学研联合体32家；获国家科技进步特等奖1项，省级科学技术奖2项，泰州市级科学技术奖19项。完成专利申请量6248件，专利授权量2480件，其中发明专利授权量78件，万人发明拥有量达到4.56件。靖江市获评江苏省创新型试点城市，西来镇获评江苏省创新型试点乡镇。

【卫生事业】服务能力不断提高，市人民医院、中医院创建成三级综合医院。卫生提升工程加快实施，市人民医院新病房楼完成主体建设，市二院启动改扩建工程，公共卫生中心大楼投入使用，99个村卫生室全部按照江苏省示范村卫生室标准完成建设。公共卫生规范深入，11类43项基本公共卫生服务有效提供，居民健康档案电子规范建档率达75%以上，市妇幼保健所被国家卫计委表彰为“妇幼健康服务先进集体”，创建成省级卫生应急示范市。卫生信息化进展顺利，完成区域卫生信息平台基本架构，建成公共卫生信息系统、区域体检系统、卫生综合展示平台、卫生综合决策分析系统、健康门户网站等初步建成。人才素质加快提升，建立二级以上医院与镇卫生“一对一”合作帮扶机制，培养江苏省第四期“333工程”第三层次对象4人，泰州市“311”工程29人。开展爱国卫生深入，被命名为国家卫生城市，斜桥、新桥创建成省级卫生镇。

（倪志鹏）

【工业】实现列统工业增加值456.71亿元，增长4.1%；实现规模以上工业产值1982.31亿元、销售1902.10亿元、利税257.22亿元、利润160.33亿元，分别增长2.5%、4.9%、12.86%和15.29%；加大技改投入，完成技改财务发生数188.4亿元，增长15.2%。

【环境保护】全年环评文件审批219件次，提前办结率为100%。加强企业环境管理，以183家环保列统企业和“双超双有”企业为重点，推进企业环境管理规范化建设，整治企业违法排污、立案处罚31家违法排污企业；整改城区三产燃煤企业33家，落实污染物减排措施，基本完成主要污染物减排任务，全程加强对危险废物监督管理。年内，发放排污许可证44个，评定800家企业环境行为等级，全年环境空气质量天数254天，全市集中式饮用水源地水质达标率为100%。全市区域环境噪声平均等效声级昼间为54.3分贝，居民区、混合区、工业区、交通干线两侧昼夜间噪声值均达到其相应功能区的标准，10月16日通过创建国家生态市省级评估。

【国内贸易】全年实现社会消费品零售总额144.85亿元，比上年增长10%。批发业销售额418.43亿元，增长10.3%；零售业销售额为124.82亿元，增长9.7%。住宿业营业额3.85亿元，增长12.9%；餐饮业销售额为32.48亿元，增长12.4%。电子商务建设成效显著，双鱼食品有限公司被省商务厅命名为江苏省电子商务示范企业。加快推进放心早餐工程，在主城区全覆盖的基础上，在东兴镇、新桥镇、新港园区等地共布点30个放心早餐亭。季市镇被评为“中华美食名镇”，老季市私家菜馆、兴明国际大酒店、鸿运酒楼、国际大酒店、靖城东坡酒楼等5家酒店被中国烹饪协会评为“中华餐饮名店”。

【外向型经济】全年新批外商投资企业5家、增资项目3个，完成注册协议利用外资18617万美元、实际利用外资2640万美元。全市累计进出口总额273535万美元，比上年增长0.28%；进口146625万美元，增长33.01%；自营出口126909万美元，下降21.92%。其中，一般贸易出口90223万美元，加工贸易出口35148万美元，高新技术产品进出口5181万美元。20家企业出口超1000万美元，其中新时代、华菱锡刚、亚星锚链等三家企业自营出口超1亿美元。实现外经营业额8834万美元，增长5.35%。新增3家境外投资企业，境外投资总额4848万美元，新增托普工业（江苏）有限公司和江苏博尔国际建设有限公司等2家对外承包工程资格企业。

【供电】全年总供电量33.64亿千瓦小时，比上年增长1.49%；总售电量32.09亿千瓦小时，增长4.49%；综合线损率4.62%，下降2.74个百分点；电费回收率100%；城镇供电可靠率99.98%，农村供电可靠率99.94%。

（欧小岗）

【建筑业】全年完成建筑企业施工总产值376.07亿元、工程结算收入322.4亿元、上缴税金4.8216亿元、实现利润总额19.2亿元，分别增长17.8%、30.2%、25.6%、19.3%。完成施工面积3946万平方米，比上年增长17%，其中承建规模工程2498万平方米、1147个，吸纳建筑劳务20万余人。全市共有建筑业企业186家，其中特级企业1家、一级企业8家、二级企业53家、三级企业103家、劳务企业14家、设计和施工一体化企业5家、不分等级企业2家。二级以上企业产值341.9亿元，占全行业产值的80.7%，比上年上升3个百分点，产业集聚度进一步优化。

【城乡规划】《靖江市城市总体规划（2013～2030）》通过省住建厅评审。完成各类详细规划设计项目163个，控制性详细规划图则95个，市政道路设计项目109个，污水管线设计项目15个，完成路灯设计项目40个；为配合“四城同创”工作，编制完成《靖江市城市绿线控制规划(2014～2030年)》《靖江市城市紫线规划(2014～2030年)》等7个专项规划，并通过了专家评审；编制完成《靖江市东兴镇村庄建设规划》，与苏州科大城市规划设计研究院有限公司合作完成《靖江市新桥镇村庄建设规划》《靖江市生祠镇村庄建设规划》和《靖江市马桥镇村庄建设规划》，并通过专家评审；编制完成《斜桥老镇区控制规划》。

【交通运输】全年建设道路25千米、桥梁11座。对县道管养体制进行改革，通过招投标重新确定县道管养单位，完成县道修补约2.4万平方米。出台《优先发展城乡公共交通的实施意见》，全市中小学生上放学期间乘坐公交车实行城区内免费、往返农村乘坐农公线路100次以内免费政策。驻靖江部队官兵、重点优抚对象、靖江高层次人才免费乘坐公交。为全市1.3万余名持证残疾人发放公交爱心卡。

【电信】 投资约3600万元重点用于宽带提速、网络优化、4G网络建设和驻地网建设。农村区域76%的行政村实现FTTH覆盖，城市和集镇FTTH覆盖率均达98%。完成118个FDD基站、5个TDD基站、27处4G室内分布系统站址协调、设备安装、调测。荣获"靖江市骨干企业工会优胜单位""百日安全赛先进集体""泰州市诚信单位""靖江市服务消费者二十佳单位"等称号。

【邮政】 全年实现邮政总收入6929万元，比上年增长11.67%；实现有效收入6013万元，增长10%，居全泰州首位。全年实现收支差595.08万元，增长121%。围绕市场导向、客户需求和效益目标，深入开展金融项目营销，累计实现业务收入4412万元，增长12%，占总收入比重64%。年度新增金融总资产26323万元，储蓄余额达28.28亿元，定活比达19%，与2013年同期持平，市场占有率达8.41%，全年保险销量3.32亿元，实现标保2.04亿元，理财销售新增4987万元。

（赵小华）

【教育】 常州大学怀德学院迁址靖江，成为首个迁址苏中、苏北县级市办学的独立学院。全市各级各类学校有公办教职工6028人（专任教师5713人），其中职业学校478人、普通高中1158人、初级中学1908人、小学2228人、幼儿园221人、特殊教育学校35人。专任教师中，具有高级职称1072人、中级职称2402人、初级职称1946人。小学、初中、普通高中、职业高中教师学历达标率均为100%。获省学前教育改革发展示范区。

【文化】 市文化中心开工建设；先后建成马桥镇"岳文化"景观带、孤山镇戏鱼墩农民公园、生祠镇思岳文体广场、合兴路特色文化街、张厚存美术馆；启动农家书屋转型升级工程，首批11家村（社区）农家书屋完成转型升级。7月，靖江创建为泰州首家全省公共文化服务体系示范区，斜桥镇、孤山镇被命名为示范乡镇。5个群众文艺项目获省"五星工程奖"，其中舞蹈《竹编》、小锡剧《今又中秋》、书法《唐诗中堂》分获第11届江苏省"五星工程奖"舞蹈类、小戏类、书法类金奖，《浅议农村基层公共文化服务的创新举措》获理论研究成果类铜奖，"靖江文艺节"获服务项目奖。

【体育】 着力打造城乡"体育健身圈"。在主城区完成"10分钟体育健身圈"建设的基础上，继续加大力度建设农村"20分钟体育健身圈"，农村体育设施覆盖率达70%以上。群众体育发展迅猛，共有400多个晨（晚）练点、健身步道30.2千米、24个群众性体育协会、15家体育俱乐部、近1800名社会体育指导员。完成2580人国民体质监测样本抽测，为市民出具运动处方。老体育场改造工程顺利完成，市体育中心完成体育馆、游泳馆建设，为市民营造良好的健身环境。

（刘　骥）

2014年靖江市各街道、镇简况一览表

表45

街道、镇	土地面积	年末总人口	居委会	行政村	公共财政预算收入（万元）	列统工业总产值（万元）	商业开票销售（万元）	固定资产投资（万元）	进出口总额（万美元）	出口总额（万美元）
靖城街道	53.07	117010	23	11	14781	920309	542218	185605	26708	25999
新桥镇	61.35	62030	3	18	15439	1855221	158245	460582	1325	1193
东兴镇	35.68	35069	1	12	7797	904253	71998	228594	12536	12504
斜桥镇	107.88	91192	7	26	8333	401798	61053	96585	880	879
西来镇	46.66	48784	2	16	5990	1241220	49143	104690	7072	6994
季市镇	41.63	48303	2	24	4514	801752	24578	78680	3225	2885
孤山镇	47.99	43702	4	14	6279	172347	94120	77336	2652	1008
生祠镇	70.19	49112	3	19	5254	340243	46305	86587	3897	2890
马桥镇	50.31	36885	2	18	5186	371303	138177	79510	1718	1691

·组织机构及负责人·

中共靖江市委员会

书　记　倪　斌
副书记　赵　叶
　　　　孙宏建（2014-10-10任）
常　委　尤　红（至2014-10-10）
　　　　赵国庆
　　　　丁少华
　　　　范　敏（女）
　　　　丁　斌（2014-10-10任）
　　　　薛继业
　　　　王生华（至2014-10-10）
　　　　唐仲贤（挂职，至2014-03-12）
　　　　王　玮
　　　　邓　飞
　　　　程　政（挂职，2014-03-12任）
　　　　严华春（挂职，2014-03-12任）

办公室（挂市委研究室、国家保密工作局牌子）
主　任　刘　洪（至2014-12-05）
　　　　姚东辉（2014-12-05任）

研究室
主　任　刘　洪（至2014-12-05）
　　　　姚东辉（2014-12-05任）

机要保密局（与市委办合署）
局　长　严　格（女）

组织部（挂组织员办、人才工作办牌子）
部　长　邓　飞

人才办
主　任　邵剑平

非公有制经济组织工委（与市委组织部合署）
书　记　王靖东

宣传部（挂文明办、市委外宣办、市政府新闻办牌子）
部　长　丁少华

文明办
主　任　夏灵峰

外宣办、新闻办
主　任　陈永光

统战部（挂民宗局、市政府台办、市政府侨办牌子）
部　长　范　敏（女）

民宗局
局　长　毛卫平

侨办
主　任　黄明华

台办（与市委统战部合署）
主　任　王明生

政法委
书　记　赵国庆（至2014-10-20）
　　　　王　玮（2014-10-20任）

综治办（与市委政法委合署）
主　任　薛　松

农工办（挂市政府农工办牌子）
主　任　刘德基

编委办（挂事业单位登记管理局牌子）
主　任　邵剑平

事业单位登记管理局
局　长　邵剑平

防范和处理邪教问题领导小组办公室
主　任　顾国华

信访局（挂市政府信访局牌子）
局　长　叶亚明

机关工委
书　记　卢　忠

老干部局
局　长　王建禔

党校
校　长　邓　飞（兼）

党史方志档案办公室
主　任　王宇清

靖江市人大常委会

主　任　陈明冠（至2014-02-12）
　　　　高亚梓（2014-02-12任）
副主任　陈燕国
　　　　刘秀华（女）
　　　　陈旭日
　　　　顾正荣
　　　　黄文龙

办公室
主　任　唐文勇（至2014-12-12）
　　　　陈又红（2014-12-12任）

农村工委
主　任　刘晓南

财经工委
主　任　杨文萍（女）

法制工委
主　任　史亚萍（女）

人事代表工委
主　任　陈又红（至2014-12-12）
　　　　毛小平（2014-12-12任）

教科文卫工委
主　任　缪　乐

环境资源城乡建设工委
主　任　毛小平（至2014-12-12）

靖江市人民政府

市　长　赵　叶
副市长　王生华（至2014-11-26）
　　　　赵国庆（2014-11-26任）
　　　　顾利华（至2014-10-21）
　　　　何卫东
　　　　沈南松
　　　　周小慧（女）
　　　　鞠林红
　　　　李强天（挂职，至2014-09-10）
　　　　姜　鸿（挂职，2014-09-19任）
　　　　王　平（至2014-10-21）
　　　　周如勇（2014-10-21任）

办公室（挂市政府研究室、市人民防空办公室、市政府法制办公室、市政府外事办公室、市应急管理办公室、市旅游局牌子）
主　任　季士发

研究室
主　任　孙卫东（至2014-05-20）

人民防空办公室
主　任　陈建定

法制办公室
主　任　徐永清

外事办公室
主　任　陆　炜

应急管理办公室
主　任　季士发

旅游局
局　长　林承凡

市级机关行政事务管理局
局　长　毛红燕（女）

金融工作办公室
主　任　翟勇军

行政干部学校
校　长　王生华（兼，至2014-10-24）
　　　　赵国庆（兼，2014-10-24任）

发展和改革委员会（挂市物价局、市粮食局、市服务业发展局牌子）
主　任　殷爱华

物价局
局　长　陈　兴

粮食局
局　长　刘志明

服务业发展局
局　长　殷爱华

经济和信息化委员会（挂市中小企业局牌子）
主　任　沈　阳

中小企业局
局　长　沈　阳

教育局（挂市政府教育督导室牌子）
局　长　范新宏

教育督导室
主　任　范崇俊

科技局（挂市知识产权局牌子）
局　长　郑企力

知识产权局
局　长　郑企力

公安局
局　长　王　平（至2014-10-21）
　　　　周如勇（2014-10-21任）

维稳办
主　任　王　平（至2014-10-16）
　　　　周如勇（2014-10-16任）

监察局（与市纪委合署办公）
局　长　蔡龙彬

民政局
局　长　宋　亮

司法局
局　长　印江红

财政局（挂市政府国有资产监督管理办公室牌子）
局　长　吴一江

国有资产监督管理办公室
主　任　陈金星

人力资源和社会保障局（挂市公务员局牌子）
局　长　符　平

公务员局
局　长　符　平

国土资源局
局　长　张仁德

住房和城乡建设局（挂市城市管理局、市城市管理行政执法局牌子）
局　长　马晓波

城管局
局　长　黄玉平

城市管理行政执法局
局　长　黄玉平

数字化城市管理监督指挥中心
主　任　黄玉平（2014-12-12任）

规划局
局　长　仇　颖

交通运输局
局　长　史骥涛
水利局
局　长　刘　放
农业委员会（挂林牧渔业局、农业机械管理局、农业资源开发局牌子）
主　任　李江豪
林牧渔业局
局　长　李江豪
农机局
局　长　李江豪
农业资源开发局
局　长　顾进松
商务局
局　长　吴铭华
文化广电新闻出版局（挂市体育局牌子）
局　长　刘舰平
体育局
局　长　陈　刚
卫生局
局　长　刘灿均
市场监督管理局（机构改革，原工商局、质监局、药监局三局合并）
局　长　顾灿红（2014-12-12任）
党委书记　冯晓东（2014-12-05任）
人口和计划生育委员会
主　任　何艳红
审计局
局　长　丁亦工（至2014-12-12）
　　　　唐文勇（2014-12-12任）
环境保护局
局　长　朱　靖
泰州市环保局江阴-靖江工业园区分局
局　长　高亚伟
统计局
局　长　钱明华
安全生产监督管理局
局　长　朱晓波
广播电视台
台　长　陆钧涛
政务服务管理办公室（机构改革，原行政服务中心机构撤销）
主　任　刘　强（2014-12-12任）
供销合作总社
主　任　卢　杰
口岸工作办公室（挂市港口管理局牌子）
主　任　何　靖（至2014-05-20）
　　　　李达林（2014-12-12任）
港口管理局
局　长　何　靖（至2014-05-20）
　　　　李达林（2014-05-20任）
渔业公司
经　理　张　伟
国有资产经营管理（集团）公司
董事长　吴一江
总经理　蔡永进
医疗集团管委会
主　任　高　峰

政协靖江市委员会

主　席　高亚梓（至2014-02-11）
　　　　钱进华（2014-02-11任）
副主席　何晓鸽
　　　　王维三
　　　　毛雨华
　　　　庞余亮
　　　　苏　徐
秘书长　徐　柯（女）
办公室
主　任　徐　柯（女）
学习文史委
主　任　范红梅（女）
提案委
主　任　鞠　荣
经科委
主　任　黄圣儒
教卫文体委
主　任　张颖武
社会法制委
主　任　季子文

中共靖江市纪律检查委员会

书　记　王　玮（至2014-10-10）
　　　　丁　斌（2014-10-10任）

法院、检察院、人武部

法　院
院　长　陈卫兵
检察院
检察长　刘　贵（2014-02-12任）
人武部
部　长　周劲明

政　委　薛继业

群　众　团　体

总工会
主　席　叶丽华（女）
团市委
书　记　施泉国
妇　联
主　席　闻韵萍（女）
科　协
主　席　刘拥政
文　联
主　席　严　羽
社科联（与市委宣传部合署）
主　席　朱新宇（至2014-12-30）
工商联
主　席　黄文龙（兼）
残　联
理事长　侯兴华
侨　联（与市委统战部合署）
主　席　黄明华
红十字会
会　长　何卫东（兼）

垂直管理部门（单位）

靖江日报社
总编辑　叶晓庆
中国人民银行靖江支行
行　长　殷荣霞
中国工商银行靖江支行
行　长　邓　纯
中国农业银行靖江支行
行　长　刘月江（女）
中国建设银行靖江支行
行　长　顾静娟（女，至2014-05-29）
　　　　刘汉文（2014-05-29任）
中国银行靖江支行
行　长　石海港（至2014-04-16）
　　　　毛庆玖（2014-04-16任）
农村商业银行
党委书记、董事长　刘友余（至2014-07-08）
　　　　　　　　　曹文铭（2014-07-08任）
行　长　曹文铭（至2014-07-08）
　　　　朱友宽（2014-07-08任）
交通银行靖江支行
行　长　束　东
中国农业发展银行靖江支行
行　长　郑懋岚（女，2014-07-15任）
上海浦东发展银行靖江工业园区支行
行　长　沈静芬（女）
长江商业银行
董事长　朱惠健
行　长　史玉泉
泰州市住房公积金管理中心靖江分中心
主　任　陈亚中
人民保险公司靖江支公司
经　理　陈红武（女）
人寿保险公司靖江支公司
经　理　周云飞
太平洋财产保险公司靖江支公司
经　理　朱利民
太平洋人寿保险公司靖江支公司
副经理　沈　燕（女，主持工作）
烟草专卖局
局　长　郑　骏
靖江出入境检验检疫局
局　长　朱　平
靖江海关
关　长　周　斌
靖江边防检查站
站　长　高　明
泰州靖江海事处
处　长　李红光
靖江引航站
站　长　江原生
长江靖江航道管理处
处　长　沈坚阳
国税局
局　长　朱鹏亚（至2014-07-20）
　　　　王　华（2014-07-29任）
地税局
局　长　陆静波
供电公司
总经理　黄　宏
党委书记　周奕兵
邮政局
局　长　王　强
电信公司
总经理　唐继东
气象局
副局长　吴金凤（女，主持工作）
盐务局
局　长　张松林

国家统计局靖江调查队

队　长　赵明华

开发区、园区、镇

经济开发区管委会

主　任　王绍斌

城南园区管委会

党委书记、主任　罗晓东

新港城管委会

党委书记、主任　张劲松

城北园区管委会

党委书记、主任　王　靖

招商局

局　长　闻亚星

市政府城南办事处

党委书记　罗晓东

人大工委主任　蔡新杰

主　任　羊进明

政协工委主任　羊进明

明朝靖江王城

江苏江阴-靖江工业园区办事处

党委书记、主任、人大工委主任　朱　俊

政协工委主任　王文泽

市政府滨江新区办事处

党工委书记、人大工委主任　何　健

主　任　刘金荣

政协工委主任　缪红卫

靖城街道办事处

党工委书记　赵建国

人大工委主任　吴玉平

主　任　于　政

政协工委主任　刘　琪

西来镇

党委书记　徐玉海

人大主席　陶惠萍（女）

镇　长　黄颖锋

斜桥镇

党委书记　张劲松

人大主席　江明宗

镇　长　蒋国庆

孤山镇

党委书记　王　靖

人大主席　夏新培

镇　长　刘　强

政协工委主任　刘金康

季市镇

党委书记　羊文华

人大主席　卢淑兰（女）

镇　长　张佳炜

马桥镇

党委书记　姚东辉（至2014-12-05）

蒋国庆（2014-12-05任）

人大主席　姚东辉

镇　长　陈焕新

政协工委主任　王友同

东兴镇

党委书记　张　鹏（至2014-12-05）

刘　洪（2014-12-05任）

人大主席　陆金礼（女）

镇　长　钱灿兴

生祠镇

党委书记、人大主席　陶　虹

镇　长　徐　跃

政协工委主任　张永杰

新桥镇

党委书记　李建新

人大主席　鞠景良

镇　长　吴　彬

政协工委主任　朱国宽

（梅　勇）

泰兴市

【概况】泰兴市位于泰州市南部，东接如皋，南界靖江，西濒长江，北临姜堰，东北与海安接壤，西北与高港毗邻。土地总面积1169.65平方千米。辖1个街道、14个镇、1个乡、1个省级经济开发区、1个省级工业集聚区、1个省级开发区管理序列园区和3个市级工业园区，355个村（社区）。年末户籍人口119.88万人、常住人口107.68万人，城镇人口60.19万人。2014年，全市实现地区生产总值675.84亿元，比上年增长11.9%（按可比价格计算，下同）。其中，第一产业增加值46.93亿元，增长3.3%；第二产业增加值348.69亿元，增长12.2%；第三产业增加值280.23亿元，增长12.9%。人均地区生产总值62775元，比上年增加6040元。产业结构持续优化。三次产业增加值比例由上年的7.6：52.8：39.6调整为6.9：51.6：41.5。转型升级取得新进展。服务业提速发展，实现服务业(含农林牧渔服务业）增加值280.23亿元，占GDP比重为41.5%，比上年提高1.7个百分点。深入实施创新驱动，实现高新技术产业产值876.43亿元，增长26.4%；高新技术产业产值占列统工业产值比重达42.2%。城乡一体化发展扎实推进，年末城镇化率达55.9%，提高1.2个百分点。质量强市深入推进，新增中国驰名商标3件、省著名商标5件、省名牌产品2个，制（修）订国家、行业标准10个。连续14届跻身全国县域经济基本竞争力百强县（市）行列。

【农业】农林牧渔业发展稳定。全年实现农业总产值79.67亿元，比上年增长4.4%。实现粮食总产量70.56万吨，净增0.19万吨，实现“十一连增”。全市粮食种植面积9.57万公顷，粮食综合单产达492千克，增加5千克。全年上市生猪105.3万头、家禽572.2万羽、山羊7.05万只、禽蛋2.45万吨，水产品总产量2.48万吨；分别增长1.7%、0.7%、2.4%、0.9%和3.1%。全市林木覆盖率达23.9%。

农业转型升级稳步推进。新增高效设施农业1747公顷、高标准农田2000公顷。拥有规模养殖场（户）4245个，其中万头猪场11家、万羽禽场191家、千只羊场16家，生猪、蛋禽、肉禽、奶牛、山羊的规模养殖比重分别达90.4%、99%、100%、100%和44.7%。新认证无公害农产品71个、绿色食品15个，农产品检测合格率达98.3%。黄桥现代农业园率先建成省级农业综合标准化示范区。

农业生产条件优化。基础工程加快推进，中低产田改造等项目完成土方38.35万方，配套田间建筑253座。新增各类农机具1474台套，其中高速乘座式插秧机35台、大中拖配套秸秆还田机268台、联合收割机55台、粮食烘干机52台、高效设施农业装备300台套，新建农机库59个。

【工业和建筑业】工业经济运行较好。全年规模以上工业增加值可比增长16.0%。实现规模以上工业总产值2054.46亿元，比上年增长22.1%；其中，轻工业526.84亿元，增长18.4%；重工业1527.62亿元，增长23.5%。规模以上民营工业实现产值1567.33亿元，增长20.5%；其中私营企业680.66亿元，13.3%。全年规模以上工业企业实现主营业务收入2047.31亿元，增长22.6%；利税306.54亿元，增长23.1%；利润187.96亿元，增长25.8%。净增规模上工业企业35家。国税开票销售突破千亿元大关，增长22.1%，其中新增开票销售10亿元以上企业4家。

重点产业和地区增势较好。重点产业较快增长。机电、化工、医药三大产业实现产值1605.60亿元，比上年增长24.4%，其中，机电、化工、医药行业分别增长17.8%、33.2%、23.3%，占全市规模以上比重达77.4%。工业经济进一步集聚。“一区四园”实现规模上工业产值1374.69亿元，增长29.2%，对全市规上工业产值增长贡献率达85.2%，上升18.1个百分点。新兴产业稳健发展，规模以上电子信息产业产值增长19.1%，新材料产业产值增长35.3%。

建筑业加快发展。全年完成建筑业总产值470.36亿元，比上年增长70.8%，其中出省施工产值333亿元，占建筑业总产值69.5%。完成工程结算收入398亿元，增长18.3%。上交地方税收5.53亿元，增长20.5%。承建高层建筑1386栋，增长25.7%；其中29层以上超大规模工程408栋，增长37.4%。全年新增资质企业31家、增项资质16项、晋升总承包资质6项。

【固定资产投资】全年完成固定资产投资454.53亿元，比上年增长29.6%。其中，规模上投资399.46亿元，增长28.3%；房地产开发投资55.07亿元，增长39.5%。房地产市场健康发展，全年商品房销售面积94.84万平方米，增长13.9%；其中住宅88.40万平方米，增长15.4%。商品房屋施工面积349.66万平方米，增长31.4%；房屋竣工面积44.67万平方米，下降15.9%。

城乡基础设施建设扎实推进。城建重点工程建设成效显著，新334省道城黄段、鼓楼大桥建成通车，镇海路北延工程、羌溪大桥、文江大桥建设加快推进，城区“九横九纵”路网框架初步形成。完成14个城中村、老小区整治；安置房和保障性住房建设有序推进。黄桥、虹桥两个小城市和五个重点镇建设加快，新建农民集中居住区15个，开发商品房73.5万平方米，铺设污水管网29.42千米。全市建制镇污水处理设施实现全覆盖，黄桥镇、滨江镇等11个乡镇接通管道燃气。

重点项目进展顺利。全年实施亿元以上工业项目83个，总投资305.8亿元，其中：5亿元以上项目20个，总投资195.6亿元；实施服务业亿元以上项目24个，总投资151.7亿元；实施亿元以上新兴产业项目32个，总投资151亿元。全年完成工业投资286.58亿元，比上年增长28.2%；服务业投资154.80亿元，比上年增长31.0%。宏峰新材料镍铁项目、武冶重工双离合变速箱等亿元以上重大项目竣工投产，天星洲综合整治工程、黄桥创新科技孵化园等重点项目推进顺利。

【交通、邮电和旅游】交通运输业稳定发展。全市公路总里程2109千米，净增14千米；公路桥梁1008座，净增10座。年末实有公共汽车273辆，出租车592辆。物流业实现税收1.2亿元，比上年增长63%。农村公路通行能力改善，公路提档升级102千米，新建乡村连接道路70千米，改造危桥15座，增设会车道700处。城乡客运站建设加快，虹桥、河失、古溪客运站投入营运，黄桥一级汽车站启动，城镇公交网络延伸至主要园区；行政村公共汽车通达率100%。

邮政电信业平稳发展。全市邮政电信业务收入8.87亿元，比上年下降2.0%。其中，邮政业务收入1.17亿元，增长4.2%；电信业务收入7.69亿元，下降2.9%，其中电信、移动、联通公司业务收入分别下降2.5%、3.2%、2.5%。互联网用户21.5万户，增加3万户。

旅游业资源加快开发。古银杏公园成功申报国家3A景区；黄桥古镇4A景区创建稳步推进。郭寨生态园升级省四星级乡村旅游点，贡殿生态园、鑫沙生态园、沙河湾农庄、永兴生态园建成省三星级乡村旅游点。全市拥有国家3A景区3家，省四星级乡村旅游点5家，省三星级乡村旅游点9家。全年接待游客200万人次，比上年增长8.4%。

【国内贸易和开放型经济】消费品市场增长平稳。全年实现社会消费品零售总额170.75亿元，比上年增长13.0%。按消费形态分，其中批发和零售业137.41亿元，增长12.2%；住宿和餐饮业33.33亿元，增长17.0%。按经营单位所在地分，实现城镇消费品零售总额134.81亿元，乡村社会消费品零售总额35.94亿元；分别增长13.8%和11.0%。全年实现限额以上社会消费品零售总额46.30亿元，增长10.9%。

消费升级类商品较快增长。在限额以上批发和零售业商品销售分类中，消费升级类商品保持较高增幅，汽车类实现零售额6.32亿元，增长40.9%；石油及制品类零售额10.44亿元，增长31.3%。刚性需求稳定增长，服装类零售额3.21亿元，增长6.7%；日用品类零售额1.29亿元，增长4.6%；中西药品类零售额4.14亿元，增长18.1%；食品类零售额9.73亿元，下降2.9%；家用电器和音像器材类零售额3.47亿元，下降8.2%。

开放型经济规模稳定。对外贸易发展稳健，全年完成进出口总额26.75亿美元，比上年增长7.5%。其中出口13.25亿美元，增长13.6%；进口13.49亿美元，增长2.1%。外贸主体队伍进一步壮大，新增获权企业76家，全市自营进出口企业总数达615家。企业核心竞争力进一步增强，中丹集团、凤灵集团、爱舍墙纸3家出口重点企业进入江苏省重点培育和发展的国际知名品牌企业行列。利用外资规模基本稳定。实际到账注册外资2.38亿美元，下降12.7%；新批协议注册外资8.04亿美元，增长3.3%。

【财政和金融业】财政收入较快增长。全市完成财政总收入185.49亿元，比上年增长56.1%。其中，公共财政预算收入45.08亿元，增长18.0%。公共财政预算收入中，税收收入完成37.47亿元，增长18.3%，税收收入占公共财政预算收入比重达83.1%，占比提高0.2个百分点。财政支出结构持续优化。公共财政预算支出61.2亿元，增长8.9%；财政用于民生支出占一般公共支出比重为78.9%，提高1.4个百分点；全年三农支出增长18.6%、城乡社区支出增长31.0%、节能环保支出增长21.5%、社会和保障支出增长11.6%。

金融规模稳步扩大。全年各项存款持续增加，年末全市金融机构人民币各项存款余额644.63亿元，比上年增长14.2%；其中城乡居民储蓄存款余额383.18亿元，增长12.4%。信贷规模进一步扩大，中长期贷款较快增长。年末金融机构人民币各项贷款余额388.36亿元，增长20.1%；其中中长期贷款余额160.21亿元，增长20.9%，短期贷款余额219.37亿元，增长12.7%。重点领域投放稳定，年末“一区四园”各项贷款余额152亿元，占全市贷款投放总量的39.1%。现有金融企业18家，其中招商、兴业、民生3家泰兴支行为当年新入驻。

保险业发展较好。全年实现保险业务收入16.53亿元，比上年增长18.1%；全年赔付额6.23亿元，增长20.3%。其中，人民保险公司财产保费收入1.75亿元，增长20.2%；人寿保险公司人身保费收入5.37亿元，增长5.8%。

【科学技术和教育】科技创新成果显著。全年申报各类科技计划170项，组织实施国家级“火炬”计划5项、国家级“星火”计划6项，新建省级工程技术研究中心3家、省级企业研究生工作站2家。新增国家级高新技术企业10家、省级高新技术企业6家、高新技术产品65个。全年专利申请受理量4951件，其中发明专利申请2005件。获得认定的省级民营科技企业47家，市级共性关键技术项目3个。经济开发区获批“中国产学研合作示范基地”。全年研发经费占GDP比重达2.3%。

教育事业全面均衡发展。全市共有普通中学46所，在校学生4.64万人；小学43所，在校学生5.14万人；幼儿园53所，在园幼儿2.37万人。全市小学入学率、巩固率、升学率均达100%，初中入学率、巩固率、升学率分别为100.3%、99.9%、97.8%，学前三年入园率达98.4%。新创建省市优质幼儿园4所，泰州级以上优质园占比81.8%。新增泰州市数字化学校12所，全市中小学校园网覆盖率100%。全市中考四星级高中录取线泰州最高。高考本二进线率较上年提升5.8个百分点，达48.4%。职业学校高考进线率连续19年蝉联泰州第一。

【文化、卫生和体育】文化服务水平提高。年末拥有文化馆（站）17个，剧场影剧院5个，公共图书馆2个，图书总藏量311千册。广播电视覆盖率100%，有线电视入户率99.8%。乡镇综合文化站和村居文化室实现全覆盖。全市文保单位完好率95%以上。非遗展示馆建设启动，《泰兴硬木雕刻》等3个项目入选省非遗保护名录。黄桥镇被表彰为泰州市特色文化之乡，黄桥乐器文化产业园被评为省级文化产业示范园区。

卫生事业持续发展。医疗基础设施建设扎实推进，虹桥医院投入运行，新区医院主体工程封顶，市二院病房楼开工，4家乡镇卫生院实施改造工程。年末拥有各类卫生机构390个，其中医院4个，卫生院33个；各类卫生机构床位数4119张，各类卫生技术人员4661人，其中执业医师、执业助理医师2152人，注册护士1628人。建制镇数字化门诊覆盖率81.3%，城乡居民电子健康档案建档率95.9%，孕产妇住院分娩率100%，新生儿疾病筛查率98.1%。创建国家卫生城市工作通过综合评审。

体育事业健康发展。全民健身设施提档升级，城区“10分钟体育健身圈”通过省验收，羌溪河健身绿道改建完成；姚王农民体育公园、古溪镇常桥村、姚王镇王庄村、珊瑚镇前新村体育健身公园相继建成；黄桥祁巷体育公园建设高标准健身步道9.6千米。新增全民健身路径200套，维修更换健身设施300件。向省体校、省运动队输送运动员8人，省十八届运动会获17金20银20铜。

【资源和环境】生态环境持续改善。建制镇生活污水处理、垃圾收运体系基本实现全覆盖。滨江污水处理总厂扩建二期工程进水调试，6个乡镇污水处理厂试运行；乡镇均建成压缩式垃圾中转站，覆盖全市镇村组的垃圾收运体系建立并正常运转。备用水源建设、城乡环境整治、城镇绿化等工作均取得明显成效，全市环境质量持续好转。“四城同创”取得阶段性成果，成功创成“省级生态市”。5个镇通过国家级生态镇验收，张桥、根思2镇创建成省级生态乡镇。

节能减排顺利推进。充分发挥环保准入调控作用，从严控制“两高一资”和过剩产能项目。全年共审批项目349个，“三同时”验收项目106个。组织实施水污染减排工程16个，气污染减排工程5个，关停中小化工企业6家。单位GDP能耗下降和主要污染物排放削减均完成年度目标任务。

安全生产形势总体平稳。事故起数和死亡人数继续实现“双下降”，全年发生各类事故647起，死亡24人，比上年分别下降1.9%和22.6%。其中，生产经营性道路交通事故死亡21人，下降25%。亿元GDP生产安全事故死亡率为3.55%，下降1.5%。

【人口、人民生活和社会保障】全年城镇常住居民人均可支配收入31038元，比上年增长9.2%；农村常住居民人均可支配收入15066元，增长10.7%；全体居民人均可支配收入23430元，增长9.7%。全体居民、城镇、农村常住居民人均消费性支出分别为14898元、19644元和9681元，分别增长8.2%、6.8%和11.6%

社会保障水平稳步提高。就业形势保持稳定。全年城镇新增就业1.87万人，城镇失业人员再就业1.48万人，城乡新增创业2.85万人；年末城镇登记失业率1.95%。社会保险持续扩面，社保待遇继续提高。城乡居民养老保险、医疗保险基本实现全覆盖，社保主要险种参保覆盖率97%以上。全市企业职工养老保险参保人数16.83万人，城镇基本医疗保险参保人数30.1万人，失业保险参保人数12.58万人，城乡居民养老保险参保人数27.9万人，新型农村合作医疗保险参保人数78.6万人。被征地农民实行“应保尽保”。城镇职工医保、居民医保支付限额政策报销比例达87%和71%。

2014年泰兴市各乡镇、街道简况一览表

表46

乡镇、街道	土地总面积（平方千米）	居委会（个）	村民委员会（个）	年末人口（人）	现价农业总产值（万元）	规模以上工业现价总产值（万元）	粮食产量（吨）	油料产量（吨）
珊瑚镇	49.38	3	10	52383	38485	419831	37045	2496
黄桥镇	175.95	12	55	193252	163520	11979833	112016	7966
分界镇	71.11	1	13	60685	46840	244150	50836	2878
古溪镇	76.06	2	12	59122	79752	1000020	50585	4749
元竹镇	47.49	2	10	39279	49980	193325	29341	1508
广陵镇	58.43	2	15	53511	34888	468022	37642	2182
曲霞镇	35.31	1	9	30892	28251	447790	26112	1387
张桥镇	61.76	3	15	53579	44256	314606	39021	2102
河失镇	64.41	3	16	54008	67344	370103	45216	3654
新街镇	72.06	0	28	58547	65896	131749	45905	2684
姚王镇	57.92	2	16	53339	45796	130614	32858	1606
虹桥镇	88.25	3	24	77143	86856	4170009	67601	1983
滨江镇	104.04	4	33	84524	45618	7975914	60637	2587
根思乡	58.90	0	10	46642	41783	189352	39801	3651
宣堡镇	32.27	1	12	30369	23489	146531	20732	2101
济川街道	73.31	18	20	251516	50323	2520843	28881	1247

注：规模以上工业总产值中黄桥镇含黄桥工业园区

·组织机构及负责人·

中共泰兴市委员会

书　记　孙耀灿
副书记　张育林
　　　　孙　云
常　委　孙耀灿
　　　　张育林
　　　　孙　云
　　　　钱　娟（女）
　　　　刘荣华
　　　　田之本
　　　　丁　斌（至2014-10-10）
　　　　钱宏琦（2014-11-17任）
　　　　陈　岷（至2014-09-16）
　　　　张国祥
　　　　耿元进
　　　　孙　群
　　　　许建军（2014-09-16任）

办公室
主　任　谢红官

组织部
部　长　钱　娟（女）

宣传部
部　长　张国祥

统一战线工作部
部　长　高寿林（兼）

政法委员会
书　记　田之本

农村工作办公室
主　任　陈嵘嵘

反邪教办
主　任　蔡　林

台湾工作办公室（与市委办合署）
主　任　冯　军

机要保密局
局　长　谢红官（兼）

经济环境监察中心（在市纪委挂牌）
主　任　丁　斌（兼，至2014-06-05）

研究室（在市委办挂牌）
主　任　谢红官（兼，至2014-06-03）

组织员办公室（在市委组织部挂牌）
主　任　尹松林（至2014-03-05）
　　　　吕　斌（2014-03-05任）

非公经济组织工委
书　记　吕　斌（至2014-06-03）
　　　　管国堂（2014-06-03任）

党的建设工作领导小组办公室（设在市委组织部）
主　任　管国堂（至2014-06-03）

老干部局
局　长　何文军

市级机关工委
书　记　顾为成

精神文明建设指导委员会办公室（在市委宣传部挂牌）
主　任　张余华（兼）

外宣办（在市委宣传部挂牌）
主　任　葛　斌（兼，2014-01-18任）

史志档案办公室
主　任　王向群

党校
校　长　钱　娟（女，兼）

机构编制委员会办公室
主　任　徐旭洲

泰兴市人大常委会

主　任　孙耀灿
副主任　戴仁泉
　　　　王中先
　　　　官新民
　　　　王克毅

办公室
主　任　金爱萍（至2014-03-07）
　　　　陈新亮（2014-03-07任）

人事代表工作委员会
主　任　张友生

法制工作委员会
主　任　黄柏林

财经工作委员会
主　任　臧荣国

教科文卫工作委员会
主　任　朱桂明

环境资源城乡建设工作委员会
主　任　张华国

农村工作委员会
主　任　耿　进（至2014-03-07）

泰兴市人民政府

市　长　张育林
副市长　刘荣华

周桂香（女）
刘　辉
孙　群（至2014-01-03）
张健羽
顾　刚
钱　军（2014-01-03任）
凌玉富（2014-01-03任）
杨晋安（挂职，至2014-01-03）
蒋如宏（挂职，至2014-09）
杨　珺（2014-07-03任，挂职时间1年）
刘　俊（2014-10-28任，挂职时间2年）

办公室
主　任　王长健

发展和改革委员会
主　任　王先国（至2014-03-07）
焦国庆（2014-03-07任）

经济和信息化委员会
主　任　张　河

教育局
局　长　毛华平（至2014-03-07）
尹松林（2014-03-07任）

科学技术局
局　长　焦国庆（至2014-03-07）
李　飞（2014-03-07任）

公安局
局　长　凌玉富

监察局（与市纪委合署）
局　长　周连荣

民政局
局　长　张金堂（至2014-03-07）
陈　甫（2014-03-07任）

司法局
局　长　惠　星（至2014-03-07）
冯金华（2014-03-07任）

财政局
局　长　董剑东

人力资源和社会保障局
局　长　肖　荣

住房和城乡建设局
局　长　陈　甫（至2014-03-07）
周建国（2014-03-07任）

规划局
局　长　尹辉宏

城市管理局
局　长　张银德

交通运输局
局　长　黄一祥

水务局
局　长　张文贵（至2014-03-07）
褚新华（2014-03-07任）

农业委员会
主　任　俞玉龙（至2014-03-07）
叶　兵（2014-03-07任）

安全生产监督管理局
局　长　朱群智（至2014-03-07）
马志刚（2014-03-07任）

商务局
局　长　刘新华

文化广电新闻出版局
局　长　张　敢

卫生局
局　长　王晓云（女，至2014-03-07）
吴成剑（2014-03-07任）

食品药品监督管理局
局　长　徐　进

人口和计划生育委员会
主　任　叶　兵（至2014-03-07）

审计局
局　长　杨　健

环境保护局
局　长　吴小平

统计局
局　长　孙晓健

粮食局
局　长　叶亚东

信访局
局　长　常冬生

民防局
局　长　陆建明

体育局
局　长　恽志华

政务服务管理办公室（根据泰政发[2014]86号设立，为市政府派出机构，机构规格为正科级）
主　任　吉小明（2014-12-24任）

物价局（在市发展改革委挂牌）
局　长　王春中（兼）

民族宗教事务局（在市委统战部挂牌）
局　长　朱　咏

国家保密工作局（在市委办挂牌）
局　长　谢红官（兼）

政府台湾事务办公室（在市委办挂牌）
主　任　冯　军

政府研究室（在市政府办挂牌）
主　任　王长健（兼，至2014-01-28）

熊　杰（2014-01-28任）

政府应急管理办公室（在市政府办挂牌）

主　任　王长健（兼）

政府外事办公室（在市政府办挂牌）

主　任　王　东

政府法制办公室（在市政府办挂牌）

主　任　杨建成

城市改造建设指挥部办公室（根据2013年1月29日泰兴市编委会2013年第1次会议精神，市城市改造建设指挥部办公室由非常设机构调整为实体化运作，挂靠市政府办公室）

主　任　周建国（至2014-10-10）

政府新闻办公室（在市委宣传部挂牌）

主　任　（空缺）

社会管理综合治理委员会办公室（与市委政法委合署）

主　任　鲍曙境（兼，至2014-03-11）

茅建亚（兼，2014-03-11任）

维护稳定工作领导小组办公室（与市公安局合署）

主　任　凌玉富（兼）

中小企业局（在市经济和信息化委员会挂牌）

局　长　张　河（兼）

中兴国有资产经营投资有限公司

总经理　董剑东（兼）

中泰城市建设投资有限公司

总经理　赵爱军（兼）

事业单位登记管理局（在市编办挂牌）

局　长　徐旭洲（兼，至2014-01-28）

任国斌（2014-01-28任）

政府侨务办公室（在市委统战部挂牌）

主　任　桂永泽（兼，至2014-03-11）

知识产权局（在市科技局挂牌）

局　长　焦国庆（兼，至2014-03-11）

李　飞（兼，2014-03-11任）

广播电视台（市文广新局下属正科级事业单位）

台　长　张　敢（兼）

市级机关事务管理局（市政府办下属正科级事业单位）

局　长　王祖峰

政府公共服务热线中心（根据泰编发［2014］5号通知，市政务公共服务中心更名为市政府公共服务热线中心，挂“市数字化城市管理监督指挥中心”和“市12345·政风行风热线”牌子，其余均保持不变。）

主　任　蒋小明（2014-12-24任）

地震局（委托市科技局管理）

局　长　焦国庆（兼，至2014-03-11）

李　飞（兼，2014-03-11任）

档案局（在市史志档案办公室挂牌）

局　长　王向群（兼）

建筑工程管理局（在市住房和城乡建设局挂牌）

局　长　赵新元

服务业发展局（市发展改革委下属正科级事业单位）

局　长　蒋春生

旅游局（在市发展改革委挂牌）

局　长　王先国（兼，至2014-03-11）

焦国庆（兼，2014-03-11任，至2014-12-24）

张健羽（兼，2014-12-24任）

重大项目办（在市发展改革委挂牌）

主　任　马苏宁

宣家堡古银杏森林风景区管理中心

书　记　李宝泉

主　任　吴志生

城市管理行政执法局（在市城市管理局挂牌）

局　长　张银德（兼）

泰兴经济开发区管理委员会

书　记　孙　群（兼，2013-12-26任）

主　任　潘石泉（至2014-04-04）

吉　勇（2014-12-18任）

沿江开发管理办公室

主　任　吉　勇

港口管理局（与市沿江开发办合署）

局　长　吉　勇（兼）

口岸管理委员会办公室（在市港口管理局挂牌）

主　任　吉　勇（兼）

公务员局（在市人力资源和社会保障局挂牌）

局　长　肖　荣（兼）

农村土地流转交易管理办公室（在市委农工办挂牌）

主　任　陈嵘嵘（兼，至2014-06-24）

投资促进局（在市商务局挂牌）

局　长　刘新华（兼）

政府教育督导室（与市教育局合署）

主　任　毛华平（兼，至2014-03-11）

尹松林（兼，2014-03-11任）

江苏省泰兴中学

校　长　王中先（兼）

书　记　尹松林（2014-01-08任）

黄桥中学

校　长　黄克恭

市第一高级中学

校　长　黄永健（2014-12-24任）

泰兴中等专业学校

书　记　陈　伟

校　长　潘晓群

泰兴电大（在泰兴中等专业学校挂牌）

校　长　潘晓群

泰兴建筑工程学校（根据泰编发［2014］8号通知，在泰兴中等专业学校挂牌）
校　长　潘晓群（兼，2014-12-24任）
江苏联合职业技术学院泰兴分院（根据苏教发函[2014]32号，在泰兴中等专业学校挂牌）
院　长　潘晓群（兼，2014-12-24任）
人民医院
书　记　王晓云（至2014-03-17）
院　长　李文江
人民医院医疗集团管委会（在市人民医院挂牌）
主　任　李文江
供销合作总社
主　任　陈新亮（至2014-03-11）
　　　　耿　进（2014-03-11任）
杨根思烈士陵园
主　任　张金堂
接待办公室
主　任　冯　军
人力资源和社会保障局军官转业安置办公室
主　任　孙建民
社会保险管理处
主　任　周国治
劳动监察大队
大队长　陈　辉（兼）
能源局
局　长　陈　岳
林业局
局　长　李　群（兼）
农业机械管理局
局　长　成圣江（兼）
农业资源开发局
局　长　栾炳群（兼）
农业技术推广中心
主　任　王迎春
畜牧兽医中心
主　任　陈　君
林业技术推广中心
主　任　（空缺）
农业综合执法大队
大队长　戴兴生
建设工程招投标办公室（根据泰编发[2014]16号《关于明确市政务服务机构调整中有关机构编制事项的通知》撤销）
主　任　陈　苏（至2014-12-24）
房屋征收中心
主　任　秦开泽
拆迁管理办公室（在房屋征收中心挂牌）
主　任　秦开泽（兼）
房管局
局　长　尹家斌（兼）
政府驻南京办事处
主　任　马书宁（兼）
泰兴经济开发区管委会驻上海办事处（挂“泰兴市人民政府驻上海办事处”牌子）
主　任　（空缺）
泰兴经济开发区管委会驻深圳办事处（挂“泰兴市人民政府驻深圳办事处”牌子）
主　任　（空缺）
中国国际贸易促进委员会泰兴市委员会
会　长　李少峰
爱国卫生运动委员会办公室
主　任　季　玉
城市管理行政执法大队
大队长　于　恺
公安局政治处
主　任　石亚平
公安局指挥中心
主　任　鲍震宇
公安局国内安全保卫大队
大队长　（空缺）
公安局治安管理警察大队
大队长　蔡进托
公安局交通警察大队（根据泰编发[2014]19号批复，将市公安局交通巡逻警察大队更名为市公安局交通警察大队）
大队长　陈今文
公安局刑事犯罪侦查大队
大队长　卜伟亚（至2014-12-24）
公安局经济犯罪侦查大队
大队长　苏永哲
公安局水上管理警察大队
大队长　徐承国
公安局巡特警大队（根据泰编发[2014]19号批复，将市公安局巡逻防控大队更名为市公安局巡特警大队）
大队长　李　剑
公安局网络安全保卫大队
大队长　戴建华
公安局黄桥分局
局　长　唐传星
地方海事处
处　长　李　捷
财政国库集中收付中心
主　任　闾明康

疾病预防控制中心

主　任　姚根红（至2014-01-18）

　　　　范　敏（2014-01-18任）

卫生监督所

所　长　邵　泓（至2014-01-18）

　　　　杨　斌（2014-01-18任）

政府金融工作办公室

主　任　（空缺）

环境监察大队

大队长　葛建亚

环境保护局黄桥分局

局　长　杨国强

物价局检查分局

局　长　赵志坚

旅游发展服务中心

主　任　张茂俊（至2014-12-24）

　　　　张建荣（兼，2014-12-24任）

新闻信息中心

主　任　汤月平（兼）

安全生产监察大队

大队长　徐　凯

政务服务中心（根据泰政发[2014]86号通知，将市行政服务中心更名为市政务服务中心，挂市公共资源交易中心牌子，由市政府直属事业单位调整为市政务服务管理办公室的下属事业单位，机构规格由相当于正科级调整为相当副科级）

主　任　吉小明（兼，2014-12-24任）

政协泰兴市委员会

主　席　李仁国

副主席　高寿林

　　　　张春山

　　　　薛晨光

　　　　刘　建

　　　　顾爱军

　　　　孙　钛

秘书长　王家龙（至2014-03-11）

办公室

主　任　王家龙（至2014-03-11）

　　　　周国庆（2014-03-11任）

提案委员会

主　任　周根生

经济科技委员会

主　任　陈志军

教卫文体委员会

主　任　江　勇

港澳台侨委员会

主　任　（空缺）

社会法制城乡建设委员会

主　任　丁向群

学习文史委员会

主　任　袁　玲（女）

中共泰兴市纪律检查委员会

书　记　丁　斌（至2014-10-10）

　　　　钱宏琦（2014-11-17任）

泰兴市人民法院

院　　长　丁正明（至2014-12-31）

代理院长　杨旭波（2014-12-31任）

执行局

局　　长　钱伟民

泰兴市人民检察院

检　察　长　蔡红卫（至2014-12-31）

代理检察长　吴文彬（2014-12-31任）

反贪污贿赂局

局　长　印　华（女）

反渎职侵权局

局　长　吴建武（至2014-12-29）

公诉局

局　长　朱春美（女）

黄桥检察室

主　任　刘　军（2014-01-18任）

泰兴市人武部

部　长　朱俊浩

政　委　陈　岷（至2014-03-12）

　　　　许建军（2014-03-12任）

群　众　团　体

总工会

主　席　刘赛龙（至2014-04-01）

　　　　金爱萍（2014-04-01任）

团市委

书　记　刘　阳

妇　联

主　席　黄建云（女）

工商联

主　席　薛晨光（兼）

科　协

主　席　许咏诗（女）

文　联

主　席　林　林

侨　联

主　席　耿元进（兼）

残　联

理事长　封红年

哲学社会科学界联合会

主　席　叶　青（女，2014-02-20任）

红十字会

会　长　周桂香（女，兼）

垂 直 单 位（部门）

中国人民银行泰兴市支行

行　长　张建华（至2014-02-21）
　　　　邵应申（2014-02-21任）

中国工商银行股份有限公司泰兴支行

行　长　金旭东

中国建设银行股份有限公司泰兴市支行

行　长　倪红卫

中国银行股份有限公司泰兴支行

行　长　郑卫星

中国农业银行泰兴市支行

行　长　王　炜

中国农业发展银行泰兴市支行

行　长　姚　明

泰兴农村商业银行

董事长　申和健

中国人民财产保险股份有限公司泰兴支公司

经　理　钱　俊

中国人寿保险股份有限公司泰兴支公司

经　理　高振海

太平洋财产保险股份有限公司泰兴支公司

经　理　祝　辉

太平洋人寿保险股份有限公司泰兴支公司

经　理　王兆华

泰州出入境检验检疫局泰兴办事处

主　任　谢　群（2014-01-10任）

泰州海关驻泰兴办事处

主　任　郭　健

市国家税务局

局　长　朱　勇（至2014-07-29）
　　　　朱鹏亚（2014-07-29任）

市地方税务局

局　长　冯健男

国家统计局泰兴调查队

队　长　常玉英（女）

省统计局泰兴调查局

局　长　孙晓健

市国土资源局（政府工作部门）

局　长　刘国成

泰兴质量技术监督局

局　长　朱宏全

泰兴工商行政管理局

局　长　孔　兵

中国电信股份有限公司泰兴分公司

总经理　张建齐

市邮政局

局　长　马兴军（女）

市供电公司

总经理　朱承志

泰兴石油分公司

经　理　徐贵江

市烟草专卖局

局　长　张云峰

市气象局

局　长　谢宗锦（至2014-03-04）
　　　　吕冬红（2014-03-04任）

市盐务管理局

局　长　谷　春（至2014-01-20）
　　　　姚　炜（2014-01-20任）

泰州师范专科学校泰兴校区

主　任　戴爱民（至2014-03-28）
　　　　丁伟东（2014-03-28任）

泰州市住房公积金管理中心泰兴分中心

主　任　王建泰

乡镇、街道

黄桥镇

党委书记　耿元进（兼）
人大主席　吕骥林
镇　　长　王晓云（2014-03任）

古溪镇

党委书记　洪　飞
人大主席　洪　飞
镇　　长　许习锋

珊瑚镇

党委书记　肖强华
人大主席　肖强华

镇　　长　成　峰

分界镇

党委书记　闾月清（至2014-03）
　　　　　管　玲（2014-03任）
人大主席　吴光明
镇　　长　闾月清（至2014-03）
　　　　　管　玲（2014-03任）

济川街道

党工委书记　吴成剑（至2014-03）
　　　　　　张金堂（2014-03任）
人大工作委主任　吴成剑（至2014-03）
　　　　　　　　张金堂（2014-03任）
街道办主任　王建武

滨江镇

党委书记　孙　群（兼）
人大主席　孙　群（兼）
镇　　长　冯金华（至2014-03）
　　　　　殷凯杰（2014-06任）

虹桥镇

党委书记　钱　军（兼）
人大主席　孙晓复
镇　　长　李炳良（至2014-06）
　　　　　孔　军（2014-06任）

姚王镇

党委书记　成文蔚
人大主席　成文蔚
镇　　长　管　玲（至2014-03）
　　　　　潘冬子（2014-06任）

河失镇

党委书记　褚新华（至2014-03）
　　　　　惠　星（2014-03任）
人大主席　王社章
镇　　长　褚新华（至2014-03）
　　　　　惠　星（2014-03任）

张桥镇

党委书记　顾晓平（至2014-03）
　　　　　燕荣华（2014-06任）
人大主席　顾晓平（至2014-03）
　　　　　燕荣华（2014-06任）
镇　　长　燕荣华（至2014-06）
　　　　　周亚东（2014-06任）

曲霞镇

党委书记　李　飞（至2014-03）
　　　　　邵　鸣（2014-06任）
人大主席　李　飞（至2014-03）
　　　　　周　伟（2014-06任）
镇　　长　邵　鸣

广陵镇

党委书记　刘　军
人大主席　刘　军
镇　　长　丁　政

新街镇

党委书记　周国庆（至2014-03）
　　　　　闾月清（2014-03任）
人大主席　戴建生
镇　　长　周国庆（至2014-03）
　　　　　闾月清（2014-03任）

元竹镇

党委书记　赵建东
人大主席　赵建东（2014-06任）
镇　　长　赵建东（至2014-06）
　　　　　殷　建（2014-06任）

宣堡镇

党委书记　李宝泉
人大主席　李宝泉
镇　　长　申卫明

根思乡

党委书记　王　华
人大主席　王晓伟
乡　　长　王　华

园　　区

黄桥工业园区

党工委书记　耿元进（兼）
管委会主任　顾鹏程

虹桥工业园区

党工委书记　钱　军（兼）
管委会主任　马志刚（至2014-03）
　　　　　　李炳良（2014-06任）

农产品加工园区

党工委书记　顾　刚（兼至2014-03）
　　　　　　刘　辉（2004-03兼）
管委会主任　丁晓江

城东工业园区

党工委书记　顾　刚　（2014-03兼）
管委会主任　陈　斌

（泰兴市政府办）

先 进 集 体

全国条线表彰的先进集体情况表

表47

获 奖 单 位	荣 誉 称 号	授 予 单 位	获奖时间
泰州港务集团工会	全国模范职工之家	全国总工会	2014-01
江苏亚星锚链股份有限公司技术部	全国机械工业先进集体	人社部、机械工业联合会	2014-03
姜堰公交10路线车队	全国工人先锋号	全国总工会	2014-05
泰州市残疾人就业服务中心	残疾人之家	国务院残工委	2014-05
江苏省口岸中学	全国民族团结进步模范集体	国务院	2014-09
泰州市知识产权局	2014年度全国知识产权系统人才工作先进集体	国家知识产权局	2014-11
靖江市文化广电新闻出版局	全国文化系统先进集体	人社部、文化部	2014-12

省委、省政府、省人社厅、南京军区、省军区表彰的先进集体情况表

表48

单 位	荣 誉 称 号	授 予 单 位	获奖时间
泰兴市环境保护局	全省环境保护系统先进集体	省人社厅、省环保厅、省公务员局	2014-01
泰州市姜堰区环境保护局	全省环境保护系统先进集体	省人社厅、省环保厅、省公务员局	2014-01
泰州市姜堰质量技术监督局	江苏省质量技术监督系统先进集体	省人社厅、省质监局、省公务员局	2014-04
泰州市海陵区人民检察院	全省检察机关先进集体	省人民检察院、省人社厅、省公务员局	2014-10

续表48

单　　位	荣　誉　称　号	授　予　单　位	获奖时间
泰州机电高等职业技术学校	全省职业教育先进集体	省教育厅、发改委、财政厅、人社厅等	2014-10
江苏省姜堰中等专业学校	全省职业教育先进集体	省教育厅、发改委、财政厅、人社厅等	2014-10
省农业广播电视学校兴化市分校	全省职业教育先进集体	省教育厅、发改委、财政厅、人社厅等	2014-10
海陵区罡杨镇	2011-2014年全省社会治安综合治理先进集体	中共江苏省委、江苏省人民政府	2014-11
姜堰区张甸镇	2011-2014年全省社会治安综合治理先进集体	中共江苏省委、江苏省人民政府	2014-11
靖江市马桥镇	2011-2014年全省社会治安综合治理先进集体	中共江苏省委、江苏省人民政府	2014-11
兴化市合陈镇	2011-2014年全省社会治安综合治理先进集体	中共江苏省委、江苏省人民政府	2014-11
泰州市综治办	2011-2014年全省社会治安综合治理先进集体	中共江苏省委、江苏省人民政府	2014-11
泰州市公安局	2011-2014年全省社会治安综合治理先进集体	中共江苏省委、江苏省人民政府	2014-11
泰州市司法局	2011-2014年全省社会治安综合治理先进集体	中共江苏省委、江苏省人民政府	2014-11
泰州市教育局	2011-2014年全省社会治安综合治理先进集体	中共江苏省委、江苏省人民政府	2014-11
泰州医药高新技术产业园区	2011-2014年全省社会治安综合治理先进集体	中共江苏省委、江苏省人民政府	2014-11
海陵区人民检察院	2011-2014年全省社会治安综合治理先进集体	中共江苏省委、江苏省人民政府	2014-11
兴化市戴南镇农村工作局	全省农机系统先进集体	省人社厅、省农业机械管理局、省公务员局	2014-12
姜堰区农机化技术推广站	全省农机系统先进集体	省人社厅、省农业机械管理局、省公务员局	2014-12
泰兴市农业机械管理局	全省农机系统先进集体	省人社厅、省农业机械管理局、省公务员局	2014-12
海陵区机要保密局	江苏省党政机要系统先进集体	省委办公厅、省政府办公厅、省人社厅	2014-12

市委、市政府表彰的先进集体情况表

表49

单　位	荣 誉 称 号	授 予 单 位	授予时间
市检察院	2013年度泰州市十佳人民满意机关	市委、市政府	2014-01
市委市级机关工作委员会	2013年度泰州市十佳人民满意机关	市委、市政府	2014-01
市发展和改革委员会	2013年度泰州市十佳人民满意机关	市委、市政府	2014-01
市审计局	2013年度泰州市十佳人民满意机关	市委、市政府	2014-01
市财政局	2013年度泰州市十佳人民满意机关	市委、市政府	2014-01
市水利局	2013年度泰州市十佳人民满意机关	市委、市政府	2014-01
市公安局（防范和处理邪教问题办公室）	2013年度泰州市十佳人民满意机关	市委、市政府	2014-01
市人力资源和社会保障局（公务员局）	2013年度泰州市十佳人民满意机关	市委、市政府	2014-01
市人口和计划生育委员会	2013年度泰州市十佳人民满意机关	市委、市政府	2014-01
市民政局	2013年度泰州市十佳人民满意机关	市委、市政府	2014-01
泰州地税局	2013年度泰州市十佳服务地方发展单位	市委、市政府	2014-01
市人行	2013年度泰州市十佳服务地方发展单位	市委、市政府	2014-01
泰州银监分局	2013年度泰州市十佳服务地方发展单位	市委、市政府	2014-01
泰州国税局	2013年度泰州市十佳服务地方发展单位	市委、市政府	2014-01
泰州工商局	2013年度泰州市十佳服务地方发展单位	市委、市政府	2014-01
泰州质监局	2013年度泰州市十佳服务地方发展单位	市委、市政府	2014-01
泰州出入境检验检疫局	2013年度泰州市十佳服务地方发展单位	市委、市政府	2014-01
泰州供电公司	2013年度泰州市十佳服务地方发展单位	市委、市政府	2014-01
交通银行泰州分行	2013年度泰州市十佳服务地方发展单位	市委、市政府	2014-01
工商银行泰州分行	2013年度泰州市十佳服务地方发展单位	市委、市政府	2014-01
市委统战部	2013年度泰州市机关效能建设先进单位	市委、市政府	2014-01
市中级人民法院	2013年度泰州市机关效能建设先进单位	市委、市政府	2014-01
市妇联	2013年度泰州市机关效能建设先进单位	市委、市政府	2014-01
市司法局	2013年度泰州市机关效能建设先进单位	市委、市政府	2014-01
市体育局	2013年度泰州市机关效能建设先进单位	市委、市政府	2014-01
市信访局	2013年度泰州市机关效能建设先进单位	市委、市政府	2014-01
市级机关事务管理局	2013年度泰州市机关效能建设先进单位	市委、市政府	2014-01
市科技局	2013年度泰州市机关效能建设先进单位	市委、市政府	2014-01
市教育局	2013年度泰州市机关效能建设先进单位	市委、市政府	2014-01

续表49

单　位	荣　誉　称　号	授　予　单　位	授予时间
市住房和城乡建设局	2013年度泰州市机关效能建设先进单位	市委、市政府	2014-01
市发改委	2013年度重大项目“双百”工程推进工作先进单位	市政府	2014-06
市经信委	2013年度重大项目“双百”工程推进工作先进单位	市政府	2014-06
市农委	2013年度重大项目“双百”工程推进工作先进单位	市政府	2014-06
市财政局	2013年度重大项目“双百”工程推进工作先进单位	市政府	2014-06
市国土局	2013年度重大项目“双百”工程推进工作先进单位	市政府	2014-06
市环保局	2013年度重大项目“双百”工程推进工作先进单位	市政府	2014-06
市规划局	2013年度重大项目“双百”工程推进工作先进单位	市政府	2014-06
市人行	2013年度重大项目“双百”工程推进工作先进单位	市政府	2014-06
泰州市残联	记集体二等功	市政府	2014-12

先　进　个　人

全国条线系统表彰的先进个人情况表

表50

姓　名	荣　誉　称　号	授　予　单　位	授予时间	工　作　单　位
秦伯进	全国机械工业劳动模范	人社部、中国机械工业联合会	2014-03	江苏兆胜空调有限公司
卢有清	全国机械工业劳动模范	人社部、中国机械工业联合会	2014-03	江苏南瑞泰事达电气有限公司研发中心
王海东	全国机械工业劳动模范	人社部、中国机械工业联合会	2014-03	泰州口岸船舶有限公司职工培训中心
田建明	全国机械工业劳动模范	人社部、中国机械工业联合会	2014-03	江苏振华泵业制造有限公司
莫　非	全国自强模范	人社部、中国残疾人联合会	2014-05	兴化市长安装潢装饰设计服务中心
陈　楠	全国模范教师	人社部、教育部	2014-09	靖江市西来镇土桥小学
赵冬俊	全国模范教师	人社部、教育部	2014-09	兴化市张郭中心校
贾德勤	全国粮食系统先进工作者	人社部、国家粮食局	2014-12	靖江市粮食局
庞佑林	第二次全国土地调查先进工作者	人社部、国土部	2014-12	泰州市国土局地籍管理处
赵　旭	全国法院涉民主案件专项集中执行工作先进个人	最高人民法院	2014-12	泰州市中级人民法院

省委、省政府、省人社厅、南京军区、省军区表彰的先进个人情况表

表51

姓　名	荣　誉　称　号	授　予　单　位	授予时间	工作单位
杨文武	全省环境保护系统先进工作者	省人社厅、省环保厅、省公务员局	2014-01	泰州市环境监测中心站分析室
陈鸿林	全省环境保护系统先进工作者	省人社厅、省环保厅、省公务员局	2014-01	靖江市环境监测站
陈晋禄	全省台办系统先进工作者	省委台办、省台办、省人社厅、省公务员局	2014-02	中共泰州市委台办台企服务处
陈鸿翔	江苏省质量技术监督系统先进工作者	省人社厅、省质监局、省公务员局	2014-04	江苏省泰州质量技术监督局稽查处
朱洪全	江苏省质量技术监督系统先进工作者	省人社厅、省质监局、省公务员局	2014-04	泰州市泰兴质量技术监督局
孔维俊	全省检察机关先进工作者	省检察院、省人社厅、省公务员局	2014-10	泰州市人民检察院
张　荣	全省检察机关先进工作者	省检察院、省人社厅、省公务员局	2014-10	泰兴市人民检察院反贪污贿赂局
朱国根	全省检察机关先进工作者	省检察院、省人社厅、省公务员局	2014-10	靖江市人民检察院控告申诉科
陈红秋	全省职业教育先进个人	省教育厅、发改委、财政厅、人社厅等	2014-10	泰州职业技术学院
徐　刚	全省职业教育先进个人	省教育厅、发改委、财政厅、人社厅等	2014-10	江苏省靖江中等专业学校
张　力	全省职业教育先进个人	省教育厅、发改委、财政厅、人社厅等	2014-10	江苏农牧科技职业学院
高　斌	全省职业教育先进个人	省教育厅、发改委、财政厅、人社厅等	2014-10	泰州技师学院
徐　瑜	全省职业教育先进个人	省教育厅、发改委、财政厅、人社厅等	2014-10	江苏省高港中等专业学校
陶加明	全省职业教育先进个人	省教育厅、发改委、财政厅、人社厅等	2014-10	江苏省兴化中等专业学校
孙润海	2011-2014年全省社会治安综合治理先进工作者	中共江苏省委、江苏省人民政府	2014-11	泰州市民政局社区工作处
顾跃进	2011-2014年全省社会治安综合治理先进工作者	中共江苏省委、江苏省人民政府	2014-11	泰州市委政法委副书记、市综治办
朱国旺	2011-2014年全省社会治安综合治理先进工作者	中共江苏省委、江苏省人民政府	2014-11	姜堰区委政法委

续表51

姓名	荣誉称号	授予单位	授予时间	工作单位
翁平凡	2011-2014年全省社会治安综合治理先进工作者	中共江苏省委、江苏省人民政府	2014-11	海陵区委政法委
史得球	2011-2014年全省社会治安综合治理记二等功	中共江苏省委、江苏省人民政府	2014-11	泰州市维稳办信息调研处
潘小泉	2011-2014年全省社会治安综合治理记二等功	中共江苏省委、江苏省人民政府	2014-11	泰州医药高新区沿江街道办事处
田之本	2011-2014年全省社会治安综合治理记二等功	中共江苏省委、江苏省人民政府	2014-11	泰兴市委、政法委
张桂林	2011-2014年全省社会治安综合治理记二等功	中共江苏省委、江苏省人民政府	2014-11	高港区口岸街道办事处
万永高	2011-2014年全省社会治安综合治理记二等功	中共江苏省委、江苏省人民政府	2014-11	兴化市公安局
朱神锋	2011-2014年全省社会治安综合治理记二等功	中共江苏省委、江苏省人民政府	2014-11	靖江市委政法委综治科
陈茂贵	江苏省农机系统先进工作者	省人社厅、省农机局、省公务员局	2014-12	兴化市农业机械管理局
朱亚东	江苏省农机系统先进工作者	省人社厅、省农机局、省公务员局	2014-12	靖江市农机化技术推广服务站
樊扣英	江苏省农机系统先进工作者	省人社厅、省农机局、省公务员局	2014-12	泰州市九龙农机管理服务站
陈宁军	江苏省党政机要系统先进工作者	省委办公厅、省政府办公厅、省人社厅	2014-12	兴化市机要保密局

市委、市政府表彰的先进个人情况表

表52

姓名	荣誉称号	授予单位	获奖时间	工作单位
王洪英	2013年度全市社会综合治税工作先进个人	市政府	2014-01	泰州地税局
翟　飞	2013年度全市社会综合治税工作先进个人	市政府	2014-01	泰州国税局
姚志咏	2013年度全市社会综合治税工作先进个人	市政府	2014-01	市人力资源社会保障局
吉江平	2013年度全市社会综合治税工作先进个人	市政府	2014-01	市财政局
陈炳华	2013年度全市社会综合治税工作先进个人	市政府	2014-01	泰州工商局
洪　伟	2013年度全市社会综合治税工作先进个人	市政府	2014-01	市住房城乡建设局
潘　其	2013年度全市社会综合治税工作先进个人	市政府	2014-01	市地方海事局
周凯慧	2013年度全市社会综合治税工作先进个人	市政府	2014-01	市环保局
陈福宝	2013年度全市社会综合治税工作先进个人	市政府	2014-01	市残联

续表52-1

姓　名	荣　誉　称　号	授予单位	获奖时间	工　作　单　位
石卫平	2013年度全市社会综合治税工作先进个人	市政府	2014-01	市公安局
张见远	2013年度重大项目“双百”工程推进工作先进个人	市政府	2014-06	市重大项目办公室
周骏图	2013年度重大项目“双百”工程推进工作先进个人	市政府	2014-06	市经信委
陆仁峥	2013年度重大项目“双百”工程推进工作先进个人	市政府	2014-06	市农委
吴宏生	2013年度重大项目“双百”工程推进工作先进个人	市政府	2014-06	市财政局
张建睿	2013年度重大项目“双百”工程推进工作先进个人	市政府	2014-06	市国土局
徐　芸	2013年度重大项目“双百”工程推进工作先进个人	市政府	2014-06	市环保局
曹　扬	2013年度重大项目“双百”工程推进工作先进个人	市政府	2014-06	市规划局
王承萍	2013年度重大项目“双百”工程推进工作先进个人	市政府	2014-06	市人行
常金林	2013年度重大项目“双百”工程推进工作先进个人	市政府	2014-06	靖江发改委
魏小飞	2013年度重大项目“双百”工程推进工作先进个人	市政府	2014-06	靖江经信委
孙　捷	2013年度重大项目“双百”工程推进工作先进个人	市政府	2014-06	泰兴发改委
朱艳琴	2013年度重大项目“双百”工程推进工作先进个人	市政府	2014-06	泰兴经信委
樊春煦	2013年度重大项目“双百”工程推进工作先进个人	市政府	2014-06	兴化发改委
王晓斌	2013年度重大项目“双百”工程推进工作先进个人	市政府	2014-06	兴化经信委
姜春荣	2013年度重大项目“双百”工程推进工作先进个人	市政府	2014-06	海陵区发改委
施亚春	2013年度重大项目“双百”工程推进工作先进个人	市政府	2014-06	海陵区经信委
薛旭光	2013年度重大项目“双百”工程推进工作先进个人	市政府	2014-06	高港区经信委

续表52-2

姓　名	荣　誉　称　号	授予单位	获奖时间	工　作　单　位
李向前	2013年度重大项目“双百”工程推进工作先进个人	市政府	2014-06	高港区农委
李宝权	2013年度重大项目“双百”工程推进工作先进个人	市政府	2014-06	姜堰区发改委
沈锦云	2013年度重大项目“双百”工程推进工作先进个人	市政府	2014-06	姜堰区经信委
申　进	2013年度重大项目“双百”工程推进工作先进个人	市政府	2014-06	医药高新区发改委
陈　胜	2013年度重大项目“双百”工程推进工作先进个人	市政府	2014-06	医药园区企业服务中心
宋建华	记二等功	市政府	2014-07	泰州供电公司
刘时根	记二等功	市政府	2014-07	泰州市人力资源和社会保障局
陈　全	泰州市见义勇为先进分子	市政府	2014-11	靖江市第四中学2014届高中毕业生
邵　军	泰州市见义勇为先进分子	市政府	2014-11	靖江市个体挖土机驾驶员
顾文驰	泰州市见义勇为先进分子	市政府	2014-11	靖江市个体吊车驾驶员
张美荣	泰州市见义勇为先进分子	市政府	2014-11	靖江市中舟海洋工程装备有限公司职工
陆正才	泰州市见义勇为先进分子	市政府	2014-11	江苏扬子船厂职工
魏红兴	泰州市见义勇为先进分子	市政府	2014-11	靖江市斜桥镇广福村个体店主
陈大九	泰州市见义勇为先进分子	市政府	2014-11	泰州市国裕建筑科技有限公司驾驶员
丁国亮	泰州市见义勇为先进分子	市政府	2014-11	泰兴市公安局分界派出所辅警
石建庆	泰州市见义勇为先进分子	市政府	2014-11	泰兴市个体货物运输驾驶员
石建山	泰州市见义勇为先进分子	市政府	2014-11	泰兴市个体货物运输驾驶员
徐庆生	泰州市见义勇为先进分子	市政府	2014-11	泰兴市个体摩托车修理店店主
谢　兵	泰州市见义勇为先进分子	市政府	2014-11	泰兴市鼓楼小学教师
包爱林	泰州市见义勇为先进分子	市政府	2014-11	兴化市龙腾湾小区物业公司保安
范东进	泰州市见义勇为先进分子	市政府	2014-11	兴化市永丰镇港中村村民
高恒峰	泰州市见义勇为先进分子	市政府	2014-11	兴化市统计局员工
王庆坤	泰州市见义勇为先进分子	市政府	2014-11	兴化市新华书店有限责任公司员工
杨爱玲（女）	泰州市见义勇为先进分子	市政府	2014-11	兴化市大营中心幼儿园教师
邹彩云（女）	泰州市见义勇为先进分子	市政府	2014-11	兴化市西鲍乡平旺村村民

续表52-3

姓　名	荣　誉　称　号	授予单位	获奖时间	工　作　单　位
顾久阳	泰州市见义勇为先进分子	市政府	2014-11	兴化市临城镇姜家村村民
周　亮	泰州市见义勇为先进分子	市政府	2014-11	江苏农牧科技学院教师
李马林	泰州市见义勇为先进分子	市政府	2014-11	海陵区金东花园小区居民
曹　健	泰州市见义勇为先进分子	市政府	2014-11	泰州市公交出租车公司驾驶员
许　华（女）	泰州市见义勇为先进分子	市政府	2014-11	泰州市公交出租车公司驾驶员
王永盛	泰州市见义勇为先进分子	市政府	2014-11	中国人民解放军92829部队一级士官
高德生	泰州市见义勇为先进分子	市政府	2014-11	高港区胡庄镇单王村村民
许东英（女）	泰州市见义勇为先进分子	市政府	2014-11	姜堰区姜堰镇城南村村民
宋维国	泰州市见义勇为先进分子	市政府	2014-11	姜堰区梁徐镇前舍村村民
鲍存才	泰州市见义勇为先进分子	市政府	2014-11	姜堰区白米镇碱场村村民
王龙兵	泰州市见义勇为先进分子	市政府	2014-11	姜堰区白米镇马沟村村民
朱加龙	泰州市见义勇为先进分子	市政府	2014-11	姜堰区白米镇碱场村村民
窦广发	泰州市见义勇为先进分子	市政府	2014-11	姜堰区王石小学退休教师
季阿女（女）	泰州市见义勇为先进分子	市政府	2014-11	泰州医药高新区新建村渔民
戴晓平	泰州市见义勇为先进分子	市政府	2014-11	泰州市公交出租车公司驾驶员
周旺根	明确享受市劳模待遇	市政府	2014-12	姜堰区张甸镇政府
王晓秋	记二等功	市政府	2014-12	兴化市戴窑镇政府
钱　军	记二等功	市政府	2014-12	泰兴市虹桥镇政府
彭　俊	记二等功	市政府	2014-12	海陵区京泰路街道办事处
徐绍文	记二等功	市政府	2014-12	高港区口岸街道
张桂林	记二等功	市政府	2014-12	高港区口岸街道办事处

（王　卉）

重要文件题录

市委重要文件题录

表53

文　　号	文　　件　　题　　名	发文日期
泰发〔2014〕1号	中共泰州市委关于深化“为民党建”加强基层服务型党组织建设的实施意见	2014-01-02
泰发〔2014〕2号	中共泰州市委关于全面深化改革促进转型升级融合发展的意见	2014-01-26
泰发〔2014〕3号	中共泰州市委关于深入开展党的群众路线教育实践活动的实施意见	2014-02-08
泰发〔2014〕4号	中共泰州市委　泰州市人民政府关于实施2014年市区改善民生实事的通知	2014-02-08
泰发〔2014〕5号	中共泰州市委　泰州市人民政府关于全面深化农村改革加快农业农村发展的意见	2014-02-27
泰发〔2014〕6号	中共泰州市委印发《关于贯彻落实中央〈建立健全惩治和预防腐败体系2013-2017年工作规划〉和省委〈实施办法〉的实施意见》的通知	2014-03-04
泰发〔2014〕9号	中共泰州市委 泰州市人民政府关于印发《泰州市党政联席会议规则》的通知	2014-08-13
泰发〔2014〕10号	中共泰州市委关于印发《“解放思想再发力、科学发展勇攀登”大讨论大落实行动计划》的通知	2014-08-29
泰发〔2014〕11号	中共泰州市委　泰州市人民政府关于进一步深化对台经贸交流合作促进台企加快发展的意见	2014-09-02
泰发〔2014〕12号	中共泰州市委关于突出长效动态激励进一步加强和改进新形势下领导干部队伍建设的意见	2014-12-01

续表53-1

文　号	文　件　题　名	发文日期
泰发〔2014〕13号	中共泰州市委 泰州市人民政府关于进一步简政放权加快转变政府职能的实施意见	2014-11-29
泰发〔2014〕15号	中共泰州市委 泰州市人民政府关于深化财税体制改革的实施意见	2014-11-29
泰发〔2014〕16号	中共泰州市委 泰州市人民政府关于加快推进金融改革创新的实施意见	2014-11-29
泰发〔2014〕17号	中共泰州市委 泰州市人民政府关于深化开放型经济体制改革的实施意见	2014-11-29
泰发〔2014〕18号	中共泰州市委 泰州市人民政府关于推进全民创业的意见	2014-12-05
泰发〔2014〕19号	中共泰州市委印发《关于落实党风廉政建设责任制防止“挂帅不出征”的九项规定》的通知	2014-12-09
泰发〔2014〕20号	中共泰州市委关于印发《泰州市党员干部直接联系服务群众十项制度》的通知	2014-12-08
泰发〔2014〕21号	中共泰州市委关于印发《泰州市党员领导干部民主生活会实施细则》的通知	2014-12-08
泰发〔2014〕22号	中共泰州市委 泰州市人民政府关于印发《泰州市安全生产“党政同责、一岗双责”暂行规定》的通知	2014-12-11
泰发〔2014〕23号	中共泰州市委 泰州市人民政府关于推进项目大突破的意见	2014-12-22
泰发〔2014〕24号	中共泰州市委关于进一步组织推动学习贯彻习近平总书记系列重要讲话精神的意见	2014-12-15
泰发〔2014〕25号	中共泰州市委 泰州市人民政府关于进一步加快发展红十字事业的意见	2014-12-18
泰发〔2014〕26号	中共泰州市委关于印发《加强“三重一大”事项决策和监管的意见》、《市委常委会全面贯彻执行民主集中制的意见》的通知	2014-12-24
泰发〔2014〕27号	中共泰州市委关于推动人大工作与时俱进的意见	2014-12-25
泰发〔2014〕28号	中共泰州市委关于1997年至2013年12月党内法规和规范性文件清理的决定	2014-12-24
泰发〔2014〕29号	中共泰州市委 泰州市人民政府关于全面推进节约集约用地的实施意见	2014-12-25
泰办发〔2014〕3号	中共泰州市委办公室关于印发《泰州市关心下一代工作委员会2014年工作要点》的通知	2014-01-08
泰办发〔2014〕4号	市委办公室 市政府办公室印发《关于加强作风建设情况监督检查的实施办法》的通知	2014-01-08
泰办发〔2014〕5号	市委办公室 市政府办公室转发《省委办公厅省政府办公厅关于规范省委省政府各类领导小组成立调整撤销工作的实施办法》的通知	2014-01-10
泰办发〔2014〕11号	市委办公室关于印发2014年度全市重点调研课题的通知	2014-01-29
泰办发〔2014〕12号	市委办公室市委研究室关于推荐评选2013年度优秀调研成果的通知	2014-02-13
泰办发〔2014〕13号	中共泰州市委办公室关于2014年度市领导接待群众来访的通知	2014-02-17
泰办发〔2014〕14号	市委办公室 市政府办公室关于印发《〈泰州年鉴（2014）〉编纂实施方案》的通知	2014-02-17

续表53-2

文 号	文 件 题 名	发文日期
泰办发〔2014〕17号	中共泰州市委办公室关于印发《深入开展党的群众路线教育实践活动实施方案》的通知	2014-02-17
泰办发〔2014〕18号	中共泰州市委办公室关于印发《党的群众路线教育实践活动学习教育、听取意见环节实施办法》的通知	2014-02-17
泰办发〔2014〕19号	中共泰州市委办公室关于印发《中共泰州市委常委会教育实践活动学习教育听取意见环节实施方案》的通知	2014-02-17
泰办发〔2014〕26号	市委办公室 市政府办公室关于明确2014年政治协商活动有关事项的通知	2014-03-10
泰办发〔2014〕30号	市委办公室 市政府办公室关于印发《泰州市2014年招商活动计划》的通知	2014-03-28
泰办发〔2014〕33号	市委办公室、市人大办公室、市政府办公室、市政协办公室关于做好市人大代表建议市政协提案办理工作的通知	2014-03-31
泰办发〔2014〕35号	中共泰州市委办公室关于印发《市委全面深化改革促进转型升级融合发展领导小组工作规则》、《市委全面深化改革促进转型升级融合发展领导小组专项小组工作规则》和《市委全面深化改革促进转型升级融合发展领导小组办公室工作细则》的通知	2014-04-01
泰办发〔2014〕36号	市委办公室 市政府办公室关于印发《2014年泰州市信访工作要点》的通知	2014-04-02
泰办发〔2014〕39号	市委办公室 市政府办公室关于印发《进一步加强全市公益广告管理工作的意见》的通知	2014-04-09
泰办发〔2014〕40号	市委办公室 市政府办公室关于印发《2014年法治泰州建设重点任务责任分解方案》的通知	2014-04-11
泰办发〔2014〕41号	市委办公室 市政府办公室关于印发《泰州市党员领导干部行为失范记录暂行办法》的通知	2014-04-14
泰办发〔2014〕42号	市委办公室 市政府办公室关于印发《2014年市区改善民生实事责任分解表》的通知	2014-04-15
泰办发〔2014〕45号	市委办公室 市政府办公室关于印发《关于开展重点镇（园区）简政放权改革试点工作的指导意见》的通知	2014-04-20
泰办发〔2014〕47号	市委办公室 市政府办公室印发《关于加快泰州广电网络发展的意见》的通知	2014-05-06
泰办发〔2014〕48号	中共泰州市委办公室印发《关于加强党管人才工作的实施办法》的通知	2014-05-07
泰办发〔2014〕50号	中共泰州市委办公室关于印发《党的群众路线教育实践活动查摆问题、开展批评环节实施办法》的通知	2014-05-26
泰办发〔2014〕51号	市委办公室 市政府办公室印发《关于健全重大决策社会稳定风险评估机制的实施意见（试行）》的通知	2014-06-04

续表53-3

文　　号	文　件　题　名	发文日期
泰办发〔2014〕52号	市委办公室 市政府办公室关于确定重点镇（园区）简政放权改革试点名单的通知	2014-06-16
泰办发〔2014〕53号	市委办公室 市政府办公室关于印发《泰州市党政机关公务接待管理规定》等制度规定的通知	2014-06-18
泰办发〔2014〕54号	中共泰州市委办公室关于印发《中共泰州市委全面深化改革促进转型升级融合发展领导小组2014年工作要点》的通知	2014-07-21
泰办发〔2014〕56号	中共泰州市委办公室印发《泰州市培育和践行社会主义核心价值观行动计划（2014-2020年）》的通知	2014-07-23
泰办发〔2014〕57号	中共泰州市委办公室关于印发《召开专题组织生活会并开展民主评议党员工作实施方案》的通知	2014-07-23
泰办发〔2014〕58号	市委办公室 市政府办公室关于印发《泰州市市级机关会议管理办法》的通知	2014-07-22
泰办发〔2014〕59号	市委办公室 市政府办公室关于印发《泰州市市级行政事业单位办公用房管理暂行办法》的通知	2014-07-29
泰办发〔2014〕62号	市委办公室 市政府办公室关于印发《2014年全市开放型经济工作目标考核奖励办法》的通知	2014-08-15
泰办发〔2014〕63号	市委办公室 市政府办公室关于印发《泰州市档案馆收集档案范围实施细则》的通知	2014-08-15
泰办发〔2014〕65号	中共泰州市委办公室关于印发《市委主要领导批示件及交办事项办理工作规则（试行）》、《市委书记信箱来信办理工作规则》的通知	2014-08-15
泰办发〔2014〕66号	市委办公室 市政府办公室关于印发《完善领导干部外出报告制度》、《进一步做好接待工作的补充规定》的通知	2014-08-15
泰办发〔2014〕67号	中共泰州市委办公室关于印发《市委办公室党的群众路线教育实践活动整改落实、建章立制环节实施方案》的通知	2014-08-15
泰办发〔2014〕68号	中共泰州市委办公室关于印发《蓝绍敏同志在市委办公室部分人员座谈会上的讲话》的通知	2014-08-15
泰办发〔2014〕78号	市委办公室 市政府办公室关于印发《2014中国泰州梅兰芳艺术节活动方案》的通知	2014-09-19
泰办发〔2014〕80号	中共泰州市委办公室印发《关于加强和改进领导干部学习的规定》、《市委中心组学习制度》和《关于建立市委常委会谈心谈话制度的规定》的通知	2014-10-13
泰办发〔2014〕82号	中共泰州市委办公室关于印发《省委书记罗志军在泰州调研时的讲话》的通知	2014-10-22
泰办发〔2014〕85号	市委办公室 市政府办公室关于印发《泰州市级机关社区工作事项准入目录》的通知	2014-11-05

续表53-4

文　　号	文　件　题　名	发文日期
泰办发〔2014〕87号	中共泰州市委办公室关于认真做好中央第十二巡视组《对江苏省巡视情况的反馈意见》整改落实工作的通知	2014-11-14
泰办发〔2014〕88号	市委办公室　市政府办公室关于进一步加强城乡社区网格化服务管理规范化建设的实施意见	2014-11-17
泰办发〔2014〕89号	市委办公室　市政府办公室印发《关于严格规范党员干部个人借贷、投资、理财等行为的暂行规定》的通知	2014-11-18
泰办发〔2014〕91号	市委办公室市政府办公室关于印发泰州市区城建新提升两年行动计划的通知	2014-11-19
泰办发〔2014〕92号	中共泰州市委办公室关于印发《开展深入学习贯彻习近平总书记系列重要讲话精神·“1+5”主题教育活动方案》的通知	2014-11-27
泰办发〔2014〕93号	市委办公室　市政府办公室关于市（区）政府职能转变和机构改革有关事项的通知	2014-11-27
泰办发〔2014〕97号	中共泰州市委办公室印发《关于进一步加强市管领导干部交流的暂行办法》的通知	2014-12-03
泰办发〔2014〕98号	市委办公室　市政府办公室关于印发《泰州市贯彻落实省委省政府〈深入推进民生幸福工程若干意见〉任务分解方案》的通知	2014-12-03
泰办发〔2014〕99号	市委办公室　市政府办公室关于进一步巩固创建达标清理规范成果的通知	2014-11-26
泰办发〔2014〕100号	市委办公室　市政府办公室关于加快推进社会组织改革发展的意见	2014-12-05
泰办发〔2014〕102号	市委办公室　市政府办公室关于印发《泰州市重大项目建设督查推进工作实施办法》的通知	2014-12-12
泰办发〔2014〕104号	市委办公室　市政府办公室关于印发《泰州市招商引资项目建设工作考核奖惩办法》的通知	2014-12-12
泰办发〔2014〕105号	市委办公室　市政府办公室关于建立完善市领导及市级机关部门挂钩服务市（区）园区重点企业重大项目制度的通知	2014-12-12
泰办发〔2014〕106号	市委办公室　市政府办公室关于贯彻《中共中央办公厅、国务院办公厅关于严禁党政机关到风景名胜区开会的通知》的通知	2014-12-12
泰办发〔2014〕107号	市委办公室　市政府办公室关于开展2014年度党风廉政建设责任制检查考核工作的通知	2014-12-12
泰办发〔2014〕109号	市委办公室　市政府办公室印发《关于充分发挥党员干部带头作用深入推进殡葬改革的实施意见》的通知	2014-12-22
泰办发〔2014〕111号	中共泰州市委办公室印发《关于深化“四风”整治、巩固和拓展党的群众路线教育实践活动成果的实施办法》的通知	2014-12-25
泰办发〔2014〕113号	关于印发《中共泰州市委管理的干部职务名称表》等的通知	2014-12-31

（市委办）

市政府重要文件题录

表54

文　　号	文　件　题　名	发文日期
泰政规〔2014〕1号	市政府关于印发泰州市排污权有偿使用和交易暂行办法的通知	2014-02-24
泰政规〔2014〕2号	市政府办公室关于印发泰州市高速公路建设征地拆迁工作实施办法的通知	2014-03-17
泰政规〔2014〕3号	市政府关于印发泰州市市区征地补偿和被征地农民社会保障实施办法的通知	2014-04-15
泰政规〔2014〕4号	市政府关于印发泰州市城乡规划管理办法的通知	2014-04-16
泰政规〔2014〕5号	市政府关于印发泰州市市区消防水源设施管理办法的通知	2014-10-13
泰政规〔2014〕6号	市政府关于印发泰州市档案管理办法的通知	2014-11-09
泰政规〔2014〕7号	市政府关于印发泰州市卤汀河泰东河管理办法的通知	2014-12-22
泰政规〔2014〕8号	市政府关于印发泰州市市区全面落实流动人口同城待遇实施办法的通知	2014-12-19
泰政规〔2014〕9号	市政府关于印发泰州市市区工程运输车辆管理暂行办法的通知	2014-12-19
泰政规〔2014〕10号	市政府关于印发泰州市绿色信贷信息共享管理办法的通知	2014-12-24
泰政规〔2014〕11号	市政府关于印发泰州市市区机动车停车场服务收费管理办法的通知	2014-12-24
泰政规〔2014〕12号	市政府关于印发泰州市市区国有土地上房屋征收补助和奖励办法的通知	2014-12-25
泰政规〔2014〕13号	市政府关于印发泰州市市区房屋征收共有产权安置房实施细则的通知	2014-12-25
泰政规〔2014〕14号	市政府关于公布泰州市市区房屋征收重置价格和装饰装潢补偿标准的通知	2014-12-25
泰政规〔2014〕15号	市政府关于印发泰州市市区公共租赁住房和廉租住房并轨运行实施管理办法的通知	2014-12-25
泰政规〔2014〕16号	市政府关于印发泰州市社会中介机构服务管理暂行办法的通知	2014-12-31
泰政规〔2014〕17号	市政府关于印发泰州市市区机动车停车场管理暂行办法的通知	2014-12-31
泰政发〔2014〕3号	市政府关于表彰2013年度安全生产工作先进集体和先进个人的决定	2014-01-09
泰政发〔2014〕6号	市政府关于表彰2013年度全市社会综合治税工作先进单位和先进个人的决定	2014-01-13
泰政发〔2014〕8号	市政府关于授予2013年泰州市市长质量奖的决定	2014-01-28
泰政发〔2014〕9号	市政府关于表彰2013年度泰州市科学技术进步奖项目的决定	2014-01-27

续表54-1

文　号	文　件　题　名	发文日期
泰政发〔2014〕12号	市政府关于表彰2013年度鲁班奖获奖单位的决定	2014-02-11
泰政发〔2014〕13号	市政府关于印发《泰州市人民政府工作规则》的通知	2014-02-12
泰政发〔2014〕14号	市政府关于表彰2013年度全市开放创新和工业经济工作先进单位的决定	2014-02-14
泰政发〔2014〕15号	市政府关于下达2014年度引进高层次人才指标的通知	2014-02-19
泰政发〔2014〕20号	市政府关于下达泰州市2014年度主要污染物减排任务的通知	2014-02-24
泰政发〔2014〕29号	市政府关于印发2014年重点工作目标任务及分解落实方案的通知	2014-03-05
泰政发〔2014〕44号	市政府关于调整泰州市区部分行政区划的通知	2014-04-28
泰政发〔2014〕57号	市政府关于表彰2013年度全市重大项目“双百”工程推进工作先进单位和个人的决定	2014-06-03
泰政发〔2014〕68号	市政府印发关于加强电子政务基础资源整合共享工作实施意见的通知	2014-07-04
泰政发〔2014〕69号	市政府关于印发泰州市政务信息资源共享管理办法的通知	2014-07-04
泰政发〔2014〕76号	市政府关于给刘时根等同志记二等功的决定	2014-07-16
泰政发〔2014〕85号	市政府关于推进老城改造加快新城建设的意见	2014-08-12
泰政发〔2014〕100号	市政府关于印发泰州市社会信用体系建设规划纲要（2014—2020年）的通知	2014-12-24
泰政发〔2014〕101号	市政府印发关于加强泰州市政务诚信体系建设工作意见的通知	2014-12-24
泰政发〔2014〕103号	市政府关于印发泰州市创建全国质量强市示范城市工作方案的通知	2014-10-10
泰政发〔2014〕109号	市政府关于印发泰州市2013-2020年生态市建设规划（修编）的通知	2014-10-23
泰政发〔2014〕130号	市政府关于授予陈全等33名同志见义勇为先进分子荣誉称号的决定	2014-11-21
泰政发〔2014〕133号	市政府关于市级食品安全监管职能调整的通知	2014-11-27
泰政发〔2014〕139号	市政府关于公布市级行政审批事项目录清单的通知	2014-12-9
泰政发〔2014〕145号	市政府关于给予顾利华行政开除处分的通知	2014-12-15
泰政发〔2014〕148号	市政府关于表彰2014年泰州市市长质量奖获奖企业的决定	2014-12-19
泰政发〔2014〕151号	市政府印发泰州市关于批准再生育一个孩子特殊情形规定的通知	2014-12-24
泰政发〔2014〕155号	市政府关于给市残联记集体二等功的决定	2014-12-26
泰政发〔2014〕156号	市政府关于给周旺根等同志记功奖励的决定	2014-12-26

续表54-2

文　　号	文　件　题　名	发文日期
泰政发〔2014〕157号	市政府关于进一步明确市区房屋征收搬迁相关事项的通知	2014-12-25
泰政发〔2014〕158号	市政府关于公布市级部门行政权力事项目录清单的通知	2014-12-30
泰政办发〔2014〕1号	市政府办公室关于印发泰州市人民政府2014年规范性文件制定计划的通知	2014-01-03
泰政办发〔2014〕2号	市政府办公室关于完善泰州市城乡居民社会养老保险相关政策的通知	2014-01-06
泰政办发〔2014〕3号	市政府办公室关于印发泰州市2014年度水利工作意见的通知	2014-01-08
泰政办发〔2014〕4号	市政府办公室关于表彰2013年度全市政府信息公开先进单位和先进个人的决定	2014-01-09
泰政办发〔2014〕5号	市政府办公室关于做好2014年春节运输工作的通知	2014-01-15
泰政办发〔2014〕8号	市政府办公室关于表彰2013年度泰州市应急管理工作先进单位和先进个人的通报	2014-01-20
泰政办发〔2014〕9号	市政府办公室关于进一步加强新建居住区配套幼儿园管理工作的通知	2014-01-20
泰政办发〔2014〕11号	市政府办公室关于表彰2013年度12345·政风行风热线和市长信箱工作先进单位和先进个人的决定	2014-01-23
泰政办发〔2014〕12号	市政府办公室关于公布省政府下放市级部门行政审批事项及申报材料梳理结果的通知	2014-01-20
泰政办发〔2014〕15号	市政府办公室转发市卫生局关于全市新型农村合作医疗补偿方案调整工作意见的通知	2014-01-28
泰政办发〔2014〕17号	市政府办公室关于公布泰州市工业企业转型升级示范企业（第一批）的通知	2014-02-11
泰政办发〔2014〕18号	市政府办公室关于2013年度泰州市建筑业工作目标考核情况的通报	2014-02-11
泰政办发〔2014〕19号	市政府办公室关于表彰2013年度泰州市建筑业十强企业明星企业十佳专业企业的决定	2014-02-11
泰政办发〔2014〕20号	市政府办公室关于做好市级部门决算公开工作的通知	2014-02-13
泰政办发〔2014〕21号	市政府办公室关于2013年度市（区）教育工作考核结果的通报	2014-02-14
泰政办发〔2014〕22号	市政府办公室关于印发泰州市区2014年度城乡规划引导计划的通知	2014-02-14
泰政办发〔2014〕23号	市政府办公室关于印发加强城市北部生态走廊规划建设控制管理意见的通知	2014-02-14
泰政办发〔2014〕24号	市政府办公室关于2013年度中等职业教育考核结果的通报	2014-02-17
泰政办发〔2014〕25号	市政府办公室印发《关于进一步加强会议管理工作的若干规定》、《关于进一步精简文件简报的若干规定》的通知	2014-02-11

续表54-3

文　号	文　件　题　名	发文日期
泰政办发〔2014〕27号	市政府办公室关于公布泰州市第五批非物质文化遗产名录和泰州市第二、三、四批非物质文化遗产扩展项目名录的通知	2014-02-19
泰政办发〔2014〕28号	市政府办公室关于印发《泰州市国家知识产权示范城市建设工作方案》的通知	2014-02-20
泰政办发〔2014〕29号	市政府办公室关于印发2014年泰州市中等职业教育考核奖励办法的通知	2014-02-17
泰政办发〔2014〕30号	市政府办公室关于印发泰州市应急管理工作考核办法的通知	2014-02-25
泰政办发〔2014〕32号	市政府办公室关于印发泰州市2014年血吸虫病地方病和寄生虫病防治工作意见的通知	2014-03-11
泰政办发〔2014〕33号	市政府办公室关于开展2014年县级政府教育工作督导考核的通知	2014-03-12
泰政办发〔2014〕34号	市政府办公室印发关于推进我市公共资源交易市场建设实施意见的通知	2014-03-14
泰政办发〔2014〕35号	市政府办公室关于推进全市粮食烘干服务中心建设的意见	2014-03-14
泰政办发〔2014〕38号	市政府办公室关于实行最严格水资源管理制度考核事项的通知	2014-03-14
泰政办发〔2014〕39号	市政府办公室关于印发泰州市政务服务管理办公室主要职责内设机构和人员编制规定的通知	2014-03-21
泰政办发〔2014〕40号	市政府办公室关于转发市粮食局2014年全市芋头产业发展工作意见的通知	2014-03-24
泰政办发〔2014〕41号	市政府办公室关于加快推进教育现代化建设的实施意见	2014-03-27
泰政办发〔2014〕43号	市政府办公室关于印发2014年度泰州市政府信息公开工作考核细则的通知	2014-03-28
泰政办发〔2014〕44号	市政府办公室关于印发2014年泰州市科技创新创业大赛方案的通知	2014-03-28
泰政办发〔2014〕45号	市政府办公室关于建立全市政府办公室系统联动调研工作机制的通知	2014-04-03
泰政办发〔2014〕46号	市政府办公室关于印发市政府2014-2016年为农服务工作三年方案的通知	2014-04-02
泰政办发〔2014〕47号	市政府办公室关于分解下达2014年保障性安居工程建设目标任务的通知	2014-04-03
泰政办发〔2014〕48号	市政府办公室关于泰州市2014年价格调控目标责任制实施的意见	2014-04-10
泰政办发〔2014〕49号	市政府办公室关于公布省政府下放市级部门行政审批事项及申报材料梳理结果的通知	2014-04-04
泰政办发〔2014〕50号	市政府办公室关于印发建立全市经济发展和扩大就业联动机制意见的通知	2014-04-04

续表54-4

文号	文件题名	发文日期
泰政办发〔2014〕51号	市政府办公室关于印发泰州市2014年打击走私综合治理工作要点的通知	2014-04-14
泰政办发〔2014〕53号	市政府办公室关于做好2014年全市农业保险工作的通知	2014-04-16
泰政办发〔2014〕55号	市政府办公室关于印发泰州市城市环境综合整治工作考核办法的通知	2014-04-16
泰政办发〔2014〕56号	市政府办公室关于印发泰州市重污染天气应急预案的通知	2014-04-21
泰政办发〔2014〕57号	市政府办公室关于严格执行城市道路建设规划的通知	2014-04-16
泰政办发〔2014〕59号	市政府办公室关于印发泰州市市区公共资源交易运行规则（试行）的通知	2014-04-28
泰政办发〔2014〕60号	市政府办公室关于印发泰州市市区公共资源交易行为监督管理暂行办法的通知	2014-04-28
泰政办发〔2014〕61号	市政府办公室关于印发泰州市机动车减排工作方案的通知	2014-04-29
泰政办发〔2014〕62号	市政府办公室关于印发泰州市2014年市（区）教育工作考核办法的通知	2014-04-30
泰政办发〔2014〕64号	市政府办公室关于印发泰州市2014年加快推进秸秆综合利用扶持政策的通知	2014-05-07
泰政办发〔2014〕65号	市政府办公室关于进一步加强见义勇为人员权益保护的实施意见	2014-05-08
泰政办发〔2014〕68号	市政府办公室关于印发各市（区）2014年学前教育工作目标的通知	2014-05-26
泰政办发〔2014〕69号	市政府办公室关于印发2014年市本级企业职工基本养老保险基金征收目标考核办法的通知	2014-06-02
泰政办发〔2014〕70号	市政府办公室关于印发市政府2014-2016年为农服务工作三年方案年度重点目标计划的通知	2014-06-03
泰政办发〔2014〕71号	市政府办公室关于加强市级政府融资平台和城市建设投融资管理的意见	2014-05-23
泰政办发〔2014〕72号	市政府办公室关于印发2014年全市深化医药卫生体制改革主要工作安排的通知	2014-06-06
泰政办发〔2014〕74号	市政府办公室关于印发泰州市加强村经济合作社和社区股份合作社规范化建设意见（试行）的通知	2014-06-12
泰政办发〔2014〕75号	市政府办公室关于印发泰州市2014年土地卫片执法监督检查工作方案的通知	2014-06-20
泰政办发〔2014〕76号	市政府办公室关于印发2014年度全市工业经济工作目标考评办法的通知	2014-06-19
泰政办发〔2014〕77号	市政府办公室关于印发泰州市生猪屠宰清理整顿工作方案的通知	2014-06-25

续表54-5

文　　号	文　件　题　名	发文日期
泰政办发〔2014〕78号	市政府办公室印发关于建立泰州市企业工资支付分级预警机制意见的通知	2014-06-27
泰政办发〔2014〕79号	市政府办公室关于印发泰州市县级政府2013年度教育工作督导考核意见的通知	2014-07-01
泰政办发〔2014〕81号	市政府办公室关于印发泰州市保障青奥会环境质量临时管控方案的通知	2014-07-02
泰政办发〔2014〕83号	市政府办公室关于印发泰州市2014年市区城建重点项目考核办法的通知	2014-06-24
泰政办发〔2014〕84号	市政府办公室关于对市级重大火灾隐患单位进行挂牌督办整改的通知	2014-07-08
泰政办发〔2014〕86号	市政府办公室关于印发《泰州市燃煤锅炉整治工作方案》的通知	2014-07-16
泰政办发〔2014〕87号	市政府办公室关于促进家庭农场发展的意见	2014-07-18
泰政办发〔2014〕88号	市政府办公室关于印发2014年泰州市打击侵犯知识产权和制售假冒伪劣商品工作要点的通知	2014-07-17
泰政办发〔2014〕89号	市政府办公室转发市物价局等六部门关于进一步完善社会救助和保障标准与物价上涨挂钩联动机制的通知	2014-07-25
泰政办发〔2014〕90号	市政府办公室市监察局关于进一步完善“12345·政风行风热线”运行机制的通知	2014-07-28
泰政办发〔2014〕91号	市政府办公室关于印发泰州市大学生就业促进和创业引领计划的通知	2014-07-29
泰政办发〔2014〕92号	市政府办公室关于印发泰州市突发重大动物疫情应急预案的通知	2014-05-06
泰政办发〔2014〕93号	市政府办公室关于印发泰州市沿江转型升级规划（2013—2020年）的通知	2014-08-07
泰政办发〔2014〕94号	市政府办公室关于印发泰州市建筑业工作目标管理考核办法的通知	2014-08-04
泰政办发〔2014〕96号	市政府办公室关于印发泰州市市（区）反假货币工作分级管理试点工作方案的通知	2014-08-12
泰政办发〔2014〕97号	市政府办公室关于印发泰州市“十三五”规划编制工作方案的通知	2014-08-13
泰政办发〔2014〕98号	市政府办公室关于认定第二批泰州市市级现代农业产业园区的通知	2014-08-19
泰政办发〔2014〕99号	市政府办公室关于下达“十三五”规划前期课题研究计划的通知	2014-08-22
泰政办发〔2014〕100号	市政府办公室关于贯彻落实江苏省以船为家渔民上岸安居工程建设实施方案的通知	2014-08-25
泰政办发〔2014〕102号	市政府办公室印发关于加强政府性平台融资管理实施办法（暂行）的通知	2014-09-01

续表54-6

文　　号	文　件　题　名	发文日期
泰政办发〔2014〕103号	市政府办公室关于印发突发公共事件领导问责制度的通知	2014-09-03
泰政办发〔2014〕104号	市政府办公室关于进一步做好突发公共事件信息报告和通报工作的通知	2014-09-03
泰政办发〔2014〕105号	市政府办公室关于印发泰州市政务信息资源整合共享工作实施方案的通知	2014-09-08
泰政办发〔2014〕108号	市政府办公室转发市村庄环境综合整治领导小组关于泰州市村庄环境长效管理办法（试行）的通知	2014-09-12
泰政办发〔2014〕109号	市政府办公室关于进一步加强全市老年人体育工作的意见	2014-09-05
泰政办发〔2014〕110号	市政府办公室关于印发泰州市沿江港口码头突发事件应急预案的通知	2014-09-10
泰政办发〔2014〕114号	市政府办公室关于做好《江苏省职工生育保险规定》贯彻实施工作的通知	2014-09-26
泰政办发〔2014〕115号	市政府办公室关于印发泰州市农村“20分钟体育健身圈”建设实施方案的通知	2014-09-28
泰政办发〔2014〕116号	市政府办公室关于印发泰州市企业信用信息征集管理办法（试行）的通知	2014-12-22
泰政办发〔2014〕118号	市政府办公室关于印发泰州市社会法人和自然人守信激励实施办法（试行）的通知	2014-12-22
泰政办发〔2014〕119号	市政府办公室关于印发泰州市社会法人和自然人失信行为联动惩戒办法（试行）的通知	2014-12-22
泰政办发〔2014〕120号	市政府办公室关于印发泰州市诚信“红黑榜”发布制度（试行）的通知	2014-12-22
泰政办发〔2014〕121号	市政府办公室关于印发泰州市在行政管理中使用信用产品实施办法（试行）的通知	2014-12-22
泰政办发〔2014〕122号	市政府办公室关于开展泰州市2015年1%人口抽样调查的通知	2014-09-30
泰政办发〔2014〕123号	市政府办公室关于印发泰州市民营企业人员循因公渠道办理出国手续暂行办法的通知	2014-09-30
泰政办发〔2014〕125号	市政府办公室关于印发《泰州市市（区）反假货币工作综合评价办法》的通知	2014-10-14
泰政办发〔2014〕127号	市政府办公室关于印发长江泰州水域船舶污染事故应急计划的通知	2014-08-29
泰政办发〔2014〕128号	市政府办公室关于印发长江泰州水域危险化学品事故应急救援处置预案的通知	2014-08-29
泰政办发〔2014〕129号	市政府办公室关于建立泰州市旅游综合执法工作机制的通知	2014-10-20
泰政办发〔2014〕130号	市政府办公室关于在全市开展营业税专项清理工作的通知	2014-10-28

续表54-7

文　　号	文　件　题　名	发文日期
泰政办发〔2014〕133号	市政府办公室转发市统计局市科技局关于开展2014年企业创新调查的通知	2014-11-06
泰政办发〔2014〕135号	市政府办公室关于印发泰州市通南地区水利规划（2013—2030）的通知	2014-11-18
泰政办发〔2014〕137号	市政府办公室关于2007-2014年泰州市红十字会系统先进集体（个人）和博爱奉献集体（个人）的通报	2014-12-01
泰政办发〔2014〕138号	市政府办公室关于印发2015年泰州市政府集中采购目录及采购限额标准的通知	2014-12-05
泰政办发〔2014〕139号	市政府办公室关于工商登记前置改后置审批后加强市场主体事中事后监督管理工作的通知	2014-12-08
泰政办发〔2014〕140号	市政府办公室关于加强和改进流浪未成年人救助保护工作的意见	2014-12-05
泰政办发〔2014〕141号	市政府办公室关于加强病死畜禽无害化处理工作的意见	2014-12-10
泰政办发〔2014〕143号	市政府办公室关于印发泰州市企业上市三年行动计划的通知	2014-12-16
泰政办发〔2014〕144号	市政府办公室关于发布泰州市政务信息资源目录（一期）的通知	2014-12-18
泰政办发〔2014〕146号	市政府办公室关于印发泰州市食品药品监督管理局主要职责内设机构和人员编制规定的通知	2014-12-17
泰政办发〔2014〕147号	市政府办公室关于印发泰州市实行“三证合一”登记制度实施方案的通知	2014-12-23
泰政办发〔2014〕148号	市政府办公室关于印发泰州市区2015年度城乡规划引导计划的通知	2014-12-25
泰政办发〔2014〕150号	市政府办公室关于印发泰州市粮食应急预案的通知	2014-12-24
泰政办发〔2014〕151号	市政府办公室关于印发泰州市第二次全国地名普查实施方案的通知	2014-12-24
泰政办发〔2014〕152号	市政府办公室关于加快推进房屋征收信息系统建设的通知	2014-12-25
泰政办发〔2014〕154号	市政府办公室关于分解下达2015年保障性安居工程建设目标任务的通知	2014-12-30
泰政办发〔2014〕155号	市政府办公室关于分解下达泰州市棚户区（危旧房）改造三年目标任务的通知	2014-12-30

（政府办）

统 计 资 料

2014年泰州市行政区域、土地面积和人口状况表

表55

地区名称	镇（个）	乡（个）	街道（个）	居委会（个）	村委会（个）	土地面积（平方千米）	建成区面积（平方千米）
全 市	73	6	18	449	1425	5787.36	190.27
市 区	22	—	16	248	325	1567.13	96.45
海陵区	3	—	7	105	23	237.35	—
高港区	4	—	3	49	40	286.84	—
姜堰区	14	—	2	39	262	927.52	23.85
高新区	1	—	4	55	0	115.42	—
兴化市	29	5	—	70	614	2395.00	35.70
靖江市	8	—	1	74	188	655.58	33.62
泰兴市	14	1	1	57	298	1169.65	24.50

地　区	乡、镇、街道名称
海陵区	城东街道、城西街道、城南街道、城中街道、城北街道、京泰路街道、红旗街道、九龙镇、苏陈镇、罡杨镇
高港区	口岸街道、刁铺街道、许庄街道、永安洲镇、白马镇、胡庄镇、大泗镇
姜堰区	罗塘街道、三水街道、溱潼镇、蒋垛镇、顾高镇、大伦镇、张甸镇、梁徐镇、桥头镇、淤溪镇、白米镇、娄庄镇、沈高镇、兴泰镇、俞垛镇、华港镇
高新区	凤凰路街道、沿江街道、寺巷街道、明珠街道、野徐镇
兴化市	戴窑镇、合陈镇、永丰镇、新垛镇、安丰镇、海南镇、钓鱼镇、大邹镇、沙沟镇、中堡镇、李中镇、西郊镇、临城镇、垛田镇、竹泓镇、沈伦镇、大垛镇、荻垛镇、陶庄镇、昌荣镇、茅山镇、周庄镇、陈堡镇、戴南镇、张郭镇、昭阳镇、大营镇、下圩镇、城东镇、老圩乡、周奋乡、缸顾乡、西鲍乡、林湖乡
靖江市	靖城街道、新桥镇、东兴镇、斜桥镇、西来镇、季市镇、孤山镇、生祠镇、马桥镇
泰兴市	济川街道、黄桥镇、分界镇、古溪镇、元竹镇、珊瑚镇、广陵镇、曲霞镇、张桥镇、河失镇、新街镇、姚王镇、宣堡镇、虹桥镇、滨江镇、根思乡

2014年泰州市主要经济社会指标完成情况表

表56

指 标 名 称	单 位	2014年	比2013年增长（%）
地区生产总值	亿元	3370.89	10.8
#第一产业增加值	亿元	209.25	3.3
第二产业增加值	亿元	1697.45	10.5
第三产业增加值	亿元	1464.19	12.3
人均地区生产总值(按常住人口计算）	元	72706	10.7
规模以上工业总产值	亿元	9643.78	14.7
规模以上工业增加值	亿元	2169.70	11.5
规模以上工业主营业务收入	亿元	9355.94	15.1
规模以上工业利税总额	亿元	1220.39	20.9
规模以上工业利润总额	亿元	713.87	21.4
全社会用电量	亿千瓦时	232.30	4.4
#工业用电量	亿千瓦时	180.73	6.9
固定资产投资	亿元	2200.19	21.3
#工业投资	亿元	1196.96	20.9
服务业投资	亿元	983.39	22.6
#房地产投资	亿元	288.39	6.4
社会消费品零售总额	亿元	903.60	12.0
#限额以上社会消费品零售额	亿元	313.87	7.7
进出口总额	亿美元	108.90	4.3
#进口	亿美元	47.08	13.5
出口	亿美元	61.82	-1.8
实际到账注册外资	亿美元	9.39	-29.0
公共财政预算收入	亿元	283.00	9.2
#税收收入	亿元	230.61	7.7
公共财政预算支出	亿元	371.21	6.9
金融机构人民币存款余额	亿元	3955.84	11.6
#城乡居民储蓄存款	亿元	1984.80	11.1
金融机构人民币贷款余额	亿元	2751.51	17.4
城镇居民人均可支配收入	元	31346	9.2
城镇居民人均消费性支出	元	19517	7.1
农民人均可支配收入	元	15076	10.8
农民人均消费性支出	元	10849	10.0
城镇非私营单位在岗职工年平均工资	元	53889	15.2
城乡居民人均储蓄存款(人民币）	元	42789	11.0
城市居民消费价格指数	2013年=100	102.1	0.2点

2014年泰州市主要经济社会指标占全省比重一览表

表57

指 标 名 称	单 位	江苏省	泰州市	泰州市占江苏省比重（%）
土地面积	万平方千米	10.26	0.58	5.7
年末常住人口	万人	7960.06	463.86	5.8
地区生产总值	亿元	65088.32	3370.89	5.2
人均地区生产总值	元	81874	72706	88.8
粮食总产量	万吨	3490.62	328.53	9.4
棉花总产量	万吨	16.00	1.11	6.9
油料总产量	万吨	146.60	12.55	8.6
肉类总产量	万吨	369.00	26.83	7.3
水产品产量	万吨	518.80	38.38	7.4
规模以上工业增加值	亿元	31507.87	2169.70	6.9
规模以上工业主营业务收入	亿元	142387.86	9355.94	6.6
规模以上工业利税总额	亿元	14629.21	1220.90	8.3
#利润总额	亿元	8839.75	713.87	8.1
全社会用电量	亿千瓦时	5012.54	232.30	4.6
#工业用电量	亿千瓦时	3873.35	180.73	4.7
固定资产投资	亿元	41552.75	2200.19	5.3
#工业投资	亿元	20243.89	1196.96	5.9
服务业投资	亿元	21045.29	983.39	4.7
#房地产投资	亿元	8240.22	288.39	3.5
公共财政预算收入	亿元	7233.14	283.00	3.9
#税收收入	亿元	6006.05	230.61	3.8
公共财政预算支出	亿元	8466.48	371.21	4.4
金融机构年末存款余额(人民币)	亿元	93735.61	3955.84	4.2
#居民储蓄存款余额	亿元	36580.59	1984.80	5.4
金融机构年末贷款余额(人民币)	亿元	69572.67	2751.51	4.0
社会消费品零售总额	亿元	23458.07	903.60	3.9
#限额以上社会消费品零售额	亿元	12421.40	313.87	2.5
进出口总额	亿美元	5637.62	108.90	1.9
#进口	亿美元	2218.93	47.08	2.1
出口	亿美元	3418.69	61.82	1.8
实际到账注册外资	亿美元	281.74	9.39	3.3
城镇居民人均可支配收入	元	34346	31346	91.3
城镇居民人均消费性支出	元	23476	19517	83.1
农村居民人均可支配收入	元	14958	15076	100.8
农村居民人均消费支出	元	11820	10849	91.8
城乡居民人均储蓄存款（人民币）	元	45955	42789	93.1

2014年“泰州的一天”情况表

表58

指 标 名 称	单 位	2013年	2014年
每天创造的财富			
地区生产总值	万元	82381	92353
第一产业	万元	5641	5733
第二产业	万元	43125	46505
第三产业	万元	33615	40115
公共财政预算收入	万元	7103	7753
粮食	吨	8950	9001
猪牛羊肉	吨	729	735
水产品	吨	1022	1052
粗钢	吨	5102	5722
钢材	吨	7812	7341
水泥	吨	40115	45051
布	万米	89.00	135.80
每天消费量			
最终消费	万元	32650	36816
居民消费	万元	25905	29189
城镇居民每人消费性支出	元	50	53
#食品烟酒消费	元	17	16
农村居民每人生活消费支出	元	27	30
#食品烟酒消费	元	9	9
政府消费	万元	6745	7627
社会消费品零售总额	万元	22935	24756
每天其他经济活动			
货物运输量	万吨	48	47
旅客运输量	万人	28	26
商品房竣工面积	万平方米	1.14	1.51
固定资产投资	万元	48333	60279
进出口总额	万美元	2861	2984
#出口	万美元	1724	1694
实际到账注册外资	万美元	362	257
每天人口变动			
出生人数	人	129	133
死亡人数	人	109	118

2014年泰州市地区生产总值完成情况表

表59

指标名称	单位	全市	市区	海陵区	高港区	姜堰区	医药高新区	兴化市	靖江市	泰兴市
地区生产总值	亿元	3370.9	1408.2	430.6	338.9	488.5	150.3	624.8	666.2	675.8
第一产业	亿元	209.3	53.4	6.6	10.4	35.2	1.2	89.1	19.8	46.9
第二产业	亿元	1697.5	772.5	215.0	217.8	243.0	96.7	264.3	349.2	348.7
工业	亿元	1462.0	655.4	180.0	198.9	198.0	78.5	228.2	314.5	303.8
建筑业	亿元	236.6	118.1	35.0	19.7	45.2	18.2	36.1	34.8	44.9
第三产业	亿元	1464.2	582.3	209.0	110.7	210.4	52.3	271.5	297.2	280.2
批发和零售业	亿元	258.0	107.3	36.4	27.1	37.7	6.0	44.4	44.0	52.0
交通运输、仓储和邮政业	亿元	180.1	58.7	10.3	11.9	31.6	4.8	44.8	40.4	39.5
住宿、餐饮业	亿元	80.1	25.0	10.5	2.0	10.4	2.1	13.7	16.6	18.5
信息传输、软件和信息技术服务业	亿元	44.3	23.0	6.5	2.8	12.2	1.4	6.6	6.2	8.5
金融业	亿元	153.4	67.9	26.5	17.7	18.4	5.4	27.4	31.0	23.8
房地产业	亿元	216.8	83.0	22.6	13.1	32.2	15.2	40.8	42.5	40.1
租赁和商务服务业	亿元	108.1	52.8	19.1	9.6	15.2	8.9	33.3	44.0	25.7
科学研究、技术服务	亿元	26.2	12.9	3.5	6.2	1.9	1.4	2.2	1.4	3.0
水利、环境和公共设施管理业	亿元	21.1	4.8	1.4	1.5	1.8	0.1	2.0	3.2	3.5
居民服务、修理和其他服务业	亿元	65.3	19.2	11.9	2.8	4.2	0.3	7.2	8.6	7.5
教育	亿元	74.3	21.4	4.7	3.2	13.5	0.1	9.2	12.1	18.4
卫生和社会工作	亿元	42.5	13.2	4.3	2.7	6.0	0.1	4.3	11.7	7.0
文化、体育和娱乐业	亿元	22.3	6.6	3.1	0.6	2.2	0.7	2.5	2.7	3.4
公共管理、社会保障和社会组织	亿元	162.8	83.8	47.6	8.5	21.7	6.0	29.6	31.4	28.1
人均地区生产总值（按常住人口计算）	元	72706	86997	90019	134717	66934	94497	49803	97063	62775

2014年泰州市农业生产情况表

表60

指 标 名 称	单 位	2014年	比上年增长（%）
种植业			
粮食产量	万吨	328.53	0.6
夏粮	万吨	124.21	2.8
秋粮	万吨	204.32	-0.7
棉花产量	万吨	1.11	-20.9
油料产量	万吨	12.55	2.1
蔬菜(含菜用瓜)	万吨	296.26	3.1
瓜果类	万吨	10.98	6.2
蚕茧	吨	86	-21.1
园林水果	万吨	5.13	3.2
林业			
白果	吨	21467	40.3
畜牧业			
肉类总产量	万吨	26.83	0.8
奶类总产量	万吨	4.85	5.8
禽蛋总产量	万吨	11.97	-1.4
大牲畜年末数	万头	1.46	4.3
猪年末存栏	万头	165.59	0.6
羊年末存栏	万头	15.82	7.4
渔业			
水产品产量	万吨	38.38	2.9
农林牧渔业总产值（现价）	亿元	361.94	5.0
#农业总产值	亿元	201.06	7.1
林业总产值	亿元	3.55	0.1
牧业总产值	亿元	66.56	-1.0
渔业总产值	亿元	72.21	5.6
农林牧渔服务业总产值	亿元	18.55	4.9
农林牧渔业增加值（现价）	亿元	209.25	3.3
#农业增加值	亿元	137.58	3.2
林业增加值	亿元	2.37	0.1
牧业增加值	亿元	33.21	3.3
渔业增加值	亿元	36.09	3.9

2014年泰州市规模以上工业主要指标一览表

表61

指　标　名　称	单位	全　市	市　区	海陵区	高港区	姜堰区	医药高新区	兴化市	靖江市	泰兴市
规模以上工业企业单位数	个	2709	1062	238	204	473	147	579	456	612
工业总产值(当年价)	万元	96437755	42549294	11918814	14498320	11313016	4819143	13520817	19823091	20544553
#高技术产业企业	万元	13072871	9058597	777242	6758229	790277	732849	501619	1414141	2098514
#国有控股企业	万元	6252442	4130737	1371027	440588	4669	2314453	115849	1631198	374658
#轻工业	万元	26233981	15018573	3736809	7524717	3265180	491867	3267339	2679655	5268414
#大型企业	万元	29750303	13876702	4133357	8699293	575476	468576	753693	11384030	3735878
中型企业	万元	21708152	9917038	1569998	2886732	2628041	2832267	1575825	3766867	6448422
小型企业	万元	44408619	18468955	6094098	2879863	8015529	1479465	11113750	4596896	10229018
#制造业	万元	95569616	42008919	11896965	14069917	11298548	4743489	13515200	19625529	20419968
电力、燃气及水的生产和供应业	万元	850583	522818	21849	410847	14468	75654	5617	197563	124585
资产合计	万元	49350607	20218085	5197593	7774491	4454292	2791709	5081881	13922698	10127944
流动资产合计	万元	27122744	11200694	3205896	3615843	2979735	1399220	2270816	8994366	4656868.4
固定资产合计	万元	14093659	5729082	1043954	2821225	967195	896708	2481741	2149157	3733678.4
负债合计	万元	27051923	11188327	2831667	4100844	2379143	1876673	2279655	8132147	5451793.6
主营业务收入	万元	93559351	40793285	11554354	14033910	10502296	4702725	13271951	19021013	20473102
主营业务成本	万元	78511680	33339776	10234654	10039559	8813972	4251591	11578572	16746923	16846409
#主营业务税金及附加	万元	655607	327033	113431	92927	62979	57697	86678	80790	161106.2
利润总额	万元	7138703	2877532	610795	1229114	784417	253206	778198	1603371	1879602.3
利税总额	万元	12203888	5148534	1393881	1958011	1239444	557199	1417765	2572239	3065350.5
本年应交增值税	万元	4409578	1943969	669655	635970	392048	246296	552889	888078	1024642

2014年泰州市固定资产投资完成情况表

表62

指标名称	单位	全市	市区	海陵区	高港区	姜堰区	医药高新区	兴化市	靖江市	泰兴市
固定资产投资（不含农户）	万元	22001863	10550883	1942580	2472799	3455624	2679880	2848044	4057644	4545292
#工业投资	万元	11969598	5270070	615600	1261365	2317495	1075610	1949687	1884049	2865792
#房地产开发投资	万元	2883905	1582131	638232	105617	519292	318990	214599	536474	550701
#住宅	万元	2229465	1252298	506884	99446	382081	263887	174530	369169	433468
固定资产投资本年资金来源										
国家预算内资金	万元	191415	161728	144268	3200	14260	0	20837	8850	0
国内贷款	万元	1383234	700326	261624	138051	81373	219278	42060	436618	204230
利用外资	万元	112656	39467	16775	10592	2100	10000	44085	19204	9900
自筹资金	万元	18796960	8837107	1273587	2195092	3169583	2198845	2324196	3495067	4140590
其他资金	万元	2779260	1490887	566392	261063	411039	252393	389265	342459	556649
新增固定资产	万元	17955382	8204961	1598334	1903214	3382411	1321002	2289163	3678867	3782391
住宅竣工面积	万平方米	471	317.86	108	37	154	19	35	83	36
商品房销售面积	万平方米	442.29	245.99	69.15	38.29	89.06	49.50	53.26	48.20	94.84
#住宅	万平方米	406.94	230.96	64.45	38.17	79.33	49.01	45.70	41.88	88.40
#别墅、高档公寓	万平方米	21.80	11.48	6.97	1.90	1.63	0.98	2.97	3.03	4.32
商品房销售额	万元	2544172	1361505	451150	185354	449155	275846	273575	333484	575608
#住宅	万元	2273226	1243189	412373	184133	374285	272398	220441	284386	525210
#别墅、高档公寓	万元	172507	90262	49833	19021	9296	12112	16670	32140	33435
待售面积	万平方米	279.05	174.10	88.90	4.25	60.04	20.92	34.94	40.88	29.13
#住宅	万平方米	181.23	104.79	55.87	4.22	37.41	7.29	27.63	26.86	21.95

2014年泰州市国内外交易情况表

表63

指标名称	单位	全市	市区	海陵区	高港区	姜堰区	医药高新区	兴化市	靖江市	泰兴市
社会消费品零售总额	万元	9035989	4480300	1996058	403501	1376250	704491	1399733	1448495	1707460.6
#批发和零售业	万元	7743414	3969834	1640390	370068	1263860	695515	1202509	1196954	1374118.1
住宿和餐饮业	万元	1292575	510466	355668	33433	112390	8976	197224	251542	333342.5
限额以上批发和零售业主要指标										
法人企业个数	个	642	344	109	71	94	70	76	123	99
#零售业	个	258	136	32	24	42	38	39	39	44
年末从业人数	人	32267	21406	6558	5939	4267	4642	2979	3608	4274
商品销售总额	万元	13087123	9760812	3391816	2819865	1152717	2396414	635391	1759033	931887
流动资产合计	万元	4526531	3458489	1003962	1025895	230273	1198359	229609	580927	257506.7
固定资产合计	万元	393836	259654	149795	19659	29048	61152	34791	73675	25715.8
主营业务收入	万元	11556490	8597570	2875045	2448120	1028643	2245762	527015	1629988	801916.7
主营业务税金及附加	万元	10703329	7925942	2603412	2239954	954542	2128035	491679	1554003	731706
主营业务成本	万元	52540	44646	33505	7740	1555	1847	2978	2311	2604.7
利润总额	万元	161257	147649	97063	28022	9575	12990	6895	1911	4802.4
应交增值税	万元	179403	132156	61279	39765	6026	25086	21161	9724	16361.7
进出口总额	万美元	1089008	489804	148712	103083	106922	131086	58267	273475	267462
#出口总额	万美元	618162	306015	117867	30211	90558	67379	52514	127090	132543
外商投资企业个数	个	117	62	20	16	15	11	22	5	28
协议外资金额	万美元	247866	117957	30079	33567	34994	19317	30918	18617	80374
实际到账外资	万美元	93945	55868	5350	18362	15007	17466	11594	2640	23843

2014年泰州市教育事业情况表

表64

指　标　名　称	单位	全　市	市　区	海陵区	高港区	姜堰区	医药高新区	兴化市	靖江市	泰兴市
学校总数	个	373	131	25	21	59	8	101	48	93
#普通高等学校	个	7	7	0	0	0	0	0	0	0
普通中等专业学校	个	9	5	1	1	1	0	1	1	2
普通中学	个	188	62	13	10	28	4	57	23	46
职业高中	个	3	3	1	0	2	0	0	0	0
技工学校	个	3	2	2	0	0	0	0	0	1
小学	个	158	50	8	10	27	4	42	23	43
毕业生总数	人	127811	56142	9435	4926	18326	1068	26218	15653	29798
#普通高等学校	人	14541	14541	0	0	0	0	0	0	0
普通中等专业学校	人	8966	2614	298	135	0	0	2556	2280	1516
普通中学	人	63304	22710	3770	1836	11495	330	14892	8291	17411
职业高中	人	3574	1652	0	0	858	0	0	0	1922
技工学校	人	1526	1407	1407	0	0	0	0	0	119
小学	人	35775	13160	3958	2160	5949	738	8754	5067	8794
招生总数	人	119977	56959	10461	4440	16966	1422	26518	13244	23256
#普通高等学校	人	17195	17195	0	0	0	0	0	0	0
普通中等专业学校	人	5157	1995	341	150	0	0	1904	943	315
普通中学	人	55889	21262	4221	1740	10612	436	13022	7701	13904
职业高中	人	3625	2392	174	0	1577	0	0	0	1233
技工学校	人	2026	1871	1871	0	0	0	0	0	155
小学	人	35907	12178	3841	1909	4755	981	11563	4560	7606
在校学生总数	人	486421	218400	43531	20684	69587	6451	104046	58292	105683
#普通高等学校	人	55275	55275	0	0	0	0	0	0	0
普通中等专业学校	人	17577	6722	976	792	0	0	4669	3410	2776
普通中学	人	177434	66046	13028	5394	32911	1148	41044	23930	46414
#女生	人	82131	31135	5668	2762	15603	540	18519	11681	20796
#高中	人	66981	25043	2034	0	13120	0	14853	8672	18413
职业高中	人	10045	5617	218	0	3315	0	0	0	4428
技工学校	人	5761	5358	5358	0	0	0	0	0	403
小学	人	219420	79029	23899	12413	33205	5283	58171	30790	51430
#女生	人	96242	35629	10757	5536	15177	2313	23596	14569	22448
专任教师总数	人	39197	15661	2986	1793	5424	512	8943	5502	9091
#普通高等学校	人	3020	3020	0	0	0	0	0	0	0
普通中等专业学校	人	1766	668	70	249	144	0	169	444	485
普通中学	人	19491	6718	1282	753	3006	173	4514	2880	5379
职业高中	人	72	72	28	0	44	0	0	0	0
技工学校	人	288	251	251	0	0	0	0	0	37
小学	人	14560	4932	1355	791	2230	339	4260	2178	3190
幼儿园数	个	302	104	26	12	42	20	111	34	53
在园幼儿数	人	104654	36036	10106	5298	13746	4881	32490	12419	23709

2014年泰州市卫生事业情况表

表65

指标名称	单位	全市	市区	海陵区	高港区	姜堰区	医药高新区	兴化市	靖江市	泰兴市
卫生机构数	个	1978	645	245	99	301	—	667	276	390
#医院	个	52	27	15	3	9	—	10	11	4
卫生院	个	125	29	3	5	21	—	43	20	33
卫生机构床位数	张	20926	8992	4737	944	3311	—	4281	3689	3964
#医院	张	13801	6958	4118	446	2394	—	2345	2352	2146
卫生院	张	5738	1083	121	210	752	—	1846	1277	1532
卫生技术人员	人	22965	10013	5557	987	3469	—	4330	4011	4611
#执业(助理)医师	人	9708	4052	2175	405	1472	—	1899	1695	2062
注册护士	人	8573	3993	2462	283	1248	—	1551	1406	1623
#卫生防疫人员	人	427	209	126	9	74	—	75	64	79
医院、卫生院技术人员	人	18394	7533	4098	591	2844	—	3867	3482	3512
#执业(助理)医师	人	7317	2878	1508	244	1126	—	1628	1392	1419
注册护士	人	7442	3316	1476	216	1114	—	1455	1309	1362

2014年泰州市财政收支表
（不含基金和江阴园区）

表66

指 标 名 称	单位	全 市	市 区	海陵区	高港区	姜堰区	医药高新区	兴化市	靖江市	泰兴市
财政总收入	万元	4405492	2331240	606266	497146	471972	448390	561063	765959	747230
上划中央收入	万元	1625949	912428	245717	210391	168444	192796	191553	225556	296412
增值税(75%)	万元	1014990	557710	136160	170712	102547	104122	128308	136340	192632
消费税	万元	129598	128321	58590	2495	304	42924	75	614	588
企业所得税(60%)	万元	364047	168773	38918	27523	51284	34015	48101	66143	81030
个人所得税(60%)	万元	117314	57624	12049	9661	14309	11735	15069	22459	22162
公共财政预算收入	万元	2779543	1418812	360549	286755	303528	255594	369510	540403	450818
#税收收入	万元	2258009	1133033	316200	235786	251610	218903	306074	444202	374700
#增值税(25%)	万元	432746	222427	53014	63836	47709	40410	61286	71950	77083
营业税	万元	817108	405540	116292	86662	90294	68152	86756	212485	112327
企业所得税(40%)	万元	242698	112514	25945	18348	34189	22676	32068	44096	54020
个人所得税(40%)	万元	78210	38417	8033	6441	9540	7823	10046	14973	14774
公共财政预算支出	万元	3712131	1749627	232833	246525	442822	220504	735590	614901	612013
#一般公共服务	万元	440133	240160	48769	37508	54643	35696	65945	72600	61428
科学技术	万元	76515	37897	5401	7620	4646	6754	17155	14835	6628
教育	万元	592193	254731	40222	46157	86726	20259	104921	123461	109080
文化体育与传媒	万元	72520	48725	1186	2543	4573	103	7350	7637	8808
医疗卫生	万元	315256	114414	19384	17346	49841	8496	88079	48901	63862
节能保护	万元	100822	30333	813	6348	5963	3375	19669	21300	29520
城乡社区事务	万元	462395	249531	15982	39545	45835	35446	50434	130479	31951
交通运输	万元	94775	55903	0	620	7107	22	19361	10247	9264
社会保障和就业	万元	314822	112708	21930	18758	38901	7186	94169	37790	70155
住房保障	万元	121712	45012	7363	3185	12155	1801	52159	10418	14123
农林水事务	万元	508050	184853	24199	39428	70550	15923	128369	74974	119854

2014年泰州市金融业主要指标完成情况表

表67

指 标 名 称	单位	全 市	市 区	海陵区	高港区	姜堰区	医药高新区	兴化市	靖江市	泰兴市
年末金融机构各项存款余额（人民币）	万元	39558366	20104641	—	—	5287218	—	5149328	7858095	6446301.4
#储蓄存款	万元	19848014	8460912	—	—	3387575	—	3740601	3814658	3831843.1
年末金融机构各项贷款余额（人民币）	万元	27515061	14615575	—	—	3863686	—	3525406	5490493	3883587.6
#短期贷款	万元	14709786	7511589	—	—	2193278	—	2263049	2889255	2045893
中长期贷款	万元	11414234	6621176	—	—	1426223	—	1192475	2039599	1560984
#个人消费贷款（短期+中长期）	万元	4282825	2112355	—	—	547954	—	663825	708993	797652
保费收入	万元	863634	434632	290289	34041	110301	—	122234	141487	165281
财产险	万元	249324	138106	98106	12206	27793	—	30656	41571	38991
人寿险	万元	614310	296526	192183	21835	82508	—	91578	99916	126290
赔款和给付	万元	310370	155910	102660	14054	39196	—	43347	48842	62271
财产险	万元	141191	76336	53496	6438	16402	—	15306	22999	26550
人寿险	万元	169179	79574	49164	7616	22794	—	28041	25843	35721

2014年泰州市城镇非私营单位劳动就业表

表68

指标名称	单位	全市	市区	海陵区	高港区	姜堰区	医药高新区	兴化市	靖江市	泰兴市
在岗职工人数	人	1012724	477189	122893	94999	207870	51427	87125	170564	277846
#国有单位	人	138869	65294	31529	6891	18831	8043	26216	21040	26319
城镇集体单位	人	34781	14358	8685	2363	3017	293	5669	4299	10455
港澳台商投资单位	人	49074	27245	2639	939	2731	20936	3103	11551	7175
外商投资单位	人	86310	35618	10182	14293	6474	4669	8953	26818	14921
在岗职工平均人数	人	978743	448770	121366	101207	181774	44423	86870	183172	259931
#国有单位	人	139230	65374	31623	6915	18798	8038	26438	21216	26202
城镇集体单位	人	34458	14168	8564	2315	2996	293	5633	4174	10483
港澳台商投资单位	人	43374	21375	2947	1026	2743	14659	3099	11772	7128
外商投资单位	人	83862	36102	10353	14431	6482	4836	8985	24626	14149
在岗职工工资总额	万元	5226191	2505659	685624	538099	1030314	251621	382253	983126	1355154
#国有单位	万元	929771	500205	260742	51230	124596	63637	130175	146978	152412
城镇集体单位	万元	171684	66124	35460	13400	15925	1339	24228	27911	53421
港、澳、台商投资单位	万元	209372	102492	12834	4872	14737	70050	10619	61313	34949
外商投资单位	万元	471700	184728	43383	80964	29296	31086	43876	169075	74021
在岗职工平均工资	元	53397	55834	56492	53168	56681	56642	44003	53672	52135
#国有单位	元	66779	76514	82453	74086	66281	79171	49238	69277	58168
城镇集体单位	元	49824	46671	41406	57884	53154	45693	43010	66868	50960
港、澳、台商投资单位	元	48271	47949	43548	47481	53727	47786	34265	52084	49030
外商投资单位	元	56247	51168	41904	56104	45196	64280	48832	68657	52315

索　引

责任编辑　耿　维

说　明

一、本索引采用主题分析法编制,按标引词第一个汉字的拼音字母（同音字按声调）顺序排列；同音同调，按第二字的音序排列，依次类推。

二、标引后的阿拉伯数字表示内容所在页码，数字后的拉丁字母（a、b）分别表示该页的左、右栏。

三、本年鉴的特载、大事记、专记、先进集体·先进个人、重要文件题录、统计资料等栏目具体内容均未作索引。

四、为便于检索，在泰州的企事业单位和泰州发生的事件名称前的“泰州”两字，除易产生歧义者外，均予省略。

A

B

C

D

F

G

H

J

K

L

M

N

P

Q

R

S

T

W

X

泰州市工艺美术陈列馆

①

②

兴化市戴南镇

XINGHUASHIDAINANZHEN

③

④

⑤

⑥

⑦

⑧

① 省委书记罗志军在江苏新宏大集团公司调研

② 泰州市委书记蓝绍敏在兴达公司调研

③ 兴化市委书记陆晓声调研戴南现代物流园建设，兴化市委常委、戴南镇党委书记马元连陪同

④ 戴南工业稳步增长，以科技为支撑加快转型升级步伐。全年完成工业增加值97.4亿元，规模以上企业完成产值546.03亿元、销售536.39亿元、利税58.3亿元。实施技改项目103项，工业技改投入52.45亿元，申请专利164项

⑤ 戴南现代化农业、高效农业逐步取代传统种植业，2014年新流转土地533.3公顷、新组建家庭农场20个，农民人均纯收入达23986元。图为董北村石斛培育基地

⑥ 2014年戴南实现地区生产总值193.69亿元，财政收入14.26亿元，公共财政预算收入6.06亿元

⑦ 戴南是一座具有一千多年历史的水乡古镇，旅游资源丰富。近年来旅游经济在戴南现代服务业中的占比不断攀升，2014年戴南实现服务业增加值78.28亿元。图为戴南绣园风景

⑧ 戴南镇生态文明建设与经济发展同步并举，环保措施切实有效。戴南镇先后获：全国重点镇、全国千强镇、全国村镇建设先进镇、国家卫生镇、国家园林城镇、江苏省新型示范小城镇等称号，董北村入选年度中国最美村镇

（供稿：郝士祺　审稿：刘林）

①

②

兴化市昭阳镇

XINGHUASHIZHAOYANGZHEN

① 兴化市委书记陆晓声督查昭阳镇全国卫生城市创建工作，镇党委书记杭爱兵、镇长夏爱东陪同

② 昭阳镇党委、政府高度重视帮扶奔小康路上的社会弱势群体工作。图为镇党委书记杭爱兵专题调研并慰问老党员和困难户

③ 昭阳工业园区现有企业236家，已成为冶金铸造、机械加工、纺织服装和电子元件等四个特色产业集聚区。2014年，昭阳镇实现国民生产总值61.37亿元，工业总产值249.53亿元，公共财政预算总收入70214万元

④ 昭阳镇坚持“以园兴镇、工业强镇”方略，加大项目建设、招引力度。2014年，园区签约项目10个，其中亿元以上项目7个，实际到位资金7.04亿元。图为客商在园区考察

⑤ 昭阳镇大力实施城区老旧小区综合整治改造，完善配套功能，改善居住环境，为老百姓营造整洁有序、生态宜居的幸福家园。图为整治后富安小区一角

⑥ 昭阳镇深入开展村庄环境综合整治工作，建立农村公共服务运行维护机制，被省整治办表彰为村庄环境整治先进乡镇。图为泗洲新农村改造后的面貌

⑦ “双禁”督查员在农民夏、秋收期间全天候在全镇宣传、巡查，确保昭阳无秸秆乱抛、焚烧事件发生

⑧ 昭阳镇物质文明与精神文明同步协调发展，2014年，昭阳农民人均纯收入20152元，农民物质富裕，精神生活同样丰富多彩。图为安洲村参加泰州广场舞大赛获金奖

（供稿：吴峰　审核：薛梅）

①

②

兴化市垛田镇

XINGHUASHIDUOTIANZHEN

① “省人大常委会全民阅读立法调研组”到垛田镇芦洲村考察农家书屋建设，泰州市副市长王学锋陪同

② 省司法厅副厅长万力一行参观垛田镇公共法律服务中心，听取中心建设及运行情况的汇报，对垛田的规范化建设和工作成效给予充分肯定

③ 2014年垛田实现地区生产总值11.2亿元，税收收入1.83亿元，公共财政预算收入1.52亿元，农民人均纯收入13229元。图为兴化市委书记陆晓声到垛田镇调研，深入杨荡村了解村庄环境整治情况

④ “爱心妈妈团”对垛田中心小学家庭困难或性格孤僻的重点留守学生开展结对关爱

⑤ 垛田镇凌翟中心路工程于2014年9月25日开工建设，该道路建成后从根本上解决了中心小学学生上、下学的交通安全问题

⑥ 垛田龙香芋名闻四海、香飘五洲。垛田镇邀请省农科院专家专题攻关，成功解决龙香芋品质退化、产量下降、种芋带菌等问题，农民喜获丰收芋

（供稿：李松筠　审核：张连才）

兴化市陈堡镇

XINGHUASHICHENBAOZHEN

① 陈堡生态优良，物产丰殷。现代高效规模农业已成陈堡农业主流。图为泰州市市长陆志鹏调研陈堡镇农业农村工作

② 陈堡镇与江苏大学签订产学研合作协议。兴化市副市长王进、镇党委书记刘汉梅等领导出席签约仪式，镇长陈建中代表陈堡镇签约

③ 陈堡工业基础雄厚，精密铸锻造产业特色明显，兴化市精密铸造产业园区入园企业40多家。2014年陈堡实现地区生产总值18.98亿元，公共财政预算收入4816万元，工业总产值59.05亿元，农民人均纯收入达16800元。全年招商引资额4.5亿元。图为威鹰公司一项目入选江苏省重大科技成果转化资金项目

④ 陈堡全力推进民生工程建设，大力整治镇村环境并落实长效管理维护机制。2014年10月17日参加江苏省村庄环境整治现场推进会与会人员参观了唐庄村、蒋庄村村庄环境整治成果。图为蒋庄村村庄环境

⑤ 陈堡中心校“十二五”规划课题《信息技术环境下激发小学生学习动力的研究》分获国家级、省级一等奖

（供稿：拜月　审核：骆根龙）

兴化市大垛镇

XINGHUASHIDADUOZHEN

① 大垛是兴化市十大古镇之一、郑板桥先生的故里。2014年，大垛实现地区生产总值17.25亿元；公共财政预算收入6392万元；全社会固定资产投资8.46亿元；农民人均纯收入16748元。图为泰州市委书记蓝绍敏在大垛镇管阮村调研

② 兴化市市长李卫国到大垛检查指导工作，镇党委书记王建宏、镇长张冬根陪同

③ 泰州市级验收组在大垛检查验收生态镇创建工作

④ 大垛镇通过强抓环境整治促美好乡村建设再上新台阶

⑤ 大垛镇总投资1亿美元的外资项目—新源同昌包装材料有限公司

⑥ 大垛精纺工业发达，镇党、政班子高度重视环境保护工作，大投入建设污水处理工厂，确保大垛水清岸绿

（供稿：孙兴仁　审核：张冬根）

①

②

海陵区城东街道

HAILINGQUCHENGDONGJIEDAO

① 海陵区委书记徐克俭、副书记季玉平等领导督察康泰苑老小区整治工作，街道党工委书记汤荣祥现场作相关工作汇报

② 唐甸三星级康居示范村通过省级验收。图为省住建厅验收组到唐甸村检查验收，街道办主任李春荣陪同

③ 城东街道上下齐动员，全力配合泰州全国文明城市创建工作，确保街道创建工作全方位推进，不留死角

④ 2014年，街道实现地区生产总值25.60亿元；公共财政预算收入31032万元；全社会固定资产投资11.36亿元；列统工业产值61.50亿元；农林牧渔总产值10500万元，获评全省基层党员冬训工作示范街道、海陵区农产品质量监管工作先进集体

⑤ 城东街道内河造船业密集，街道党、政领导班子一贯高度重视安全生产工作，采取多种措施齐抓共管，确保安全生产

⑥ 城东街道有序推进旧城改造，改善群众居住环境，提升城市形象，获海陵区绩效考评城市建设与房屋建设征收单项考核一等奖

⑦ 城东街道唐甸村庙会历史悠久、规模盛大，街道办积极引导，各种文化元素融入传统庙会，大力弘扬社会主义核心价值观

（供稿：赵良辉　审核：张广兵）

海陵区城西街道

HAILINGQUCHENGXIJIEDAO

① 海陵区委书记徐克俭等区领导出席并见证梅兰坊文创园项目签约活动，城西街道办事处主任姜小军与投资方签订投资合作协议

② 城西街道党工委书记吴松柳出席街道联合今日阳光房地产公司为辖区社会公益组织“周剑秋爱心奶奶互助会”举办的捐赠帮扶活动

③ 城西街道辖区是泰州的传统工业区，全街道共有工业企业近300家，城西西北片区生态修复工程与西北工业集中区的规划实施，标志着城西产业转型升级步入快车道。图为落户城西西北工业集中区的江苏中能金石机电公司

④ 西客站片区综合改造项目启动实施，城西形象将大幅提升

⑤ 城西街道正着力构建“经济繁荣、环境优美、人文和谐”的城乡一体化新型街区。图为阳光瑞城等一批房地产项目陆续建成

（供稿：张禹华　审核：彭德利）

泰州市罡杨镇

TAIZHOUSHIGANGYANGZHEN

① 泰州市委书记蓝绍敏在罡杨公司考察、调研

② 海陵区委书记徐克俭到罡杨检查指导工作

③ 2014年，罡杨实现地区生产总值17.67亿元；财政总收入1.4亿元；全社会固定资产投入6.6亿元；农民人均纯收入16809元。罡杨镇获："2011—2014年全省社会治安综合治理先进集体""2014年度泰州市法治乡镇创建工作示范单位"，海陵区绩效考核综合一等奖

④ 罡杨地处泰州主城区西北部，水陆交通便捷，工商业发达，宁启铁路泰州货运站位于镇区东部

⑤ 罡杨农民别墅区　（供稿：金胜舜　审核：曹锦明）

泰州医药高新区寺巷街道
TAIZHOUYIYAOGAOXINQUSIXIANGJIEDAO

① 市委常委、高新区党工委书记陆春云督查寺巷街道村庄环境长效管理工作

② 高新区管委会主任吴跃督查文明城市创建工作，街道党工委书记朱海涛、办事处主任吴康强陪同

③ 街道党工委书记朱海涛检查企业安全生产工作落实情况

④ 开展普法宣传，强化法制意识

⑤ 街道社会事业兴旺发达，社会和谐，人民生活幸福。图为寺巷街道文艺进社区活动

⑥ 2014年，街道实现国内生产总值7.4亿元，公共财政预算收入7295万元，农民人均纯收入1.7万元。图为搬迁安置区—龙凤家园

（供稿：周婷　审核：陈爱民）

泰州医药高新区明珠街道

TAIZHOUYIYAOGAOXINQUMINGZHUJIEDAO

① 明珠街道获评“江苏省和谐社区建设示范街道”。图为市委书记蓝绍敏调研街道劳动与社会保障工作

② 2014年度街道社区建设与管理工作获医药高新区考评综合一等奖。图为市长陆志鹏在街道劳保所调研

③ 街道全力配合、扎实开展全国文明城市创建工作并立集体三等功。图为市群众工作团邀请艺术家为街道免费创作

④ 街道积极服务域内市区重点工程，确保工程建设有序推进，按期完成。图为梅兰大桥建成通车

⑤ 2014年，街道实现公共财政预算收入6133万元，工业总产值12.82亿元。街道所辖12个村（社区）集体收入全部达30万元以上。图为搬迁安置区——祥龙家园

（供稿：穆俊杰　审核：毛海祥）

①

③

高港区白马镇

GAOGANGQUBAIMAZHEN

⑤

⑥

②

④

① 省委常委、宣传部长王燕文到白马出席“三下乡”活动，市委书记蓝绍敏陪同

② 副市长陈明冠在白马调研农业、农村工作

③ 市人大副主任、高港区委书记王建督查白马项目进度，镇党委书记马才本、镇长许建中现场作相关工作情况汇报

④ 白马镇广泛吸纳老行当文化和手工艺项目，把老行当与现代产业融合，通过创意策划和产业运作，初步形成了集老行当文化的研究开发、产品设计、咨询策划、艺术展示、旅游体验于一体的产业集群，既保护传统文化，又促进农民增收、地方经济迅猛发展

⑤ 白马镇充分挖掘利用丰富的旅游资源，打造集红色旅游、高效农业、观光游、传统文化体验游于一体的新型旅游经济

⑥ 2014年，白马实现地区生产总值10.01亿元；规模以上工业增加值3.82亿元；公共财政预算收入5662万元；农民人均可支配收入16966元。获2014年度高港区农业农村和开放型经济专项考核二等奖

（供稿：朱峰　审稿：王筛根）

高港区刁铺街道

GAOGANGQUDIAOPUJIEDAO

① 市委书记蓝绍敏走访、慰问环溪社区困难群众

② 市委常委、常务副市长何榕看望、慰问街道优抚对象、低保户和困难职工

③ 市人大副主任、高港区委书记王建调研刁铺街道标准厂房建设工作，街道党工委书记袁斌、办事处主任张小平陪同

④ 刁铺工商业发达，历史悠久。2014年实现地区生产总值24.76亿元，工业产值62.89亿元，公共财政预算收入7037万元，农民人均纯收入18073元。图为环威带业技改项目

⑤ 刁铺街道大力实施城市环境综合整治，街道面貌焕然一新。图为繁荣广场美景

（供稿：陈业　审核：秦冲）

高港区许庄街道

GAOGANGQUXUZHUANGJIEDAO

① 市人大副主任、区委书记王建调研许庄街道孔桥集中居住区建设，高港高新区党工委副书记、管委会常务副主任、街道党工委书记田光明，办事处主任李伯英陪同

② 许庄街道多举措开展党建工作，加强基层党组织建设

③ 许庄工业基础雄厚，民营经济发达，2014年工业总产值62.38亿元，公共财政预算收入4580万元

④ 许庄乡村水清岸绿，环境优美。许庄成功创建国家级生态街道

⑤ 许庄农业成功由传统农业向高效农业转型。2014年新增高效设施农业面积2684公顷、造林面积79.7公顷，农民人均纯收入21800元

⑥ 整洁靓丽的许庄街区一角

（供稿：李光宇　审核：刘宁）

泰州市胡庄镇

TAIZHOUSHIHUZHUANGZHEN

① 时任市委书记张雷在胡庄镇开展党的群众路线教育实践活动

② 市委书记蓝绍敏调研上膳源农场

③ 江苏省农委主任吴沛良出席上膳源泰州农场开园仪式

④ 市委常委、政法委书记张爱平走访慰问胡庄镇困难群众，高港区委常委、政法委书记蒋向荣，胡庄镇党委书记卞晓江陪同

⑤ 市人大副主任、高港区委书记王建在胡庄镇调研

⑥ 泰州市宏达工矿安全部件有限公司厂区

⑦ 2014年，胡庄镇实现地区生产总值11.9亿元，公共财政预算收入2068万元，农民人均可支配收入16385元

（供稿：田珍丽、史杏香　审核：束羽）

泰州市大泗镇
TAIZHOUSHIDASIZHEN

① 省水利厅厅长李亚平，市委副书记杨峰，市人大副主任、高港区委书记王建调研大泗镇农田水利重点县建设

② 农业部科技教育司司长唐珂一行视察落户大泗镇的江苏中药科技园

③ 市委常委、秘书长、宣传部长卢佩民到大泗进行挂钩帮扶调研，大泗镇党委书记魏玉云陪同

④ 总投资约1亿元的泗白路南延工程建成通车

⑤ 大泗，传统体育强镇，大泗学校“大邦少年足球队”成立，镇长于勇军出席开训仪式并讲话

⑥ 2014年，大泗镇实现地区生产总值9.79亿元，公共财政预算收入2810万元，农民人均纯收入15073元。图为大泗镇泰镇高速搬迁安置区 （供稿：张慧　审核：周莹）

① 省扶贫办副主任朱子华莅临娄庄调研指导工作

② 姜堰区委书记李伟莅临娄庄调研指导工作

③ 姜堰区委常委、纪委书记张红霞调研娄庄“三务”公开工作

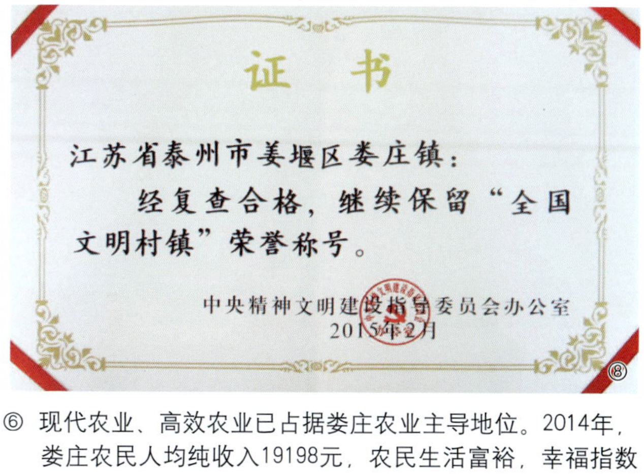

证 书

江苏省泰州市姜堰区娄庄镇：

经复查合格，继续保留“全国文明村镇”荣誉称号。

中央精神文明建设指导委员会办公室
2015年2月

④ 2014年，娄庄实现地区生产总值32亿元，比上年增长15.97%；公共财政预算收入5869万元；纳税销售收入26.03亿元；财政总收入1.25亿元

⑤ 娄庄现有工业企业700多家，其中成长型企业38家。纺织服装、波纹管制造、换热器、轧辊4大板块形成娄庄工业特色。图为娄庄镇波纹管行业领跑企业—博格东进公司

⑥ 现代农业、高效农业已占据娄庄农业主导地位。2014年，娄庄农民人均纯收入19198元，农民生活富裕，幸福指数不断攀升。图为泰州市首家省级绿色社区—绿泽园小区

⑦ 江苏省“三星级”高中—娄庄中学

⑧ 近年来，娄庄先后获：全国文明镇、全国重点镇、全国千强镇、中国绿化名镇、国家级生态镇、省新型示范小城镇、省环境优美乡镇、省园林小城镇等称号，连续18年通过“全国文明镇”复检

（供稿：仇爱琴　审核：李建忠）

姜堰区张甸镇

JIANGYANQUZHANGDIANZHEN

① 张甸镇开展“美德善行”主题活动，1人被评为“中国好人”，3人被提名“中国好人”候选人。图为省委常委、宣传部长王燕文看望“中国好人”李开诚

② 张甸镇加快推进现代化农业建设进程。图为省政协副主席、中科院南京土壤研究所所长周健民在张甸调研

③ 张甸镇大力推进民生工程建设，中心城镇功能日趋完善。图为省优质幼儿园——张甸中心幼儿园、张甸镇文广中心（角图）

④ 张甸镇率先在姜堰区建成社会管理服务中心。图为张甸技防监控中心

⑤ 张甸镇2014年实现地区生产总值32亿元，公共财政收入6036万元，工业开票销售21.2亿元。创成国家生态镇、江苏省卫生镇，被省委省政府表彰为2011—2014年度社会治安综合治理先进镇；被泰州市列为简政放权改革试点镇

（供稿：许德康　审核：胡银虎）

姜堰区顾高镇

JIANGYANQUGUGAOZHEN

① 姜堰区委书记李伟到江苏特耐王包装公司调研，镇党委书记吴巧林、镇长江均海陪同

② 区长张长平到江苏捷能动力科技有限公司考察新开工项目建设情况

③ 暑假期间，顾高镇俞玉栋、顾祥元、俞印等“顾高好人”和学生一起书家训、谈家风，旨在传承光大祖先的良好家训、家风

④ 顾高镇大力实施村庄环境整治并建立长效管理机制，镇、村面貌焕然一新

⑤ 近年来，顾高工业迅猛发展。图为世界波体育用品公司工人将足球装车，销往各地市场

⑥ 顾高镇千佛村村民在通过土地整理项目新增的良田里查看水稻生长情况

（供稿：钱晶　审核：俞言军）

姜堰区俞垛镇

JIANGYANQUYUDUOZHEN

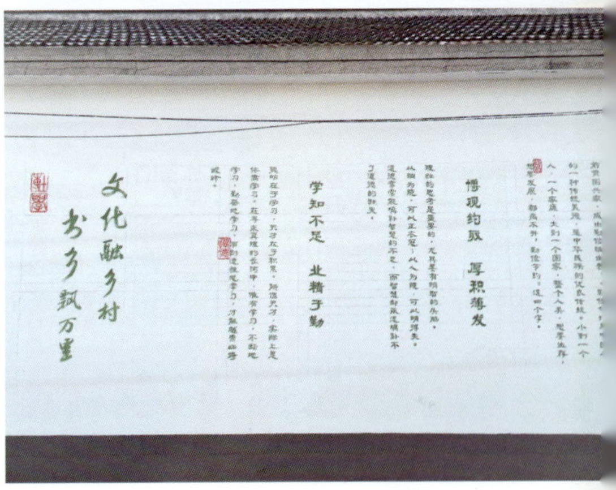

俞垛镇域面积82平方千米，人口5.12万，辖18个行政村，2个居委会。境内河流纵横，风光秀丽，水路交通便捷。俞垛历史悠久，人文荟萃，汉代吴王刘濞曾在俞家垛行医。

2014年，俞垛镇实现国内生产总值27.6亿元，公共财政预算收入4389万元，农业实现现价产值5.05亿元，新增高效设施农业面积120.6公顷，服务业税收实现1994万元。年终综合考评列全区第4位，荣获综合二等奖。项目建设和工业设备投入列全区第一、建筑业和服务业获综合二等奖、农业农村工作获四项单项奖。创成国家生态镇，宫伦村创成全国文明村。

① 泰州市副市长张余松在俞垛调研、指导工作

② 区委常委、常务副区长徐闻仲检查指导俞垛工作，镇党委书记章惠明陪同

③ 全力推进社会主义新农村建设，俞垛镇宫伦村获评“全国文明村镇”

④ 俞垛镇渔光互补发电项目

⑤ 俞垛村庄文化长廊

（供稿：葛新成　审核：章惠明）

姜堰区兴泰镇

JIANGYANQUXINGTAIZHEN

① 参加深化农村改革工作专题调研的部分全国人大代表到兴泰镇调研为农服务综合体。图为姜堰区委常委、副区长肖延川，兴泰镇党委书记王荣明、镇长王亮在认真听取省人大副主任蒋宏坤对兴泰相关工作的点评

② 兴泰镇党的群众路线教育实践活动丰富多彩，青蓝宣讲队深入村组巡回宣讲

③ 镇党委、政府力助企业转型升级、创新发展。江苏华飞合金材料科技股份有限公司在天交所挂牌上市

④ 兴泰现代农业逐步取代传统农业，农业增效、农民增收。2014年，农民人均可支配收入17130元

⑤ 兴泰镇大力推进村庄环境整治并建立长效管理机制，村庄水清岸绿，景色怡人

（供稿：潘利颖　审核：张炳权）

泰兴市黄桥镇

TAIXINGSHIHUANGQIAOZHEN

①

②

③

① 黄桥镇建镇于北宋神宗元丰年间，是一座具有悠久历史的千年古镇和丰厚底蕴的文化名镇，更是闻名全国的红色重镇。省、市各级领导高度重视黄桥革命老区的建设发展。图为省长李学勇赴黄桥调研，现场听取泰兴市委常委、黄桥镇党委书记耿元进相关工作汇报

② 泰州市委书记蓝绍敏到黄桥调研考察

③ 2014年，黄桥镇实现国税开票销售60亿元、工商税收收入4.5亿元。图为泰州市市长陆志鹏调研黄桥工业运行质态

④ 黄桥镇大力推进农业转型升级，高效农业发展迅猛，全镇村级集体经济收入全部达20万元，农民人均纯收入达15567元

⑤ 黄桥镇旅游资源丰富，古镇风貌、红色旅游、乡村观光游已成黄桥特色景观，2014年，黄桥接待旅游人数突破150万人次。图为黄桥古街巷

（供稿：徐界平　审核：丁春兵）

泰兴市济川街道
TAIXINGSHIJICHUANJIEDAO

① 济川街道地处泰兴主城区，是泰兴市政治、经济、文化中心。2014年，街道实现国民生产总值122亿元；财政总收入12.05亿元；规模以上固定资产投资39.08亿元；工业总产值476.78亿元；农业总产值5.09亿元，增加值2.99亿元；农民人均纯收入19258元；服务业增加值69.51亿元，税收16.4亿元，各项工作均取得骄人业绩

② 深入开展党的群众路线教育实践活动，力促机关作风大提升

③ 济川街道群众工作队创新开展“十惠到民”活动，街道党工委书记张金堂和工作队队长朱为祥讲话

④ 2014年泰兴市创卫工作通过国家级验收，街道办主任王建武创卫期间和群众一起清理建筑垃圾

⑤ 街道有序推进社会主义核心价值观体系建设，力促物质文明与精神文明同步协调发展

（供稿：周树黎　审核：鲍岭）

泰兴市宣堡镇

TAIXINGSHIXUANBAOZHEN

① 泰兴市委书记孙耀灿在宣堡调研，镇党委书记李宝泉，镇长申卫明陪同

② 2014年，宣堡镇完成工商税收入库4199.1万元，增长50.99%；工业国税开票销售4.46亿元，增长31.2%；农民人均可支配收入15103元；获泰兴市乡镇目标管理争先进位奖和经济发展、生态文明建设两个单项奖。图为浙江宁海县胡陈乡乡村干部参观宣堡镇新农村建设

③ 宣堡为国家级生态乡镇，被誉为“中国银杏第一镇”。图为国家级生态村——宣堡镇郭寨村农民健身公园一景

④ 新农村建设示范村——张河村仙脉河秋色

⑤ 自然之奇迹、休闲之圣地—泰兴国家古银杏公园景色

（供稿：刘琦　审核：田中年）

泰兴市元竹镇

TAIXINGSHIYUANZHUZHEN

① 中共泰州市委组织部副部长程秋喜率队考察元竹新农村建设，镇党委书记赵建东陪同

② 元竹工业经济呈现“稳重快进，持续向好”的发展态势，2014年工业国税开票销售11.5亿元，新招引1000万以上项目7个，在泰兴市目标管理考核中，获综合三等奖

③ 元竹高效农业发展态势良好，2014年新增高效农业面积265.3公顷，农民人均可支配收入13964元，成功创建泰州市级现代农业产业园区，获泰兴市农业农村工作一等奖

④ 新农村建设造福民生，元竹镇村、村组道路全部建成硬质路面，农民出行彻底告别泥土路

⑤ 村庄环境综合整治后的元竹新农村景象

（供稿：朱志庆　审核：赵军）

江苏省黄桥中学
JIANGSUSHENGHUANGQIAOZHONGXUE

① 江苏黄桥中学90年校庆

② 浓烈的教科研氛围造就高质量的教学业绩

③ 全面推进素质教育，着力培养高素质、综合型人才

④ 泰州教育界数学教学精英云集黄中齐商共讨最佳复习方案，助力莘莘学子冲刺

⑤ 昔日学子尹必政学业有成、事业有为回馈母校，黄中校长黄克恭授予其锦旗以示留念

（供稿：丁勇俊　审核：丁荣康）

姜堰区励才实验学校

JIANGYANQULICAISHIYANXUEXIAO

① 励才实验学校创建于1998年，是泰州市第一所民办学校，现为初级中学。校园占地11.2公顷，在校学生近5000人，教职员工400多人，现任校长、党支部书记：窦爱华

② 励才办学思想：以德立校、育人为本；办学方向：立德树人、打造品牌、追求卓越；教风：和谐、启导、力行；学风：博学、善思、活用

③ 励才坚持走素质教育之路，开展各种活动，张扬学生个性，培养学生特长，提高学生的综合素质

④ “励志求精、合作共赢”的励才精神和灵活有效的民办考核机制激发全体教师锐意进取，不断创新。励才已成为姜堰及邻近地区小学毕业生向往的初级中学

⑤ 2014年，励才实验学校获“江苏省义务教育均衡发展示范校”“江苏省平安校园泰州市示范学校”“江苏省校园文化建设特色学校”“国际生态学校”等称号

（供稿：周海琳　审核：王秀萍）

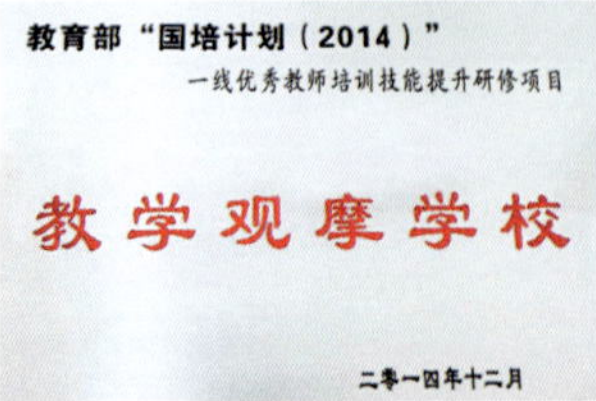

①

泰州市政协副主席、市教育局局长奚爱国接受央视新闻网采访谈我校改革创新
③

泰州实验中学

TAIZHOUSHIYANZHONGXUE

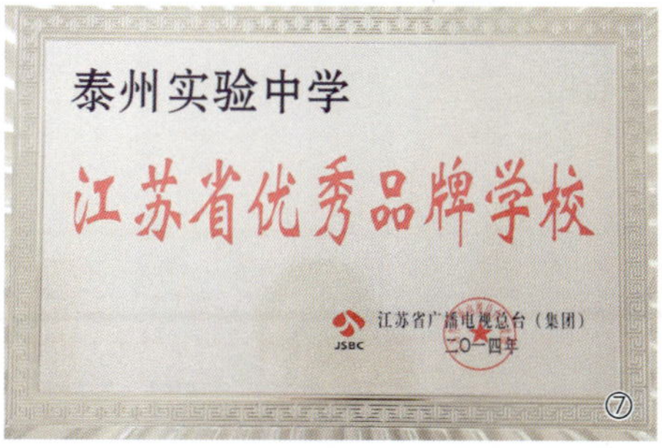
泰州实验中学

江苏省优秀品牌学校

江苏省广播电视总台（集团）
二〇一四年

① 中央电教馆副馆长蔡耘在泰州实验中学调研

② 副市长王学锋出席泰州实验中学国际交流活动

③ 市政协副主席、教育局局长奚爱国接受央视新闻网采访谈泰州实验中学改革创新

④ 实验中学与加拿大魁北克大学成功合作。图为魁北克大学校长向实验中学校长何世祥颁发授权书

⑤ 全国机器人比赛实验中学代表队登台领奖

⑥ 实验中学全面推进素质教育，着力提升学生综合能力

⑦ 实验中学获“江苏省优秀品牌学校”称号

⑧ 在2014年度江苏省青少年科技竞赛活动中，实验中学“电子百拼”项目获中学组团体一等奖

（供稿：王圣徐　审核：王彬）

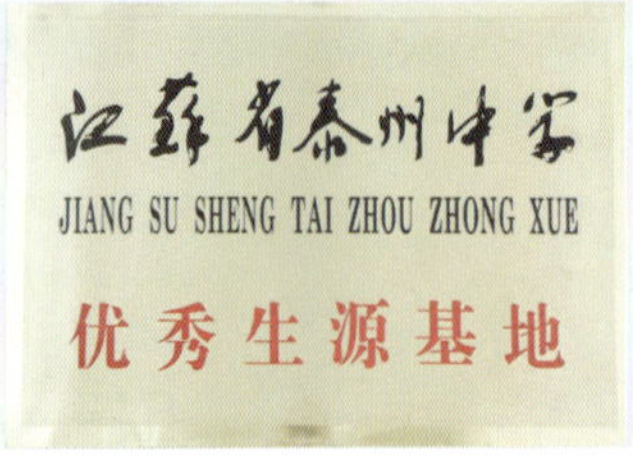

泰州市高港实验学校

TAIZHOUSHIGAOGANGSHIYANXUEXIAO

① 高港区副区长肖志勇在高港实验学校调研

② 市教育局副局长封留才到高港实验学校检查指导工作

③ 与荷兰范德卡佩伦公共学校结成友好学校。图为高港实验学校校长李国璋，范德卡佩伦公共学校校长 Marijke Swart-Zents（玛利亚·歆姿）

④ 学生丰富多彩的校园生活——学校特色社团活动

⑤ 高港实验学校是目前高港区办学规模最大的九年制义务教育学校，学校管理规范，教育教学业绩突出，为江苏省泰州中学优秀生源基地。

（供稿：姚圣建　审核：李国璋）

泰州市海光中心小学

TAIZHOUSHIHAIGUANGZHONGXINXIAOXUE

① 海光小学位于海陵区城西吴州北路，学校以“全面发展、人文见长”为办学理念，以“两支队伍、一个中心”为抓手，全面推进素质教育，逐步形成自己的“体艺双馨”的办学特色，办学质量和管理水平得到社会广泛好评

② 海光小学北校区位于江州北路（原技师学院校园）。南、北校区实行管理一体化、教学一体化及师资共享的办学格局。两校区齐头并进同步发展，城北森森地区教育条件得到极大改善

③ 海光小学成功与英峰体育牵手，将足球训练课程引进课堂。图为足球名将高洪波、傅博、宫磊，海陵区副区长朱爱俊、区教育局局长凌华余、海光小学校长郑晓彤等领导出席开训仪式

④ 围绕“学生特长——学校特色——特色学校”的办学思路，学校努力挖掘现有的教育资源潜力，开展丰富多彩的艺术活动，以艺术美心灵，精心构建学生广泛的展示成长的舞台

⑤ 兴化面塑走进海光小学，作为学校推进素质教育的又一特色，省、市、区新闻媒体做了专门介绍，海光小学获“海陵区非物质文化遗产传承基地学校”称号

⑥ 海光小学推进素质教育以提升学生身体素质为先，校园体育活动丰富多彩。校田径队参加各项比赛成绩骄人，学校获评“泰州市田径传统学校”“泰州市阳光体育训练基地”

（供稿：叶林　审核：郑晓彤）

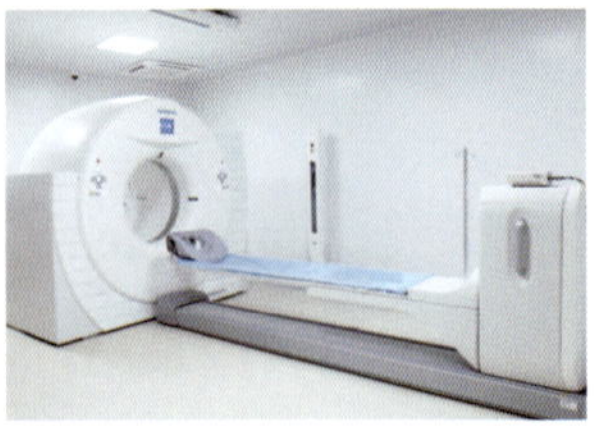

①

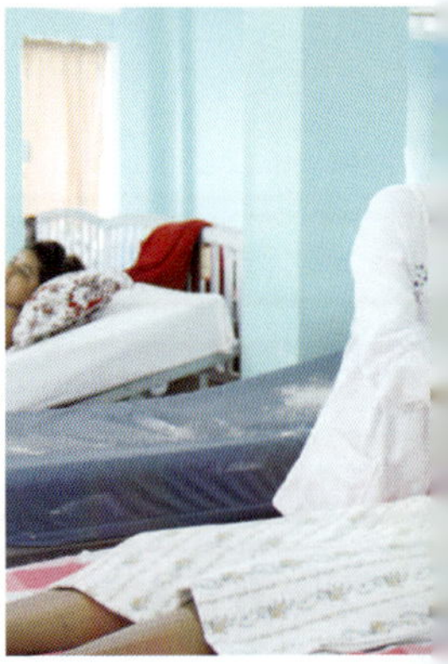

②

泰州市人民医院

TAIZHOUSHIRENMINYIYUAN

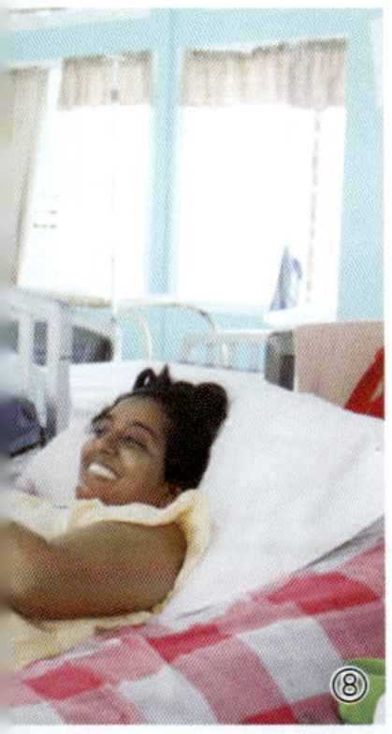

① 与市慈善总会合作开展“关爱老人从齿开始”“关爱老人　挺起脊梁”“关爱老人　健行天下”等系列慈善救助活动，时任市委书记、现任江苏省副省长张雷来院看望“关爱老人从齿开始”活动救助对象

② 列入市十大重点工程的新区医院建设稳步推进，病房大楼如期封顶，市委书记蓝绍敏视察新区医院建设工地

③ 加强对外合作，走出国门，与法国巴黎大区圣丹尼省罗伯特医院签订合作意向书，同时加强与国内大医院上海长海医院、上海中山医院、江苏省人民医院等的战略合作

④ 中国医院协会疾病与健康管理专业委员会和泰州市人民医院共同主办“健康与领导力系列讲座暨‘共建全民健康管理示范医院’签约仪式”，中国医院协会疾病与健康管理专业委员会主任委员、北京安贞医院副院长周生来与市人民医院院长朱莉签署《共建全民健康管理示范医院合作协议书》

⑤ 市人民医院高分通过三级甲等综合性医院复核评价，医院管理质量、内涵得到有效提升

⑥ 学科建设蒸蒸日上，肿瘤科顺利通过省重点专科复评，江苏省首家按照美国V5标准建设的胸痛中心、吴阶平泌尿外科中心泰州中心落户市人民医院

⑦ 医院重视科研教学，被卫生部认定为首批国家级住院医师规范化培训基地，江苏省住院医师、全科医师规范化培训技能操作考试在市人医进行；药学部喜获国家临床药师培训基地资格

⑧ “承担社会责任，树立公立医院的良好形象”是市人民医院长期坚持的目标，医院积极开展对口支援工作，援助南非圭亚那、援陕、援疆、援藏、驰援昆山，取得良好的社会效应

（供稿：缪晶　审核：丁蔚）

泰州市第四人民医院
TAIZHOUSHIDISIRENMINYIYUAN
泰州市脑科医院
TAIZHOUSHINAOKEYIYUAN

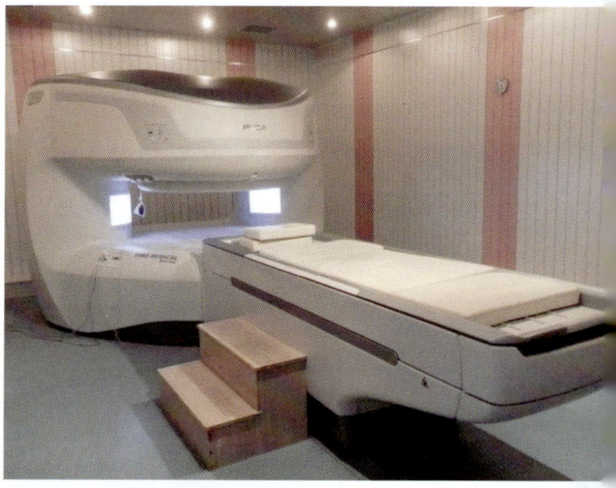

① 泰州四院充分发挥公立医院职能，长期坚持便民、惠民和诚信医疗服务，定期举办健康保健讲座，形成良好的医患互动模式，全面展示泰州四院人新姿、新貌、新活力。图为院长苏百龄向全院发出诚信医疗服务总动员

② 泰州四院着力于人才队伍建设，打造医技精湛、素质优良的专家团队，加强与品牌医疗机构合作；以重点学科创建为抓手，提升医院整体实力，为三级医院创建奠定坚实基础。图为泰州四院联合上海十院专家开展大型义诊活动留影

③ 泰州四院开展“医院场所精神构建”活动，全力实施“诊疗环境新、管理模式新、服务理念新、医疗质量新、技术水平新、人才队伍新、精神风貌新”的发展目标。图为泰州四院新门诊大厅

④ 先进的医疗设备—核磁共振成像设备

⑤ 泰州四院于2013年增挂泰州市脑科医院，2014年1月由工人路整体搬迁至鼓楼北路现址。2014年，医院门、急诊人次增长一倍多，出院人次增长近50%，实现经济效益、社会效益双丰收。

（供稿：陈建波　审核：方亚祥）

泰兴市第二人民医院

TAIXINGSHIDIERRENMINYIYUAN

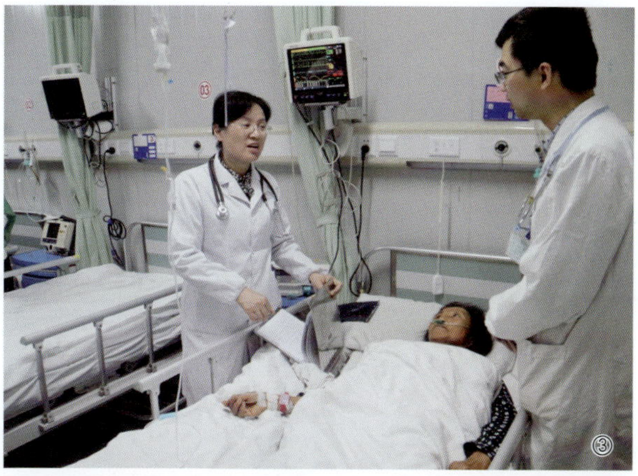

① 泰兴市委书记孙耀灿率市财政、卫生、人社、规划等部门领导走访调研二人医，市委常委、宣传部长张国祥，市委常委、黄桥镇党委书记耿元进，副市长周桂香，黄桥镇镇长王晓云等领导参加

② 泰兴二人医成功加入泰州人民医院医疗集团。图为泰兴二人医院长肖向前（左）与泰州人民医院院长朱莉（右）签署合作协议

③ 泰州人民医院院长朱莉率20余位医疗专家到泰兴二人医为黄桥老区人民提供大型义诊服务

④ 泰兴二人医行风、作风建设工作常抓不懈，做到警钟长鸣、防微杜渐。定期召开行风监督座谈会，听取意见，落实整改

⑤ 泰兴二人医新院病房楼主体工程顺利封顶，新二院其它配套工程将在2016年底前完成，届时这项医疗健康民生工程将惠泽老区人民

（供稿：赵群　审核：李国俊）

孝化村位于靖江市新桥镇南首。总人口3077人，村域面积2.4平方千米，耕地面积155.6公顷，2009年已全部集中流转，由村农业公司统一管理、统一布局。2008年初，孝化村坚持以基层党建改革创新为龙头，在全市率先实施“村企合一”党建模式，经过几年的努力，已完成历史使命，现已转型公司化运作。孝化村着力打造两园一区（孝化工业科技园、孝化农业科技园、孝化集中居住社区），实现“三百”目标（百家企业、百亿产业、百姓幸福）。

2014年孝化村实现经济总量30.18亿元，上缴国家税金9300万元，村集体收入960万元，人均纯收入26600元。多年来，孝化村始终坚持依法治村、以德治村，村风民风纯正，在民主议事、民主管理、民主决策、民主监督、民主法治等方面取得明显成效，近年以来分别获得“江苏省科普示范村”“江苏省新农村建设示范村”“江苏省文明村标兵”“江苏省先进基层党组织”“全国民主法治示范村”“全国文明村”等殊荣。

① 省司法厅领导调研孝化村民主法治工作，孝化中心村党委书记杨祥生（右前一）陪同

② 省档案局领导参观社会主义新农村—孝化村，新桥镇副镇长、村委会主任耿光明（左二）陪同

③ 孝化村龙头企业—江苏耐尔集团

④ 孝化村以现代农业、高效农业为主导成功实现农业转型升级

⑤ 乡村观光旅游成为孝化村经济增长、农民增收的新亮点

⑥ 孝化集中居住区，计划在未来两年内全村百姓全部入住小区，共同享受孝化新农村建设的成果

⑦ 近年来孝化村获得的重点荣誉

（供稿：曾秋玲、王林福　审核：王晓琴）

新农村建设示范村 ——靖江市新桥镇孝化村

JINGJIANGSHIXINQIAOZHENXIAOHUACUN

③

⑤

④

⑥

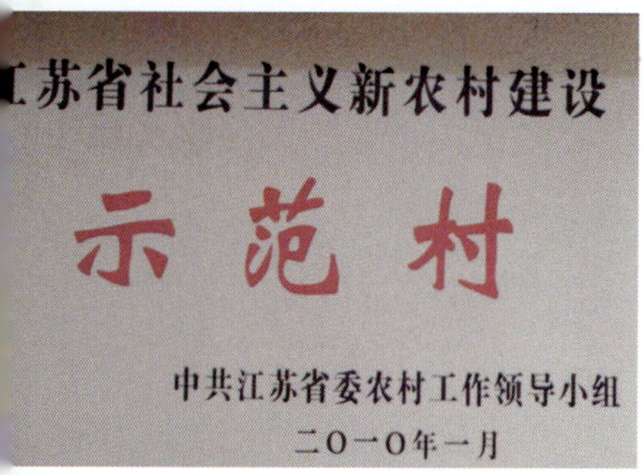

⑦

中国最美村镇

①

②

③

兴化市戴南镇董北村

董北村位于兴化市戴南镇北首。2014年，全村实现社会总产值56亿元，村集体纯收入2286万元，农民人均纯收入4.6万元，先后获得“全国文明村”“国家生态村”“中国最美村镇”“世界幸福乡村”等荣誉。

董北村坚持走“农业示范、工业转型、商贸致富、旅游特色”四轮驱动的发展新路。现有民营企业120多家，做到“家家有项目，户户有技能，天天有收入，人人有保障”。

泰州市现代农业科技示范园，以“设计农业”为理念，以种植铁皮石　为重点，以企业为主体，市场为导向，科研院所大专院校为一体，形成高效农业产业链和价值链；全村15家商贸公司为办厂经商的百姓，做好产前、产中、产后的服务，实现集体、个人双轮推动。

董北村先后投入9600万元实施基础设施建设，打造“远看似林园、近看似花园、生活在乐园”的社会主义新农村。

① 泰州市委书记蓝绍敏调研泰州（董北）现代农业科技园区，兴化市委书记陆晓声、董北村党委书记张文德等领导陪同

② 铁皮石斛，名贵中草药，生长于海拔1600米山地半阴湿石缝上。董北现代科技农业园通过技术攻关，成功大面积种植。由科技部认定的“兴化铁皮石斛产业化示范基地”落户董北

③ 董北村民家家有项目，户户有技能，人人有保障

④ 董北村旅游资源丰富，乡村观光游为董北经济增长再添一翼

⑤ 董北村民不仅物质富有，村民精神文化生活同样丰富多彩

⑥ 董北实验小学、幼儿园均为全国农村优质校园

⑦ 董北村获“2014中国最美村镇”

⑧ 董北农民别墅区

（供稿：代玲芝　审核：张清）

医药城高新区风貌